Para entender la bolsa

Financiamiento e inversión en el mercado de valores

Para entender la bolsa

Financiamiento e inversión en el mercado de valores

Segunda edición

Arturo Rueda

THOMSON

Australia • Brasil • Canadá • España • Estados Unidos • México • Reino Unido • Singapur

Para entender la bolsa. Financiamiento e inversión en el mercado de valores, 2a. ed.
Arturo Rueda

Director editorial y de producción:
José Tomás Pérez Bonilla

Gerente de producción:
Luis Villanueva Rebollo

Diseño de portada:
Grupo Insigne, Ota, S.A. de C.V.

Editor de desarrollo:
Lilia Moreno

Editor de producción:
Alejandro A. Gómez Ruiz

Supervisor de manufactura:
Israel Robles Martínez

Datos para catalogación bibliográfica:
Rueda, Arturo
Para entender la bolsa.
Financiamiento e inversión en
el mercado de valores
ISBN: 970-686-465-2
Parte 1: Sistema financiero y mercado de valores. 1. El dinero: mercancía básica del sistema financiero. 2. Mercado de valores: oxígeno para la economía. Parte 2: Operaciones bursátiles. 3. Mercado de capitales: la importancia de poseer una empresa. 4. Mercado de dinero: sentar las bases del desarrollo. 5. Modalidades especiales: ganar en cualquier circunstancia. 6. Sociedades de inversión: la forma más "inteligente" de invertir. Parte 3: Análisis y pronósticos de los mercados. 7. Análisis económico: la economía de todos los días. 8. Análisis fundamental: desmenuzar la empresa. 9. Análisis técnico: la bolsa en gráficas. 10. Perfiles y objetivos de inversión

División Iberoamericana

México y América Central
Thomson Learning
Séneca núm. 53
Col. Polanco
México, D.F., 11560
Tel 52 (55) 1500 6000
Fax 52 (55) 5281 2656
editor@thomsonlearning.com.mx

El Caribe
Thomson Learning
598 Aldebaran St.
00920, Altamira
San Juan, Puerto Rico
Tel. (787) 641 1112
Fax (787) 641 1119

América del Sur
Thomson Learning
Calle 39 núm. 24-09
La Soledad
Bogotá, Colombia
Tel (571) 340 9470
Fax (571) 340 9475
cliente@thomsonlearning.com.co

España
Paraninfo Thomson Learning
Calle Magallanes 25
28015 Madrid, España
Tel 34 (0) 91 446 3350
Fax 34 (0) 91 445 6218
clientes@paraninfo.es

Cono Sur
Buenos Aires, Argentina
thomson@thomsonlearning.com.ar

Esta obra se terminó de Imprimir Julio del 2005 en Programas Educativos S.A. de C.V. Calz.Chabacano No 65-A Col. Asturias C.P.06850 Méx. D.F. Empresa certificada por el Instituto Mexicano de Normalización y Certificado A.C. Bajo la Norma ISO-9002, 1994/NMX-CC-04 1995 con él núm. De registro RSC-048 y bajo lã Norma ISO-14001:1996/SAA-1998, con el Núm; **de Registro RSAA-003**

A Irma, mi madre,
quien no tuvo nada, nunca
y supo darnos tanto, siempre.

Arturo Rueda ha impartido cátedras de administración de riesgos, finanzas, productos derivados y otras materias relacionadas con el mercado de valores. Es profesor de la Facultad de Contaduría y Administración de la UNAM. Es titular del Colegio de Mercado de Valores de la Escuela Bancaria y Comercial, en la que imparte clases en las divisiones de estudios profesionales y de estudios de posgrado. También ha sido titular de diversas materias en la división de Educación Continua de la Universidad La Salle. Ha impartido cursos y conferencias en muchos institutos y universidades del país y del extranjero.

Es colaborador del diario *El Financiero* y lo ha sido de la revista *Mundo Ejecutivo* y del portal *www.oaxacapolítico.com.mx*.

Su trayectoria profesional ha estado ligada a empresas financieras como Operadora de Bolsa Serfin, S.A. de C.V., Dresdner Bank México, S.A., Afore Garante, S.A. de C.V., y el portal en línea *www.latinstocks.com*. Ha sido asesor de empresas nacionales y extranjeras.

Acerca del libro

La falta de literatura en México sobre el mercado de valores ha impulsado al autor a escribir el presente libro, en el cual desarrolla los dos componentes de las bolsas de valores: el mercado de capitales y, el mercado de dinero, así como lo que de ellos se deriva y requiere para cumplir con sus propósitos económicos elementales: el financiamiento y la inversión. Se exponen además, todos los elementos del mercado bursátil en orden lógico, didáctico y sencillo. Se ha estructurado de tal manera que a pesar de que haya cambios en el espectro bursátil, el libro no se desactualice.

Metodología

El libro utiliza recursos didácticos como exposiciones, explicaciones y descripciones de temas. Según la dinámica de cada concepto, se incorporan cuadros, tablas y gráficas. En los temas que así lo requieren, se plantean y realizan casos prácticos, se exponen y analizan fórmulas, indicadores y formaciones gráficas. Encontrará también en cada capítulo, recuadros llamados Internet bursátil, en donde se proporcionan direcciones de Internet para que el lector pueda hallar temas relacionados o complementarios con el capítulo y para que resuelva los casos prácticos que se plantean al final de cada capítulo.

Capítulos

1. **El dinero: mercancía básica del sistema financiero.** Explica qué fue, qué es y para qué sirve el dinero, por qué se intercambia en los mercados financieros y cómo se organizan éstos para negociarlo.

2. **Mercado de valores: oxígeno para la economía.** Expone la organización y funciones del mercado de valores, así como su importancia en la distribución de recursos a la economía.

3. **Mercado de capitales: la importancia de poseer una empresa.** Trata de modo descriptivo y esquemático las alternativas que tienen las empresas para financiarse con acciones, de las implicaciones de los inversionistas, de las formas de operar en las bolsas, del significado de los datos e indicadores y expone reflexiones a considerar para invertir en este segmento.

4. **Mercado de dinero: sentar las bases del desarrollo.** Expone cómo pueden financiarse las entidades vía deuda, describe las características de los instrumentos, ilustra casos con ejercicios y explica aspectos vitales de la inversión en títulos del mercado.

5. **Modalidades especiales: ganar en cualquier circunstancia.** Ilustra cuatro mecanismos alternos de inversión en el mercado de valores: las compras con margen, las ventas en corto, el préstamo de valores y el arbitraje internacional. Explica las posibilidades, ventajas y riesgos de tales mecanismos.

6. **Sociedades de inversión: la forma más "inteligente" de invertir.** Explica qué son las sociedades de inversión, ilustra con cuadros sus características, ventajas y limitantes y define qué pueden hacer los inversionistas para aprovechar sus beneficios.

7. **Análisis económico: la economía de todos los días.** Vierte los puntos esenciales de la economía que hacen que se muevan los precios y variables del mercado. Proporciona ejemplos de reacciones ante incidencias, sucesos y expectativas económicos.

8. **Análisis fundamental: desmenuzar la empresa.** Desglosa y explica las fórmulas elementales que permiten advertir la situación de las empresas que cotizan en la bolsa para determinar si los precios de sus acciones son caros o baratos y, con base en ello, tomar decisiones de compra o venta.

9. **Análisis técnico: la bolsa en gráficas.** Proporciona las herramientas y argumentos técnicos que sirven para interpretar los movimientos de los precios de las acciones y tomar decisiones de compra, venta o retención.

10. **Perfiles y objetivos de inversión.** Presenta un conjunto de parámetros que permiten definir la condición y objetivo de cada inversionista a efectos de armar su estrategia.

Mercado

El libro está pensado para estudiantes de las áreas de contaduría, administración, banca y mercados financieros, finanzas y economía principalmente. También es de utilidad para maestrías en administración y finanzas; en diplomados y posgrados de finanzas bursátiles, finanzas corporativas, mercados financieros, en cursos de certificación de la Comisión Nacional Bancaria y de Valores (CNBV), así como en cursos de mercado de capitales, mercado de dinero, sociedades de inversión, análisis técnico y mercados de valores.

Advertencias

Las explicaciones e interpretaciones de los conceptos, técnicas, procedimientos y métodos de análisis que se describen en el texto tienden a ayudar al lector a formarse conocimientos y elementos de juicio; y no constituyen, en ningún sentido, asesoría, indicaciones o recomendaciones de financiamiento ni de compra o venta de valores.

También queremos aclarar que las direcciones proporcionadas en la sección Internet bursátil, estaban vigentes a la publicación de este libro, aunque algunas direcciones pueden cambiar o desaparecer.

El autor revisó en varias ocasiones el contenido del libro para evitar errores conceptuales, aun así agradecerá cualquier comentario que pueda enriquecer esta obra a los correos: editor@thomsonlearning.com.mx y rueda00@hotmail.com.

Agradecimientos

No es posible realizar un trabajo de esta envergadura sin la ayuda generosa de instituciones, amigos y colegas. Van mis más sinceros agradecimientos a los siguientes:

Gracias a la editorial Thomson Learning por la confianza que tuvo en el proyecto desde el primer momento, porque hizo realidad un intento de varios años; a mi editor, Lilia Moreno por su visión aguda y sus sugerencias inmejorables.

Al diario *El Financiero* por darme el espacio para desahogar en sus páginas muchas inquietudes que luego formaron parte de capítulos y temas.

Gracias a mis alumnos de ayer y hoy que, sin saberlo, generaron muchas ideas desarrolladas en el texto. A la querida Escuela Bancaria y Comercial, en cuyas aulas se forjó y ensayó la mayor parte del contenido.

A Guillermo Merchant, José Antonio Quesada y, especialmente, a Arturo Hanono por su apoyo inestimable.

Agradezco muchísimo a Carlos Suárez sus observaciones y precisiones atinadas y, sobre todo, por compartir el entusiasmo de seguir y hacer.

Gracias a mis amigos y familiares por no regatear mis ausencias en todos estos meses. Gracias a mis hermanos, cuñados y sobrinos por su alegría motivante, total e inigualable.

Gracias a los lectores, por su recibimiento. A ellos les adeudo su consideración por los errores y omisiones.

Contenido

Para muchas personas el tema de la bolsa reviste un encanto misterioso. Aunque hay quienes podrían catalogarlo como un simple pasatiempo, para algunos representa un estilo de vida y otros lo consideran una adicción.

¿Por qué es importante conocer la bolsa? El estudiante responderá de manera categórica: "para aprobar la materia", pero el tema resulta obligado para quien, después de años de preparación y desarrollo profesional, logra ahorrar una pequeña cantidad de dinero y no sabe qué hacer con él. Bastante trabajo cuesta ganarlo, como para no dedicarle tiempo en encontrar alternativas que se adapten a nuestras características individuales tanto de riesgo como de rendimiento.

Lo mismo sucede con el financiamiento. Invertir o financiarse a través del banco es una opción sencilla y rápida, mas no necesariamente la más barata; sin embargo, los tiempos cambian y se deben explorar nuevas opciones que nos permitan mayor flexibilidad, mejores mezclas de condiciones y tasas, mismas que se consiguen en el mercado de valores.

Alrededor del mundo bursátil están la economía y las finanzas de una persona, una región, un sector industrial y un país. La globalización ha provocado que los fenómenos de una región o país específico repercutan en todo el mundo: Hace una década, no era imaginable que un país pudiera repercutir en las tasas y la paridad cambiaria de otro.

Aun cuando muchas personas crean que no tienen relación con el mercado de valores, todos estamos cada vez más vinculados y la perspectiva es que la participación aumentará. En la actualidad, hay más gente relacionada con la bolsa de valores de la que es posible imaginar. Basta mencionar que en las Administradoras de Fondos para el Retiro (Afore), que surgieron en México en 1997, para junio de 2005 administraban los recursos para el retiro de un total de 34 millones de trabajadores (21 millones de afiliados y 13 millones de asignados). Los valores que adquieren estos intermediarios, a través de las Sociedades de Inversión Especializadas en los Fondos para el Retiro (Siefore), entre otros, se negocian precisamente en el mercado de valores. Para junio de 2005 los activos que administraban las Siefores representaban cerca de la mitad de la deuda interna emitida por el Gobierno Federal.

Para muchos, afiliarse a una Afore es un simple trámite; sin embargo, la experiencia de Chile o Argentina —países que llevan más tiempo con este sistema—, muestra que cada día los trabajadores se involucran más debido a la acumulación de recursos, no sólo por las aportaciones obligatorias y voluntarias, sino también por los rendimientos generados. A medida que se eleve el ingreso por persona y se mantenga una menor tasa de inflación, aumentará la capacidad de ahorro, lo que obligará a buscar alternativas de inversión diferentes a las tradicionales; el mercado de valores será entonces un actor importante.

Un entorno financiero favorable, aunado a la experiencia del trabajador, a través del sistema previsional, abre un camino muy interesante a las sociedades de inversión típicas, para las que se han creado ingeniosos mecanismos de distribución como Internet, los medios de comunicación e incluso las tiendas departamentales, entre otros.

En Estados Unidos, de acuerdo con The Investment Company Institute (ICI), las sociedades de inversión constituyen el principal intermediario financiero por arriba incluso de los bancos y las compañías de seguros. Las cifras al mes de mayo de 2005 indicaban que se tenían más de 8 000 fondos con activos en administración por más de 8 billones de dólares y se contaba con la participan de más de 51 millones de personas.

Los beneficiados

Sin temor a equivocarnos, el Gobierno Federal ha sido uno de los participantes más beneficiados con el desarrollo del mercado de valores, ya que le ha permitido financiarse a través de un abanico de opciones cada vez más variadas y complejas, que van desde la tasa nominal a la real, con valores con cupón cero o que cortan cupón regularmente (mensual, trimestral y/o semestral).

La política de emisión de deuda del Gobierno Federal ha permitido ensanchar los perfiles de vencimiento de la deuda pública interna de tal suerte que, mientras en 1995 el plazo promedio de la deuda interna era de 292 días, para el año 2000 casi creció dos veces para ubicarse en 538 días. Al mes de junio de 2005 el plazo promedio de la deuda interna se encontraba en 1 431 días. Hacia junio de 2005, el saldo de la deuda del Gobierno Federal se ubicaba en 1.1 billones de pesos y llegaba a ser de 1.9 billones de pesos si se consideran las emisiones de instituciones públicas como Banobras, la CFE, el IPAB y el Banco de México.

Gracias al mercado de valores han podido financiarse y reestructurar sus deudas varios estados de la Federación, muchos municipios y se ha podido obtener recursos para el saneamiento de sectores fundamentales como la banca, las telecomunicaciones y las carreteras.

Para la iniciativa privada, el mercado de valores también ha sido benéfico. Cerca de 200 de las empresas más grandes y medianas del país han listado sus acciones en la Bolsa Mexicana de Valores. Privatizaciones, fusiones y adquisiciones han pasado a través del mercado de valores, ejemplo de ello son la privatización de los bancos, de la empresa telefónica Telmex y la compra que hizo Citigroup del Grupo Financiero Banamex Accival por un monto de 12 500 millones de dólares.

Asimismo adquieren mayor importancia las colocaciones de empresas paraestatales como la CFE, PEMEX y cada vez el mercado impulsa más el desarrollo de sectores específicos como el de vivienda, que ha crecido entre otras causas gracias a la bursatilización de los créditos hipotecarios.

Por otro lado, la adecuación del marco normativo es una constante que jugará un papel decisivo en el mercado. Las reformas a la Ley del Mercado de Valores y a los requisitos que deben cumplir las entidades emisoras son definitivas para darle transparencia a las operaciones y seguridad a los participantes; los cambios a la regulación, sin embargo, deben ser constantes y rápidos, dado que los mercados y la globalización marcan un ritmo vertiginoso.

Los medios de comunicación, por su parte, han dado pasos significativos, convirtiendo al financiero en periodista y al periodista en financiero. Hoy se tienen secciones especializadas, periódicos y revistas casi exclusivamente financieros, programas de radio y televisión, así como páginas en Internet, que tocan temas sobre el mercado de valores con una profundidad y análisis sorprendente.

Frente a este panorama, se puede afirmar que a los participantes en el mercado de valores tienen mucho potencial de desarrollo ya sea como emisores (oferentes), inversionistas (demandantes), intermediarios, autoridades, analistas, asesores y medios de comunicación.

Bajo esta perspectiva, esta segunda edición, enriquecida, ampliada y con nuevo formato de Para entender la bolsa. Financiamiento e inversión en el mercado de valores, es un referente indispensable en la bibliografía de quienes quieran o tengan la necesidad de acercarse al medio financiero: estudiantes de licenciatura, aspirantes a obtener su certificación como promotores de fondos de inversión, de valores, o como asesores en estrategias de inversión, inversionistas potenciales, empresas que requieran financiamiento, etc. Su lenguaje claro y sencillo permite comprender la función de los principales participantes y operaciones del mercado de valores. Las notas bibliográficas, los ejercicios y casos, las fórmulas para dar de alta en las calculadoras financieras, las reflexiones enmarcadas, así como la sección "Internet bursátil" permiten profundizar en temas específicos y entender de manera fácil y amena las operaciones o temas que antes parecían complicados.

El nombre de esta obra no podía ser más sugestivo para el lector, al que le permitirá acercarse al conocimiento del universo financiero en el que todos estamos inmersos.

Arturo Hanono Castañeda*

---

* Es licenciado en Economía de la Universidad Anáhuac. Obtuvo el Premio Nacional del Mercado de Valores en 1985, organizado por la Bolsa Mexicana de Valores. Colabora en el periódico *El Financiero* desde 1985. Su experiencia en banca privada y administración de activos se ha desarrollado en Operadora de Bolsa Serfin; Afore Garante y Afore Banamex (ambas empresas de Citigroup). Desde 2004 se desempeña como Director de Inversiones de Grupo Invercap.

Sistema financiero
y mercado de valores

Introducción

Todas las ramas o sectores económicos tienen una función importante: el sector productivo extrae, transforma y realiza una serie de implementos que otros utilizan para elaborar satisfactores; el sector comercial adquiere en grandes cantidades esos mismos implementos o materiales y los coloca a disposición de los consumidores intermedios o finales; el sector servicios se encarga de suministrar factores de apoyo a la vida de los negocios y los particulares como agua, luz, teléfono, etc. ¿De qué se encarga el sector financiero? Así como cada rama está orientada a funciones específicas, también el sector financiero tiene una función concreta: hacer circular el dinero entre todos los actores de la vida económica diaria.

De los sistemas económicos tradicionales a la globalización

La economía era muy simple. En el siglo XX se volvió compleja dadas las necesidades de una población mundial creciente, del desarrollo tecnológico y de la aplicación de nuevos modelos y teorías. Esos tres elementos combinados nos ubican hoy frente al nuevo concepto que rige y se aplica en mayor o menor medida en casi todas las naciones: la globalización.

La globalización económica consiste en un mercado universal único donde pueden coincidir compradores y vendedores de cualquier parte del planeta. Sugiere que no debe haber fronteras en el plano comercial, que los países que se adhieran a esa idea actuarán en realidad como uno solo. Ha propiciado la formación de bloques comerciales y la consolidación de otros que ya existían. Este proceso parte de un principio económico fundamental: la economía de mercado.

¿Qué es una economía de mercado?

La economía de mercado es un término que puede entenderse según sus diversas condicionantes:

➡ Una economía de mercado es aquella donde los factores productivos y en general todos los bienes y servicios (la oferta y la demanda) se concentran en un lugar o sistema de intercambio denominado mercado. El mercado, además, sirve para fijar precios. El mercado no es, necesariamente, un lugar físico. Hoy en día puede ser electrónico o un ámbito virtual.

➡ En una economía de libre mercado la mercancía básica es el dinero; es decir, la economía necesita dinero para realizar funciones operativas y transacciones comerciales. El dinero es el medio común de intercambio.

➡ El dinero es un bien escaso y por lo mismo es también mercancía. El dinero, como cualquier mercancía, se compra y se vende en mercados organizados.

➡ La economía de mercado requiere el funcionamiento de un sistema financiero que capte, equilibre, canalice, use y multiplique el dinero. El sistema financiero está conformado por un amplio grupo de instituciones entre las que destacan, de manera preponderante, la banca y la bolsa. El sistema financiero dispone mercados para negociar dinero.

➡ Una economía de mercado es aquella donde el Estado participa más como regulador que como propietario de los bienes productivos o de las empresas.

➡ El libre mercado implica que cualquier persona o agente puede ser dueño de los factores de la producción y realizar todo tipo de operaciones económicas. El libre mercado se desprende, a su vez, del capitalismo.

➡ La economía de mercado supone la apertura gradual de la economía. Esta apertura se entiende en tres sentidos: privatización de empresas públicas, apertura a la inversión extranjera (directa y financiera) y formación de bloques comerciales con otros países.

Los pilares fundamentales

Un país que aplique la economía de mercado cuenta por lo menos con el funcionamiento de tres pilares financieros: el banco central, los bancos comerciales y el mercado de valores.

El banco central es el eje conductor de la política monetaria y ésta, a su vez, se orienta a moderar la evolución de las variables (inflación, tipo de cambio, tasas de interés) y contribuir a alcanzar los objetivos generales de crecimiento económico. El banco central equilibra las variables al aprovechar una serie de mecanismos y métodos con la participación activa de los bancos y al interactuar en el mercado de valores.

El sistema financiero y el mercado de valores con sus mecanismos, instrumentos e instituciones, constituyen la puerta de entrada del dinero nacional y externo. Estas instituciones hacen llegar el dinero a las entidades que no lo tienen y que lo requieren para financiar sus necesidades productivas, recomponer sus estructuras, expandirse, crecer...

Del dinero, esa materia básica, primordial y escasa; del sistema financiero y del mercado de valores; de los encargados de captarlo, crearlo y dispersarlo, nos ocuparemos en esta primera parte.

1

El dinero: mercancía básica del sistema financiero

Un inversionista extranjero, el señor Smith, desea invertir en nuestro país un millón de dólares ¿necesita acaso viajar y traer una maleta llena de billetes? ¿Puede acaso, por seguridad y facilidad, valerse de otro medio para hacer que su dinero "viaje"?

No hace mucho todavía el dinero se movía mediante transacciones físicas, con los riesgos e inconvenientes que eso significaba. El dinero ha sido objeto de transformaciones de base, tantas, que ahora usamos para comprar, invertir o guardar, medios y formas hasta hace poco impensables.

Un diario mexicano de circulación nacional[1] presentó una plana con una imagen que comenzaba siendo billete y terminaba como tarjeta de débito, a fin de ilustrar la nota que rezaba *"domina el dinero plástico"*. La nota establecía las diferentes formas que usa la gente para liquidar sus compras y en buena medida revelaba los diferentes estados que tiene el dinero: tarjeta de débito, 21.7%; tarjeta de crédito, 8.4%; efectivo, 7.3%; transferencia bancaria, 4.1%; cheques, 3.3%... A eso debemos agregar los vales de despensa y de comida y hay que establecer que todas las transacciones internacionales, así como prácticamente todas las que hacen los mercados financieros, se realizan mediante transferencias electrónicas.

El dinero hoy es verdaderamente virtual. Por eso, el señor Smith no requiere siquiera salir de su oficina para enviar la suma que prefiera a cualquier parte del mundo: basta que pida una transferencia electrónica para que, en cuestión de minutos, su dinero esté disponible e invertido en títulos, bienes o simplemente líquido en una cuenta de cheques ¿cómo es posible todo eso? No ha sido fácil, se ha requerido la actuación de los gobiernos, los bancos centrales, los bancos comerciales, los mercados financieros y, claro, de la tecnología.

---

1 "Vea el Universal" del 18 de agosto de 2004.

1.1 Matices del dinero

El dinero es la mercancía que se negocia en los mercados financieros. Cada uno de los tres grandes mercados, deuda, capitales y cambios, significa en esencia, lo mismo: mercado de dinero. La diferencia es que en cada uno el dinero tiene un matiz diferente.

En el mercado de deuda, el dinero que se compra y se vende tiene la forma más parecida al dinero líquido. En el de capitales, tiene forma de partes sociales y en el de cambios, es justamente dinero, nacional o extranjero, en su forma más pura.

¿A qué se debe que el dinero sea de diferentes matices o estados? Así como el agua, que puede ser líquida, sólida o gaseosa, por cuestiones naturales o debido a procesos que la transforman, así también el dinero puede ser líquido, casi-líquido, sólido, electrónico o virtual. El dinero, en los mercados, es básicamente casi-líquido, electrónico y virtual. El dinero ha sido transformado de su estado básico, el sólido o metálico, por seguridad, para que sea más fácil transferirlo, y para que se reproduzca y multiplique más rápidamente en beneficio de las economías. Los mercados se encargan justamente de hacerlo virtual, de multiplicarlo y dispersarlo. Por eso, los que buscan financiarse como los que desean invertir, acuden a los mercados, a la bolsa.

Para entender las actividades y los mecanismos del mercado de valores es necesario comprender a plenitud qué significa el dinero, cómo es y por qué es útil. Ese es el objeto de este capítulo.

1.2 Usos, ciclo, oferta y control del dinero

Resulta fascinante recorrer la historia de la humanidad y encontrar, en cada época, al menos una manifestación económica.

La economía moderna se mueve gracias a un conjunto complejo de elementos, técnicas, modelos y teorías ligadas, dependientes o encaminadas al dinero. Pero no siempre fue así.

La economía, en los tiempos más remotos, consistía en explotar los productos de la naturaleza. En algún momento, indefinido todavía, el hombre procuró su sustento y subsistencia con una actividad que hoy en día es aún el sentido del comercio: el intercambio.[2]

El intercambio fue una cuestión necesaria debido a que unos individuos, grupos o comunidades producían sólo cierto tipo de artículos que requerían cambiar por otros que eran elaborados o explotados por individuos o grupos diferentes.

El intercambio se tuvo que desarrollar por medio del trueque, al principio, y del dinero, después.

En el principio era el trueque...

El trueque, que como todos sabemos consiste en dar un producto a cambio de otro, tuvo dos dificultades principales: la incompatibilidad de las necesidades y la imposibilidad de dividir los

---

2 Debido a la necesidad de cambiar un producto por otro, en la historia de la economía se registran diversas manifestaciones o modelos. La especialización, la división del trabajo o la creación de economías de escala, por ejemplo, fueron en algún tiempo los pilares fundamentales. La tesis de especialización, basada en la productividad y la eficiencia, incluso predominó en la época moderna y se utilizó para forjar los cimientos del modelo económico actual. Ahora, en el modelo globalizador, el pensamiento económico pugna por la multifuncionalidad, la competitividad y la calidad. Ese modelo, a su vez, en algún tiempo, dejará su lugar a otro.

productos objeto de intercambio: el que criaba pollos necesitaba pan y entonces buscaba a un panadero pero, ¿qué pasaba si éste, en vez de pollos, quería verduras? Suponiendo que las necesidades coincidiesen, ¿cuántos panes se tenían que dar a cambio de un pollo? Es obvio que no se podía entregar a cambio un solo pan o uno y medio por un pollo.

El trueque requería, pues, la coincidencia exacta de necesidades y proporciones y era poco efectivo por la indivisibilidad de los bienes.

Por esas razones, en otro momento o época, también indefinida, el hombre creó el dinero. No el dinero en forma de monedas y billetes, sino en representaciones más rústicas, pero dinero, al fin y al cabo.

El dinero, al representar un poder de intercambio generalizado, solucionó las dos dificultades que no se podían corregir con el trueque. Con el dinero se produjeron las dos figuras mercantiles vigentes: la compra y la venta.

Intercambio
Trueque

¿Trueque en el siglo XXI?

El trueque es todavía la forma común de intercambio en muchas regiones del planeta. En Guatemala, por ejemplo, las poblaciones cercanas al lago de Panajachel (a una hora de la capital) se congregan los domingos en un mercado singular y folclórico para intercambiar bienes. Es maravilloso ver cómo se ofrecen gallinas a cambio de verduras o huaraches a cambio de telas. El trueque también se practica en México, en diversos pueblos de Oaxaca y Chiapas. Incluso en Europa se ha recurrido al trueque en estos últimos años ante la falta de dinero (o por su pérdida de representatividad) por las guerras de los Balcanes, por las crisis de Rusia e inclusive en Oriente Medio, en Afganistán e Irak, luego de las guerras de invasión creadas por Estados Unidos.

El dinero: materia o mercancía en renovación constante

El dinero, con el que se sustituyó el trueque como factor de intercambio, ha tenido representaciones variadas a lo largo de la historia y, así como se ha usado para resolver una buena cantidad de trabas económicas, también ha sido motivo de distorsiones y problemas.

Aunque las formas de dinero metálico más antiguas datan del año 2500 a. C., la verdad es que incluso en tiempos más recientes el hombre ha usado diversos productos como materia de intercambio: en África se usaron (y algunos todavía se usan, para sorpresa de muchos) la sal o el cabello de elefante. En Mesoamérica, las civilizaciones prehispánicas usaban el cacao. En Norteamérica, algunas tribus utilizaban las conchas. En Asia fueron usados los dientes de ballena o las piedras preciosas.

Los metales, de hecho, fueron formas adicionales de dinero. Así como algunas civilizaciones usaban las conchas o el cacao, por ejemplo, otras comunidades utilizaban el oro, la plata[3] o el cobre sin labrar.

Los primeros indicios que se tienen del dinero metálico en forma de monedas son del año 700 a. C., en el reino de Lidia, una región de Asia menor.

El uso de las monedas facilitó aún más el intercambio, sobre todo cuando se empezó a utilizar según su medida en oro o plata. La medida (o el peso) de metal que tenía cada moneda

---

3 Por eso es común que todavía se diga "plata" para hacer alusión al dinero.

fue la referencia que se tomó después para darle nombre a ese tipo de dinero. Así fue como se implantaron las denominaciones de *libra*[4], *peso* o *peseta*, *plata ley* o *esterlina* y muchos más.

No todos los nombres del dinero metálico, sin embargo, se crearon a partir de la medida de oro o plata que contenían la monedas. Algunos, como *rupia*, significan literalmente plata; otros, como *rublo* que significa *cortar*, o *marco*, que quiere decir *marcar las cuentas*, se derivan del registro de las operaciones; algunos tienen nombres sorprendentes, como *franco*, que se deriva de *Francorum Rex*, una inscripción latina que significa *Rey de los francos*; el nombre *dólar*, por su parte, proviene de una moneda del siglo XVI llamada *Joachimsthaler*, que fue llamada *daaler* en Holanda, *daler* en Escandinavia y *dollar* en el Reino Unido.[5] El *Euro*, el nombre del dinero en la Unión Europea, la moneda más nueva y seguramente dentro de poco la más relevante de todas, por encima del dólar, fue bautizado en alusión a la zona geográfica donde se utiliza. Fue, de algún modo, una abreviatura del nombre formal que se le había asignado, para efectos de registro en libros, a la primera moneda de la Europa unida comercialmente: el ECU, European Currency Unit, Unidad Monetaria de Europa.

Los problemas que surgieron con el dinero metálico fueron menos complicados que los que se tenían con el trueque, pero tanto o más incómodos y, sobre todo, letales: escasez, sobreoferta, falsificación, dificultades de traslado, robos, etcétera.

En efecto: un problema de escasez de metales podía acabar con una economía. Lo mismo que un problema de sobreoferta podía propiciar inflación.[6]

Muchos de esos problemas pudieron paliarse con la aparición del dinero de papel: los billetes.

En su origen, los billetes no eran dinero. En los mercados medievales se usaban como certificados de intercambio: el cliente o comprador depositaba su dinero en un banco y recibía uno o varios billetes donde constaba que era dueño de cierta cantidad. Con esos papeles acudía al mercado donde los entregaba al vendedor de los productos, en vez de darle el oro o las monedas, para que éste fuera a canjearlos por dinero al banco.

El uso de los billetes, por su parte, fue también generador de crisis históricas. Los billetes se popularizaron en el siglo XV y tuvieron su auge después que Colón se encontró con América, cuando se buscaba financiar a las empresas que pretendían explotar las minas, la navegación o el comercio en el Nuevo Mundo. En esos tiempos, entre la población se promovía la idea de la empresa; se les prometía que a cambio de prestar su dinero se les daría parte de las ganancias que resultaran de la aventura de traer o llevar especias, de vender animales o esclavos o de descubrir y explotar las minas. Su dinero, se les decía, estaba seguro gracias a la intervención de los bancos y el aval de los gobiernos. El público que se animaba a financiar el proyecto, entregaba su dinero y recibía billetes que contenían la leyenda que hasta hace pocos años, debido a un error histórico, traían los billetes de nuestro tiempo: "El Banco Central pagará a la vista, en efectivo, al portador, la cantidad de..." El problema radicaba en que las empresas podrían quebrar y los bancos podían expedir billetes en forma irracional, como sucedió con la crisis de los billetes expedidos por la Banque Royale en Francia, con los bonos de la

---

4   Una de las grandes contribuciones del imperio de Carlomagno fue la medida inglesa vigente, la libra (*pound*. en inglés; *lira*, en latín).

5   El "dólar", como sabemos, no es únicamente el nombre de la moneda de Estados Unidos; también corresponde al nombre del dinero en Hong Kong, Australia, Bermuda y Canadá. Todos los países que dieron ese nombre al dinero, no es coincidencia, fueron parte del Imperio Británico o, como Australia o Canadá, se mantienen aún ligados al Reino Unido vía la *Commonwealth* (es por eso que, tanto en monedas y billetes de Australia y Canadá, puede uno ver la efigie de la Reina Elizabeth II).

6   Aunque sabemos que usaban cierta clase de papeles o recibos en Babilonia, 2 500 años antes de Cristo, el dinero, representado por billetes, tuvo su origen y auge a partir del siglo XIII de nuestra era.

South Sea Buble (la famosa Compañía de la Burbuja del Mar del Sur) y, más recientemente, con los bonos argentinos que ocasionaron la debacle de las instituciones inglesas en el siglo XIX.

Ninguna de esas crisis fue tan grave como la que comenzó en la Primera Guerra Mundial y se extendió a los años treinta del siglo XX. Fue ahí cuando se supo que el dinero podía servir para nada. En efecto: quedaron para la historia las imágenes del ama de casa alemana que utilizó un cerro de billetes para prender el fogón en vez de usarlos para comprar carbón, porque calculó que con el dinero de papel podía hacer más fuego que el que podría haber hecho con la mínima cantidad de carbón que podía comprar con todos sus billetes.

Quiero cambiar estos billetes por dinero

Los billetes, antes, no eran dinero; por eso había que cambiarlos por dinero real (monedas de oro o plata) y por eso, claro, contenían aquella leyenda citada: *"el banco pagará a la vista..."*. Los billetes modernos, desde que se suprimió el patrón oro, no tienen valor intrínseco. Un billete de veinte tiene el mismo valor material que uno de mil. Su poder adquisitivo reside en su denominación. Al dinero actual lo respaldan las cifras macroeconómicas. Por eso resultaba absurdo que trajeran todavía esa frase. Si alguien pretendía ir al Banco Central a exigir el pago del dinero que estipulaba el billete ¿qué recibiría a cambio? Otro billete igual, con la misma leyenda y, sí, seguramente la burla de todos.

Hubo una vez una materia tangible llamada dinero

Los ahorros, antes, se guardaban en la alcancía. Eso es cada vez menos frecuente y llegará el día en que ya no sea posible. Después del auge de las monedas y los billetes, llegó el apogeo del dinero virtual. El dinero, hoy, es una referencia, una mercancía electrónica. Los usuarios ya no necesitan traerlo o llevarlo consigo. Basta una transferencia, un registro electrónico, una solicitud telefónica. Lo que se mueve de un banco a otro, de un lado a otro, no es algo real. Basta un teclazo en la computadora para inyectar o retirar un millón o mil millones de dólares a una economía. La cantidad material o tangible de dinero en monedas o billetes es apenas una parte mínima del dinero que circula en una economía.

El dinero, hoy, aparte de servir para el intercambio, es una mercancía. En los países capitalistas se compra y se vende a través de las instituciones financieras que, al moverlo, lo multiplican. Para ello, para multiplicarlo, para negociarlo, fueron creados los mercados financieros, es decir, los mercados de dinero (deuda, cambios, capitales); el dinero que se negocia en esos mercados es, fundamentalmente, virtual o electrónico. La multiplicación, a partir de las nuevas dimensiones y de las nuevas representaciones del dinero, ha servido como generador del desarrollo y también ha ocasionado crisis económicas impresionantes.

Todas las formas de dinero que se han utilizado a lo largo de la historia (cacao, oro, plata, cigarrillos, dientes de ballena, piedras raras, billetes, etc.) han tenido su clímax y han llegado a la obsolescencia. Todas han propiciado el desarrollo y todas han ocasionado crisis violentas. Vivimos ahora en la plenitud del dinero virtual (ya se pueden hacer pagos con vales de despensa, con vales de gasolina, con "tortibonos", transferencias telefónicas o electrónicas, etc.). Ese dinero virtual ya ha ocasionado graves trastornos mundiales. El dinero virtual es tan bueno como peligroso: se puede mover y multiplicar fácilmente, con seguridad y para beneficio de todos, pero también puede dar lugar a errores trágicos: si en vez de transferir un millón, el empleado captura un cero más, 10 millones, aumentará artificialmente la cantidad de dinero de la economía, subirá las tasas de interés y el tipo de cambio y tirará los precios del mercado accionario.

En el futuro, seguramente, se experimentará con figuras, materias y dimensiones nuevas. Las nuevas formas, tal vez, traerán consigo también nuevas catástrofes y propiciarán otras nuevas formas.

Internet bursátil

Para saber más acerca de las primeras monedas y de la crisis de la Banque Royale, consulte:
www.coins.nd.edu/ColCurrency

¿Por qué es valioso el dinero?

El dinero de hoy, no obstante lo valioso que es en la economía, no posee valor intrínseco. El dinero valía porque era de plata o de oro; hoy, una moneda no está hecha de ningún metal valioso o precioso y sin embargo sigue siendo dinero; un billete puede contener la misma cantidad de papel, tinta y grabados que otro y, sin embargo, uno puede valer $100.00 y el otro $1 000.00. Un billete vale $100.00, $500.00 o $1 000.00 simplemente porque las autoridades monetarias lo deciden. El valor del papel o la moneda es muchísimo menor que la denominación que representan. ¿Por qué es valioso, entonces, el dinero? Lo es porque cumple con un conjunto de características:

- Es fácilmente divisible.
- Es durable.
- Es de imposición oficial.
- Es de aceptación general.
- Es escaso.

El dinero tiene valor y sirve para el intercambio porque las autoridades monetarias así lo establecen.

Todo lo que constituya un medio de pago o cambio comúnmente aceptado o impuesto por las autoridades, puede ser dinero. Por eso, el cacao, los dientes de ballena, ciertas piedras y aun los cigarrillos han sido dinero en ciertas épocas, en algunas comunidades y en variadas circunstancias. Todos cumplían las características listadas.

El dinero tiene tres grandes funciones reconocidas:

1. Medio de cambio; es decir, se pueden adquirir con él bienes y servicios.
2. Representa una medida de valor: confiere valor a las cosas. Así decimos que un libro vale $100.00 o una computadora $15 000.00.
3. Funge como reserva de valor; es una forma de mantener riqueza.

En la actualidad, el dinero no tiene propiamente la presentación más simple que conocemos: las monedas y los billetes. Esa forma, que es la más natural de todas, es ya la menos representativa de la base monetaria total de un país y se usa nada más para transacciones de poco valor.

El dinero, hoy, puede estar representado en tres formas:

- Dinero en efectivo
- Dinero en cuentas corrientes
- Dinero electrónico

Medio de cambio

Medida de valor

Reserva de valor

Las modalidades contemporáneas del dinero hacen necesario que lo controle un sistema monetario amplio, que sirva para estabilizar la economía y que su circulación suponga, inevitablemente, una gran fuente de problemas; de ahí que la función de un Banco Central, como cabeza del sistema monetario y financiero, sea mantener la economía sobre bases firmes, moderando el dinero que la gente y las organizaciones tienen para gastar.

El dinero puede ser tan valioso como escaso sea. A mayor abundancia, menor valor, como ocurre en nuestros tiempos cuando hay fuertes fenómenos inflacionarios. El verdadero valor de los billetes o de la materia o elemento que se usa hoy como dinero se basa en la fortaleza económica del país que los emite.

Las "eMes", o el dinero de todos los días

Así como sabemos que el agua se hace vapor a los 100 grados y se torna sólida a los 0 grados, así también el dinero se puede modificar a partir de su estado natural.

Los economistas se refieren cotidianamente al concepto de oferta de dinero. La oferta es la cantidad de dinero que pueden gastar todos los actores de la economía. La oferta incluye el efectivo (el dinero líquido o natural) y algunos activos financieros que se pueden convertir en efectivo con facilidad. Las "eMes" se traducen como agregados monetarios y se definen como la forma de agrupar los activos financieros según su disponibilidad y los usos que les da la gente. La idea es separar el dinero que se utiliza para gastar del dinero ahorrado, con el objeto de predecir cambios inminentes que puedan alterar nocivamente la economía. La "M" que se emplea antes de cada número es la inicial de la palabra *Money* (dinero)

M1: medios de pago para liquidar transacciones. Son instrumentos aceptados a la vista: monedas y billetes, cuentas de cheques y cheques de viajero. Con el M1 se realiza la primera de las funciones del dinero.

M2: es el dinero en un sentido más amplio. Comprende el M1 más los instrumentos financieros de corto plazo que no son movilizables mediante cheques y que sin embargo son fáciles de convertir en efectivo: depósitos de ahorro mediante pagarés bancarios, certificados de depósito o aceptaciones bancarias. Del M2 en adelante, los componentes se identifican como *cuasidineros*.

M3: es el M2 más los depósitos en instrumentos emitidos por el gobierno federal (letras, bonos y billetes del tesoro) y por empresas privadas (pagarés, certificados) que no sean mayores de un año.

M4: es la variedad de dinero más amplia. Incluye al M3 más los depósitos en el sistema financiero a más de un año en bonos, obligaciones, pagarés de mediano plazo, etcétera.

Los *cuasidineros*, que se negocian en el mercado de deuda, cumplen las funciones de medida y reserva de valor.

| M1 |
| M2 |
| M3 |
| M4 |
| Cuasi-dinero |

Estados del dinero y efectos sobre su valor

El dinero, en efecto, como el agua, tiene varios estados. El más natural es también el estado líquido, el M1, las monedas y billetes. El M2 y el M3 son algo así como lo que el hielo para el agua. Los títulos de corto y mediano plazo que constituyen el M2 y el M3, si se dejan al tiempo, es decir, si uno los posee y se espera a que llegue la fecha de vencimiento, se convertirán, por sí solos, sin que uno haga algo, en dinero líquido, en M1.

Cuando se deja el hielo a la intemperie, el deshielo suele provocar cierta vaporización y pérdida de líqui-do. Ya veremos, en el capítulo 3, que el proceso de "deshielo" del M2 y del M3 puede propiciar también la vaporización de algo o mucho del valor del dinero.

. 3 Sistema financiero: captor y dispersor del dinero

Dicen los economistas contemporáneos que el dinero no es la rueda del comercio, sino el "lubricante" de la economía. ¿Por qué? Los procesos económicos de las organizaciones no son iguales ni tienen el mismo flujo. Por ejemplo, para que las empresas industriales inicien sus procesos requieren efectuar una serie de pagos en efectivo: la compra de materia prima, los anticipos a proveedores, el pago de sueldos y salarios, los gastos de producción y administrati-vos. Por lo general, dichas empresas venden su producción en grandes volúmenes y a crédi-to, por lo que deben resolver una cuestión fundamental: ¿qué hacer para contar con dinero e iniciar su producción?

Hay otro tipo de empresas cuyo ciclo de negocios supone lo contrario. Las tiendas de auto-servicio, por ejemplo, se abastecen de productos cuyo pago se difiere o se programa para una fecha fija, mientras que el total de sus ventas se efectúa al contado. Aunque parezca insólito, también tienen un dilema: ¿qué hacer con las enormes cantidades de efectivo que reciben?

Descompensaciones como éstas son frecuentes en la economía. Ambos tipos de empresas tienen problemas relacionados con el dinero y ambas deben acudir al sistema financiero para re-solverlos: una llegará a buscar recursos y otra a entregarlos. El sistema financiero es el receptor de las dos grandes fuerzas de la economía: la demanda y la oferta de dinero. El sistema finan-ciero está organizado para recibir dinero de quienes lo tienen en exceso, para negociarlo y trans-ferirlo a quienes carecen de él.

Función económica del sistema financiero

El sistema financiero es el mecanismo que equilibra los recursos monetarios. Para efectos prác-ticos, es el gran mercado donde se compra y se vende el dinero. Como en cualquier clase de mer-cado donde se intercambian productos y se establecen los precios, en el sistema financiero se intercambia dinero y se determina su precio.

Al cumplir sus funciones, ese inmenso mercado se convierte en el pulmón de la economía porque genera las influencias necesarias para impulsar el desarrollo económico. El sistema finan-ciero tiene tres objetivos principales y correlacionados:

1. Captar los excedentes de efectivo y transferir los ahorros a los demandantes de recursos.

2. Corregir las descompensaciones en el gran flujo económico.

3. Propiciar el desarrollo y crecimiento de la economía.

El público y las empresas pueden tener excedentes temporales por un día, una semana, un mes o incluso por más tiempo. El público que canaliza sus excedentes al sistema financiero bus-ca uno o varios tipos de beneficios: seguridad y liquidez, rendimientos competitivos o riesgo y rendimientos elevados. Unos y otros beneficios dependen de varios factores: monto de los re-cursos, plazo de disponibilidad, gustos, preferencias, etcétera.

La actividad del sistema financiero no estaría completa si sólo se dedicara a guardar los recursos del público. Su función económica consiste en ordenarlos y regresarlos al ciclo productivo. Los regresos, en forma de créditos, equilibran el dinero entre demandantes y oferentes.

El sistema financiero puede trasladar, prudentemente, la mayor parte de los recursos que recibe del público a las entidades y personas que lo necesitan y debe conservar un porcentaje de lo que el público deposita para tener con qué enfrentar los retiros ocasionales, parciales o totales de los inversionistas. Los recursos del sistema financiero (el ahorro interno) se pueden prestar porque se reciclan en forma constante: así como hay dinero que se retira, hay depósitos de recursos nuevos, de manera que el sistema conserva siempre una enorme base de la cual echar mano. Claro que tanto la cantidad de recursos como la actividad de transferencia son objeto de regulación y vigilancia por parte de las autoridades.

En el curso normal de las actividades, una de las fases puede verse interrumpida, alterada o acelerada; esto es, si disminuyen los depósitos, se retiran de manera acelerada, se reduce el crédito o se multiplica desmedidamente, la economía puede sufrir trastornos o descomposiciones, ya que pueden presentarse fenómenos nocivos: recesión, inflación, desempleo... La actividad del sistema financiero, encauzada y moderada por las autoridades, se debe parecer a la función de los pulmones que reciben y procesan el aire que se aspira y envían el oxígeno que necesitan los distintos órganos del cuerpo. Del mismo modo, el sistema financiero debe recibir y procesar el dinero y dispersarlo entre las diferentes entidades económicas para hacer posible que se cumpla el ciclo de los negocios y la economía se mantenga, se desarrolle y crezca.

1.4 Organización y actividades de los sectores que forman el sistema financiero

El sistema financiero es uno de los sectores más dinámicos del espectro económico. Es el más cambiante de todos. Siempre evoluciona. Se encuentra en permanente renovación para ajustarse a los requerimientos globales de las tendencias económicas y a las necesidades particulares de cada nación. Su organización actual es muy distinta y mucho más amplia que hace una década. Las actividades que llevan a cabo ahora sus integrantes son menos variadas que las que realizarán dentro de cinco años. ¿Por qué cambia un sistema financiero? ¿Qué hay dentro de él? ¿Cómo está organizado para recibir y dispersar los recursos? ¿Qué órganos se encargan de regularlo? En el desarrollo de esta última parte del capítulo trataremos éstas y muchas otras interrogantes.

Nos hemos acostumbrado a ver una estructura a partir de un órgano rector y a observar que tal estructura se despliega después en divisiones y subdivisiones particulares. La organización del sistema financiero parte de los organismos oficiales de regulación y vigilancia y se fragmenta en cinco grandes grupos que representan las clases de actividades que se pueden desarrollar en él y las instituciones que las ejecutan.

Los cinco sectores del sistema financiero mexicano, que son prácticamente los mismos con los que uno se encuentra en el resto del mundo, son los siguientes:

- El sector bancario.

- Las instituciones no bancarias.

- El mercado de valores.

- El mercado de derivados.
- Las instituciones de seguros y fianzas.
- Las instituciones del Sistema de Ahorro para el Retiro.

El sector bancario, transformador de los recursos del público

Sector bancario

Es por mucho el sector que mayor penetración tiene en la economía y en la sociedad. Incluye los bancos comerciales y la banca de desarrollo. La banca capta recursos del público a través de un sin fin de mecanismos y formas de depósito. El público deposita su dinero en la banca por múltiples necesidades y factores que están siempre ligados a tres necesidades genéricas: seguridad, liquidez y conservación del poder adquisitivo del dinero. La banca transforma el dinero que recibe; es decir, lo canaliza a las actividades productivas sin que el público sepa qué se hizo con su dinero. La banca registra como suyos los recursos que capta y los presta a nombre propio y, al mismo tiempo, asume un pasivo. El acreedor es el público que deposita sus recursos y confianza. La banca es responsable de cuidar los recursos del público.

Las instituciones no bancarias, servicios paralelos

Instituciones no bancarias

En este sector se engloban las instituciones y actividades que representan servicios complementarios a los que ofrece la banca, de ahí que algunas se conozcan como auxiliares del crédito: las casas de cambio de divisas, las uniones de crédito, los almacenes generales de depósito, las arrendadoras financieras (que desarrollan la actividad conocida como *leasing* en el exterior, incluso en los países donde se habla español), las empresas de factoraje (*factoring*), las sociedades de ahorro y préstamo, y las sociedades financieras de objeto limitado, Sofoles, que otorgan créditos relacionados a algún sector específico.

El mercado de valores, financiar con riesgo propio

Mercado de valores

El sector bursátil —mismo que se desarrolla a profundidad a partir del próximo capítulo— se encarga de poner en contacto directo a los demandantes con los oferentes de recursos. El público ahorrador deposita su dinero en una casa de bolsa para que ésta adquiera un conjunto de valores por cuenta de aquél. El destinatario de los fondos puede ser una empresa o una entidad de gobierno que, necesitada de liquidez, acude al intermediario para que venda al público un conjunto de títulos de crédito que representarán un pasivo o parte del capital de la empresa. El público sí sabe qué hace el intermediario con su dinero, ya que gira las instrucciones de compra o venta de tal o cual instrumento, de participar en un mecanismo o en otro. En virtud de ello, el público es el responsable del destino de los recursos.[7]

El mercado de derivados

Mercado de derivados

Se trata del mercado que permite negociar a futuro cierto grupo de mercancías o referencias (como las tasas de interés) cuyo precio suele cambiar por factores que no dependen del rum-

---

7 Por todo eso a los mercados de valores se les conoce también como "mercados voluntarios".

bo económico y que, por eso, son bienes de precios no predecibles ni controlables, como el petróleo, el tipo de cambio o el trigo, por ejemplo.

Los derivados son productos que "se derivan" de los mercados al contado (los que implican la entrega del bien contra pago respectivo). Por medio de estos productos se pactan las condiciones de compra-venta que se liquidará en el futuro.[8]

Seguros y fianzas: sistemas de protección

Las instituciones de seguros y fianzas se encargan de ofrecer distintos tipos de cobertura a las entidades y personas que buscan protegerse contra pérdidas eventuales por la ocurrencia de algún evento o siniestro potencial.

Seguros y fianzas

El sistema de pensiones: pensar en el retiro

El Sistema de Ahorro para el Retiro es el de más reciente incorporación al gran cuadro del sistema financiero en México. Como muchas otras figuras, se tomó del sistema de pensiones chileno[9] que, con ajustes y adaptaciones, ha sido el molde que ha delineado la mayoría de los sistemas de pensiones de Latinoamérica.

Las AFORES (Administradoras de Fondos para el Retiro) y las SIEFORES (Sociedades de Inversión Especializada de Fondos para el Retiro) constituyen el sistema de pensiones mexicano. Son entidades abocadas a recibir recursos de los trabajadores que tienen que hacer aportaciones durante su vida productiva para que, al momento de su jubilación, reciban una pensión con la que puedan vivir en el retiro. La pensión estará conformada por sus aportaciones históricas y por los beneficios que se les hayan generado a lo largo del tiempo.

Sistema de pensiones

Interrelación y complemento

Todos los sectores referidos se interrelacionan. Todos convergen en el mismo flujo, se complementan para lograr que el público pueda participar en dos o más sectores a la vez. Supongamos que una empresa se financia, vía una emisión de acciones, para adquirir tecnología en el extranjero. Los clientes que adquieren las acciones en el mercado de valores pagan su operación con cheques respaldados por depósitos que tienen en las instituciones bancarias. El intermediario bursátil concentra y deposita esos cheques en su banco y de ahí gira los recursos a la empresa que hizo la emisión quien, al recibirlos, los deposita en otro banco mientras llega el momento de acudir a una casa de cambio a comprar las divisas suficientes para pagar la tecnología y maquinaria objeto del financiamiento y los seguros de su traslado desde el extranjero.

---

8 El autor ha escrito un libro sobre productos derivados que, como "Para entender la bolsa", ha sido publicado por Thomson Learning.

9 En Chile y Argentina, el sistema de pensiones está formado por las Administradoras de Fondos de Jubilaciones y Pensiones, AFJP y los Fondos de Jubilaciones y Pensiones, FJP.

1.5 Autoridades: organismos de regulación

¿Qué hay siempre a la cabeza de los órganos? ¿Quién vigila el sistema financiero? Las autoridades, por supuesto, es decir, los organismos que dirigen, que establecen las directrices, que controlan y regulan las actividades y las instituciones. ¿Qué tarea cumplen las autoridades? ¿Por qué son vitales? La respuesta es simple: hemos visto que el dinero es el lubricante de la economía, la mercancía básica del sistema financiero, el factor que puede hacer que una economía se mantenga, crezca, se expanda o se modere, también puede ser el factor que provoque pánicos o crisis. Asimismo, dado que ese dinero se crea, concentra y dispersa en el sistema financiero y por su medio, las autoridades se preocupan por controlarlo, al igual que a las actividades e instituciones que se encargan de tenerlo y moverlo.

Las autoridades buscan hacer eficiente el manejo del dinero. Para lograrlo, deben ser eficientes las instituciones que hacen que circule el dinero: los bancos, las casas de bolsa, el público, etc. Las autoridades establecen leyes, disposiciones, métodos, mecanismos, etc., que deben observar unos y otros en el desempeño de sus funciones. Las autoridades dictan lineamientos de actuación, medidas preventivas que buscan varios propósitos elementales: la eficiencia del sistema financiero, el control o moderación del dinero, el sano desarrollo de la economía y la protección del público ahorrador.

Las entidades que regulan al sistema financiero son:

- La secretaría o ministerio de hacienda. En México, esa dependencia se denomina Secretaría de Hacienda y Crédito Público (SHCP). En otros países se conoce como Ministerio de Finanzas, del Tesoro o de Economía.

- El banco central. Se trata del organismo que lleva la batuta de la economía en los países de libre mercado. En México es el Banco de México o Banxico; en Estados Unidos, The Federal Reserve System, FED; en el Reino Unido, The Bank of England.

- Las comisiones, departamentos o superintendencias de valores. En México operan cuatro comisiones nacionales: la Bancaria y de Valores (CNBV), la de Seguros y Fianzas (CNSF), la del Sistema de Ahorro para el Retiro (CONSAR) y la que opera para la Protección y Defensa de los Usuarios de Servicios Financieros (CONDUSEF). La que cubre el panorama de los mercados de valores, obvio, es la CNBV. En Estados Unidos, esa función recae en la Securities and Exchange Commission, SEC; en el Reino Unido; en la Financial Services Authority, FSA; en Brasil, en la Comissã do Mercado de Valores Mobiliarios, CMVM, en Argentina, en la Comisión Nacional de Valores, CNV.

El aparato regulador del sistema financiero se completa con un grupo de leyes que cubren las actividades e instituciones del sector. De esas leyes emana el resto de las disposiciones particulares: reglamentos, circulares, boletines, disposiciones transitorias, etcétera.

El ámbito de acción de las dos primeras entidades, la SHCP (o el ministerio correspondiente) y el banco central, alcanza otros sectores de la economía y trasciende a todas las actividades del aparato financiero, mientras que las comisiones o superintendencias se dirigen a alguno o varios de los sectores específicos. La CONDUSEF, en el caso de México, actúa sobre todas las entidades y actividades del sistema. Es una dependencia que recaba los reclamos de los usuarios de cualquiera de los servicios del sector.

Por su importancia para nuestro objetivo, vamos a concentrarnos en las tres instituciones que tienen una marcada injerencia en el mercado de valores: la secretaría o ministerio de hacienda y el banco central, así como en la comisión o departamento de valores.

Secretaría de Hacienda

Además de ser la entidad rectora de las actividades económicas de un país, es el organismo cúpula del sector financiero. La secretaría de hacienda ejecuta la planeación, coordinación y supervisión del sistema financiero. Su actividad abarca todas las instituciones que componen el sistema. Como parte de sus atribuciones en el sistema financiero resaltan:

- Proponer las políticas de regulación y supervisión, de planeación y coordinación de las instituciones financieras bancarias, no bancarias, bursátiles, de seguros y fianzas y las del sistema de pensiones.

- Proponer los asuntos que se refieran a los grupos financieros.

- Otorgar y revocar autorizaciones para la constitución y operación de las organizaciones y actividades de crédito y auxiliares del crédito.

Entre sus atribuciones relacionadas con el mercado de valores (materia de este libro), se pueden destacar las siguientes:

- Interpretar la ley del mercado de valores y prever su aplicación, previa opinión de la comisión o departamento de valores.

- Designar cinco vocales de los 11 que integran la junta de gobierno de la comisión, departamento o superintendencia de valores, entre ellos, a su presidente.

- Autorizar la constitución y operación de los grupos financieros y de los intermediarios del sistema financiero.

- Otorgar las concesiones para el funcionamiento de las bolsas de valores, las casas de bolsa, los especialistas bursátiles, las calificadoras de valores, los institutos de depósito, las cámaras de compensación y demás instituciones.

Banco central

Autónomo en algunos casos, dependiente del poder ejecutivo en otros, el banco central es, en la práctica, la institución más importante del sistema financiero. En los sistemas de economía de mercado y en el plano mundial de la globalización, asume el papel más relevante y complejo de cuantos conforman el contexto económico.

Un banco central es, en cualquier caso (ya sea el Bundesbank, The Bank of England; el Banco Central de Reserva de El Salvador; el Banco Central Europeo; etc.) el guardián del dinero de un país, el responsable diario de la salud económica. Esta institución crea el dinero que se emplea e impulsa a la economía. Es la institución sobre la que recae el peso primordial de la evolución económica.

Un banco central tiene una gran cantidad de actividades y responsabilidades. En México, las actividades de Banxico son variadas pero casi todas delimitadas o compartidas. Todas las actividades de los bancos centrales están enfocadas a una materia principal: el dinero. Los bancos centrales tienen el objetivo vital de controlar la mercancía más importante de la economía.

Banco central: la búsqueda del equilibrio

Un banco central desempeña varios roles:

- **Regulador.** Una de las funciones más dinámicas de todos los bancos centrales, es aquella que, atendiendo a los criterios de la política monetaria y crediticia, los hace participar en el mercado secundario de dinero (mismo que se analizará más adelante) a través de operaciones de mercado abierto; es decir, la compra y venta de valores gubernamentales de deuda, el retiro o la inyección de liquidez, la moderación y la nivelación de la tasa de interés, etc., para controlar la cantidad de dinero y encauzar las variables macroeconómicas y los indicadores financieros a los objetivos generales de la política económica. Cuando la actuación de un banco central propicia que tales variables e indicadores evolucionen sin sobresaltos, la demanda de productos, servicios y créditos son constantes, los precios y el empleo resultan estables y la economía de un país, en su conjunto, crece. El banco central, al regular la cantidad de dinero, vía los mercados, puede ser, según el sentido en que regule, el motor del crecimiento o el detonador del estancamiento.

- **Guardián.** Un banco central resguarda y administra las reservas internacionales de su país, no sólo como mero custodio de ellas, sino como controlador; esto es, las expande o reduce según las circunstancias o presiones sobre las variables y la moneda. Los bancos centrales actúan en el mercado cambiario, establecen reglas y condiciones a los bancos y a las casas de cambio, aplican mecanismos para equilibrar la oferta y la demanda de divisas. Más que todo, esta institución define la forma en que se conducirá la evolución del tipo de cambio: paridad fija, flotante, libre, etc., y toma las medidas necesarias para que la economía se desarrolle con esa política cambiaria. En México, sobra decirlo, el banco central comparte la responsabilidad de la política cambiaria con el ejecutivo federal a través de la Secretaría de Hacienda.

- **Supervisor y auditor.** El banco central establece disposiciones a las que deben sujetarse las instituciones de crédito, las casas de cambio, los intermediarios del mercado de valores y algunos otros intermediarios en las operaciones que realicen. Exige y recibe información periódica (diaria, semanal, mensual) sobre saldos y tenencias acumuladas, para determinar qué están haciendo los intermediarios en ciertas operaciones o con ciertos valores. Hace observaciones y se coordina con las comisiones o departamentos de valores para aplicar medidas correctivas.

- **Controlador del flujo monetario.** El banco central define sistemas de pago y liquidación de transacciones y transferencia de dinero que deben usar los intermediarios. En Estados Unidos, los bancos están conectados al sistema de transferencias que controla y supervisa la Reserva Federal: FedWire. En México, Banxico ha establecido sistemas de pagos interbancarios como el SIAC (Sistema de Atención a Cuentahabientes del Banco de México) y el SPEI (Sistema de Pagos Electrónicos Interbancarios).

SIAC
SPEI

- **Prestamista.** Regula los créditos interbancarios diarios y actúa como prestamista directo de los bancos. Los préstamos que hace el banco central más importante del mundo, la FED (The Federal Reserve System), se otorgan, según sea el caso, con alguna de las dos tasas de interés de mayores repercusiones: la tasa de descuento (*discount rate*) o la tasa de fondos federales (*fed funds rate*). En México, Banxico realiza subastas de crédito. Sobre los préstamos que otorga requiere que los deudores constituyan garantías con valores gubernamentales. El mismo Banxico administra esas garantías. Banxico cuenta con sistemas complementarios para desarrollar estas dos funciones: el SUBAN (Subastas Bancarias) y el SAGA (Sistema de Administración de Garantías).

SUBAN
SAGA

En concreto, un banco central, como el Banco de México, se vincula con el sistema financiero fundamentalmente en los siguientes aspectos:

- Ejecuta la emisión, colocación y compra y venta de valores gubernamentales.

- Define el nivel de la tasa de interés pasiva, la que se paga a los inversionistas y el de la tasa activa, que es la que se le aplica a los que piden préstamos.

- Interviene en el mercado secundario de dinero.

- Dicta reglas sobre el grueso de las operaciones y mecanismos del mercado de dinero.

Internet bursátil

Las direcciones de algunos bancos centrales en el mundo son:

Unión Europea. European Central Bank, ECB: **http://www.ecb.int/**

Estados Unidos. Federal Reserve System, FED: **www.federalreserve.gov/**

Reino Unido. The Bank of England: **www.bankofengland.co.uk/**

México. Banco de México: **www.banxico.org.mx**

Argentina. Banco Central de la República Argentina: **www.bcra.gov.ar/**

Brasil. Banco Central Do Brasil: **www.bcb.gov.br/**

Un banco central es dirigido por una junta o consejo. En algunos casos, es gobernado por un funcionario. El presidente de la junta o el gobernador del banco tienen una enorme responsabilidad.

En Estados Unidos, se dice que el segundo hombre más poderoso de la nación es el presidente de la Junta de la Reserva Federal (el banco central). No les falta razón a quienes lo aseguran aunque en ocasiones, se ha demostrado que no es el segundo sino el primero.[10]

El presidente de la Junta de la Reserva Federal toma decisiones (alza o baja de las tasas de interés), o hace declaraciones que de la noche a la mañana pueden ocasionar efectos devastadores en todo el mundo.[11]

Las decisiones y directrices del presidente o gobernador de un banco central pueden motivar el crecimiento o el estancamiento de un país, desencadenar una efervescencia multirregional o mundial o una debacle de magnitudes insospechadas.

---

10 Los presidentes Bush (el padre) y Clinton intentaron derrocar a Sadam Hussein, presidente de Irak, en varias ocasiones. Un presupuesto de miles de millones de dólares y largas conflagraciones no fueron suficientes para derrocar a Hussein. Clinton intentó también liberar a Kosovo y enjuiciar al presidente de Yugoslavia, Slobodan Milosevic, con una guerra de casi tres meses, a la que destinó miles de millones de dólares y, aunque alcanzó algunos objetivos paralelos no logró el principal. Años después, George Bush tuvo que hacer varias guerras para acabar con sus enemigos en Oriente Medio. El problema le llevó varios meses y decenas de miles de millones de dólares.

11 En alguna ocasión Alan Greenspan dijo que en los mercados accionarios, que vivían un alza considerable, había una "exuberancia irracional". Esa sola advertencia produjo caídas en todos los mercados accionarios y alzas de las tasas de interés en el mundo. La actuación del presidente del FED puede hacer posible, en un instante, lo que el presidente del país no puede lograr en varios meses o años.

Internet bursátil

Se puede saber más acerca del presidente de la Junta de la Reserva Federal de Estados Unidos, Alan Greespan, en la dirección **http://www.federalreserve.gov/BIOS/Greenspan.HTM**

En las siguientes direcciones hay ensayos interesantes sobre quién mueve los mercados (Greenspan market moved): **http://news.bbc.co.uk/hi/english/business_basics/newsid_178000/178569.stm**

The market shaker: **http://www.pbs.org/newshour/bb/economy/december96/greenspan_12-6.html**

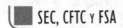

Comisiones de valores, protectoras del público

Después de la secretaría o ministerio de hacienda y del banco central, corresponde a la comisión nacional, al departamento, consejo o superintendencia de valores, el ejercicio de la supervisión directa de los cinco sectores en que se dividen las actividades del sistema financiero.

Todos los mercados de valores cuentan con una entidad supervisora. En algunos casos, la comisión depende del ministerio de hacienda o tesoro; en otros, del banco central. Algunos entes regulatorios, en casos menos frecuentes, gozan de autonomía.

Los objetivos esenciales de la comisión de valores consisten en hacer que el sistema cumpla sus funciones correctamente, con orden, transparencia, con apego a las leyes y ordenamientos.

La comisión, a través de la regulación y la supervisión, procura la estabilidad y el correcto funcionamiento del mercado, mantener su sano y equilibrado desarrollo y, primordialmente, proteger los intereses del público.

SEC, CFTC y FSA

En Estados Unidos, dos dependencias regulan los mercados: la Securities and Exchange Commission, SEC (Comisión de Valores e Intercambio o simplemente bolsa), que se encarga de los mercados de valores tradicionales (dinero, capitales, fondos de inversión) y la Commodities Futures Trading Commission, CFTC (Comisión de Negociación de Futuros), que regula los principales mercados de productos derivados.

En el Reino Unido el peso regulatorio recae en una institución que rinde cuentas al Parlamento vía el Ministerio del Tesoro: la Financial Services Authority, FSA (Autoridad de Servicios Financieros), que antes de 1997 se denominaba Securities and Investment Board, SIB (Consejo de Valores e Inversiones).

Comisión Nacional Bancaria y de Valores

La Comisión Nacional Bancaria y de Valores (CNBV) regula el mercado de valores en México. En realidad se trata de dos dependencias, la Comisión Nacional de Valores y la Comisión Nacional Bancaria que, a partir de 1995, formaron una sola.

En su ámbito recaen los dos sectores más grandes del sistema financiero: el bancario y el mercado de valores, además de las instituciones auxiliares del crédito. La CNBV es el organismo que en la práctica absorbe todo el peso regulatorio de estos sectores. Bajo su vigilancia actúan todos los participantes y se desarrollan todas las actividades propias de la banca y la bolsa. Su organización, como la de casi todas las comisiones de valores en el mundo, está conformada por la junta de gobierno, la presidencia y el comité ejecutivo. Sus facultades delimitan la actuación de las sociedades controladoras de grupos financieros, instituciones de crédito, bolsas de valores, casas de bolsa, especialistas bursátiles, sociedades operadoras de sociedades de inversión, sociedades de inversión, valuadoras de sociedades de inversión, instituciones para el depósito de valores, instituciones calificadoras de valores, almacenes generales de depósito, uniones de crédito, arrendadoras financieras, empresas de factoraje financiero, casas de cambio y sociedades de ahorro y préstamo.

¿Qué actividades ejecutan la CNBV, la SEC, la FSA, la Comisión Nacional de Valores (CNV) de Argentina, la Comissão do Mercado de Valores Mobiliarios (CMVM) de Brasil y las demás comisiones, departamentos o superintendencias de valores?

Las principales funciones de los organismos de vigilancia, son:

- Vigilar el funcionamiento de las instituciones y mecanismos de los mercados.

- Inspeccionar y vigilar a las emisoras de valores inscritas o listadas en las bolsas.

- Autorizar a los apoderados para celebrar operaciones con el público.

- Autorizar las remuneraciones que los intermediarios cobren al público y los aranceles de las bolsas de valores.

- Dictar normas de registro de operaciones a las que deberán sujetarse las instituciones objeto de supervisión.

- Imponer multas y sanciones tanto a funcionarios como a administradores de las instituciones objeto de supervisión.

- Vigilar que el público cuente con toda la información disponible acerca de los valores y mecanismos de negociación del mercado.

- Prevenir fraudes y demás actividades o eventos que atenten contra las sanas prácticas de los mercados.

Conviene apuntar que, en sus actividades de vigilancia, las Comisiones mantienen una relación constante y estrecha con todos los participantes del sistema, realizan revisiones permanentes a las instituciones de crédito, a los intermediarios en sus diferentes áreas y departamentos, sucursales, actividades y mecanismos a través de los cuales realizan sus operaciones habituales. Las Comisiones envían inspectores a las oficinas de los intermediarios, emisores y demás participantes; solicitan a diario información mediante oficios; requieren explicaciones sobre determinadas operaciones y, en especial, realizan prolongadas auditorías por lo menos una vez al año.

Internet bursátil

Las direcciones de algunas comisiones de valores en el mundo son:
Estados Unidos: Securities and Exchange Commission, SEC: **www.sec.gov**
Reino Unido: Financial Services Authority, FSA: **www.fsa.gov.uk**
México: Comisión Nacional Bancaria y de Valores, CNBV: **www.cnbv.gob.mx**
Brasil: Comissão do Mercado de Valores Mobiliarios, CVM: **http://www.cmvm.pt/**

Resumen

La economía de hoy se basa en el mercado. Éste es el medio por el cual se intercambian todos los productos y servicios y donde se establecen los precios.

El dinero es la mercancía más importante de la economía de mercado. Con él se mueven las demás mercancías de la economía capitalista.

A lo largo de los años, el dinero ha sufrido transformaciones y adecuaciones de base. En el transcurso de la historia, todos los productos que se han usado como dinero (el cacao, el oro, los billetes, etc.) se han desechado con motivo de crisis profundas o colapsos irremediables.

Hoy en día, el dinero ha llegado a ser un bien intangible. La mayor parte de las transacciones económicas se liquidan ahora con cargos y depósitos electrónicos. Los avances tecnológicos han hecho posible que el dinero se movilice y se multiplique en grandes sumas y muy rápidamente.

La función de concentrar, reproducir, reciclar y multiplicar el dinero está a cargo del sistema financiero. Esa función entraña una responsabilidad enorme. El sistema financiero es el mercado donde se compra y se vende el dinero y donde se fija su precio.

Para cumplir su función en forma adecuada, se divide en diferentes sectores. Cada sector realiza una función que es complementaria de las otras.

Dado que la actividad del sistema financiero es de vital importancia para el equilibrio y la expansión de la economía y en vista de que su actuación puede ocasionar transtornos o crisis, permanece en constante vigilancia y regulación por parte de las autoridades.

Las dos instituciones de mayor peso en el sistema financiero son el Banco Central y la Comisión de Valores.

La eficiencia del dinero como factor de intercambio y generador de bienestar general depende de un sistema financiero bien cimentado, que opere con orden, transparencia y rapidez.

Práctica

1. El caso de los billetes de la Banque Royale, en Francia, es uno de los antecedentes más dramáticos de las crisis financieras de hoy. Investigue el caso y exponga:

   ➡ La causa del desastre.

   ➡ ¿Quién o quiénes tuvieron el mayor peso de la responsabilidad?

   ➡ ¿Cómo pudo atenuarse el problema?

   ➡ ¿Cuál es la principal lección para la historia?

2. Presente la estructura del sistema financiero nacional más reciente y destaque:

   ➡ ¿Qué nuevas instituciones han surgido en el último año?

   ➡ ¿Cuál es la función principal de la comisión, departamento o superintendencia de valores?

3. El banco central ocupa un lugar preponderante en el contexto de la globalización.

   ➡ Dé un par de ejemplos concretos y recientes que reflejen esa importancia.

   ➡ Describa las funciones del Banco Central Europeo, BCE, en la Unión Europea.

2 Mercado de valores: oxígeno para la economía

Si la bolsa forma parte de una visita turística, es que algún encanto tiene o por algo importante debe ser.

En el recorrido, el *tour*, que hacen las agencias de viaje por los puntos más importantes de Londres, el guía dice, al arribar a la zona financiera, *"ésta es The City, la Milla Cuadrada. Acá están los bancos, las bolsas, el banco central. Desde acá se surte de dinero al mundo"*. Algo similar ocurre en Nueva York, donde los hoteles y las agencias de viaje llevan a los paseantes a Wall Street, para que vean dónde y cómo se inició la actividad comercial y, con ella, la vida misma en la ciudad; para que vean, en suma, cómo se hacen las operaciones en el mercado más grande del mundo. Los turistas, en Wall Street, toman fotos y se asombran de ver placas, efigies, datos, y caminan calles hacia atrás, a la zona cero, donde estaban las torres gemelas que fueron colapsadas en septiembre de 2001. Las torres fueron erigidas en la parte baja de Manhathan precisamente para que formaran parte del complejo financiero y colapsadas por lo mismo, por ser el símbolo más visible de los mercados de dinero.

En uno y otro lado, en The City y en Wall Street, la gente se pregunta lo mismo ¿Qué significa todo esto? ¿Qué es exactamente Wall Street? ¿Qué ocurre dentro de las bolsas? ¿Cómo es que las bolsas surten dinero?

2.1 De las ferias medievales a los productos financieros

La actividad de captar y prestar dinero que realiza el sector bancario, como moderador de los recursos de la economía, no es suficiente. De hecho, los bancos comerciales, el banco central, las empresas y el público cierran el círculo que equilibra los recursos e impulsa a la economía al participar en el otro gran sector del sistema financiero: el mercado de valores.

El mercado de valores aún es un mundo desconocido e intrincado que propicia confusiones desde que uno se topa con su nombre. Esas confusiones pueden eliminarse si se repasan ciertos sucesos históricos y se insertan en la realidad que hoy envuelve a la economía y la bolsa.

La historia y el presente son elementos convergentes y decisivos. En los modos operativos y aun en la materia más relevante de la economía de hoy, el dinero, se encuentran modos y figuras tan antiguos como el mercado mismo.

¿Qué es la bolsa?

Nos hemos referido indistintamente a la bolsa y al mercado de valores. Para efectos prácticos, se debe pensar que ambos significan lo mismo. La bolsa, para muchos un extraño mundo de elementos incomprensibles, no es más que la mezcla de instituciones, actividades, instrumentos y mecanismos a través de los cuales se contactan oferentes y demandantes de recursos.

Resulta fácil entender lo que es la bolsa si partimos de algunos razonamientos simples: en la vida diaria utilizamos la segunda acepción del término bolsa (la primera se explica como un recipiente de tela, plástico o piel) para referirnos a la concentración de la oferta y la demanda de ciertos productos o servicios. Así que cuando se dice bolsa de trabajo se entiende que se trata de una estructura que permite recibir, organizar y desplegar muchas clases de puestos que requieren las instituciones y la demanda de empleo de las personas. La función esencial de esa bolsa de trabajo es poner en contacto a quienes ofrecen empleo con quienes lo demandan.

Algo muy parecido a lo anterior se debe interpretar cuando se menciona la bolsa de valores. En ésta convergen y se enlazan los demandantes y oferentes de productos, instrumentos y mecanismos financieros. Ahora bien, ¿quién no se ha preguntado cómo surgieron las bolsas y el por qué de su denominación?

De las ferias medievales a los tianguis y las bolsas de hoy

Los historiadores coinciden en ubicar el origen de las bolsas en las ferias de la época medieval, en las cuales se intercambiaban mercancías. No se negociaban títulos de crédito ni alguna otra forma de dinero. Se presume que el intercambio de las mercancías en esos mercados muchas veces no era con dinero metálico, sino, eso sí, mediante la entrega de un billete de intercambio. El vendedor de mercancías que recibía billetes acudía después a un banco a canjearlos por dinero real (proceso que, como vimos en el capítulo anterior, es el origen de los billetes que ahora usamos como dinero).

Los puestos callejeros, con sus toldos, estantes y la mercancía apilada, los vendedores gritones, el regateo continuo con la clientela, las discusiones con otros vendedores, la música y los espectáculos, entre tantas otras características de las ferias medievales, fueron el semillero de las bolsas de valores y son un signo distintivo de una forma típica de hacer mercado en la vida contemporánea: el tianguis. Incluso esos mercados del medioevo son un retrato idéntico de lo que hoy conocemos como "ferias". ¿Quién no ha asistido a alguna de las ferias que se montan en fechas establecidas en los distintos puntos del país? En ellas persisten las características de los mercados de hace siglos y, lo que es más, también en nuestras bolsas de valores.

Bursa, *buerse*: origen del término bolsa

Hay dos versiones del origen y adjudicación de la palabra bolsa a los mercados: la de los lingüistas, quienes aseguran que proviene del latín *Bursa*, que significa bolsa o saco de piel, un recipiente o espacio, vaya, donde cabe de todo, incluyendo dinero, títulos o valores. Como en los mercados se negociaba de todo, afirman que al paso del tiempo se optó por llamarles bolsas.

La otra es la versión de los historiadores económicos, quienes pregonan que la palabra se tomó del nombre de una célebre familia de comerciantes que vivía en Brujas, ciudad de Flandes, en el siglo XV: la familia Van der Buerse, cuyo escudo de armas tenía pintadas tres bolsas de piel. En las bocas de esas bolsas se notaba la aglomeración de la gente para dar a entender que quienes tuvieran negocios que celebrar, tenían que acudir a su casa, a la *bourse*. Por eso, dicen, fue que a los mercados se les comenzó a llamar "bolsas".[1]

Bolsa

Como quiera que haya sido, por el idioma, por la familia flamenca o tal vez por la mezcla de las dos cosas, a esos mercados medievales se les adjudicó, nadie sabe a ciencia cierta cuándo, la denominación de bolsa. No debe extrañar, de cualquier modo, que el primer mercado organizado se constituyera precisamente en la ciudad de Brujas, en lo que ahora es Bélgica, en 1409. Fue hasta medio siglo después, en 1460, cuando se estableció la segunda bolsa en la cercana ciudad de Amberes y poco tiempo después, una más en Lyon, Francia.[2]

Internet búrsatil

Para saber más acerca del origen de la palabra bolsa y de las primeras negociaciones en Europa y América, diríjase a: **http://www.sunwayco.com/tulipmania.htm/**

Bolsa o intercambio

Es curioso saber que la palabra bolsa —o sus equivalentes en otros idiomas— no se utiliza en todo el mundo para definir al mercado, aunque sí se emplea en la mayoría de los casos:

➡ En castellano se dice Bolsa Mexicana de Valores, Bolsa de Comercio de Buenos Aires o Bolsa de Madrid;

---

1 Entre los negocios más dinámicos de la época destacaba el de los tulipanes que, desde hace muchos siglos, contribuye en buena medida al sustento de los Países Bajos. En los tiempos de Van der Bourse, la especulación con esas flores alcanzó su clímax.

2 La actividad comercial en Europa, como la artística y la científica, antes del encuentro de los dos mundos, giraba en torno de lo que era Flandes.

➡ En francés, *Bourse de París* (Bolsa de París);

➡ En alemán, *Frankfurter Werpapierbörse* (Bolsa de Valores de Frankfurt), etc.

➡ En italiano, *Borsa di Milano* (Bolsa de Milán).

Intercambio, Exchange

En el Reino Unido, Estados Unidos o Canadá, aun cuando en un principio también se utilizaba el concepto para nombrar a sus mercados, se usa ahora el término *exchange*, que significa intercambio y, en vez de valores, se utiliza el término *stock*, que algunos lo traducen como acciones aunque, en este caso, es mejor interpretarlo como "Mercantil":

➡ *London Stock Exchange* (Intercambio Mercantil —de Valores— de Londres),

➡ *New York Stock Exchange* (Intercambio Mercantil —de Valores— de Nueva York) o

➡ *Toronto Stock Exchange* (Intercambio Mercantil —de Valores— de Toronto).

A lo largo de los siglos se ha utilizado en castellano y sobre todo en España, si bien con menor frecuencia, el término lonja: la Lonja de Barcelona, la Lonja de Sevilla... No hay que confundir este uso, porque se sabe que esa palabra tiene también otros significados. Así podemos decir, por ejemplo, una lonja de jamón o la lonja de una ermita.

De las mercancías físicas a los productos financieros

Aquellos famosos billetes de intercambio que utilizaban los comerciantes de la Edad Media fueron explotados todavía por la mayoría de las bolsas que se organizaron en Europa entre los siglos XV y XVII (Brujas, Amberes, Lyon, Reims, Colonia, Frankfurt y Amsterdam). Si bien en un principio se negociaba en esos mercados todo género de mercancías, con el tiempo, el auge de la navegación, los descubrimientos y la necesidad de financiar empresas marítimas y actividades como la minería, la figura representativa de los billetes de intercambio propició el surgimiento de las acciones y los bonos: a cambio de su dinero, se entregaba al público un billete de intercambio. Con los años, en vez del billete, se entregaba un bono o acción. Al término de la travesía, en el caso de las empresas navieras, o al vender el metal extraído, para las compañías mineras, se devolvía al público su dinero, contra la entrega del título representativo.

Las bolsas, poco a poco, fueron cambiando de sentido y concentrándose en una clase de productos: los títulos de crédito.

Acciones y bonos, pilares permanentes de los mercados

En su interpretación cotidiana se liga estrechamente a la bolsa con las acciones. Cuando los medios de comunicación difunden que la bolsa subió o bajó tantos puntos, se refieren, en concreto, a las variaciones de un índice que mide los cambios que sufren los precios de las acciones; esto es, a lo que ha pasado en el mercado accionario. De ahí que se piense que negociar en la bolsa se limita a manejar acciones.

Esa identificación, válida a medias, surge de la creencia de que las primeras bolsas se establecieron para negociar acciones. Pero eso también es medio irreal. Ya vimos que las bolsas se crearon para negociar mercancías y luego para financiar empresas mediante la emisión de bonos y títulos de capital.

En las bolsas modernas, que nacieron y se desarrollaron desde el siglo XVIII, ya no se compraban y vendían bienes. Los mercados modernos se utilizaron para financiar a las empresas y los gobiernos con recursos de capital (acciones) y de deuda (bonos). En México, la bolsa nació a finales del siglo XIX y, aunque siempre tuvo cabida para las acciones, desde entonces y durante casi noventa años, los títulos de deuda han sido su principal producto de negociación. Un siglo antes, en los inicios de los mercados formales en Wall Street, en Estados Unidos, el borlote negociador se había dado casi exclusivamente por los bonos.

Los mercados de valores —debe quedar claro desde ahora— no son sólo para negociar acciones. Hoy en día en todas las bolsas del mundo se negocian acciones o partes que representan el capital de las empresas, títulos que amparan deudas y productos complejos que se derivan de unas y otros.

Las bolsas, desde hace mucho, son las abastecedoras más importantes del fluído principal de la economía: el dinero.

2.2 El mundo gira en torno de las bolsas

¿Cómo son las bolsas y cuál fue la historia de los mercados después de Flandes, en el resto del mundo? ¿Cómo nació y creció la actividad bursátil en México? ¿Qué emblemas, signos o legados persisten en los mercados de la actualidad?

Para entender el mercado de valores presente, es preciso voltear a los mercados de antaño. Vamos a dar un vistazo a la evolución del mercado mexicano y a la de los mercados más grandes del mundo. Al hacerlo nos explicaremos muchos de los mitos y resolveremos varias de las dudas que se advierten cuando se habla del trajín cotidiano de las bolsas.

"Desde las puertas de La Sorpresa, hasta la esquina del Jockey Club..."

San Francisco y Plateros tuvo su apogeo como la calle más famosa de la capital en el México romántico y próspero del Porfiriato. De hecho, fue la calle principal desde el Virreinato y como tal continuó hasta mediados del siglo XX, cuando tuvo que ceder su importancia a las nuevas y amplias avenidas del México contemporáneo.

A Manuel Gutiérrez Nájera sólo le faltó plasmar, en su delicioso poema La *duquesa Job*, el jaleo de los agentes de valores; pero no era ese su propósito. Tanto el almacén "La Sorpresa" como el bar "Jockey Club", de los que el poeta da cuenta en sus versos, así como los más relucientes negocios, entre ellos el de la bolsa, se ubicaban en los cruces de las calles de Plateros. ¿Dónde más? Ahí, en un discreto local del número 9, comenzó a funcionar, en 1894, la Bolsa Nacional, que obtuvo el reconocimiento de haber sido la primera institución bursátil del país y que agrupaba a algunos de los corredores que actuaban dispersos en las banquetas, en los cafés o en los locales variados de las esquinas de Plateros con las calles de Espíritu Santo, Gante o Palma y probablemente hasta en los bares de la calle del Coliseo, que por aquel entonces era, según la literatura de la época, el centro de la vida nocturna.

Los corredores habían llegado a San Francisco y Plateros desde mediados del siglo XIX y siguieron negociando sobre sus aceras incluso en los albores del siglo XX. Las fechas del arranque callejero son brumosas: 1850, 1855, 1860... Por lo menos se sabe que pululaban ahí mucho antes de los tiempos del Segundo Imperio: en 1862 operaba la Lonja de México, con 41 miembros y una Junta de Corredores habilitada por la Regencia del Imperio. Los corredores, en ese entonces, negociaban permutas de crédito del Estado, letras y otros valores endosables de comercios y personas físicas.

Investigadores espontáneos comentan que el primer local cerrado donde los agentes pudieron reunirse (con poco éxito, por cierto) para realizar operaciones fue el de las oficinas de la Compañía Mexicana de Gas y que ahí se negociaban títulos mineros, preferentemente. Más serias son las fuentes que aseguran que en los inicios del Porfiriato se sabía que el café[3] de la viuda de Genin era un centro muy animado de reunión y operación de valores. La pastelería de la viuda, en la segunda calle de Plateros, se hizo tan famosa que atrajo a muchísimos agentes y propició que corredores todavía más informales atiborraran fachadas o improvisaran nuevos locales callejeros sobre la pintoresca avenida de Plateros: el aparador de la Casa Marnat, la entrada de la Casa Gual...

Hubo algunas organizaciones, más formales, como la Agencia Mercantil o la Bolsa Mercantil de México. Esta última, a pesar de tener también el reconocimiento oficial, perdió la primicia histórica ante la Bolsa Nacional.

El esplendor de la minería y el impulso prometedor de la industria ferrocarrilera habían despertado un frenesí creciente por la negociación de títulos. Esas industrias fueron los detonadores del progreso. Con ellas y por ellas, principalmente, fluyó la inversión extranjera, se crearon negocios, empleos y se disparó la economía que llevaba estancada, mermada, inestable y frágil todo el tiempo de la historia del México independiente.

En el último cuarto del siglo XIX, bajo el régimen de don Porfirio Díaz, los grandes negocios activaron las emisiones masivas de títulos. Bonos y acciones circularían en los incipientes mercados financieros. Los dueños del dinero hablaban de negocios y cerraban tratos en el inolvidable Café de la Concordia, al mediodía, y en el refinadísimo Jockey Club (un club financiero) por la noche. Recuérdese que la emisión masiva de títulos no era nada nuevo en México: fue la suspensión del pago de unos bonos, los bonos Jecker, el pretexto que produjo la intervención francesa (una guerra más en el inestable siglo XIX) y el Segundo Imperio en la historia del país, el de Maximiliano de Habsburgo.

Luego de décadas de altibajos económicos y tras el intento reeleccionista de Juárez, cuando Díaz obtuvo y retuvo el poder, se pudo construir y dar sentido a la economía. El desarrollo, movido por la banca y la bolsa, lograría palparse, por fin, en el último tercio del siglo y se extendió vigoroso hasta el año de 1911.[4]

En Latinoamérica, cabe decirlo, la fiesta de las bolsas tampoco era nueva. En el sur, los mercados de Brasil y Argentina funcionaban desde mucho antes movidos por los mismos sectores económicos: la minería y los ferrocarriles: en 1854 se había formado ya la Bolsa de Comercio de Buenos Aires, BCBA, en Argentina y en 1890, casi a la par de la bolsa mexicana, se formó la Bolsa de São Paulo, BOVESPA, que integró diversas bolsas o agencias bursátiles que funcionaban al amparo de los gobiernos de los estados de Brasil.

Bolsa de México

Bolsa de São Paulo

Bolsa de Comercio de Buenos Aires

---

3 En muchas partes del mundo las bolsas echaron raíces en los cafés. ¿Coincidencia? Puede ser.

4 Hacia 1905, en el esplendor del Porfiriato, cotizaban 60 mineras (ahí estaba Peñoles, que todavía cotiza), 30 industrias (resaltaban Papel San Rafael, Cervecería Moctezuma, también todavía listada en BMV, y dos ferrocarrileras) y 20 bancos (entre ellos Banco de Londres y México, que hasta 1999 era Banco Serfín —que fue adquirido por Banco Santander— y Banco Nacional de México, Banamex, cuyos títulos estaban inscritos hasta 2001 bajo la clave "Banacci", que fue cambiada por la clave "C", que corresponde a su actual dueño, el consorcio estadounidense Citicorp).

Un camino errático

Como ocurrió un siglo antes en Nueva York, otros corredores fundarían en 1895 una bolsa paralela a la Bolsa Nacional: la Bolsa de México pero, a diferencia de los estadounidenses, los mexicanos se fusionaron en una institución ese mismo año. Surgió la Bolsa de México, S.A., que duraría un suspiro, ya que cerró sus instalaciones en 1896. De ahí en adelante, el desarrollo del mercado en México fue sumamente errático: cierres, reaperturas, reestructuraciones, regresos a las banquetas, cambios de locales, de nombres y siglas, de reglas...

El mercado pudo consolidarse por fin a la par del periodo de crecimiento económico del país que se denominó "desarrollo estabilizador". En medio de ese periodo surgieron la Bolsa de Monterrey, en 1950, y la Bolsa de Occidente, en 1960, y fue en esa misma etapa cuando la Bolsa de Valores de México construyó su edificio en el número 68 de la Calle de Uruguay, todavía en el viejo centro de la capital. Ahí permaneció 33 años. La nueva zona financiera estaba delimitada por las calles de Uruguay, Isabel la Católica y Bolívar. Los negocios financieros que comenzaron en Plateros, llegaron a esa área a partir de la fundación del Banco Nacional de México y del Banco de Londres y México, cuyos edificios históricos todavía lucen hoy espléndidos, en medio de la contaminación y el tráfico.

El lanzamiento definitivo del mercado mexicano tuvo lugar en los años 70, cuando se fusionaron esas tres bolsas, se reajustó la visión del mercado, se crearon nuevas reglas y la Ley del Mercado de Valores, se incorporaron nuevos instrumentos y surgieron las casas de bolsa. En ese decenio, el centro de la ciudad iba ya perdiendo su brillo como epicentro de la vida financiera del país. Los bancos, que hasta esa época todavía mantenían sus oficinas principales en el primer cuadro, comenzaron a buscar nuevos acomodos. A mediados de los 80, la mayoría de las instituciones financieras se había dispersado y se ubicaba en la zona de Paseo de la Reforma, en la elegante área de Polanco o en el sur de la metrópoli.

La bolsa, que parecía ser eterna en el viejo edificio de las calles de Uruguay, no pudo resistir los reacomodos del tiempo. El 19 de abril de 1990, la Bolsa Mexicana de Valores, S.A. de C.V., estrenó dos facetas inimaginables. Una fue física: el nuevo y magnífico edificio del número 255 de Paseo de la Reforma; la otra fue inmaterial e irreversible: su ingreso a la globalización.

Bolsa Mexicana de Valores y Mercado Mexicano de Derivados

En México operan ahora dos bolsas:

➡ La Bolsa Mexicana de Valores (BMV), a través de la cual se negocian títulos de deuda y acciones de empresas.

➡ El Mercado Mexicano de Derivados (MexDer), donde se negocian contratos de futuros y de opciones, instrumentos denominados productos derivados, ya que surgen o se derivan de los dos tipos de valores principales (títulos de deuda y acciones) que se negocian en las bolsas tradicionales.

Ambas bolsas tienen su sede en el edificio de Paseo de la Reforma, en la colonia Cuauhtémoc de la ciudad de México. El edificio cuenta con un anexo en forma de cúpula que albergaba al salón de remates del mercado accionario. En ese anexo se reunían los representantes apoderados de las casas de bolsa para ejecutar las operaciones que les indicaban sus clientes, cuando las operaciones se realizaban a gritos.

En el edificio principal se llevan a cabo actividades administrativas, de supervisión y monitoreo de las operaciones, de liquidación, de control de la información y seguimiento estadístico, etc. La torre alberga además a la Asociación Mexicana de Intermediarios Bursátiles en el piso 1, al Instituto para el Depósito de Valores en los pisos 2 y 3, y a una casa de bolsa que renta los pisos 9 y 10.

Internet bursátil

Para tener más datos sobre la historia de la Bolsa Mexicana de Valores, consulte: **http://www.bmv.com.mx/**

Wall Street, corazón financiero

Nueva York es la plaza financiera de Estados Unidos. En concreto, se habla, y se habla mucho, de Wall Street. ¿Quién sabe con certeza qué es y qué hay en Wall Street? Para efectos geográficos es una simple calle que parte desde Roosevelt Drive, en el East River, en la parte baja de Manhattan (una de las cinco áreas en que se divide la ciudad de Nueva York) y termina en las puertas de Trinity Church, la iglesia de la Trinidad, a pocas calles de donde estaban las torres gemelas del World Trade Center. Pero para efectos prácticos Wall Street es mucho más: es la zona donde se ubican las bolsas, los intermediarios, los corredores, las autoridades...

El nombre tuvo lugar debido a un muro de tapia levantado por los años de 1609 o 1610, poco después de que la isla de Manhattan se convirtiera en el centro comercial holandés en América. Los historiadores dicen que el muro fue fortalecido con una cerca de madera y que sirvió para mantener animales de un lado y esclavos del otro. En Wall Street, la "calle del Muro", nació la actividad comercial en Estados Unidos y, también, la negociación de títulos financieros. En ese primer siglo, en realidad se intercambiaba de todo: animales, pieles, tabaco, monedas, etc. Con el tiempo, como la angostura y la longitud de la calle resultaron insuficientes para tantas instituciones, las calles adyacentes se llenaron también del bullicio y la agitación financiera, de ahí que cuando se menciona a Wall Street, debe entenderse toda una amplia zona del *downtown*, la parte baja de Manhattan.

Wall Street

Bajo los árboles, en las aceras o en los postes de luz

La institucionalidad de los mercados financieros de Wall Street que ya operaban sobre las aceras, desde las ventanas, bajo los postes de luz, sin regulación y con inmensos alborotos, pudo lograrse, parece mentira, gracias a la crisis económica que dejó la guerra de independencia (que, entre otros factores, se debió a las diferencias en el tipo de bien que unos y otros, americanos y británicos, consideraban como dinero). Cuando terminó la guerra, el gobierno de las otrora colonias cayó en la cuenta de que no tenía dinero y, para recuperarse y echar a andar las ruedas de la nueva nación, dicen los historiadores que realizó una emisión de bonos por 80 millones de dólares. Investigadores más circunspectos calculan que el gobierno estadounidense se financió, entre 1775 y 1777, con emisiones que sobrepasaron los 240 millones de dólares. Esos bonos prendieron el júbilo de los corredores y forzaron la organización de los participantes y el orden de las operaciones.

La historia oficial de las bolsas neoyorkinas comenzó el 17 de mayo de 1792 con la firma del célebre acuerdo de *Buttonwood*, que firmaron 24 negociantes. Los términos del acuerdo revelan por sí solos lo que pasaba: los corredores acordaron cobrar una tasa de comisión fija en sus operaciones, así como adherirse a las reglas de las sanas prácticas del mercado. Lo que se conocía como *Buttonwood* era un gran árbol sicomoro, una especie de higuera, que había crecido junto al número 68 de Wall Street y que daba sombra a uno de los lugares donde los negociantes realizaban sus operaciones. En 1793 los corredores se trasladaron a la cafetería Tontine, en la esquina de William y Wall Street y, más tarde, se instalaron en el número 40 de Wall Street. Eso era en Manhattan; porque a contracorriente, en Filadelfia se había fundado ya la primera bolsa en Estados Unidos, en 1790. En Nueva York, la organización que crearon los 24 negociantes tuvo nombre hasta el 8 de marzo de 1817, cuando se registró como la *New York Stock and Exchange Board*. Ese nombre se recortó en 1863 para quedar como la conocemos ahora: New York Stock Exchange, NYCE. En 1865 la NYSE se mudó a su primer edificio propio que estuvo en los números 10 y 12 de la calle Broad. Volvió a mudarse en 1903, cuando se terminó el conocido edificio de los números 18 y 20 de la calle Broad que hace esquina con el 11 de Wall Street. Allí sigue. Es probable que durante el primer decenio del nuevo siglo se mude otra vez de domicilio o se expanda hacia otro edificio.

Existía un grupo de corredores que había permanecido en las aceras. Esos corredores se habían integrado en 1842 en torno a la New York Curb Exchange y no dejaron la calle sino hasta 1921, cuando estrenaron el edificio que se ubica en el número 86 de Trinity Place. En el piso de remates, sus puestos o corros asemejaban postes de luz. En 1953 cambió su nombre por el que tiene hasta hoy: American Stock Exchange, AMEX, que se ubica sobre la calle que corre detrás y a desnivel de Trinity Church, la iglesia de la Trinidad. La angosta calle del Muro, Wall Street, termina justo en la fachada de la iglesia.

Los siete mercados

En Estados Unidos operan siete bolsas (aparte de las bolsas de productos derivados, opciones y futuros). Las más importantes son las bolsas de Wall Street:

- Bolsa de Nueva York (NYSE) y
- Bolsa Americana (AMEX).

Después están las bolsas regionales:

- Bolsa de Boston,
- Bolsa del Medio Oeste localizada en Denver,
- Bolsa de Filadelfia, la que fue la primera en fundarse,
- Bolsa del Pacífico en Los Ángeles y
- Bolsa de Cincinnati.

En Estados Unidos funcionan, además, dos mercados *sui generis*:

El mercado *Over The Counter* (OTC: sobre el mostrador), donde las acciones de empresas pequeñas se negocian por teléfono, informalmente, algo así como la negociación persona a persona que se ha producido en México desde hace varios años con las acciones de Teléfonos de México. El mercado *National Asociation of Securities Dealers Automated Quotation* (NASDAQ: Cotización Automatizada de la Asociación Nacional de Intermediarios). La bolsa electrónica, el mercado por computadora. Toda una bolsa que funciona en silencio, cuyas actividades (negociación, control,

New York Stock Exchange, NYSE

American Stock Exchange, AMEX

Over the Counter, OTC

National Asociation of Securities Dealers Automated Quotation, NASDAQ

liquidación) se realizan por completo mediante sistemas de cómputo. Los intermediarios se conectan a él por terminales. Es el de mayor número de operaciones diarias de Estados Unidos. En marzo de 1998 se anunció la fusión del NASDAQ con la AMEX. Si bien siguen funcionando como entidades separadas, forman un conglomerado bursátil digno de tomarse en cuenta.

NASDAQ, de la luna a la tierra

El título a la inversa de la novela de Julio Verne, "de la tierra a la luna", sirve para describir lo que pasó con NASDAQ. Este mercado, que fue creado en 1971 para financiar a empresas en crecimiento, nutrió con recursos a las empresas tecnológicas en el último lustro de los años noventa. A su amparo se expandieron firmas como Microsoft, Dell, El Sitio, Yahoo, Lycos, etc. El índice de ese mercado, Nasdaq Composite, subió como la espuma: en tres años, de 1997 a 2 000, pasó de 1 300 a 5 000 puntos; creció a la par de lo que parecía era el crecimiento de las empresas de la "nueva economía". El mundo, se decía entonces, ha marcado un nuevo rumbo, el de la tecnología y del Internet. Empresas sin sustancia se financiaban vía NASDAQ. El mercado, que en sus veintitantos años de operación era prácticamente desconocido, fue de pronto pronunciado por todos. Cuando el mundo despertó y las cosas se pusieron en su lugar, cuando se vio que las empresas de Internet se habían sobrevalorado y una vez se dieron las quiebras, cuando de andar en la luna se tuvo que volver a pisar tierra, se repitió la triste historia de los mercados: el índice del NASDAQ se desplomó hasta los 1 200 puntos. Acciones que en el año 2000 se cotizaban en 80 dólares, en 2002 se negociaban en centavos. Otra vez, como varias veces, el aterrizaje fue demoledor.

Desde entonces, como sea, el NASDAQ aparece como referencia obligatoria en las primeras planas de los diarios y portales financieros; desde aquel tiempo se le nombra como el mercado tecnológico y a partir de él se crearon mercados equivalentes en Londres, París, Frankfurt, Hong Kong y Japón, y desde entonces, para bien de todos, se le valora como una alternativa de financiamiento para empresas de verdad, no ficticias.

 Internet bursátil

En las direcciones de la Bolsa de Nueva York, NYSE, y en la de la Bolsa Americana, AMEX, se pueden hallar datos interesantes sobre la historia y las tendencias futuras de Wall Street:
NYSE: **www.nyse.com** AMEX: **http://www.amex.com/about/history**

Wall Street es hoy en día uno de los tres grandes corazones financieros del mundo. Es quizás el más grande. Los otros dos son Londres y Tokio. Uno concentra y distribuye recursos en Europa, África e incluso Oriente Medio; el otro, la bolsa de Tokio, lleva la batuta en Asia.

Londres: exclusividad en los arcos de The Royal Exchange

La historia bursátil en el Reino Unido, y en particular en Londres, registraría mucho menos altibajos que en América.

La primera bolsa, The Royal Exchange, se fundó en Londres entre 1566 y 1570 para vender mercancías y bienes. Los pioneros del mercado se congregaban bajo los arcos del edificio de la bolsa o en su patio al aire libre. Los que negociaban valores, entre tanto, se reunían, para variar, en dos o tres cafés que han pasado a la historia financiera del Reino Unido y Europa: Jonathan's, Garraway y Berry Brothers. En esos tiempos el ingreso como miembro era rigurosamente selectivo. Los miembros de la bolsa tenían cierto recelo de los especuladores a los que denominaban *brokers* si intercambiaban por cuenta de terceros y *jobbers* si negociaban por cuenta propia. Ese bloqueo se mantuvo hasta que se erigió la Bolsa de Londres, The London Stock Exchange, en 1773.

En sus orígenes, la Bolsa de Londres no estaba regulada. Era administrada por sus propios miembros. Una buena cantidad de escándalos y quebrantos motivaron su regulación y depuración: el colapso de las acciones ferrocarrileras en 1850, el desplome de las acciones mineras en 1890 y la intervención del Banco de Inglaterra para evitar la desgracia de Barings Hermanos, ese mismo año. Barings, por cierto, uno de los bancos de inversión más antiguos y prestigiados, quebraría a fin de cuentas en 1995 por un gran problema ocasionado por uno solo de sus empleados que despachaba en la filial de Singapur: Nick Leason.

The City: The Square Mile

The City (La Ciudad), también nombrada *The Square Mile* (La Milla Cuadrada), es uno de los departamentos en que se divide Londres y es para ésta lo que Wall Street para Nueva York: el barrio financiero.

The City congrega una impresionante cantidad y variedad de empresas e instituciones. The London Stock Exchange (LSE), la Bolsa de Valores de Londres, es el punto neurálgico de la actividad financiera del Reino Unido y Europa. La actividad bursátil allá se dispersa en casi una veintena de bolsas regionales conectadas e interrelacionadas. Después de la de Londres, destacan las bolsas de Glasgow, Liverpool, Manchester, Birmingham y Edimburgo.

London Stock Exchange, LSE

Podríamos decir que la Bolsa de Londres es el más internacional de todos los mercados.[5] Es la bolsa con mayor número de emisores extranjeros y en la que participa el mayor número de clientes foráneos. Londres es, además, la capital mundial de los créditos y una de las plazas de mayor dinamismo en negociaciones de metales y petróleo, seguros y reaseguros y, por supuesto, de divisas.

Casi a la par de Wall Street, *The City*, la zona financiera de Londres, es el centro financiero más importante de la Unión Europea y está previsto que en el siglo XXI sea tal vez el más importante del mundo.

The City

Internet bursátil

Para saber más acerca de la bolsa de Londres, consulte: **http://www.londonstockexchange.com/**

Tokio, el palpitar de Oriente

El mercado japonés de acciones y bonos se remonta a 1878, aunque el desarrollo creciente comenzó después de la Segunda Guerra Mundial. En los siglos XVII y XVIII ya se hacían en Japón las operaciones bursátiles que en Latinoamérica todavía no son una constante: las operaciones a futuro. El panorama actual se compone de ocho bolsas, entre las que despunta, con casi 85% de la actividad total, la Bolsa de Tokio. Del restante 15%, las bolsas de Osaka y Nagoya concen-

Bolsa de Tokio

---

5   En La vuelta al mundo en ochenta días Julio Verne describió en tres líneas cómo era, en el siglo XIX, la actividad bursátil en Londres: "Phileas Fogg fue inscrito en una especie de *tudbook* y quedó convertido en un valor de bolsa. Se pedía y ofrecía Phileas Fogg en firme o a plazo, y se hacían enormes negocios... El *Phileas Fogg* bajó y llegó a ser ofrecido por paquetes". Julio Verne sabía de lo que hablaba porque él mismo fue un operador del piso de remates de The London Stock Exchange.

tran 14% y el resto se reparte en diferentes proporciones entre las bolsas de Kioto, Hiroshima, Fukoaka, Nigata y Sapporo. Tokio es la puerta de entrada al lejano Oriente. Representa la vanguardia en productos, tecnología y recursos.

 Internet bursátil

Las siguientes direcciones, que forman parte de las páginas electrónicas de las bolsas de Tokio, Osaka y Nagoya, respectivamente, contienen agradables semblanzas de la historia del mercado de valores japonés:

http://www.tse.or.jp/english/about/history.html

http://www.ose.or.jp/e/about/ao_hi.html

http://www.nse.or.jp/e/index.html

El mundo gira en torno de las bolsas

Bolsa de Frankfurt

En Europa también son importantes la bolsa de Frankfurt, que sustituyó a la de Berlín como centro bursátil en Alemania después de la Segunda Guerra Mundial, y la bolsa de París, que con el financiamiento para la construcción del Canal de Suez contribuyó a fortalecer la negociación de acciones en el resto de las bolsas del planeta.

Bolsa de París

La bolsa de París lleva la batuta del mercado de valores Pan-Europeo al integrar, en una única bolsa, a los cinco mercados que siguen en magnitud a Londres y Frankfurt. Las bolsas de Francia, Holanda, Bélgica y Portugal funcionan interactivamente bajo la égida de Euronext. Euronext se creó en 2000 bajo las leyes de Holanda, para integrar las bolsas de París, Ámsterdam y Bruselas. Se amplió en 2002 cuando absorbió la bolsa de Derivados Financieros más importantes de Europa, la LIFFE, que se convirtió por eso en Euronext.liffe. También en 2002 se le integraron las dos bolsas portuguesas, la de Lisboa y la de Porto que por cierto ya funcionaban como una sola. En 2003, el importe en euros del capital de las empresas listadas superaba, incluso, al de la Bolsa de Londres. En Euronext se negocian acciones, bonos, warrants e índices.

Euronext

 Internet bursátil

Londres: www.londonstockexchange.com/

Frankfurt (Alemania): http://deutsche-boerse.com

París (Francia): www.bourse-de-paris.fr/ o bien

vaya a la página de Euronext: http://www.euronext.com

En Asia despuntan las bolsas de Hong Kong,[6] de Singapur y Corea del Sur.

 Internet bursátil

Para ver más de estas bolsas visite las siguientes direcciones:

Hong Kong: http://www.hkex.com.hk/index.htm

Singapur: www.ses.com.sg/

Seúl (Corea del Sur): http://www.kse.or.kr/webeng/

---

6   Julio Verne también se refirió a la bolsa de Hong Kong. Según el relato, ficticio, por supuesto, el viaje de Phileas Fogg alrededor del globo ocurría en el año remoto de 1872. Ese dato nos sirve para valorar el desarrollo y la trascendencia que ya tenían las bolsas en aquel entonces.

En Oceanía liderea la bolsa Australiana, de Sidney (la que inaugura la jornada mundial bursátil diaria), y, en América, destacan las bolsas de Toronto, en Canadá; Sao Paulo en Brasil; Santiago, en Chile; y Buenos Aires, en Argentina. El mercado más grande de Latinoamérica es, por mucho, el de Sao Paulo, la BOVESPA. Este mercado supera a los de la región en tecnología, modalidades, empresas inscritas, capitalización de mercado, intermediarios, inversionistas, en fin, en todos los aspectos posibles. Es sorpresivo saber que varias bolsas de la región se fundaron casi a la par: la Bolsa de Comercio de Santiago, por ejemplo, abrió un año antes que la Bolsa Mexicana de Valores BMV; BOVESPA, cuatro años antes.

Internet bursátil

Las direcciones de estas últimas referencias son:

Bolsa Australiana (Sidney): **www.asx.com.au/**

Toronto (Canadá): **http://www.tse.com/**

Bolsa de Santiago: **http://www.bolsadesantiago.com/**

Buenos Aires (Argentina): **http://www.merval.sba.com.ar/**

San Pablo (Brasil): **http://www.bovespa.com.br/**

Debido a la globalización, casi todas las bolsas integran un mercado universal único, donde las incidencias de una provocan reacciones similares y en cadena en el resto. Todas las bolsas, al fin y al cabo interconectadas y enlazadas debido a la economía global, se mueven por el mismo tipo de sucesos. El desarrollo de los mercados, apuntalados por la tecnología, hace que los agentes económicos y los inversionistas de todo el mundo puedan integrarse en ese único mercado global que nunca cierra.

Internet bursátil

El siguiente sitio lista direcciones y vínculos que permite conectarse a las páginas de las bolsas más importantes del planeta:

http://www.veneconomia.com/esp/aldia/links.asp

2.3 Importancia económica actual del mercado de valores

Si el sistema financiero es a las economías lo que los pulmones al cuerpo humano; los recursos que mueve la bolsa son como el oxígeno vital que necesitan las entidades para subsistir, desarrollarse y crecer. Así como éste circula por el cuerpo para permitirle que viva, así también las bolsas captan, concentran y dispersan el dinero a los distintos agentes que hacen la economía para que ésta se mueva y desarrolle.

Podemos plantear la importancia del mercado de valores desde cuatro enfoques principales:

1. El mercado es el sitio donde el Banco Central aplica uno de los instrumentos más relevantes de la política monetaria y crediticia: las operaciones de mercado abierto.

2. La bolsa concentra recursos que representan el grueso del ahorro interno del país.

3. Es la puerta de entrada de los flujos de inversión de cartera del exterior.

4. El mercado de valores impacta en el desarrollo de la economía.

El mercado de valores, la Bolsa, proporciona a las entidades carentes de recursos la posibilidad de financiarse mediante un sinnúmero de modelos y alternativas. Como fuente de financiamiento, la bolsa ofrece una gran serie de beneficios únicos:

■ Obtención de sumas cuantiosas que, a menudo, no pueden captarse mediante una sola de las fuentes tradicionales. El mercado congrega una infinidad de oferentes de dinero que, en conjunto, pueden reunir y trasladar mayores cantidades que una sola entidad.

■ Las empresas pueden ampliar o reestructurar su capital con una nueva base de socios, sin que los que ya eran accionistas pierdan o cedan parte del control.

■ Los costos de financiamiento suelen ser más bajos que los créditos tradicionales de la banca.

■ La entidad que acude al mercado adquiere un carácter público. Por lo mismo, la información que es obligatorio que entregue se difunde en los medios nacionales y trasciende al exterior. La entidad goza de relevancia y ve aumentado su prestigio.

Por lo que atañe a los inversionistas, el mercado de valores también confiere un grupo de beneficios difíciles de obtener en otro lado:

■ Variedad de alternativas que satisface los géneros de necesidades y gustos.

■ Diversificación y acceso a oportunidades múltiples con cantidades mínimas de recursos. El mercado ofrece las mismas posibilidades de ganancias a los grandes inversionistas que a los pequeños ahorradores.

■ Ser socios de las empresas más importantes del país. La compra de acciones en el mercado otorga al público la condición de socio, con los mismos derechos y las mismas obligaciones que tienen los accionistas principales.

■ Información del comportamiento de las variables y los indicadores, de las tendencias y perspectivas de la economía, de los proyectos y evolución de las empresas y entidades y de todo lo que concierne a la gama de productos e instrumentos.

Oxígeno para la economía

Los mercados concentran, reciclan, multiplican y dispersan el dinero. Los mercados son, entonces, como los pulmones, y el dinero como el oxígeno vital para que la economía funcione. Por eso, *nada más*, es importante el mercado de valores...

Organización del mercado

Para cumplir sus objetivos y facilitar los beneficios que se señalan, el mercado, la bolsa, depende de una organización compuesta por muchos elementos, mecanismos, figuras y agentes.

Exponer la organización del mercado y describir las actividades de sus participantes nos llevará a desahogar otro género de dudas: ¿qué hay dentro de las bolsas? ¿Cómo llegan los recursos del público a las actividades productivas? ¿Cómo se regula el mercado?

Para visualizar y presentar ordenadamente su organización, descompondremos el mercado en varios grupos de entidades: las emisoras, el público, los intermediarios, las entidades de apoyo operativo, las de promoción y los organismos de regulación.

2.4 Entidades emisoras: importancia del financiamiento

Emisores

Hemos hecho referencia a ciertos valores que se pueden negociar en el mercado: las acciones, los bonos... Esos y otros valores o instrumentos son títulos que venden las empresas o instituciones que, para cumplir sus objetivos o proyectos de producción o expansión, acuden al mercado a hacerse de recursos vía deuda o incrementos de su capital social.

Ya se mencionó que ciertos sectores de empresas y entidades necesitan recursos para solventar una gran variedad de requerimientos.

Las empresas buscan recursos por tres motivos principales:

1. Cubrir flujos operativos o lo que se conoce como capital de trabajo (compra de materia prima o de insumos, anticipos a proveedores, pago de servicios y salarios a trabajadores, entre otros).

2. Invertir en proyectos de expansión, modernización o desarrollo (adquisición de maquinaria, tecnología, ampliación de la planta productiva, etcétera).

3. Realizar reestructuraciones corporativas; es decir, para sustituir pasivos de corto plazo por nuevas deudas de largo plazo, a fin de liquidar socios, entre otros.

El gobierno en sus diferentes ámbitos (federal, estatal y municipal) también requiere préstamos para cubrir alguna de las cuatro necesidades básicas:

1. Financiar una amplia gama de actividades de gobierno y servicios de infraestructura: construcción de puentes, presas, autopistas, avenidas, hospitales, escuelas, estadios, etcétera.

2. Controlar variables macroeconómicas.

3. Reestructurar la deuda pública.

4. Completar faltantes y desequilibrios presupuestales.

Un solo financiamiento, acreedores innumerables

A diferencia del financiamiento bancario, donde el acreedor es una institución, en el mercado de valores los acreedores (si se trata de financiamiento vía deuda) o socios (en el caso del financiamiento a través del incremento de capital) son innumerables y en todos los casos la entidad demandante de recursos emite documentos que representan una deuda a su cargo o parte de su capital.

La captación de recursos representa la venta (colocación) masiva entre el público inversionista de esos documentos o títulos por conducto de un intermediario; por lo tanto, la empresa o entidad recibe la denominación de emisora. La emisora o emisor no conoce ni tiene contacto con sus acreedores o socios nuevos más que la relación formal que celebra con el intermediario y el representante legal del público inversionista.

El flujo de venta de títulos y obtención de recursos por parte de la empresa emisora, y la compra de valores e inversión de dinero por parte del público, ambos con la interacción de un intermediario y de los mecanismos de la bolsa, podría ilustrarse con el esquema de la figura 2.1.

Figura 2.1

Flujo de venta de valores y obtención de recursos

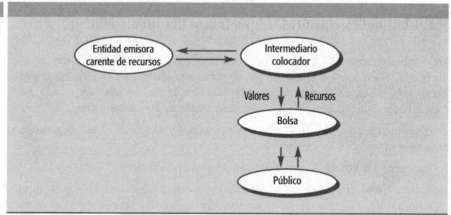

En los próximos capítulos se detallará el proceso de emisión y colocación de valores que, por su importancia, merece un tratamiento aparte.

2.5 Público inversionista

Público inversionista

Se denomina *público inversionista* a las personas o entidades que buscan oportunidades o instrumentos para hacer productivos sus recursos excedentes. El público acude a un intermediario a fin de adquirir los valores o instrumentos que le proporcionen rendimientos y beneficios. El público adquiere el carácter de acreedor o socio según el destino que dé a su dinero y las necesidades que tenga. ¿Qué necesidades busca satisfacer el público? Varias, según el tipo de cliente, el monto de los recursos, el tiempo en que los tendrá disponibles, la aversión o preferencia que tenga por el riesgo, las circunstancias que prevalezcan en la economía, etc. Entre ellos se pueden mencionar algunas:

- Seguridad. Se refiere al grado de certeza que tiene el público de que podrá recuperar el dinero que ha destinado al emisor junto con el rendimiento. Hay quienes prefieren renunciar a la seguridad plena y correr cierto grado de riesgo de perder su dinero con tal de buscar rendimientos elevados.

- Liquidez. Consiste en mantener disponibles los recursos a fin de poder retirarlos dentro de ciertos periodos.

- Rendimientos competitivos o elevados. El público define el nivel idóneo de rendimiento que desea obtener según el tipo de valores a los que destina su dinero: si lo aplica en valores gubernamentales, por ejemplo, sabe que sus rendimientos serán moderados; si lo aplica en acciones, puede recibir rendimientos elevados pero también corre el riesgo de perderlo.

- Cobertura. Hay quienes prefieren no perder y por eso destinan su dinero a modalidades que los protejan aunque les otorguen rendimientos mínimos.

Los ahorradores o inversionistas pueden ser personas físicas, morales (nacionales o extranjeros), fondos de inversión, fondos de ahorro, fondos de pensiones, entidades gubernamentales, fideicomisos, etcétera.

La sociedad como inversionista

En los países de economías maduras se estima que más de 25% de la población total participa en el mercado de valores directamente con un intermediario o en forma indirecta a través de un fondo de inversión. En los países latinoamericanos, en cambio, la proporción no llega a 2%. ¿Razones? Muchas y muy diversas: en las economías maduras, el ingreso personal es alto, por lo que aparte de satisfacer las necesidades primarias, la gente tiene remanentes que destina al ahorro. La cultura financiera y bursátil está diseminada en la sociedad y la sociedad misma se interesa por conocerla, entenderla y ser partícipe de ella.

En las economías maduras el enfoque ha evolucionado. La inversión directa, que presupone la compra de papeles y la confección de portafolios particulares, al gusto y medida de cada quién, ha cedido lugar a la inversión indirecta, en la que el público deposita su dinero en fondos o sociedades de inversión para que éstos confeccionen carteras globales con objetivos específicos.

Cada vez es más notoria la presencia de un tipo de cliente que poco a poco ha replanteado el estilo de inversión del público y que ha multiplicado la participación de éste: los clientes institucionales o fondos de inversión. En los grandes mercados, el grueso del público coloca sus recursos en manos de administradores profesionales que hacen todo por su cuenta. El público se beneficia en dos sentidos: buenos resultados y bajos costos. La conveniencia de conducirse en el mercado vía fondos de inversión se detalla en el capítulo 6.

2.6 Intermediarios

Agentes, corredores, instituciones

Cuando alguien quiere vender su casa puede darse a la tarea por su cuenta o bien puede encomendarla a un corredor. Lo mismo el que desea comprar. La labor del corredor, en este caso, consiste en promover el inmueble, negociar con cada una de las partes y ganar una comisión. Algo similar ocurre en el mercado de valores: como ni los emisores ni los inversionistas pueden asistir a las sesiones del remate, deben pedirle a un intermediario autorizado que venda o compre por su cuenta. En las bolsas sólo pueden negociar los corredores autorizados por las comisiones o superintendencias de valores y, al igual que los corredores de bienes raíces, pueden comprar o vender por cuenta de otros o por su propia cuenta. Los corredores bursátiles ganan comisiones que cobran tanto a los que compran como a los que venden.

Corredores

En México, el término corredor cayó en desuso. Estaba vigente cuando todavía operaban como agentes de bolsa las personas físicas. La historia del mercado en México y Latinoamérica fue de la mano de esa palabra y de ese tipo de agentes hasta los años 70. Esos corredores hacían lo mismo que hacen hoy las casas de bolsa: contactaban entre la clientela a las personas interesadas en comprar y vender algún tipo de valor o instrumento y ejecutaban luego la operación correspondiente en la bolsa. Hacían, pues, una doble labor que hoy en día se realiza por separado: la de promoción o asesoría y la de operación en el piso de remates.[7] La evo-

---

7   Todavía hace poco, la bolsa en El Salvador, funcionaba con pluriempleados. El corredor promovía la compra-venta de valores y, una vez que recibía las órdenes de sus clientes, se iba corriendo a realizar la operación en el salón de remates, al que allá, por cierto, le llamaban "corro". Como se encargaba también de liquidar la operación, del "corro" salían corriendo al banco o domicilio del cliente, a dar o recibir el dinero. Es claro que aplicaban su cargo en dos acepciones: como objetivo "el que corre mucho", y como oficio "el que interviene en compras y ventas".

lución del sistema financiero ha propiciado que, en términos oficiales, la figura de corredor, persona física, haya desaparecido. Los intermediarios constituidos como casas de bolsa son los únicos que realizan ahora esa actividad de correduría o corretaje. La función, obvio, ha sido dividida: por un lado la promoción y asesoría y, por otro, la de negociación en el piso o sistema automatizado de remate. El término actual, en nuestros países, es intermediario, casas de bolsa o sociedades de bolsa. En otros países, sin embargo, el asunto es distinto. Veamos.

Broker

En otras partes del mundo aún tienen vigencia el término y la figura. En la mayoría de los mercados se conoce como *broker* a la generalidad de los intermediarios. *Broker* o corredor, puede ser una persona física o una casa de bolsa, ya que en los grandes centros financieros las personas físicas siguen siendo muy relevantes. A la par de grandes instituciones como Merryl Lynch, Salomon Brothers, Goldman Sachs, etc., participa una multitud impresionante de personas físicas reconocidas incluso como pilares de la intermediación. Cada uno, eso sí, sólo puede realizar un tipo específico de actividad: hay *brokers* que sólo negocian por cuenta del público y hay otros que negocian sólo por cuenta de intermediarios.

En la inmensa categoría de corredor se abre un abanico de intermediarios: desde quienes nada más prestan servicios de compra y venta (*discount brokers*: corredores de comisiones con descuento), hasta las instituciones que además dan asesoría, información financiera y económica (*full service brokers*: corredores de servicios integrales), sin olvidar a los que se limitan a ejecutar transacciones en los pisos de remates como operadores independientes (*floor brokers*), ni a los que sólo atienden grandes clientes institucionales (*deep discount brokers*: corredores de comisiones rebajadas), o los que permiten negociar solamente por Internet (*on line brokers*). Hay otros que se identifican no tanto por lo que hacen, sino para quién lo hacen: los *dealers*, que compran y venden valores por cuenta propia y los *traders*, que actúan igual que los anteriores, sólo que suelen tomar posiciones para mantenerlas por plazos largos.

Casas de bolsa

En términos generales, un *broker* o intermediario es quien pone en contacto al que desea comprar con el que desea vender. En México, la Ley del Mercado de Valores contempla la existencia de dos clases de intermediarios: las casas de bolsa (en Estados Unidos, de modo formal, *brockerage houses*, o Sociedades de Bolsa, en España), y los especialistas bursátiles; además, aunque prevé la actividad de los agentes independientes, limita la actuación de éstos al hacerlos acudir a alguno de los primeros para ejecutar sus labores.

Sociedades de bolsa, *brockerage houses*

Las entidades emisoras captan recursos a través de las casas de bolsa, que promueven entre la clientela la venta de los títulos que la emisora pretende colocar. A su vez, la clientela que demanda valores a fin de hacer producir sus recursos excedentes, acude a un intermediario para que le compre alguna clase de valores. El mismo cliente que hoy compra una cantidad de títulos, puede acudir algún tiempo después con el intermediario a que se los venda y, éste, entonces, buscará colocarlos con otros clientes que deseen aplicar sus recursos en esa alternativa. Las casas de bolsa pueden participar en el mercado en dos sentidos o posturas: por cuenta de terceros o propia. Estos dos enfoques representan sus dos fuentes de ingresos: por un lado, las comisiones que cobran al público por los servicios que proporcionan y, por otro, los beneficios de su actuación con sus propios recursos.

Entre las funciones que pueden desarrollar por cuenta de terceros —es decir, por cuenta del gran público inversionista— resaltan las siguientes:

- Actuar como intermediarios a fin de celebrar operaciones de compra o venta de valores por cuenta de los clientes.

- Prestar asesoría a la clientela respecto de qué valores comprar o vender en determinada situación, época o circunstancia y, en términos generales, explicar qué hacer con sus recursos excedentes. Dicho de otro modo, las casas de bolsa brindan asesoría en materia de valores.

- Recibir fondos de la clientela para efectuar las operaciones que ésta les requiera y proporcionar servicios de guarda y administración de valores, depositando los títulos del público en el Instituto para el Depósito de Valores (Custodio, *Clearing house*).

- Celebrar préstamos y reportos[8] sobre valores.

- Actuar como especialistas bursátiles.

Especialistas bursátiles

Al amparo de la Ley del Mercado de Valores, las casas de bolsa pueden actuar por cuenta propia; es decir, también pueden orientar sus recursos excedentes a alguna de las modalidades del mercado. Pueden ejecutar compras y ventas de títulos o valores o realizar operaciones especiales con su dinero buscando beneficios adicionales. En otras palabras, al actuar por cuenta propia, las casas de bolsa invierten y arriesgan su dinero y también aumentan la liquidez, generan volumen y propician el desarrollo del mercado. Las casas de bolsa cuentan con un área de *trading* u operación, que se encarga de manejar los recursos propios.

Los asesores en estrategias de inversión, *stockbrokers*

Para atender al público, las casas de bolsa cuentan con un área de promoción formada por especialistas que son los que realmente brindan asesoría y toman las solicitudes de compra-venta de la clientela. Esos especialistas se denominan asesores en estrategias de inversión. Los intermediarios, además, cuentan con personal especializado que ejecuta u opera esas solicitudes en los pisos de remates o a través de los sistemas electrónicos de negociación, los operadores representantes.

Los que aspiran a ser asesores u operadores deben sustentar sus conocimientos ante la autoridad (la AMIB (Asociación Mexicana de Intermediarios Bursátiles), con el consentimiento de la CNBV, en México; la NASD, con la autorización de SEC, en E.U.) en diversas materias indispensables:

- Ética.

- Marco normativo del mercado de valores.

- Ley de títulos y operaciones de crédito.

- Ley de Sociedades Mercantiles.

- Mercado de dinero.

- Mercado de capitales.

8 El significado de "reporto", las operaciones relativas y su razón de ser son expuestos en el capítulo 4.

- Sociedades de inversión.
- Análisis (económico, fundamental, técnico).

Hay varios tipos de autorizaciones, según las diversas actividades especializadas: promotor de fondos de inversión, el más básico de todos; promotor de valores y asesor en inversiones, dos figuras que requieren más especialización; operador de mercado de dinero, que es la figura que se encarga de negociar los recursos propios de los intermediarios; y operador de valores, para negociar en el piso o sistema de remate.

Cuando el aspirante aprueba su examen de certificación, recibe la acreditación que lo autoriza a atender y asesorar al público o negociar por cuenta del intermediario, según el tipo de autorización que obtenga. A partir de ese momento se le confiere la denominación de "promotor", "asesor" (*stockbroker*, en inglés) u "operador apoderado", *floor trader*, y se le asigna una clave de identificación, que deberá utilizar y expresar siempre que ejecute sus funciones. Recibe la designación de apoderado porque va a representar al intermediario, mediante un poder, frente al público inversionista o frente a otros intermediarios.

Floor trader
Esesores en estrategias de inversión, *stockbroker*
Promotor

En los mercados desarrollados, Estados Unidos o Reino Unido, se deben certificar también los que hacen análisis, propiamente, los analistas. Se deben certificar porque vierten opiniones o criterios en los que se basan tanto los asesores como el público para tomar decisiones de compra o venta de valores.

Internet bursátil

Direcciones de grandes casas de bolsa de Estados Unidos:
Merryl Lynch: **www.ml.com**
Salomon Smith Barney: **www.sbil.co.uk/**
Goldman Sachs: **www.gs.com/**
Direcciones de *brokers* con descuento:
Etrade: **www.etrade.com/**
Charles Schwab: **www.schwab.com/**
Directorio de las principales casas de bolsa mexicanas:
Acciones y Valores de México: **www.accival.com.mx**
Casa de Bolsa Banorte: **www.banorte.com.mx**
Casa de Bolsa BBVA-Bancomer: **http://www.bancomer.com.mx/casadebolsas/index.html**
Casa de Bolsa HSBC: **www.hsbc.com.mx**
Casa de Bolsa Scotiabank: **www.scotiabanck.com.mx** haga clic en Corporativo
Casa de Bolsa Santander: **www.santander-serfin.com/publishapp/shmer/html/main.htm** haga clic en la pestaña de Banca Privada
Invex Casa de Bolsa, S.A. de C.V.: **www.invex.com.mx**
Ixe Casa de Bolsa: **www.ixe.com.mx**

Una pierna rota, origen del especialista

El surgimiento del especialista en el mercado de valores no pudo tener una causa más simple, circunstancial y oportuna: una pierna rota. James Boyd, un corredor de la bolsa de Nueva York, no podía realizar su trabajo normal en el piso de remates porque se había fracturado una pierna. Como estaba incapacitado para trasladarse alrededor del piso, se limitó a operar desde un puesto único, sentado en una silla y negociando valores de un solo emisor, la Western Union. Cuando los otros operadores se percataron de la condición de Boyd, comenzaron a encargarle la ejecución de órdenes de compra o venta de las acciones de ese emisor que no podían ejecutar ellos porque el precio solicitado por los clientes no correspondía a los parámetros de cotización en esos momentos. Como resultado, los operadores pudieron atender, menos presionados, los fuertes volúmenes solicitados de otras acciones. Boyd, entretanto, concentrado en la negociación y evolución de precio de una emisora, empezó a ser identificado como el experto en Western.

Aunque desde el origen de las bolsas habían existido figuras más o menos parecidas, con la nueva actividad de Boyd —que una vez sano se dedicó a negociar en definitiva un solo valor y dar servicio a los otros operadores— surgió formalmente la figura del especialista. Era el año de 1875. Faltaban todavía casi 20 años para la implantación de una bolsa de valores en México.

La Ley del Mercado de Valores mexicana tipifica la figura del especialista como una institución que puede operar en el mercado accionario por su propia cuenta; es decir, utilizando recursos propios, arriesgando su dinero en la compra y venta de sólo un pequeño grupo de acciones. El especialista trabaja en los pisos de remates de las bolsas y desde ahí actúa como intermediario entre casas de bolsa cuyos operadores o representantes en el piso desean comprar y los de aquellas que buscan vender. Con su actuación, los especialistas coadyuvan a mantener equilibrados los precios e incrementan la liquidez de los mercados.

En el capítulo 3 se trata la función del especialista cuando se expone la parte de las transacciones con acciones en el piso de remates.

Internet bursátil

El siguiente URL de la bolsa de Nueva York le permitirá descargar un archivo tipo "pdf" que trata sobre la labor que realizan los especialistas en el piso de remates

www.nyse.com/pdfs/specialistbrochure.pdf

Operadores de fondos de inversión

En los países desarrollados, el peso del mercado de valores recae en los fondos o sociedades de inversión, que son carteras o portafolios que arman y administran otros intermediarios denominados Operadores de Fondos, *fund managers*, que actúan por cuenta de los pequeños y medianos inversionistas. Los operadores de sociedades de inversión tienen un doble papel: son intermediarios, en cuanto concentran recursos del público —por lo general de la gente que no cuenta con el dinero suficiente para abrir una cuenta en una casa de bolsa o de quienes no podrían confeccionar un portafolio adecuado por su cuenta—. Por otra parte, se denominan clientes institucionales debido a que no pueden operar directamente en el mercado y, por eso, para comprar o vender valores en que apliquen el dinero de su clientela, tienen que contratar los servicios de un intermediario casa de bolsa, con lo cual adquieren, a su vez, la faceta de clientes.

Operador de fondos, *fund manager*
Fondos de inversión

Los operadores de fondos de inversión concentran recursos del público (hablamos de decenas, cientos o a veces miles de inversionistas), con los que confeccionan portafolios o fondos de inversión según perfiles definidos (liquidez, rendimientos altos con riesgo, cobertura, etc.), con los cuales otorgan beneficios que la clientela sólo podría lograr con montos muy elevados y una administración profesional de las inversiones.

Los operadores de fondos suelen estipular montos de inversión mucho menores que los exigidos por las casas de bolsa para abrir cuentas. El público, a cambio del conjunto de ventajas que recibe al participar en alguno o varios de los fondos de inversión, no puede tener injerencia en los perfiles u objetivos del fondo en que participa ni en las decisiones y estrategias que los administradores ejecutan para manejar el dinero.

Los operadores de fondos, en México y Latinoamérica, datan de la década de 1950 y, sin embargo, a pesar de su antigüedad, son una figura que no había podido desarrollarse, en su mayoría, si no era al cobijo de los grandes bancos y las casas de bolsa que creaban fondos asumiendo la función del operador. No obstante, a pesar de la penetración que supone la tutela bancaria, en las postrimerías del siglo, el sector presentaba rezagos inconcebibles. Las modificaciones que se hicieron a la Ley de Sociedades de Inversión a fines de los años noventa tipificaron la figura del operador independiente de fondos y lo definieron como una persona moral o una empresa que debe ser diferente a la institución o grupo financiero que en su caso lo erija y, desde luego, puede ser un operador sin liga alguna con cualquier género de instituciones financieras.

Los operadores de fondos, más allá de su función elemental que es la concentración de dinero de muchos inversionistas para estructurar sociedades de inversión, pueden realizar las mismas funciones generales que una casa de bolsa: recibir recursos y prestar asesoría, pero no pueden operar directamente en los pisos de remates o sistemas automatizados de negociación de los mercados.

2.7 Relaciones entre el público inversionista y los intermediarios

La persona interesada en participar en la bolsa tiene que abrir una cuenta o celebrar un contrato de inversión con un intermediario. Cada casa de bolsa u operador de fondos tiene sus propias políticas de monto inicial de apertura. En algunas casas, el monto mínimo requerido es de $100 000.00; en otras, de $300 000.00. Por lo general, los operadores de fondos permiten actuar al público con montos mínimos menores (los rangos parten desde el equivalente a mil dólares).

Ya que se libra esa primera barrera, el cliente debe suscribir un contrato denominado "Contrato de Intermediación Bursátil" que podemos considerar dentro de la categoría de contratos de Mandato. Recordemos que, en esencia, el *Mandato* es un acto jurídico mediante el cual una persona física o moral instruye a otra para celebrar alguna gestión de negocios por su cuenta. En el caso del contrato de Intermediación, el cliente instruye a su intermediario sobre la realización de las operaciones que desea o requiere y el intermediario actúa en el mercado, con apego a la Ley del Mercado de Valores y a la Ley de Sociedades de Inversión, por cuenta del cliente. Las obligaciones medulares que se expresan en el contrato son, a grandes rasgos:

■ La relación contractual puede ser de dos formas: *discrecional* y no *discrecional*.

Cuenta discrecional

Cuando se estipula que el manejo es *discrecional*, el cliente otorga facultades al intermediario para efectuar en su cuenta las operaciones que, de acuerdo con las circunstancias, el intermediario (a través del asesor autorizado) considere convenientes. Se entiende que el cliente confía plenamente en su asesor financiero. Conducirse así tiene sus ventajas pero también sus riesgos: si el cliente no tiene tiempo para dedicarse por su cuenta a analizar el mercado y a detectar las oportunidades, el asesor lo hará. El cliente queda en el entendido de que el asesor procurará mover sus recursos en los instrumentos más productivos, según las circunstancias.

El manejo es *no discrecional* cuando el intermediario espera las instrucciones del cliente para realizar alguna operación. En este caso, no se podrán tocar o remover los recursos del cliente sin su expresa instrucción. El cliente *no discrecional* debe estipular qué quiere, qué cantidad y clase de valores desea, a qué precio máximo quiere comprar o a qué precio mínimo desea vender, en qué modalidad se interesa en participar, etc. Las instrucciones deben ser claras, precisas y estipular todos los datos que se requieran para que el intermediario pueda atenderlas.

Cuenta no discrecional

- Las instrucciones del cliente podrán ser verbales, escritas, telefónicas o por Internet. En cada instrucción deberán precisarse las características de la operación que pretende efectuar: tipo de operación, clase de valor, serie, precio, etcétera.

- El intermediario debe ejecutar las operaciones que se le indiquen conforme a los mecanismos autorizados por la autoridad.

- El cliente debe proveer de recursos (en el caso de requerir una compra) o contar con valores o títulos (en el caso de solicitar una venta) en su cuenta con el intermediario para que éste pueda ejecutar sus instrucciones.

- El intermediario debe elaborar un comprobante por cada operación realizada.

- El intermediario debe confirmar al cliente la ejecución de sus instrucciones por medio de carta, telégrafo, telefax, Internet, o cualquier otro medio electrónico.

- El intermediario debe remitir al cliente un estado de cuenta mensual en que se reflejen todas las operaciones que hubiere celebrado por su cuenta. El estado de cuenta hace las veces de factura global para efectos fiscales.

Contratos para negociar por Internet (*on-line trading*)

Antes, para abrir una cuenta de inversión era necesario tener una fuerte suma. Los intermediarios ofrecen ahora abrir cuentas con poco dinero. Esas cuentas no son convencionales; son para que el público se maneje exclusivamente por Internet.

El modo convencional consiste en que el cliente consulte al asesor, acuda a las oficinas del intermediario, charle en privado con el asesor o el director de promoción, lo inviten a comer, pida información impresa, hable para girar instrucciones, el asesor le llame para notificarle el estatus de sus instrucciones, etc. El modo electrónico consiste en que el intermediario ponga a disposición del cliente todo lo que éste requiera en su portal especializado: información, datos, estadísticas, perspectivas, opiniones, etc.; el cliente no recibirá invitaciones para comer ni le darán publicaciones impresas; todo lo que quiera hacer, pedir o preguntar será electrónicamente, por correo, o mediante descargas (*downloads*) del portal.

Que el proceso se lleve a cabo por medio del portal de Internet significa ahorro de costos de teléfono, secretarias, asistentes, papelería y demás insumos. Por eso estipulan montos mínimos bajos de apertura de cuentas y comisiones también muy bajas para cada operación de compra y venta. El público, por eso, es quien debe hacerlo todo: leer, interpretar, decidir, descargar la información, comparar datos, dar de alta sus órdenes, verificar si se ejecutaron sus instrucciones, etcétera.

En México y otros países de la región, el servicio de contratación y negociación por Internet lo prestan los grandes intermediarios, las mismas casas de bolsa que ofrecen los servicios convencionales. En Estados Unidos, surgieron intermediarios que ofrecen exclusivamente ese tipo

On-line
trading

de servicio: Charles Schwab, E*Trade Financial, Waterhouse, entre otras. O sea que hay intermediarios *on-line* e intermediarios típicos. En Estados Unidos, Canadá y otros países denominan a este servicio *on-line trading*, negociación en línea. En México y Sudamérica el servicio no es propiamente de negociación, sino de recepción electrónica de instrucciones de compra y venta y aclaración de dudas así como descarga de información. Es importante precisarlo.

Internet bursátil

Para saber más acerca de *on-line trading* véanse los sitios de los siguientes intermediarios:

http://www.schwab.com/

http://www.brownco3.com/visitor/visitor_home.html

https://www.etrade.com/global.html

http://www.tdwaterhouse.com/

http://www.scottrade.com /

Para ver el procedimiento de apertura de cuenta electrónica véase, por ejemplo

https://www.casadebolsabital.com.mx/casadebolsa/docs/politicas_menu.htm

2.8 Depósito y administración de valores

¿Se intercambian realmente títulos en las bolsas? ¿Las empresas emisoras deben entregar el sinnúmero de papeles (pagarés, obligaciones, acciones, etc.) que documentan el financiamiento? Nada de eso. Las bolsas mueven hoy títulos virtuales; los papeles que se compran y venden, en realidad, son electrónicos. No hay intercambio real, sólo movimientos contables o registros en los estados de cuenta ¿Cómo es posible todo eso? Veamos.

Custodia
de valores, *trust*
Compensación
clearing

Todos los mercados cuentan con una institución que se encarga de la custodia (*trust*, en inglés) compensación (*clearing*, en inglés) y administración de los títulos y valores que se encuentran listados. Cuando las autoridades aprueban la solicitud del emisor, la empresa, para poder registrar sus valores en la bolsa, debe depositarlos en esa institución, donde permanecerán custodiados durante su vigencia.

Las instituciones de depósito de valores en el mundo funcionan al amparo de las leyes y disposiciones de cada país y mercado. En el caso de México, pueden tener varias funciones básicas, según se establece en la Ley del Mercado de Valores, de las cuales destacan las siguientes:

- Prestar el servicio de depósito y custodia de valores, títulos y documentos.

- Administrar los valores recibidos en depósito.

- Facilitar los servicios de transferencia, compensación y liquidación de operaciones que se realicen respecto de los valores objeto de depósito.

Instituciones para el depósito y compensación de valores

El Instituto para el Depósito de Valores (INDEVAL), es el único custodio de todos los títulos que se inscriben en el mercado en México. Es la versión mexicana de Zentralverwahrer, *Central*

Securites Depository, el Instituto Central de Valores, de la Bolsa de Frankfurt; de *Euroclearing, A.G.*, la institución depositaria más grande de Europa, que se creó a partir de la de Frankfurt citada y el mercado Eurex que proporciona servicios de guarda de todos los tipos de valores y productos derivados de varias bolsas europeas; el equivalente de *Iberclear*, que presta los servicios de liquidación y compensación de títulos en las bolsas y mercados Españoles; de DTCC, *Depositary, Trust and Clearing Corporation*, Corporación de Depósito, Custodia y Compensación, en Estados Unidos o de *Japan Securities Clearing Corporation*, JSCC. Es una institución que no se menciona mucho, cuya actuación es más bien discreta y que, en la dinámica diaria, se ha convertido en un factor de peso relevante y en soporte fundamental de los participantes del sector financiero. Simplemente, es el organismo que hace posible la operación del mercado de valores en nuestro país. De los párrafos anteriores se desprenden otras interrogantes:

¿Por qué existe el INDEVAL e instituciones similares en otras partes del mundo? ¿Qué significa la custodia y administración de valores? Estas y otras interrogantes tienen respuesta en los párrafos que siguen.

Del intercambio físico a los títulos virtuales

Hace ya varias décadas, la ejecución de transacciones en las bolsas daba lugar al intercambio físico de los títulos. Si un corredor compraba 10 000 acciones, por ejemplo, pagaba el importe correspondiente y recibía a cambio los títulos originales en papel. Podemos imaginarnos el tremendo trajín de los empleados de los intermediarios que traían y llevaban cualquier clase y cantidad de documentos para intercambiarlos, con todas las incomodidades y riesgos que ello suponía. La creación de instituciones depositarias en el mundo, y el avance tecnológico, ha hecho posible la "desmaterialización" de los títulos, que ahora sean sólo virtuales o electrónicos y que, gracias a eso, se prescinda de tanto papeleo.

Títulos macro y registros electrónicos

Gracias a la función de instituciones como EUROCLEARING, INDEVAL o DTCC, y a otras instituciones similares en los demás mercados, los intermediarios ya no tienen que llevar y traer a la bolsa el altero de títulos. Cuando una empresa inscribe sus valores para captar recursos y cotizar en bolsa, tiene que depositar sus títulos en la institución de depósito; pero ni siquiera envía para depósito todos los papeles: si la colocación es por 10 millones de acciones, por ejemplo, no tiene que mandar imprimir tal cantidad de valores. Basta un solo documento, un título macro, que ampare a todos. El título macro se recibe en INDEVAL o DTCCT, y permanece allí para su guarda y administración. Ello significa que cuando los intermediarios efectúen transacciones, los títulos no se van a mover.

Si todos los intermediarios compran o venden y una enorme cantidad de clientes posee acciones y otros valores ¿cómo se sabe cuánto es de cada quién y cómo se hace la separación de los títulos si sólo hay un documento? Así como cada intermediario abre una cuenta para cada cliente y registra en ella todos y cada uno de los movimientos y operaciones que ejecuta por cuenta de aquél y refleja los valores que el cliente posee, así también INDEVAL, JSCC o DTCC mantienen diversas cuentas contables por cada uno de los intermediarios: una cuenta para posiciones de terceros, otra para posiciones propias, otra más para extranjeros.

En México, los intermediarios son cuentahabientes de INDEVAL. Éste recibe de la BMV toda la información de las transacciones diarias del mercado accionario y por el mismo INDEVAL pasan todas las operaciones del mercado de dinero. Así pues, INDEVAL tiene toda la información necesaria para afectar las cuentas de los intermediarios según la clase de operación que efectúen. INDEVAL cuenta con el Sistema Interactivo de Depósito de Valores, SIDV, que carga (deposita) en la cuenta del intermediario que compra y abona (retira) en la cuenta del intermediario que vende. El intermediario hace lo mismo en las cuentas de sus clientes. Estos registros son movimientos electrónicos. Los sistemas de cómputo de la Bolsa Mexicana de Valores y de INDEVAL hacen posible que las entidades del sector estén interconectadas y exploten la misma información y alimenten la misma base de datos. Cada intermediario posee una terminal del sistema de INDEVAL. En ella recibe la información de los movimientos que INDEVAL efectúe en su cuenta. En el mercado de dinero, el intermediario alimenta la información producto de las transacciones. El SIDV permite recibir, procesar, almacenar y controlar información. Los intermediarios tienen la facilidad de procesar depósitos, retiros, transferencias, préstamos de valores, consultas, liquidaciones de operaciones de títulos de deuda y generación de reportes.

Administración de valores

El público inversionista tiene derecho a recibir del emisor intereses, dividendos y otros beneficios. ¿Cómo entrega un emisor al público esos derechos corporativos? Si no fuera por la institución de valores, la distribución de los beneficios a cada uno de los tenedores de los títulos sería una aventura imposible.

La actividad de la institución de depósito o custodio, en efecto, va más allá. Como custodio general de los valores inscritos en el mercado (de deuda y de capital, gubernamentales, bancarios y privados), es el encargado de administrarlos. Cuando un emisor decreta derechos (dividendos en efectivo o en especie, derechos de suscripción) o cumple sus obligaciones de pago de intereses en el caso de emisiones de deuda o cuando realiza cambios en la estructura de su capital que afecten o modifiquen el número o la naturaleza de los títulos en circulación (cambio de serie accionaria, cambio de proporciones, etc.), el emisor no tiene que buscar a los titulares de cada valor. El emisor entrega al instituto o corporación de depósito el producto de los derechos totales de acuerdo con la cantidad de valores inscritos en el mercado o le proporciona la información de los cambios, ajustes o ambos. Con esto, el custodio afecta la posición particular de cada intermediario (deposita efectivo o ajusta el número de títulos que mantiene en su cuenta) según lo que cada uno posea y el intermediario, a su vez, hace lo mismo en las cuentas de sus clientes.

Depósitos y retiros ocasionales de títulos físicos

Si algún cliente que haya adquirido, por ejemplo 25 000 acciones, por cualquier circunstancia decide retirarlas para tenerlas en su casa, puede solicitarlas por escrito a su intermediario y éste, a su vez, hará la solicitud a la institución depositaria, que hará lo propio a la empresa emisora. Ésta mandará imprimir las acciones para entregarlas al custodio, que las turnará al intermediario y éste al cliente. En estos casos, el custodio por su parte, da de baja los títulos puesto que, como fueron retirados, dejan de estar listados en la bolsa.

El cliente puede tener las acciones físicas el tiempo que estime conveniente. Cuando decida venderlas, primero tendrá que entregarlas al intermediario con que mantenga su cuenta para que las deposite en INDEVAL y esta institución proceda a activarlas de nuevo, a fin de que se puedan negociar en la bolsa.

El problema para el cliente que decidió retirar valores y guardarlos en su casa (en la caja fuerte, en la sala o en el bar) estriba en el riesgo de tener un documento valioso que se puede quemar, perder o ser objeto de robo; asimismo, para ejercer los derechos (dividendos, *splits*, etc.) que los títulos confieren, el cliente tiene que acudir a la emisora por su cuenta y medios o regresarlos al intermediario para que éste los haga válidos y los vuelva a depositar, a fin de cuentas, en la institución central de depósito.

Los retiros y depósitos de títulos están sujetos al cobro de comisiones. Cada uno debe sopesar el gusto o necesidad de hacerlo con los riesgos que implica, con los costos que hay que afrontar y con las oportunidades que significa tener todo en orden al momento de querer vender.

¿Quién es dueño del mexicano INDEVAL? La institución de depósito tiene por propietarios a las demás instituciones que hacen el mercado, a saber:

- Casas de bolsa.
- Bancos.
- Instituciones de seguros.
- Bolsa Mexicana de Valores.

En Estados Unidos, la DTCC está estructurada en varias dependencias. Cada una se encarga de la custodia y compensación de diferentes subsidiarias que se encargan de custodiar y compensar diferentes tipos de valores:

- *National Securities Clearing Corporation (NSCC)*,
- *The Depository Trust Company (DTC)*,
- *Fixed Income Clearing Corporation (FICC)*,
- *Emerging Markets Clearing Corporation (EMCC)*.

Internet bursátil

El URL que ilustra cómo se realiza la compensación y liquidación de las operaciones en Estados Unidos es: **http://www.dtcc.com/AboutUs/followtrade.htm** vale la pena verlo.

Para ver las actividades de DTCC consultar **http://www.dtcc.com/**

Puedes ver todo sobre INDEVAL en: **www.indeval.com.mx**

Para consultar lo que se refiere a Euroclearing AG ver: **http://www.eurexchange.com/clearing/overview/introduction.html**

Para ver lo relativo a JSCC, que también incluye una diagrama de flujo operativo y de liquidación y compensación, hay que abrir: **http://www.tse.or.jp/english/cash/clearing/index.html**

2.9 Empresas calificadoras de valores

Cuando una entidad va a financiarse por medio de la emisión y colocación de títulos de deuda entre el público inversionista, debe presentar a las autoridades, entre otros requisitos, el acta de calificación de la emisión. Una emisión de deuda en el mercado de valores se califica porque el público y las autoridades desean saber el riesgo de que la empresa no cumpla con el pago de los intereses o del capital. Las empresas calificadoras advierten sobre ese riesgo.

Las calificadoras hacen su trabajo exactamente del mismo modo en todos los países. Por eso los criterios, las claves de calificación, así como los significados de cada grado o nivel son idénticos. Por eso un inversionista de España puede saber cuál es el grado de riesgo de invertir en un título de deuda argentino o ruso o un ahorrador británico puede saber el riesgo que le depara un papel mexicano.

Calificación: evaluar la bondad de la emisión

Las calificadoras tienen la responsabilidad de dictaminar la probabilidad y el riesgo relativos a la capacidad o intención de un emisor de efectuar el pago de un crédito colocado en el mercado de valores, en los tiempos y en las formas establecidos. Existe una gran cantidad de factores que pueden hacer que una emisora no cumpla sus obligaciones: desde circunstancias externas que están fuera del alcance de la entidad, hasta factores que se derivan del manejo de las distintas áreas del negocio.

Están sujetos a calificación los bonos y demás títulos de deuda que emitan las empresas privadas, las emisiones que en su caso realicen los estados o municipios y los bonos que se pretendan colocar en mercados internacionales, entre los cuales se incluye tanto los bonos corporativos como las emisiones de los gobiernos. Las emisiones de títulos de deuda gubernamentales que se colocan en el mercado nacional no están sujetos a calificación.

Los criterios que evalúa una empresa calificadora son, entre otros:

- Estructura financiera del emisor.
- Composición del resto de los pasivos de la entidad.
- Flujos de efectivo.
- Estado general de la economía y del sector al que pertenezca el emisor.

Calificación
Calificadoras

Las calificadoras expresan su opinión sobre la probabilidad de pago de un emisor y así debe entenderse, como una opinión. Esa opinión refuerza los criterios del público inversionista y lo ayuda a seleccionar adecuadamente sus instrumentos. La calificación que otorgan las calificadoras no garantiza que el emisor cumpla el pago oportuno de intereses y capital. Está demostrado que las condiciones y circunstancias de la economía o de la entidad emisora pueden cambiar bruscamente, por sucesos inesperados que se salgan del control de la emisora y que nadie podría anticipar que ocurrirán, ni la calificadora ni los expertos analistas del mercado.

En el capítulo 4, mercado de dinero, se retoma el tema de la calificación, dado que en ese mercado se aplica.

2.10 Instituciones de promoción

A lo largo de la historia del mercado de valores, se han creado varias instituciones con el afán de promover e impulsar la expansión del sector bursátil, además de encauzar su mejor funcionamiento y amplitud operativa, darle una regulación más efectiva, etc. Esas entidades, en

México, son básicamente tres: la Asociación Mexicana de Intermediarios Bursátiles (AMIB), el Centro Educativo del Mercado de Valores (CEMV) y la Academia Mexicana de Derecho Bursátil y Financiero (AMDBF).

Asociación Mexicana de Intermediarios Bursátiles, NASD y otras

Como cualquier otra agrupación de personas o instituciones con intereses afines, la Asociación Mexicana de Intermediarios Bursátiles (AMIB) procura el beneficio de sus agremiados (los intermediarios). Para lograrlo, establece vínculos con organismos similares del exterior, propone la interpretación conjunta —entre todos los intermediarios— de las leyes y los reglamentos que los regulan, plantea negociaciones gremiales con las autoridades y propicia la búsqueda unificada de nuevos espacios y mecanismos de actuación, etc. La AMIB reparte el trabajo gremial en Comités, según las diversas áreas que integran las actividades de los intermediarios del sector.

Esta asociación tiene establecidos tres objetivos:

■ Realizar estudios e investigaciones necesarios para identificar nuevas oportunidades de desarrollo de las casas de bolsa, así como evaluar su desempeño como sector.

■ Desarrollar y apoyar proyectos que se orienten a consolidar el mercado y sus intermediarios financieros.

■ Promover la actualización e incorporación de nuevas tecnologías que beneficien al sector.

Certificar a los aspirantes que desean obtener su certificación para ser apoderados promotores, asesores y operadores.

La AMIB, vale la pena decirlo, es el portavoz del gremio bursátil ante la comunidad financiera, el gobierno y la sociedad. Forma parte del Consejo Coordinador Empresarial (CCE) —órgano cúpula de la jerarquía de negocios en México— y, a través de él, se relaciona con el resto de las organizaciones empresariales del país.

Esta institución es equivalente a la Asociación Nacional de Intermediarios, NASD, *National Association of Security Dealers*, de Estados Unidos, aunque sus funciones son mucho más limitadas que las de ésta. La NASD tiene funciones más activas y relevantes que las de los gremios bursátiles de Latinoamérica. La NASD participa en el quehacer diario del mercado, en varios aspectos: crea, desarrolla y administra los mercados OTC, *Over The Counter*, el mercado "informal", y NASDAQ; emite y vigila el cumplimiento de reglas de operación y administración (por ejemplo, determina el porcentaje que debe mantener en efectivo el que compra acciones con dinero prestado); concentra y emite a diario información de cotizaciones y carteras de fondos de inversión; provee precios; evalúa y certifica a los aspirantes a asesores, promotores, operadores y analistas, etcétera.

Asociaciónes de
intermediarios

AMIB es también equivalente al IAMC, Instituto Argentino de Mercado de Capitales, que brinda asesoría a los Agentes y Sociedades de Bolsa y difunde el mercado de capitales como una alternativa de inversión y financiamiento. IAMC realiza publicaciones e imparte cursos y es, además, el área de investigación a través de la cual la Bolsa de Comercio de Buenos Aires, MERVAL desarrolla e implanta nuevos productos que contribuyen al desarrollo del mercado y de la economía gaucha.

Internet bursátil

Para saber y ver más de AMIB consulte **www.amib.com.mx**; para aprender de NASD abra **www.nasd.com**

Proveedores de precios

Si un cliente posee Certificados o Billetes del Tesoro, sabe que el precio de esos títulos variará diariamente según las variaciones de las tasas. Debido a que no es posible tener una sola tasa de cierre, por la gran cantidad de negociaciones y porque la mayor parte de las operaciones del mercado de deuda se hacen fuera de la bolsa, aunque luego se registran en ella de modo global, los intermediarios necesitan información de precios de títulos de deuda para valuar carteras. Por eso, los intermediarios tienen la obligación de contratar los servicios de instituciones que se especializan en eso, en determinar los precios de cierre de los diferentes títulos de deuda inscritos en el mercado. Esas instituciones son los proveedores de precios, *price vendors*.

Proveedores de precios, price vendors

Un provedor de precios realiza el cálculo de los precios de cierre, para efectos de valuación (determinar plusvalías o minusvalías) en las carteras, mediante una metodología de valuación definida por las autoridades. Un proveedor de precios vende la información de los precios de cierre a los intermediarios, bancos, casas de bolsa, operadores de fondos, quienes deben valuar los intrumentos de sus clientes y los suyos propios. Los operadores de fondos, además, utilizan sus servicios para determinar el valor de las acciones que constituyen el capital de los fondos de inversión que administran. Los operadores de fondos registran en la bolsa el precio dado por el proveedor de precios, para que el público pueda saber el nuevo valor de participación en el fondo.

Centro Educativo del Mercado de Valores

El Centro Educativo del Mercado de Valores (CEMV) es uno de los brazos de la AMIB. Es una institución dedicada a la difusión de la cultura bursátil y financiera. Se encarga de impartir cursos, conferencias y programas de estudios relacionados con las actividades del sector. Si bien es una institución del gremio, sus puertas están abiertas tanto a empleados del sector como al público en general. Equivale a la Fundación Bolsa de Comercio de Buenos Aires o al Instituto Nacional de Inversionistas (*Instituto Nacional de Investidores*) de Brasil. En Estados Unidos, la educación se difunde desde varias fuentes: desde la propia NYSE, la NASD, la SEC, el Investment Company Institute, y muchas entidades ligadas o independientes de las distintas bolsas.

Academia Mexicana de Derecho Bursátil y Financiero

La Academia Mexicana de Derecho Bursátil y Financiero (AMDBF) tiene a su cargo una misión delicada: el perfeccionamiento de las leyes y reglamentos que integran el derecho bursátil y financiero. La academia, con sus investigaciones y la difusión de las leyes en vigor, contribuye a la modernización y actualización del marco normativo del mercado de todo el sistema financiero.

2.11 Naturaleza jurídica de la bolsa

Ya se expuso una visión retrospectiva y actual de lo que es la bolsa y su importancia económica.

Desde la perspectiva jurídica, la bolsa es una empresa constituida como muchas otras. Se trata de una sociedad mercantil con fines específicos, con una razón social, domicilio legal, capital propio y por supuesto, con socios. En México, los socios o dueños de la Bolsa Mexicana de Valores, S.A. de C.V., son los agentes de valores (casas de bolsa) y pueden serlo los demás intermediarios que autoricen la SHCP y la CNBV y admita la bolsa. No todas las bolsas, sin embargo, son sociedades anónimas. La Bolsa de Comercio de Buenos Aires, la más antigua de Latinoamérica, es una sociedad civil, que no persigue fines de lucro. Esta bolsa, como otras en el mundo, permite al público volverse socio, ya que sus acciones también cotizan en la propia bolsa.

En México, la Ley del Mercado de Valores delimita las bolsas y la Comisión Nacional Bancaria y de Valores las sanciona. En nuestro país, la bolsa, como empresa, agrupa otras subsidiarias: MexDer, INDEVAL, AMIB, CEMV, BURSATEC.[9] Si se dice "las bolsas" es porque las regulaciones no limitan el mercado a la existencia de una sola y puede haber varias, como en el pasado. En un país pueden crearse tantas bolsas como se considere conveniente o necesario, según el tamaño y las circunstancias de la economía.

La organización de la BMV y sus empresas es similar a la de otras bolsas. Es similar, por ejemplo, a Gruppe Deutsche Börse A.G. (Grupo Bursátil Alemán), el conjunto de instituciones bursátiles de Alemania que abarca, entre otras, las siguientes:

- Frankfurter Wertpapierbörse, FWB, bolsa de Frankfurt.
- EUREX, una creación conjunta de las bolsas de Frankfurt y Suiza, que resultó de la fusión de la bolsa alemana de futuros y opciones (Deutsche Terminbörse) y la Bolsa de Opciones y Futuros Financieros de Suiza, SOFFEX (Swiss Options and Financial Futures Exchange).
- XETRA, el sistema de negociación electrónica.
- NEUER MARKT, el mercado para empresas en crecimiento.
- SMAX, el mercado para empresas de pequeña capitalización.

En México, Alemania o Nueva York, las bolsas tienen cuatro funciones esenciales:

- Facilitar las transacciones con valores.
- Procurar el desarrollo del mercado.
- Realiza publicaciones sobre la actividad bursátil diaria, sobre las emisoras y sobre los valores que se cotizan.
- Certifica cotizaciones.

Para concretar las funciones anteriores, las bolsas (o la institución controladora) establecen locales, instalaciones, mecanismos, subsidiarias y demás entidades o sistemas que facilitan la operación con valores. Las bolsas también concentran y proporcionan la información relativa a los valores inscritos, las emisiones y las operaciones que se celebren a través de ella.

La BMV, como todas las bolsas del orbe, tiene su propio Reglamento General Interior. Un reglamento de esta clase contiene disposiciones en diversos sentidos:

- Los requisitos que deben reunir sus miembros.
- El procedimiento que se debe seguir para ser miembro.
- El trámite de rigor para inscribir valores.
- Criterios para realizar la suspensión o la cancelación del registro de valores.

---

9 Bursatec era el área de tecnología de la bolsa y ahora es la subsidiaria que provee la tecnología a la BMV y demás empresas.

Además:

- Describe los tipos de operaciones que se desarrollan en el Piso de Remates o sistema automatizado de operación.

- Relata la forma en que se realizan las operaciones.

- Lista quiénes son las personas autorizadas para operar y, en general, todo lo concerniente a la negociación, cotización y liquidación de los títulos.

Una bolsa, como organización jurídica y por sus funciones de concentración y control, es uno de los elementos que integran el mercado de valores. Para evitar confusiones, el todo que se entiende como bolsa está integrado por muchas organizaciones, entre las que se encuentra, como eje, la propia bolsa, como sociedad jurídica independiente. Debe quedar claro que se habla del término "bolsa" en dos sentidos: uno, como el mercado y, dos, como una organización operativa más dentro de ese gran mercado.

Internet bursátil

El portal de la Bolsa de Tokio, TSE, ofrece una descripción clara y oportuna de su organización. Incluye un organigrama útil que vale la pena ver:

http://www.tse.or.jp/english/about/index.html

2.12 Marco normativo

La película "Wall Street" tiene un final de un cariz compasivo: el joven y ambicioso promotor sale del auto para hacer frente a la justicia; sabe que le espera, inevitablemente, una condena.

La imagen no es nada más la propia de una película; que una persona o que una institución que actuó y se benefició al margen de las disposiciones purgue una pena es algo que puede suceder y de hecho sucede a menudo en los mercados.

Definir leyes, reglas, vigilar, hallar desviaciones y poner a los responsables a disposición de la justicia, es una labor necesaria que desarrollan las autoridades.

La organización que se ha descrito funciona al cobijo de instituciones y organismos de regulación y vigilancia, de leyes y disposiciones que tienden a hacerla eficiente y ordenada. ¿Quién manda en el mercado? ¿Quiénes son las autoridades competentes? ¿Cómo se regula?

Cada cual en su ámbito, los tres órganos sobre los que cae la responsabilidad de establecer los lineamientos del mercado de valores en México (la Secretaría de Hacienda y Crédito Público, el Banco de México y la Comisión Nacional Bancaria y de Valores) se ajustan al marco legal del mercado para ejercer sus atribuciones. Ahora, ¿cuál es el marco legal en que actúa el mercado de valores?

Marco normativo del mercado de valores

El marco regulatorio de una bolsa comprende leyes y circulares, reglamentos y sanas prácticas. El desempeño de todos los actores de la Bolsa en México se sustenta en la Ley del Mercado de Valores (*LMV*), en la Ley de Sociedades de Inversión (LSI) y en las circulares que emiten la Comisión Nacional Bancaria y de Valores y el Banco de México. Las disposiciones, por un lado y la supervisión, por otro, cierran la gran pinza de la regulación. Ese marco no es original. Es el mismo que se aplica en todos los países, para todas las bolsas. En Argentina, por ejemplo, la regulación se deriva en ordenamientos análogos:

- Ley 17.811, la Ley de Oferta Pública de Títulos Valores.
- Ley 24.083 de Fondos Comunes de Inversión.
- Marco legal de la Bolsa de Comercio de Buenos Aires y Circulares de la Comisión Nacional de Valores (CNV).

   En Brasil, la regulación fundamental es idéntica:

- Ley 6385, que creó la Comissão de Valores Mobiliarios, CVM.
- Ley de Fondos de Investimento (Fondos de Inversión).
- Oficios y Circulares e disciplina o mercado de capitais.

Ley y circulares

En la LMV mexicana se delimitan los tipos de participantes del mercado y sus funciones genéricas. La LMV se erige como el ordenamiento máximo del mercado. En su primer capítulo se definen las generalidades operativas del sector: la aplicación de la ley, los valores, la intermediación, la competencia de la SHCP, básicamente. Del capítulo II al X la ley abraza todos los participantes a detalle como se muestra en el cuadro 2.1.

Ley del mercado de valores, LMV

Capítulo	Tema
I	Generalidades operativas del sector, aplicación de la Ley, los valores, la intermediación, la actuación de la SHCP.
II	Del Registro Nacional de Valores
III	Intermediarios del Mercado de Valores
IV	De las Filiales de instituciones financieras en el exterior
V	De las bolsas de valores
VI	De la Comisión Nacional Bancaria y de Valores
VII	De las instituciones para el depósito de valores
VIII	De las instituciones centrales
IX	De la contratación Bursátil
X	De las operaciones internacionales
XI	De la automatización

Cuadro 2.1 Capítulos de la Ley del Mercado de Valores en México

Internet bursátil

Para ver y descargar la LMV mexicana, entre a:
http://www.cnbv.gob.mx/noticia.asp?noticia_liga5no&com_id50&sec_id53&it_id518

Las circulares de la Comisión Nacional Bancaria y de Valores, en su competencia con el mercado, se dividían en tres series:

Circulares de la Comisión Bancaria y de Valores

La serie 10, que regula todo lo concerniente a los emisores

La serie 11, a los intermediarios

La serie 12, a las sociedades de inversión.

A partir de 2004, la CNBV ha condensado la serie 10 en una circular única que facilita su interpretación y uso.[10]

Internet bursátil

Para ver las circulares de la CNBV visite: **www.cnbv.gob.mx/regulación** Haga clic en Sector Bursátil y luego en Normatividad Aplicable

En la mayor parte de los casos, las circulares son una especie de instructivo que los tres grandes grupos de participantes citados deben seguir al pie de la letra en cada uno de sus actos. Describen los valores que pueden colocar unos participantes con su procedimiento respectivo y los que pueden negociar los otros. Para esto, establecen cómo, a través de qué medios y mecanismos e, incluso, estipulan los procesos contables y el catálogo de cuentas con guías contabilizadoras que deben seguir todos para registrar cada uno de los diferentes tipos de operaciones que ejecuten y para cada uno de los tipos de productos con que operen. Las circulares, contenidas en volúmenes sustanciosos, en casi todos los países, no son estáticas, cambian periódicamente, se actualizan. A veces se deroga una y se emite otra o se enmienda o completa alguna otra. La ley, que también sufre adecuaciones, cambia con menos frecuencia.

Supervisión: el mercado bajo la lupa

La vigilancia es el otro gran pilar de la mecánica reguladora del mercado de valores. La CNBV supervisa la actuación y operaciones de los participantes en el mercado, para constatar que cumplan con las disposiciones.

Los intermediarios son los participantes más vigilados del sistema. Sin contar con las visitas domiciliarias eventuales ni los requerimientos periódicos de información y datos, la Comisión o Superintendencia de Valores les impone cinco clases de auditorías anuales, por lo menos: legal, de sistemas, administrativa, de operaciones y financiera.

¿Para qué se vigila?

El monitoreo en línea de todas las operaciones, realizado día con día por las autoridades, el análisis metódico de los hechos y el resultado de las auditorías sobre los mecanismos de control e incluso de la actuación del personal, tiene un conjunto de objetivos fundamentales: evitar la manipulación de los precios, constatar que los intermediarios operen con transparencia y honestidad; procurar que el público inversionista cuente con toda la información posible acerca de los valores y emisores; prever y evitar las malas prácticas así como los usos indebidos de información y datos relevantes.

---

10 Las circulares eran extensas y abultadas. Cada circular era, en realidad, en su mayoría, un compendio de varias circulares, de modo que para ver y saber con certeza el alcance de cada disposición, uno debía consultar cada circular y sus repectivas "bises" o circulares complementarias o modificatorias. La circular única ha sido una exelente idea.

Si en las revisiones la Comisión detecta irregularidades, envía un oficio con detalle de las operaciones que contienen las faltas en que a su juicio han incurrido los intermediarios y la referencia de la disposición que se infringe. La Comisión emplaza a presentar las pruebas que desvirtúen los argumentos de incumplimiento y, de no ser satisfactorias o no se presenten en el plazo estipulado, el intermediario se hace acreedor a alguna o varias de las sanciones estipuladas en la ley. Según la gravedad de la falta, las sanciones pueden ir desde una multa hasta la suspensión o inhabilitación de funcionarios, la pena corporal, la intervención o clausura de actividades de los intermediarios.

Autorregulación, característica de los mercados maduros

En la mayoría de los mercados maduros, la supervisión del mercado corre a cargo de alguna entidad erigida desde su propia organización o de las asociaciones de intermediarios. A esa forma de vigilarse se le ha denominado autorregulación. Las autoridades oficiales, en esos casos, sólo dictan las disposiciones y ejecutan acciones sobre los infractores, independientemente de las sanciones que determine el gremio.

La autorregulación se practica en cada mercado en distintas formas y con diferentes alcances. El término incluso pudiera dar lugar a interpretaciones erróneas. La regulación comprende los dos aspectos señalados: a) la elaboración de la ley y las disposiciones particulares y b) la vigilancia de su cumplimiento. La autorregulación, en la mayoría de los casos, nada más contempla el segundo, la vigilancia.

En Alemania se tiene quizás el ejemplo más exacto de autorregulación: no hay formalmente una institución encargada de regular al mercado. Son las mismas bolsas, junto con los intermediarios, los que crean y designan a sus órganos de autoridad. En el Reino Unido la regulación se da por doble vía: por un lado proviene del gobierno, a través de la Financial Services Authority (Autoridad de Servicios Financieros) y del Banco de Inglaterra, fundamentalmente y, por el otro, de las instituciones y asociaciones que surgen de la organización de los mercados.

Los mercados de Estados Unidos representan mejor el formato de la autovigilancia. La National Association of Security Dealers (NASD: Asociación Nacional de Intermediarios de Valores), que es para ellos lo que en México es la AMIB, sostiene el peso de la supervisión. La Bolsa de Nueva York, por ejemplo, cuenta con un sistema electrónico de monitoreo en línea que detecta cualquier movimiento inusual de los precios y los volúmenes. Si se llegan a detectar movimientos extraños o fuera de orden efectuados por cualquiera de los miembros, la bolsa toma alguna medida disciplinaria o correctiva y, dependiendo de la magnitud del caso, puede señalarlo a la Securities and Exchange Commission (SEC: Comisión de Valores e Intercambio), que allá cumple el papel que en México desarrolla la CNBV, para que imponga sanciones de otra naturaleza.

Ventajas cualitativas de la autorregulación

Cuando la vigilancia del mercado corre por cuenta de la propia organización de los mercados, se tienen diversas ventajas cualitativas: la supervisión es más directa, más rápida y las resoluciones en materia de infracciones y faltas son más aceleradas. Incluso se destinan menos recursos públicos al mercado, ya que las instituciones de vigilancia que no dependen del gobierno cuentan con estructuras muchísimo más ligeras (para un mercado de mayor tamaño y complejidad, la SEC cuenta con menos de la mitad de empleados que los que tiene la CNBV en su vicepresidencia de valores, que se encarga de supervisar al mercado bursátil). La vigilancia, pues, se paga con los recursos generados por la productividad del mercado.

Confianza, base de la autorregulación

La autorregulación se fundamenta en la confianza; es decir, cuando surge una disposición nueva o alguna modificación a las existentes, después de las interpretaciones conjuntas a la misma, no se impide, como en México, que los participantes actúen. Se confía en que su actuación se conducirá en adelante con apego a las reglas y que no ejecutarán operaciones que no estén en capacidad de realizar o que presenten impedimentos. En la vigilancia y en las revisiones que efectúe el gremio se podrán detectar las faltas en que, en su caso, incurran los miembros.

Bien aplicada y consciente de su significado y sus beneficios, la autorregulación, está comprobado, fomenta el dinamismo y el desarrollo de los mercados y, si bien es el reflejo de un grado de madurez más alto, es la condición principal que debe prevalecer entre todos los actores de las bolsas para hacer realidad dicha madurez.

Internet bursátil

Para informarse acerca de la regulación, consulte la página de la Asociación Nacional de Intermediarios de Valores de Estados Unidos, NASD: **www.nasd.com/**

También se sugiere consultar las páginas de las entidades reguladoras:

SEC: **www.sec.gov/**

FSA: **www.fsa.gov.uk/**

CNBV: **www.cnbv.gob.mx**

Resumen

Los mercados de valores son uno de los pilares que sostienen la economía capitalista y global de la actualidad. Los mercados de valores absorben, expanden y vierten el fluido vital que necesitan todas las economías: el dinero.

Las bolsas de valores (como los billetes) tuvieron su origen en las ferias medievales y se desarrollaron durante la última fase del Renacimiento, en Flandes. La familia Van der Bourse, originaria de Brujas, ha dado, según parece, el nombre definitivo y coloquial con que se ha identificado al mercado a lo largo de los siglos.

En cada país, en cada región y en diferentes épocas, las bolsas comenzaron como mercados callejeros, en las aceras, y de ahí se movieron para organizarse y consolidarse, coincidente y curiosamente, en los cafés.

Hoy en día, los mercados de valores comprenden una organización amplia y fuerte. Sería ocioso presentar un organigrama o cuadro sinóptico para ilustrar cómo están conformados. Resulta mucho más preciso saber que en todos los países la misma clase de instituciones integra los mercados bursátiles: autoridades, bolsas, intermediarios, calificadoras y órganos de apoyo. Todas estas instituciones se agrupan —al amparo de leyes, reglamentos y circulares— para poner en contacto a demandantes (emisores) y oferentes de recursos (público inversionista) y para hacer, claro, que el dinero circule.

El mundo cuenta con tres grandes corazones financieros que bombean el dinero a todos los rincones del planeta: Wall Street, donde la Bolsa de Nueva York, la NYSE, marca el ritmo de América; *The City*, en Londres, encabezada por la Bolsa de Londres, la LSE, que es también el centro financiero más grande de Europa, y Tokio, Japón, donde la Bolsa de Tokio lleva la batuta bursátil de Asia.

Las tres bolsas más importantes del mundo generan influencias y nutren al resto de las bolsas del planeta.

En Estados Unidos funcionan en total siete bolsas. Después de la NYSE, resaltan por su importancia la American Stock Exchange, AMEX, y la bolsa electrónica National Association of Securities Dealers Automated Quotation, NASDAQ.

En Europa, destacan la Bolsa de Frankfurt y la Bolsa de París; en Asia, la Bolsa de Hong Kong, la Bolsa de Singapur y la Bolsa de Corea del Sur.

En Latinoamérica se pueden distinguir con facilidad las tres bolsas más desarrolladas: la bolsa de Sao Paulo, BOVESPA, en Brasil; la Bolsa de Comercio de Buenos Aires, en Argentina, y la Bolsa Mexicana de Valores, en México.

Las bolsas operan por productos o segmentos específicos. Sobre estos productos gira la actuación de cada uno de sus participantes.

Práctica

1. Todos los mercados de valores se mantienen en constante evolución.

   ➡ Señale las modificaciones o nuevas figuras que haya tenido el mercado de valores en el último año.

   ➡ Describa cómo se benefician las empresas demandantes de recursos, el público inversionista y la economía en general con tales modificaciones o adiciones.

   ➡ Liste qué nuevos intermediarios (distribuidores de fondos, valuadores de precios —*Price Vendors*—, formadores de mercado, etc.) operan en el mercado y describa qué funciones realizan.

2. A pesar de su desarrollo y de los avances indiscutibles, las bolsas conservan importantes rasgos de la época medieval.

   ➡ Liste esos rasgos.

   ➡ Explique a qué se debe que no se hayan podido suprimir aún.

3. El mercado de valores debe cumplir plenamente su función de equilibrio y traslado de recurso al sector productivo.

   ➡ Indague e infiera si el mercado local ha contribuido en el último año a expandir la economía.

   ➡ Explique cómo se manifiesta esta contribución o, en su caso, exponga a qué se debe que no lo haya podido hacer en forma adecuada.

4. Resulta común que en muchos países operen varias bolsas.

   ➡ ¿Cuál es la razón de que hayan dos o más bolsas en vez de una en el mismo país?

   ➡ ¿Cuáles son las ventajas de que funcionen varias bolsas en el mismo país?

2 parte

Operaciones bursátiles

Introducción

¿Qué se imagina uno cuando piensa en la bolsa? ¿Una multitud conglomerada en un sitio específico y enfrascada en un extraño ajetreo? ¿Números, papeles, precios, cotizaciones, porcentajes y gráficas? ¿Ganancias fabulosas? ¿Pérdidas rápidas y cuantiosas?

Si bien los mecanismos y las operaciones de la bolsa pudieran parecer complicados, el mercado de valores no tiene mayores misterios ni representa semejanzas con juegos de azar o apuesta en los que se puedan ganar o perder fortunas en una pasada. No, la bolsa es un conjunto planificado de alternativas de ahorro y financiamiento con las cuales el público puede recibir, según la naturaleza del instrumento que elija, premios moderados y seguros o rendimientos arriba del promedio de ciertos parámetros líderes y, si lo desea, puede buscar ganancias más altas si asume riesgos calculados. Para las empresas, el mercado se constituye en un abanico flexible y creciente de posibilidades de captación de recursos para cubrir necesidades múltiples.

La bolsa tampoco se resume en el recinto clásico donde se reúnen operadores y corredores para celebrar las operaciones. Hoy en día, la mayor parte de las transacciones ya no tiene lugar en los pisos de remates. El grueso se recibe y se cierra por medio de sistemas electrónicos e incluso por teléfono.

En esta segunda parte, vamos a escudriñar la trilogía básica de los mercados de valores: el mercado de capitales, el mercado de dinero y las sociedades de inversión.

3 Mercado de capitales: la impotancia de poseer una empresa

¿A qué fuente recurrente de financiamiento acudió Microsoft cuando lo requería? ¿Qué participación accionaria tiene en la empresa su principal socio? ¿Quién tiene la mayoría? Las respuestas a estas preguntas hacen referencia forzosa a los mercados.

Los empresarios latinoamericanos son reacios a aceptar en sus empresas familiares la participación accionaria y las decisiones de otros que no sean de la familia. El control de las empresas de la región está concentrado en una sola persona. La cultura empresarial o de inversión latinoamericana está definida por el recelo. Las empresas familiares no aceptan capital de terceros principalmente porque no están dispuestos a compartir la información de sus operaciones, sus resultados, ni sus proyectos. Todo eso limita las posibilidades de expansión y las convierte, como se sabe, en empresas de una generación y media.

Gracias a la flexibilidad de los mecanismos de financiamiento de los mercados, las empresas pueden financiarse vía capital sin que concedan la calidad de socio, concederla parcialmente u otorgarla sin que los que la financian puedan participar en las decisiones.

Está probado: las empresas que como Microsoft se deciden a abrir su información y capital al público crecen y se desarrollan más fácil y sólidamente que las que no lo hacen. Está probado también que esa actuación corporativa beneficia a todos con creces: a las empresas, a los socios, a los mercados y, por supuesto, al público que se decide a conocer los vericuetos de la inversión en acciones y se anima a destinar su dinero a las corporaciones en vez de moverlo mes a mes, año tras año, en alternativas libres de riesgo.

Temor por la bolsa

En cada una de las dos fechas culminantes en los últimos años en el mercado de capitales, el 19 de octubre de 1987 y el 27 de octubre de 1997, el público en general, incluso el que habitualmente está alejado de los vaivenes de los indicadores, de los precios y del zipizape diario de los salones de remates, puso como nunca su atención en el fenómeno que sacudía a todas las bolsas del planeta y que se prolongaba semanas.

Desde la primera ocasión se le asignaron al mercado accionario etiquetas que no le corresponden: peligro, pérdidas rápidas, operaciones truculentas mañosamente orquestadas para beneficiar a unos cuantos en perjuicio de los miles que acuden con un intermediario a depositar sus recursos, etcétera.

El mercado de capitales es peligroso, es cierto, pero para los que se aventuran en él sin conocerlo lo suficiente. Por fortuna, una de las grandes lecciones de 1987[1] fue la necesidad de fomentar la cultura del mercado en el público y comenzar a difundirla en los lugares donde, parecía increíble, todavía no se daba: universidades, editoriales, medios masivos de comunicación... Su ausencia en estos sitios era algo ingrato para un mecanismo que tenía más de 100 años de historia en Latinoamérica y que en el mundo había sido uno de los más antiguos, el más representativo y el de mayor revuelo de todos los mercados. La bolsa, ahora, gracias a la conciencia general, se difunde en todo el mundo como algo necesario.

Mercado de capitales, *stock market*
Acciones, *shares*

El mercado accionario o mercado de capitales, (*stock market* (aunque la palabra *stock*, literalmente, no significa acciones ni capital), debe su denominación a que es un mercado donde se negocian acciones, *shares*, en inglés, y otros valores, como los certificados o recibos, que representan el capital social de las empresas.

El mercado de capitales sirve para que las empresas consigan recursos para crecer y para que los que ya no desean ser socios puedan vender su participación a otros que sí desean serlo.

El capital de las empresas también es objeto de oferta y demanda: se compra y se vende en el mercado en razón de las perspectivas que el público tiene sobre la economía y la marcha de las empresas. Las sociedades mercantiles suelen compartir su capital con socios que incluso no conocen. En la economía contemporánea es muy normal y sano que el capital de las grandes empresas se diluya en miles de inversionistas dispersos por todo el mundo.

La compraventa de partes sociales tiene muchos bemoles y características singulares. Las empresas que necesitan crecer, los inversionistas que aspiran a ser dueños parciales, los especulado-

---

1 La caída de 1987 fue en realidad la segunda catástrofe bursátil de la época moderna. En octubre de 1929 ocurrió una debacle de proporciones todavía más lamentables que, sin embargo, resulta ya bastante nebulosa para la memoria y en nuestro tiempo hay muy pocos que puedan o quieran hablar de ella o explicar con sensatez qué pasó.

res que buscan ganancias rápidas y las autoridades, hacen del mercado de capitales un mundo especial y apasionante que repercute en el comportamiento económico diario, en las tendencias o pronósticos, y lo convierten en un espejo certero que exhibe lo que va a pasar en la economía en el futuro.

3.1 Acciones: tajadas de un pastel corporativo

El capital social de las empresas se divide en partes iguales y proporcionales denominadas *acciones*. El capital social es como un gran pastel cuyas rebanadas tienen el mismo valor y confieren las mismas prerrogativas. Una acción (una tajada del pastel) confiere a su tenedor el carácter de propietario parcial de una empresa. Las acciones confieren derechos e imponen una responsabilidad única, la de pagar su precio. Los socios o dueños de una empresa —sean decenas, cientos, miles o millones— comparten la propiedad y las expectativas, y sufren, en su caso, las pérdidas. Ser socio de una empresa equivale a poseer una o muchas tajadas de un pastel corporativo.

La visión particular del empresario, dueño o socio, es inobjetable: obtener ganancias para recuperar su inversión, primero, y generar riqueza, después.

Ser el dueño único de un negocio, compartir su propiedad o ser socio de una empresa grande es, en esencia, lo mismo. En cualquier caso se posee todo o una parte proporcional del capital social de una entidad lucrativa. Ser dueño o socio tiene sus ventajas y, claro, sus riesgos: se aspira a generar ganancias o utilidades que dependen de la marcha del negocio, de las estrategias y proyectos que se apliquen, de los movimientos de la competencia, de las condiciones económicas que prevalezcan en la región o el país, entre muchos otros factores; pero también se puede perder todo o parte del patrimonio invertido porque un negocio en marcha corre el riesgo de sufrir pérdidas.

Poseer acciones significa, ni más ni menos, tener un negocio propio. ¿Quién no aspira a tener un negocio? Con un poco más de ambición, ¿quién no desearía ser socio de alguna de las grandes corporaciones nacionales o internacionales?

Alguien puede pensar en establecerse como empresario mediante la constitución de un negocio de cualquier tipo: un restaurante, una miscelánea, un taller, etc. Hay quien aspira a ser dueño de un gran consorcio y busca volverse socio de Telmex, Televisa, Telebrás o Yacimientos Petrolíferos Fiscales. Para lograrlo, el interesado puede acudir a la empresa cuando ésta promueva incrementos a su capital o anuncie que desea más socios, puede comprar su participación a quien ya no desee continuar la sociedad o que esté dispuesto a negociarla, o puede poseer parte del capital comprando acciones de la empresa en el mercado de valores.

Inversiones de capital, enfoque de largo alcance

El mercado de deuda, como se expone en el capítulo siguiente, provee de recursos al gobierno para que controle la economía, a las empresas para que cuenten con capital de trabajo, renueven la tecnología o adicionen maquinaria y para ciertos proyectos de relevancia mediana o trascendencia relativamente mayor.

El mercado de capitales se enfoca en trasladar recursos a las empresas que requieren realizar proyectos que no representen financiarse con pasivos y que sean de mayor envergadura; por ejemplo:

- Ampliar el tamaño de la empresa.
- Incursionar en nuevos negocios o penetrar en otros mercados.
- Crear filiales, subsidiarias o realizar asociaciones estratégicas.
- Aligerar la estructura financiera.
- Disminuir costos de financiamiento.
- Captar mayor monto de recursos.

En suma, las empresas no acuden al mercado de capitales en busca de recursos para ejecutar sus actividades cotidianas, sino para invertir en la infraestructura necesaria para expandirse o reestructurarse. El crecimiento que logran a través de incrementos de capital entre el público, afecta al flujo circular de la economía, activa ampliamente los diversos géneros de actividades económicas, incide en el empleo y el consumo e influye en la evolución del Producto Interno Bruto, PIB.

Implicaciones de captar en el mercado accionario

Colocar acciones en el mercado es compartir el gran pastel corporativo. La captación de recursos mediante la venta de partes sociales en el mercado de valores tiene varias implicaciones para las empresas:

- Significa la venta masiva de títulos o valores que representen un porcentaje del capital social, con lo cual la empresa adquiere carácter público; es decir, los socios mayoritarios ceden parte de su propiedad a inversionistas desconocidos, a la gran masa del público que luego va a negociar esas acciones en el mercado secundario, según las tendencias y resultados de la empresa.

- El carácter público que adquiere la empresa le puede significar un aumento de prestigio así como la promoción de su nombre y sus actividades en forma gratuita, porque los medios difunden a la sociedad qué es y qué hace; además, en muchas ocasiones y según el mercado donde se inscriba, esa difusión alcanza dimensiones internacionales.

- La empresa asume el carácter público y se obliga a enviar información periódica de sus resultados, sus actividades, sus planes y de todo acontecimiento relevante que realice o ocurra en ella.

- La inyección de recursos del público se aplica a proyectos que harán crecer a la empresa. Gracias al financiamiento, ésta se impulsa hacia la consolidación y a un posicionamiento mayor y mejor en el mediano y largo plazos.

Maduración de la inversión

¿Cuánto tiempo necesita madurar un proyecto de inversión para que produzca beneficios? Tal vez después de un periodo natural de uno o dos ejercicios de asimilación de costos, gastos y quizá de pérdidas, se sabe si un proyecto ha sido rentable. El beneficio de los proyectos que realizan las empresas toma años en palparse porque los proyectos requieren un tiempo considerable para terminar: es posible que pase por lo menos un par de años para que se eche a andar la nueva planta, esté lista la expansión o la ampliación funcione de manera cabal y pueda producir ingresos. El socio lo sabe y es paciente. Espera y sabe que la inversión que hizo al comprar acciones y financiar a la empresa está activa y que va a llegar el momento en que su espera rinda frutos.

Ser dueño o socio de una empresa constituye una inversión a largo plazo. La inversión en acciones de empresas, sea directa o a través del mercado de valores, debe entenderse así, como un plan que puede requerir un tiempo razonable para funcionar a cabalidad y uno que otro año más para producir ganancias reales.

¿Cómo se divide el pastel corporativo?

Las empresas estructuran su capital sobre la base tradicional de dos clases básicas de acciones: comunes y preferentes.

■ Las acciones comunes representan la inmensa mayoría del capital. Sus poseedores obtienen beneficios sólo cuando la empresa reporta utilidades en sus ejercicios fiscales y esperan ganancias adicionales con el alza de los precios en el mercado, si es que las expectativas sobre la marcha de la empresa son optimistas. Si los resultados son negativos, el accionista puede ver disminuido su patrimonio y sufrir todavía más si los precios de las acciones en el mercado van hacia abajo por expectativas negativas.

Acciones comunes

■ Las acciones preferentes garantizan un rendimiento anual, sin importar si la empresa tiene utilidades o pérdidas. Ese porcentaje, definido de antemano, no varía con el tiempo ni lo afectan las utilidades que obtenga la empresa. En caso de que ésta reporte utilidades, el rendimiento de las acciones preferentes puede resultar mayor, menor o igual al porcentaje de utilidades por acción que obtengan los tenedores de acciones comunes. Si la empresa reporta pérdidas, el tenedor de una acción preferente puede dormir tranquilo, ya que de todos modos recibe sus beneficios. Por si fuera poco, en caso de quiebra y liquidación de la empresa, los accionistas preferentes son quienes menos menoscabo sufren en su patrimonio.

Acciones preferentes

Las empresas que se financian en el mercado de capitales suelen hacerlo a través de acciones comunes. Las acciones preferentes casi siempre están reservadas para los socios fundadores o mayoritarios.

En los mercados, además, se puede apreciar por lo menos un par de títulos de capital diferentes de las acciones: los *certificados de participación ordinaria* y los *recibos de depósito*. Estos valores se emiten, crean o listan al amparo o bajo el respaldo del tipo de partes sociales básicas, las acciones.

Series

¿Cualquier persona o empresa puede ser socio de cualquier corporación? ¿Qué le diríamos a un extranjero, en México, si pretendiera comprar acciones de una empresa minera? No todos los inversionistas pueden ser socios de cualquier clase de empresas. Hay restricciones. Ni todas las empresas, por cierto, pueden dividir su capital en la clase accionaria que prefieran. Unos y otros, inversionistas y empresas, deben atender las disposiciones al respecto.

Para cumplir con esas disposiciones, es normal que las empresas distribuyan su capital en diferentes clases de acciones comunes. En esta categoría se contemplan distintas series accionarias. Teléfonos de México, Telmex, por ejemplo, tiene dos series de acciones comunes en circulación: Telmex "A", y Telmex "L". Otras empresas dividen su capital en acciones serie A, B, C, en acciones serie 1, serie 2 o en cualquier combinación de letras y números como A2, B1, o, claro, en acciones de serie única. ¿Qué significa cada serie accionaria?

Cada serie indica una cuestión o rasgo particular. En el caso del ejemplo de Telmex, la serie "A" representa el capital mayoritario, por lo menos 51% del capital total, la parte de control de la empresa que sólo pueden poseer las personas físicas mexicanas, mientras que la serie "L" representa la porción del capital que puede ser suscrito por personas físicas y morales[2] mexicanas o extranjeras.

Series accionarias

Las series accionarias pueden indicar diversas situaciones o condiciones. Las series que más abundan en el mercado, al menos en el mexicano, se listan y definen en el cuadro 3.1.

Cuadro 3.1

Series de acciones en el mercado mexicano

Serie	Significado
A	Acciones comunes que pueden ser suscritas exclusivamente por mexicanos.
B	Acciones ordinarias de libre suscripción. "Libre Suscripción" significa que las acciones pueden ser adquiridas por mexicanos o extranjeros, por personas físicas o por personas morales.
L	Acciones de libre suscripción con restricción de derechos corporativos. Es una forma directa de recibir capital "neutro", es decir, el capital que no confiere derechos de dar opiniones o tomar decisiones (voz, voto, ser elegido).
O	Acciones de libre suscripción que representan el capital social ordinario de las agrupaciones.
V	Acciones de libre suscripción sin derecho a voto.
1	Acciones ordinarias que sólo pueden adquirir los mexicanos y que representan la parte fija del capital social.
2	Acciones ordinarias que sólo pueden adquirir los mexicanos y que representan la parte variable del capital social.
Unica	Se trata de acciones comunes sin expresión de serie. En las pizarras mexicanas aparecen identificadas con un asterisco "*". El asterisco no es la clave de la serie. Es sólo la referencia que indica que las acciones que cotizan no pertenecen a alguna de las series señaladas y que el capital de la empresa está dividido en una sola clase de acciones.
CP	Certificados Provisionales.
CPO	No son acciones. Son Certificados de Participación Ordinaria de Libre Suscripción que amparan acciones, de cualquiera de las series citadas. Los CPO confieren los derechos patrimoniales de rigor pero inhiben los derechos corporativos. Los CPO's son otra forma de concretar el capital "neutro".
Recibos de Depósito	Son documentos que, como los CPO's, amparan acciones. También pueden crearse para representar CPO's. Los Recibos de Depósito se usan para que la empresa se financie en los mercados internacionales porque en esos mercados no es posible inscribir directamente las acciones y porque, además, se usan para recabar capital "neutro".

Libre suscripción

---

2   En algunos países de Latinoamérica, a las personas físicas se les denomina "naturales", mientras que a las personas morales se les identifica como "jurídicas".

En muchos casos, las empresas deciden hacer combinaciones de series que lógicamente mezclan condiciones o prerrogativas. El cuadro 3.2 ofrece las principales combinaciones de series de acciones que se encuentran listadas en el mercado mexicano:

Serie	Significado
A1	Acciones ordinarias que representan la parte fija del capital social y que son suscritas nada más por mexicanos.
A2	Acciones ordinarias suscritas sólo por mexicanos que representan la parte variable del capital social.
B1	Acciones ordinarias de libre suscripción que representan la parte fija del capital social.
B2	Acciones ordinarias de libre suscripción que representan la parte variable del capital social.
BCP	Acciones ordinarias de libre suscripción representadas por certificados provisionales.
C-1	Acciones de libre suscripción, con restricción de voto, que representan la parte fija del capital social.
LCPO	Certificados de participación ordinaria amparados por acciones serie "L".
UBL	Unidades vinculadas que representan acciones series "B" y "L".
1CP	Certificados provisionales que amparan acciones comunes que representan la parte fija del capital social.
2CP	Certificados provisionales que amparan acciones comunes que representan la parte variable del capital social.

Cuadro 3.2
Combinaciones
de series en
el mercado
mexicano

¿Cómo se estipulan las series? Por lo general, las series se estipulan por decisión o voluntad de los socios o por disposición oficial. Las consideraciones que debe tomar en cuenta una empresa para estructurar su capital social, emitir tal o cual serie accionaria y recibir aportaciones de nacionales, extranjeros, personas físicas o morales, son:

- Leyes específicas de cada sector (Ley de Inversión Extranjera, Ley Federal de Telecomunicaciones, Ley de Banca y Crédito, entre otras)
- Ley General de Sociedades Mercantiles
- Estatutos constitutivos de la propia sociedad

Una empresa comercial, un supermercado, no tendrá problemas para configurar su capital como mejor le parezca: en acciones serie "V", en acciones de clase única sin expresión de serie, con participación de socios nacionales o extranjeros, etc; pero una empresa minera sí lo tendrá. Por explotar un sector que es propiedad y prioritario para la nación, las empresas mineras, de telecomunicaciones, del sistema financiero, entre otras, deben atenerse a la división del capital que estipulen las disposiciones. Si la Ley dispone que el capital de una empresa telefónica debe dividirse, al menos en un 51% en acciones serie "A" y que esas acciones sólo podrán ser suscritas por mexicanos, la telefónica no puede emitir acciones serie "O" o serie "1"... Las series accionarias, pues, son muy importantes.

En cada empresa suele haber tantas series como los socios quieran o el gobierno permita: Serie "1" para especificar la parte fija y serie "2" para identificar la parte variable del capital; serie "D" para designar a las acciones preferentes o definir políticas de dividendos, series especiales para restringir o inhibir los derechos corporativos, series para identificar la nacionalidad de los titulares o para señalar otras limitantes de propiedad, etcétera.

Derechos de los socios

En los cuadros anteriores se hizo referencia a los derechos de los socios. Las personas que compran acciones lo hacen porque quieren los beneficios que les otorga la condición de socios. Esos beneficios se catalogan como derechos.

Las acciones confieren a sus titulares dos clases de derechos:

Derechos corporativos

- Corporativos. Significa que los socios tienen derecho a opinar, a votar por algo o por alguien en las asambleas y que pueden ser elegidos para asumir un cargo o ser depositarios de una responsabilidad específica (presidente del consejo, secretario, etcétera). Los derechos corporativos se resumen, en el lenguaje técnico cotidiano, en tener voz, voto y elegibilidad.

Derechos patrimoniales

- Patrimoniales. Se refieren a la condición de ser dueño parcial o proporcional de la empresa y a recibir la proporción correspondiente de las utilidades que se generen y/o a incrementar su participación en el capital según se estipule.

En las sociedades anónimas, que representan la clase de sociedad mercantil más socorrida en nuestros tiempos, los socios reciben ambos tipos de derechos (a menos, claro, que se trate de empresas cuyo capital esté sujeto a control oficial o así lo decidan los socios, en cuyo caso se delimitan o inhiben los derechos corporativos) y sólo asumen la obligación de liquidar o pagar el importe de las acciones que suscriban.

Por lo general, una acción confiere un voto; de igual forma, los beneficios o utilidades de la empresa se dividen en forma proporcional entre cada una de las acciones que conforman el capital. Mientras mayor sea el número de acciones que alguien detente, más grande será la proporción de capital que maneje y mayor o más importante será la influencia que tenga en las decisiones que se tomen en las asambleas.

Capital neutro, CPO's y Recibos de depósito

Capital neutro

No todos los tenedores de acciones se benefician de los mismos derechos. Véase que en los mercados se negocian títulos de capital que no son ni siquiera acciones. Al capital que aportan los que no gozan de los derechos corporativos (hablar y votar en las asambleas, ser elegido para formar parte del Consejo de Administración) se le denomina capital sin decisión o *Capital Neutro*. Gracias a ese tipo de capital, las empresas se financian, aumentan su patrimonio, desarrollan proyectos de crecimiento sin que tengan que compartir las decisiones con nuevos socios reales. Los que la financian, por su parte, están dispuestos a no tener derechos corporativos porque a fin de cuentas lo que les interesa son las utilidades.

El capital neutro puede expresarse de varias formas:

- Directamente, mediante series de acciones que por alguna de las leyes específicas ya sea de esa naturaleza (serie "L", por ejemplo).

- Indirectamente, mediante *Certificados de participación o Recibos de depósito*.

CPO's

Los *Certificados de Participación Ordinaria*, CPO's, son títulos que se crean precisamente para triangular las aportaciones de los inversionistas en el capital de las empresas. Cuando una empresa aumenta su capital, emite acciones. Si decide hacerlo mediante capital neutro, las acciones quedan "congeladas". A su amparo se hace entonces un programa de CPO's. La empresa constituye un fideicomiso para recibir las aportaciones de capital. El fiduciario recibe el dinero, le extiende al inversionista un certificado, un CPO, que hace constar su participación y transfiere el dinero a la empresa. Los inversionistas, entonces, se convierten en socios del fideicomiso, no de la empresa emisora. Ésta le entregará al fideicomiso, cuando corresponda, los beneficios de su gestión, los dividendos, y el fiduciario los repercutirá a los titulares de los certificados.

Recibos de depósito

Los *Recibos de depósito* están creados para el mismo propósito que los CPO's, sólo que se colocan en los mercados internacionales. Cuando una empresa se financia en Estados Unidos, por ejemplo, no puede colocar acciones. Debe colocar Recibos de depósito al amparo de las acciones que representan la porción de su capital a colocar. Las acciones, en este caso, no salen del país de la empresa. Ahí se dejan también "congeladas".

Tanto los CPO's como los Recibos de depósito se pueden crear para representar acciones de cualquier clase. Los Recibos de depósito se pueden crear sobre acciones o sobre CPO's.

Dividendos: recuperar la inversión y obtener beneficios

¿Qué pretenden los que financian a las empresas vía capital social? Utilidades, por supuesto, o lo que es lo mismo, dividendos. El *dividendo* es el nombre técnico con que se denomina a la repartición de las utilidades de la empresa entre los accionistas. Recibir dividendos es el objetivo central de los accionistas. Los dividendos son la forma en que éstos recuperan la inversión que hicieron en el capital de una empresa. Cuando ya han recuperado el dinero que invirtieron, la generación subsecuente de dividendos constituye el beneficio de la inversión.

Los dividendos pueden decretarse en efectivo o en especie. Cuando son en efectivo, el socio recibe en metálico (en pesos, dólares, reales, quetzales, etc., constantes y sonantes) su proporción de utilidades correspondiente, de acuerdo con el monto de capital que posea. Cuando se decretan dividendos en especie, se entiende que la empresa decide reinvertir sus utilidades e incrementar el capital social. El socio, en estos casos, recibe una cantidad extra de acciones en vez de efectivo.

Suscripción de acciones

Cuando la empresa necesita recursos adicionales para seguir creciendo, puede ofrecer a sus socios el derecho de suscripción. Éste consiste en que los socios actuales puedan adquirir nuevas acciones para aumentar su participación en el capital de la empresa. Si aceptan, tienen que destinar más recursos a la empresa; de lo contrario, ésta queda en libertad de buscar nuevos socios para captar el monto de dinero que necesita.

Valor de una acción

La persona que coloca sus recursos en el capital de una empresa, sobre todo de una empresa que ha adquirido carácter público a través del mercado de valores, cuando realiza su inversión y a medida que transcurre el tiempo, suele preguntarse: ¿Cuánto vale mi acción?

El valor de una acción representa la inversión unitaria que hace una persona en el capital de una empresa. Hay dos precios o valores de referencia: el valor contable y el precio de mercado.

Valor contable

■ El *valor contable* o valor en libros de una acción es el método más rápido para saber el peso que tiene una inversión en el capital de una empresa. Resulta de dividir el importe del capital contable entre el número de acciones en circulación. Si el capital contable de una empresa es de 10 millones de dólares y el número de acciones es de un millón, el valor en libros de cada acción es de 10 dólares. Tan simple como lo siguiente:

Capital contable   10 000 000.00 dólares
Número de acciones   1 000 000.00
Valor contable: 10 000 000.00 ÷ 1 000 000.00 = 10.00 dólares

■ El *precio de mercado* se fija en la bolsa, según las fuerzas de la oferta y la demanda que se generen sobre la acción. Es un valor más acorde con la realidad de la empresa, porque está afectado por los resultados pasados y las expectativas que el resto de los socios tiene sobre el negocio. Este precio es diferente al valor contable y, obvio, no se refleja en la contabilidad de la empresa, ya que representa el valor que tendría que pagar un inversionista si quisiera hacerse de una cantidad de acciones a través del mercado de valores. No obstante, el precio de mercado es muy importante porque sirve para determinar el valor real de una empresa; esto es, si un socio quisiera vender su participación o un grupo deseara adquirir la empresa, el precio de mercado sería clave para determinar lo que habría que pagar al socio por su porción o a los dueños por la empresa.

El público tiene acceso a los dos precios, el contable y el de mercado, cuando se trata de acciones de empresas listadas en la bolsa. Cuando se trata de acciones de empresas que no están inscritas en la bolsa, la única referencia es el valor contable.

Ahora bien, el valor de una inversión de capital no es estático. Tanto el valor en libros como el precio de mercado de una acción cambian debido a un sinfín de fenómenos internos y externos. En el capítulo 8, Análisis fundamental, y en el 9, Análisis técnico, se presentan los factores que hacen que el precio de mercado se mueva, así como los criterios y elementos para saber si el precio es adecuado, bajo o alto.

Splits: las divisiones posteriores del pastel

Una empresa que ha adquirido carácter público (no porque se trate de un organismo del Estado, que son los que habitualmente reciben esa denominación, sino porque se cotiza en la bolsa) y cuyos títulos son objeto de negociaciones diarias, a menudo modifica la cantidad de acciones en que divide su capital.

En el ejemplo para fijar el valor contable se decía que si el capital fuera de 10 000 000.00 dólares y el número de acciones de 1 000 000, el precio unitario sería 10.00 dólares. Si la empresa llegara a considerar que ese precio es elevado y que para facilitar su negociación en el mercado habría que reducirlo, se podría hacer un *split* accionario. Este término traducido al castellano indica partición, división o recomposición[3] y eso es lo que los directivos de la empresa hacen: una nueva división del pastel accionario, del capital social.

Un *split* dos por uno significa que el capital social de $10 000 000.00 representado por un millón de acciones, va a estar representado por dos millones de acciones de cinco dólares cada una; o sea, que si un socio tenía una inversión de $10 000.00 dólares en acciones de la empresa, ésta le canjeará las 1 000 acciones que detentaba y le entregará a cambio dos por cada una de las anteriores:

	Antes del *split*	Después del *split*
Número de acciones	1 000	2 000
Valor de cada acción	10.00 dólares	5.00 dólares
Inversión	10 000.00 dólares	10 000.00 dólares

3 Si le viene a la memoria el nombre de un postre que está disponible en algunos cafés, el *banana split*, su deducción es correcta, ya que es un plátano dividido en dos.

Claro que también puede aplicarse un *split* inverso: la empresa puede disminuir la cantidad de acciones en circulación y aumentar el valor de las mismas: si aplica un *split* inverso de dos por uno al capital de 10 000 000.00 dólares, quedarían 500 000 acciones a un precio de 20.00 dólares cada una. El ajuste lógico a la tenencia del socio que poseía 1 000 acciones y una inversión de 10 000 dólares sería:

	Antes del *split*	Después del *split*
Número de acciones	1 000	500
Valor de cada acción	10.00 dólares	20.00 dólares
Inversión	10 000.00 dólares	10 000.00 dólares

Los *splits* pueden aplicarse en cualquier proporción, dos a uno, tres a uno, etc. El precio, en cada caso, se ajusta según corresponda.

3.2 Inscripción y colocación de acciones: dónde y cómo

Una empresa que necesita recursos emite una serie de títulos de crédito que espera colocar o vender entre el conjunto de inversionistas que se interesen en financiarla.

En la terminología del mercado se utiliza la palabra *colocación* para dar a entender que la empresa realiza las gestiones necesarias a fin de inscribir sus títulos en el mercado de valores. Cuando se dice que Cementos Mexicanos colocó sus ADR´s (*American Depositary Receipt* o recibo americano de depósito) en la Bolsa de Valores Nueva York, se entiende que para captar recursos, efectuó la venta al público de parte de su capital social a través de un intermediario, con las formalidades que las autoridades establecen.

Oferta privada y oferta pública

Las empresas tienen a su alcance dos formas típicas para vender acciones: colocación privada y colocación pública.

- La *colocación privada* consiste en captar recursos generalmente de un selecto grupo de inversionistas ya identificados y que están dispuestos a financiar la empresa. Ésta contrata los servicios de un intermediario que hace la labor de promoción de la empresa y la localización de inversionistas. La colocación de las acciones no trasciende a los mercados ni la invitación de financiamiento se hace a todo el público.[4] Todo se circunscribe al núcleo pequeño de inversionistas poderosos.

  Colocación privada

- La *colocación pública* (*going public*, en inglés) es la venta masiva de títulos entre el público inversionista, también a través de un intermediario, en el mercado de valores. Para ello, la empresa debe seguir ciertos esquemas de rigor y cumplir los requisitos que al respecto establezcan las disposiciones vigentes. Es la forma de captación de recursos masivos más utilizada en todos los mercados del mundo.

  Colocación pública, Going public

Una colocación pública de acciones comprende dos consideraciones interesantes:

1. La empresa adquiere carácter público, con todas las obligaciones, responsabilidades y ventajas que ello representa.

---

4 En algún caso especial, alguna empresa puede difundir sus intenciones de financiamiento masivamente, incluso a través de medios de comunicación.

2. La empresa puede comprar de nuevo los valores (retirar las acciones del mercado) al amparo de las disposiciones, ya sea para influir en el desarrollo del precio de la acción o para recuperar la propiedad total del capital social.

Mercado primario: la primera vez

Mercado primario

A la venta de títulos que se produce cuando hay una colocación u oferta pública, se le denomina *Mercado primario*. Es la única ocasión o instancia en que se ponen en contacto los tres participantes principales del mercado: emisor, intermediario y público inversionista. El emisor ofrece y coloca valores, el cliente interesado acude al intermediario y le entrega el dinero a cambio de los valores; éste recibe el dinero y lo transfiere al emisor.

Se habla de que hay un mercado primario de acciones y en general de cualquier valor o título que se inscribe en la bolsa (los valores gubernamentales tienen un mercado primario una vez por semana, cuando el banco central organiza las subastas para vender bonos a los intermediarios). De ahí en adelante, ya que los títulos se han colocado en el mercado, las negociaciones cotidianas se producen entre los inversionistas y el emisor ya no forma parte del flujo operativo. A esas negociaciones entre particulares se les conoce como *Mercado secundario*.

Las colocaciones de títulos en la Bolsa (*listing*, en inglés) pueden ser de tres clases: primarias, secundarias y mixtas.

Colocación primaria, *Initial Public Offering* IPO

- Una colocación *primaria* (*Initial Public Offering*, IPO, en inglés) tiene lugar cada que hay una venta de valores "nuevos", valga el término, en el mercado de valores. Es cuando una empresa emite acciones a fin de aumentar su capital social. Si tiene un capital social de $10 000 000.00 representado por 1 000 000 de acciones y decide ampliarlo a $13 000 000.00, tiene que emitir 300 000 acciones nuevas para respaldar el capital adicional que va a captar en el mercado.

Colocación secundaria

- Una colocación *secundaria* (*Secondary Offering*, en inglés) representa la venta masiva de acciones ya emitidas y que la empresa mantenía en su tesorería sin suscribir, que pertenecían a algún socio que desea desprenderse de ellas o que la empresa ha colocado en el mercado y vuelto a comprar, pero ahora quiere volver a dispersarlas en el mercado. Una colocación secundaria no incrementa el capital social de la empresa.

Colocación mixta

- Una colocación *mixta* combina las dos anteriores en el monto total que se ofrece al público. Una parte del importe que se va a colocar es aumento de capital y otra puede responder a alguno de los casos anteriores.

¿Dónde colocar?

Cuando una empresa decide aumentar su capital social y financiarse a través del mercado de valores, tiene frente a sí muchas alternativas: el mercado local, alguna de las bolsas de Nueva York (la NYSE, la AMEX o NASDAQ e incluso el mercado OTC), la sección internacional de la Bolsa de Londres, etcétera.

En su mayoría, los mercados ofrecen por lo menos dos posibilidades según el tamaño, el capital o la proyección que quiera o tenga la empresa. Si ésta es grande, puede acudir al mercado principal de su país. Si es una entidad muy grande o líder, como las que ya se han citado, Telmex, Televisa, TV Azteca, Telebrás, YPF, Aracruz, Grupo TACA y otras, puede optar por colocar títulos en Nueva York o Londres.

En México, hubo alguna vez dos mercados a los que podían acudir las empresas según su tamaño: el Mercado para la Mediana Empresa Mexicana, el MMEX, creado para las empresas de mediana categoría (no hay que olvidar que la economía mexicana se sustenta en las empresas pequeñas y medianas) y la sección principal. El mercado para empresas medianas, que en México se intenta rehabilitar, es en cambio una alternativa consolidada desde hace décadas en los mercados desarrollados.

¿Qué empresas pueden captar recursos en los mercados medianos? ¿Qué requisitos hay para financiarse en las bolsas principales? ¿Qué se tiene que hacer para captar en Nueva York? En los siguientes temas se desglosan las respuestas a estas preguntas.

OTC, NASDAQ, AIM Market, MMEX: el empuje de las medianas

El Mercado para la Mediana Empresa Mexicana (MMEX) comenzó sus actividades en marzo de 1993 con el nombre difuso de "Mercado Intermedio", con la intención de constituirse como una alternativa de traslado de recursos a la enorme masa de entidades medianas (PyMES) con perspectivas de expansión. Este tipo de entidades, debido a las circunstancias propias de nuestra naturaleza económica, siempre sufre más que los grandes consorcios para tener acceso a las fuentes tradicionales de financiamiento, ya que sus opciones y oportunidades de captar recursos siempre son más acotadas y limitadas debido a que, por lo general, su desempeño se difunde y trasciende menos; en cambio, su categoría les otorga mayor potencial de crecimiento que el que tienen los gigantes. En el largo plazo, las empresas medianas se convierten en una posibilidad de inversión más redituable para el público que la que pueden generar las sociedades consolidadas, aunque representan una inversión con un grado de riesgo más elevado.

El MMEX era la versión mexicana de los mecanismos o mercados alternos de financiamiento bursátil que han tenido un éxito incomparable en otras partes del mundo:

- En Estados Unidos, el OTC, el NASDAQ (juntos, tienen más de 10 veces la cantidad de empresas inscritas en la NYSE) y, por una de sus secciones, también la AMEX.

- En el Reino Unido funciona The AIM Market, The Alternative Invesment Market (Mercado de Inversión Alternativo), la segunda sección de The London Stock Exchange, La Bolsa de Londres, una sección creada y pensada para las empresas medianas con enorme potencial de crecimiento y que, a la vuelta de los años y gracias a esa sección, han llegado a ocupar un lugar destacado en la economía de una de las siete naciones más poderosas del mundo.

- La Bolsa de Frankfurt tiene una estructura de listado de dos secciones: *Tech DAX* o *MID DAX* para las empresas en crecimiento tecnológicas y de mediana capitalización.

Gracias al mercado OTC y al NASDAQ, surgieron y crecieron empresas como Microsoft, Dell Computer, Oracle, etc., que ahora son gigantes mundiales. La idea con el MMEX era que en el mediano y largo plazo se pudieran tener resultados parecidos a los que han logrado esos mercados medianos internacionales. El MMEX, desafortunadamente, no pudo cumplir su cometido y murió cuando era todavía muy joven. Sin embargo, la idea era espléndida. Por eso, y con la seguridad de que en el futuro cercano se pueda reactivar o se cuente de nuevo con una vía similar, enseguida se detallan los requisitos de inscripción que tenía establecido.

¿Qué necesitaban las empresas medianas para cotizar en el mercado?

Una de las circulares[5] de la Comisión Nacional Bancaria y de Valores establecía los requisitos para inscribirse en el Registro Nacional de Valores e Intermediarios, la instancia ante la cual deben hacerse los trámites de colocación en México y obtener recursos en el mercado de valores a través del MMEX. De todos los que se listan, vale la pena destacar los cinco más importantes, ya que delimitan y catalogan la magnitud de una empresa mediana. El resto de los requisitos (información legal, técnica-económica y financiera) no difiere mucho de los que se necesitan para registrar acciones en la Sección Principal, por lo que se encuentran en la parte correspondiente.

Requisitos para inscribir acciones en el MMEX:[6]

- La empresa debía tener por lo menos tres años de haberse constituido y estar funcionando. Para ello, debía presentarse un historial de operación por ese tiempo.

UDI's
(unidades
de inversión)

- Contar con un capital contable mínimo de por lo menos 20 millones de UDI´s[7] (unidades de inversión), que era el equivalente a 6 millones de dólares.

- La suma de los resultados de los últimos tres ejercicios sociales debía ser positiva; esto es, en uno o dos ejercicios la empresa podía haber reportado pérdidas, por decir de 50 000 dólares en total y, si las utilidades del ejercicio restante resultaban mayores que la suma de aquellos, por decir de 80 000 dólares, el importe neto de 30 000 dólares era suficiente para aprobar la inscripción.

- Incluido el importe de la colocación, la oferta pública (el monto de recursos que se pretendía captar del público) había de comprender 30% del capital social pagado de la sociedad.

- Con la colocación la empresa debía alcanzar un mínimo de 100 accionistas.

Ahora bien, estos requisitos y el resto de la lista se solicitaban al inicio, cuando la empresa acudía a solicitar el registro de sus valores para negociarlos en el mercado primario. Después de éste, con el transcurso natural del tiempo, la empresa debía cumplir lo que se conoce como *requisitos de mantenimiento*; es decir, las condiciones que deben prevalecer en la empresa para que conserve el registro de sus títulos en la bolsa:

- Contar con un capital mínimo de 10 millones de UDI´s, más o menos tres millones de dólares, según la información financiera dictaminada de su último ejercicio social.

- Conservar distribuida entre el público tal cantidad de acciones que representen por lo menos 20% del capital social pagado de la sociedad.

- Contar con un mínimo de 50 socios.

---

5   La CNBV mexicana replanteó en 2004 la presentación de las circulares. Al menos las que iban dirigidas a los intermediarios, alrededor de 40 circulares de la antigua serie 10, habían sido condensadas en una sola, para facilitar su interpretación. Lo mismo hizo a fin de cuentas con las de las otras dos series, las destinadas a los emisores y a las sociedades de inversión.

6   Para apreciar adecuadamente los montos y que reflejen cantidades con poder adquisitivo constante, las cifras se expresan en su equivalente en dólares de Estados Unidos.

7   Las UDI´s son unidades monetarias que arrastran el efecto inflacionario a partir de un peso mexicano de abril de 1995. Una UDI, al 30 de septiembre de 2004 valía 3.50 pesos corrientes. Para calcular el capital contable mínimo requerido, había que multiplicar los 20 millones por el valor de la UDI al día de la solicitud de inscripción.

¿Cuánto costaba inscribirse en el MMEX?

Es obvio: las fuentes de financiamiento tienen costos irremediables y el MMEX, como cualquier otro mercado, no era la excepción. La empresa tiene que comparar los costos de una emisión accionaria con los de otras fuentes para sacar conclusiones.

A la Bolsa Mexicana de Valores (BMV) había que cubrir un arancel según el importe de la colocación, con base en lo siguiente:[8]

- Si la colocación era hasta por el equivalente aproximado de 5 000 000 de dólares, había que cubrir a la bolsa un importe mínimo establecido por la propia bolsa.

- Si la colocación excedía los 5 000 000 de dólares, regía la misma cuota fija más un porcentaje aplicable sobre el importe excedente.

La cuota sobre la base señalada se tenía que cubrir anualmente, durante el tiempo que la empresa mantuviera inscritas sus acciones en el mercado. Eso no era todo. También se tenían que cubrir cuotas al custodio (INDEVAL), por el depósito de los valores objeto de colocación, según se señala:

- Había una cuota especial por título cuando el emisor entregaba dos o más títulos que ampararan los valores materia del depósito. En todo caso, el custodio aplicaba una cuota mínima.

- Otra cuota aplicaba cuando el emisor entregaba un título único que amparaba los valores materia del depósito.

Plazo de obtención de recursos

Un aspecto que no debe soslayarse es el tiempo que transcurre entre la solicitud del emisor y la obtención del dinero del público. Si bien mucho dependía de que se cumplieran cabal y oportunamente los requisitos exigidos y de la adecuada guía y asesoría del intermediario (casa de bolsa) contratada por el emisor para celebrar la colocación, el tiempo óptimo entre la entrega de la solicitud a la Comisión Nacional Bancaria y de Valores (CNBV) y la fecha de colocación en el MMEX podía promediar unos 18 días naturales.

Sección Principal: el tamaño hace la diferencia

La Sección Principal de la BMV es lo que podría denominarse como el mercado importante. Si uno da un rápido repaso a la lista de empresas que forman la "pizarra bursátil", se va a encontrar con nombres que suenan familiares y que en muchos casos están presentes en los hábitos y en los ámbitos cotidianos de la vida diaria mexicana: Telmex, Bimbo, Televisa, Wal Mart, Grupo Modelo... Sobra decir que se trata de nombres de empresas poderosas, de las más grandes del país y, muchas veces, de las más grandes de toda Latinoamérica.

En efecto, la sección principal aglutina a las sociedades líderes de la economía, a las de relevancia nacional o, por lo menos, multirregional, las que llevan la batuta en el orden económico. ¿Cómo llegan esas empresas a la Bolsa Mexicana de Valores?

---

8 Los costos y cuotas de inscripción se ajustan en forma periódica.

Registro Nacional de Valores, organismo controlador de valores

El primer paso para las empresas que deciden captar financiamiento en México es presentar una solicitud de inscripción en el Registro Nacional de Valores, RNV, al que ya nos hemos referido. ¿Qué es el RNV? Es un organismo público organizado por la Comisión Nacional Bancaria y de Valores, CNBV, que funciona bajo su tutela; fue creado para llevar el registro de los dos grupos de elementos que su nombre indica: valores e intermediarios. El registro se estructura en dos secciones:

■ Sección Valores, donde se dan de alta (se registran, pues) los valores que van a ser objeto de oferta pública y negociación en el mercado nacional. La Ley del Mercado de Valores especifica que sólo podrán inscribirse y negociarse en la bolsa los valores que sean registrados en el RNV.

■ Sección Especial, que comprende todos los valores emitidos por entidades mexicanas cuya oferta, suscripción y negociación se efectúa en el extranjero.

Para que una empresa pueda inscribir sus títulos en el RNV debe cumplir, entre varios más, los requisitos siguientes:

■ Información financiera dictaminada por un auditor externo independiente a la empresa.

■ Opinión legal independiente sobre la existencia de la empresa y de la validez de todos sus documentos jurídicos (actas de asambleas y poderes).

■ Opinión favorable de la bolsa de valores.

Para obtener la opinión favorable de la bolsa, las empresas deben entregar a ésta documentación e información similar que, por su relevancia, es necesario expresar por separado.

¿Qué se requiere para listar valores en la Sección Principal?

A sabiendas de que la lista de requisitos es larga y que valdría la pena citar muchos en forma detallada, sólo veremos unos cuantos, en el entendido de que al momento de la solicitud a la CNBV el emisor debe satisfacer todos, sin excepción ni reducciones.

Requisitos de listado

Los requisitos que destacan, aparte de la obvia solicitud de inscripción en el RNV, son:

■ Documentación de carácter jurídico (legal):
Acta de sesión del consejo de administración. Testimonios notariales de escritura constitutiva, de actas de asamblea de los últimos tres ejercicios. Integrantes del consejo de administración; ejemplar de títulos (acciones) que se van a colocar. Informe de créditos y de gravámenes. Si fuera sociedad controladora, relación de empresas controladas y lista de las cinco principales.

■ Documentación corporativa (carácter técnico-económico):
Estudio técnico y económico que contenga actividades, instalaciones fabriles, producción, materias primas, mercado, tecnología, fuerza laboral, estructura organizacional, perspectivas y objetivos y resultados esperados de la colocación accionaria.

■ Documentación de carácter financiero:
Estados financieros dictaminados de los últimos tres ejercicios. Avalúos de activo fijo. Relación de inversiones en acciones. Descripción de la situación fiscal. Destino de los fondos pro-

ducto de la colocación. Política futura de dividendos. Periódico oficial donde se haya publicado su último balance. Informe del consejo a la asamblea ordinaria sobre el último ejercicio. Relación de inversiones permanentes en las subsidiarias.

- Documentación e información de oferta pública y colocación de acciones:
Programa de colocación. Cantidad y características de las acciones y el porcentaje del capital de la empresa después de la oferta pública. Determinación del intermediario colocador. Denominación del sindicato colocador. Periodo tentativo de colocación. Bases para la fijación del precio de las acciones que se van a colocar. Grado de diversificación y políticas de adquisición. Posibles adquirentes. Comisión para el colocador y el sindicato colocador. Asimismo, hay que indicar si son títulos definitivos y anexar los siguientes proyectos: de contrato de colocación, de contrato de sindicación, de aviso de oferta pública y de prospecto de colocación.

- Información complementaria:
La que en su caso requieran la BMV y la CNBV.

Toda la información se presenta por duplicado y con las rúbricas del representante legal de la empresa.

Seguramente los tres primeros puntos y el último no dan pie a duda ni a explicaciones aclaratorias, pues se trata de datos que todos conocemos y dominamos. Vale la pena detenerse, eso sí, en el penúltimo grupo, el referente a los requisitos de la oferta pública y la colocación, ya que es preciso abundar sobre varios de los aspectos que allí se tocan. Ese grupo de elementos se aborda después de explicar las funciones del intermediario colocador, que es quien se encarga de llevarlos a cabo.

La sección Internacional: el mercado es *Global*

No es para sorprenderse: los inversionistas mexicanos pueden comprar en la BMV acciones de empresas de Estados Unidos, Europa y Sudamérica. Es que la bolsa, en México, cuenta con una sección para darle cabida a los títulos de empresas (inclusive a los índices accionarios) que cotizan en las bolsas más importantes del planeta. Esta sección denominada Mercado Global, se implantó en 1997 para inscribir títulos de deuda emitidos por entidades nacionales en los mercados del exterior. Ahora, en esa sección cotizan acciones de empresas más importantes del mundo, clasificadas según su origen, mercado o índice accionario.

Mercado Global

En ese mercado o sección Internacional cotizan los siguientes grupos de acciones (es decir, que están listadas o forman parte de)

- Índice Dow Jones
- Mercado NASDAQ
- Mercados de Europa y Asia

Es posible listar en la BMV valores de empresas sin que medie solicitud, siempre que coticen en mercados que la BMV denomina "reconocidos"o bien que sean emitidos por emisores extranjeros "reconocidos". La Comisión Nacional Bancaria y de Valores no estipula ningún requisito porque las empresas cuyas acciones van a listarse en BMV ya han listado sus valores en esas bolsas consideradas como reconocidas y para eso ya cumplieron, obviamente, los requerimientos de rigor[9] que son, en todos los casos, más difíciles de cumplir que los que establecen la propia CNBV y la BMV. Algunos de los mercados reconocidos son, sí, los más grandes del mundo:

- American Stock Exchange, NASDAQ, New York Stock Exchange, de Estados Unidos
- Bolsa de Madrid, Euronext, Bolsa de Londres, Deutsche Börse, de Europa
- Tokio Stock Exchange, Hong Kong Stock Exchange, de Asia

Una emisora reconocida, siguiendo el mismo criterio, es aquella que por su dimensión o importancia se incluya en la pizarra de la BMV sin que presente solicitud porque también ya listó sus valores en alguno de los grandes mercados internacionales.

En la pizarra de la BMV se pueden ver las cotizaciones de empresas como Boeing, el constructor de aeronaves; Microsoft, el gigante del Software; General Motors, la empresa que hace que se muevan los índices en Estados Unidos; o de índices accionarios como Dow Jones de 30 acciones, NASDAQ 100 (el indicador que, además de reflejar el comportamiento del NASDAQ, cotiza como si fuera una acción bajo la clave QQQ), entre muchos, muchos otros nombres y denominaciones famosos.

La BMV estipulaba, hasta 2004, ciertas limitantes para negociar acciones de empresas internacionales, entre otras, que sólo pudieran ser adquiridas por inversionistas institucionales (fondos de inversión, fundamentalmente) o calificados[10] (que tuvieran cierto monto mínimo invertido). El público en general podía invertir en esos títulos indirectamente, vía un fondo de inversión.[11]

Internet bursátil

Para ver los requisitos de listado en la BMV consulte
http://www.bmv.com.mx/BMV/HTML/sec4_comolistarse.html
Para ver más sobre el Mercado Global, el SIC, abra **http://www.bmv.com.mx/BMV/HTML/sec2_sic.html**
Puede ver los requisitos completos de inscripción en el RNV en **http://www.cnbv.gob.mx/** Haga clic en Sector Bursátil y luego en el recuadro Requisitos de Inscripción

Elección del intermediario colocador líder: ¿a quién acudir?

Toda empresa o entidad que busque colocar títulos en la bolsa debe auxiliarse de un intermediario porque éste es una de las figuras autorizadas para fungir como contacto entre el emisor y el público.

Intermediario colocador

Para un emisor, buena parte del éxito de un programa de colocación radica en la acertada elección del *intermediario colocador*. Elegir bien ahorra muchos dolores de cabeza y buena cantidad de pesos ¿a quién o quiénes contratar? ¿Cuánto cobran?

Un emisor debe elegir al intermediario básicamente por una razón: la garantía del éxito del programa.

Para contratar a un intermediario que funja como *colocador líder*, el emisor invita a todos los intermediarios a participar en la colocación; por su parte, los interesados entregan una propuesta de programas, esquemas y comisiones.

---

9 Véase páginas adelante los requisitos para cotizar en NYSE o LSE.
10 Véase, más adelante, al final de este mismo capítulo, las definiciones de estos tipos de clientes.
11 Véase el capítulo 6.

Si bien en el medio la mayoría de los grandes intermediarios cuenta con departamentos especializados en colocaciones, hay algunos factores que no deben desdeñarse al buscar el intermediario ideal:

- Experiencia en colocaciones anteriores
- Fuerza o capacidad de ventas
- Presencia en el ámbito nacional
- Porcentaje de comisión que va a cobrar.

Según la magnitud de la colocación, el monto de los recursos que la empresa pretenda captar, la empresa puede contratar a dos o tres intermediarios para que se repartan la colocación. Los dos, en este caso, serían *colocadores líderes, lead managers,* en inglés. También puede darse el caso de que haya un intermediario líder y un co-líder.

Colocador líder

A veces, los criterios de selección del intermediario se limitan a atender la relación de negocios que ya tenían establecida en otros rubros o giros, a la afinidad de socios o a otros factores que no tienen que ver con la capacidad de actuación.

Un intermediario líder cobraba, en los noventa, entre 3.5 y 5% del monto total de los recursos que se van a colocar. En la primera década del siglo, debido a la recesión, la cancelación de registro de muchas empresas y la disminución del júbilo por las colocaciones, el porcentaje ha sido en promedio de 1.5 a 2.00%. El porcentaje varía dependiendo del monto: a menor monto, mayor porcentaje y viceversa. Depende también de los intereses o negocios bursátiles y de la frecuencia con que se celebren colocaciones y financiamiento con otra serie de valores.

Funciones del líder colocador

¿Qué funciones desarrolla un intermediario en una colocación? Varias, y todas son fundamentales:

- Asesora al emisor sobre la conveniencia de optar por uno u otro esquema de financiamiento y sobre la magnitud, alcance y forma de éste.
- Gestiona ante las autoridades y la bolsa las solicitudes y los trámites y se encarga de coordinar el programa de colocación.
- Recibe y concentra la información de la empresa y prepara el prospecto de colocación, define los criterios para fijar el precio de venta (*pricing*) de los títulos, recibe y deposita los valores en la institución depositaria y registra los valores en la bolsa.

Eventos de promoción, *Road Show*

- Difunde entre el público la colocación y dirige los programas y eventos de promoción (*Road Show*).
- Recibe del público y traslada al emisor los recursos provenientes de la colocación.

La actuación del intermediario, en México y en cualquier parte del mundo, está sujeta a ciertos matices y a la celebración de un contrato de colocación que puede ser de alguna de dos formas:

Colocación al mayor esfuerzo

1. Al mayor esfuerzo. Significa que el intermediario seleccionado hace, tal como la expresión lo indica, su mejor esfuerzo para vender el total de los valores que el emisor pretenda colocar. Si no lo logra, entrega al emisor el importe de los títulos vendidos, sin asumir responsabilidad alguna sobre el resto.

2. Toma en firme. Un contrato de este tipo estipula que el intermediario se compromete a entregar al emisor el importe total de los recursos materia de la colocación, venda o no la totalidad de los valores ofrecidos. El intermediario procura colocar los títulos entre la clientela y, en caso de no vender todos, adquiere por cuenta propia y para sí mismo la cantidad de títulos que no haya demandado el público. Es como si adquiriera, de entrada, todos los valores objeto de la colocación y los vendiera por su cuenta al público. En estos casos y para asegurar el éxito del programa, el intermediario puede integrar lo que se denomina un sindicato colocador.

Colocación de toma en firme

Sindicato colocador

Todos sabemos lo que significa sindicato en su acepción más utilizada: una agrupación de personas que se asocian para defender intereses mutuos. En el terreno de las finanzas, un sindicato es también una agrupación de intermediarios que otorgan recursos a una entidad o empresa. Así tenemos que un crédito sindicado es aquel que varios bancos o acreedores otorgan a una entidad a la vez. Los motivos por los que se forma un sindicato de intermediarios son dos, principalmente: por el monto de los recursos requeridos y por compartir posibles riesgos de incumplimiento.

Sindicato colocador

En el mercado de valores, un sindicato colocador es la agrupación de varios intermediarios, *co-managers*, en un programa de colocación. El emisor elige y se las arregla con el intermediario líder, el coordinador de la colocación, y éste invita a otros intermediarios a participar en un sindicato. El coordinador —o incluso dos o tres— encabeza las actividades que se van a seguir y funge como el intermediario formal ante el emisor y las autoridades. A los miembros del sindicato se les asigna un monto de acciones para vender según sus expectativas de colocación, reciben el dinero del público y lo transfieren al intermediario líder, quien reúne los recursos y los transfiere al emisor. El intermediario líder recibe el importe de la comisión y distribuye lo convenido a los intermediarios participantes en el sindicato.

Prospecto de colocación

El *prospecto* es el último de los documentos que se señalan en el cuarto bloque de requisitos de inscripción, "documentación e información de oferta pública y colocación de acciones". Se trata de un documento legal, un compendio que contiene un análisis detallado de lo que es la empresa, su historia, sus productos o servicios, la forma en que está organizada y administrada, sus competidores y el entorno económico en que participa.

El prospecto, *prospectus*, en las plazas internacionales, es la memoria de la emisión de valores. Lo elabora toda empresa o entidad que realiza un proceso de colocación pública, en cualquier bolsa del mundo, con un formato convencional vigente en todos los mercados.

Expuesto a detalle, un prospecto debe contener la carátula, un índice y tres capítulos obligatorios:

- Carátula. Contiene los datos esenciales de la colocación (número de acciones, nombre del emisor, fechas, datos del capital, intermediario colocador, entre otros). La carátula o portada constituye lo que después se convierte en el Aviso de Oferta Pública.

- Índice. Lista los puntos que contiene el prospecto.

- Primer capítulo. Contiene de manera más explícita los datos relativos a la emisión: tipo de oferta, destino de los fondos, cantidad de acciones ofrecidas, serie, precio de colocación, monto de la oferta, capital social antes y después de la colocación, etcétera.

- Segundo capítulo. Contiene los datos relativos a la empresa: denominación social, antecedentes, actividades, estructura organizacional y de capital, consejo de administración, funcionarios, resultados, ventas, proyectos, situación fiscal, subsidiarias, productos, plantas, tecnología, recursos humanos...

- Tercer capítulo. Contiene la información financiera de la emisora: estados financieros dictaminados del último ejercicio y del último trimestre, notas y opiniones de los auditores.

El prospecto es el documento que contiene cuanto se desea saber y preguntar acerca de la empresa.

Mientras la colocación sea un proyecto y se esté a la espera de la resolución de la CNBV, SEC o FSA, el prospecto que se presenta tiene el carácter de *preliminar*. En tal caso, los datos numéricos (precio de las acciones, el monto, etc.) así como las fechas de colocación que se asientan en la carátula se estipulan en rojo. Debido a eso, a que estos datos se resaltan en color rojo, al prospecto preliminar se conoce en el mundo como "arenque rojo", *Red Herring*, en inglés.

> Prospecto Preliminar, *Red Herring*

Cuando se aprueba un programa de colocación y se lanza la oferta pública, el prospecto se debe mantener a disposición del público inversionista y en general de todo interesado en la información de la empresa. Cuando se efectúa la colocación se imprime el *prospecto definitivo* con todos los datos y fechas en color negro.

> Prospecto definitivo

Oferta pública

La entidad autorizada para inscribir determinada cantidad de títulos en el mercado tiene una obligación consecuente: anunciar en algún diario de circulación nacional la oferta de sus valores, para que el público inversionista pueda adquirirlos. Este anuncio se denomina aviso de *Oferta pública* (*tombstone*,[12] en inglés) y constituye una especie de invitación que hace la entidad al público para que éste le proporcione recursos. El público se entera de la oferta y quien se interese puede solicitar a su intermediario la compra de cierta cantidad de los títulos ofrecidos.

> aviso de Oferta pública, *tombstone*

La finalidad del aviso es dar carácter público a la colocación. No obstante, para cuando se publica los inversionistas ya han avizorado la oferta y han girado sus instrucciones al intermediario colocador. El inversionista que reaccione hasta el momento del aviso seguramente se va a quedar fuera del programa.

El anuncio de oferta pública se hace en un formato adoptado por todas las bolsas del mundo. Es, de hecho, la carátula del prospecto de colocación, del prospecto definitivo o que ha dejado de ser preliminar.

En la figura 3.1, se exhibe el aviso de oferta pública de acciones de Urbi, Desarrollos Urbanos, S.A. de C.V., una empresa mexicana dedicada a la construcción de vivienda.

---

12 El término *tombstone* significa lápida. La lápida es la piedra que se inserta en una tumba con los datos del difunto y un texto breve, si acaso, de lo que fue en vida. Después de la colocación, el aviso de oferta se imprime en un adorno de cristal. Se designa con ese carácter mortuorio, porque se regala cuando ya todo (la venta de los valores, la compra por los clientes, el registro en bolsa, etc.) está prácticamente consumado y es lo único que queda.

Figura 3.1

Aviso de oferta pública de acciones Urbi, Desarrollos Urbanos, S.A. de C.V.

① ② **OFERTA PUBLICA MIXTA DE ACCIONES, CONSISTENTE EN UNA OFERTA PUBLICA PRIMARIA DE VENTA Y SUSCRIPCION DE HASTA 26,745,400 ACCIONES (INCLUYENDO 9,735,143 ACCIONES MATERIA DE SOBREASIGNACION) ORDINARIAS,** ③ **NOMINATIVAS, DE SERIE UNICA, REPRESENTATIVAS DE LA PARTE MINIMA FIJA SIN DERECHO A RETIRO DEL CAPITAL SOCIAL DE URBI, DESARROLLOS URBANOS, S.A. DE C.V., Y UNA OFERTA PUBLICA SECUNDARIA DE VENTA DE HASTA 8,946,346 ACCIONES ORDINARIAS, NOMINATIVAS, DE SERIE UNICA, REPRESENTATIVAS DE LA PARTE MINIMA FIJA SIN DERECHO A RETIRO DEL CAPITAL SOCIAL DE URBI, DESARROLLOS URBANOS, S.A. DE C.V.**

④ **urbi**
⑤ VidaResidencial

⑥ **MONTO MAXIMO TOTAL DE LA OFERTA**

$1,142,135,872.00

(CONSIDERANDO LA SOBREASIGNACION)

CARACTERISTICAS DE LA OFERTA:

⑦ **Precio de Colocación:**	$32.00 por Acción.
Monto de la Oferta Primaria:	$855,852,800.00, considerando la sobreasignación.
Monto de la Oferta Secundaria:	$286,283,072.00.
Emisora:	Urbi, Desarrollos Urbanos, S.A. de C.V. (la "Emisora" o "Urbi").
⑨ **Clave de Pizarra:**	"URBI *".
Tipo de Valor:	Acciones ordinarias, nominativas, sin expresión de valor nominal, de serie única, representativas de la parte mínima fija sin derecho a retiro del capital social de Urbi (las "Acciones").
⑧ **Fecha de la Oferta:**	7 de mayo de 2004. La oferta se realizará en un solo día.
Fecha de Registro en la BMV: ⑩	7 de mayo de 2004.
⑪ **Fecha de Liquidación:**	12 de mayo de 2004.
Recursos Netos:	La Emisora estima que obtendrá aproximadamente $1,695.6 millones como recursos netos de la porción primaria de la Oferta Global (sin considerar la sobreasignación). La Emisora no recibirá recursos de la porción secundaria de la Oferta Global.

⑫ Urbi y los Accionistas Vendedores, quienes son identificados más adelante, ofrecen respectivamente 17,010,257 y 8,946,346 Acciones (sin considerar las Acciones materia de sobreasignación), en oferta pública mixta a través de la Bolsa Mexicana de Valores, S.A. de C.V. (la "BMV") (la "Oferta Nacional"). En forma simultánea a la Oferta Nacional se realiza una oferta privada mixta en los Estados Unidos de América y otros lugares del extranjero, al amparo de la Regla 144A y la Regulación S de la Ley de Valores de 1933 de los Estados Unidos de América (*U.S. Securities Act of 1933*) y la normatividad aplicable de los países en que dicha oferta sea realizada, de 36,944,348 Acciones (sin considerar las Acciones materia de sobreasignación), las cuales podrán ser entregadas a los inversionistas en la forma de *American Depositary Shares* ("ADSs") (la "Oferta Internacional", y, conjuntamente con la Oferta Nacional, la "Oferta Global). Cada ADS representa cinco Acciones. El número total de Acciones materia de la Oferta Global es de 74,636,094, de las cuales aproximadamente el 40% se colocará en la Oferta Nacional y aproximadamente 60% en la Oferta Internacional.

A efecto de que se cubran las sobreasignaciones que, en su caso, se realicen, Urbi ha otorgado a los Intermediarios Colocadores Líderes una opción para colocar hasta 9,735,143 Acciones adicionales (equivalentes al 15% de las Acciones materia de la Oferta Global, sin considerar las Acciones materia de la propia opción), a un precio igual al Precio de Colocación (la "Opción de Sobreasignación"). La totalidad de las Acciones materia de la Opción de Sobreasignación se ofrecerán como parte de la Oferta Nacional y no habrá opción de sobreasignación en la Oferta Internacional. La Opción de Sobreasignación estará vigente por un plazo de treinta días hábiles contados a partir de la Fecha de la Oferta, y podrá ejercerse en una o sucesivas ocasiones. Véase "La Oferta – Plan de Distribución".

Antes de la Oferta Global, el capital social pagado de Urbi estaba representado por 232,900,014 Acciones. Una vez realizada la Oferta Global el número de las acciones representativas del capital social pagado de Urbi será (i) 288,854,619, suponiendo que no se ejerce la Opción de Sobreasignación, o (ii) 298,589,762, suponiendo que se ejerce en su totalidad la Opción de Sobreasignación. Las Acciones materia de la Oferta Global representarán (i) el 22.47% del capital social pagado de Urbi después de la Oferta Global, suponiendo que no se ejerce la Opción de Sobreasignación, o (ii) el 25.00%, suponiendo que se ejerce en su totalidad la Opción de Sobreasignación.

Los Intermediarios Colocadores Líderes de la Oferta Nacional podrán realizar operaciones de estabilización en la BMV. Véase "La Oferta – Plan de Distribución."

El régimen fiscal vigente aplicable a la enajenación de acciones a través de la BMV para personas físicas y morales residentes en México y/o residentes en el extranjero está previsto en los artículos 24, 60, 109, 154 y 190 de la Ley del Impuesto sobre la Renta.

Las Acciones son de libre suscripción y podrán ser adquiridas por personas físicas o morales de nacionalidad mexicana o extranjera, incluyendo instituciones de crédito, casas de bolsa, instituciones de seguros y de fianzas, organizaciones auxiliares del crédito, sociedades de inversión y fondos de pensiones o de jubilaciones o de primas de antigüedad, conforme a la legislación que las rige.

Los títulos representativos de las Acciones materia de la Oferta Global se encuentran depositados en la S.D. Indeval, S.A. de C.V., Institución para el Depósito de Valores (el "INDEVAL").

⑬ **INTERMEDIARIOS COLOCADORES LIDERES**

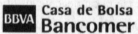

BBVA **Casa de Bolsa Bancomer**
Casa de Bolsa BBVA Bancomer, S.A. de C.V.,
Grupo Financiero BBVA Bancomer

UBS Investment Bank
UBS Casa de Bolsa, S.A. de C.V.

⑭ **COLIDERES**

CASA DE BOLSA
Santander Serfin
Casa de Bolsa Santander Serfin, S.A. de C.V.,
Grupo Financiero Santander Serfin

Scotia Inverlat
Scotia Inverlat Casa de Bolsa, S.A. de C.V.,
Grupo Financiero Scotiabank Inverlat

BANORTE
Casa de Bolsa Banorte, S.A. de C.V.,
Grupo Financiero Banorte

⑮ **SINDICATO COLOCADOR**

Interacciones Casa de Bolsa, S.A. de C.V., Grupo Financiero Interacciones   Vector Casa de Bolsa, S.A. de C.V.   IXE Casa de Bolsa, S.A. de C.V., IXE Grupo Financiero   GBM Grupo Bursátil Mexicano, S.A. de C.V., Casa de Bolsa   Acciones y Valores de México, S.A. de C.V., Casa de Bolsa, Integrante del Grupo Financiero Banamex

Monex Casa de Bolsa, S.A. de C.V.   MultiValores Casa de Bolsa, S.A. de C.V., MultiValores Grupo Financiero   Casa de Bolsa Arka, S.A. de C.V.   Inversora Bursátil, S.A. de C.V., Casa de Bolsa, Grupo Financiero Inbursa

Las Acciones materia de la Oferta Global se encuentran inscritas con los números 2663-1.00-2004-001 y 2663-6.10-2004-001 en la Sección de Valores y en la Sección Especial, respectivamente, del Registro Nacional de Valores (el "RNV") y cotizarán en la BMV.
La inscripción en el RNV no implica certificación sobre la bondad del valor o la solvencia de la Emisora.
Este prospecto está a disposición con los Intermediarios Colocadores Líderes y podrá consultarse en Internet en la siguiente dirección: www.bmv.com.mx

México, D.F. a 7 de mayo de 2004.   ⑯   Aut. CNBV No. DGE-225-225, del 6 de mayo de 2004.

El diseño y los datos del formato de oferta pública son una de las similitudes más notables en las bolsas del mundo. Más allá del idioma, lo único que cambia son los datos de la colocación en turno. Un aviso de oferta pública siempre contiene los siguientes datos conforme se numeran en el aviso:

1. La indicación que se trata de una oferta pública. Se debe incluir el tipo de oferta según sea el caso (primaria o secundaria). Véase que en este caso se trata de una oferta primaria, es decir, la empresa aumenta el capital.

2. Cantidad de valores ofrecidos.

3. Clase y serie de los valores. Aprecie que se trata de acciones ordinarias de serie única. Por eso no hay alguna clave (A, B, u otras) y por eso en la pizarra de la BMV la clave de la emisora va seguida de un asterisco (*)

4. Logotipo o nombre corto o comercial de la empresa emisora.

5. Razón social de la empresa emisora.

6. El monto total de la colocación es el financiamiento que pretende obtener la empresa. El monto total, dividido entre el precio de venta de cada acción, produce la cantidad de acciones que se pone a la venta.

7. El precio que la empresa ha fijado a los títulos que ofrece.

8. Los días en que se debe avisar al público, que son los días en que debe aparecer la publicación del aviso en algún diario de circulación nacional.

9. La clave de cotización o de pizarra (*ticker symbol*, en inglés) es el identificador con que se van a conocer en la bolsa los valores ofrecidos. La clave contiene letras que permiten reconocer el nombre del emisor de manera fácil y rápida. La clave en la BMV se integra con un máximo de siete dígitos y por el código de la serie accionaria respectiva. En este caso, en las pizarras de la bolsa y en la información de los diferentes medios, las acciones de Desarrollos Urbanos se desplegarán como "URBI".

> **Clave de pizarra, *ticker symbol***

10. La fecha a partir de la cual los valores quedan inscritos en la bolsa. El registro supone formalizar la venta de las acciones de la empresa y la compra de los clientes participantes en la colocación. El intermediario que ejecuta la colocación registra en su contabilidad el flujo de recursos (positivo —en el debe— en la cuenta de la empresa, negativo —en el haber— en las cuentas de los clientes) y de valores (negativo —en el haber— en la cuenta de la empresa, positivo, —en el debe— en las cuentas de los clientes).

> **Fecha de registro**

11. Fecha en que los clientes pagan el importe de su compra al intermediario colocador y éste entrega los recursos a la empresa. En esta fecha, para saldar el intermediario realiza las afectaciones contables en las cuentas del emisor y de los clientes, contrarias a las del punto anterior.

12. Este recuadro contiene un conjunto de datos muy elocuentes. El emisor hace una descripción genérica de la oferta. El texto describe, entre otros, los siguientes puntos:

   - Forma y porcentaje del capital que adquiere carácter público.

   - Posibles adquirentes. Las personas físicas y/o morales que no tienen impedimento legal para adquirir los valores.

   - Menciona que los valores se encuentran registrados en el RNV.

   - Número de oficio y fecha de autorización de la oferta.

Otras características particulares.

13. La correduría elegida por la empresa para encargarse de la colocación, el colocador o colocadores líderes.

14. Las corredurías que fungen como coordinadoras o colaboradoras especiales del intermediario líder. Hay colíderes cuando se trata de colocaciones de montos considerables, como es el caso.

15. Con la integración del sindicato se posibilita una amplia distribución de la colocación entre el público inversionista.

16. Número de oficio y fecha de autorización de la colocación.

Internet bursátil

En los siguientes URLs es posible ver y descargar prospectos de colocación de títulos listados en BMV: **http://www.bmv.com.mx/BMV/JSP/sec4_prospect.jsp?t=1&bp=0**

o bien abra **http://www.bmv.com.mx/** y, al desplegarse la página, ubique el ratón en "Inscripción y prospectos" y luego haga clic en la pestaña de "Prospectos de colocación"

El precio de ser grande

Un programa de colocación en la sección principal tiene la misma base de gastos que uno que se efectúa en el mercado para empresas medianas, aunque el monto de las erogaciones es considerablemente mayor. Podríamos dividir los gastos propios de la emisión en no recurrentes y recurrentes: en erogaciones que sólo se efectúan una vez y en las que se tienen que cubrir anual o periódicamente para mantener la inscripción y permitir que los valores sigan cotizando en la bolsa.

Gastos no recurrentes. Para desarrollar un programa de colocación, el emisor tiene que sufragar erogaciones de distinta índole. Por su magnitud destacan las siguientes:

■ Honorarios y comisiones por la contratación de asesores para definir estrategias.

■ Honorarios de auditores, abogados y de un notario que protocoliza el acta de la asamblea en que se determina la colocación de los valores.

■ Cuota de inscripción del acta en el Registro Público de la Propiedad y el Comercio.

■ Cuota del estudio técnico y tramitación de solicitud ante las autoridades.

■ Cuota de inscripción en la bolsa.

■ Cuota de inscripción en el RNV.

■ Gastos de impresión del título valor.

■ Impresión de prospectos de colocación.

■ Publicación del aviso de oferta pública en uno o dos diarios de circulación nacional.

■ Gastos de promoción.

■ Comisión del agente colocado.

Gastos recurrentes. Para conservar o mantener el registro de sus valores y para que éstos se puedan seguir negociando en la bolsa, las emisoras deben cubrir cuotas periódicas que se conocen justamente por su propósito, como gastos de mantenimiento.

■ Cuota anual a la bolsa.

■ Cuota anual al RNV.

Las cuotas y los gastos, tanto de colocación como de mantenimiento, cambian y se ajustan según la inflación. Algunos honorarios y comisiones, definidos en términos porcentuales, dependen del prestigio del despacho, agente o intermediario que se contrate.

Ruta crítica del programa de colocación

A partir de los trámites que estipula la bolsa, fue posible armar una tabla de cuatro etapas con los pasos y tiempos (ruta crítica) de un programa de colocación (véase cuadro 3.3).

Trámites para la colocación de acciones	Días promedio por etapa
• La empresa presenta la solicitud de inscripción.	
• La bolsa revisa la solicitud y la información anexa.	3
• La bolsa solicita puntos pendientes, si procede.	
• Se programa y desarrolla un estudio técnico.	
• La empresa recibe la notificación y aclara los puntos pendientes.	
• Se visita la empresa.	
• La bolsa solicita aclaraciones relativas a la situación financiera de la empresa.	18
• La bolsa hace llegar al intermediario colocador comentarios del área jurídica.	
• La empresa entrega respuestas acerca de su situación financiera.	
• Finaliza el estudio técnico.	
• El consejo de la bolsa emite su resolución sobre la solicitud.	10
• Se emite el aviso de aprobación a la emisora, al intermediario colocador y a la Comisión.	
• Se recibe oficio de la Comisión.	
• La empresa entrega la información definitiva para la inscripción.	
• La bolsa envía la información al área jurídica y demás relacionadas.	5
• La empresa publica el aviso de oferta pública.	
• Se recibe el dictamen del área jurídica.	
• La empresa inscribe sus acciones en la bolsa.	
Terminación del proceso ante las autoridades.	**36 días hábiles**

Cuadro 3.3 Ruta crítica de un programa de colocación

Los 36 días hábiles del proceso dependen, más que nada, de la oportunidad con que la empresa entregue la información y presente las respuestas a las dudas y peticiones de las autoridades. Es, desde luego, un tiempo promedio que puede alargarse por muchos motivos.

La ruta crítica de un programa de colocación llega a su punto culminante con la inscripción de las acciones pero no termina ahí, sino con la publicación de agradecimientos.

En el transcurso del tiempo, mientras las autoridades revisan la información y a medida que se avanza en los trámites, la empresa y el intermediario colocador deben realizar una serie de labores paralelas que ya se describieron y cuyo orden se lista así:

■ Atender las solicitudes de información adicional y efectuar aclaraciones.

■ Impresión del prospecto de colocación preliminar, luego de la aprobación del consejo de la bolsa y de la junta de gobierno de la Comisión.

Fijación
de precio,
pricing

■ Fijación del precio de colocación de cada título (*pricing*, en inglés) básicamente en función de los resultados históricos de la empresa, perspectivas y el precio de mercado de acciones del mismo sector que estén inscritas en la bolsa.[13]

■ Se designan, en su caso, los integrantes del sindicato colocador.

■ El emisor organiza presentaciones o giras de promoción de la colocación en las principales plazas, ante el público en general y los medios de comunicación. Estas presentaciones se denominan *Road Show*, y tienen como objetivo dar a conocer la colocación, sus beneficios para la empresa, el público y la economía y promover, por supuesto, la venta de los títulos.

■ El emisor elabora un *macro-título* que ampara todos los valores objeto de la colocación.

■ El emisor paga las cuotas de inscripción respectivas.

■ Se depositan los títulos en la institución depositaria.

■ Se publica el aviso de oferta pública durante los días que comprenda el periodo de la oferta.

■ Se realiza la operación de registro de la colocación en la bolsa.

■ El intermediario colocador asigna los títulos a los clientes compradores.

Luego que se realiza la colocación, el programa culmina con tres actividades:

■ Se imprime el prospecto de colocación definitivo.

■ El intermediario líder transfiere los recursos al emisor (se cumple el objetivo de la colocación) y cobra su comisión.

■ Se publican los agradecimientos por el éxito del programa y se mandan a hacer los adornos de cristal alusivos.

3.3 Emisión en los mercados internacionales: la batalla por la inversión extranjera

¿Es posible que una empresa de Argentina se financie y coloque acciones en la NYSE? Claro. Es posible y es deseable.

Sabemos y vemos que las acciones de las empresas más fuertes de la región se cotizan en las bolsas de varios países desarrollados. Eso ha significado grandes inyecciones de capital que las empresas han destinado a su expansión, y mayores flujos que han permitido controlar las cifras macro como las tasas de interés y el tipo de cambio. En contrasentido, eso ha significado que el rumbo de las bolsas locales dependa de lo que ocurre en las de los países fuertes. Los índices de las bolsas de Nueva York, Madrid o Londres son pues el *tic-tac* por el que se rigen la BMV, BOVESPA, MERVAL, IPSA y otras.

A raíz de la globalización de la economía, la liberación de barreras a la inversión y el desarrollo tecnológico, a principios de los 90 se abrió una nueva era en la proyección de las grandes empresas de los países emergentes.

---

13 La fijación del precio de colocación es muy relevante. Es el resultado de un proceso de valuación de empresas, un modelo primordial de la ingeniería financiera que sirve para determinar el valor total de una entidad. Para fijar el precio, invariablemente, se toman como referencias el valor en libros y el valor de mercado citados en el tema "valor de una acción".

La apertura desencadenó una competencia plena e incrementó las necesidades de financiamiento para la expansión y el desarrollo. Ello orilló a las empresas a buscar recursos en otras latitudes. El vasto público inversionista de los países desarrollados, consciente de los grandes potenciales de ganancias, vio desde el principio con buenos ojos las nuevas vías que se abrían en los países de Latinoamérica, Europa del Este y Sudeste asiático y comenzó de buena gana a inyectar recursos de capital a las entidades de esas regiones que se asomaban a los grandes mercados. De modo que, poco a poco, los nombres de entidades de Chile, Argentina, Brasil, México, Rusia, Indonesia, etc., fueron ocupando espacios en las pizarras de las bolsas más importantes del mundo: la Bolsa de Nueva York, la Bolsa Americana, la Bolsa de Londres...

Pulverizar el capital, clave para el desarrollo de las bolsas y economías

En los noventa casi todas las grandes empresas de la región pretendían financiarse vía capital en los mercados de Nueva York o Londres. Luego de las crisis consecutivas, México, 1995, Brasil, 1998 y Argentina, 2001, las intenciones se esfumaron e inclusive las firmas listadas tuvieron que aplicar la reversa. Muchas ya no forman parte de las pizarras neoyorkinas y ni siquiera de las de sus mercados locales.

Es tiempo de volver pero sobre otras bases. Es tiempo de que incluso las empresas medianas y pequeñas tengan cabida en las bolsas y que su inclusión sea perenne. Para eso hay que hacer dos cosas al unísono: ajustar las reglas de admisión y convencer, sobre todo eso, a los empresarios, de que financiarse en el mercado, pulverizar su capital, hacer transparente y dejar disponible su información es benéfico para todos y principalmente para ellos mismos. Es tiempo, pues, de dejar atrás la cultura de la empresa familiar donde un solo socio toma todas las decisiones, más por la intuición que por la preparación; es tiempo de echar al olvido la cultura de no revelar los planes o esconder la información aun a funcionarios o empleados.

El capital neutro es un espléndido mecanismo para crecer sin compartir las decisiones. Es una innovación adecuada a los tiempos. Es posible incluso crear otras alternativas que se adapten a cada caso particular.

Las bolsas deben crecer y hacer crecer las economías. Pero eso no es posible si no se sientan nuevas bases de propiedad corporativa. Aboquémonos a ello.

¿Por qué acudir a financiarse en los grandes mercados internacionales?

Y... ¿por qué la internacionalización del capital y de las entidades? Por diversas razones concretas, entre las que se encuentran:

- Los mercados maduros ofrecen una gran concentración de recursos (liquidez) de inversionistas de todo el orbe que mantienen allí su dinero debido a la seguridad y eficiencia de esos mercados.

- Los gobiernos de las economías maduras prácticamente no ponen restricciones a los inversionistas. Esto les permite orientar sus recursos con facilidad a empresas y oportunidades de todos los puntos del orbe.

- Los grandes mercados ofrecen los otros dos productos complementarios a los emisores, a las empresas expuestas al riesgo y al público especulador: el mercado cambiario y los productos derivados.

- Además y debido a sus grados de autorregulación y desarrollo tecnológico, los mercados del exterior proporcionan mayor agilidad en los trámites y en las operaciones, además propician la realización de atractivas figuras operativas con los valores internacionales.

Nueva York, puerta de entrada al sueño estadounidense

La isla de Manhattan fue también el primer ventanal por donde se colaron las intenciones de captación de recursos de las empresas de naciones emergentes. Nueva York, por su cercanía, ha sido la plaza más recurrente para las entidades latinoamericanas.

Colocar títulos en Nueva York, en la NYSE, la AMEX o en NASDAQ, entraña un proceso interesante, riguroso, de reglas más estrictas, muy dinámico y que, cuando se cumple, la empresa o entidad emisora se establece en uno de los aparadores más grandes del mundo.

¿Qué se puede vender en Wall Street? Las empresas foráneas pueden captar recursos de capital en las bolsas de Estados Unidos mediante la venta de ciertos títulos que representan acciones de empresas: los ADR´S (*American Depositary Receipt*). Debe entenderse que no son las acciones las que se colocan directamente, sino valores que se emiten a su amparo y que sólo confieren derechos patrimoniales a los tenedores.

En otras palabras, se puede decir que las empresas pueden captar recursos para ampliar su capital social sin conceder al que otorga el dinero el carácter íntegro de socio y esto, si se calibra bien, es otra de las espléndidas ventajas de acudir al exterior.

¿Qué es un American Depositary Receipt (ADR)?

La *American Depositary Receipt, ADR* (recibo americano de depósito) es el sustitutivo de la acción. En un programa de colocación, las empresas emiten acciones en su país de origen y las depositan en una institución de depósito que, podríamos decir, las "congela". Al amparo de estas acciones emitidas y congeladas, se pide a un banco del exterior (el banco depositario) que cree los ADR que se van a colocar en alguna de las bolsas referidas. Un ADR puede amparar una, dos, cuatro, diez, veinte acciones, etc., dependiendo del emisor.

El público que compra recibos de depósito no se convierte en socio. Recibe los derechos patrimoniales consabidos pero no los corporativos. Los recursos que se transfieren a la empresa vía recibos de depósito se consideran *capital neutro*.

Formas de ADR´s

En el principio, cuando la apertura apenas comenzaba a fraguarse, los inversionistas presionaban a los intermediarios para que crearan alguna figura de inversión en los mercados emergentes. Los principales bancos de Estados Unidos (Citibank, JP Morgan, etc.) fueron los impulsores de los primeros programas de ADR´s que, al amparo de la Regla 144A de la SEC, se crearon a iniciativa del público. A esos primeros ADR´s se les denominó *no patrocinados*. Con el paso del tiempo, al concretarse la apertura plena y allanarse el campo regulatorio, surgió el otro tipo de certificados: los Patrocinados.

ADR´s no patrocinados

■ *ADR´s no patrocinados*. Son los que crean los intermediarios internacionales, debido a las presiones de compra de los inversionistas extranjeros que desean participar en el capital de alguna empresa, cuando ésta no se ha inscrito en alguna bolsa del exterior y sus acciones sólo se cotizan en la bolsa local. La empresa es ajena a la creación y negociación de los ADR´s.

Tanto los costos y gastos de creación como las gestiones ante las autoridades corren por cuenta de los intermediarios, quienes los repercuten en los clientes mediante las comisiones.

- *ADR´s patrocinados*. Se crean por iniciativa de la entidad emisora que tiene la intención de financiarse. La empresa asume los costos, se encarga de los trámites ante las autoridades y se lleva los recursos captados para su propósito de expansión.

ADR's
patrocinados

Se pueden crear tres tipos o niveles de ADR´s patrocinados (*Sponsored*), según los diversos propósitos de la empresa, el monto que quiere captar y la bolsa en donde piensa listarse: niveles 1, 2 y 3. Cada uno tiene sus respectivas características y propósitos.

Nivel 1: colocar fácil y rápido

Los ADR´s nivel 1 se crean sin que sea necesario cumplir algún tipo de normatividad o requisito de la SEC. Imaginémonos esto: nada de información ni de datos relativos a la empresa, nada de un mínimo de utilidades, capital o socios. No, el emisor no tiene que cumplir requisito alguno. ¿Entonces? El emisor gestiona con la bolsa respectiva, ante la SEC, la solicitud o declaración de registro. Esta solicitud siempre es aprobada.

Los ADR´s nivel 1 se colocan en la modalidad OTC, *Over The Counter*, o en el mercado virtual NASDAQ, *National Asociation of Securities Dealers Automated Quotation*, donde se listan las empresa pequeñas o medianas de Estados Unidos. Para listar los papeles en OTC basta que la empresa envíe una declaración de registro a la SEC. Si bien no tiene la obligación de difundir su información financiera y planes, suelen dar al público, a través de los intermediarios, todos los datos que requieren. Si no los dieran, el público no se aventuraría a comprar sus títulos y financiarlas.

Ya lo comentamos: el OTC es un mercado telefónico, informal, en que los clientes corren riesgos precisamente porque la empresa no presenta información. Arriesgan su dinero porque consideran que tendrán recompensas mayúsculas.

Dado que el listado (la inscripción) de los valores se efectúa en uno u otro de esos mercados, que allá son los pequeños, los montos de recursos que la empresa pueda captar son limitados, aunque los costos de captación de recursos también son reducidos.

Para quien piense que el OTC es un mercado de poca relevancia, hay que decir que incluye más de 30 000 empresas. El éxito del mercado se entiende desde la lógica de los inversionistas: es más probable ganar más con empresas que comienzan porque tienen todas las perspectivas de crecer, que con empresas que ya son gigantes y que no tienen mayor margen para expandirse porque ya están en todo el mundo.

Los inversionistas que financian empresas pequeñas o desconocidas tienen que procurarse la información por su cuenta. Las empresas, desde luego, no los dejan a la intemperie, porque también les interesa divulgar sus logros. Aunque falte el medio o los canales formales de un mercado organizado, unos y otros se ponen en contacto o establecen vínculos a través de los intermediarios.

Nivel 2: jugar en las grandes ligas

Para crear y colocar los ADR´s nivel 2, el emisor tiene que cumplir requisitos que establecen la SEC, *Securities and Exchange Commission*, la Comisión de Valores e Intercambio y la NASD, *National Association of Securities Dealers*, la Asociación Nacional de Intermediarios. ¿Cuáles son? Diversos e importantes, a saber:

- Elaborar una solicitud o declaración de registro.

- Presentar el informe anual de operaciones.

- Presentar la información financiera acorde con los lineamientos de los Principios de Contabilidad Generalmente Aceptados de Estados Unidos, USGAAP, por sus siglas en inglés.

Con los ADR´s nivel 2, el emisor juega ya en las grandes ligas. Sus valores podrán ser listados en NASDAQ o en la segunda sección de la segunda bolsa más importante de Estados Unidos, la *American Stock Exchange*, AMEX.

Para cotizar en NASDAQ y ser parte de un universo de 6 000 emisores, la empresa debe cumplir varios requisitos, *listing rules*, nada pequeños si se analizan:

- Utilidades antes de impuestos por 750 000 dólares.

- Base mínima de 400 accionistas.

- Activos netos por 4 000 000 de dólares.

Requisitos de listado, *listing rules*

Para inscribirse ("listarse", en la terminología del mercado, *listing*, en inglés) en AMEX y formar parte de un total de 800 empresas medianas financiadas, se deben cubrir requisitos cuantitativos y cualitativos que se agrupan en cuatro categorías o estándares. Los más estrictos son los del Estándar 4:

- Oferta pública de 75 millones de dólares o activos totales y utilidades de 75 millones en el ejercicio fiscal más reciente o en dos de tres ejercicios fiscales.

- Distribución entre 800 tenedores (público inversionista) y oferta mínima de 500 mil títulos o bien distribución entre 400 tenedores y oferta por un millón de títulos.

- Precio de colocación de tres dólares.

Internet bursátil

Para ver los requisitos que especifica AMEX consulte:

http://www.amex.com/equities/howToLst/Eq_HTL_ListStandards.html

Se puede conocer más acerca de cómo emitir acciones en las secciones para empresas medianas o mercados especiales en las siguientes direcciones:

AIM Market: http://www.londonstockexchange.com/about/about_14.asp

NASDAQ: http://www.nasdaq.com/about/listing_information.stm

¿Qué atractivos tiene la inscripción en AMEX?

Jugar en las grandes ligas significa proyectarse desde una amplísima vitrina, desde donde se palpan atractivos que sólo son superados por las tres bolsas más grandes: Nueva York, Tokio y Londres:

- Disponibilidad de una enorme cantidad de recursos para proyectos de expansión.

- Difusión del nombre de la empresa en todo el mundo (para bien o para mal).

- Serias posibilidades de acceso posterior al aparador financiero más importante del planeta, la NYSE.

Algunas de las empresas latinoamericanas que cotizan en AMEX o NASDAQ son, Apco Argentina, en NASDAQ (APAGF), Telebrás Progro, en AMEX (PTB), Teléfonos de México, en NASDAQ (TFONY).

Para listar títulos en el Mercado de Inversión Alternativo (AIM, por sus siglas en inglés) de la Bolsa de Londres, la sección para empresas medianas con potencial de crecimiento, el mercado análogo a AMEX o NASDAQ, basta cumplir con requisitos mínimos que, inclusive se obvian si la empresa ha cumplido ya con los requisitos de otras bolsas que LSE, *London Stock Exchange* denomina, Mercados Designados, *Designated Markets*. Entre ellos figuran, NYSE, NASDAQ y Deutsche Börse, entre otros.

Nivel 3: *If I can make it there*

La canción *New York, New York*, que interpretaba Frank Sinatra, dice: "si puedo hacerla ahí, voy a hacerla dondequiera" y así es. La empresa que logra listar sus ADR´s nivel 3 en la Bolsa de Nueva York puede incursionar en cualquier otro mercado sin problema y tener, por ese mismo hecho, posibilidades ilimitadas de obtención de recursos. Sí; sólo que para colocar sus ADR´s nivel 3 es necesario satisfacer reglas más rigurosas. ¿Cuáles? Las mismas, ni más ni menos, que se estipulan para los grandes emporios de Estados Unidos. En efecto: una empresa que se lista en la NYSE o en la sección principal de la AMEX se codea con nombres de gigantes universales: General Motors, IBM, Chrysler, AT&T, etcétera.

¿Cuáles son esos requisitos? Para listarse en la NYSE se deben cumplir ante la SEC requisitos de mucho peso. Los estándares, que tienen que ver con la oferta pública son, principalmente:

- Contar con una base de 5 000 accionistas y que cada uno posea, al menos un "lote" de 100 acciones.
- Mínimo de 2.5 millones de acciones en circulación en el mercado.
- Que el importe del capital a colocar sea al menos de 100 millones de dólares.

La NYSE establece una lista de criterios financieros. Estos criterios se derivan, justamente, de los estados financieros de la empresa:

- Poseer activos por 100 millones de dólares.
- Haber obtenido utilidades acumuladas antes de impuestos, en los tres ejercicios previos, por 100 millones de dólares y al menos 25 millones de dólares en cada uno de los dos más recientes.

La bolsa de Nueva York establece como alternativa (en vez de) a los requisitos de utilidades, los siguientes, uno u otro:

- Que la valuación con flujo de efectivo de la empresa acumulado de los tres ejercicios recientes sea de 100 millones de dólares. Al igual que el criterio de las utilidades, para este aspecto también establece que la valuación mínima de cada uno de los dos ejercicios debe ser de 25 millones
- Capitalización global de mercado (valor de mercado de su capital inscrito en mercados) de 750 millones de dólares y utilidades de 75 millones en el ejercicio más reciente.

Otros requisitos importantes son:

- Presentar información financiera (acorde con USGAAP) de los tres ejercicios recientes.
- Contar con autorización de la comisión de valores nacional.

■ Estar listada o listarse, al mismo tiempo, en la bolsa local.

■ Presentar estudio técnico de la empresa.

No es una utopía que empresas latinoamericanas listen sus acciones en NYSE. Hay varias, entre otras, Cementos Mexicanos (CMX); Teléfonos de México (TMX); Petrobrás Energía Participaciones, de Brasil, (PZE); Telefónica de Argentina (TAR), Aracruz Celulose, de Brasil (ARA), Enersis, de Chile (ENI), Empresa Nacional de Electricidad, de Chile (ELE).

 Internet bursátil

Para saber los requisitos a mayor detalle hay que analizar lo que se establece en la Sección 103.01 del Manual de Empresas Listadas. Los requisitos se pueden ver en **www.nyse.com/listing**.
Consulte también los estándares de listado, Listing standards, en: **http://www.nyse.com/listed/1022221392369. html** y abra, además, el Manual de Empresas Listadas en *Listed company* manual: **http://www.nyse.com/lcm/lcm_section.html**

ADS, IDS Y GDR

En las colocaciones internacionales hay otras figuras de captación de recursos de capital similares, que representan los mecanismos complementarios de inversión extranjera en empresas de países emergentes. Por cierto, se usan menos que los ADR´s, aunque en esencia son lo mismo.

Las siglas ADS corresponden a *American Depositary Shares* (Acciones Americanas de Depósito). Los ADS´s representan o amparan CPO´s. Un CPO, como vimos, es un Certificado de Participación Ordinaria que confiere derechos patrimoniales sobre acciones de una empresa mexicana que no puede adquirir directamente un extranjero.

Los CPO´s surgieron al inicio de la apertura económica y de la internacionalización del mercado de valores para dar cabida, a través del Fondo Neutro de Nacional Financiera (el banco de desarrollo de mayor presencia en México) a la inversión extranjera que quería orientarse al capital social de las empresas mexicanas que, por ley, no podían aceptar participación foránea. ¿Cómo funciona el Fondo Neutro? Nacional Financiera, Nafin, reúne los recursos de los clientes extranjeros y compra con ellos acciones serie "A" o serie "B" de empresas mexicanas. Esas acciones constituyen el patrimonio del Fondo Neutro. Nafin emite a cada cliente extranjero un CPO que acredita su participación en dicho Fondo. El Fondo Neutro persiste todavía y de cuando en cuando incrementa sus activos.

DR's
GDR's
ADS's

Los DR´s, *Depositary Receipts*, IDS´S *International Depositary Shares* y los GDR´S, *Global Depositary Receipts*, también son certificados o recibos. Representan acciones comunes o CPO´s. Se crean, primordialmente, como respuesta a la presión de los inversionistas institucionales europeos, quienes son sus adquirentes principales (casi únicos). O sea que a fin de cuentas los ADR´s, los ADS´s y los DR´s son lo mismo.

Si estas tres figuras son y sirven para lo mismo que los ADR´s, ¿cuáles son sus razones de ser? Un par de motivos, nada más:

■ La plaza donde se colocan. Describimos anteriormente al ADR como un recibo estadounidense; si abrimos las posibilidades de colocación de recursos a otros mercados, como los europeos, la palabra American se sustituye por *Global, International* o se elimina para quedar como DR: *Depositary Receipt*.

■ Los empeños de los compradores. Tradicionalmente, los fondos de inversión estadounidenses adquieren ADR´s; en tanto que los ADS´s se ofrecen en forma directa al público inversionista, a los grandes compradores.

Listarse en Londres: la primera alternativa

Londres es el más internacional de los grandes centros financieros internacionales. La Bolsa de Londres, The London Stock Exchange, se promueve en el mundo como la primera alternativa (*the first choice*) de financiamiento. ¿Por qué? Londres es la capital mundial de las finanzas (*the heart of global finance*). Representa el mercado más grande y líquido para la negociación de acciones internacionales. Es la plaza que congrega la mayor afluencia de recursos de clientes foráneos y la que registra la mayor cantidad de emisores de otras latitudes. Es, en pocas palabras, el mercado más internacionalizado.

Algunas entidades de América Latina han cruzado el océano hasta *The City* para ampliar su capital, pero son muy pocas, porque la cercanía con Estados Unidos las ha motivado a buscar dinero en Nueva York. Las cuestiones geográficas han sido también determinantes para que Londres sea la plaza favorita de las empresas de Europa o Asia.

Requisitos para listarse en Londres

Para que una empresa liste sus *Depositary Receipts* (DR: Recibos de Depósito) en la LSE y cotice en el SEAQ International (Securities Exchange Automated Quotation) con otras 1500 empresas extranjeras, debe satisfacer los siguientes requisitos principales:

■ Tener un historial de cotización mínimo de tres años.

■ Presentar información financiera en un compendio que contenga: información auditada de los tres últimos ejercicios además del ejercicio actual, estados financieros con descripción de políticas contables y notas. La información debe presentarse conforme los criterios de US o UK (de Estados Unidos o Reino Unido) GAAP, Principios de Contabilidad Generalmente Aceptados.

■ Por lo menos 25% de su capital debe estar colocado entre el público.

Decíamos antes que si una emisora ha logrado colocarse en la bolsa de Nueva York, ya no tenía grandes impedimentos para hacerlo en otro mercado. La Bolsa de Londres tiene la política de aceptar el listado de los recibos de depósito de una empresa que ya cotiza en la NYSE, puesto que los requisitos que ésta exige, como se podrá comparar, son sustancialmente más complicados.

El tiempo promedio para inscribirse en la LSE varía de 12 a 24 semanas, según cada caso.

 Internet bursátil

Para los requisitos de listado en LSE, a detalle, vea **http://www.londonstockexchange.com/about/about_14.asp**

Los requisitos para colocar en la Bolsa de Comercio de Buenos Aires se pueden obtener del URL en: **http://www.bcba.sba.com.ar/Sociedades/acciones.asp#**

La bolsa de Tokio cuenta con una tabla clara y sencilla en la que se estipulan los criterios para listar títulos de capital. Vale la pena verla: **http://www.tse.or.jp/english/cash/stock/stlisting_a.html**

El *Road Show* internacional

Se dijo que una forma de promover la colocación son las presentaciones efectuadas a la prensa y al público. En el caso de la colocación de valores en los mercados internacionales, el *Road Show*,[14] adquiere dimensiones muy interesantes.

Los ejecutivos de la emisora y los funcionarios del intermediario o líder colocador en el país del emisor y del intermediario internacional efectúan las presentaciones, las cuales tienen lugar en algún hotel famoso de las plazas más atractivas: Londres o Nueva York (o ambas, según sea el caso); ciudad de México, Monterrey y Guadalajara, si se tratara de un emisor mexicano; Rio y São Paulo, si se trata de una emisión por alguna empresa brasileña; Buenos Aires, Rosario, La Plata, si se trata de una emisión de una empresa argentina; Santa Fe de Bogotá, Cali, Medellín, básicamente, si fuera una colocación de una empresa colombiana.

Eventos de promoción, *Road Show*

La presentación o eventos de promoción, el *Road Show*, consta de cuatro temas, de los cuales el primero cobra particular importancia:

1. Análisis macroeconómico del país. Se abordan los aspectos relativos a la política económica del gobierno, finanzas públicas, balanza de pagos, macro-variables y lo concerniente al mercado de valores local.

2. Análisis de la empresa. Como ya se expuso, comprende el repaso de su mercado, productos, estados financieros, resultados y política de dividendos.

3. Perspectivas. Incluyen la presentación de los planes y proyectos, oportunidades de mercado y estados financieros pro-forma o proyectados.

4. Emisión. Se remite sin mayor detalle el importe y periodo de la oferta, los criterios de fijación de precio del título, el comportamiento histórico del precio en la bolsa doméstica (en su caso) y el prospecto de colocación.

¿Cuánto cuesta listarse en el extranjero?

Un programa de colocación prototipo de capital en el extranjero ronda los 400 millones de dólares. La comisión del intermediario sería de 2.5%,[15] unos 14 millones de dólares. Si a eso se suman los demás costos, la erogación total por ese programa sería de unos 16 millones de dólares. Si bien esta cifra puede parecer inmensa, resulta pequeña en comparación con el monto total de recursos que se puede captar y el costo de las alternativas de financiamiento vía deuda.

Costos de colocación

Los costos principales y sus importes promedio se pueden visualizar en el cuadro 3.4.

Concepto	Importe en USD	
Cuota de inscripción (depende de la bolsa que se elija)	150 000	
Gastos legales	500 000	
Honorarios contables	400 000	
Costos de impresión (documento de registro, prospecto, certificados, etcétera)	200 000	
Gastos del *road show*	15 000	
Comisión del intermediario colocador	2.5% sobre el monto de la oferta[16]	

Cuadro 3.4
Costos de un programa de colocación internacional

14 No hay una traducción literal precisa de *road show*. En español, en la práctica suele denominarse gira de presentación y promoción de la colocación.

15 Como ya se anticipaba, el porcentaje de comisión depende de varias cuestiones: el monto que se va a colocar, la reputación o experiencia del intermediario, el tipo de relación contractual que se pacte (toma en firme o al mayor esfuerzo) y de algunos otros factores adicionales. La comisión del intermediario es, por mucho, el gasto más fuerte.

La sumatoria depende, claro, del mercado al cual se acuda. En la Bolsa de Londres, por ejemplo, el monto promedio de costos es de 500 mil libras británicas, unos 950 mil dólares. La cuota de inscripción en AMEX es obviamente menor; hay que aportar a la bolsa 65 000 dólares si se listan entre 25 y 50 millones de títulos y, por cada acción excedente, habrá que pagar 0.02 centavos de dólar.

Ruta crítica del proceso de colocación

En el cuadro 3.5 se describe, a la usanza internacional, el proceso de colocación de acciones en los mercados del exterior, que tarda unos tres meses en promedio (para inscribir títulos en LSE, el proceso puede llevar entre 12 y 24 semanas, dos y cuatro meses, en promedio).

Días previos a la oferta	Actividades
110	Se efectúa una reunión general del equipo para definir la organización, elegir al intermediario y tomar otras decisiones.
95	Se redactan los borradores y se elabora el documento con todos los requisitos de registro. Se completa la auditoría. Se resuelven las cuestiones legales. Se redacta la primera versión del prospecto de colocación.
60 a 40	Se realiza el registro previo del documento. Se distribuye el prospecto preliminar. Se promueve la colocación. *Road Show*.
6 a 2	Se recibe el informe de comentarios de la sección. Se apresuran los trámites pendientes.
1	Se fija el precio de colocación.
Día de oferta	Se firman acuerdos. Se distribuye el boletín de prensa. Se publica el aviso de oferta pública. Se imprime el prospecto definitivo.
3 días	Se recibe el flujo de efectivo por la colocación. Se publican los avisos de agradecimientos. después del registro.

Cuadro 3.5
Ruta crítica
del proceso
de colocación
internacional

La clave de pizarra y el código ISIN

Los títulos inscritos en las bolsas se codifican para cotizar y para ser identificados. La Clave de Pizarra, *Ticker Symbol*, es el "nombre" corto de las empresas listadas, como se expuso en el punto nueve que explica el contenido del Aviso de Oferta Pública.

Cada bolsa tiene sus propios criterios para asignar claves de pizarra. En la BMV las claves se conforman con un máximo de siete letras. A veces la clave corresponde justo al nombre corto o logotipo de la empresa, como el caso de ALFA, TELMEX o CEMEX. Lo más frecuente es que la clave suprima alguna letra del nombre o logotipo, como en los casos de GSANBOR, que corresponde a Grupo Sanborn's, o el de AMX, que es la clave de América Móvil.

En la Bolsa de Nueva York, las claves constan de entre una y tres letras, como por ejemplo "C", que es la clave de Citigroup, "XOM", que es la clave de Exxon Mobil, o "IBM" que, lo sabemos todos, es la clave y logotipo de International Business Machine.

En NASDAQ, en cambio, la clave se integra por cuatro letras o hasta cinco letras. De modo que vemos que a AMAZON le fue asignada "AMZN"; a ORACLE, "ORCL"; o a SYMANTEC, "SYMC".

---

16 Depende también del momento de la economía y los mercados. Entre 2000 y 2004, por ejemplo, las comisiones eras bajísimas, llegaron a ser hasta de 1.5 por ciento.

Para una empresa que cotiza en varios mercados, suele haber tantas claves de pizarra como mercados donde esté inscrita. Véase esta tabla donde se aprecian los diferentes códigos o claves de pizarra de Teléfonos de México, Telmex, en los cuatro mercados donde están listados sus valores.

BMV	NYSE	NASDAQ	LATIBEX
TELMEX	TMX	TFONY	XTMXL

Para evitar estas confusiones, es recomendable referirse al código internacional, a la clave única que reciben los títulos en todas las bolsas del mundo, el código ISIN, que son las siglas de *International Securities Identification Number*, Número Internacional de Identificación de Valores. Un valor, sin importar el nombre o *ticker* de su emisor, tiene pues el mismo código ISIN en todas las bolsas. El ISIN que le fue asignado a Telmex fue MXP904131325; el ISIN de Microsoft es US5949181045, el de General Motors, US3704421052; el de Banco Río de la Plata, ARBRIO010194; el de Petrobrás, BRPETRACNOR9.

International Securities Identification Number, ISIN

El código ISIN se otorga mediante caracteres estandarizados. Veamos el caso de Telmex:

MX   Los dos primero caracteres son el prefijo del país del emisor.

P   Es el caracter indicador de la región del mundo en que se ubica el país.

904131 Estos 6 caracteres son el número base del emisor.

32   Los dos penúltimos caracteres son el identificador de la emisión.

5   El último caracter es el dígito verificador.

En resumen, como producto de la Oferta Pública, al listar sus títulos en una bolsa, la empresa recibe una clave de pizarra, tantas como el número de bolsas en las que liste sus títulos, y un único número ISIN.[17]

Internet bursátil

Puede descargar un archivo con todas las implicaciones de ISIN desde
http://www.euronext.com/vgn/images/portal/cit_53424/41/56/605565864_pages_ISIN_22_1.pdf

¿Y después de la colocación?

Requisitos de mantenimiento

Las empresas inscritas en las bolsas deben cumplir requisitos denominados de *mantenimiento* para que sus títulos sigan listados o cotizando en las bolsas. Los principales requisitos de mantenimiento de listado son fundamentalmente dos:

■ Presentar a la comisión de valores, a las bolsas en las que estén listados sus valores y al público inversionista (éste es precisamente el objetivo), informes continuos, trimestrales (*quarterly reports*)[18] y anuales, en lo que atañe a la situación financiera, aspectos legales, económicos, administrativos, etc. En suma, la empresa debe poner a disposición del público informes sobre

---

17 En los últimos años, el código ISIN ha cobrado mucha relevancia, tanta, que algunas bolsas, como Euronext (*www.euronext.com*), listan los valores, acciones, bonos, warrants y demás, sólo bajo los números de ISIN.

18 Por eso, cada tres meses la evolución de los precios de las acciones está supeditada a la expectativa de los resultados, proyectos o eventos de las empresas. Los inversionistas esperan con ansias esos reportes y están atentos, además, a los eventos relevantes que puedan suceder en cualquier momento.

su situación financiera, sobre hechos relevantes que puedan afectarla, sobre nuevos negocios, cambios en los cuadros directivos y todo aquello que pueda cambiar el rumbo de sus actividades o resultados.

■ Pagar la cuota anual a las bolsas en las que estén listados sus valores.

3.4 Negociar acciones: importancia del mercado secundario

Todos los días, la prensa, la radio, la televisión y varios sitios y portales de Internet dan cuenta de la jornada en la bolsa y nos indican que "se negociaron tantas acciones de tal emisora", que "la bolsa bajó o que subió tantos puntos", o que "la acción ABC subió o bajó tal o cual porcentaje". Todos los días vemos imágenes de operadores corriendo, gesticulando; vemos datos de precios, a veces expresiones de gozo y otras de frustración. Todo eso se produce porque hay clientes que instruyen a sus intermediarios a comprar y a vender títulos de las empresas listadas. Estas negociaciones, por las que cambian los precios, son el sustento de los mercados, el sentido por el que hay bolsas, la actividad más emocionante de los mercados.

Los títulos inscritos en la lista de valores pasaron alguna vez por el proceso del mercado primario. Los clientes que compraron los valores para financiar a la empresa no tienen la obligación de quedarse con ellos. Una de las ventajas del mercado de valores estriba en la facilidad que otorga a los inversionistas de comprar y vender en el mercado secundario las acciones de las empresas que ya no quieran o que ya les han generado rendimientos suficientes. Los títulos colocados por el mercado primario se venden de nuevo (por así decirlo) entre el mismo público, sin que participe ya la emisora en el flujo operativo. Estas operaciones constituyen la historia operativa diaria de la bolsa: el *mercado secundario*.

> Mercado
> secundario

¿Quiénes compran acciones?

Todos los que compran acciones en el mercado de valores lo hacen por la simple y sencilla razón de querer hacer dinero, aunque cada cliente persigue objetivos particulares diferentes: las casas de bolsa y los bancos, mover y mantener sus inversiones denominadas "por cuenta propia"; los inversionistas institucionales, llegar a un rendimiento trazado con un perfil específico; los especuladores, ganar mucho y rápido...

Todos los participantes, con sus entradas y salidas continuas, juegan un papel preponderante en el mercado secundario.

Mesas de operación: a sacarle jugo al negocio

Las casas de bolsa (corredurías) y los bancos son los compradores más activos del mercado. Desde sus mesas de *trading* adquieren y venden posiciones por cuenta propia. Por lo general toman posiciones de mediano plazo, aunque, dependiendo de las circunstancias, se pueden deshacer de ellas en el corto plazo o conservarlas por periodos muy largos. Desde sus mesas de operación, los intermediarios sacan o intentan sacar provecho del mercado por partida doble: recibir beneficios por las actividades de correduría y por el manejo de su posición.

Fondos de inversión: desarrollar el mercado

Los clientes institucionales, tradicionalmente identificados como fondos de inversión, tienen una presencia cada vez más creciente en el mercado mexicano y en toda Latinoamérica. En otros países, sobre todo en los más desarrollados, los fondos son los participantes más dinámicos de la bolsa. En el mercado de capitales, arman carteras con objetivos variados. Hay fondos de acciones sectoriales (tecnológicas, constructoras, alimenticias, etc.), fondos diversificados, fondos relacionados con un índice accionario específico (el Índice de Precios y Cotizaciones, el índice Dow Jones, etc.) que los orienta a comprar las acciones que integran ese índice, etcétera.

El horizonte de inversión de los fondos accionarios varía. Hay fondos con propósitos de mediano y largo plazos, indizados, agresivos, etc. Con esos y otros perfiles, los fondos contribuyen a desarrollar el mercado y a incorporar inversionistas que por sí solos no podrían participar ni tener todas las ventajas que confiere la bolsa.

Especuladores, ¿ángeles o demonios?

Si bien la palabra especulación se ha interpretado (erróneamente) como una actividad maliciosa y una práctica perjudicial para los mercados y las economías, lo cierto es que especular es una práctica común y natural en todo el mundo: especular es tratar de lograr el máximo posible de utilidades, es aprovechar los ajustes de los precios y los acomodos y reacomodos del mercado, convivir con sus vaivenes y ser parte de ellos.

La especulación es el juego favorito de muchas personas. Pero es un juego de riesgos incalculables. No es recomendable para un cliente "normal". Hay una marcada diferencia entre el cliente que ahorra o invierte y el especulador: ahorrar es buscar hacer productivos los recursos en el mediano y largo plazo. Especular es tratar de obtener las ganancias más altas posibles en lapsos cortos. El que ahorra busca asesoría, se deja guiar, confía en el experto. Para ser un especulador se requiere una cultura económica, política y bursátil completa, hay que conocer, dominar y anticipar los escenarios y las reacciones del mercado. El especulador no necesita asesores. Por lo general, es una persona con mucho dinero, dispuesta a arriesgar o poner en juego parte de su patrimonio, con tiempo de sobra para dedicarse a observar los monitores, las cotizaciones y girar órdenes, en cuestión de segundos, para comprar o vender grandes cantidades de títulos.

La especulación, créase o no, es una actividad necesaria para el mercado. Los especuladores que apuestan por la trayectoria de los precios son indispensables aquí y en China. ¿Qué sería de los mercados sin los especuladores? Se ha comentado que las acciones, como inversión, deben tener la misma perspectiva que cuando se posee una empresa. ¿Cuánto hay que esperar para que el negocio madure y genere beneficios? Quizás un par de años. Si todos los clientes participaran en la bolsa con el mismo enfoque, no habría mercado secundario. Habría bolsa para una sola ocasión: las colocaciones o el mercado primario; ¿y después?, nada.

Los especuladores hacen posible el mercado secundario. ¿Quién va a comprar las acciones que quiere vender un cliente que tomó una posición en una colocación y desea obtener una utilidad? Obvio, el especulador. Y ¿quién va a desprenderse de sus acciones cuando un cliente institucional, o inversionista con perfil de largo alcance desee comprar en un día cualquiera? El especulador.

Los especuladores dan vida al mercado secundario y éste propicia la generación de ingresos para todos los participantes: para los intermediarios, la BMV, el resto del público e incluso pa-

Especuladores

ra las autoridades. La mucha o poca efervescencia que pueda tener el mercado a diario se debe, en buena proporción, a las posturas de los especuladores. La especulación produce volumen y activa el mercado. Las bolsas serían poca cosa sin ellos. Al final del capítulo hablaremos más de su función.

Público ahorrador

¿Dónde quedan el inversionista medio o el pequeño ahorrador? ¿El mercado tiene algún lugar para ellos? Sin duda. Tiene muchos. Los inversionistas medianos y pequeños pueden recibir las bondades del mercado accionario si se atienen a un conjunto de postulados conocidos: si nada más destinan al mercado sus excedentes, si procuran verlo como una posibilidad de mediano o largo plazo, si son selectivos, si en lo posible y dependiendo del monto de sus recursos, procuran la diversificación y, más que nada, si optan por participar en una sociedad o fondo de inversión.

Inversionistas institucionales" y "calificados

En el medio bursátil es frecuente hablar de inversionistas *institucionales*. Se trata, como lo sugiere la palabra, de instituciones que se dedican a invertir grandes sumas. En esa categoría caben los fondos de inversión, los fondos de pensiones y jubilaciones, las compañías de seguros y fianzas, entre otros de clase similar. Los que se catalogan como *calificados*, en cambio (una categoría relativamente nueva) lo son por el monto de sus inversiones. En México, un inversionista de esta clase es el que ha mantenido, en promedio, durante un año, valores o títulos por el equivalente a 500 000 dólares o bien que haya obtenido ingresos brutos anuales por el equivalente aproximado a 170 000 dólares.

A estas clases de inversionistas se le confiere un trato diferente en lo que respecta a atención y porcentaje de comisiones.

Proceso de negociación de acciones

La definición más antigua (y quizá la más exacta) de un mercado de valores es "un lugar donde se juntan compradores y vendedores para realizar negociaciones con títulos". ¿Qué ocurre, con detalle, en un mercado de valores? ¿Cómo se pueden negociar las acciones? ¿Los participantes pueden negociar la cantidad de acciones que se les ocurra? ¿Por qué se tiene la impresión de que lo que pasa en el mercado de valores es algo incomprensible?

En resumen, el proceso de compraventa de acciones en el mercado secundario podría plantearse del siguiente modo (subraye o resalte lo que no comprenda):

- El cliente (mesa de *trading*, cliente institucional, especulador o pequeño ahorrador) llama a su asesor certificado y le indica que compre 1 000 acciones o da de alta su orden directamente en los servicios automatizados, vía Internet, de su intermediario.

- El asesor anota los datos y turna la orden a la mesa de control de la casa de bolsa. Si se trata de algún proceso electrónico de recepción de órdenes, el sistema concentra la orden en la mesa de control.

■ La mesa de control envía la orden al piso de remates o mecanismo automatizado de operación.

■ Un asistente de operación recibe la orden y la turna al operador de piso. Cuando se opera con sistemas automatizados como el SENTRA de la BMV, el Mega–Bolsa de BOVESPA, o el SEAQ de la LSE, el sistema convierte la orden en una postura.

■ El operador representante busca negociar (a voz viva o por medio del mecanismo electrónico) la compra con otro operador de otro intermediario que quiera vender esas acciones.

■ Si lo encuentra, convienen en un precio o realizan la operación al precio corriente que prevalezca en el mercado.

■ Registran la operación ante la bolsa. Se ejecuta la orden.

■ La operación realizada regresa a la mesa de control del intermediario.

■ La operación se asigna a la orden que la solicitó.

■ El asesor puede darse cuenta que la orden ha sido ejecutada.

Sistema automatizado de operación

■ El intermediario llama al cliente y notifica la realización de la operación. Cuando éste cuenta con sistemas de recepción y confirmación de órdenes automatizados, por Internet, el cliente puede percatarse de la ejecución de sus instrucciones en su computadora personal.

Se ve simple, ¿no es así? Entender el proceso de negociación de acciones en el mercado secundario no es difícil; pero ese proceso tiene un lenguaje muy especial y distintivo, sus reglas y un sinfín de características particulares.

¿Gusta ordenar?

Órdenes

Como en los restaurantes, el público tiene un menú de posibilidades operativas por el que debe guiarse para girar instrucciones a los asesores financieros. Las instrucciones se denominan *órdenes*. Los intermediarios deben codificar esas órdenes según las características que estipulen los clientes y conforme a los parámetros de las disposiciones.

En el lenguaje bursátil se dice llanamente una orden de compra, una orden de venta, se dio de alta la orden 20, se cancela la orden 15, etc. En vez de ordenar platillos, los inversionistas pueden, por decir algo, solicitar una compra de dos lotes de "La Telefónica" limitada a $10.00 o una venta de cinco lotes de "La Minera" a precio de mercado. Nótese el nuevo uso de ciertos términos ya conocidos. En el mercado se usan muchísimos más.

Ordenar por Internet: al mercado desde el campo o la cocina, de madrugada o en domingo

El proceso del mercado secundario comienza con las órdenes del público. ¿Cómo pueden girarse las órdenes de compra y venta? Hay diversos medios: teléfono, carta, telefax o directamente, asistiendo a las oficinas del intermediario. Sin embargo, el uso de una opción más segura, eficaz, rápida y menos costosa las va rebasando poco a poco: Internet.

Lo más común era que un cliente tomara el teléfono, llamara a su asesor y le indicara alguna de las dos modalidades básicas, comprar o vender. Ahora, los clientes dan de alta sus órdenes sin salir de su casa, fuera de los días y horarios hábiles.

Antes, el horario de recepción de órdenes tenía que coincidir con el horario hábil de las oficinas de los intermediarios. Ahora, el público puede teclear sus instrucciones desde su computadora, en el portal o página electrónica de su intermediario, a cualquier hora del día, en la noche o a media madrugada, los domingos o los días festivos. Las instrucciones capturadas permanecen agrupadas y concentradas en el sistema y sólo se transfieren al sistema de operación en los horarios del remate.

El mismo medio electrónico, Internet, sirve como medio de confirmación o para mostrar el estado que guardan o tuvieron las instrucciones de la clientela (si ya han sido satisfechas, el precio al que se ejecutaron, etcétera).

Órdenes de compra y venta

El sentido de una orden de compra y una de venta se explica solo. Si acaso, es prudente recordar lo que se expuso en uno de los temas del capítulo 2, cuando se trató el aspecto de las relaciones contractuales de los intermediarios con la clientela: un cliente debe proveer de recursos a su intermediario para solicitar una orden de compra o debe contar con los valores suficientes en su cuenta para solicitar una venta.

Sea de compra o de venta, a cada orden hay que agregar ciertas especificaciones.

Tipos de órdenes según sus condiciones de precio

En casi todos los mercados es posible girar tres tipos de instrucciones básicas:

- *Orden al mercado*. Cuando el cliente ordena que la compra o la venta de una serie de acciones se ejecute al precio corriente de los valores, sin importar cuál sea.

  ¿Cuándo colocar una orden a precio de mercado? El cliente considera que los títulos cotizan al nivel adecuado y piensa, tratándose de una orden de compra, que el precio tiende al alza y que es bueno adquirir al precio actual sin importar que suba y que compre a un nivel más alto. Si se trata de una orden de venta, considera que es un buen momento de vender. En ambos casos, puede decirse que el cliente está conforme en que su operación se ejecute al precio que sea. Cuando la orden llega al piso de remates o sistema de negociación automatizado, el operador busca satisfacerla aun en caso de que el precio varíe en el transcurso de la jornada. Una orden a mercado es muy fácil de satisfacer.

Orden al mercado

- *Orden a precio limitado (orden limitada)*. Aquí el cliente estipula el precio máximo al que quiere comprar o el precio mínimo al que desea vender.

  ¿Para qué sirven las órdenes limitadas? Los precios sufren variaciones frecuentes. Las órdenes limitadas ofrecen la posibilidad de atenuar el impacto de esas variaciones. Por ejemplo, si se gira una instrucción de compra a $10.00, las acciones se pueden adquirir a cualquier precio por abajo de esa cantidad o incluso a $10.00; pero por ningún motivo se puede efectuar arriba de ese límite; es decir, el cliente está dispuesto a pagar un máximo de $10.00 por la acción que desea. Una orden de venta limitada a $10.00, da a entender que la venta se puede efectuar a $10.00 o a cualquier cantidad arriba de $10.00, mas nunca a cualquier cantidad abajo de ese límite.

Orden a precio limitado

Aparte de esos dos tipos de órdenes, en algunas bolsas la variedad se amplía, como en las de Estados Unidos o en México, donde es posible manejar otra modalidad de suma importancia en ciertos momentos del mercado:

Orden activada por precio

■ *Orden activada por precio u orden de parar* (*Stop loss order*, en inglés).[19] El significado y la utilidad de la orden de parar se explican del mismo modo: cuando un cliente posee acciones cuyos precios están en franco declive, puede solicitar una orden de "parar pérdidas". Ello significa que si los precios vienen descendiendo de $10.00 a $9.50, a $9.00, a $8.50, por dar un supuesto, el cliente puede solicitar una orden de venta de parar a $8.00; es decir, el intermediario ejecuta la venta una vez que el precio llegue a los $8.00 en el mercado y sólo en ese caso. Si la trayectoria descendente se revierte antes de que el precio caiga a $8.00 y de $8.50 se regresa a $9.00, la orden de venta no podrá ejecutarse. Se entiende que las órdenes de parar son para vender antes de seguir sufriendo pérdidas. En México, las autoridades denominaron a esta orden "activada por precio" y establecieron que es aquella, de compra o de venta, que se torna vigente una vez el precio del mercado llega al que el cliente fijó su activación. En otros mercados hay un abanico más elaborado de órdenes de parar: orden de parar de compra, *buy stop order*; orden de venta de parar, *sell stop order*; orden de parar limitada, *stop limit order*; orden de arrastre, *trailing order*.

Tipos de órdenes según su vigencia

Las órdenes varían según su vigencia y ésta es diferente según cada bolsa o mercado:

Orden de tiempo específico

■ *Orden de tiempo específico.* Se ingresa al puesto de negociación del piso de remates o sistema automatizado de operación nada más por un tiempo limitado durante la misma sesión.
¿Qué objeto tiene colocar órdenes por un lapso menor al de una jornada completa? Básicamente, aprovechar la volatilidad (la rapidez con que cambian los precios) o defenderse de ella.

Orden diaria

■ *Orden diaria.* Tiene validez sólo el día de su solicitud. Si no se cubre ese día, se borra automáticamente del flujo general para el día siguiente y el cliente debe dar nuevas instrucciones.
¿Para qué se giran órdenes con vigencia de un día? Se gira cuando el cliente entiende que de un día a otro las condiciones de precio pueden variar de tal modo que al día siguiente ya no le resulte atractiva la compra o la venta.

La orden diaria es la más utilizada de todas; por eso la tienen disponible todos los mercados.

En Estados Unidos y otras plazas maduras, además de la orden diaria existe un tipo de órdenes de vigencia indefinida:

Orden buena hasta cancelarse

■ *Orden buena hasta cancelarse* (*Good Till Canceled, GTC*, en inglés). Si no se satisface o ejecuta, la orden puede permanecer vigente de manera indefinida, hasta que se realice o el cliente decida cancelarla.
¿Para qué sirve colocar una orden GTC? Es frecuente cuando se tiene un horizonte definido de precio al cual comprar o vender con base en la tendencia del mercado. Si en una tendencia alcista el precio corriente es de $10.00 y el cliente considera que puede llegar a $13.00, coloca una orden GTC de venta limitada a $13.00 y espera a que se ejecute algún día próximo.

Orden mensual

■ *Orden mensual.* La orden puede estar vigente un periodo máximo de 30 días, en tanto no se satisfaga por completo.[20] Este tipo de orden es la versión mexicana de la orden GTC, con la diferencia de que sólo es buena por un mes.

---

19 La orden de parar se denomina en México orden activada por precio. El objetivo es justamente detener las pérdidas posibles por una caída del precio.

20 La orden mensual que se permite en México es una ampliación de la orden semanal que se podía girar antes y que podía estar vigente un máximo de cinco días, hasta el viernes o el último día hábil de la semana.

Órdenes según su monto

Algunas bolsas, como la de México, permiten girar dos tipos de órdenes que dependen de su monto:

- *Orden normal u ordinaria.* No contiene indicación o condición especial alguna respecto de su monto.

	Orden normal

- *Orden extraordinaria.* Equivale a las órdenes en bloque, *block orders*, que se pueden realizar en bolsas desarrolladas. Dependen de un monto o volumen mínimo para que se consideren como tales y se les dé un tratamiento especial (por ejemplo, 1% del capital social de la emisora, 100 000 dólares, 10 000 acciones, 1.5% veces el importe promedio operado de una acción, etcétera).

	Orden extraordinaria

¿Por qué es conveniente girar órdenes tomando en cuenta el monto? En algunos mercados, el monto es determinante para obtener privilegios de operación: las órdenes extraordinarias, en este caso, se atenderían antes que las órdenes normales. En otras plazas, las órdenes extraordinarias no siguen la misma secuencia o no están sujetas al mismo tratamiento que las ordinarias.

- *Orden de todo o nada.* Equivale a la *All or none order* de los mercados estadounidenses y, al menos en un sentido, a la orden *Fill or kill* que se estila en Europa.[21] Sólo se puede satisfacer o ejecutar de manera íntegra, mediante una sola operación o no debe ejecutarse. Si el cliente gira una instrucción de compra de todo o nada por 20 000 acciones, el intermediario sólo puede comprar las 20 000, ni una menos, en una transacción.

	Orden de todo o nada

¿Para qué condicionar la ejecución de la orden a que se satisfaga lo que el cliente solicita? La clientela gira instrucciones de compra o venta sin tener la certeza de que se vayan a satisfacer total o parcialmente. Si se indica la compra de 20 000 acciones, es posible que el intermediario las consiga todas en el mercado y ejecute la compra total sin problemas; pero también es posible que no pueda adquirir un solo título o que consiga sólo 18 000. La satisfacción de la orden depende de las condiciones del mercado: si un cliente desea vender sus acciones en una jornada con predominio de la oferta, a lo mejor no vende nada; si desea comprar en una jornada de demanda muy fuerte, quizás no compre nada o si desea comprar a un precio limitado de $10.00 y la acción cotiza de $10.10 en adelante, quizá tampoco logre satisfacer su orden.

La orden de todo o nada se utiliza para aminorar el efecto de las comisiones. En esos mercados, se sabe que en tanto más bajo sea el volumen de títulos negociados, mayor es el importe de comisión que se carga. Con mayor volumen negociado, a veces es posible conseguir mejores precios, dependiendo de cuán cuantioso sea el volumen. Por lo general y para no fallar, los intermediarios prefieren tratar de ejecutar este tipo de operaciones al final de la jornada.

- **Orden de ejecutar y eliminar.** Se trata de una variante de la orden de todo o nada en los mercados internacionales. Esta orden (equivalente a la *Execute and eliminate order*) significa que un cliente indica la compra o la venta de una cantidad de títulos a un precio máximo o mínimo, misma que el intermediario debe tratar de satisfacer en una operación. Si la orden fuera adquirir 20 000 títulos y el intermediario sólo logra comprar 11 000 acciones en el primer intento, en circunstancias normales la orden quedaría activa por 9 000 títulos; pero el faltante se cancela cuando se trata de una orden de ejecutar y eliminar.

	Orden de ejecutar o eliminar

---

21 La orden *Fill or kill*, "completar o matar", que se acostumbra en la Bolsa de Londres, especifica, además, el precio máximo o mínimo al que se quiere comprar o vender el volumen de acciones. La orden de completar o matar comprende dos condicionantes: un precio limitado y un monto o volumen que se debe satisfacer.

Con una orden de esta clase, el público no es tan estricto como para condicionar que su orden se cubra en forma cabal. La decisión de girar una instrucción de todo o nada o de ejecutar y eliminar depende, principalmente, de las circunstancias del mercado: en un entorno de incertidumbre, el público suele preferir las órdenes de ejecutar y eliminar, mientras que en un escenario más cotidiano o normal, tiende a preferir las órdenes de todo o nada.

Orden de volumen oculto

■ *Orden de volumen oculto.* Despliega parte de su volumen total y, de concretarse esa porción, se despliega el resto de la orden, mismo que pasará a ocupar el último lugar en la lista de órdenes pendientes para el intermediario.

¿Por qué ocultar una porción de la orden? No es que se trate de despistar a los demás. Al fin y al cabo, el único que sabe que la orden tiene un volumen adicional es el solicitante. Se pretende pulsar el mercado o descubrir precios.[22] Si la parte expuesta se realiza, se presume que se han cumplido las expectativas y que se puede realizar el resto de la orden en las mismas condiciones al menos.

Órdenes especiales: paquetes y globales

En algunos casos, es posible incorporar algunos tipos de órdenes en modalidades especiales, de acuerdo con su monto, el precio al que se consignan, volumen o tipo de clientes que se quiera atender: órdenes de paquetes y globales.

Orden de paquete

■ *Orden de paquete.* Se refiere a las operaciones de compra que, al menos en México, cumplen los requisitos de importe señalados para las órdenes extraordinarias y que primero se ejecutan en el piso de remates o sistema automatizado y después de efectuadas se registra la orden respectiva en la mesa de control. El *paquete* debe su nombre a que reúne, en una orden, un conjunto de órdenes de muchos clientes dispuestos a compartir la operación realizada y a distribuirse, de manera proporcional y equitativa, la cantidad de títulos negociados y los precios a que se haya efectuado la operación.

¿Para qué se efectúa una operación de paquete? A fin de aprovechar las ventajas de comprar grandes volúmenes. Con una operación voluminosa, se pueden conseguir mejores precios. ¿Cómo se lleva a cabo? El operador que negocia en el piso o sistema automatizado de remates advierte la posibilidad de comprar a precios atractivos y se pone en contacto con su mesa de *trading* y esta área delibera sobre la conveniencia de adquirir los papeles. La deliberación tiene que ser muy rápida, porque los precios se mueven en cuestión de segundos. Si se decide tomar la operación, la mesa de *trading* captura una orden de paquete, codificada por el sistema de cómputo de la mesa de control, para incorporar después un sinnúmero de órdenes de los clientes entre los que se va a distribuir dicho paquete. La mesa promueve el paquete entre los asesores financieros y éstos entre su clientela. Los asesores cuyos clientes estén interesados en participar, autorizan a la mesa de *trading* a dar de alta sus órdenes respectivas señalando la cantidad de títulos con que desean participar en el paquete. A partir del registro de la orden general del paquete, la mesa de *trading* cuenta con un tiempo limitado para registrar las órdenes de la clientela y "descargar" el paquete. Si por alguna razón no hay clientes suficientes para distribuir la totalidad de las acciones adquiridas, el intermediario debe asignar la totalidad o el remanente, según sea el caso, a alguna cuenta propia.

---

22 Al generar oferta y/o demanda, se fija el precio de un producto. Fijar, formar o descubrir precios (*price discovery*) es la finalidad de los mercados financieros y una de las dos finalidades de los mercados en general.

En México, las autoridades han concebido una variación de las órdenes de paquete que funciona prácticamente del mismo modo: las *órdenes globales*.

- *Orden global.* Se trata del mismo concepto de las órdenes de paquete y también es un paquete, con la misma sujeción a un importe mínimo pero con dos diferencias sustanciales: 1) las órdenes globales agrupan órdenes de clientes que se manejan en el mercado de manera "discrecional", órdenes de intermediarios financieros del exterior (extranjeros) y órdenes de sociedades de inversión y 2) la orden global debe registrarse primero en la mesa de control y luego enviarse al piso de remates o sistema automatizado de negociación para su realización. Las órdenes globales se pueden descargar en la clientela dentro de un lapso limitado, que generalmente es más holgado que el que se impone en el caso de las órdenes de paquete.

Orden global

¿Por qué establecer órdenes globales si se tienen los paquetes? Porque los intermediarios del exterior operan en México por cuenta de sus clientes y por cada uno de ellos tienen muchas cuentas con los intermediarios nacionales. Los intermediarios del exterior suelen tardar más en decidir o en recibir los datos de las cuentas a las que se va a asignar el paquete. Por eso y para no interferir con las órdenes de los clientes nacionales, la CNBV en México decidió implantar esta modalidad.

Las órdenes especiales, incluyendo las extraordinarias, gozan de algún privilegio o preferencia de operación o asignación respecto del orden cronológico forzoso (que se explica más adelante) que debe llevar el resto de las órdenes. Las órdenes de paquete, por ejemplo, pueden realizarse primero en el piso o sistema de remate y registrarse después en el flujo general de órdenes del intermediario, lo que no se permite con cualquier otro tipo de orden.

En todos los mercados es posible cancelar o modificar las órdenes (en precio, cantidad de títulos, etc.), mientras no se hayan satisfecho, o pueden cancelarse parcialmente, por el remanente pendiente de ejecución, cuando ya se ha comprado o vendido una cantidad menor al total de los títulos solicitados.

Parámetros del mercado: tabla de lotes y pujas

Cuando un cliente gira instrucciones a su asesor financiero autorizado, debe saber que no puede ordenar la compra o venta de cualquier cantidad de acciones y debe tener presente que los precios de los títulos fluctúan con base en un conjunto de criterios estipulados por las bolsas.

¿Cómo puede conocer el público esos criterios? El asesor financiero los tiene disponibles todo el tiempo y las bolsas los difunden cada que decide cambiarlos. Las bases o parámetros de negociación se conocen como Tablas de lotes y pujas (cuadro 3.6).

Precio mínimo	Precio máximo	Lote	Puja
0.00	1.00	100	0.001
1.01	en adelante	100	0.01

Cuadro 3.6
Tabla de lotes y pujas de la Bolsa Mexicana de Valores

Los criterios de lotes y pujas son particulares de cada mercado y se suelen ajustar con el paso del tiempo, ya sea porque los precios subieron o bajaron demasiado, por el ritmo de la inflación que hace que los precios se desborden, para facilitar las transacciones al público, etcétera.[23]

23 El cuadro 3.6, lotes y pujas de la BMV, cambió en enero de 2001. Los lotes, que antes eran de 1 000, son a partir de esa fecha de sólo 100 acciones, con el fin de que se negocie mayor cantidad de acciones. Con el cambio, se esperaba que los clientes de pocos recursos pudieran formar carteras de cuatro a cinco acciones con 2 000 dólares en promedio.

La Bolsa de Nueva York aplica, por eso, una tabla diferente (cuadro 3.7).

Cuadro 3.7
Tabla de lotes
y pujas de
New York
Stock
Exchange24

Precio mínimo	Precio máximo	Lote	Puja
0.00	2.00	100	1/16
2.00	100.00	100	1/8
100.00	o más	100	1/4

Ahora bien, ¿qué es un lote y qué una puja?

Lotes, *round lot*

- Lote (*round lot*: lote completo) es la unidad mínima de negociación en el mercado. Para poder ejecutar una orden, tiene que ser por un lote o sus múltiplos: 100, 2 000, 4 000, 11 000, etc.; es decir, por uno o varios lotes. Si una cantidad de títulos no fuera múltiplo de un lote, digamos, 1 050 acciones, se considera o se dice que los 50 títulos son un "pico" y no pueden formar parte de la orden básica de las 11 000 acciones.

Picos, *odd lot*

- Pico (*odd lot*: lote incompleto) es un lote incompleto o, mejor dicho, es cualquier cantidad de acciones que no alcanza a completar un lote. En la práctica, es posible realizar operaciones con picos en módulos especiales de los pisos de remates, sistemas automatizados de remates, o con los especialistas, cuando se trata de mercados desarrollados. Esta negociación con fracciones de lotes no es ágil. La órdenes de picos sólo pueden solicitarse a precio de mercado, no pueden ser limitadas ni tener otras condicionantes.

Pujas, *ticks*

- Puja (*tick*) representa la magnitud o el importe mínimo de fluctuación de un precio, al alza o a la baja. Tomemos como ejemplo una acción "X" cuyo precio en la NYSE es de 23 2/8, por el cual ocupa el segundo rango en el cuadro 3.7. Si el precio sube, su cotización inmediata superior es de 23 3/8, ya que sus variaciones tienen que ser del orden de 1/8 o sus múltiplos (2/8, 3/8, 5/8, etcétera).

Los parámetros de precios y pujas de la NYSE están referidos al dólar. Nótese en el cuadro 3.8 la expresión particular de las pujas. Esa forma de expresarlas y de negociar, en fracciones, se emplea en la mayoría de las grandes bolsas. Es otra forma de ver y expresar lo mismo: las fracciones de una unidad monetaria —es decir, un dólar se divide en dos o más partes iguales—, de modo que una puja de un dieciseisavo (la fracción más pequeña) tiene múltiplos de 3, 5, o aun 13 o 15 dieciseisavos.

¿Cómo saber a cuánto equivale cada una de las fracciones o pujas de las bolsas internacionales? En el cuadro 3.8 se muestra la conversión a decimales. En esos mercados los actores dominan las dos formas de expresar las pujas.

Cuadro 3.8
Principales
pujas en
los mercados
internacionales

Puja	Equivalencia en centavos de USD	Puja	Equivalencia en centavos de USD
1/16	0.0625	9/16	0.5625
1/8	0.125	5/8	0.625
3/16	0.1875	11/16	0.6875
1/4	0.25	3/4	0.75
5/16	0.3125	13/16	0.8125
3/8	0.375	7/8	0.875
7/16	0.4375	15/16	0.9375
1/2	0.50	9/16	0.5625

24 En algunas bolsas, como en la de Tokio, hay una amplia variedad de pujas.

> **Puje mucho, puje más...**
>
> En las subastas tradicionales también se especifican criterios de pujas. Una vez se muestra un artículo y se difunde el precio de salida, los asistentes deben anunciar un precio más alto (o más bajo, a veces) de acuerdo al sistema de pujas definido por la casa de subastas. Aquellas conocidas disputas por un objeto culminan cuando alguien puja más y anuncia con ello que está dispuesto a pagar un precio más alto que el más reciente postor. La venta se celebra cuando, a la cuenta de tres y al sonido del martillo, no hay quien puje más.

Recepción y asignación: la mesa de control

Para atender y ejecutar las instrucciones de la clientela, los intermediarios tienen la obligación de implantar un mecanismo que las disposiciones de las autoridades han denominado en México Sistema de Recepción de Órdenes y Asignación de Operaciones (*Allocation system*). El nombre no suena demasiado revelador. La circular única para Intermediarios de la Comisión Nacional Bancaria y de Valores, CNBV, describe con detalle cómo debe ser el proceso y la forma en que deben recibirse las órdenes de compraventa de acciones de la clientela y el método con que deben transmitirse al salón o sistema automatizado de remates de la bolsa, el modo en que deben recibirse las operaciones ejecutadas y, finalmente, cómo distribuir esos hechos entre las órdenes solicitadas.

Las autoridades establecen que cada intermediario debe contar con una mesa de control; es decir, un área o departamento encargado oficialmente del proceso de recepción y traslado de las órdenes. Dicha mesa depende por lo general del área de operaciones (*backoffice*)[25] y en algunos casos directamente del área de *trading*, pero no puede depender o tener relación jerárquica con el área de promoción[26] (de la cual dependen los asesores financieros) del intermediario.

El proceso comienza con la orden del cliente. El asesor financiero autorizado por la CNBV para atender al público, debe ingresar la orden en el sistema dentro de los 30 minutos posteriores al momento de la solicitud del cliente. Los intermediarios que cuentan con un portal financiero autorizado en Internet, permiten que el cliente capture sus instrucciones desde su computadora personal y prescindir del asesor financiero, por lo menos para esa actividad.

Ordenar las órdenes

Cuando se habla del sistema de recepción y asignación, se hace la aclaración de que se trata también de un proceso que se desarrolla por medio de un sistema electrónico, computarizado, que cumple en forma plena la labor encomendada. Imaginemos la dinámica diaria del área de promoción de una casa de bolsa: cantidad de teléfonos sonando al mismo tiempo, numerosos asesores financieros atendiendo a la clientela, órdenes y más órdenes de compra y de venta. Con esa imagen se considera que en un breve periodo se reciben muchísimas órdenes. Aquellas que los asesores ingresan desde sus terminales personales pueden darse de alta mediante una clave o *password* codificada para este propósito, ya que en vez de elaborar la orden en papel, con la firma respectiva del asesor, la captura con la contraseña que hace las veces de su firma.[27]

---

25 *Backoffice* es el área que respalda a los intermediarios. Se encarga de todo el proceso de control de las operaciones: control de cuentas, administración de los procesos operativos, liquidación de transacciones, etcétera.

26 Propiamente es el área de ventas del intermediario.

27 Estas imágenes se viven todavía con frecuencia en los mercados. Si bien ya es posible que los clientes den de alta sus órdenes personalmente, todavía va a pasar un buen número de años para que se prescinda de los asesores financieros para tomar y capturar instrucciones de compra y venta.

La mesa de control otorga un número de folio a cada orden recibida para asegurar su lugar en el flujo general de órdenes. El folio sirve de referencia al asesor y determina la prioridad de ejecución de la orden: la número "uno" se atiende primero, después la "dos", etc. La mesa de control registra el día y la hora de entrada y la identificación del asesor que la da de alta. Dicha mesa transmite constantemente, durante el horario de actividad del remate, las órdenes recibidas para su operación. Los operadores de piso o del sistema automatizado de remates ejecutan las operaciones.

Asignación: el meollo del proceso

Una vez que han ejecutado los hechos, es preciso transferirlos a la mesa de control. Cuando el remate era a viva voz, los operadores ingresaban los hechos al sistema. En los sistemas automatizados de remate, el sistema los transfiere a la mesa de control.

Sistema de recepción de órdenes

Cuando el sistema de recepción y asignación se retroalimenta con los hechos, cuenta con los dos elementos clave: las *órdenes* y las *operaciones*. Con esos elementos se efectúa el proceso de asignación en forma automática; es decir, el sistema distribuye a cada orden la operación correspondiente con base en el número de folio. La orden "uno" se satisface antes que la "dos", etc., siguiendo una prelación o preferencia con base en el número de folio o en el criterio de primero en tiempo, primero en derecho. Este principio parte del sentido lógico de la equidad. Todas las órdenes, por lo tanto, tienen la misma oportunidad de realización y ésta —la satisfacción de las instrucciones de compra y venta— responde al orden de recepción.

Asignación de operaciones

El proceso de asignación de operaciones que siguen los intermediarios es muy similar al método de contabilidad de costos que se utiliza para el registro y control de los inventarios: primeras entradas, primeras salidas, PEPS. A diferencia de ese método, en el sistema de recepción puede haber órdenes que no sean sujetas de asignación porque no alcancen a ejecutarse (por sus condiciones de precio, monto o simplemente por la falta de demanda u oferta). ¿Qué pasa con esas órdenes que por sus condiciones de límite de precio no alcanzaron a negociarse? No hay problema: el sistema las salta u omite y sigue asignando los hechos a las órdenes que sí se pudieron ejecutar.

Órdenes por cuenta propia, a la "cola"

Los intermediarios pueden participar también en el mercado con su dinero. Esto supone un par de dilemas o puntos de conflicto de intereses: qué órdenes recibir primero y cuáles ejecutar antes, ¿las de los clientes o las propias?

En el flujo general de órdenes, las casas de bolsa deben incorporar las propias con una clave especial. Esa clave, codificada de tal modo que una orden por cuenta propia no pueda darse de alta como si fuera una instrucción del público, debe hacer posible que las órdenes por cuenta propia tengan la menor prioridad de asignación; esto es, siempre van a estar abajo o al final del flujo general, aunque la orden por cuenta propia sea la número uno. Siempre que en el flujo hayan órdenes del público y propias, el sistema satisface primero las del público y al final las de la casa de bolsa. De ese modo se asegura que el público no sea desplazado por el intermediario que le proporciona el servicio.

Notificaciones y constancias

Ya que se ha asignado la orden, el asesor financiero informa al cliente que su instrucción ha sido cumplida. En caso que al final del día esto no haya sido posible, bien por las condiciones limitativas del precio o por la insuficiente oferta o demanda, el asesor le explica al cliente y espera nuevas instrucciones.

Las autoridades establecen que el sistema debe producir una constancia por cada orden solicitada y que las casas de bolsa deben mantenerla a disposición de la clientela para cualquier aclaración, por lo menos durante tres meses. Del mismo modo, deben conservar constancias de las órdenes insatisfechas total o parcialmente, por lo menos durante un año.

Algunas casas de bolsa envían a su clientela, por iniciativa propia, una carta o telegrama donde se confirma la solicitud y la operación ejecutada.

Los intermediarios que cuentan con un sistema de recepción en Internet, pueden proveer información en línea al cliente sobre el estado que guardan sus órdenes durante el transcurso del remate. Al cierre de las operaciones, el cliente puede ver en su monitor si su instrucción fue satisfecha o no.

Invariablemente, al final del mes, en su estado de cuenta-factura, el cliente puede constatar sus operaciones con el resto de los movimientos que haya realizado en su cuenta en otros mecanismos, instrumentos u operaciones.

Listados obligatorios

Los intermediarios tienen la obligación de emitir cada día varios listados que deben tener a disposición de las autoridades cuando lo soliciten. Entre éstos destacan:

- Listado de órdenes.
- Listado de operaciones realizadas.
- Listado de asignación.
- Listado de órdenes no realizadas.
- Listado de órdenes modificadas.

3.5 Ejecución en el piso de remates: un mercado a gritos, empujones y jalones

Cuando se dan las noticias del acontecer bursátil, la televisión y la prensa muestran imágenes del piso de remates en plena ebullición operativa. Por las imágenes uno se puede dar cuenta del ir y venir de las personas, de la gran cantidad de monitores, del amontonamiento de gente alrededor de unos mostradores o puestos de negociación; en fin, de todo el ajetreo típico del quehacer en los pisos de remates.

A pesar de que muchas bolsas han eliminado sus recintos tradicionales, muchas más cuentan todavía con piso de remates, ruedas o *parquets*.

En esta parte se va a exponer cómo se realizan las operaciones en los salones de remates, a viva voz, y en el apartado siguiente se describirán cómo se realizan a través de los sistemas electrónicos.

Piso de remates, operadores, corros

Piso de remates, ruedas, parquets, *Trading floor*

El salón o piso de remates (la Rueda, en la Bolsa de Bogotá; Sala de Ruedas, en la de Santiago; el Parquet,[28] en las bolsas de España) es el lugar físico donde los representantes apoderados de las casas de bolsa se reúnen para ejecutar las instrucciones de compraventa de valores giradas por los clientes. ¿Quiénes son esos representantes? Los operadores son empleados de las casas de bolsa, únicos intermediarios que pueden tener representantes en el piso o hacer uso del sistema automatizado de negociación. En otros países, los operadores de piso pueden ser agentes independientes que incluso llegan a dar servicio a los grandes intermediarios cuando éstos no se dan abasto.

Para fungir como operadores, los candidatos deben sustentar, como los asesores financieros, sus conocimientos en cuestiones económico-administrativas y en el marco legal del mercado de valores. Cada bolsa establece sus reglas relativas a los criterios de admisión, vestuario y comportamiento dentro del recinto, etc. y, sobre todo, respecto de cómo celebrar las operaciones.

En México, el pequeño salón circular con un vistoso techo-cúpula anexo a la torre principal que se ubica el número 255 del Paseo de la Reforma, en el Distrito Federal, albergaba al piso de remates de la Bolsa Mexicana de Valores. La BMV cuenta ahora con un sistema de negociación automatizado que sustituyó al recinto clásico del remate.

El piso de remates de la Bolsa de Nueva York (una de las grandes instituciones que conserva la vetusta modalidad de los gritos) se reconoce fácilmente porque sus imágenes se difunden a diario. El ajetreo que se advierte allí es inmenso.

El piso de remates (*the trading floor*) de la NYSE, el más grande del mundo, comprende un área de 37 000 pies cuadrados y se divide en cuatro salas. El salón principal, objeto de los reportajes, fotografías y videos, fue la primera de las cuatro, la original. Los tres restantes se adaptaron con el tiempo. El piso cuenta con 17 puestos de negociación y en cada uno se intercambian 200 acciones diferentes. Los puestos de negociación del piso sufrieron una transformación a principios de enero de 1995. Los antiguos y gordos monitores fueron sustituidos por tecnología avanzada que tuvo un costo de 125 millones de dólares. Los monitores forman ahora parte de las paredes de los puestos y hay otras terminales digitales, planas y más visibles.

El área de negociación de cualquier piso de remates se estructura en módulos o puestos de negociación. Los módulos, cuyo número depende del tamaño de cada mercado, están perfectamente localizables al centro o dispersos por toda el área del recinto. Cada módulo puede estar dividido en una o más secciones denominadas *corros*.

Corros, puestos de negociación

¿Qué es un corro? Según el diccionario, un cerco o valla formado por personas;[29] en finanzas, un puesto de negociación en el piso de remates. Son islas dentro del piso donde labora el personal de la bolsa que registra las operaciones celebradas entre los diferentes operadores.[30] En los mercados internacionales, un corro se conoce como puesto de negociación (*trading post*).

---

28 Los españoles lo pronuncian "parqué".
29 Algo así como los círculos de espectadores que rodean a los merolicos callejeros.
30 En algunas bolsas, como en la de San Salvador, se conoce como Corro todo el piso de negociación.

De los árboles a los postes de luz: los corros

¿Por qué la idea de establecer un módulo, rueda o corro alrededor de los cuales se conglomeren los operadores? Es una costumbre muy vieja. Es la emulación moderna de la antigua usanza de reunirse bajo un poste de luz. Los antiguos corredores utilizaban el poste como respaldo que les servía también para ir insertando con alfileres las papeletas que iban llenando cuando cerraban alguna operación. Hoy en día, el significado es el mismo. En los corros los empleados de la bolsa reciben las papeletas de los operadores, capturan los datos de cada una o los pasan por un lector óptico y con eso registran los hechos.

Alrededor de un piso de remates se localizan las casetas o guaridas de las casas de bolsa. En ellas los operadores reciben la información de las mesas de control y ahí vuelven después de cerrar una operación para darla de alta en el sistema y asignar esos hechos. En cada caseta están los asistentes de los operadores quienes se valen de ayudantes[31] que andan siempre detrás de ellos, llevando y trayendo listados de información y papeletas vacías o llenas.

Un piso de remates se distingue también por los monitores. ¿Qué hay en ellos?: información acerca del remate: posturas de compra y de venta, emisiones operadas, acciones más negociadas, acciones con mayor cambio al alza y a la baja, tabla de lotes y pujas, información sobre pago de dividendos y otros derechos, emisiones suspendidas, índices del mercado, etcétera.

Un piso se completa con otro género de recursos llamativos: micrófonos para anunciar operaciones de compraventa simultánea, relojes, semáforos y hasta martillos y campanas para indicar el inicio, el receso o la suspensión de la sesión o emisoras.

En su mayoría, las bolsas cuentan con una galería o balcón desde donde ciertos invitados, estudiantes o turistas, pueden observar el desarrollo del remate.[32] En las galerías hay monitores donde se explica el cómo del mercado y del remate, fotografías, videos y revistas alusivas. Ninguna bolsa o galería congrega todos los días tantos visitantes como la Bolsa de Nueva York, cuya galería o museo comienza en las esquinas de Wall Street.[33]

Gritos: pasado y presente de la negociación

La negociación en un piso de remates conserva su esencia original: el griterío. En efecto: desde los tiempos de las negociaciones en las banquetas, bajo los postes de luz o al amparo de los ventanales, la compraventa de títulos o valores comenzó y siguió a lo largo de los años y los siglos con la base de los gritos como forma imprescindible de negociación. Se gritaba en Wall Street, se gritaba en las calles de Amsterdam, se gritaba en las orillas del Támesis, en Londres, se gritaba en la calle de San Francisco y Plateros, en la ciudad de México, se gritaba y se grita en casi todas las bolsas del planeta (aunque tal vez ya no por mucho tiempo). ¿Cómo son esos gritos?

---

31 Los ayudantes aspiran a ser operadores representantes o agentes operadores independientes. Varios de los que ahora son distinguidos empresarios o directivos de instituciones financieras en México comenzaron su carrera en el piso de remates como ayudantes.

32 En el salón de remates (*trading floor*) de la NYSE hay un balcón central donde se da el martillazo de arranque de las sesiones. Se estila que cuando hay una oferta pública, sea algún funcionario o personaje de la emisora el que golpee la campana. El día en que se listaron las acciones de la MGM, la compañía cinematográfica, fue el león Arthur, con la ayuda de su domador, el que dio el zarpazo de inicio.

33 En las paredes de algunos edificios y en las banquetas de *Wall Street* hay placas o imágenes alusivas a la historia del mercado, sus personalidades, instituciones y momentos decisivos.

Vamos a poner el ejemplo más sencillo: un tianguis o mercado sobre ruedas. ¿Quién no ha visitado y comprado algún producto en un puesto callejero? Recordemos lo que hay allí: una multitud de vendedores apostada sobre un gran pasillo ofreciendo sus productos a gritos desde sus lugares, puestos o toldos. A gritos piden al cliente que se acerque, que pase, que pruebe, que se convenza, que compre. A gritos anuncian su producto, el precio, la calidad, etc. El cliente intrigado se acerca, escucha, ve y el precio le puede parecer caro, adecuado o barato; puede convencerle la calidad o no; puede rebatir, puede comprar, puede irse sin comprar; puede voltear, escuchar otras ofertas, dejarse llevar por otros gritos...

¿Quién no ha presenciado todo eso? Pues bien, la negociación de acciones en un piso de remates no difiere mucho.

Operaciones a viva voz, cuando gritar es lo único

El salón de remates es como un tianguis. Las operaciones se celebran al más puro estilo de un puesto callejero: los operadores merodean por los módulos, observan los monitores, evalúan las posturas, gritan a voz limpia. Al gritar dicen que quieren comprar o vender tales acciones a tal precio. Otros operadores escuchan, se interesan o no, se van, regresan, se acercan, preguntan...

Viva voz, *auction style*

Esta forma de negociar se conoce como *operar a viva voz, auction style*. Supongamos que un operador grita ¡vendo Telmex! Cuando otro operador oye y se interesa, se acerca y, para celebrar o "cerrar" una operación a viva voz, grita ¡tomo! Con lo que la operación queda cerrada.

¡Doy! ¡Tomo!

Si un operador grita ¡compro!, el operador que vende tendrá que gritar ¡doy! para cerrar el hecho. "Doy" o "Tomo" son palabras que se convierten en ley en el piso. En Estados Unidos, para cerrar una operación el operador interesado en comprar o vender al que grita, responde con una palabra en que se resumen aquellas dos: "*done!*" (¡hecho!) o *deal!*, con su acento firme respectivo que, en ese caso, debe interpretarse también como ¡hecho! o ¡cerrado!

¡Cerrado!, *Deal*!

Para formalizar la operación, el apoderado de la casa de bolsa que vende llena un pequeño formato o papeleta con los datos de la operación: cantidad de títulos, emisora, serie, precio, nombre de la casa compradora, casa vendedora y firma del operador vendedor. Este formato se conoce en Estados Unidos como *pink sheet* (hoja rosa), porque una de sus copias es de color rosa.[34] A la "hoja rosa" o papeleta se le identificaba en México con un sobrenombre alegre: "muñeco".[35] El operador vendedor entrega la papeleta original a un empleado de la bolsa, una copia al operador que compra y se queda con el último tanto.

Cruzar operaciones

Un operador puede recibir una instrucción de compra de 5 000 acciones de YPF a precio de mercado y, al mismo tiempo, una instrucción de venta también de 5 000 títulos del mismo emisor limitada a $10.00 o al mismo precio de mercado. El operador no necesita gritar que quiere com-

---

34 Las papeletas se hacían en México en varios tantos y colores. Las de amarillo eran para las compras y las azules para las ventas. La copia del agente vendedor también era de color rosa.

35 Se les denominaba "muñecos" porque los operadores de piso de mediados de siglo en México iban siempre tan bien vestidos, con sus trajes finos y camisas impecables, que a alguien se le ocurrió decir que parecían muñecos. Sobra decir que los empleados del medio bursátil, a lo largo del tiempo, en Nueva York, Londres, Argentina o México, siempre han vestido elegantemente. En su libro *El retrato de Dorian Grey*, Oscar Wilde, en voz del pintor Basilio Hallward, hace alusión a eso.

prar, celebrar la compra y volver a gritar que quiere vender. Puede ejecutar las dos instrucciones en un acto. Esto se conoce como operación de "cruce" u *operación cruzada* (*crossing order*); es decir, toma las acciones del cliente que desea vender y se las da al que desea comprar. Para ello, debe tomar el micrófono de los corros y decir con voz inteligible: "Orden cruzada de 5 000 acciones de YPF a $10.00. Doy o tomo". ¿Por qué dice *doy* o *tomo*? Porque como el remate es abierto, debe dar oportunidad a que otro operador interesado en comprar o vender intervenga en su cruce. Si otro operador está interesado en tomar —es decir, en comprar parte o todas las 5 000 acciones— debe replicar diciendo "tomo". Lo mismo cuando otro operador decide intervenir vendiendo, debe decir "doy". En cualquiera de esos casos, el primer operador no podrá efectuar su operación cruzada. Tiene que vender al segundo operador y comprar al tercero.

operación cruzada

Operaciones en firme, registrar posturas

Supongamos ahora que el operador recibe de la mesa de control de su casa de bolsa una instrucción de compra de 10 000 acciones de YPF con precio limitado a $10.00 y en ese momento la acción se negocia en el piso a $11.00. El operador sabe que por más que grite, no va a conseguir comprar. ¿Quién querría vender a $10.00 lo que vale $11.00? El operador sabe también que los precios suben y bajan; ¿qué tal si al cabo de un par de horas el precio regresa a $10.00? Para asegurar su compra cuando eso pase, acude al corro y registra su postura, "se mete al corro",[36] como se dice en la expresión más operativa, o sea que registra su intención de comprar, con todos los datos consabidos: emisora, cantidad, precio, casa de bolsa, firma... Si el precio de la acción baja al límite deseado, la postura registrada tiene prioridad de realización cuando algún operador de otra casa de bolsa grite que desea vender a ese precio. Es más, este operador no va a tener incluso necesidad de gritar, basta con que voltee a los monitores donde va a estar reflejada la postura y acudirá al corro sólo para cerrar y formalizar.

La esencia del modo de operar a viva voz se preserva en los sistemas automatizados.

La vida desde los corros

En la película "de mendigo a millonario", el operador de piso que representaba los intereses de los dos viejos ávaros sufre un síncope. No pudo resistir la tensión extrema.

Aunque en la vida real no se ha llegado a esos niveles, sí se han presentado días o momentos de suma presión. Uno observa las fotos o recuerda las imágenes de los días de octubre de 1987 o de 1997 cuando el pánico era la expresión más natural de los operadores de piso. Por eso, por mucho más, negociar en los corros de los pisos de remates o parquets es una aventura diaria. Ahí se hace el mercado. Ahí se sufre. Ahí se produjeron, también, grandes errores, por las prisas o emociones: a un operador le dijeron un día que comprara todas las acciones de una emisora y, literalmente, compró casi toda la empresa, cuando la idea era que nada más tomara todo lo que había en el "corro".

En la mayor parte de los pisos de remates del mundo no negocian mujeres. Unas cuantas, discretamente, se deslizan por el *trading room* de la NYSE. En la BMV las que lo intentaron no duraron más de dos días. Los reglamentos de los parquets, tristemente, no están hechos para mujeres. Que fueran a negociar de traje sastre o vestido, con zaptillas y tacones y tuvieran que correr, gritar y a veces atropellarse, era grotes-

---

36 "Meterse al corro" es una expresión que se usa incluso en las negociaciones electrónicas. Significa que el operador registra sus posturas en firme, en el corro virtual. Otra expresión típica es "pégale al corro" y significa que el operador realiza las negociaciones contra las posturas que otros registraron en el corro.

co. Para los varones, en cambio, el Piso fue siempre el lugar desde donde se implantaba la moda que regiría en todo el sector financiero, donde se develaban los secretos o "tips" que harían subir o desplomar los precios, el sitio, en fin, desde donde se movían los hilos económicos de un país. Menuda cosa...

 Internet bursátil

Para saber más de los pisos de remates tradicionales, consultar las siguientes direcciones:

Bolsa de Nueva York: **http://www.nyse.com** y haga clic en el tablero de la izquierda, justo donde dice THE TRADING FLOOR

Bolsa de Tokio: **http://www.tse.or.jp/english/arrows/index.html**

Bolsa de Comercio de Buenos Aires:

http://www.merval.sba.com.ar/merval/html/mv_negociacion

3.6 Negociación automatizada: adiós a los pisos de remates

El edificio de la Bolsa de Londres, The London Stock Exchange, no deslumbra ni atrae las masas incontrolables de turistas y curiosos que mueve la Bolsa de Nueva York. Nadie se preocupa por una visita a sus modernas instalaciones ubicadas en pleno corazón de *The City*. Y es que la Bolsa de Londres no tiene piso de remates. ¿Cómo?

Desde sus orígenes en el siglo XVII, cuando las negociaciones tenían lugar en los cafés, en las riberas del Támesis, y hasta 1986, el intercambio accionario en Londres se produjo a gritos. Hasta que las ráfagas de una revolución modernizadora, denominada "Big Bang",[37] dejaron al piso de remates como lo que parece que será en todos los mercados dentro de muy poco tiempo: un museo, un recinto nostálgico donde hay fotos de señores de bigote, bombín y leontina frente a las inmensas pizarras oscuras.

Las bolsas tuvieron en los gritos una característica que las hacía inconfundibles, pintorescas y que, de algún modo, hacía que no se despegaran mucho de la forma comercial más rudimentaria. Ese modo de hacer mercado se mantiene aún contra viento y marea, parcial o totalmente, en muchas bolsas del mundo, entre otras, en la Bolsa de Nueva York.

El avance tecnológico y el creciente volumen de transacciones han propiciado que poco a poco se transformen los pisos de remates convencionales.[38] Por lo pronto, la tecnología ha dado la pauta para el surgimiento de recintos operativos mixtos: pisos donde una parte de las negociaciones se realiza a viva voz y otra por medio de computadoras; por ejemplo en las bolsas de Nueva York, Tokio, Madrid, etc. Ya son cada vez más frecuentes los casos como el de Londres, donde las negociaciones son electrónicas: México, Hong Kong, Singapur, Vancouver, por citar algunas.

Silencio en Londres. ¿Cómo funciona un "piso" electrónico?

El sistema automatizado que sustituyó al piso, funciona sobre la misma base de las operaciones de viva voz, de cruce y de toma en firme, sólo que ya no hay un "piso" como tal. ¿Para qué?

---

37 El Big Bang fue la serie de cambios de raíz que se produjo en el Reino Unido en los mercados financieros, producto de la reconversión económica, con la que se inició la modernización del dinero y el desarrollo tecnológico de los mercados. Se unificaron las bolsas, se crearon los productos derivados financieros, se eliminaron los pisos de remates, se modificaron las leyes, etcétera.

38 El desarrollo tecnológico ha hecho también que se automaticen los remates de las típicas casas de subasta. Muchas aceptan posturas en línea, vía Internet.

Los operadores dan de alta las posturas y observan los indicadores, volúmenes y demás datos en una terminal desde las oficinas de sus casas de bolsa y, en vez de gritar, trabajan con el ratón y el teclado. Todo lo que quieren saber y hacer, todo lo que cabía en un piso tradicional, está en el monitor, distribuido en ventanas.

En la Bolsa de Londres el sistema SETS (*Stock Exchange Electronic Trading Service*) soporta el peso operativo. Este sistema, que se implantó en 1997, se conoce como *The Order Book* (el libro de órdenes) y se utiliza para negociar las 200 acciones más líquidas de la bolsa: las 100 acciones que forman el índice FTSE-100, el indicador más importante de la bolsa, 75 acciones del FTSE-250 (el indicador de las empresas medianas) algunas acciones de Eurotop 300 (el índice de empresas europeas) y algunos sobre los que se negocian opciones en la LIFFE, la bolsa de futuros y opciones financieras.

El SETS está conectado al otro gran sistema que completa el círculo operativo de la bolsa londinense: el SEAQ (*Securities Exchange Automated Quotation*). El SETS recibe órdenes, exhibe posturas, disemina precios, cotizaciones, proporciona noticias e indicadores y permite negociar órdenes de *picos* y de pequeños volúmenes.

El SEAQ está diseñado para permitir la actuación de los especialistas o formadores de mercado. ¿Qué más hace falta?

La bolsa cuenta con otro subsistema, denominado SEAQ International (una extensión del SEAQ principal), que se utiliza para negociar las acciones de empresas foráneas. ¿Qué hay para las acciones de mínimo dinamismo? Para ellas está el SEAT Plus (Stock Exchange Alternative Trading Service).

Con este gran engranaje, la LSE asume el liderazgo tecnológico de los mercados de valores.

◈ Internet bursátil

La siguiente dirección permite descargar un archivo que explica la negociación electrónica de la bolsa de Londres (LSE): **http://www.londonstockexchange.com/en-gb/products/membershiptrading** Busque por la palabra SETS o por SEAQ

¿Que la Bolsa de Nueva York no está automatizada?

Por las imágenes que se ven, parecería que el piso de la NYSE no ha sufrido la metamorfosis tecnológica. Tras bambalinas, la realidad es otra: cada día es más recurrente la celebración de operaciones a través del SuperDot (DOT: Designated Order Turnaround). Ese sistema, introducido a principios de los 70 (ya es un sistema más que probado), proporciona un enlace directo entre las mesas de *trading* (donde se maneja la posición propia) de un intermediario y el piso tradicional. El sistema acepta las órdenes a precios de mercado incluso antes de las 9:30 (la hora de apertura), después "cuadra" automáticamente las órdenes de compra con las de venta (las cruza), concierta las operaciones y en cuestión de segundos regresa una confirmación a los intermediarios.

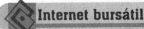
SuperDot

Durante el horario operativo, el SuperDot transmite las órdenes limitadas a las cabinas de los especialistas y éstos, ya que se han concertado las transacciones, regresan la información de los hechos realizados a través del mismo sistema. El mecanismo automatizado es efectivo también con órdenes de mercado, *picos* y órdenes de contratos de opciones. Se estima que el SuperDot ejecuta 35% del volumen total de las órdenes de la bolsa.

¿Qué hay del NASDAQ? Ya se había adelantado, desde el capítulo 2, que la National Association of Securities Dealers Automated Quotation (NASDAQ) es el mercado más automatizado del orbe. No es sólo un piso electrónico, es toda una bolsa automatizada. Se trata del proto-tipo inmejorable de una bolsa silenciosa, electrónica ciento por ciento, sin un lugar físico esta-blecido, sin operadores ni jaloneos, permanentemente creciente. Aunado a lo anterior, con la fusión con AMEX, American Stock Exchange, adquiere una relevancia extraordinaria. NASDAQ es un adelanto de lo que será el futuro.

Internet bursátil

La página de la NYSE **http://www.nyse.com**, permite conocer más del SuperDot. Una vez que se abre *Trading floor*, hay que seleccionar la opción de "Technology". /

SIBE o Mercado continuo, CORES, XETRA

En el resto del mundo, las formas de negociación en las bolsas cambia, evoluciona. Por ejemplo, en la bolsa de Madrid el grueso del volumen se concentra en los mecanismos de negociación por "ordenador": el denominado SIBE, Sistema de Interconexión Bursátil Español o el Mercado Continuo. En los corros del parquet se ejecuta a viva voz menos de 2% de las órdenes totales. El SIBE no es nada más la plataforma electrónica de negociación; es el sistema que conecta a los cuatro mercados bursátiles españoles (Madrid, Barcelona, Bilbao y Valencia) Vía el SIBE se nego-cian simultáneamente, en las cuatro bolsas, al mismo precio, operaciones con acciones, títulos de deuda y *Warrants*.

Internet Bursátil

Para conocer la Bolsa de Madrid y sus mecanismos de negociaciób, abra **http://www.bolsamadrid.es**/ y haga clic, en ese orden, en las pestañas "Bolsa de Madrid", "Mercado de Valores" y "Sistemas de contratación"

SuperCac   Lo mismo se observa en casi todas las bolsas: en París, la Bourse cuenta con el SuperCac que está conectado al sistema general de Euronext, la agrupación bursátil de Francia, Holan-da, Bélgica y Portugal. Gracias al sistema de esta agrupación de bolsas pan-europeas, y a la im-plantación del Euro, un valor se puede mover de una plaza a otra. La bolsa de Tokio utiliza el CORES (*Computer-assisted Order Ruoting and Execution System*) con que se intercambia la mayoría de las acciones listadas. El sistema de viva voz sólo se aplica con las 225 acciones que integran el índice Nikkei.

MEGA-BOLSA   En Brasil, la BOVESPA cuenta con el MEGA BOLSA, un sistema automatizado que ofrece negociación continua durante casi todo el día: abre a las 8:45 a.m. para recibir órdenes y ofrecer cálculos de precios teóricos y cierra, con algunos recesos intermedios, hasta las 10 de la noche.

XETRA   En Alemania, los intermediarios de toda Europa pueden conectarse a la Frankfurter Werpa-pierbörse, la bolsa de Frankfurt y negociar acciones y bonos a través del XETRA (Exchange Elec-tronic Trading). El XETRA es quizá la imagen más espeluznante de la globalización, ya que permite la descentralización; esto es, la interacción en el mercado alemán sin importar la locali-zación geográfica del intermediario, amén de ofrecer los beneficios de transparencia, liquidez y flexibilidad operativa.

Internet Bursátil

XETRA de la Bolsa de Frankfurt: **http://deutsche-boerse.com/dbag/dispatch/en/kir/gdb_navigation/ trading_members**. Busque el sistema XETRA

Las siguientes direcciones permiten conocer de las negociaciones electrónicas de las bolsas:

Mega Bolsa de BOVESPA: **http://www.bovespa.com.br/paf/facts. pdf**

AMEX: **http://www.amex.com/atamex/aboutAmex/tradeExec/at_tradeExecution.html**

Beneficios de la automatización. El SENTRA

¿Qué beneficios representa la automatización o la desaparición de los pisos? Muchos y variados. Más que nada, permite manejar mayor volumen operativo, reduce los costos de transacción, incrementa la rapidez, la eficiencia y la productividad operativa y permite que la información fluya en línea al instante.

Las autoridades mexicanas reconocieron estos beneficios y, por ello, implantaron el sistema denominado SENTRA (Sistema Electrónico de Negociación, Transacción, Registro y Asignación), que lleva la carga operativa de la Bolsa Mexicana de Valores. A través del SENTRA se produce todo el intercambio accionario.

SENTRA

El SENTRA permite realizar las mismas operaciones que se efectuaban con el sistema de viva voz tradicional. Los operadores, desde la comodidad de sus casas de bolsa, visualizan en los monitores todo lo que podía caber en el recinto físico: la distribución de las diferentes acciones en corros, posturas en firme, órdenes a precio de mercado, cruces (en sus diferentes modalidades), pizarras de cotización y volúmenes negociados, índices y banda de noticias y mensajes, zona de alertas, advertencias sobre acciones suspendidas, etcétera.

Lo que antes hacían los operadores en el salón a gritos, ahora lo hacen con el ratón, navegando por las distintas ventanas. El piso de remates en México es un asunto del pasado.

La implantación del SENTRA no fue de tajo, sino gradual. En su primera etapa las emisiones más activas (las 35 acciones más importantes del mercado) se seguían negociando a viva voz, como en Tokio, donde todavía las acciones del Nikkei 225 se intercambian a gritos, pleitos y empujones. Después, el sistema abarcó todo lo que había que negociar hasta que, el viernes 8 de enero de 1999, después de 150 años (o más), el griterío clásico del piso de remates se fue para siempre. A partir del lunes 11 sólo persiste el SENTRA. En el piso de remates, algún nostálgico suele deleitarse buscando ecos en el silencio.

Internet bursátil

En la siguiente dirección se detalla todo lo referente al SENTRA de la BMV:

http://www.bmv.com.mx/BMV/HTML/sec1_sistnegociacion.html

3.7 Especialistas: controladores del tráfago accionario

Ya sea que pasen por el mecanismo a gritos o por el sistema automatizado, las operaciones en las bolsas se apoyan en una figura alterna: los *formadores de mercado*.

Especialista, formador de mercado

En el capítulo 2, "Mercado de Valores, oxígeno para la economía", se reseñó el origen del especialista. Se trata de un formador de mercado que a lo largo del mundo responde a diferentes nombres: *specialist*, en las bolsas de Estados Unidos, *market maker* en el Reino Unido, *kürsmakler*, en la bolsa de Frankfurt, *saitori* en Japón o *contrepartiste* en Francia.

Es una especie de intermediario de los intermediarios (compra y vende a las casas de bolsa) que actúa por cuenta propia, negociando cierta clase de acciones, un pequeño grupo del total, en las cuales se ha especializado. Puede comprar los títulos que el operador de piso de una casa de bolsa no logra colocar entre el resto de los operadores y puede vender a otro operador cuando éste no logre hallar demanda.

No recibe dinero ni instrucciones de terceros que deba satisfacer. Cuando compra, lo hace con recursos propios y para su portafolio; esto es, arriesga su dinero. Espera ganar por los diferenciales de precio entre lo que compra y lo que vende.

¿Por qué se permite la existencia de los especialistas? Por dos razones básicas: porque coadyuvan a equilibrar los precios y porque incrementan la liquidez del mercado. El especialista es un formador de mercado. ¿Un formador? Sí; gracias a él, muchas veces el mercado se activa, sale de su marasmo o supera una etapa de escasa operatividad.

El especialista habita en los corros. Está ahí, con su pantalla, cuando las negociaciones son a viva voz. En los pisos automatizados, está apostado en una ventana electrónica, en el puesto o corro de negociación virtual.

Los especialistas cuentan con sistemas propios que les permiten divulgar sus cotizaciones a todos los operadores; en las bolsas con sistemas de negociación automatizados, integran sus sistemas al sistema principal.

Se sabe que gracias a los especialistas se ha logrado una buena cantidad de operaciones que, sin su concurso, simplemente no se habrían efectuado debido a los diferenciales constantes entre las posturas de compra y las de venta de los operadores. La mayoría de los clientes coloca órdenes limitadas y los límites estipulados suelen diferir de los precios que prevalecen en el mercado. El operador que recibe una orden de estas características puede turnársela al especialista, bien para que la ejecute después con otro operador cuando el precio alcance el límite solicitado (como si el especialista fuera el receptor de las posturas en firme) o para que la cierre directamente con él. Ese desahogo permite al operador de un intermediario concentrarse en las órdenes que requieran su atención inmediata.

Especialistas: puente que libera el tráfico accionario

En la Bolsa de Nueva York, donde se tiene la versión más desarrollada del especialista, cuando una entidad o persona física recibe la autorización para serlo, adquiere varias obligaciones:

- La obligación principal estriba en que sus negociaciones deben ser equitativas y ordenadas. Ello se traduce en que, en circunstancias normales, los intermediarios puedan comprar o vender por cuenta del público una razonable cantidad de acciones, ya sea al último precio de cotización o a un nivel muy cercano. Los especialistas no deben dar preferencias, castigar los precios ni elevarlos para su beneficio aprovechándose de esas circunstancias.

- En las temporadas en que la demanda o la oferta son muy raquíticas, los especialistas están obligados a arriesgar su capital para agregar liquidez al mercado.

- Los especialistas deben comprar cuando el mercado está sobre ofrecido y vender cuando está sobre demandado. Al hacerlo se convierten en puentes con los que se libran las duras brechas cíclicas. Con esta función, contribuyen a que los precios no se disparen por la nula oferta o se desplomen por la demanda inexistente.

Los especialistas son algo así como ordenadores o controladores del tráfico accionario, sobre todo en las sesiones de intensa actividad, ya que mantienen el orden de los precios en medio de una muchedumbre de operadores aglutinados alrededor de los corros.

En muchas ocasiones, producen un efecto de escalera: si los precios tienden a la baja, en vez de descender dramáticamente, la demanda de acciones que generan hace que las bajas sean escalonadas. En el sentido opuesto, cuando una inusitada demanda empuja los precios hacia arriba, el avance también es escalonado, paulatino, gracias a la oferta que producen.

Las obligaciones de este grupo no se limitan a lo que pueden y deben hacer; también abarcan lo que no deben hacer. ¿Qué no deben hacer? Dos clases de prácticas desleales:

- Intervenir cuando los oferentes y demandantes de papeles encuentran volúmenes suficientes para operar sin que los precios se muevan en forma irracional.

- Competir con las posturas del público; por ejemplo, cuando un operador encarga una orden de compra a precio limitado a un especialista, éste no puede voltear a otro lado y comprar para sí a otro operador si no ha atendido la orden que se le ha encargado.

Internet bursátil

En el sitio de la Bolsa de Nueva York hay información disponible acerca de los especialistas:
http://www.nyse.com/about/members/1022221394057.html

3.8 Límites diarios, protección contra la irracionalidad

El orden que los especialistas logran dar a la evolución de los precios no es suficiente. En ciertas etapas, cuando el mercado se mueve bruscamente, en medio de un frenesí o bajo ataques de angustia, la actuación de los especialistas no compone nada. En estos casos, funcionan mejor las medidas artificiales, los límites que las autoridades o las bolsas imponen al mercado.

Las bolsas establecen límites máximos de variación diaria de los precios o de los índices. Los semáforos del piso de remates de la Bolsa Mexicana de Valores, se utilizaban, entre otras cosas, para dar a conocer el momento en que se suspendía la negociación de una acción porque su precio había aumentado o disminuido cierto porcentaje en una sola jornada. Ahora, estas señales se reflejan en los monitores de los operadores del SENTRA, el sistema automatizado de remate de la BMV.

La cotización de una acción en la BMV puede suspenderse por lapsos de media o una hora cuando su precio sobrepasa los límites máximos tolerados. Una vez transcurrido el lapso de suspensión, la bolsa permite que la acción vuelva a negociarse. Si después de la primera suspensión el precio vuelve a sobrepasar los límites, hacia arriba o hacia abajo, la acción se suspende el resto de la jornada.

En la NYSE se suspende el remate media hora cuando el índice Dow Jones cae más de 350 puntos respecto del cierre del día anterior. Si al reanudarse continúa su tendencia y baja 550 puntos respecto del cierre anterior, se suspende la negociación total durante una hora.

Los porcentajes o parámetros de variación máxima de un precio o indicador son distintos según cada mercado y según lo consideren las autoridades. Las suspensiones también pueden ser a discreción (cuando así lo consideren las autoridades o las bolsas), dependiendo de la situación de los mercados. Cuando los límites se sobrepasan es porque ocurren ciertas circunstancias con la emisora: noticias de ganancias, planes espectaculares, reportes de pérdidas, sucesos lamentables o fenómenos extraordinarios en el mercado.

En casi todos los mercados se han llegado a suspender las sesiones una hora cuando menos e incluso se ha dado por terminado el remate antes de tiempo, en virtud de la tremenda volatilidad de los precios y los indicadores. Las cotizaciones se han paralizado en momentos críticos o como producto de fenómenos irracionales como los *cracks* mundiales de octubre de 1987 y del último trimestre de 1997 o por alguna otra eventualidad, como, por ejemplo, la euforia desmedida que se desató en la bolsa de México a raíz de la designación del candidato presidencial del PRI en aquel octubre fatal de 1987, el asesinato del candidato oficial mexicano en marzo de 1994 o, en Argentina, en diciembre de 2001, por la crisis que derivó en el "corralito" y las marchas al ruido y agitación de las cacerolas. Para la historia ha quedado la suspensión terrible de la sesión del remate en las bolsas de Nueva York, México y otras plazas, luego de los avionazos que se dispararon contra las torres gemelas del WTC, el 11 de septiembre de 2001. El cierre de las bolsas, en aquella ocasión, se prolongó varios días.

En cualquier caso, las suspensiones se establecen para evitar trastornos perjudiciales en los mercados y proteger los intereses del público.

◆ Internet bursátil

Para ver las causas por las que la BMV puede suspender la cotización de una acción, de varias acciones o de plano toda la sesión del remate, abra el siguiente URL: **http://www.bmv.com.mx/BMV/HTML/sec6_reglamentos.html** y elija el título Décimo

3.9 Liquidación de operaciones

El proceso operativo llega a su fin con la liquidación de los hechos. Liquidar una operación ejecutada significa pagar el importe de la compra y recibir a cambio los títulos, o recibir el efectivo y entregar los valores cuando se trata de una venta.

El proceso del mercado accionario cuenta con dos momentos clave que se deben distinguir:

Fecha de
operación,
trade date

- Fecha de operación. Es el día de concertación de los hechos, trade date, el día en que se ejecutan las operaciones en el piso o sistema automatizado de remate.

Fecha de
liquidación,
settlement date

- Fecha de liquidación. Es el día en que se tienen que hacer los flujos de efectivo (recibir o pagar) y valores (transferir los títulos), *settlement date* correspondientes a las operaciones realizadas. Es la fecha en que tienen efecto contable las transacciones.

¿T + qué?

Hay una simbología aceptada universalmente para dar a conocer la fecha en que se deben liquidar las operaciones: *trade date plus* (T+), fecha de operación más cierta cantidad de días.

En México, la fecha de liquidación ocurre a las 48 horas, dos días hábiles después de la fecha de operación. En este caso se diría que la fecha de liquidación es T+2 (Trade + 2, fecha de operación más dos días hábiles).

T "+"

Lo que no es uniforme en las bolsas es la cantidad de días que transcurre entre una fecha y otra: en la bolsa de Frankfurt, la liquidación también es T+2. En las bolsas de Estados Unidos, Tokio y en algunas otras más alrededor del orbe, la liquidación es T+3. La diferencia se debe a factores variados: los volúmenes de negociación de cada bolsa, el grado de automatización, las formas o métodos de liquidación, etc. No debe parecer extraño que haya bolsas cuya fecha de liquidación sea T+1 o, por el contrario, que dispongan de mayor número de días para liquidar, T+4 o T+5, o que en una bolsa haya varias fechas de liquidación en vez de una sola: la bolsa de Tokio, por ejemplo, tiene varias fechas de liquidación —aparte de la habitual T+3— que se usan según distintos criterios: T+0, liquidación en efectivo (*cash settlement*) el mismo día de la operación; T+4, cuando se trata de emisoras que pagan dividendos o derechos; y hasta T+14 (sí, 14 días después de la operación), previo acuerdo del cliente con su intermediario.

Las fechas de liquidación no son necesariamente estáticas: la NYSE ajustó su número de días de T+5 a T+3 apenas en 1995. Ese mismo año la bolsa de Londres redujo su liquidación a T+5. Antes, las operaciones en la LSE se liquidaban (ver para creer) el segundo lunes posterior a la fecha de operación. O sea que en el mercado británico podía haber un máximo de 10 días hábiles entre una fecha y otra.

Entrega contra pago, el mercado "al contado"

A la forma de liquidar las operaciones en los mercados accionarios se le llama *al contado* debido a que el pago, si se trata de una compra, o el ingreso, si hablamos de una venta, se producirá en riguroso efectivo, *cash*, en inglés.

Al contado, cash market

Los intermediarios liquidan sus operaciones de manera global. La información se condensa por emisora, se obtienen compensaciones entre los importes de las compras y de las ventas. Si el importe de las compras supera a las ventas, la casa de bolsa o intermediario entrega a la bolsa el neto en efectivo; en caso contrario, recibe de la bolsa el efectivo correspondiente.

En cuanto a los títulos, en México, la institución de custodia y compensación, INDEVAL, como también lo hacen sus equivalentes en otros mercados, DTCC, en Estados Unidos o JSCC, en Japón, afecta las tenencias de cada intermediario según cada una de sus operaciones realizadas, por lo que al final de un día la cuenta de custodia de cada intermediario refleja el aumento o disminución de sus valores según el neto entre sus compras y ventas.

Las casas de bolsa realizan los cargos y abonos de efectivo, depósitos y retiros de valores en las cuentas de los clientes para quienes hayan realizado operaciones.

En resumen, podría decirse que la liquidación significa recibir los valores que se han comprado, siempre y cuando se cumpla el pago respectivo o recibir el efectivo por la venta y entregar a cambio los valores. Esta reciprocidad de entregar una cosa a cambio de la otra se conoce en el medio como "entrega contra pago" (*delivery versus payment*).

Entrega contra pago

Comisiones e impuestos

Los clientes deben saber que la compra y la venta de los instrumentos del mercado de capitales que efectúan para ellos los intermediarios, está sujeta al cobro de una comisión. Las comisiones o aranceles son los ingresos que perciben los intermediarios y los asesores financieros por su labor de intermediación en el mercado.

Las comisiones se pactan libremente entre intermediarios y el público y se pueden negociar a partir de 1.7% sobre el importe de la operación efectuada; es decir:

Si se compran 10 000 acciones de ABC a $1.00 cada una, el importe que debe liquidar el cliente es:

10 000 × $1.00 =	$10 000.00
más 1.70% de comisión	$170.00
Liquidación total	$10 170.00

Ahora bien, las comisiones son negociables; pueden ser menores de ese 1.7% según el tipo de cliente, el monto de su cartera, el importe de cada operación, la frecuencia con que solicita la ejecución de operaciones, etcétera.

En México, al importe de las comisiones se carga 15% del Impuesto al Valor Agregado, IVA; o sea que al importe de $170.00 hay que agregar $25.50 más.

De este modo, la liquidación total del cliente en T+2 es de

$10 170.00 + $25.50 = $10 195.50

En caso de que fuera una venta, el cliente recibiría un importe neto de:

$10 000 − $170.00 − $25.50 = $9 804.50

¿Desmotivado por el cargo de la comisión y el impuesto? No es para tanto. En otros países, además de eso, los clientes tienen que pagar un impuesto por la enajenación de acciones en el mercado. Eso quiere decir que las ganancias por la compraventa de acciones están gravadas para efectos fiscales. En México no; las personas morales y las personas físicas con actividades empresariales tienen la obligación de acumular sus ganancias (y deducir sus pérdidas, claro).

3.10 El incesante reloj bursátil

La negociación bursátil prosigue alrededor del mundo, en el sentido de las manecillas del reloj, en el incesante trajín de un mercado global único. Ese gran mercado global nunca cierra. Está activo las 24 horas del día.

Las 24 horas de la bolsa global

No hay una hora del día en que no esté abierta alguna bolsa. Si se parte del hecho de que la Bolsa de Nueva York es la más importante del mundo y por esa razón se toma como referencia el horario de la costa este de Estados Unidos, se puede conformar un diagrama donde se aprecia que la negociación bursátil nunca cesa (cuadro 3.9).

HORA	Sydney	Tokio	H. Kong	Singapur	Johannnes	Londres	París	Frankfurt	São Paulo	N. York	México	Los Ángeles
19:00												
19:30												
20:00												
20:30												
21:00												
21:30												
22:00												
22:30												
23:00												
23:30												
00:00												
00:30												
01:00												
01:30												
02:00												
02:30												
03:00												
03:30												
04:00												
04:30												
05:00												
05:30												
06:00												
06:30												
07:00												
07:30												
08:00												
08:30												
09:00												
09:30												
10:00												
10:30												
11:00												
11:30												
12:00												
12:30												
13:00												
13:30												
14:00												
14:30												
15:00												
15:30												
16:00												
16:30												
17:00												
17:30												
18:00												
18:30												
19:00												

Cuadro 3.9
Horario bursátil, tiempo de New York

Por su ubicación geográfica, las bolsas del Pacífico inauguran la jornada diaria. Por eso la primera fila del diagrama corresponde a las 19:00 horas, tiempo de Nueva York, cuando son las 10:00 horas del día siguiente en Sydney, hora a la que se inicia el ajetreo en la bolsa australiana, y las 9:00 horas en Tokio, cuando se inician las operaciones en TSE. La bolsa de Tokio (TSE), con sus extensiones, cierra a las 16:00 hora local (las 2:00, tiempo del Este). El sistema automatizado, SETS, de la bolsa de Sydney permanece abierto en dos turnos breves: de 10:00 a 13:00 horas y de 14:00 a 16:00 horas, tiempo local. Luego, la bolsa se abre para negociar "manualmente", de 16:15 a las 17:00, hora local.

Al cierre de la bolsa de Tokio se encuentran todavía en ebullición las bolsas del sur de Asia. La bolsa de Singapur reparte la jornada en dos turnos: de 10:00 a 12:30, y de 14:00 a 17:00 y tiene, además, una rutina de pre-apertura. La bolsa de Hong Kong abre dos veces al día: de 10:00 a 12:30 y continúa (*extended trading*) de 12:30 a 14:30 horas y luego continúa en la modalidad vespertina (*afternoon trading*) de 14:30 a 16:00. Para efectos prácticos, puede decirse que la bolsa de Hong Kong y la de Singapur están abiertas hasta las 3:30 y 4:30 de la mañana, respectivamente, hora de Nueva York.

A la hora del cierre de las bolsas asiáticas, ya están operando los mercados de Oriente Medio y los de África, como el de Johannesburgo, Sudáfrica, que es casi un satélite de la bolsa de Londres y que abre de 9:00 a 17:30 horas locales (de las 2:00 a las 9:30 horas de Nueva York). Esta bolsa, como se percibe, cierra justo al darse el campanazo de apertura en la NYSE.

Europa ve la luz bursátil en Londres,[39] cuyo mercado está activo, como la mayoría, entre las 9:00 y 16:00 horas, las 4:00 y 11:00, tiempo del Este de Estados unidos. Las bolsas de París y Frankfurt, que operaban por lapsos muy cortos, ahora abren periodos considerables: de 9:00 a 17:00 la *Boürse* y en general todo *Euronext* y, la FWB de 9:00 a 17:00 para operar vía el sistema XETRA y hasta las 20:00 para hacer operaciones en el piso de remates.

En el piso de remates de la Bolsa de Nueva York suena la campana de apertura a las 9:00 y vuelve a vibrar a las 16:00 horas, cuando se cierra. El horario que tiene la Bolsa Mexicana de Valores, de 8:30 a las 15:00, se empalma después de la apertura de la jornada con el de la NYSE. La costa Este de Estados Unidos tiene una hora de adelanto respecto del centro de México y, por eso, las dos bolsas, la NYSE y la BMV, operan casi en forma sincronizada.[40]

Durante las tres horas que siguen al cierre de la Bolsa de Nueva York, de 16:00 a 19:00 horas, opera la Bolsa del Pacífico en Los Ángeles, cuyo horario local es de 13:00 a 16:00. En ese momento, a las 19:00, hora del Este, comienza la negociación en las bolsas de Tokio y Sydney.

Cada mercado tiene sus políticas de horario. En su mayoría, las bolsas permanecen abiertas un periodo corrido, pero otras, como las de Sydney, Tokio y Singapur, abren en dos turnos. La mayoría, eso sí, tiene varios turnos (no especificados en la tabla). En cada turno se negocian distintas clases de papeles (bonos, gubernamentales, warrants, etc.) la bolsa de Singapur, por eso, opera hasta en tres turnos.

---

39 El Reino Unido tiene un uso horario diferente al del resto de Europa. El globo empieza a dar vuelta en el Pacífico asiático, donde comienza el día. El punto medio del mundo, el que se marca como las 0.00 GMT; es decir, el que lleva 12 horas de atraso respecto de las islas Fiji y 12 de adelanto respecto de Eniwetok y Samoa, se localiza en Greenwich (por eso se dice GMT, "Greenwich Mean Time"), un observatorio del suroeste de Londres. La ubicación de Greenwich se toma como referencia para medir las longitudes del planeta.

40 Antes de 1995 había un desfase de una hora en la apertura y el cierre de la BMV y la NYSE. Ese desfase entorpecía la evolución de los precios, generaba oportunidades pero abría riesgos. Para evitar desajustes en los precios, a petición de los inversionistas internacionales, la BMV tuvo que sincronizarse con la NYSE y, para ello, decidió abrir a las 7:30 de la mañana y cerrar a las dos de la tarde en primavera-verano y abrir a las 8:30 de la mañana y cerrar a las tres de la tarde en otoño-invierno. A partir de 1996, con la aplicación del horario de verano en México, la BMV ya no tuvo que hacer esos cambios. El horario de verano en México (que consiste en adelantar, como en otras latitudes, una hora los relojes) dicen, se explica más por esta cuestión bursátil que por los beneficios sociales o el ahorro de energía.

Ciertos mercados, como la BOVESPA de Brasil, o la FWB de Alemania, manejan diversos horarios al combinar la negociación tradicional a gritos o viva voz en los corros y el sistema automatizado de remate en el MEGA BOLSAMEGA BOLSA[41] o XETRA, respectivamente.

Algunas bolsas, por su menor trascendencia, sólo operan en lapsos mínimos: la Bolsa del Pacífico en Los Ángeles abre de 13:00 a 16:00 horas para cubrir el hueco que hay entre el cierre de la NYSE y la Bolsa de Tokio. Algunas otras, como la Bolsa de Seúl (no ilustrada en la tabla), abren incluso los sábados.

Horario posterior al cierre, *After hours trading*

Con la implantación de sistemas automatizados de remate, muchas bolsas ampliaron sus horarios de operación. Algunos mercados implantaron horarios de pre-apertura, por lo que generalmente abren media hora antes del inicio formal, ya sea para registrar posturas o realizar operaciones de ciertas emisoras, usualmente las más importantes del mercado (véanse las celdas sombreadas con detalles de panal en las bolsas de Hong Kong, Singapur y Johannesburgo). Algunas otras, casi todas, extienden las negociaciones más allá del horario formal o normal. A estas operaciones que se hacen más allá del horario se les denomina operaciones vespertinas, nocturnas o tardías (*night trading, late trading*) en tanto que a las negociaciones por computadora que se realizan también fuera de las sesiones normales se les conoce como *after hours trading*: operación posterior al horario habitual (véase, para el caso, las horas de sombras cuadriculadas en los casos de Sydney, Tokio, Hong Kong, Frankfurt y São Paulo). En contrasentido, en uno que otro mercado, como en Sydney, a las operaciones que se extienden fuera del horario normal, se les denomina "manuales" debido a que se hacen en papeletas, sin sistemas.

Las bolsas están conectadas por la tecnología: es común que un corredor en Nueva York o México esté en su oficina muy temprano, antes del amanecer, para operar directamente en la Bolsa de Tokio o Londres. Antes, las casas de bolsa abrían oficinas para tener presencia en alguna otra plaza al otro lado del mundo. Eso ya no es necesario. Los operadores (*traders*) internacionales suelen vivir en una zona del planeta y hacer su trabajo en la bolsa de otra zona lejana. Los diferentes husos horarios del planeta hacen que la negociación accionaria se realice en capas entrelazadas. Conforme abren las bolsas, según el sentido del horario del mundo, se van traspasando influencias que se resienten en los precios: los precios de apertura de la Bolsa de Tokio (el Oriente es la zona donde comienza la jornada bursátil) están influidos siempre por los precios de cierre de la Bolsa de Nueva York. Los acontecimientos de Asia afectan los precios de las bolsas de Europa y los hechos del viejo continente influyen en la evolución de los precios de las bolsas americanas.

3.11 ¿Subió o bajó la bolsa? Los índices accionarios

El primer dato (y a menudo el único) que los medios difunden sobre la jornada bursátil es el comportamiento global del mercado: la bolsa subió o bajó 30, 20 o 45 puntos, nos dicen, leemos o vemos. Cuando se reporta el comportamiento de la bolsa, técnicamente se sabe que dicho comportamiento es el de un índice. ¿Qué es un índice? ¿Qué refleja? ¿Cómo se compone? ¿Todos los índices reflejan lo mismo?

---

41 Con la implantación de sistemas automatizados de remate, muchas bolsas ampliaron sus horarios de operación. A las negociaciones por computadora que se realizan fuera de las sesiones normales se les conoce como *after hours trading*: operación posterior al horario habitual.

Índice de
precios,
Benchmark

A simple vista, un índice de precios o *benchmark*, es sólo una cantidad, un parámetro que resume la actividad general del mercado accionario. En el fondo es algo más: puede ser una muestra del mercado total, como el Índice de Precios y Cotizaciones (IPC)de la BMV, el IPC; puede ser un promedio de un segmento aislado del grueso de las emisiones, como el Dow Jones de la NYSE o puede tener otras connotaciones.

Índice de precios y cotizaciones: muestra del mercado total

IPC

El Índice de Precios y Cotizaciones (IPC[42]) constituye una muestra del mercado total. Una muestra es un extracto de un todo, una parte o fracción que representa a un conjunto. El IPC pretende ser una muestra del comportamiento general de acciones inscritas: si el índice sube, se puede entender que la evolución de la mayoría de las acciones del mercado ha sido positiva; cuando baja, puede inferirse que bajan también los precios de la mayoría de las acciones.

El IPC de la BMV es una especie de promedio ponderado que obtiene la bolsa a partir de la evolución de los precios y volúmenes de 35[43] acciones. ¿Cuáles son esas acciones? Las de mayor bursatilidad de un periodo. El grado de bursatilidad representa los volúmenes de negociación en la bolsa. Una acción de Telmex serie L, cuyo volumen promedio de negociación es de 10 millones de acciones intercambiadas diariamente, tiene mayor bursatilidad que la de Televisa CPO, por ejemplo, cuyo volumen de intercambio diario ronda por los 3.5 millones de acciones.

Con la selección de las 35 acciones más bursátiles, la bolsa integra periódicamente lo que se denomina "muestra". Antes, la BMV extraía las 35 acciones cada bimestre, de tal modo que la muestra podía tener cambios (salían unas acciones, entraban otras) cada dos meses. A fin de tener un parámetro más consistente, la muestra se revisa ahora sólo en los meses de diciembre y junio, para que prevalezca intacta durante seis meses. Cada una de las acciones recibe un peso porcentual específico en la muestra, según su grado de bursatilidad. A cada acción se le otorga importancia según su capacidad de negociación. Así se tiene que la citada Telmex L, que desde hace muchos años es la acción más importante del mercado local[44] tiene, tradicionalmente junto con América Móvil, AMX, el mayor peso porcentual del ciento por ciento de la muestra del IPC. Si suponemos que el peso conjunto de Telmex L y de AMX es de 28%, se puede decir que los movimientos del indicador están determinados, 28%, por lo que pase con esas acciones.

Así como periódicamente puede haber un cambio en la muestra, así también el peso porcentual de cada una puede variar de un periodo a otro. Por esa influencia particular de cada acción, si el índice sube 50 puntos o 1% en una jornada, no significa que todas las acciones subieron ese uno por ciento. Es más, puede ser que aun con ese avance del IPC, se tengan acciones que no reflejen variaciones, otras que reporten bajas de precio u otras que hayan subido 0.5%, 1% o 2% o hasta 3%. Aparte, hay que considerar que las acciones que no forman parte de la muestra también reportan día a día cambios que pueden corresponder o no a los cambios del IPC.

---

42 No hay que confundirlo con el INPC, el Índice Nacional de Precios al Consumidor, que se usa para mediar la inflación en el país.

43 En ocasiones diversas el IPC ha sido el reflejo de un número distinto de acciones, por diversos motivos.

44 En algunos años, el ADR de Telmex fue también el valor más negociado de todos los que integran la pizarra de la NYSE. En la Bolsa de Londres, el otro mercado donde se encuentra listada, las simpatías del público lo convirtieron también en uno de los 50 primeros títulos del SEAQ International.

¿Cómo se calcula el IPC?

Se realiza durante la sesión del remate, cotización tras cotización de cada una de las 35 acciones. El sistema general de la Bolsa Mexicana de Valores tiene incorporada la fórmula del índice, de manera que cada que se registra una transacción de alguna de las 35 acciones de la muestra, el índice sufre un movimiento. El proceso diario termina al cierre de la sesión, cuando se incorpora al sistema la última de las operaciones celebradas. El nivel que alcance el índice en ese momento es el que los medios de comunicación revelan. La fórmula para calcular el índice considera *splits*, cambios o ajustes de precio por dividendos, suscripciones, reducciones de capital y demás conversiones o ajustes que sufran las acciones de la muestra.

El IPC es un indicador del mercado principal, de la Sección "A", pero no es el único: la BMV calcula también el Índice México, INMEX, que es otra muestra compuesta por 20 acciones, cada una con una influencia máxima del 10%. Ese límite en el peso porcentual de cada valor busca equilibrar el peso particular de Telmex. La muestra del INMEX se revisa cada tres meses.

INMEX

Desafortunadamente, el INMEX no ha sido muy demandado como indicador. Desde que nació ha estado opacado por el índice principal, el IPC.

El MMEX, el Mercado para la Mediana Empresa Mexicana, tenía su propio índice de precios: el IPMMEX, una muestra que se obtenía con las mismas bases que el IPC y a partir de las 18 acciones más activas de esa sección de la bolsa.

La BMV creó en el 2000 el índice que sustituyó al IPMMEX, el Índice de Mediana Capitalización, IMC-30, debido a que todavía estaban listadas muchas empresas medianas. Las 30 acciones de las 30 emisoras con mayor valor medio de capitalización[45] y mayor bursatilidad integran este nuevo indicador.

 IMC-30

La muestra del IMC-30 se revisa cada seis meses.

Internet bursátil

Para saber qué significan y cómo se calculan los diferentes índices de BMV consulte
http://www.bmv.com.mx/BMV/HTML/sec2_indicesmer.html

Dow Jones, termómetro de la economía

En 1884, Charles H. Dow enlistó las once acciones que consideró representativas de la fortaleza de la economía de Estados Unidos. Su lista se formaba con nueve acciones de empresas de ferrocarril (recordemos que esa industria y la minera impulsaron el desarrollo económico en el mundo en la segunda mitad del siglo XIX) y dos de empresas manufactureras. La lista de Dow incluía el precio de cierre de cada una de las acciones, la suma de los 11 precios y un promedio. El cálculo de Dow era de lo más simple: obtenía el promedio aritmético sumando los precios de las acciones que componían el indicador y dividía el resultado de la sumatoria entre 11, el número de acciones. Ese promedio, concluyó, se iba a mover conforme se alteraran los precios de las 11 acciones e iba a ser la referencia o indicador de la evolución del mercado.

---

45 La BMV considera para el IMC-30 todas las emisoras listadas en la bolsa, sean empresas grandes o medianas. Para la selección de la muestra, se eliminan los dos extremos, el de las empresas más grandes y el de las de menor capitalización. Por medio de un proceso estadístico se obtiene un valor medio de capitalización. Las 30 emisoras cuyo capital se acerque más a ese valor medio y al mismo tiempo cumplan el criterio de la bursatilidad, forman parte de la muestra.

Dow dio a conocer su indicador en una publicación suya que fue la precursora del diario que fundaría más tarde con su socio Edward Jones: *The Wall Street Journal*.

Para 1896, Charles Dow tenía dos promedios: el de las empresas de ferrocarril y el de 12 acciones de empresas industriales en general, al que denominó justamente *Industrial Average*, promedio industrial, y en el que incluyó la acción de GE, General Electric Co.[46] que (nadie debe sorprenderse) permanece hasta nuestros días como parte del Dow Jones de 30 acciones. Debido a su composición y a su nombre, hay quienes dicen que el Dow Jones arrancó oficialmente en esa fecha, en 1896 (el 26 de mayo, para ser exactos).

La modalidad de que el Dow Jones tuviera 30 acciones se adoptó en 1928, cuando la conformación de la economía era ya muy distinta a la de finales de siglo. Tampoco debemos sorprendernos de que, desde entonces y hasta 2004, el Dow Jones Promedio Industrial, DJIA, sólo se haya actualizado 24 veces con altas, bajas y sustituciones.

Dow Jones and Company Inc., editora de *The Wall Street Journal* (que con *Financial Times* de Londres son los diarios financieros más importantes del mundo), es una compañía, ajena a la NYSE, dedicada a prestar servicios financieros. Esa compañía y no la bolsa, como sucede en México, maneja el principal indicador en Estados Unidos.

Hoy en día conocemos cuatro índices Dow Jones:

Dow Jones Promedio Industrial, DJIA

- *DJIA, Dow Jones Industrial Average*. Es el indicador más relevante del mundo. Se calcula a partir de los precios de 30 acciones de empresas industriales que difícilmente se sustituyen.

Blue chips

Se trata de las 30 acciones de las 30 empresas más grandes de Estados Unidos, a las que se conoce como *Blue Chips*, las *Fichas Azules*. Cuando se dice que la Bolsa de Nueva York baja o sube, uno se refiere al DJIA. El propósito de este promedio es reflejar el comportamiento del segmento económico más dinámico de la economía de Estados Unidos. Ese sector, a juicio de Dow Jones and Co., es el que mejor representa la evolución del PIB estadounidense. Es el prototipo de lo que se ha dado en llamar "termómetro de la economía": si el índice sube constantemente, es síntoma de que la economía está creciendo; si el Dow tiende a bajar, puede pensarse que la economía está en un ciclo de reducción o estancamiento. En la última parte del libro se abundará sobre ello.

DJTA, Dow Jones de Transporte

- *DJTA, Dow Jones Transportation Average*. Es un promedio que se forma con los precios de las 20 empresas de auto transporte (ferrocarrileras, aerolíneas y transportes de carga) más importantes.

DJUA, Dow Jones de Servicios

- *DJUA, Dow Jones Utility Average*. Se integra con 15 acciones de empresas de servicios básicos: gas, electricidad y energía.

DJCA, Dow Jones Compuesto

- *DJCA, Dow Jones Composite Average*. Integra los tres promedios anteriores. Digamos que es el Dow Jones ampliado de 65 acciones.

Importancia y composición del Dow Jones

A lo largo del tiempo se ha cuestionado la eficacia del Dow Jones como medidor del mercado y más aún de la economía estadounidense. En términos simplistas, el DJIA representa apenas 30 acciones de 3 000, un porcentaje ínfimo, mas no es ése el peso que se le debe asignar.

---

46 Por aquellos tiempos, la bombilla eléctrica de Tomás Alva Edison estaba renovando los sistemas de iluminación y era la semilla que haría crecer a una industria que cambiaría para siempre el sentido de la vida: la energía eléctrica.

Las acciones del Dow,[47] analizadas desde otra óptica, representan casi 25% del tamaño total, en dólares, de esas 3 000 acciones. Ya cambia, ¿verdad?

Esas acciones pertenecen a los "monstruos" económicos, las empresas más grandes de Estados Unidos y del mundo, las que marcan el rumbo económico, las que con cualquier decisión o acción revierten el sentido de la economía, la expanden o la reducen. Por eso se incluyeron en el Dow y, por eso, cualquier movimiento del Dow refleja lo que se espera de esas empresas y, como consecuencia, lo que se espera de la economía. En el cuadro 3.10 se registran esas empresas.

3M[48]	Exxon Mobil	McDonald's
Alcoa	General Electric	Merck
Altria Group[49]	General Motors	Microsoft
American Express	Hewlett-Packard	Pfizer
American International Group	Home Depot	Procter & Gamble
Boeing	Honeywell International[50]	SBC Communications
Caterpillar	Intel	United Technologies
Citigroup Inc.	International Business Machines	Verizon Comunications
Coca-Cola	J.P. Morgan Chase	Wal-Mart Stores
E.I. DuPont de Nemours & Co.	Johnson & Johnson	Walt Disney

Cuadro 3.10
Las 30 acciones
del DJIA 2004

Casi todas los componentes del Dow Jones Industrial cotizan en la NYSE. Casi, porque dos de ellas, Intel (INTC), la empresa de semiconductores, y Microsoft (MSFT), el gigante del software, forma parte del mercado NASDAQ. Microsoft, de hecho, es el proveedor de los sistemas operativos de esta bolsa electrónica.

Sin que llegue a tener el peso de Telmex y América Móvil en el mercado mexicano, la acción de General Motors Co., (GM), es la más influyente del mercado estadounidense. Su contribución al DJI (Índice Dow Jones) es apenas del 3%. Es la de mayor peso por las fuentes de empleo, directas e indirectas que genera así como la incidencia que tiene en todos los demás sectores económicos. La acción de mayor peso es la de United Technologies (UTX), dedicada a la industria aeroespacial, con un 6.86% de las variaciones del indicador. En México, Telmex y América Móvil son las empresa más importante de la bolsa, papel similar de GM, pero en la economía de Estados Unidos.

El Dow no es una muestra que refleje el comportamiento del mercado, es un indicador que mide un solo segmento del mercado y la economía: el más importante. ¿Por qué el Dow es el índice bursátil más importante del mundo? Porque el sector industrial de Estados Unidos es el impulsor, el más dinámico, el más grande de los sectores del país que tiene la economía número uno del mundo. El mundo, por su parte, resiente, para bien o para mal, los cambios y la evolución de esa economía. El Dow Jones tiene pues un objetivo específico: medir el comportamiento del sector industrial.

---

47 En el trajín cotidiano de los mercados, al Dow Jones se ubica con sólo decir el apellido de su creador. Así tenemos que en un día cualquiera, alguien puede preguntar ¿cómo va el Dow?

48 Cotizaba antes como Minnesota, Mining and Manufacturing. De ahí su cambio a 3M ("3 emes")

49 Es el nombre con que se identifica a Philip Morris desde 2003.

50 Era la empresa que cotizaba antes como Allied Signal y que cambió su nombre luego de su fusión con Honeywell International, de la cual tomó el nombre.

¿Porqué no cambia la composición del DJI?

Un índice es reflejo del mercado y/o de la economía. Si la economía crece, el índice accionario crece. Si la economía es fuerte, el índice tendrá una estructura fuerte; si la economía está cimentada sobre bases endebles, el índice tendrá componentes débiles.

El índice Dow Jones (DJI) es el mejor ejemplo de un indicador del mercado que es a la vez el térmometro de la economía de un país. Como la economía es fuerte, la estructura del Dow Jones es sólida. En otros mercados, se estila sustituir o revisar con frecuencia las acciones que integran o componen los índices. Dow Jones and Co. no lo hace de ese modo. Rara vez cambia la composición del indicador. Hay acciones que han estado o estuvieron como parte del DJI décadas enteras o casi un siglo. Eso es reflejo de la fortaleza de la economía de Estados Unidos.

Nunca el DJI cambió tanto en tan poco tiempo como entre 1997 y 1999, cuando se modificó dos veces y tuvo en total ocho sustituciones. Desde 1930 no se le hacían tantas sustituciones. En la modificación de que fue objeto en octubre de ese 1999 fueron removidas del índice acciones míticas: Chevron, que había sido incluida por primera vez en 1924 y formaba parte de la muestra desde 1930; Goodyear, que integraba el índice desde 1930; Sears, que estaba incluida desde 1924, y Union Carbide, que permanecía desde 1928. Como reemplazantes entraron acciones de empresas que representan a la "Nueva Economía": Home Depot, Intel, Microsoft y SBC Communications. Cinco años más tarde, en 2004, el Dow sufrió otras tres modificaciones; esa vez quedaron fuera tres empresas que suenan a asombro y aun así salieron: AT&T, Eastman Kodak, e International Paper Corp. Estos gigantes corporativos fueron sustituidos en el promedio de Dow Jones por las acciones de tres empresas que para muchos tal vez suenen a desconcierto: American International Group, Pfizer y Verizon Comunications. Las sustituciones son el reflejo de los nuevos tiempos, de la renovación que sufre la economía mundial.

◈ Internet bursátil

Para saber más del Dow Jones, desde sus orígenes, sus momentos culminantes y la evolución de sus composiciones, abra **www.dowjones.com**/ haga clic en el segundo vínculo de la izquierda, justo donde dice "Dow Jones Industrial Average".

Varios indicadores para un solo mercado

Así es. Una bolsa puede contar con varios indicadores. La amplitud del mercado y la variedad de emisoras de tantos sectores han hecho que con el paso del tiempo hayan surgido otros indicadores que, hasta cierto modo, completan las necesidades del público o cubren las omisiones o carencias de los indicadores principales.

En Estados Unidos, aparte del Dow, los inversionistas pueden tomar como referencias amplias dos índices más, entre otros tantos que se difunden:

- *Standard and Poor´s 500.* Es el indicador más socorrido después del Dow. Es más, se considera que es el índice "rival" de aquél. Nació con el argumento de que el Dow no era suficientemente representativo. El S&P 500 comprende 400 empresas industriales, 20 de transporte, 40 de servicios y 40 financieras de la NYSE. Es el indicador preferido de los inversionistas institucionales y de los que tienen objetivos de largo plazo. El nombre deriva de sus creadores y dueños: la agencia Standard and Poor´s. Esta empresa es la más prolífica en índices. Administra varias decenas. No, no es broma. Entre muchos, resaltan S&P Global 1200, S&P Europe 350, S&P ADR, S&P Latin America 40. Dé un vistazo a su portal *www.standardandpoors.com/* y haga clic en el vínculo "Índices" del listado de la columna de la izquierda.

- *NYSE Composite Index*. Es el índice compuesto de la Bolsa de Nueva York. Este indicador, calculado por la bolsa, incluye todas las acciones inscritas. ¿Más amplitud? Imposible.

Las otras bolsas de Estados Unidos también tienen indicadores:

- *The AMEX Value Index*. Se conforma con los precios de las más de 1 000 acciones inscritas en la American Stock Exchange.

- *The NASDAQ 100 Index*. Es el indicador del Mercado de la "nueva economía", propiamente, del sector tecnológico. Se integra por 100 acciones entre las que sobresalen, por resultarnos conocidas, Adobe (ADBE), Microsoft (MSFT), Yahoo (YHOO), Sun Microsystems (SUNM), Nextel (NXTL). Este indicador cotiza incluso como si fuera un valor, para que el público pueda beneficiarse de sus vaivenes. Su clave es "QQQ".

- *The Nasdaq Composite Index*. El índice incorpora todas las acciones que se negocian en el NASDAQ. Incluye tanto los valores locales como los ADR's de empresas foráneas. Es el índice del que nos dan cuenta diaria los periódicos, la radio y la televisión.

Internet bursátil

Para ver la descripción y composición de los índices de NASDAQ abra
http://dynamic.nasdaq.com/aspx/majorindices.aspx
Véase la composición del NASDAQ 100 en **http://dynamic.nasdaq.com/dynamic/nasdaq100_activity.stm**

Índices FT-SE de la Bolsa de Londres

En 1995 la London Stock Exchange, LSE, la Bolsa de Londres y el diario económico financiero londinense *The Financial Times*, crearon una compañía conjunta denominada FT-SE International para administrar, desarrollar y ampliar la gama de indicadores de los mercados británicos. Dicha compañía se encarga de calcular los índices FT-SE, *Financial Times Stock Exchange* y además, de extender el uso de los índices y proporcionar a los participantes de todo el mundo una buena cantidad de servicios y soportes.

La Bolsa creó el índice Financial Times en 1984 con la injerencia del diario y la participación del instituto y la facultad de actuaría; desde entonces, se le han realizado ajustes y se ha desarrollado una variedad de indicadores más amplia para medir y reflejar los principales segmentos del capital y la industria británicos representados en la bolsa. En total, la serie de índices UK (United Kingdom) comprende ocho diferentes indicadores:

- *FT-SE 100*. Es el indicador británico y europeo por excelencia. Se forma con 100 acciones de las empresas británicas más grandes. El FT-SE 100, al que en todo el orbe se pronuncia como Footsie, es el índice básico del mercado, al que todos se refieren cuando dan cuenta de la jornada de la ISE.

- *FT-SE Mid 250*. Es un índice relativamente nuevo. Se creó en 1992 (aunque la base de cálculo es 1985) para medir el comportamiento de las empresas británicas medianas (las más grandes después de las 100 primeras).

- *FT-SE Small Cap*. Agrupa a unas 500 empresas pequeñas con un valor de mercado de entre 40 y 250 millones de libras cada una. A diferencia de los dos primeros que se calculan a lo largo de la sesión con cada cotización, este índice se obtiene en un solo momento del día, al final de la jornada.

Otros dos índices satisfacen las necesidades de inversionistas más exigentes: el ft-se 350 que, claro está, es una integración de los dos primeros (el FT-SE 100 y el FT-SE Mid 250) y el FT-SE Actuaries All-Share, el indicador favorito de los clientes institucionales que cubre los tres segmentos citados, las empresas grandes, las medianas y las pequeñas.

Los otros tres que completan la serie UK de ocho índices se establecieron apenas en 1995:

- *FT-SE Actuaries Fledgling*. Pondera las cotizaciones de las acciones que son demasiado pequeñas para estar en el FT-SE All-Share.

- *FT-SE Actuaries 350 Higher Yield*. Se conforma con las acciones de empresas que otorgan un dividendo anual promedio más elevado que las que forman el FT-SE 350.

- *FT-SE Actuaries Lower Yield*. Resulta la antítesis del anterior: se conforma con las acciones de las empresas que otorgan dividendos más abajo del promedio de las que forman el FT-SE 350.

La composición de todos estos índices se revisa cada trimestre, durante marzo, junio, septiembre y diciembre. Sólo los índices Small Cap y FT-SE All-Share se revisan una vez al año, en diciembre.

La familia de índices FT-SE tiene un miembro singular: el índice Latibex, con el que el público europeo sigue la evolución de la economía de América Latina. Este indicador (que nos debe interesar a los que vivimos en el centro, en el sur de América o en el Caribe) está compuesto por acciones de algunas de las empresas más relevantes de nuestra región, está denominado en Euros y cotiza en la Bolsa de Madrid.

El Latibex comenzó a computarse el 12 de diciembre de 1999. En ese entonces se conformaba por seis acciones. Con el tiempo y debido a su éxito, se han agregado nuevos valores. el índice se divide en dos, Latibex *All Share* o íntegro y Latibex *Top* que es la selección de las 15 acciones más negociadas. El cuadro 3.11 muestra cómo estaba compuesto el Latibex *All Share* en septiembre de 2004.[51]

Latibex *All Share*
Latibex Top

Empresa	País de origen
ALFA, S.A. DE C.V.	MÉXICO
AMERICA MOVIL, S.A. DE C.V.	MÉXICO
ARACRUZ CELULOSE, S.A.	BRASIL
BANCO BRADESCO S.A.	BRASIL
BANCO DE CHILE	CHILE
BANCO RIO DE LA PLATA, S.A.	ARGENTINA
BBVA BANCO FRANCES, S.A.	ARGENTINA
BRADESPAR, S.A.	BRASIL
BRASKEM, S.A.	BRASIL
CENTRAIS ELE. BRASILEIRA, S.A. ELETROBRAS	BRASIL
COM.ENERGETICA DE MINAS GERAIS-CEMIG	BRASIL
COMPANHIA PARANAENSE DE ENERGIA-COPEL B	BRASIL
COMPANHIA VALE DO RIO DOCE	BRASIL
CORPORACION UBC INTERNACIONAL, S.A.	PANAMA
DISTRIBUCION Y SERVICIO D & S, S.A.	CHILE

Cuadro 3.11
Composición del índice Latibex *All Share*

Continúa

---

51 La naturaleza económica de la región, cambiante y supeditada a eventos circunstanciales, provoca que la muestra del Latibex no sea todavía la definitiva. Seguramente seguirá sufriendo modificaciones o adiciones.

Empresa	País de origen	Cuadro 3.11
EMPRESA NACIONAL DE ELECTRICIDAD (CHILE)	CHILE	*Continuación*
ENERSIS, S.A.	CHILE	
GERDAU, S.A.	BRASIL	
GRUPO FINANCIERO BBVA BANCOMER, S.A. DE C.V.	MÉXICO	
GRUPO MODELO, S.A. DE C.V.	MÉXICO	
NET SERVICOS DE COMUNICACAO, S.A.	BRASIL	
PETROLEO BRASILEIRO, S.A. (PETROBRAS)	BRASIL	
SANTANDER BANCORP	PUERTO RICO	
SUZANO BAHIA SUL PAPEL E CELULOSE, S.A.	BRASIL	
SUZANO PETROQUIMICA, S.A.	BRASIL	
TELEFONOS DE MEXICO, S.A DE C.V.	MÉXICO	
VOLCAN, COMPAÑIA MINERA, S.A.A.	PERU	

El Latibex toma el pulso a la región. Con su evolución, los inversionistas pueden percatarse cómo se comporta o cuáles son las perspectivas de un área geográfica más prometedora.

El mundo se pulsa con la evolución de los índices

Al conocer la evolución de los índices se pulsan las condiciones de los mercados y se está al tanto del ritmo económico del mundo. En el mundo, hay índices importantes para propios y extraños.

En los mercados desarrollados destacan los siguientes:

- En Japón, en la bolsa de Tokio, el principal indicador es el NIKKEI. ¿Quién no ha oído de él? El Nikkei del que se oye y se lee está compuesto por las 225 acciones más importantes de la bolsa. El índice nipón toma su nombre del diario financiero *Nihon Keizai Shimbun-Sha*, que lo calcula desde 1969. No es el único indicador allá. Hay otros Nikkei: el Nikkei 500 y el Nikkei 750.

NIKKEI–225

- En Alemania destaca el Índice Dax-30 (Deutsche Aktien Index) de la bolsa de Frankfurt.

DAX–30

- La Bolsa de Madrid tiene un indicador básico, el Índice General (IGBM), que ha sido dejado de lado en vista de que el público y los demás participantes prefieren seguir el IBEX-35 (Índice Interconexión Bursátil Español), un indicador que aglutina los 35 valores más importantes de las cuatro bolsas de valores interconectadas de España (Bolsa de Madrid, Bolsa de Barcelona, Bolsa de Bilbao y Bolsa de Valencia, las cuatro agrupadas en la Sociedad de Bolsas, S.A.) Las bolsas están conectadas por el Sistema de Interconexión Bursátil. La sociedad de Bolsas administra otros cuatro índices: IBEX Financiero, IBEX *Utilities*, IBEX Industria y Varios, IBEX Nuevo Mercado e IBEX Complementario.

IBEX–35

- En Francia, en la bolsa de París, el Índice CAC-40 (Compagnie des Agents de Change) de la Societé des Bourses Francaises.

CAC–40

- El mercado Pan-Europeo, Euronext, cuenta con varios indicadores para calibrar la situación económica de Europa (*how is Europe doing?*) El índice de más peso es Euronext 100.

- En la bolsa de Hong Kong el famosísimo Índice Hang-Seng.

Hang–Seng

En los países emergentes resaltan los siguientes indicadores:

■ Straits-Times, de la bolsa de Singapur.

■ Bovespa, de la bolsa de São Paulo en Brasil.

■ Kospi, de la bolsa de Corea de Sur.

■ Índice MerVal, de la Bolsa de Buenos Aires.

Lo habrá notado: el Straits-Times, igual que otros, adopta el nombre de otro diario financiero. Alrededor del mundo hay muchos casos similares.

¿Qué debe reflejar un índice accionario?

Un índice, por sí solo, no alcanza a reflejar todo lo que los inversionistas desean o necesitan, bien porque su atención está enfocada en un sector específico distinto al industrial o porque les interesa el mercado en su conjunto visto sobre una base amplia, con todos los sectores representados en un indicador. ¿Por qué un índice se estructura con 30 acciones, otro con 35, 100 e incluso más de 200? Todo está en lo que los creadores de un índice consideren la medida justa de lo que quieren reflejar.

A juicio de muchos, las 30 acciones del Dow no son suficientes para mostrar la realidad del mercado y la economía y prefieren guiarse por otros indicadores como el Standard and Poor's 500 o el NYSE Composite Index. ¿Cuán diferente es lo que muestra un índice respecto de lo que presenta otro? Consulte la gráfica de la figura 3.2, que va de 2000 a 2004 y deduzca si el comportamiento del Dow Jones y el Standard and Poor's 500 son similares y establezca con cuál se quedaría para observar el comportamiento fiel del mercado.

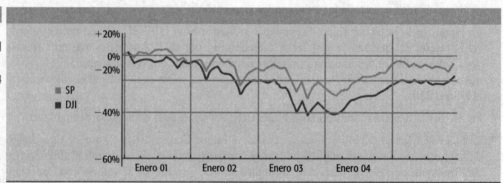

Figura 3.2
Dow Jones
contra Standard
and Poor's 500
de 2000 a 2004

A fin de cuentas todo está en función de lo que se busque o se quiera revelar: muestra, termómetro, un sector particular, etc. El público debe guiarse por el índice que considere más efectivo, más ajustado a sus intereses o, simplemente, por su preferido.

El IPC, que intenta ser una muestra, se conforma con la base de la bursatilidad y la importancia de una emisora en la bolsa, sin que esa importancia signifique que la emisora tenga mayor peso en la economía o que su comportamiento influya más que otras entidades que no cotizan en la bolsa. El IPC puede ser una muestra del mercado, mas no necesariamente de la economía del país. Muchas empresas grandes en México (Petróleos Mexicanos, Compañía de Luz y Fuerza, etc.) no están inscritas en la bolsa, mientras que otras son muy bursátiles por sus expectativas de crecimiento y su alto potencial de utilidades, no tanto por su magnitud.

Un índice eficiente más que revelarnos que el mercado subió, bajó o permaneció dentro de una banda debe ser un calibrador de la economía. Además, debe servir como parámetro que refleje la salud de un mercado y que ayude a los inversionistas a medir la rentabilidad de sus portafolios. Para ello, el mercado, la bolsa, debe ser grande, desarrollado, con un alto grado de liquidez y muchas emisoras, pero, sobre todo, contar con las empresas más importantes de la economía.

Es normal que un índice no alcance a mostrar todo lo que pasa en el mercado ni en todos los aspectos, renglones o sectores. Por eso en las bolsas más importantes del mundo se cuenta con diferentes indicadores que, en conjunto, reflejan una variedad de acontecimientos económicos y satisfacen los diversos propósitos del público.

3.12 "¿Quiere vivir bien? Compre acciones"

El primer objetivo de quienes constituyen una empresa es recuperar su inversión; después, disfrutar de las ganancias. Uno y otro objetivo se consiguen con el tiempo. Pero los que invierten saben que esos propósitos no son su destino seguro. Una empresa siempre enfrenta dificultades y adversidades. Los dueños asumen los riesgos de que el negocio vaya mal y hasta de que fracase. Quienes compran acciones en el mercado de valores, al fin y al cabo socios o dueños, tienen la misma perspectiva.

La historia del mercado es abundante en casos de personas que se han hecho ricas negociando acciones. Pero las historias siempre tienen dos facetas; por eso, también es inacabable la lista de personas y personalidades que han perdido fortunas y hasta la vida por los movimientos adversos del mercado. De unos y otros, de los ganadores y de los perdedores, se pueden extraer lecciones ejemplares. Lo importante primero es definirse y ubicarse en alguno de los dos territorios del inversionista: como especulador o socio paciente. Se descarta, desde luego, la postura que asume una mesa de *trading* de un intermediario o la de un inversionista institucional (un fondo de inversión). Ellos saben perfectamente cuál es su juego.

Jugar y especular en la bolsa

Jugar es recreación, satisfacción, diversión. El juego competitivo es motivador, pasional, alegórico. Jugar a la bolsa es, para muchos, la irresistible aventura de medir la audacia, la apuesta tentadora donde, más que el azar, son los escenarios los que se anticipan, se forman, se prevén o se intuyen. La bolsa ha sido desde hace siglos uno de los juegos predilectos, de los más rentables. Se juega moldeando las fichas, armando las piezas según los movimientos del adversario. El rival, por supuesto, no es alguien específico: es el todo inanimado.

Los que participan en el juego de la bolsa tienen varias características insustituibles: dinero, tiempo, conocimientos profundos del mercado y disposición de perder. La razón de ser de los especuladores es el deseo de ganar mucho y rápido, aprovechando las oportunidades que ofrecen los mercados. Esa motivación no es gratuita: la búsqueda de oportunidades sugiere la toma de riesgos que muchas veces se materializan y se convierten en pérdidas incalculables. En su mayoría, los apostadores están convencidos de que rarísima vez se presentan oportunidades de ganancias fáciles sin grandes riesgos potenciales. Pero el especulador, el participante asiduo de los mercados, tiene a menudo una razón poderosa para actuar: la excitación que le proporciona el juego (recuerde la película Riqueza ajena, *Others people money*); el saberse involucrado en los vaivenes y salir airoso (piense en Gordon Gecco, el nombre con que fue rebautizado un famo-sísimo especulador de la vida real en la película *Wall Street*). Para otros, la especulación finan-ciera es el medio idóneo de estar envuelto en los enredos políticos, económicos, empresariales o sociales de un país o del mundo y aprovechar los aciertos y los errores que se presenten.

El mito de los especuladores

Con frecuencia el público asocia y compara la especulación accionaria con los juegos de casino. Apostar es procurar una ganancia que depende casi siempre de la buena fortuna o del azar. Especular en la bolsa es conocer el mercado, filtrarse hasta las entrañas de la empresa, escul-car a más no poder la información económica, anticipar los movimientos de los gobiernos, in-terpretar las señales de los precios, reflexionar y establecer conjeturas. La diferencia básica entre apostar y especular estriba en la naturaleza del riesgo y el beneficio económico y social que una y otra actividad representan. Veamos.

La recompensa por esperar

¿Tiene usted (inversionista potencial) los atributos para ser especulador: mucho dinero, tiempo, información y conocimientos profundos? ¿No? Entonces, debe reenfocar su visión del mercado. Piense como inversionista de largo plazo, como dueño de la empresa, como el que no va a bus-car hacerse rico en un par de pasadas. La bolsa no es una caja mágica de ganancias rápidas y fa-bulosas. No. Para la mayoría del público, el enfoque accionario debe ser igual al que tiene un empresario: dar tiempo al tiempo. Tiempo a que madure el negocio y tiempo para que produz-ca utilidades.

Ser paciente es una virtud que el tiempo recompensa. Si se sabe esperar en el mercado, las re-compensas pueden ser mayúsculas. ¿Cómo hacer para procurar que lo sean? Siguiendo algunas recomendaciones simples que, justamente en eso, en su sencillez, radica su principal cualidad:

- ¿Está consciente de lo que significa el mercado accionario? Adelante ¿No está seguro de sa-ber o querer? Oriéntese al mercado de dinero. Consulte el capítulo 4.

- Los que saben dicen: hay que destinar al mercado accionario sólo los excedentes y no arriesgar el patrimonio ni comprar acciones con dinero que se tenga destinado a propósi-tos vitales.

- ¿Son pocos los recursos o es la primera vez? Los conocedores lo conducirán a los fondos, las sociedades de inversión (de aquí habría que irse directo al capítulo 6). Al participar en fon-dos, de todos modos puede estar en el mercado accionario. Para aprender enormidades del mercado, no hay nada como los fondos.

- Reconozca las alternativas que hay en el mercado. No hay que comprar acciones por el sim-ple hecho de estar adentro. Hay empresas buenas y malas. La selección es vital.

- Defina los cuatro parámetros básicos: monto, plazo, riesgo, rendimiento. ¿Con cuánto va a entrar al mercado? ¿Cuánto tiempo piensa estar dentro? ¿Qué rendimiento cree lograr? ¿Qué grado de riesgo está asumiendo?

- Los cánones recomiendan diversificar. La frase que dice "no hay que poner todos los huevos en una sola canasta" tiene una poderosa razón de ser.

- Ante todo, los expertos establecen que hay que tener propósitos de largo plazo. Está probado que el mercado es benévolo en esta trayectoria.

- Si ya ha obtenido los beneficios proyectados, es tiempo de salirse. No hay que ser voraz.

- No se desespere. El mercado tiene ciclos negativos, rachas malas y terribles. Ante todo, se deben atender los fundamentos que lo motivaron a entrar. Hay que pensar que si va uno perdiendo, en el próximo ciclo tal vez podrá recuperarse. Los mercados retoman siempre su perspectiva de alza en el mediano o largo plazo.

- Por otro lado, es preciso detectar las ocasiones en que es mejor tomar pérdidas antes de esperar resultados funestos (como cuando una empresa va a quebrar, por ejemplo).

- No hay que hacerle al especulador. Es mejor ser cauteloso.

- La información es crucial. Como socio o dueño, debe saber lo que pasa con su empresa y lo que ocurre en su entorno. Pida información al asesor financiero o al menos asómese a la prensa especializada. Manténgase informado.

- Conozca más. Ya con una o más acciones, se irá familiarizando con el lenguaje y el significado de las diversas caras del mercado (capítulo 7).

- Nunca suponga que lo sabe todo. A veces, ganar depende más de factores externos que de la capacidad o habilidad del cliente. Cuando uno gana, hay que tomarlo con calma, hay que ser modesto. Es por nuestro bien.

"Viva bien, compre acciones"

La frase de que si uno quiere vivir bien debe comprar acciones es universal y es relativa. Supone que el público puede aspirar a ganancias elevadas. Supone que, pese al riesgo, el participante puede salir airoso. La trayectoria histórica de los precios de la bolsa ha demostrado por décadas que quienes entran al mercado accionario han ganado mucho más que los que han preferido bonos y títulos del mercado de dinero y ya no digamos a los que se han aferrado a las vetustas cuentas de ahorro bancarias.

Es cierto; como accionista de una empresa se puede ver que los recursos crecen. Pero, cuidado: los empresarios no viven de comprar y vender empresas, sino de lo que éstas producen en el tiempo; por lo tanto, hay que conservar las acciones un plazo considerable.

Por lo demás, cuando alguien está dentro del mercado ya no puede dormir tranquilo. Eso es seguro.

Resumen

Las acciones son las rebanadas de un pastel corporativo. El pastel corporativo es el capital social de una empresa. El capital indica el valor de las aportaciones de los dueños a la empresa.

Cuando una persona adquiere acciones, se convierte en socio o dueño de una parte de una empresa. Ser socio de una empresa significa participar en sus proyectos y en sus utilidades, así como compartir sus riesgos y pérdidas.

Las empresas colocan acciones en el mercado de valores para financiar sus proyectos de expansión y crecimiento. Cuando una empresa se inscribe en la bolsa adquiere carácter público, se somete al escrutinio de inversionistas, intermediarios, autoridades y demás actores del mercado y la sociedad.

Una empresa puede vender parte de su capital en una bolsa o en varias a la vez. La venta de acciones que se emiten para aumentar el capital social y financiarse se denomina mercado primario. Las negociaciones posteriores entre los diversos inversionistas, se conocen como mercado secundario.

Casi todas las bolsas cuentan con dos secciones, una para empresas grandes y otra para empresas medianas. Incluso hay bolsas creadas para empresas en crecimiento, como NASDAQ o el mecanismo Over The Counter, OTC.

En México, aunque ha habido una sección para entidades de mediana capitalización, las empresas pueden inscribir sus acciones básicamente en la sección principal. En Estados Unidos, las posibilidades de financiarse por medio de acciones es variada: NYSE para las empresas grandes; AMEX para grandes y medianas; NASDAQ para empresas medianas y pequeñas con potencial de crecimiento...

Con objeto de permitir el acceso a las empresas de países emergentes, se crearon figuras especiales como los ADR´s, ADS´s, GDR´s y IDS´s, básicamente.

Para realizar colocaciones exitosas, las empresas utilizan los servicios de intermediarios reconocidos. Un intermediario puede actuar solo o formar un sindicato si el importe de la colocación es alto.

El proceso de compraventa de acciones en el mercado secundario está sujeto a reglas rigurosas dictadas por las autoridades, la bolsa y los miembros, de manera que cuando un cliente gira instrucciones al intermediario, tiene que conducirse de acuerdo con formatos preestablecidos.

Las órdenes que el público gira a su intermediario se envían durante el día, periódicamente, a la bolsa, al piso o mecanismo de remate; es decir, a los lugares o medios donde se concentran, en forma física o virtual, los operadores representantes de las casas de bolsa y los especialistas para negociar y ejecutarlas.

El proceso de remate basado en gritos fue la única forma de negociación durante mucho tiempo. Hoy en día, en casi todas las bolsas las negociaciones son electrónicas, automatizadas.

La actividad de los mercados bursátiles se refleja en los índices accionarios. Cada indicador tiene un propósito distinto. Cada uno, sin embargo, refleja no sólo el momento que vive la bolsa sino la situación que prevalece en la economía del país.

El mercado de capitales influye en el desarrollo del país: la expansión de una empresa representa la contratación de más trabajadores, el dinamismo de otras entidades y sectores y la expansión del PIB.

Conocer y seguir el comportamiento del índice bursátil no es nada más involucrarse en el mercado de valores. Significa estar al tanto de las variaciones de la economía, de los sucesos que la afectan y de las circunstancias que la pueden afectar.

Práctica

1. Repase las planas de la sección de mercado de valores o bolsa de los diarios especializados en economía, finanzas o negocios. Identifique las columnas donde se estipula la clave de la acción y las series. Cite las claves de las series más frecuentes. Pregunte en casas de bolsa (corredores) o consulte las páginas de Internet de las emisoras y exponga qué significa cada una de esas series.

2. Si navega en la página de Internet de la Comisión Nacional de Valores, podrá encontrar disposiciones o datos respecto de la figura de uno de los intermediarios más interesantes: el especialista.

   a. ¿Opera en el país algún especialista?

           Sí   No

   b. ¿Qué exponen las disposiciones y qué ocurre en la práctica?

   c. ¿Qué le falta, en su caso, a la figura?

3. Busque en las páginas de la Internet la bolsa del país correspondiente y conteste los puntos que siguen.

   a. Anote a la derecha el nombre de los índices de las siguientes bolsas:

       Milán

       Santiago

       Shangai

       Toronto

   b. ¿Cuántas y cuáles acciones integran cada uno de esos índices?

   c. ¿Qué criterios se toman en cuenta para seleccionar las acciones?

   d. Liste los nombres de las empresas que forman parte del Índice Latibex Top, de la Bolsa de Madrid. Considere la actualización más reciente.

4. AMEX, cada bolsa o comisión de valores estipula los requisitos que deben cumplir las empresas para listar acciones. Busque y sopese los requisitos de cada bolsa.

   a. Haga una tabla donde se aprecien los requisitos principales, financieros y no financieros, de las cinco bolsas más importantes del mundo y la bolsa local.

   b. Por separado, resalte las principales diferencias y las mayores similitudes y describa sus conclusiones.

5. Nombre dos empresas mexicanas y dos empresas brasileñas que tengan ADR´s inscritos en la NYSE. Que esas empresas no sean las que ya se han nombrado en este capítulo.

6. Responda lo siguiente:

   a. ¿En qué casos utilizaría como cliente una orden al *mercado* y una *limitada*?

   b. ¿En qué circunstancias optaría por una orden *buena hasta cancelarse*?

   c. Liste los tipos de órdenes que pueden girarse en el mercado nacional.

7. Las empresas inscritas en la bolsa suelen otorgar derechos a sus socios por lo menos una vez al año.

   a. Mencione dos empresas que hayan otorgado derechos corporativos en lo que va del año. Anote la fecha del derecho.

   b. Describa en qué consistió el derecho (dividendo, suscripción, etc.), su importe o precio, en su caso la proporción del *split*, etcétera.

8. Los gastos por comprar y vender acciones tienden a ser menores para el público.

   a. ¿Qué porcentaje de comisión cobran los intermediarios nacionales a un inversionista promedio que opera por los medios tradicionales?

   b. ¿Cuánto pagan los que negocian por Internet?

   c. ¿La ganancia por compraventa de acciones que obtengan las personas físicas está sujeta a pago de impuestos? ¿Cómo se paga (acumulado a los demás ingresos o por medio de retención) tal impuesto?

9. Cada bolsa utiliza una tabla de lotes y pujas diferente.

   a. Presente la tabla de lotes y pujas que se usa en la bolsa nacional.

   b. Señale cuánto tiempo tiene de vigencia. Investigue si hay planes para modificarla.

10. Al consultar la página de Internet respectiva o solicitar informes y folletos en la bolsa, se puede saber cómo se lleva a cabo el remate de acciones en el mercado. Realice una presentación acerca de cómo se ejecuta el remate de acciones en la bolsa nacional más importante. La presentación debe contener:

   a. Flujo de órdenes público-intermediario. ¿Cómo se dan de alta las instrucciones de compra y venta?

   b. Agrupamiento y control de órdenes por el intermediario.

   c. Panorámica y descripción esquemática del salón de remate o sistema automatizado.

   d. Descripción del funcionamiento de un puesto de negociación (*trading post* o "corro").

   e. Forma en que se realizan las operaciones en el salón de remate (*trading room*) o sistema automatizado.

   f. Funciones de los operadores autorizados (*floor traders*) y demás personal que interviene en el proceso operativo.

   g. Exhibición de fichas o formatos que utilizan los operadores o la presentación de las pantallas del sistema automatizado en que se desarrolla la actividad.

   h. Función de los supervisores o jueces de la bolsa.

   i. Monitores.

   j. Envío de la información al intermediario.

   k. Confirmación al público.

   l. Exponga cómo se explota la Internet (uso, alcance, limitantes) en todo el proceso.

4 Mercado de dinero: sentar las bases del desarrollo

Muchas empresas y gobiernos de la región estuvieron al borde de la insolvencia en el primer lustro del siglo. Todas requerían más préstamos para operar, desarrollarse y reestructurar sus deudas. El dilema era, por supuesto, cómo conseguir dinero ¿cómo lo lograron?

Todas esas entidades pudieron refinanciarse y reconvertir sus pasivos gracias a la creación de nuevos instrumentos de deuda. Las empresas y los gobiernos tuvieron que crear mecanismos nuevos y flexibles que permitieran, por ejemplo, a los inversionistas británicos, obtener un rendimiento en dólares, a los estadounidenses, la posibilidad de canjear sus bonos por títulos de capital o por nuevos bonos de diferente base de tasa de interés o a cualquier tenedor u acreedor a recibir el derecho de venderle los títulos a la empresa o gobierno según su conveniencia o la evolución de las finanzas del emisor o la situación económica general. Esos mecanismos o instrumentos de financiamiento pueden renovarse o sustituirse porque son creados en el mercado de dinero, según las necesidades de los emisores, las condiciones de la economía y los requerimientos de los inversionistas.

Para los que invierten, el mercado de dinero brinda modalidades para evitar que su dinero se evapore, para que crezca o se proteja del alza del tipo de cambio, para que gane más a mediano plazo o simplemente, para que permanezca líquido, como M1, y gane, al mismo tiempo, rendimientos superiores a la inflación.

El mercado de dinero es pues el ámbito que permite a los demandantes de dinero configurar mecanismos de financiamiento a la medida de sus necesidades y al público hacer mezclas de instrumentos de tasas de interés para obtener rendimientos acorde a sus objetivos.

4.1 Financiamiento del futuro

Tal como lo entendemos y reconocemos, el dinero es una forma de capital y de riqueza. En el mercado de valores, no obstante, el concepto de dinero toma otras connotaciones y amplía sus márgenes, sin desligarse de las atribuciones que se le reconocen y que se revisaron en el primer capítulo. El dinero, en la bolsa, se representa con los valores que respaldan los préstamos de los particulares a las entidades que lo requieren. Gracias a esos valores, las instituciones obtienen liquidez para emprender proyectos mientras que los ahorradores ganan intereses competitivos sin correr grandes riesgos.

Se denomina *mercado de dinero* porque concentra y permite negociar títulos que representan otras formas que tiene el dinero, aparte de las monedas, los billetes y los depósitos a la vista, que constituyen el M1. Esas otras formas, que se incluyen como componentes de la oferta monetaria, el M2, el M3 y en algunos casos el M4, según su naturaleza y su plazo, reciben el sobrenombre de *cuasidineros* y documentan deudas a cargo de empresas o gobiernos.

Los títulos que hacen las veces de dinero en el mercado tienen como característica funcional que son líquidos; esto es, se pueden convertir en efectivo con facilidad. Por eso, se dice que son casi lo mismo que dinero en efectivo.

El mercado de dinero (*money market*) es eso: un mecanismo con el que el dinero adquiere otras dimensiones y representaciones. Este mercado es la imagen más fiel del capitalismo contemporáneo, donde el dinero se negocia como mercancía, como la más importante, claro está, de la economía global.

El mercado de dinero concentra y mueve la oferta monetaria. Ésta representa el ahorro interno del país. ¿Para qué sirve el ahorro interno? Integrado en su mayor parte por los cuasidineros, el ahorro interno propicia el desarrollo nacional: mientras mayor sea la masa de ahorro, más recursos hay, y a costos más bajos, es posible destinar a las empresas más recursos para que produzcan, se amplíen, se desarrollen, contraten más personal y expandan, con ello, el tamaño de la economía. En pocas palabras, gracias al mercado de dinero se construye la economía del futuro.

El mercado de dinero es el receptor del ahorro interno y el impulsor del desarrollo de la economía. Ahí se congregan todos los recursos de que dispone el sistema financiero y de ahí lo toman las instituciones a fin de canalizarlo a las entidades que lo necesitan para producir, controlar las variables, mejorar la planta, hacer reestructuraciones corporativas, expandirse, etc. De ahí surgen también los recursos para inyectar fuerza al resto de los mercados (capitales, cambiario, productos derivados) y mecanismos (factoraje, arrendamiento) típicos del sistema financiero.

El mercado de dinero impulsa el círculo económico

Cuando las empresas reciben financiamiento, se activan, producen y activan otras empresas a las que les demandan bienes y servicios, además de que impulsan el empleo porque contratan personal. Los recursos del financiamiento no permanecen en la empresa que los recibe. Al aplicarlos a su proyecto, los traslada a las demás empresas, a sus trabajadores, ellos a otras empresas y éstas a otros trabajadores. Con ello se fortalece y crece la gran cadena circular de la economía: los proveedores, que reciben el dinero que les entrega la empresa financiada, pueden hacer negocios con otras entidades, mientras que los trabajadores, a quienes se les paga por su fuerza laboral, están en posibilidad de adquirir bienes y servicios de otras empresas. Los proveedores y las demás entidades que participan en la cadena productiva que se ha activado, expanden sus actividades.

Ilustrémoslo con un ejemplo: si una constructora acude al mercado de dinero a captar recursos para su capital de trabajo y poder comenzar un proyecto, va a tener que adquirir cemento, coladoras, varillas, tabiques, etc., y contratar obreros. De modo que va a transferir dinero a la distribuidora de cemento, al proveedor de maquinaria, a la fábrica de tabiques, al vendedor de varillas, entre otros, y a los obreros, a quienes va a pagar salarios. Los distribuidores, las fábricas y los mismos obreros, por ese hecho, cuentan con recursos para demandar más productos y servicios a otro tipo de entidades (comerciales, industriales, de servicios) que, al recibir la demanda, producen y venden más. Si las transferencias de recursos se mantienen desde el inicio de la cadena y si se agregan más cadenas por el incremento del ahorro interno y por la eficiencia con que el mercado lo transfiere a buen número de empresas, todas las entidades involucradas van a reflejar el impacto en sus ventas y resultados, con lo que podrán proceder a planear su expansión, a contratar más personal y contribuir a ampliar el gran círculo económico. Si se acrecienta el tamaño de la economía (cuyo tamaño puede medirse vía el Producto Interno Bruto), se benefician todos los actores de la sociedad: las empresas, el gobierno, el personal...

Construcción del mañana

En todo el mundo, el grueso de los ahorros del público y, por ende, del ahorro interno, se concentra en títulos de deuda colocados en el mercado de dinero. En este mercado se mueve entre 70 y 80% de los recursos totales de las bolsas tradicionales. El restante se destina al mercado de capitales. Para las empresas, financiarse a través de la emisión de bonos representa la forma más rápida, menos costosa, más recurrente y ventajosa, mientras que para los gobiernos constituye la segunda fuente de financiamiento más importante, después de los impuestos. De hecho, los gobiernos se financian vía deuda en tanto llega el tiempo en que reciben las contribuciones.

El mercado de dinero financia el futuro. En el financiamiento de hoy reside la economía del mañana. El mercado de dinero es tan vital que a él acude también la banca a hacerse de recursos para colocarlos entre las empresas. Por el mercado de dinero pasa casi todo el circulante de un país. Si el sistema financiero logra movilizar ese circulante en forma de créditos masivos, abarcando los tres enfoques, de corto plazo, para la producción, de mediano plazo, para mejoras, y de largo plazo para la expansión, el futuro de un país tendrá cimientos sólidos.

4.2 Títulos (y mitos) del mercado de dinero

Clasificación tradicional y errónea de los valores

Seguro escuchó o leyó que el mercado de dinero es de alternativas de renta fija, corto plazo y nulo riesgo ¿verdad? Nada de eso es cierto.

El criterio tradicional que se usaba para separar los títulos del mercado de valores estipulaba que los de corto plazo debían clasificarse en el mercado de dinero y los de largo plazo en el mercado de capitales. Según ese criterio, el mercado de dinero tenía tres características básicas: corto plazo, renta fija y nulo riesgo. Este criterio es erróneo y absurdo. Ni los valores se deben clasificar según el plazo, ni los papeles del mercado de dinero contienen siempre la misma tasa de interés y, créalo, los títulos de deuda sí entrañan cierto grado de riesgo.

En el mercado de capitales, como se describió, predominan las acciones y los títulos que surgen o se crean a su amparo. Éstos, aunque no contemplan una fecha de vencimiento, no puede considerarse que sean de largo plazo. Incluso en ese mercado abundan valores de corto plazo, como los certificados provisionales o los ADR´s no patrocinados que usualmente se cancelan rápido.

En el mercado de dinero (que bien podría denominarse mercado de deuda), los plazos son relativos. Los límites que hay entre el corto y el mediano plazos, entre éste y el largo plazo se ensanchan o reducen según las condiciones económicas: en un ciclo o país de elevada inflación, el corto plazo sería apenas una semana o un mes; el mediano plazo, en un entorno de crisis, llegaría a ser de tres a seis meses, y el largo plazo podría ser hasta de un año. Así ha sido muchas veces en México, Brasil, Ecuador o Argentina. Claro que, cuando las condiciones lo permiten, se habla de que el corto plazo abarca hasta un año, el mediano hasta dos o tres años y el largo llega a considerarse a partir de los cuatro o cinco años. En las economías maduras, donde la inflación es de un dígito, el corto plazo se extiende hasta tres años o cuatro años, el mediano se amplía hasta cinco u ocho y el largo plazo, aunque parezca inverosímil, hasta treinta años.

De deuda y de capital, clasificación lógica

Si en el mercado de capitales hay valores que pueden ser de corto plazo y en el de dinero hay papeles de larguísimo plazo, la clasificación de los valores debe hacerse sobre otros fundamentos en que el plazo no tiene un papel decisivo.

La división más certera es la más obvia: en un bloque, en el mercado de dinero, están todos los valores de deuda, sin importar sus plazos, y en el de capitales, todos los que constituyen parte del capital social de las empresas. Así de fácil.

Renta fija y otros mitos del mercado de deuda

Antes se decía que el rendimiento de los títulos del mercado de dinero era fijo por la creencia de que la tasa es constante durante toda la vida del papel. Era muy familiar la acepción renta fija. Hoy en día ese término ha sido rebasado en México y buena parte del mundo por la forma de negociar los valores y la manera de establecer los rendimientos por parte de los emisores. Ya no se habla de títulos de renta fija, sino de títulos de deuda. Es común que las tasas de los papeles se revisen periódicamente dentro del plazo de vigencia; por ejemplo, un bono a dos años puede pagar durante el primer trimestre una tasa de 8%, pero en el segundo, dependiendo de las circunstancias que arrojan tanta volatilidad sobre nuestro entorno, tal vez pague 9% o quizás 7.5% y así sucesivamente.

En los mercados desarrollados, por la naturaleza y solidez de sus economías, que permiten inflaciones y tasas bajas, aunque hay papeles de muy largo plazo, es muy difícil ver variaciones en los rendimientos y, aunque ya es posible hallar valores de tasa flotante, a los títulos se les sigue denominando y entendiendo como antes, *fixed income securities:* valores de rendimiento fijo.

Así que se deben identificar y desechar tres mitos respecto del mercado de dinero, según las siguientes reflexiones y realidades:

- Los títulos no son necesariamente de corto plazo. Hay también (y es deseable que haya muchos) valores de mediano y largo plazos (anote desde ahora a los *T-Bonds*, de Estados Unidos que se emiten a 10, 20 y hasta 30 años).

- No se aplica ya el concepto de renta fija, por lo menos en países con condiciones económicas frágiles.

- No son inversiones seguras o carentes de riesgo. Los que invierten en títulos de deuda pueden perder, poco, mucho o todo (contemple desde ahora que se puede perder dinero en un santiamén, de la noche a la mañana, cuando el emisor se declara en suspensión de pagos).

A lo largo de este capítulo, al tratar la parte teórica y presentar los ejemplos prácticos, se profundizará en las explicaciones sobre estos tres grandes mitos.

Características del mercado de dinero

Si en esencia el mercado de dinero es un mercado de componentes de la oferta monetaria, podemos establecer que ésta es resultado de la multiplicación que sufre el dinero por las instituciones financieras cada vez que otorgan o consiguen préstamos. Recordemos que el efecto multiplicador que se produce cuando se conceden préstamos se efectúa con el dinero que depositan los ahorradores. Luego entonces, el objeto del mercado es multiplicar el dinero y, como esa multiplicación se consigue a través de los préstamos (deudas) son éstos el rasgo fundamental del mercado de dinero. De este rasgo brotan otras características muy particulares y muy claras del mercado de dinero:

- Se integra por títulos que representan deudas. Una emisión de pagarés, por ejemplo, es un pasivo a cargo de una empresa cuyo acreedor es el gran público inversionista.

- Los títulos tienen fecha de vencimiento. Los valores de deuda tienen una vida limitada. El dinero objeto de la deuda se debe devolver al público en una fecha estipulada. En México abundan las emisiones de corto plazo.[1] Los instrumentos del mercado local oscilan entre los 28 días y los cinco años de vigencia, con una fuerte concentración en papeles con vencimientos menores a un año: el papel más negociado es, por mucho, el Certificado de la Tesorería de la Federación (el CETE) a 28 días. En Estados Unidos y Europa, los valores de plazos más cortos son de 13 y 26 semanas; los de plazos más largos son de 20 y 30 años. En el exterior,

---

1 Los significados de corto, mediano o largo plazo, como se explicó, no tienen una dimensión rígida en el tiempo.

el mercado se recarga en los papeles con plazos mayores de cinco años: ocho, 10 y 15. Uno de los favoritos es el Bono del Tesoro (*Treasury Bond, T-Bond*) a 30 años.

- El rendimiento está determinado por una tasa de interés. Como cualquier otro préstamo, el emisor tiene la obligación de pagar un premio o interés por el uso temporal del dinero. Ese premio o tasa puede ser constante durante la vida del papel o ajustable periódicamente, según el plazo y las características de cada título. El rendimiento puede pagarse al vencimiento o en periodos establecidos (al trimestre, semestre, etc.). El rendimiento puede darse en forma de descuento o mediante cupones.[2]

- El riesgo para el público inversionista es moderado. Como el rendimiento de los títulos de deuda se estipula mediante una tasa de interés, el rendimiento es seguro. Existe, sin embargo, la posibilidad de sufrir pérdidas debido a las condiciones económicas que, al cambiar de manera intempestiva, pueden hacer que un título que ofrece 10% resulte perjudicial si las tasas suben rápida y consistentemente. La ganancia también está supeditada a la capacidad de pago del emisor. Si éste no cumple con el pago oportuno, el cliente puede perder parte de su patrimonio.

Componentes de los títulos de deuda

Cuando un inversionista dice: "invertí $10 000.00 en bonos a una tasa de 8% al 30 de diciembre de 2008", está revelando que puede tener 1 000 títulos con valor nominal de $10.00 cada uno o 100 títulos con valor nominal de $100.00 cada uno, o tal vez 10 títulos con valor de $1 000.00 cada uno o quizá 10 000 títulos con valor de $1.00 cada uno, con una tasa cupón de 8% y una fecha de vencimiento del 30 de diciembre de 2008.

¿Cómo se sabe la forma en que se constituye la inversión de un cliente? ¿Cómo saber el número de títulos que adquiere cuando hace una inversión? Para saberlo, hay que atender a los componentes de los títulos.

Cada deuda se estructura de manera diferente. Cada papel o título puede, según la estructura del pasivo, tener características especiales que lo hacen diferente a otros. Sin embargo, hay tres elementos o componentes comunes a todos los papeles de deuda:

Fecha de amortización, *maturity date*

1. Fecha de amortización. Aquella en que la entidad deudora tiene la obligación de devolver el dinero que le fue prestado. Es la fecha en que vence el crédito o *maturity date*. Ello no significa que, como tenedor del bono, deba conservarlo hasta su vencimiento. A partir del momento de su compra, puede negociarlo el día que guste en el mercado secundario.

Valor nominal o facial *face value*

2. Valor nominal. Es el precio de un título. Los precios se estipulan en cantidades de $1.00, $10.00, $100.00 o de $1 000.00. Hay casos en que el valor nominal llega a ser de $100 000.00. Es la cantidad de dinero que el inversionista presta al emisor por cada título que adquiera. Si su inversión es de $1 000 000, por ejemplo, y el valor nominal de los títulos que adquiere es de $100.00, ha adquirido 10 000 títulos. Al valor nominal se conoce también como *valor a la par* o *valor facial (face value)*.

3. Tasa de interés. Es el premio que paga el usuario del dinero al inversionista que se lo facilita. Es el costo de la deuda. Los papeles contienen una tasa de interés que los emisores

---

2 El rendimiento a descuento se otorga al vender el título a un precio menor al de su valor nominal. El rendimiento mediante cupones se otorga al pagar un premio sobre el valor nominal.

pueden establecer según distintas formas: tasa de rendimiento, tasa de descuento, etc. La tasa de interés (*interest rate*) es el componente más importante del mercado de dinero. Por eso, merece un análisis más detallado.

4.3 Tasas de interés de los valores de deuda

El mercado de dinero es un mercado de títulos de deuda: bonos, notas, certificados, pagarés... En plazas internacionales de los países desarrollados, esos títulos se aglomeran en un concepto escueto: bonos, *bonds*, en inglés. En otras partes se les nombra con una palabra todavía más simple y genérica: papeles. Los bonos o papeles se estructuran a partir de dos elementos de peso: el tiempo y la tasa de interés. Uno y otro otorgan al bono sus cualidades y demás características y uno y otro lo hacen parecer sencillo o complejo, según la forma en que se analice y se evalúen sus bondades. El tiempo determina el nivel de la tasa de interés. Ésta, por su parte, tiene muchos enfoques y particularidades que dependen del factor tiempo.

Valor del dinero en el tiempo

La tasa de interés es el elemento vital de los títulos de deuda. La tasa de interés depende del tiempo. La teoría dice que a menor plazo, menor tasa y a mayor plazo, mayor tasa, sin embargo, eso sucede en escenarios de estabilidad, mas no siempre en economías frágiles.

El concepto del valor del dinero en el tiempo parte de un razonamiento sencillo: un dólar de hoy no tiene el mismo poder adquisitivo que el que tendrá el próximo año. El dinero pierde valor por la inflación. Por eso, cuando se otorga el uso o goce del dinero se aspira a recibir un premio acorde al tiempo durante el cual se otorga y que, por lo menos, compense el efecto inflacionario. Los puntos porcentuales que se establezcan como premio, arriba de la inflación, son la ganancia real de quien se desprende de su dinero y el costo real del que lo usa.

El mercado de dinero, en la práctica y fundamentalmente en el mercado secundario, es un mercado donde se negocian tasas, más que papeles. La tasa de interés es la vertiente que se determina y negocia en el mercado y el tiempo incide en sus niveles en forma directa.

Se habla de tasas de interés, en lo general, pero en el detalle una tasa puede tener uno u otro matiz: tasa de rendimiento, tasa de descuento, tasa cupón, tasa equivalente, etc. A pesar de que parten del mismo concepto y de que en apariencia son lo mismo, en la usanza del mercado, cada concepto tiene aplicaciones, referencias y formas de cálculo distintos.

Puntos base

Las negociaciones de las tasas de interés en el mercado se establecen en *puntos base*. ¿Qué son los puntos base? Un punto base (*basis point*) representa la centésima parte de un punto porcentual de interés. Para aclarar lo anterior, atendamos una reflexión cotidiana: si escuchamos, leemos o nos enteramos que el banco central aumentó 250 puntos base la tasa primaria de los Certificados del Tesoro, debemos interpretar que la tasa aumentó 2.5%. Cuando nuestro ejecutivo de cuenta nos diga: "Su próxima inversión ganará 75 puntos base menos", nos dará a entender que la tasa será 0.75% menos que la anterior.

Puntos base, *basis point*

Un punto base es la medida más pequeña para establecer las tasas de los títulos de deuda. Su uso se torna más familiar mientras más bajas lleguen a ser las tasas del mercado.

Tasa de rendimiento

El rendimiento de una inversión es la cantidad que se paga o recibe como premio. Si una persona invierte $1 000.00 y al cabo de un año recibe $1 200.00, se dice que ha obtenido un rendimiento de $200.00: 20% de interés.

Si el cliente decide invertir sus $1 000.00 a esa misma tasa de rendimiento, 20% anual, pero a los seis meses decide retirarlos, recibirá $1 100.00. Su rendimiento ha sido sólo por la mitad; esto es, $100.00. Lo anterior tiene dos lecturas: el rendimiento anual no se ha modificado, aún es 20%. Como el cliente decidió salirse antes, su rendimiento por los seis meses ha sido de la mitad: 10%. Podemos decir que ha recibido una tasa de rendimiento de 20% anual aplicable sobre seis meses.

Los cálculos parten de la fórmula básica de las tasas de valor futuro: $V = VN(1 + i)^n$. Es la fórmula básica del efecto del dinero en el tiempo. Al sustituir los datos se obtiene el resultado de $1 200.00 o $1 100.00, según se considere un año o seis meses para la inversión. La variable n es el exponente al que se eleva la sumatoria del paréntesis e indica los periodos que contempla la inversión.

¿Cómo que la tasa anual de un papel de 28 días? En la práctica, todas las tasas de interés se establecen y divulgan como porcentajes nominales anuales, sea cual sea el plazo que puedan tener las inversiones e incluso los papeles. Se estipulan como tasas nominales porque siempre representan porcentajes de rendimiento sobre el valor nominal del instrumento.

Además de que no es forzoso mantenerlos hasta su vencimiento, es común que haya valores que se emitan a plazos menores de un año. Los usos e interpretaciones de la tasa de interés sufren por eso adecuaciones valiosas: aun cuando se otorgue u obtenga por seis meses, la tasa de 20% anual del ejemplo sigue entendiéndose como tal, 20%, porque se aplica sobre la base de 360 días pero sólo por los días efectivos en que el inversionista haya poseído el título o bono. Ahora bien, si ese mismo papel a 20% anual tuviera una vigencia de 30 días y el cliente decidiera conservarlo hasta su vencimiento, al aplicar la tasa sobre los 30 días, el rendimiento sería de $16.70; es decir, 1.67% de rendimiento efectivo en el mes.

¿Cómo se ha llegado a esas cantidades? Para el cálculo del rendimiento de $16.70, se ha dividido la tasa entre 360, que son los días comerciales del año y el resultado, 0.5555, que es el porcentaje de interés que el cliente ganaría por cada día de inversión, se ha multiplicado por 30, el número de días de vigencia del bono, que es, como consecuencia, el máximo plazo al que se puede conservar.

Tasa de descuento

Descontar es deducir una cantidad de un importe al momento de hacer el pago. Cuando una tienda anuncia que ofrece un descuento de 20% en algún producto, el público entiende que en vez de pagar el importe íntegro de $100.00, por ejemplo, sólo necesita entregar $80.00 para llevarse el producto. Los $20.00 que se le han descontado son la cantidad objeto del descuento, su ahorro o beneficio.

En el mercado de dinero, la tasa de descuento funciona de manera similar y agrega al cálculo la variable tiempo: si un emisor ofrece a la venta títulos cuyo valor nominal es $100.00 a un plazo de 182 días, con una tasa de descuento 20% anual, ¿cuál es el precio que paga el público? 89.8888 por título. El descuento no resulta de $20.00 en virtud de que en este caso, a diferencia del ejemplo simple del párrafo anterior, incluimos la variable *tiempo*, los 182 días. Si hubiéramos tomado 360 días, el año íntegro, el precio resultante habría sido el mismo que el del ejemplo simple citado. Sólo en ese caso.

El cálculo del precio de un título, a partir de una tasa de descuento dada, se realiza mediante la fórmula siguiente:

Fórmula para obtener el precio, P

$$P = [VN - (VN \times td \times DV \div 36\,000^*)]$$

VN = valor nominal, td = tasa de interés y DV = días al vencimiento. Al sustituirla, se tiene:

$$P = [100 - (100 \times 20 \times 182 \div 36\,000)] = \$89.8888$$

¿Cuál es el beneficio? Al vencimiento, el comprador del papel va a recibir del emisor el valor nominal de $100.00. En este caso, el comprador invierte sólo $89.8888 por título y al recibir $100.00 al fin del plazo tendrá un rendimiento de $10.1111, que es la diferencia entre los dos importes; así pues, su tasa de rendimiento es de 22.25% anual. ¿Cómo se obtuvo esta tasa de rendimiento? Como aquí ya se conocen el valor inicial (89.8888), el valor futuro ($100.00) y el rendimiento de $10.1111, sólo falta saber el rendimiento en porcentaje y ese se obtiene al aplicar la fórmula siguiente:

Para obtener la tasa de rendimiento, r, usamos esta otra fórmula:

$$r = 1 \div [(1 \div td) - (DV \div 36\,000)]$$

que al sustituir los datos, se obtiene que:

$$r = 1 \div [(1 \div 20) - (182 \div 36\,000)] = 22.25\%$$

Cuando se trata de negociaciones a descuento, los instrumentos no estipulan alguna tasa de interés. El beneficio estriba en adquirir un título a un precio menor al de su valor nominal. Por eso el rendimiento del adquiriente se produce por la diferencia entre el valor nominal que recibe al vencimiento y el precio que paga al momento de la compra.

No obstante, es posible obtener la tasa de rendimiento de los instrumentos negociados a descuento. Más adelante se verá con más ejemplos la relación entre la tasa de rendimiento y la de descuento.

Tasa cupón

Los cupones de los títulos de crédito sirven para ejercer los derechos que consignan: esa pequeña parte de los títulos se tiene que recortar y presentar al emisor para que éste entregue a cambio los derechos correspondientes (los intereses, si se trata de un bono, o los dividendos, en caso de una acción).

Estrictamente hablando, la *tasa cupón* es la que se usa para designar el interés periódico que paga un bono de mediano o largo plazo. Si un emisor coloca títulos a dos años con intereses pagaderos cada 28 días, se entiende que va a pagar el interés nominal anual en 12 exhibiciones y hará cada pago contra la entrega del cupón correspondiente.

* Para conocer porqué se divide entre 36 000, véase la nota aclaratoria de las páginas 155 y 156.

Un título puede contener muchos cupones. Cada cupón permanece vigente por un periodo establecido de antemano: 28 días, un mes, un bimestre, un trimestre, un semestre, etc., y cada cupón puede otorgar un beneficio diferente al resto. En los títulos de deuda, si todos los cupones contienen la misma tasa de interés nominal, se entiende que el emisor pretende diferir el pago de intereses. Si a cada cambio de periodo hay un cambio en la tasa de interés, se entiende que el emisor busca diferir el pago y adecuar el porcentaje de interés a los niveles cambiantes del mercado para ofrecer al público tasas competitivas.

Tasa cupón

En las costumbres del mercado, se denomina *tasa cupón* a los intereses que estipula un bono, cuando se trata de títulos de mediano o largo plazos que ajustan sus tasas periódicamente, aun cuando no tengan cupones.

Los bonos o títulos de deuda sin cupones (cero cupones) son los que se colocan con descuento.

Las tasas también toman curvas: tasa equivalente

El tiempo es oro. En el mercado de deuda, el tiempo influye sobre el costo del dinero. Recordemos la lógica de las tasas de interés en el tiempo: a menor plazo, menores tasas; a mayor plazo, tasas más altas. Para una buena interpretación de los réditos en el mediano o largo plazos, hay que atender la curva de las tasas de interés. ¿Qué es esa curva? La distribución de las tasas de interés en una línea de tiempo recibe el nombre de *curva de las tasas* o *tasas en curva*.

Curva de las tasas

En los siguientes plazos y tasas podemos ver cómo la tasa más baja corresponde al plazo menor, y al plazo mayor, la tasa más alta.

Plazos	Tasas	Plazos	Tasas
28	8.00%	91	8.15%
180	8.05%	360	8.20%

En forma gráfica, las tasas trazan una línea ascendente conforme asciende el plazo (figura 4.1).

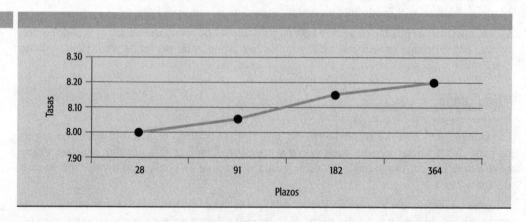

Figura 4.1 Curva de las tasas nominales

La anterior es una curva normal. En la vida real las tasas trazan curvas de diferente índole. Una curva puede ser positiva o negativa. ¿Cómo se sabe que una tasa curva es positiva o negativa?

■ Una tasa curva es *positiva* cuando los rendimientos de corto plazo son bajos y aumentan a medida que se incrementa el plazo del papel; es decir, en circunstancias normales un certificado de 28 días se emite con una tasa de 8.00%, por ejemplo, mientras que uno de 91 días se vende con una tasa de 8.05% y otro a 365 días con una tasa de 8.20%. La curva positiva es la más común y suele formarse cuando las tasas son bajas y hay ciclos de estabilidad económica.

Curva positiva

■ Una tasa curva *negativa* se establece cuando los rendimientos de las emisiones de corto plazo son elevados en tanto que los rendimientos de los títulos de largo plazo tienden a declinar consistentemente a medida que los plazos se alargan. O sea que un certificado puede pagar a 28 días, por ejemplo, una tasa de 8.00%, igual que uno a 91 días, y uno de 365 días paga 7.95%. Las tasas curvas negativas son frecuentes en épocas de incertidumbre o cuando se perciben presiones en las variables macroeconómicas de corto plazo.

Curva negativa

Ahora, otra interrogante: ¿cómo se sabe si conviene una tasa a 28 días o una tasa a 91 días? Para saberlo y en consecuencia decidirse por uno u otro papel, se debe calcular la tasa equivalente. La curva de las tasas se determina comparando las tasas vigentes a distintos plazos. Esa comparación se lleva a cabo haciendo equivalentes las distintas tasas, trayéndolas todas a un mismo plazo. ¿Cómo?

Hay que tomar de nuevo las tasas que se habían dado:

Plazo/Días	Tasas
28	8.00%
91	8.05%
182	8.15%
364	8.20%

Se quiere saber cuál de todas las tasas otorga el mejor rendimiento. Para esto, hay que traer todas a la curva de 28 días; es decir, volverlas equivalentes a 28 días. Atendamos otra vez las matemáticas. Con la siguiente fórmula se calculan las tasas equivalentes:

$$TC = \left[\left(1 + \frac{r \times P}{36\,000} \right)^{PC/P} \right] - 1 \times \left(\frac{36\,000}{PC} \right)$$

De la cual se tienen cuatro variables:

TC = *Tasa en curva.* Aquella que se obtendrá al aplicar la tasa de un plazo dado (8.05% a 91 días, por ejemplo) a un plazo de 28 días.

r = *Tasa de rendimiento.* Es el rendimiento del plazo respectivo que se quiere comparar. Para la primera comparación, por ejemplo, habría que anotar la tasa del plazo de 91 días: 8.05 por ciento.

P = *Plazo de la tasa de rendimiento.* Es el plazo de la tasa que se quiere comparar. Para el primer ejemplo, se anotaría 91.

PC = *Plazo al que se llevará la tasa a la curva.* Si queremos traer a la curva de 28 días cada una de las tasas de los otros plazos, hay que considerar para el cálculo que esta variable valdrá 28.

Nota aclaratoria:

Observe un detalle, en la fórmula, como en muchas otras que se van a utilizar, se emplea la cantidad de 36 000 como un dato uniforme. ¿Qué significa? Para efectos del cálculo es la cantidad de días del año. Tengamos presente que las tasas se expresan en términos anuales. Lo que pasa es que en un cálculo cotidiano, para determinar el rendimiento diario, uno podría dividir la tasa entre 100 y luego entre los 360; es decir, si la tasa es de 8.00% anual, uno no la expresa con enteros sino con decimales (8.00 ÷ 100 = 0.08) para efectuar los cálculos, y ésta tendría que volver a dividirse entre 360. Para evitar ese doble cálculo, se utiliza la división de las cifras entre 36 000 y el efecto va a resultar igual.

Para encontrar la tasa equivalente de la tasa dada a 91 días, sustituimos la fórmula dada y calculamos:

$$TC = \left[\left(1 + \frac{8.05 \times 91}{36\ 000} \right)^{28/91} \right] - 1 \times \left(\frac{36\ 000}{28} \right) = 7.99\%$$

Del mismo modo, se sustituyen los datos correspondientes a cada plazo y se tienen estos resultados:

182 días   8.01%

364 días   7.93%

Eso significa que, con las tasas vigentes, el plazo que otorga mayor rendimiento es el de 180 días, ya que la tasa equivalente que resulta es 8.01%. En la figura 4.2 se encuentra la curva de las tasas equivalentes que se obtuvieron en el ejemplo anterior.

Figura 4.2
Curva de las tasas equivalentes

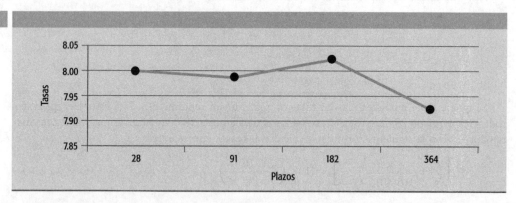

Nótese cómo la punta más alta corresponde ahora al plazo de 182 días. Eso quiere decir que aunque en apariencia las tasas van en continuo ascenso y que la de 364 días es la más alta, en realidad el mejor plazo es el de 182 días.

Por otro lado, el cliente sabe que si invierte a determinado plazo, obtiene un rendimiento que, aplicado sobre el importe invertido, produce un porcentaje efectivo diferente a la tasa nominal anual de referencia. Ese porcentaje que se obtiene recibe el nombre de *tasa efectiva*.

Tasa efectiva: rendimiento directo sobre la inversión

Si se hace un ejercicio básico de cálculo de interés compuesto con los datos siguientes: monto, $1 000.00; plazo, 30 días; tasa de rendimiento, 25.20% anual. Para saber cuánto se ganará al vencimiento se tiene que aplicar una fórmula muy sencilla:

$$R = VR \left[\frac{r}{36\ 000} \times T \right]$$

Donde

VR = Monto o valor real

Si despejamos los datos y efectuamos la operación, veremos que el rendimiento es de $21.04, es decir:

$$R = VR \left[\frac{25.20}{36\ 000} \times 30 \right] = \$21.04$$

Si esta cantidad —que representa el rendimiento en pesos— se divide entre los $1 000.00 de la inversión, arroja el siguiente dato:

21.04 ÷ 1 000 = 0.021, que al multiplicarse por 100 se convierte en 2.10 por ciento.

¿Qué significa este dato? Es la tasa efectiva anual.

La tasa efectiva es el porcentaje de interés que alguien recibe o paga por el uso del dinero durante un periodo específico, sin tener forzosamente el carácter de tasa anual. En este ejemplo, 2.10% es el porcentaje con que creció el dinero en 30 días, al haber invertido a una tasa de 25.20% anual.

Tasa anualizada

Con frecuencia se lee en los reportes periódicos que un instrumento de inversión generó durante un mes el X% anualizado. Las cifras anualizadas son el resultado de llevar a un año un dato que se produjo en un periodo más corto. Por ejemplo, si una inversión genera 2.10% de rendimiento directo o efectivo en 30 días ¿cuál es la tasa anualizada de esa inversión? Para saberlo, basta una operación muy simple. Hay que dividir el rendimiento directo, 2.10, entre 100, para quitarle el carácter de cifra porcentual, luego entre 30, los días durante los que se obtuvo el rendimiento y por último se multiplica el dato por 360. El resultado es 0.2520, que al multiplicarse por 100 se puede expresar como tasa porcentual: 25.20 por ciento.

La *tasa anualizada* indica que si las tasas tuvieran el mismo nivel durante todo el año y se mantuviera la inversión por 11 meses más, se generaría un rendimiento de 25.20% durante el año completo.

Tasa
anualizada

Tasa real: la inflación erosiona

¿Quién dice que una tasa de interés nominal de 25% es fabulosa? ¿Por qué no una tasa de 30%? La inflación reduce el valor del dinero. Para conservarlo, es necesario que los instrumentos de deuda ofrezcan tasas de interés iguales a la inflación. Pero eso no es suficiente. Un inversionista reclama siempre tasas de rendimiento superiores a la inflación a fin de obtener ganancias. Para determinar si las tasas nominales que se ofrecen o se obtienen en una inversión son atractivas, hay que compararlas con la tasa de inflación. ¿Cómo? Por lo general, se cree que si se resta la tasa inflacionaria de la tasa nominal, se obtiene la *tasa real*; es decir, el rendimiento verdadero que se percibe.

Tasa
real

Para calcular la tasa real hace falta algo más que la simple diferencia entre una tasa y la otra. No, no se trata de restar. Más bien, hay que dividir la tasa de rendimiento entre la tasa de inflación, o sea que hay que aplicar otra fórmula sencilla:

$$[(1 + r) \div (1 + I)] - 1$$

Donde

I = Inflación

Como el incremento inflacionario es un dato que se proporciona mes a mes (es una tasa efectiva), para comparar las tasas de inflación y de rendimiento hay que expresarlas igual, como tasas efectivas.

Suponga que la inflación del mes ha sido de 0.55% y la tasa directa o efectiva (que, entre otras cosas, también sirve para compararla contra la inflación) pagada por un instrumento ha sido de 0.75%. La pregunta es obvia: ¿cuál fue la tasa real?

Al sustituir los datos y efectuar el cálculo, se obtiene una tasa de 0.1290%, según se aprecia

$$TR = [(1 + 0.75) \div (1 + 0.55)] - 1 = 0.1290\%$$

Tasa bruta y neta: los impuestos también cuentan

El rendimiento que un inversionista percibe es menor a la tasa nominal que ofrece el emisor porque está sujeto a una retención por concepto de impuesto sobre la renta. Se hablaría entonces de dos clases de tasas más: la tasa bruta y la tasa neta.

Tasa bruta

- La *tasa bruta* es la tasa nominal íntegra que se consigna en el papel o que ofrece el intermediario, quien debe indicar que se trata de eso, de una tasa bruta.

Tasa neta

- La *tasa neta* es la que recibe el cliente después de deducir los impuestos de la tasa bruta. En su caso, el intermediario también hace la indicación de que se trata de una tasa neta.

No todos los papeles ni todos los clientes están sujetos a la retención del impuesto sobre la renta. Hay exclusiones y se dan tratamientos distintos.

- Los intereses o rendimientos que se obtengan mediante valores gubernamentales están exentos del pago o retención del impuesto, ya que se financia al gobierno.

- Los intereses o rendimientos que se obtengan mediante valores bancarios y privados están sujetos a una tasa de retención que puede variar según las reformas fiscales correspondientes.

- El impuesto que se retiene a las personas físicas tiene carácter de pago definitivo, mientras que cuando se trata de personas morales el rendimiento se acumula como ingreso y el impuesto tiene carácter de pago provisional.

Suponga que un intermediario ofrece 11.5% en un pagaré bancario al señor Miguel Pérez y que la tasa de ISR aplicable es de 17% sobre los primeros 10 puntos porcentuales de la tasa de rendimiento. ¿Cuál es la tasa neta que recibe el señor Pérez? ¿Cómo se calcula?

La tasa neta que percibe el señor Pérez es de 9.8%. Su obtención es sencilla: se resta 1.7% directo del ISR a 17% de tasa bruta, es decir, 11.5 − 1.7 = 9.8. La resta directa de 1.7 a la tasa bruta se debe, en este caso, a que 17% sobre los 10 primeros puntos es justamente 1.7%: 10 × 0.17 = 1.7. Si la tasa de rendimiento fuera menor al 10%, el asunto no cambia. La retención también sería el 1.7% directo.

Claro que el señor Pérez no tiene que molestarse en hacer sus cálculos. Cuando negocia un valor, debe preocuparse por pedir una tasa neta lo más alta posible. El resto, será trabajo del intermediario.

Efectos de las variaciones de las tasas en los precios de los títulos

La tasa de interés que el emisor va a pagar por un título dentro de un periodo definido mediante un cupón (28 o 91 días), nunca cambia. Sin embargo, las condiciones económicas pueden hacer que el valor de un papel suba o baje. Se entiende, además, que rara vez un cliente se queda con el título desde el día de su emisión hasta la fecha de cambio del cupón y ya no digamos hasta la fecha de vencimiento, sobre todo si se trata de papeles de mediano o largo plazo.

Es normal que las condiciones de la economía se alteren durante la vida de un papel. Por las experiencias de siempre, se advierte que las variables macroeconómicas se mueven con frecuencia: a veces rápido, en ocasiones con cambios bruscos y otras veces con más lentitud.

Los movimientos de la inflación y, como consecuencia, de las tasas de interés, afectan el valor de un bono en el mercado secundario: cuando la inflación tiende a la alza, las tasas suben y viceversa.

Cada variación de las tasas de interés de la economía ocasiona que el precio de un título de deuda también se mueva. Supongamos que Vitro, S.A. coloca un bono con un cupón de 8% anual con un valor nominal de $1 000.00. ¿Qué ocurre si un año después surgen presiones, si las condiciones de la economía cambian y las tasas del mercado aumentan y se emiten papeles similares con tasas de 9.5%? Si el tenedor quisiera vender su bono para tomar uno distinto, tiene que ofrecer en el mercado secundario un descuento sobre el valor nominal de $1 000.00 para poder negociarlo. El descuento que ofrece compensa el alza de las tasas, de modo que quien le compre va a pagar menos de $1 000.00 por un papel con el que un emisor ofrece 8% sobre $1 000.00. El diferencial entre $1 000.00 más 8% harán que el nuevo tenedor reciba un rendimiento sobre su inversión que a fin de cuentas sea de 9.5%; es decir, igual a la nueva tasa del mercado. El primer inversionista que entró a la escena acepta una pérdida con tal de aprovechar los nuevos niveles.

Ahora bien, ¿qué ocurre si la economía se relaja después de la emisión de papel a 8% y las tasas del mercado descienden, digamos al 7.3%? Cualquiera querría tener un papel que pague 8%; sólo que para comprarlo el público debe estar dispuesto a pagar un sobreprecio al tenedor actual sobre el valor nominal del bono. El que pague un sobreprecio recibirá 8% del emisor pero, al haber dado más por un título que tiene un valor nominal de $1 000.00, recibirá un rendimiento de 7.3% como efecto neto.

Todo lo anterior motiva asentar una de las premisas de los títulos de deuda:

Si las tasas de interés aumentan, los precios de los bonos bajan y viceversa.

En los ejercicios que se verán en el apartado 4.5 "En directo y en reporto: negociaciones cotidianas con títulos a descuento", se podrá apreciar este efecto con mayor detalle.

Hipótesis y teorías de las variaciones de las tasas

Las tasas se mueven dentro de cierto tiempo debido a la influencia de tres factores mayúsculos, según las tesis más aceptadas: las expectativas, la preferencia por la liquidez y la teoría de los intervalos del mercado.

| Hipótesis de
| las expectativas |

■ **Hipótesis de las expectativas.** Acorde a este razonamiento, la forma de la estructura de plazos se explica por las expectativas que tienen los participantes del mercado. La tasa equivalente de largo plazo es la misma que el público esperaría obtener haciendo inversiones continuas en valores de corto plazo durante un horizonte de inversión idéntico al plazo de maduración de los papeles de largo plazo. En un horizonte de largo plazo hay una serie de tasas de corto plazo. Cada una de esas tasas compuestas de corto plazo refleja el promedio geométrico de las tasas esperadas a un año. Las implicaciones de la hipótesis de las expectativas son simples y rotundas: si se percibe que las tasas tienden a bajar en el futuro, la estructura de plazos (la curva de las tasas) es descendente. Esta percepción sugeriría que lo mejor para el público inversionista sería adquirir bonos de largo plazo para conservar los beneficios de altos rendimientos y las ganancias de capital que entraña el declive de las tasas. Una curva ascendente, en cambio, haría que el público prefiriera valores de muy corto plazo porque así puede acceder pronto a los nuevos niveles de las tasas y estar preparado para quedarse con bonos de largo plazo cuando se advierta que las tasas revierten su tendencia.

| Teoría de
| la preferencia
| por la liquidez |

■ **Teoría de la preferencia por la liquidez.** Esta argumentación sostiene que, sin trastornos del mercado, la curva de las tasas muestra una pendiente alcista y que cualquier otra figura o curva sería interpretada como una excepción coyuntural. Esta hipótesis se basa en que los valores de largo plazo confieren rendimientos más altos que los que otorgan los de corto plazo, debido a que el público estaría dispuesto a pagar un sobreprecio en títulos de corto plazo para evitar el riesgo de la alta volatilidad característica de los bonos de largo plazo.

| Teoría de
| los intervalos
| del mercado |

■ **Teoría de los intervalos del mercado.** Sostiene que la estructura de las tasas es una función de las políticas o criterios de inversión de los grandes inversionistas institucionales. Este grupo de inversionistas tiene diferentes objetivos de inversión y, por tanto, distintas necesidades de vencimientos (los fondos de pensiones, por ejemplo, se atiborran de papeles de largo plazo, en tanto que los fondos de liquidez se orientan a plazos mínimos) que los motivan a tomar papeles a intervalos específicos dentro de la amplia estructura de plazos. La teoría se sustenta en que los grandes jugadores generan la formación de las curvas o pendientes del mercado.

Las experiencias de los especialistas y los estudios de los analistas dicen que lo mejor es mezclar las teorías antes que aceptar tajantemente alguna de ellas por encima de las otras y que, ante todo, se debe sopesar el momento del mercado.

Sólo queda pendiente disipar una duda importante, antes de plantear casos prácticos: ¿cómo saber si la tasa que percibe un inversionista es una tasa atractiva, acorde a los niveles generales de las tasas del mercado? Fácil: hay que compararla con el nivel de la tasa líder; esto es, la tasa ponderada de los CETES vigente a 28 días en México, o la tasa del bono a 30 años en EUA. Es la tasa más representativa de todas; sirve de referencia para establecer las tasas de todos los instrumentos de deuda que se ofrecen en el mercado de dinero (aceptaciones, pagarés, papel comercial...).

Al analizar el siguiente apartado podrá entender qué es y cómo surge la tasa líder.

4.4 Tasa líder

¿Se ha percatado que un día en especial los diarios y noticieros ponen más énfasis en el porcentaje de la tasa que en el resto de la semana? Los Certificados del Tesoro, dicen, se ubican esta semana en tanto por ciento... ponen especial énfasis porque una vez a la semana se obtiene de origen la tasa líder. ¿Qué es una tasa líder?

Una *tasa líder* o *benchmark* sirve de guía o parámetro general para estipular las demás tasas del sistema financiero. La tasa LIBOR (London Interbank Offered Rate), por ejemplo, que es la tasa líder en el Reino Unido y, por cierto, la más conocida en el mundo, define el costo de los créditos internacionales. Cuando se otorga un financiamiento externo, el costo suele establecerse con base en la tasa LIBOR: se dice LIBOR más tres puntos, más cuatro puntos, etcétera.

Tasa líder, *benchmark*

Es usual que cada mercado cuente con su propia tasa líder. Hay casos donde se tienen dos o varias. Todo depende de la magnitud de la economía, de los usos que se le asignen y de los requerimientos de las entidades productivas, del gobierno y del público. En Alemania se utiliza como única tasa de referencia la tasa *Lombardo*.

Tasa LIBOR

En Estados Unidos, la práctica y los mercados han reconocido diversas tasas básicas: la tasa Prima, la tasa de los Bonos del Tesoro a 10 años y la tasa de los Fondos Federales, entre otras.

- Tasa prima o *prime rate*. Es el tipo de interés base que los bancos de Estados Unidos cargan a sus grandes clientes. Se entiende que es una tasa preferencial, de ahí que sólo esté disponible para las grandes corporaciones. En las operaciones crediticias con el resto de las empresas, la tasa Prima se aplica como la LIBOR, con la diferencia que el manejo de ésta es más difícil que quede sujeto al criterio de un banco. De modo que se dice con mucha frecuencia que el costo es PRIME más una sobre-tasa de 2, 3 o 4 puntos porcentuales según el cliente.

Tasa prima, *Prime rate*

- Tasa de los bonos del Tesoro a 10 años[3] o *10 years T-Bonds rate*. El instrumento que concentra la mayor parte del dinero del público en Estados Unidos es el Bono del Tesoro a 10 años, *Treasury Bonds*. Es el instrumento más solicitado del mercado estadounidense de dinero. El comportamiento de su tasa de interés determina el nivel del resto de las tasas pasivas del mercado; es decir, aquellas que los intermediarios y emisores ofrecen a los inversionistas.

Tasa de los bonos del Tesoro a 10 años, *10 years T-Bonds rate*

- Tasa de los fondos federales o *Fed funds rate*. Es el precio del dinero que se utiliza para compensar los flujos entre los bancos comerciales. Es costumbre que éstos se presten dinero para "cuadrar" sus posiciones y cerrar el día sin "cortos".[4] Cuando un banco le presta dinero a otro, toma como base la tasa de los fondos federales para definir el porcentaje final de interés que le cobra al banco deudor. Esta tasa base es determinada por la Reserva Federal, el banco central, y es la tasa líder más importante de Estados Unidos. La Reserva Federal modifica el costo de ese dinero esporádicamente, según las circunstancias, en alguna de las ocho reuniones que celebra al año su Comité Federal de Operaciones de Mercado Abierto (FOMC, por sus siglas en inglés), sin que eso implique que la modifique en cada reunión. No deja de ser relevante que, a diferencia de México, donde la tasa líder se extrae de un proceso de subasta, en Estados Unidos se defina por decisión de un comité que evalúa, eso sí, las condiciones de la economía.

Tasa de los fondos federales, *Fed Funds rate*

- Tasa de descuento o *discount rate*. Los bancos comerciales en Estados Unidos pueden acudir, como cualquier otro organismo carente de recursos, a solicitar un crédito a las ventanillas del banco central (la Ventanilla de Descuento, *Discount Window*). A este tipo de créditos se asigna un costo que recibe el nombre de la dependencia a la que se acude. Estos créditos no se usan para compensar flujos, sino para otros menesteres del banco comercial.

Tasa de descuento, *Discount rate*

---

3   Hasta diciembre de 2001 el instrumento líder era el bono a 30 años. Se cambió debido a la recesión, se convino para que el dinero circulara más rápido y esa rapidez hiciera crecer la economía.

4   Cada banco comercial tiene abierta una cuenta con el banco central. En esa cuenta concentran los depósitos del público y mediante ella se realizan pagos y transferencias a las demás instituciones financieras. La cuenta de cada banco debe quedar equilibrada al cierre del día. Un banco incurre en un "corto" cuando no recibe alguna partida programada que provoca que termine el día con saldo negativo. El corto se debe cubrir mediante algún préstamo de última hora que el banco afectado solicita a un banco que haya tenido excedentes.

Internet bursátil

Para tener información amplia y precisa sobre las tasas de interés del Reino Unido y en general sobre la política monetaria y el mercado de préstamos británico, descargue el siguiente archivo:

http://www.bankofengland.co.uk/mfsd/ms/990629/bkstnote.doc

La siguiente dirección del Banco de Japón explica lo concerniente a la tasa líder en Japón:

http://www.boj.or.jp/en/index.htm

Para saber más sobre las tasas en Estados Unidos consulte:

http://www.bankrate.com/brm/news/special/19990824.asp

Tasa líder en México

En realidad son varias, si se quiere ver de ese modo: la tasa primaria ponderada de los Certificados de la Tesorería de la Federación a 28 días (Cetes), la Tasa de Interés Interbancaria de Equilibrio (TIIE), la Mexibor, o hasta el antiguo Costo Porcentual Promedio (CPP). El público y los intermediarios se siguen sintiendo más familiarizados con la tasa líder de uso más amplio: la de los Cetes a 28 días.

En México, la tasa líder sirve de referencia al resto de los emisores para fijar las tasas de sus emisiones (casi siempre dicen algo como: "La tasa cupón de las obligaciones va a ser Cetes más 3 o 4 puntos") y a los bancos para fijar sus tasas pasivas (las que habrán de pagar a los ahorradores), así como para establecer las tasas activas (las tasas de los créditos que otorguen).

¿Por qué es la tasa ponderada de Cetes la tasa líder? Porque el Cete es el instrumento más demandado, el de mayor operatividad y, por lo mismo, el más líquido del mercado.

¿Cómo se obtiene la tasa líder en México? ¿Con qué frecuencia? La tasa de los Cetes (como las del resto de los valores gubernamentales) surge de la subasta semanal que realiza el Banco de México entre todos los intermediarios autorizados. Pero eso, la subasta merece una revisión aparte.

Subastas

El público puede adquirir los valores gubernamentales con los intermediarios en las negociaciones que se conocen como mercado secundario. A su vez, los intermediarios pueden adquirirlos en el mercado secundario o directamente en las subastas del banco central.

Al igual que todos los bancos centrales del mundo, el Banco de México actúa como agente colocador de los valores emitidos por el gobierno y, como en todas partes también, la colocación se efectúa mediante subasta, *public auction*.

Subasta,
Public auction

¿Quién no tiene referencias de cómo se realiza una subasta? Una revista-guía de una prestigiada galería de arte y antigüedades de la ciudad de México,[5] describe:

"Para hacer una oferta en la subasta usted necesitará un número de paleta para ofertar. Debe llenarse una forma en la mesa de registro. Cuando usted realiza una compra satisfactoriamente, el martillero le pedirá su número... Por favor, haga sus ofertas con claridad, utilizando su número de oferta o su catálogo y hágalo con rapidez..."[6]

---

5 *Reglas de la subasta. Guía para compradores.* Luis C. Morton, casa de subastas.

6 Como ya se expuso, la mayoría de las casas de subastas se vale ahora de Internet para recibir posturas y para que el público pueda "pujar" por los objetos.

Una subasta de valores gubernamentales no difiere mucho, en esencia, del formato de una subasta típica de objetos de arte o antigüedades.

Internet bursátil

Vea más sobre subastas típicas en la página de la casa Sotheby's, donde se describe cómo se desarrollan las subastas, físicas o por la red. **http://www.sothebys.com/**

Mecanismo de subasta de títulos

El último día hábil de cada semana se realiza una junta entre representantes de la SHCP y del Banco de México (en otros países, esa junta de representantes se llama Comité de Operaciones de Mercado Abierto) para tomar el pulso de las variables macroeconómicas. En la junta se analizan las condiciones que prevalecen en la economía: presiones inflacionarias, entrada o salida de recursos, grado de liquidez, nivel de las tasas en el mercado secundario, presiones cambiarias, ahorro interno, expansión del crédito, circunstancias internacionales, etc. En la junta se determinan los montos que se van a subastar de cada tipo de título y de cada plazo por tipo de papel y se busca llegar a una tasa óptima, considerando, además, otros factores relevantes:

- La evolución diaria de las tasas en el mercado secundario en la última semana; es decir, la tasa de "fondeo".
- Las emisiones de instrumentos de deuda del sector privado.
- El ciclo periódico del circulante que comprende el pago de impuestos, sueldos, cortes de saldos del sistema bancario, etc. Hay ciertos días o semanas en especial en que se observa una sensible falta de liquidez y otras en que ocurre lo contrario.

Los montos se determinan de modo que el banco central logre equilibrar el circulante para llevarlo a un nivel óptimo que, a su vez, induzca a una evolución adecuada del resto de las variables.

El dinero se "fondea"

La tasa más relevante del mercado secundario de dinero es la tasa de fondeo. ¿Qué es el fondeo? Si bien los términos fondear y fondeo están registrado en el español, la descripción que se hace de ellos es relativa a otras interpretaciones: si se dice que un barco fondea significa que ha echado anclas. Aplicado al mercado de valores es un anglicismo. En Inglés, se usa *funding*, que equivale a financiamiento y de ahí proviene el uso que se le otorga en países latinos: obtener fondos en el mercado de dinero.

La tasa de fondeo es la que se paga o se recibe por la inversión en títulos de deuda a un día hábil. Cuándo se dice ¿a cómo está el fondeo?, se debe traducir: ¿cuál es el nivel de la tasa en el mercado secundario a un día? El nivel del fondeo marca el piso de las tasas en el mercado secundario. Es el nivel más bajo.

La tasa de fondeo es importante porque refleja la demanda y oferta de dinero día tras día. El fondeo va haciendo la historia diaria de las tasas, por eso es crucial para establecer el nuevo nivel de las tasas primarias. Digamos que es una cadena circular: el fondeo hace las tasas primarias y éstas marcan un nuevo nivel para el fondeo. El caso es que el fondeo es diario, mientras que el mercado primario es sólo una vez por semana.

Fondeo, *funding*

Convocatoria

El banco central da a conocer ese mismo día de la reunión, a los intermediarios y al público en general, las características de la subasta que va a celebrar el martes siguiente. A diferencia de las subastas tradicionales, la de títulos gubernamentales no está abierta a todo el público; sólo pueden participar los intermediarios autorizados y algún otro tipo de entidad cuyas actividades sean de índole financiera (administradoras de fondos de pensiones, instituciones de seguros, de fianzas, cajas de ahorro y algunas similares) que, en su caso, también deben estar autorizadas por el instituto central. Para que un intermediario sea autorizado le basta cumplir requisitos relativamente sencillos: ser depositario de la institución que se encarga de guardar y administrar los valores (el custodio, *clearing institution*), tener contratados los servicios de compensación y liquidación del banco central, llenar solicitud y... listo.

Cuando reciben las especificaciones de la subasta, los intermediarios planean su juego: las analizan, las confrontan con las circunstancias del mercado, revisan sus excedentes y sus requerimientos internos para que, los días martes, antes de las 13:00 horas, presenten sus posturas. La actuación de los intermediarios puede ser por cuenta propia o por cuenta de algún cliente institucional.

En Estados Unidos, el proceso de subasta de Billetes del Tesoro, *Treasury Bills*, a 13 y 26 semanas, se efectúa los lunes. La hora límite, *deadline*, es también la una de la tarde.

Posturas, lucha secreta por un valor

Aunque se contempla la posibilidad de realizar tres tipos de subasta (a tasa o precio único, a tasa o precio múltiple y de vasos comunicantes), en la práctica general de los mercados del mundo prevalece uno: las subastas con tasa múltiple. En ocasiones especiales, el banco central aplica la subasta a tasa única. En este tipo de subasta todos los títulos se asignan a una tasa única que estipula el propio banco central, mientras que el mecanismo de tasa múltiple se aplica según dos formas diferentes de posturas: las competitivas y las no competitivas.

Posturas competitivas, *competitive bids*

En las *posturas competitivas, competitive bids* (también se usa *tenders*), el postor, *bidder*, demanda un monto y propone la tasa de descuento a que desea adquirir los valores. Es, por así decirlo, la forma que más se parece al proceso de las subastas tradicionales. La diferencia es que, mientras en éstas el resto de los postores se entera de lo que cada cual ofrece y, a menudo, se libran luchas cerradas que llegan hasta límites insospechados (*"¿quién ofrece más?... un millón a la una, un millón a las dos... vendido al señor..."*), en las de títulos del gobierno los postores presentan una o varias posturas de forma confidencial y el banco central establece límites; es decir, no va a vender al que ofrezca comprar a tasas muy elevadas ni va a estar siempre dispuesto a asignar todo lo que ofrece en la subasta.

Posturas no competitivas, *noncompetitive bids*

Las posturas *no competitivas, noncompetitive bids*, son aquellas en que los postores sólo solicitan o demandan un monto determinado de valores, sin especificar la tasa. Obviamente, cuando el banco central satisfaga su postura, lo va a hacer estipulando una tasa. La tasa de descuento que asigna a estas posturas se conoce como *tasa ponderada*.

Con los datos de todas las posturas competitivas (véase ejemplo en el cuadro 4.1), el banco central obtiene una ponderación de las tasas. Imaginémonos que el banco central convoca a la subasta número 2 del año, en la que venderá hasta $7 000 millones en títulos del tesoro y que las tres primeras columnas de la tabla siguiente contiene todas las posturas presentadas por los intermediarios. Observe que cada una estipula el monto y la tasa solicitada, si se trata de posturas competitivas, en tanto que las no competitivas (identificadas mediante "NC"), sólo estipulan el monto. Vea que se hace una suma de los montos solicitados por los intermediarios, sin considerar los montos de las posturas no competitivas, ya que ésas no se usarán para determinar la tasa ponderada. Considerando el monto total obtenido, se determina entonces el peso porcentual que sobre ese monto total tiene cada postura. Ese peso porcentual que corresponde a cada postura se detalla en la cuarta columna. En la última se establece la ponderación de cada postura, es decir, el resultado de multiplicar cada tasa solicitada por el peso porcentual de la postura. La sumatoria de las ponderaciones individuales será la tasa ponderada de la subasta.

INTERMEDIARIO	MONTO SOLICITADO (MILES)	TASA %	PESO PORCENTUAL	PONDERACIÓN
BANAMEX	964	6.15	0.1435	0.8828
SANTANDER	736	6.24	0.1096	0.6838
HSBC	890	5.97	0.1325	0.7911
JP MORGAN	482	6.13	0.0718	0.4399
BBVA	910	6.25	0.1355	0.8469
NAFIN	598	6.27	0.0890	0.5583
BANK OF TOKIO	342	6.02	0.0509	0.3066
BANCO INVEX	214	NC*		
ING	379	6.10	0.0564	0.3442
BANORTE	750	5.99	0.1117	0.6689
BANCO MIFEL	177	NC*		
SCOTIABANK	665	6.00	0.0990	0.5941
TASA PONDERADA	6716		1.0000	6.1166

Cuadro 4.1 Tabla de posturas competitivas y no competitivas en la subasta de títulos gubernamentales

*NC Postura No Competitiva

Ya hemos obtenido una tasa ponderada. Ampliemos algunos detalles: la postura de Banamex representa 0.1435, de las posturas totales, por lo que la tasa que solicita, en decimales, 0.615, se multiplica por ese porcentaje y el resultado, 0.8828 es la contribución de ese intermediario a la obtención de la tasa ponderada de la subasta. Lo mismo se hace con las posturas de los demás intermediarios, excepto con las de los que enviaron posturas no competitivas (INVEX y MIFEL, en el ejemplo). En vista de que las posturas no competitivas no se toman en cuenta para la determinación de la tasa ponderada, se considera la sumatoria del monto demandado por las posturas competitivas, que fue de $6 716 millones (compruebe que la suma de todas las posturas es de $7 107 millones y compruebe, también, que la suma de todos los pesos porcentuales individuales sea de uno o de 100, si empleó números enteros). El 6.1166% es la sumatoria de la ponderación con que cada intermediario contribuye, según su postura competitiva. Ese 6.1166% es la tasa ponderada obtenida. De modo similar surge la nueva tasa líder que regirá en la semana.

Ahora hay que asignar las posturas, satisfacer la demanda de los intermediarios ¿A qué intermediario asignar y cómo asignarle los títulos dado que lo solicitado, tomando en cuenta las posturas no competitivas, suma un total de $7 107 millones? Alguna o varias posturas, es evidente, se quedarán sin asignar, total o parcialmente.

Una vez obtenida la tasa ponderada, el banco central la utiliza para satisfacer las posturas no competitivas. Luego de satisfacer éstas, procede a asignar las competitivas. Las posturas competitivas se satisfacen de acuerdo con el criterio del menor costo para el emisor; es decir, se atienden de menor a mayor tasa: primero se cubre la postura de menor tasa, luego la de tasa inmediata ascendente y así en lo sucesivo, hasta satisfacer todas o hasta completar el monto ofrecido o hasta aquella que solicite la tasa que el banco central determine que no atenta contra sus propósitos de control de las variables. En Estados Unidos describen lo mismo del siguiente modo: las posturas se satisfacen a partir de la que estipule un precio más cercano a su valor nominal.

El banco central puede abstenerse de asignar una o muchas posturas con las que se solicitan tasas altas, puede declarar desierta la subasta (como ocurrió en la última subasta del mes de agosto de 1998) o puede "sobreasignarla" (vender más de lo que planeaba) si los montos de los postores suman más de lo que ofrecía y siempre que se considere necesario y que no contravenga sus objetivos de control monetario.

 Internet bursátil

Consulte resultados de subastas en Estados Unidos en **http://wwws.publicdebt.treas.gov/AI/AIGateway**

Difusión de la tasa ponderada

En México, el banco central divulga los resultados de las subastas los martes, el mismo día de su celebración, a media tarde, antes del cierre de los mercados. En Estados Unidos, los resultados de las subastas de *T-Bills* se difunden a las cuatro de la tarde del mismo día en que se efectúan.

Los noticiarios de la tarde y de la noche se afanan en revelar los nuevos niveles de las tasas de interés y al otro día en la prensa aparecen por lo general en la primera plana de las secciones financieras. Pocos datos, como los de la subasta, son esperados con más ansiedad que la tasa ponderada de los títulos más negociados.

La economía en una tasa

La tasa líder es mucho más. Revela cómo es y anticipa cómo estará la economía en el periodo próximo al que la tasa esté referida. Si en México la tasa líder es la de un instrumento de 28 días, se infiere, por principio de cuentas, que la economía en México es volátil, que los inversionistas no están dispuestos a invertir a plazos mayores porque están latentes riesgos de diversa índole: alza del dólar, alza de tasas, incumplimentos de pago, estancamiento económico... por eso, en suma, el dinero se aplica a alternativas de corto plazo. Si la mayor parte del dinero se deposita a un periodo menor a un mes, se entiende que la mayor parte del dinero que piden los gobiernos, los bancos y las empresas se destina a compensar sus flujos en vez de utilizarse para hacer crecer la economía.

La tasa líder es un reflejo de la estructura de la economía. Si la economía es frágil, la tasa líder es de corto plazo, como en México; si la economía es fuerte, la tasa líder es de largo plazo, como en Estados Unidos. En una economía donde el dinero se invierte a plazos cortos no se puede planear. Si no se puede planear no es posible concretar proyectos de desarrollo. Mientras que en Estados Unidos el grueso del dinero se destina a alternativas de mediano y largo plazos y a proyectos de infraestructura, en México, el nivel de la tasa líder muestra sólo los esfuerzos del banco central para equilibrar la balanza de pagos, para atraer recursos foráneos, para restringir la cantidad de dinero circulante, para que el dólar se mantenga estable... he ahí la diferencia: en un lado la tasa líder refleja que la economía está armada sobre cimientos sólidos y en el otro que está moldeada con base en las circunstancias.

La tasa líder vislumbra el futuro; es un anticipo del futuro porque en su nivel porcentual se incluyen las expectativas de inflación, del tipo de cambio, de déficits comerciales o de cuenta corriente, de hechos políticos, de la política monetaria, del rumbo económico general del país en el corto plazo. Por eso la tasa de los Cetes a 28 días es un anticipo de lo que será la economía mexicana en las próximas cuatro semanas.

Es deseable mover las estructuras de tiempo. Es necesario que la tasa líder sea de mayor plazo. Cuando en México sea de mediano podremos decir que la economía se cimienta en acero y concreto, no en alfileres.

 Internet bursátil

Existen datos de la subasta en México en la página de Banxico: **www.banxico.org.mx** haga clic en alguno de los vínculos que se muestran en la columna de la derecha.

TIIE, y MEXIBOR: el costo de pedir prestado

> Tasa de Interés Interbancaria de Equilibrio, TIIE

La Tasa de Interés Interbancaria de Equilibrio (TIIE) es el principal parámetro para obtener el precio del crédito en México. También la calcula el Banco de México, en función del comportamiento de la oferta y la demanda de liquidez en el mercado de dinero. Es la versión mejorada de la TIIP (Tasa de Interés Interbancaria Promedio), cuya vida y uso fueron breves, ya que el Banco de México estableció su uso en 1993 y dejó de calcularla el 31 de diciembre de 2001. La TIIE se creó en 1995 y poco a poco fue cobrando relevancia como tasa líder activa.

Dado que ambas miden el costo del dinero y los bancos tienen los requerimientos u ofertas de liquidez de primera mano, son ellos los que proporcionan al Banco de México los datos para su obtención. Si bien el método de cálculo de las tasas es un tanto complicado, podríamos resumirlo en una serie de pasos:

1. Los bancos interesados en participar en la determinación de la TIIE envían un escrito al Banco de México.

2. El Banco de México informa a las instituciones el día, las tasas y los montos para los cuales podrán presentar posturas a fin de obtener los créditos que concede o para prestarle fondos. Se pueden presentar dos tipos de posturas: *a*) tasas activas: las tasas a las que los intermediarios están dispuestos a prestar fondos al Banco de México y *b*) tasas pasivas: a las que los intermediarios están dispuestos a recibir créditos de Banxico.

3. Los bancos presentan sus posturas de tasas en cuatro decimales a más tardar a las 12:00 del día hábil que corresponda. Sólo se puede presentar una postura por plazo y por cada tasa.

4. Basta con que el Banco de México tenga a la hora referida las posturas de seis instituciones para proceder al cálculo de las tasas.

5. Si por alguna razón el Banco de México no logra reunir las posturas suficientes, puede determinar las tasas tomando como referencia las condiciones que imperen en el mercado de dinero.

6. El Banco de México divulga las tasas obtenidas. El procedimiento para obtener y calcular la TIIE comprende el uso de medidas estadísticas como la desviación estándar y el promedio aritmético; además, el Banco de México ordena las posturas que resultan homogéneas, obtiene vectores, diferenciales, etc., mediante procesos automatizados cuya explicación y efecto merecerían un compendio aparte.

Tasa
MEXIBOR

La tasa MEXIBOR es una referencia que obtiene Reuters, una agencia de información y proveedor principal de datos, cotizaciones, análisis técnico y demás herramientas bursátiles de todos los mercados de valores del mundo. Los bancos participantes transmiten al sistema de cotizaciones de Reuters las posturas de tasas a diferentes plazos y, con base en esas cotizaciones, Reuters determina y difunde a diario la tasa de referencia.

Esta tasa es, en esencia, lo mismo que la TIIE. Es lo mismo hasta en el nombre. A una se le asignó en español y a la otra en inglés: TII es lo mismo que IBOR, que son las siglas de *Interbank offered Rate*, que significa Tasa de Interés Interbancaria. El hecho de que la obtenga una institución neutral en vez del banco central, le confiere una fidelidad mayor sobre el costo del dinero que la que puede el público percibir de la tasa oficial, la TIIE.

Costo Promedio Porcentual: el costo de captar

Costo Promedio
Porcentual, CPP

El Costo Promedio Porcentual (CPP) es la referencia más añeja del sistema financiero. Se determinó por vez primera en 1975 y, en teoría, se va a seguir calculando hasta el 31 de diciembre de 2005, por lo menos. El CPP es apenas una estimación del costo real promedio de captación de los bancos comerciales en México. El costo de captación se entiende por la tasa o sobretasa de rendimiento que pagan los bancos a los ahorradores en diversos instrumentos o mecanismos: depósitos a plazo, en cuenta corriente, pagarés con rendimiento liquidable al vencimiento, aceptaciones bancarias y papel comercial.

El Banco de México recibe a diario la información sobre las operaciones, montos y tasas pactadas. A fin de mes establece o estima el costo promedio de captación de los bancos y lo publica justo una vez por mes. Con ese dato, los bancos fijaban, antes, y pocas veces ahora, el precio del crédito a sus deudores. Con el surgimiento de la TIIE y la Mexibor, el CPP ha caído en un desuso natural.

4.5 En directo y en reporto: negociaciones cotidianas con títulos a descuento

En los mercados emergentes, debido a la naturaleza de sus economías, la liquidez y las operaciones se concentran en el corto plazo, por lo que los niveles de las tasas líderes surgen de la negociación de títulos menores a un año.

En México la tasa ponderada surge de la venta directa de los Certificados de la Tesorería que el banco central hace a los intermediarios. La negociación en directo es la clásica operación con que el vendedor y el comprador acuerdan la transferencia definitiva de la propiedad de los valores.

La tasa de fondeo surge de las operaciones de "reporto" a un día. Un *reporto* es una negociación que compromete a las partes a efectuar la operación contraria en una fecha determinada, antes del vencimiento del papel: compromete al vendedor de cierta cantidad de títulos a volver a comprárselos al cliente, y al comprador, a venderlos al intermediario que se los había vendido.

Papeles y operaciones a descuento

En directo o en reporto, el grueso de las operaciones de los mercados de deuda se celebra con títulos de corto plazo: certificados o billetes de la Tesorería, aceptaciones bancarias, pagarés bancarios, pagarés financieros o papel comercial.

Esos papeles tienen, además del corto plazo, otra característica común: se negocian con descuento.[7] Las entidades que acuden a financiarse al mercado mediante estos instrumentos estipulan el valor nominal del título, el plazo y la tasa de descuento. Con esos elementos, los intermediarios y el público determinan el precio de negociación y, por consiguiente, el rendimiento.

Digamos que un título a 28 días se compra a $9.9415. Si el título tiene un valor nominal de $10.00, el día del vencimiento el tenedor recibe del emisor $10.00 íntegros. La ganancia resulta de restar la inversión inicial de $9.9415 del valor nominal que recibe al vencimiento. Así pues, el rendimiento de un inversionista se determina por el diferencial entre el valor nominal del título y el precio de negociación.

Para calcular las variables de los títulos que se negocian a descuento, los participantes del mercado usan siete cálculos elementales. Acorde a sus características, las variables de los títulos de deuda con que se desarrollan las fórmulas son las siguientes:

P = *Precio*. Es el precio resultante una vez que se aplica la tasa de descuento al valor nominal.

r = *Tasa nominal* (de rendimiento). Es la tasa nominal anual de rendimiento que otorga el emisor.

VN = *Valor nominal*. Es el valor nominal del título. Para efectos de los casos y ejercicios que se explican, se asignará el valor nominal de $10.00 a los títulos.

td = *Tasa de descuento*. Es la tasa que se va a descontar al valor nominal para negociar el título.

T = *Plazo de vencimiento del papel*. Los días de vigencia del papel.

Con estas variables se puede proceder a exponer una serie de casos de operaciones en directo.

Comprar "en directo"

Comprar en directo (o compra natural) significa volverse dueño de los títulos y quedarse con ellos hasta su vencimiento o hasta la fecha que se desee. Se denomina comprar en directo porque se adquiere la propiedad del papel y ya con la propiedad del documento, el comprador puede hacer lo que más le convenga: retenerlo hasta su vencimiento, venderlo antes, venderlo en reporto, etcétera.

La *compra en directo* es una operación que comúnmente hacen las personas físicas o las tesorerías de las empresas, quienes prefieren asegurar tasas competitivas y reducir la incertidumbre.

Compra y venta en "directo"

---

7   Los papeles de corto plazo se negocian a descuento porque no pagan intereses. El plazo que tienen no alcanzaría para estructurar periodos de pago de cupones. Como no pagan intereses, son valores sin cupones (cupones cero, *zeros*).

Descuento y precio

Dado que la ganancia del que adquiere papeles a descuento depende del precio al que compra, lo primero que debe calcularse, a partir de la tasa de descuento ofrecida por el emisor, es el precio.

Certificados de la Tesorería CETES

Suponga que el banco central subasta Certificados de la Tesorería a 28 días de plazo, con una tasa de descuento ponderada de 7.52%. El precio que paga el adquiriente al banco central, dada la tasa de descuento, se obtiene al aplicar la fórmula siguiente:

$$P = [VN - (VN \times td \times T \div 36\,000)]$$

Si se sustituyen las variables conocidas con los valores respectivos, se tiene:

$$P = [10 - (10 \times 7.52 \times 28 \div 36\,000)] = 9.9415$$

El resultado significa que el comprador de los certificados va a pagar $9.9415 por cada título con valor nominal de $10.00; es decir, el banco central ha descontado 0.0585 centavos por certificado al comprador. Esos 0.0585 centavos, a fin de cuentas, representan la ganancia de la inversión, ya que a los 28 días el inversionista recibirá $10.00 por cada título.

Rendimiento

Según los datos del ejemplo anterior, los 0.0585 centavos de diferencial entre el precio de adquisición y el valor nominal de cada certificado constituyen la ganancia, ya que la inversión inicial va a ser de $9.9415. El rendimiento puede y debe obtenerse en términos porcentuales, para expresarlo como tasa de interés. La tasa de interés que percibe el comprador se sabe y se obtiene desde el momento de la compra por dos vías distintas:

Para conocer la tasa de rendimiento cuando, como en el ejemplo, el emisor vende los títulos difundiendo la tasa de descuento, se aplica la siguiente fórmula:

$$r = 1 \div (1 \div td) - (T \div 36\,000)$$

Al sustituir las variables con los datos del ejemplo, tenemos:

$$r = 1 \div (1 \div 7.52) - (28 \div 36\,000)$$

$$r = 7.5642\%[8]$$

La tasa de interés nominal anual que genera la inversión es de 7.56%. En este caso, como se han invertido $9.9415 por cada Certificado y se va a recibir al vencimiento $10.00 por cada uno, la ganancia de 0.0585 centavos por los 28 días representa un rendimiento de 7.56% anual.

También se puede obtener la tasa de rendimiento anual luego de calcular el precio de venta o compra del título con la fórmula que sigue:

$$r = [(VN - P) \div P] \times (36\,000 \div T)$$

Al sustituir, tenemos que

$$r = [(10 - 9.9415) \div 9.9415] \times (36\,000 \div 28)$$

$$r = 7.5657$$

---

8 Por cuestiones de los decimales usados, debido al redondeo de las cifras e incluso debido al modelo de calculadora que se use, los datos de precios y tasas pueden diferir de los que aquí se muestran. Se recomienda hacer los cálculos con cuatro decimales, al menos.

El resultado es el mismo: 7.5657%. La tasa de rendimiento siempre es mayor a la tasa de descuento: el 7.56% es mayor que el 7.52%. Esto sucede porque la tasa de descuento se aplica sobre el valor nominal, mientras que el rendimiento, como permite ver esta última fórmula, se obtiene a partir del precio de venta, que es un valor más pequeño.

Nótese un detalle que ya se había señalado: en vez de 360, que son los días comerciales del año, se ha utilizado 36 000 a fin de acelerar los cálculos. Para no convertir la tasa de interés a decimales, dividiéndola entre 100, se agregan dos ceros a los 360. Así es más fácil y directo realizar el cálculo porque no se complica uno utilizando el 0.0752% . Es mejor el 7.52% normal, como se ha hecho con estos casos. Además, al final de la operación ya no hay que multiplicar el resultado por 100 para expresarlo como porcentaje.

También es posible determinar la tasa de descuento si lo que se tiene es la tasa de rendimiento nominal anual del título. Para este caso se cuenta con la fórmula:

$$td = r \div [1 + (r \times T \div 36\ 000)]$$

Al sustituir, el resultado es de 7.52%, la misma tasa que se proporcionó como dato al inicio del ejercicio:

$$td = 7.5657 \div [1 + (7.5657 \times 28 \div 36\ 000)]$$

$$td = 7.52\%$$

Es probable que la tasa de descuento que resulta de aplicar esta fórmula sea distinta por algunos decimales de la tasa de descuento dada como dato inicial. Es normal porque la tasa de rendimiento que se usa en esta fórmula está sesgada, o sea que se le han dejado algunos decimales en el camino. Si se toman todos los decimales que brotan al obtener la tasa de rendimiento, no debe haber diferencia.

Cantidad de títulos y valor real

Todos los ejercicios plasmados para calcular el precio y la tasa de rendimiento se han efectuado como si la inversión comprendiera la negociación de un título. Si al caso inicial planteado le agregamos el dato del monto disponible para invertir, el ejercicio se torna más elocuente. Veamos.

Suponga que se cuenta con $1 000 000.00 para invertir en los certificados que ofrece el banco central a una tasa de descuento de 7.52%. Si por cada título se tienen que pagar $9.9415, ¿cuántos certificados es posible adquirir con esa cantidad? Para saberlo, basta dividir el monto disponible entre el precio unitario. El resultado, 100 588.44, indica que se pueden adquirir 100 588 títulos. Los 0.44 se desechan porque no es factible negociar fracciones de títulos.

Ahora, si se multiplican los 100 588 títulos que es posible comprar por el precio unitario de $9.9415, se tiene que la inversión real —es decir, el monto que realmente se aplica a la compra de los Certificados— no es el millón exacto, sino una cantidad un tanto menor: $999 995.60. O sea que del total disponible sobran $5 y 40 centavos, que no son suficientes para comprar un título ya que el precio por certificado es mayor a $9. Por eso se desecha la fracción de 0.44 títulos, porque representa los 5.40 pesos.

Se denomina *importe real* o *valor real* al monto exacto que se invierte en el mercado de dinero. Es la cantidad de la que se busca obtener un beneficio o rendimiento.

Valor real

Valor nominal o importe al vencimiento

Para redondear y facilitar el ejemplo, podría decirse que se han invertido $999 995.60 en la compra de 100 588 certificados a 28 días a una tasa de rendimiento de 7.56% anual. Ahora se trata de saber cuánto se tendrá o recibirá al llegar la fecha de vencimiento. Saber eso, con títulos colocados a descuento, es facilísimo. Basta multiplicar la cantidad de títulos que se adquieren, los 100 588, por su valor nominal de $10.00 y ya está: al vencimiento, a los 28 días, se tendrá $1 005 880.00 .

Este importe representa el valor nominal de los certificados adquiridos. Recordemos que como los papeles fueron adquiridos a descuento, no confieren intereses; entonces, la ganancia del inversionista es la diferencia entre el precio de adquisición y el valor nominal y éste es el único dato que se conoce de antemano ¿Cómo se sabe? Basta calcular el precio para tener claro todo lo demás. Cuando se obtiene el número de títulos a partir del precio, el valor o importe real de la inversión hace las veces del precio, y el importe al vencimiento, las del valor nominal. Por eso, la diferencia entre el importe real (los $999 995.60) y el valor nominal total, los 1 005,880.00, es la ganancia: $5 884.40 . Esa cantidad se obtiene si se multiplica la utilidad unitaria, los 0.0585 centavos, por 100 588, los títulos adquiridos.

Esa utilidad se produce al abrigo de una tasa de rendimiento de 7.56% anual, aplicada sobre 28 días. Esto quiere decir que el inversionista puede ganar hasta $5 884.40 si conserva los títulos toda su vigencia. Pero así como puede conservarlos, igual puede venderlos antes de su vencimiento si estima que las condiciones son propicias o si cree que es necesario.

Venta anticipada

Un inversionista no necesita esperar al vencimiento del papel para pensar en nuevas alternativas. Si descubre un instrumento más redituable, si necesita su dinero, si las tasas suben y no quiere perder o si bajan y desea aprovechar para ganar, puede vender los títulos que ha comprado en cualquier momento en el mercado secundario, mientras no haya transcurrido el plazo estipulado en ellos.

Supongamos que el inversionista desea vender los títulos 12 días después de haberlos adquirido porque las tasas han caído y porque piensa que quizá vuelvan a subir y quiere aprovechar la coyuntura. El cliente sale a vender al nuevo nivel del mercado: a una tasa de 6.85 por ciento.

Como el cliente ya no se va a quedar con el papel los 28 días, su rendimiento ya no será de 7.56% ni percibirá los $5 884.40. ¿Cuál será la tasa de rendimiento que obtendrá por esos 12 días? Para determinar la utilidad del inversionista, primero hay que calcular el precio de venta de los papeles. Va a haber un nuevo precio porque han cambiado dos de las tres variables: el plazo, que ahora va a ser de 16 días (28 de vigencia total del papel menos 12 transcurridos) y la tasa de rendimiento nominal anual, que ahora será de 6.85%. El valor nominal se conserva.

El precio de venta se calcula mediante la siguiente fórmula ya conocida:

$$PV = [VN - (VN \times r \times T \div 36\,000)]$$

Al sustituir, se tiene que

$$PV = [10 - (10 \times 6.85 \times 16 \div 36\,000)]$$

$$PV = \$ 9.9696$$

Con menos días para el vencimiento y una tasa menor, el precio de venta del título resulta ser a un precio mayor al que se adquirió. Se confirma la máxima que establece que cuando las tasas suben, los precios de los títulos de deuda bajan y viceversa (como en este caso).

Para calcular la tasa de rendimiento que se ha generado por vender los títulos antes de su vencimiento, se aplica una fórmula distinta:

$$r = [(PV - P) \div P] \times (36\,000 \div DT)$$

Hay dos variables adicionales:

$PV =$ precio de venta anticipado del papel (la interrogante que se obtuvo con la fórmula pasada).

$DT =$ días transcurridos desde la fecha de compra hasta el día de la venta anticipada.

Al sustituir y aplicar, se tiene

$$r = [(9.9696 - 9.9415) \div 9.9415] \times (36\,000 \div 12)$$

$$r = 8.4796\%$$

El inversionista obtiene 8.4796% de rendimiento, que es una tasa mayor a la que obtuvo al comprar el título. Resulta mayor porque vende el papel a una tasa de rendimiento menor, 6.85% y el diferencial entre ésta y la tasa a la que compró es una ganancia adicional.

Nótese que lo que se hace en la fórmula es obtener la diferencia entre los precios de compra y de venta de los certificados y esa diferencia se divide entre el mismo precio de compra para obtener el rendimiento en pesos. Luego, se genera una utilidad porque el precio de venta es mayor al precio de compra debido al descenso de las tasas. El cliente recibe del emisor 7.56% y paga a su comprador una tasa más baja, 6.85%. El diferencial entre ambos es el porcentaje con que el inversionista se queda tranquilamente.

Si las tasas hubiesen subido y el cliente se hubiera visto forzado a vender para tomar el nuevo parámetro del mercado, el resultado sería el contrario: habría perdido porque vendería a un precio menor al de compra.[9]

Reporto

El reporto es la figura de compraventa más recurrente del mercado de dinero. Es una operación habitual en todo el mundo donde, como en México, tiene su máxima utilización con títulos gubernamentales. A nivel internacional se conoce como acuerdo de recompra (*repurchase agreement, "Repos"*).

Reporto, *Repos*

La figura del *reporto* consiste en que un participante (un intermediario) acuerda mediante un contrato vender a un cliente cierta cantidad de valores; asimismo, se establece que el intermediario volverá a adquirir tales valores en una fecha específica, antes de su vencimiento, garantizando al cliente una tasa de rendimiento que se denomina *tasa premio*.

Tasa Premio

¿Por qué se hace un reporto? Por varias razones: el intermediario obtiene liquidez que puede aprovechar para tomar alguna otra oportunidad en el mercado o para sufragar algunas necesidades. La operación se efectúa con mucha frecuencia en tiempos de volatilidad cuando, por la incertidumbre, es recomendable mantener la más alta dosis de liquidez ya que no se sabe qué

9   Páginas más adelante se dan elementos y se ofrecen ejemplos para que se pueda comprender a plenitud por qué se pierde cuando las tasas suben y por qué se gana cuando bajan.

va a suceder ni siquiera al día siguiente. En tales casos, como fue la constante en México duran-te agosto, septiembre y octubre de 2004, es mejor o menos riesgoso, según se vea, manejar re-portos de muy corto plazo: a uno, dos o tres días, según el impacto o grado de la volatilidad.

Se pueden tomar los datos del ejemplo pasado y suponer que las tasas del mercado se han movido hacia arriba por la volatilidad, que los títulos que se adquirieron en subasta primaria, en directo, con tasa de descuento de 7.52%, en vez de venderse por anticipado se venden en re-porto 11 días después, con una tasa premio de 8.10% y a un plazo de siete días.

¿Qué hay que hacer? ¿Qué procede determinar? Primero, con la fórmula del precio, hay que calcular el nuevo precio del título sobre la base de los 17 días que le quedan por vencer.

$$P = [VN - (VN \times td \times T \div 36\,000)]$$

Al sustituirse, se tiene que

$$P = [10 - (10 \times 7.52 \times 17 \div 36\,000)] = \$9.9645$$

El precio resultante es mayor al precio original de adquisición (9.9415) por la razón de que mientras menor sea el plazo, más alto será el precio, en este caso es menor el número de días al que se hace la valuación: 17 días.

En seguida, para calcular el premio que se otorga al cliente, se desarrolla una fórmula nueva:

$$PR = (P \times TP \times DR) \div 36\,000$$

donde se advierten tres nuevas variables:

PR = Premio del reporto. Es la cantidad en pesos que se va a otorgar al adquiriente de los valores negociados en reporto.

TP = Tasa premio. Es la tasa a la que se pacta la operación de reporto.

DR = Días del reporto. Es la cantidad de días de vigencia de la operación de reporto.

Al aplicar la fórmula con los datos del ejemplo, se tiene:

$$PR = (9.9645 \times 8.10 \times 7) \div 36\,000$$

$$PR = 0.0157$$

El resultado refleja que por cada certificado con valor de \$9.9645, se van a pagar \$0.0157 co-mo premio por los siete días del reporto. Como se puede deducir, este importe es el rendimien-to que el comprador en reporto obtiene en pesos, a través de la tasa premio.

La descripción de lo que es un reporto dice que la operación permite al vendedor recupe-rar los títulos al cabo de cierto plazo. ¿Qué pasa cuando el reporto vence y el vendedor recompra los títulos? A esa recuperación se le llama "salida" del reporto y lleva a determinar el costo de recuperación. El último concepto del reporto se denomina *tasa de salida* y es la ta-sa de interés que va a obtener el dueño de los valores por los días que le restan de vigencia a los títulos.

Tasa de salida

Para determinar la tasa de salida de un reporto, se tiene una última fórmula:

$$TS = [1 - (P + PR \div VN)] \times (36\,000 \div PV)$$

Hay también dos últimas variables:

TS = Tasa de salida. La tasa de interés que percibe el dueño de los valores por los días que le restan de vencimiento a los títulos.

PV = Plazo al vencimiento. Son los días que le quedan de vigencia a los papeles, después del plazo del reporto. En este caso son 10 días. ¿Por qué 10? El papel se había vendido en reporto a los 11 días, cuando le restaban 17 días de plazo y el reporto se efectuó por siete días. Si se suman los 11 días iniciales más los siete del reporto, tenemos que en total transcurren 18 días, menos los 28 días de vigencia total de los certificados, nos quedan 10. También podemos tomar los 17 días que le quedaban de plazo el día en que se efectúa el reporto y le restamos los siete del plazo de éste y llegamos a los mismos 10 días. En algunos casos suele incluirse la expresión $DV-DR$ en ese campo de la fórmula para evitar confusiones.

Al aplicar la fórmula con los datos del ejemplo, la tasa de salida es:

$$TS = [1 - (9.9645 + 0.0157 \div 10)] \times (36\,000 \div 10) = 7.1280\%$$

Según el modelo de la máquina y el número de decimales que use para el cálculo, la tasa de salida puede ser 7.12% o incluso de 7.13 por ciento.

Observe que en la fórmula el precio al que se vendieron los títulos en reporto se suma al premio pagado al comprador, a efecto de que esa sumatoria, restada después del valor nominal, arroje un diferencial que se afecta luego por el plazo que le resta al título. Todo esto con el fin de obtener la ganancia porcentual del dueño de los valores.

Internet bursátil

Se puede hallar información internacional sobre reportos (repos) en la siguiente dirección:
http://www.fdic.gov/regulations/laws/rules/5000-2100.html
Esta otra página incluso detalla todo sobre los valores de Estados Unidos:
http://www.publicdebt.treas.gov/bpd/bpdtoc.htm

Negociar a plazos irregulares

En la práctica, cuando se compran los títulos la fecha de adquisición no tiene que coincidir con el día de inicio de las emisiones ni el plazo de las operaciones suele corresponder a los días de vigencia de los papeles.

Cuando se instruye una compra de papeles a ocho días, el cliente no sabe cuántos días de vigencia restan al papel, ni sabe si el día de la compra es el mismo día de la subasta. Lo único que desea, según su conveniencia o necesidades, es que el intermediario le consiga un papel que le genere la misma tasa de rendimiento que otorga el instrumento líder a 28 días.

Pongamos el caso de que el tesorero de una empresa sabe que tiene la posibilidad de mantener sus recursos disponibles por ocho días hábiles y que la tasa de descuento que se ofrece por inversiones a 28 días es la que se ha manejado en los ejemplos: 7.5642 por ciento.

Según dijimos, el costo del dinero depende del tiempo. Ese 7.5642% es el costo (o el premio, para el que lo presta) por un lapso establecido, por lo que si se tratara de un plazo mayor, la tasa sería mayor y si el plazo fuera menor, también sería menor. De modo que si el tesorero desea esa tasa para una inversión a menos días (a un plazo irregular), lo que desea y lo que se le va a otorgar es el descuento equivalente a 7.5642% pero en ocho días ¿Qué descuento se pagaría al tesorero?

La tasa equivalente que se utiliza para comparar rendimientos tiene otras aplicaciones. Su otro uso natural y cotidiano es en la negociación a plazos irregulares, de modo que se tiene que recurrir a la misma fórmula de la tasa curva:

$$TC = \left[\left(1 + \frac{r \times P}{36\ 000} \right)^{PC/P} \right] - 1 \times \left(\frac{36\ 000}{PC} \right)$$

Al sustituir los datos y aplicarla, el resultado es de 7.5484%, es decir:

$$TC = \left[\left(1 + \frac{7.5642 \times 28}{36\ 000} \right)^{8/28} \right] - 1 \times \left(\frac{36\ 000}{8} \right)$$

$$TC = 7.5484\%$$

Es el porcentaje que se asigna al tesorero si se le toma su dinero a la tasa de descuento de 7.5642%, equivalente a ocho días.

¿Cómo que pierdo cuando las tasas suben?

Claro; y gana si las tasas bajan. Es una cuestión difícil de asimilar, sobre todo en tiempos de crisis. Cualquiera podría suponer que si las tasas generales de los mercados suben, se gana más y, si bajan, se gana menos. Eso es válido y lógico, pero no siempre.

En el tema "Venta anticipada" se vio que el precio de los valores de deuda disminuye al subir las tasas y que, al venderlos, se produce una pérdida para el inversionista. Véase ahora lo que ocurre en los dos escenarios, cuando las tasas suben y cuando bajan y las repercusiones según el tipo de postura que se tenga: ahorrador en un mecanismo arcaico, inversionistas en el mercado de dinero y entidad emisora o deudor.

Escenario 1: las tasas suben a 12.50%

- **Ahorrador a plazo fijo.** Si un ahorrador aplicó sus recursos en una cuenta de ahorro de un banco que le ofrece 5%, no tiene ni de qué preocuparse. Con el incremento, va a seguir recibiendo el raquítico porcentaje de interés (5.50 o 6%, si acaso, menos de la mitad de lo que ofrecería el mercado), que le va a producir su mecanismo arcaico. El ahorrador a plazo fijo debe saber, eso sí, que aunque no lo perciba, cuando suben las tasas está perdiendo, y mucho. Si las tasas del mercado son de 12.50% y él recibe apenas la mitad, 6%, quiere decir que su dinero está perdiendo poder adquisitivo. Al final del plazo, su dinero (considerando lo que obtenga de premio) le va a servir para comprar sólo la mitad de lo que podría adquirir si lo hubiese invertido a una tasa de 12.50 por ciento.

- **Inversionista en el mercado de dinero.** Tiene que andar con cuidado. Si recibía 7.56% de rendimiento, la tasa líder, en un certificado comprado en directo, ¿qué debe hacer para entrar al nuevo nivel del mercado? Vender su papel y comprar uno nuevo. ¿Quién le va a tomar su título antiguo? Cualquiera, siempre que lo negocie a una tasa que sea lo más cercana al nuevo nivel del mercado, 12.50%. Si el cliente vende sus certificados a una tasa de 12.50%, obtiene liquidez para adquirir un nuevo título a esa misma tasa de mercado del 12.50%. Puede parecer absurdo, pero no. El cliente debe deshacerse de sus certificados para tener acceso a la nueva tasa que prevalece en el mercado. Deshacerse de su posición significa negociar sus papeles al nuevo nivel, no al anterior, porque si pretendiera vender a 7.56%, nadie que estuviera sensato se los tomaría.

No hay que olvidar que las negociaciones en el mercado establecen un precio de adquisición. Si las tasas se mueven, los precios también. Al momento de la compra, cuando las tasas eran del 7.56% y faltaban 28 días para su vencimiento, el cliente pagó un precio de $9.9415 por cada certificado. Si el alza de las tasas a 12.50% ocurriese cinco días después, cuando faltasen 23 días para el vencimiento, ¿cuál sería la valuación, el nuevo precio de cada certificado? Para saberlo, hay que aplicar la fórmula del precio que parte de la tasa de rendimiento:

$$PV = [VN - (VN \times r \times T \div 36\ 000)]$$

Si se sustituyen las variables, el resultado sería de 9.9201:

$$PV = [10 - (10 \times 2.50 \times 23 \div 36\ 000)] = 9.9201$$

Se ve que los 100 588 títulos que se compraron a $9.9415 se venderían a $9.9201, con lo cual se tendría un pérdida de $0.0213 por título y una cantidad total de $2 148.6.

Como el emisor paga al comprador original 7.56%, ¿quién absorbe el diferencial de tasa entre 7.56 y 12.50%? El ahorrador. Es lógico: el cliente está perdiendo y se pregunta: "¿para qué vendo el papel antiguo si voy a perder?" Es cuestión de determinar cuándo y cuánto desea perder. Si el inversionista vende de inmediato el viejo papel, toma una pérdida rápida. Si no lo vende y espera unos días más, la pérdida de 0.01 centavos por título se debe multiplicar por los días que conserve el papel. Eso si las tasas se mantienen en los días subsecuentes a 12.50%, porque si al día siguiente suben más, los 0.0213 centavos serán la pérdida sólo del primer día, ya que al siguiente se puede tener una mayor, según el avance de los réditos.

Si opta por no vender hasta el vencimiento, la valuación de su inversión va a disminuir día tras día, de modo que al final tendrá menos dinero. El monto o importe que recibirá al vencimiento será menor que el que pudo tener si vende el papel el día del primer aumento de las tasas y toma uno nuevo. Realizar la pérdida por un día, invertir a plazos cortos y tomar día a día la nueva tasa le permite tener una cantidad mucho mayor al cabo de un periodo largo. Si no lo vende y las tasas siguen subiendo, las pérdidas van aumentando.

■ **Emisor o deudor.** Cuando las tasas suben, el emisor o deudor de títulos está en un gran aprieto. Si se trata de una deuda o papel contraído o emitido a tasa variable, el costo tiene que ser mayor. El emisor debe ajustar su premio o tasa cupón al nuevo nivel del mercado. Si se trata de una deuda o un papel colocado a descuento, a una tasa única o fija, no hay mayor apuro, el alza no afecta.

Escenario 2: Las tasas bajan de 7.56 a 6.85%

■ **Ahorrador a plazo fijo.** ¿Continúa la preferencia por ser el ahorrador clásico? El rudimentario mecanismo de la banca va a pagar ahora 3.5% al ahorrador, si bien le va. Sobra decir que el ahorrador pierde. Tal vez no lo nota, pero pierde. Al final del plazo de la inversión, el dinero que tiene y con el que puede comprar una serie de artículos, le alcanzará para comprar una cantidad menor. En estos casos, en vez de ahorrar le convendría gastar su dinero.

■ **Inversionista en el mercado de dinero** ¿Opta por seguir siendo inversionista? Qué bueno. Ahora está del otro lado. ¿Quién no querría tener un pagaré que paga 7.56% cuando las tasas ya cayeron? Todos ¿Qué puede hacer el que lo tiene? ¿Qué tal tomar una ganancia? Entonces puede vender el papel. ¿A qué precio o tasa? A 6.85%, por supuesto. ¿Dónde queda el diferencial entre 7.56 y 6.85%? En el bolsillo del inversionista, ni más ni menos.

Vuelva páginas atrás al caso de la venta anticipada. Ahí se establecía que si el cliente decidía vender sus papeles 12 días después de haberlos adquirido porque las tasas habían caído, el precio de venta al que los podría enajenar sería de $9.9696. Si 12 días después la tasa cayera a 6.85%, el diferencial entre el precio de adquisición ($9.9415) y el precio de venta ($9.9696): $0.0231 por título y $2 826.52 en total, sería la ganancia.

■ **Emisor o deudor.** ¿Cómo le va al deudor o emisor? Bien, muy bien: si la deuda está pactada a tasa variable, va a pagar menos intereses por su crédito. Si la deuda o emisión está pactada a tasa fija, el efecto es negativo porque se va a pagar una tasa más alta que la que prevalece en el mercado.

El impacto de las variaciones de las tasas puede ser constante, no sólo en el momento en que se producen las alzas o bajas. Ese impacto se puede mantener, aumentar o reducir con el tiempo si el afectado no hace nada y determina quedarse con los títulos, el plazo fijo o la deuda, según sea el caso.

El peso del interés: ayer un auto, hoy un almuerzo

Quien se creía un ahorrador riguroso vertió hace poco sobre la mesa los billetes y monedas que ahorró durante 15 años, entre 1968 y 1983. Había pensado que acumulando dinero por años tendría una cantidad regular para pagar los estudios de sus hijos. Separando de aquí y de allá, amontonando los billetes según su denominación, contamos poco más de 85 mil pesos, de los de antes. En su tiempo, por el año de 1980, ese dinero habría sido suficiente para comprar un auto compacto; hoy, sin embargo, el monto era en realidad 85 pesos, porque, téngase presente, debido a la reforma monetaria de 1993, se le suprimieron tres ceros al Peso. ¿Qué pudo entonces comprar el ahorrador con ese dinero? Poco, muy poco, y en realidad minucias: dos viajes cortos en taxi o dos comidas corridas y siempre y cuando, claro, pasara por el engorroso trámite de cambiar sus billetes de antes por el papel moneda de ahora. Su dinero, su pequeña fortuna, es evidente, perdió su valor. El ahorrador, pues, no era tal, era sólo un acumulador de billetes.

¿A qué se debe que su dinero haya perdido valor? A que las tasas de interés, desde inicios de los ochenta, fueron muy altas. Para que el dinero no hubiera perdido valor debió ser invertido a una tasa de interés al menos igual a la tasa de inflación. Es que, si uno invierte a una tasa menor (como es el caso de los ahorradores que compran pagarés bancarios a plazo fijo) o a una tasa "cero", como el ahorrador aquél, el dinero pierde valor, poco o mucho, según el porcentaje de interés que se perciba y el ritmo de la inflación. Si en todos los años que los 85 mil pesos estuvieron guardados no hubiese habido inflación y las tasas de interés hubieran sido bajas, más bajas que ahora, el dinero habría conservado algo de su valor y en el 2004 alcanzaría para comprar mucho más que un almuerzo. Pero en México hubo y habrá inflación, alta o baja, según los tiempos, y habrá tasas de interés; por lo mismo, el ahorrador ha estado y estará expuesto a la pérdida total o parcial del poder de compra de su dinero.

Programa de mercado de dinero para calculadora

Todos los cálculos de las operaciones en directo y en reporto pueden simplificarse si se cuenta con una calculadora financiera o de negocios a la que se le puedan dar de alta fórmulas.

En el mercado de dinero, en todo el mundo, es impresionante la preferencia que se tiene por una marca de calculadoras: la Hewlett Packard, mejor conocida en el medio como HP. En sus modelos HP17B, HP17B2, HP19, HP19B2 o HP17B2+, se puede capturar el siguiente programa:

Programa de mercado de dinero para operaciones en directo y en reporto

MDO.DIN.INT.:IF(S(TR)_OR_S(TD):RND(1÷((1÷TR)+(DV÷36E3)):8)−TD:IF(S
(TE):RND(((TR×DV÷36E3+1)^(D*C÷DV)−1)÷D*C×36E3:8)−TE:IF(S(VNOM):
IP(RND(VRAL÷10÷RND(1−TD÷36E3×DV:8):0)×10)−VNOM:IF(S(VRAL):VN
OM×RND(1−TD÷36E3×DV:8)−VRAL:RND((1−(RND(1−TD×DV÷36E3:8)×
(1+PREM×DR÷36E3)))×36E3÷(DV−DR):2)−TSAL))))

Nota: *El guión bajo (_) indica que hay que dejar un espacio.*

Si la fórmula no se digitaliza correctamente, en la pantalla aparece la palabra "ERR" o "ERROR EN FÓRMULA". Cuando se ingresa en forma adecuada, la máquina exhibe un menú con las siguientes variables:

TR	Tasa de Rendimiento
DV	Días al Vencimiento
TD	Tasa de Descuento
D*C	Días a tasa Curva
TE	Tasa Equivalente
VRAL	Precio o Valor Real
VNOM	Valor Nominal
PREM	Tasa Premio
DR	Días del Reporto
TSA	Tasa de Descuento de Salida

Con el menú en la pantalla, se puede calcular cualquiera de las incógnitas de las operaciones a descuento. Para obtener el precio de los títulos con valor nominal de $10.00 a un plazo de 28 días y una tasa de descuento de 7.52% (el primero de los cálculos que se mostraron), basta teclear cada uno de los datos y pulsar en seguida la tecla correspondiente a cada variable:

Para dar de alta los días de plazo capture 28 y luego presione *DV*; para dar de alta la tasa de descuento, se anota 7.52 y se oprime la tecla que corresponda a *TD*. Luego oprima "OTROS" para que la máquina muestre el resto de las variables del menú. Sin borrar ninguno de los datos anteriores y para dar de alta el dato del valor nominal, se captura 10 y se pulsa la tecla que corresponda a la variable *VNOM*.

En seguida, para saber la incógnita, el precio, se pulsa la tecla que corresponda a *VRAL*; la máquina hace el cálculo y arroja el resultado: $9.9415. Se sigue el mismo procedimiento para calcular el resto de las incógnitas. Por ejemplo, sin borrar ninguno de los anteriores, oprima de nuevo "OTROS" y una vez aparezca la otra parte del menú, presione *TR*. La máquina verterá entonces 7.5642%, que es la tasa de rendimiento de la operación.

No borre los datos. Usémoslos para obtener la tasa de rendimiento equivalente a ocho días que ya se obtuvo dos páginas atrás, en el tema "negociar a plazos irregulares". Si retenemos en

TR el dato de 7.5642% que corresponde a los 28 días por vencer (o los volvemos a dar de alta, si es que ya borró los datos) y luego ingresamos ocho en $D*C$, que son los días a los que se va a hacer equivalente la tasa de 28 días, la máquina nos vertirá, al oprimir *TE*, la tasa de rendimiento de 7.5484 por ciento.

Para obtener los datos del reporto se procede de modo idéntico. Tomemos los datos ya conocidos y de modo breve, demos de alta lo que sigue:

Para obtener el nuevo precio = 10, *VN*; 17 *DV*; 7.52 *TD*;   *VRAL* = $9.9645

Para obtener la Tasa de Salida = 8.10 *PREM*; 7 *DV*;   *TSAL* = 7.13%

El premio deberá calcularse "a mano", según la fórmula ya ilustrada en la página 174.

Spreads: diferenciales que se deben considerar

El mercado tiene escalafones o intervalos de rendimientos. Los intermediarios suelen establecer diferenciales entre las tasas a las que consiguen los papeles y las tasas a las que asignan los títulos a la clientela.

Diferenciales, spreads

Un *diferencial* (*spread*, en el lenguaje del mercado) es una reducción del rendimiento que se otorga al público respecto de un rendimiento máximo.

Los diferenciales se aplican a todo tipo de papeles porque hay diferentes tasas asociadas o referidas a diversos tipos de bonos. Sobre todo, se aplican porque es el modo en que ganan los intermediarios. Las casas de bolsa venden al público los papeles a descuento a tasas menores que las que ofrece el emisor.

Los diferenciales que se aplican son mayores o menores, más grandes o más pequeños, según diversas causas o factores:

- Diferentes segmentos del mercado de títulos de deuda (gubernamentales, bancarios, privados).
- Distintos grados de riesgo dentro del mismo segmento de papeles (Bonos AAA, bonos con menor grado de inversión).
- Diferentes plazos dentro de un segmento o sector del mercado (papeles a 28 días con descuento moderado, papeles de uno o dos años con gran descuento).
- Competitividad del intermediario.

El público debe evaluar el comportamiento de las tasas, el tamaño de los diferenciales que aplica el intermediario y los criterios que considera para aplicarlos.

Importancia de las operaciones a descuento

Las operaciones que se ilustraron en este tema se realizan con papeles que se negocian a descuento. Las operaciones en directo y en reporto con este tipo de títulos son las de mayor peso, por lo menos en el mercado mexicano y en otros tantos de Centro y Sudamérica. Por supuesto, hay muchos tipos de operaciones más, con otro tipo de papeles, en los mercados de deuda.

Es verdad que a menudo surgen papeles denominados en Unidades de Inversión (UDI´s), referidos o indexados al tipo de cambio o que permiten elegir entre dos o más tipos de tasas al cabo de un periodo; pero como esos papeles por lo general tienen una permanencia menos duradera, ya que obedecen a condiciones económicas especiales o temporales, (como los

Ajustabonos, los Tesobonos y otros títulos aztecas que ya no están disponibles), los papeles a descuento y las operaciones en directo y en reporto seguro conservarán su relevancia.

4.6 Operaciones de bonos con cupones

Los inversionistas que pretender ganar una tasa de rendimiento más alta que el porcentaje de la tasa líder, deben adquirir instrumentos de otra naturaleza y de mayor plazo que los que tienen los papeles a descuento. Deben invertir en bonos. Los bonos son títulos que ofrecen un rendimiento sobre su valor nominal.

Los cupones

En vista de que el emisor de los bonos y demás títulos de mediano y largo plazos paga intereses periódicos, debe incorporar a los títulos una serie de cupones. Los títulos a descuento no tienen cupones porque son de corto plazo y en periodos cortos, digamos de 28 o 182 días, no es necesario programar una serie de pagos de intereses ¿para qué, si al cabo de ese periodo termina el plazo de la deuda? Al vencimiento de esos títulos el emisor devuelve lo que se le otorgó en préstamo.

Un cupón sirve entonces para pagar la tasa que corresponde a un periodo específico (tres meses, 182 días, un año) dentro del periodo total de vigencia del papel (tres, cinco, ocho o más años). Así llegamos al uso de la *tasa cupón*.

La tasa cupón de un papel puede ser fija o puede ser variable. Si es fija, el porcentaje de rendimiento será el mismo para todos los periodos o cupones. Si es variable, el emisor ajustará el porcentaje de cada cupón, hacia arriba o hacia abajo, y lo difundirá al mercado antes del inicio del periodo respectivo. El público, entonces, debe saber la tasa que ganará y decidir, previo al periodo, si le conviene mantener esos títulos o si es preferible que los venda y adquiera otros que ofrezcan una tasa mayor.

Tasa cupón

La tasa de mercado

Para negociar bonos es preciso considerar simultáneamente dos tasas de interés: la tasa que estipula el emisor y la tasa de interés corriente del mercado secundario. La tasa de mercado afecta el precio de los bonos. En los cálculos, hay que tenerlo presente, debemos mezclar las dos tasas, la de cupón y la de mercado. La mezcla de las dos producirá un precio de negociación o cotización distinto del que resultaría si sólo usáramos la tasa cupón. Si la tasa de mercado es superior a la del cupón, el título se negociará *bajo par*, es decir, a precio inferior a su valor nominal. Si la tasa actual de mercado es menor a la del cupón, el papel se negociará *sobre par*, o sea, a un precio superior a su valor nominal. Cuando la tasa de mercado vigente es igual a la tasa de mercado, el título se negociará *a la par*, que significa que el precio será igual al valor nominal.

Sobre par
Bajo par
A la par

Los Bondes, especialidad de la casa

Los bonos con pago de tasa periódica más negociados en México son dos valores gubernamentales: los Bonos de Desarrollo, Bondes, y los Bonos de Protección al Ahorro Bancario, BPA's. Son digamos, las especialidades de la casa.

Bonos de
desarrollo,
Bondes

El gobierno mexicano emite Bondes para captar recursos que canaliza a la realización de infraestructura y otras obras que generan desarrollo.[10] Hay tres clases según el periodo de corte de cupón y pago de intereses: el tradicional, que ajusta su tasa cupón cada 28 días, el Bonde91, que paga intereses y se revisa su cupón cada 91 días y el Bonde de cupón semestral. El Bonde91 tiene la particularidad de que permite al tenedor elegir, al cabo del plazo del cupón, la tasa de interés más alta entre la de los Cetes y la de los Udibonos. En términos de la nueva ingeniería financiera es un bono opción.

- Los Bondes con cupón revisable cada 28 días son emitidos a plazos de 364, 532 y 728 días, es decir, un año, un año y medio (18 meses o, para ser precisos, 19 periodos de 28 días) y dos años.

- Los Bondes con cupón revisable cada 91 días (Bonde91) y los de tasa revisable cada 182 días (Bonde182) son emitidos a plazos de tres años.

- Su valor nominal es de $100.00

Por la naturaleza de su plazo y ante la variabilidad de las tasas en los escenarios cambiantes de la economía, la tasa de los Bondes se revisa, se ajusta y se paga periódicamente. En el caso de los Bondes tradicionales, esto significa que la tasa ofrecida sólo estará vigente durante los primeros 28 días de la emisión, al cabo de los cuales el emisor efectúa el pago de los intereses correspondientes a ese periodo y establece una nueva tasa que regirá los siguientes 28 días, y así sucesivamente.

Los Bondes, igual que los Cetes, se emiten a descuento y ofrecen una tasa de rendimiento mayor que la de los Certificados de la Tesorería, los Cetes. De hecho, su rendimiento está ligado al de los Cetes y a un elemento que resultará indispensable en este y el siguiente tema: una tasa premio o sobretasa. El rendimiento final que un inversionista obtiene al comprarlos proviene entonces de dos fuentes:

- La tasa de los Cetes al plazo de referencia (si los Bondes son de 28 días, por ejemplo, la tasa de referencia es la de los Cetes a 28 días).

- Una sobretasa (o puntos base adicionales) que se suman a la tasa base. La sobretasa es un premio que paga el emisor al inversionista por el riesgo que implica para éste destinar el dinero a un plazo mayor.

- Una ganancia en diferenciales de precios: entre el precio de adquisición y el valor nominal (en caso que se conserve el papel hasta su vencimiento) o entre los precios de adquisición y venta (en caso de optar por una venta anticipada), aunque entonces el comprador está expuesto a sufrir alguna pérdida.

Sobretasa

La tasa de interés que estipula el Bonde se basa en la que sea mayor de las tres siguientes:

1. La tasa anual de rendimiento de los Cetes a 28 días (con lo cual podemos apreciar la importancia de la tasa líder).

2. La tasa bruta (antes del impuesto sobre la renta) anual máxima autorizada para personas morales en Certificados de Depósito (Cedes) a un mes.

---

10 El gobierno, es cierto, emite a menudo estos valores para que no haya desarrollo. Explico: el gobierno mexicano tuvo como objetivo prioritario, desde 2000 y hasta 2006, bajar la inflación. Para lograrlo, procuró que la economía no creciera. Eso implicó que dejaba inactivo o guardado el dinero que le daba el público vía la emisión de papeles de deuda, para que hubiera menos dinero en circulación y se desactivaran, gradualmente, la producción, el empleo, el consumo.

3. La tasa bruta de interés anual máxima autorizada para personas morales de los pagarés bancarios a un mes.

BPA's, los bonos de una deuda oscura

El gobierno mexicano también emite bonos para captar recursos que destina a los bancos que estuvieron al borde de la quiebra luego de la crisis de 1995.[11] Los títulos son emitidos por la dependencia federal denominada IPAB, Instituto de Protección al Ahorro Bancario, que es la dependencia que canaliza el dinero del público a las instituciones de crédito. La versión oficial establece que el dinero que capta el IPAB fue y es para evitar que los bancos quebraran y desbarataran, al quebrar, al sistema financiero y a toda la economía. El caso es que de todos modos la economía quebró, con cargo a los contribuyentes, en tanto que los bancos quedaron nuevos, sanos, limpios de toda culpa y con dinero fácil y seguro. Los intereses que generan los BPA's (Bonos de protección al ahorro), obvio, son pagados con recursos fiscales, es decir, también por los contribuyentes, que son los que han hecho posible, desde aquel año, las fabulosas utilidades de los bancos.[12]

> Instituto de Protección al ahorro Bancario, IPAB

Los bonos del IPAB se conocen como BPA's, Bonos de Protección al Ahorro, o como IPA-BONOS, y se operan igual que los Bondes; son, pues, una calca de éstos. Podemos decir que son el mismo instrumento, con las mismas características que se señalan líneas arriba. La diferencia estriba en el emisor y el destino de los recursos. Por eso, porque son idénticos, las operaciones que se ilustran a lo largo de este tema pueden considerarse indistintamente como operaciones de Bondes o de BPA's.

> Bonos de Protección al Ahorro, BPA's

Los BPA´s tienen un valor nominal de $100.00 El valor nominal es importante porque es la base para realizar todas las variables (precios, importe de cupones, rendimientos, etc.) de todas las operaciones que se van a ilustrar.

La calculadora HP

Para facilitar el cálculo del precio de cada título y obtener a partir de él las demás variables de la inversión (número de títulos, valor real, intereses, etc.) hay que ingresar la fórmula de abajo a una calculadora programable (HP 17B, 17B2, HP 17 BII +, 19B, 19B2 u otras[13])

$$\text{BONDES:IF(S(INT\$): IF(FP(DV}\div\text{PZO)}=0{:}0{:}\%\text{CPN}\times\text{PZO}\times(1-\text{FP(DV}\div\text{PZO)})\div360)-\text{INT\$:(USPV((\%TLVG+ST)}\times$$
$$\text{PZO}\div360{:}\text{IP(DV}\div\text{PZO)})\times\%\text{TLVG}\times\text{PZO}\div360+\text{SPPV((\%TLVG+ST)}\times\text{PZO}\div360{:}\text{IP(DV}\div\text{PZO)})\times100+\text{INT\$}\div(1-\text{FP(DV}\div$$
$$\text{PZO)))}\div(1+(\%\text{TLVG+ST})\times\text{PZO}\div36000)\,\wedge\,\text{FP(DV}\div\text{PZO)}-\text{INT\$}-\text{PR\$})$$

> Figura 4.3
> Fórmulas para BONDES y BPA's

Luego de dar de alta los parámetros, hay que verificar si la fórmula ha sido ingresada adecuadamente, y para ello, debe digitar la tecla que corresponde a "CALC", del menú que aparece al pie de la fórmula. Al pulsar "CALC", se despliega el mensaje "VERIFICANDO FÓRMULA". Si

---

11 El costo del rescate bancario es de 80 mil millones de dólares, aproximadamente.

12 Los bancos en México han podido operar gracias al dinero público. Los bancos, por eso, desde entonces y al menos hasta 2005 no dieron préstamos ¿para qué? si tanto el dinero que les otorgó el IPAB como las altísimas comisiones aplicadas a los depositantes les produjeron jugosas utilidades.

13 HP ha descontinuado el modelo 19 B y 19 BII. Estos modelos tenían o tienen un problema inevitable: se les desprendía la tapa de la batería y a menudo les fallaba el circuito que conecta la tapa de la base. El fabricante introdujo, en sustitución, un modelo adelantado de 17 BII: el 17 BII + (más), que cuenta con un diseño renovado y funciones adicionales.

está dada de alta correctamente, aparecerán las variables en formas de menú o comandos y la cantidad 0.00

Si no ha sido dada de alta satisfactoriamente, desplegará la leyenda "FÓRMULA INCO-RRECTA" y ubicará el cursor en la fila donde haya detectado una omisión, duplicación u otro problema de captura. Es normal que una fórmula como esta se ingrese bien luego del segundo o tercer intento.

Variables

CLAVE	SIGNIFICADO
DV	DÍAS AL VENCIMIENTO
PZO	DÍAS DEL CUPÓN
%CPN	TASA DEL CUPÓN
INT$	INTERESES
%TLVG	TASA LIDER VIGENTE
ST	SOBRETASA
PR$	PRECIO

Con esta fórmula es posible calcular precios y datos de Bondes de cualquiera de los tres periodos de cupón, 28, 91 y 182 días.

Véase que, además de la sobretasa, la fórmula contiene la variable que no había sido contemplada en las negociaciones de títulos a descuento, la tasa líder vigente, que es lo mismo que la tasa que prevalece en el mercado secundario.

La negociación de los Bondes, como los de todos los títulos de deuda, pueden efectuarse en dos momentos:

■ Al inicio del cupón, cuando todavía no ha transcurrido un solo día del periodo y consecuentemente todavía no hay intereses devengados, y

■ Cuando ya han transcurrido algunos días del periodo del cupón (negociaciones intercupón) y consecuentemente ya hay intereses devengados.

Negociaciones al corte o inicio del cupón

Para probar la fórmula y soltar los dedos, hagamos tres cálculos fáciles. Supongamos que se tienen los siguientes datos:

Se compra un Bonde de cupón 28 (el título cuya tasa se revisa cada 28 días), al que le restan 728 para su vencimiento, a una tasa cupón de 10% y sobretasa de 1%, cuando la tasa líder vigente es 10.5%. Para precisar, los datos a dar de alta serían:

$DV = 728$

$PZO = 28$

$\%CPN = 10$

$\%TLV = 10.50$

$ST\% = 1$

De hecho, primero se debe anotar la cantidad y luego oprimir la variable del menú a la que corresponda el dato. Para dar de alta los días por vencer, primero escriba 728 y luego "*DV*". La máquina desplegará entonces, a modo de verificación, lo que ha quedado registrado: *DV* = 728.

No está por demás apuntar que los datos correspondientes a tasas, tasa cupón, tasa líder vigente y sobretasa, deben ingresarse sin la expresión porcentual. O sea que el alta se debe efectuar de este modo:

DATO	OBSERVACIONES	VARIABLE
728	(Nótese que es el inicio de la vigencia del cupón y del papel)	*DV*
28		*PZO*
10		*%CPN*
10.50		*%TLV*
1	(Para dar de alta este dato digite la tecla que corresponde a OTROS. Luego de pulsarla, aparecerán las dos variables que faltaban, *ST* y *PR*)	*ST%*

Después de ingresar los datos, hay que pulsar la tecla correspondiente a la incógnita, la del precio (*PR*). La máquina entonces hará el cálculo y arrojará el resultado: *PR* = 98.2028. Este dato significa que el precio que corresponde al Bonde es de $98.2028.

Supongamos ahora que se adquiere un título con cupón de 91 días (denominado tri-Bonde) que paga una tasa de 11.15 y una sobretasa de 0.90%, cuando en el mercado la tasa es de 11.05% y al papel le restan 1092 días por vencer. Los datos a ingresar son los siguientes:

1092   *DV*

91   *PZO*

11.15   *%CPN*

11.05   *%TLV*

0.90   *ST%*

Oprima *PR$*, para que la máquina vierta el precio resultante del Bonde. El precio será de $97.7383.

Obtengamos ahora el precio de un Bonde de cupón 182 que se compra cuando faltan 1 092 días para su vencimiento, con un cupón de 11.30% y sobretasa de 0.55%, el día en que la tasa en el mercado cotiza a 11.30 por ciento.

Los datos ingresados son:

DV   1 092

PZO   182

%CPN   11.30

%TLV   11.30

ST%   0.55

El precio (oprima *PR$*) que corresponde es de $98.6323

Observe varias cuestiones importantes:

1. En ninguno de los tres ejemplos se ha utilizado la opción *INT$*, que corresponde a los intereses devengados del periodo. No se ha usado porque, como se dijo, no ha transcurrido ni un solo día del periodo de generación de intereses. Para comprobarlo, después de obtener el precio y sin borrar ninguno de los datos, podemos pulsar la tecla que corresponde a *INT$* y veremos que, como respuesta, arrojará la cantidad de 0.00.

2. Debido a la cuestión anterior, el precio de compra sería justamente el obtenido. De modo que para obtener el número de títulos, habría que dividir el importe disponible entre el precio.

3. Los días al vencimiento (*DV*) que se han empleado, son múltiplos de 28, 91 o 182. En los ejemplos subsecuentes, que implican negociar cuando ya han trascurrido algunos días del periodo, habrá que dar de alta el número exacto de días que le restan de vida al cupón.

Negociación de Bondes Intercupón

Negociar Bondes cuando ya han transcurrido algunos días del cupón vigente es la forma más usual de negociar y entraña el cálculo de los intereses devengados.

Supongamos que un inversionista adquiere Bondes de cupón 28 cuando han transcurrido ocho días desde el inicio del cupón y restan, obviamente, 20 días de vigencia; el emisor fijó el cupón en una tasa de 9.90% y una sobretasa de 0.60%, en tanto que, al día de la compra, la tasa de mercado es de 9.85%. Todos los datos que hay que ingresar son los siguientes:

DV	20
PZO	28
%CPN	9.90
%TLV	9.85
ST%	0.60

Precio sucio y precio limpio

Véase las variables de manera ordenada:

Al presionar "*PR*", la máquina arroja un precio de $99.4235, este precio está afectado por los intereses devengados. A este precio lo vamos a denominar *precio sucio neto*. Déjese pendiente en tanto se calculan otras variables.

Cuando se ha obtenido esta primer variable, todo lo demás ya podría obtenerse a mano, como se apuntará y verá en cada uno de los rubros que siguen.

En virtud de que la operación implica que han transcurrido ocho días, al presionar *INT$*, la máquina verterá $0.22, que son los intereses devengados que el comprador ha de pagar al vendedor del título. Esos intereses le corresponden al vendedor porque él mantuvo el papel por ocho días y, como no ha vencido aún el periodo del cupón, el emisor no está todavía en condiciones de entregárselos; por eso se los debe dar el comprador. A éste, a su vez, se los reembolsará el emisor en la fecha de corte, cuando le pague los intereses por todos los días del cupón que incluyen, claro, esos ocho días que él no tuvo el título.

Este importe se obtiene también "a mano" al aplicar la fórmula siguiente:

Intereses devengados $= VN \times \%CPN$ [Días transcurridos $\div$ 36 000]

Intereses devengados $= \$100 \times 9.90$ [8 $\div$ 36 000]

Intereses devengados $= \$990 \times 0.000222$

Intereses devengados $= \$0.22$

Atención: Es importante que antes de calcular los intereses a mano, obtenga mediante la fórmula el precio "limpio". De otro modo será necesario dar de alta otra vez cada una de las variables de la fórmula.

Luego de obtener el importe de los intereses, si se pulsa otra vez, como incógnita, la tecla del precio (*PR*) la calculadora arrojará el precio "limpio", que será de $99.9690. ¿Qué es el precio limpio? Es el precio que no contiene los intereses devengados. Nótese que el precio es cercano al valor nominal de $100.00 y más alto que el precio anterior de $99.4235.

Precio limpio

Los intereses, al formar parte del precio, incrementan la tasa y reducen el precio (recuerde la máxima que dice: "a mayor tasa, menor precio").

Obténgase ahora el precio "sucio" ¿Qué es el precio "sucio"? Es el precio que contiene los intereses devengados. Al precio de negociación de un papel que no contiene los intereses devengados, o corridos se le denomina precio "limpio" en tanto que al precio que sí contiene los intereses corridos se le conoce como precio "sucio". En este caso, el precio sucio será de $100.1890, es decir:

Precio sucio

Precio "sucio" $=$ Precio "limpio" $+$ Intereses devengados

Precio "sucio" $= \$99.9690 + \$0.22$

$= \$100.1890$

Este precio es el de negociación, o sea, el precio que se debe pagar por los Bondes en la negociación intercupón.

Véase que para obtener el precio sucio ya no fue necesaria la calculadora HP.

Número de títulos e importe real invertido

Supóngase que el cliente dispuso de $1 000 000 para invertir. ¿Cuál será el número de títulos que pude adquirir? Para saberlo hay que dividir el millón disponible entre el importe del precio "sucio" porque el cliente tendrá que pagarle al vendedor los intereses devengados por los días que éste mantuvo los valores. Es decir:

Número de títulos $=$ monto $\div$ precio sucio

$= \$1 000 000 \div \$100.1890$

$= 9 981$ títulos (se omite la fracción de 0.1356 porque no es posible negociar fracciones de títulos)

Por lo que el monto real invertido será de

$9 981 \times \$100.1890 = \$999 986.41$

Derivado de lo cual se tiene un sobrante de $13.59

Sobrante $=$ Monto disponible $-$ importe real invertido

Sobrante = 1 000 000 − 999 986.41

Sobrante = $13.59

Cupón completo e importe al vencimiento

Si el cliente mantuviera los títulos hasta la terminación del cupón, recibiría los intereses completos del periodo, es decir, el emisor le devolvería los que él le pagó al inversionista que le vendió a los ocho días, más los intereses por los 20 días restantes. El importe de los intereses de todo el cupón (el cupón completo), por cada título, se obtiene haciendo la siguiente operación manualmente:

Cupón completo = $VN \times \% \; CPN \times PZO \div 36\,000$

Cupón completo = $100 \times 9.90 \times 28 \div 36\,000$

Cupón completo = $0.77

Véase que la fórmula para obtener el importe del cupón completo es la misma que la que se usa para obtener los intereses devengados. Lo único que cambia es el número de días. Cuando se pretende obtener los devengados hay que anotar los días transcurridos en la variable Plazo (PZO); cuando lo que se busca el importe del cupón, lo que hay que anotar es el número de días del cupón.

El importe total de intereses que el cliente comprador recibirá al vencimiento será de $7 685.37, que se obtienen de la multiplicación del número de títulos por el importe del cupón por título, es decir:

Intereses totales = número de títulos × cupón completo

Intereses totales = 9 981 × 0.77

Intereses totales = $7 685.37

Beneficio neto

El beneficio para el cliente será la diferencia entre los intereses que recibe al vencimiento del cupón y los que él pagó al vendedor:

$0.77 − $0.22 = $0.55 por cada título

El beneficio neto total que el cliente comprador recibirá al vencimiento del cupón será de $5 489.55, que se obtienen de multiplicar el número de títulos por los 0.55, que representan el cupón neto:

Beneficio neto = número de títulos × cupón neto

Beneficio neto = 9 981 × 0.55

Beneficio neto = $5 489.55

El beneficio neto también lo obtenemos por la diferencia entre el importe del cupón completo y los intereses devengados, a saber:

Beneficio neto = cupón completo − (intereses devengados × número de títulos)

Beneficio neto = $7 685.37 − (0.22 × 9 981)

Beneficio neto = $7 685.37 − $2 195.82

Beneficio neto = $5 489.55

¿Y aquel primer precio "sucio"?

¿Qué pasó con aquel precio que habíamos dejado al margen? Se le había llamado precio sucio neto y ahora se ve que, a fin de cuentas, resultó que la diferencia de $0.55 por título, al restarla del precio limpio, nos deja el primer precio que vertió la calculadora: $99.4235:

Precio sucio neto = Precio limpio − ganancia neta de intereses

Precio sucio neto = $99.9690 − 0.55

$= \$99.4235$[14]

Importe al vencimiento y tasa de rendimiento

Si el cliente dispuso de $999 986.41 para comprar los 9 981 títulos y, al final del periodo, en el supuesto que decida retirar su inversión, recibirá por cada título el valor nominal más el cupón completo ¿cuánto recibirá al vencimiento? Para saberlo hay que multiplicar el número de títulos, por el valor nominal de cada título más el importe del cupón, o sea:

Importe al vencimiento = títulos × (VN + cupón)

Importe al vencimiento = 9 981 × (100 + 0.77)

Importe al vencimiento = 9 981 × 100.77

Importe al vencimiento = $1 005 785.37

Con lo cual se percibe que su ganancia estriba en la diferencia de los montos, el de vencimiento y el de compra:

Beneficio = monto al vencimiento − importe real invertido

Beneficio = $1 005 785.37 − $999 986.41

Beneficio = $5 798.96

Este importe que resulta como diferencia es justamente el importe al que ascienden los intereses totales netos.

Si cuando transcurren los 20 días restantes del cupón, el cliente que compró los Bondes cuando habían pasado ocho días desde el inicio del periodo recibe un monto de $1 005 785.37 cuando había invertido $999 986.41, cabe preguntar ¿cuál es su tasa de rendimiento? La tasa de rendimiento para el comprador se puede obtener, en este caso, por medio de la siguiente fórmula:

$TR = [(VN + INT\$ \text{ totales}) \div (PLIM + INT\$ DEV) − 1] \times (3\ 6000/20)$

Al sustituir se tiene que

$TR = [(100 + 0.77) \div (99.9690 + 0.22) − 1] \times (36\ 000/20)$

$TR = 10.4382\%$

---

14 Al lector le saldrá tal vez alguna diferencia por los decimales. Es normal, como se apuntó desde el cálculo de los títulos a descuento.

Este porcentaje es el rendimiento que obtuvo el inversionista por invertir en Bondes durante 20 días.

4.7 Negociación de títulos del gobierno que cotizan a tasa real

Era preocupante que, con motivo de las crisis recurrentes en México, que ocasionaban inflaciones altas, el dinero corriente perdiera valor. La pérdida de valor la sufrían casi todos: los acreedores, los inversionistas, los asalariados. Había, como en todo, algunos beneficiados, entre ellos, los deudores, que pagaban generalmente menos, en términos reales, al cabo del tiempo. Al inversionista o acreedor, en particular, lo desmotivaban las altas inflaciones debido a que se reducían considerablemente sus rendimientos reales, o, peor aun, en ocasiones sufrían también la erosión del valor de su dinero.

Para paliar los efectos de la inflación en el dinero, el gobierno implantó en 1995 las Unidades de Inversión, las denominadas UDI's. El instrumento que el gobierno mexicano implantó no fue original. Había sido creado y aplicado en Chile.

Unidades de inversión, UDIS's

Las UDI´s son dinero ($) teórico[15] que arrastra el aumento de los precios. Son, en otras palabras, unidades de moneda de valor constante, es decir, dinero que tiene siempre el mismo poder adquisitivo. Ésa es la utilidad de las UDI's. Si un ahorrador, por ejemplo, invierte a una tasa de interés aplicada sobre esas unidades de valor constante, estará asegurando una tasa de rendimiento superior a la inflación. Gracias a eso el ahorrador puede confiar en que su dinero no sólo no perderá poder adquisitivo, sino que será superior al poder de compra que tenía antes de la inversión. Una UDI, en términos simples y para que se entienda, es como si fuera un Peso ($), una unidad monetaria, actualizado a diario por el ritmo inflacionario.

La inflación, como se expuso, erosiona. No es lo mismo un peso (o un dólar) de abril de 1995 que un peso de diciembre de 2004. ¿Cómo saber cuánto valor ha perdido aquel peso de 1995? ¿Cómo saber a cuánto equivale, con la inflación acumulada, ese peso en febrero de 2000? No se puede comparar directamente un peso de 1995 con uno de 2004. Para una comparación eficaz, se debe considerar la inflación acumulada. Al 1 de octubre de 2004, una Unidad de Inversión equivalía a $3.463475. Eso quiere decir que un peso de abril de 1995 alcanzaba para comprar lo que se compraba con tres pesos y más de 46 centavos casi 10 años después. Los 2.463475 de diferencia son el resultado de haber acumulado la inflación de todo ese periodo en un sólo peso.

El Banco de México estima el valor o importe de cada UDI con base en la inflación conocida. Banxico obtiene y publica los valores de las UDI´s en dos bloques, según se aprecia en el cuadro 4.2.

Cuadro 4.2 Cálculo y difusión de las UDI's	Periodo	Base de cálculo	Día en que se publica
	UDI's diarias de los días que van desde el día 11 hasta el 25 del mes corriente.	La inflación promedio diaria del periodo comprendido entre el día 26 del mes anterior hasta el día 10 del mes en curso.	Día 10 del mes.
	UDI's diarias de los días que van desde el día 26 hasta el 10 del mes siguiente.	La inflación promedio diaria del periodo comprendido entre el día 11 del mes anterior hasta el día 25 del mes en curso.	Día 25 del mes.

---

15 Teórico porque no sirve para negociar. Es sólo una referencia. Si se negocian, por ejemplo, 10 UDI's, cuando el valor de cada UDI es de $3 700, tendremos que entregar o recibir $370.00.

UDI´s y bonos: contener la inflación

Los bonos denominados en UDI's, que están ligados al Índice Nacional de Precios al Consumidor, el INPC, han sido el mecanismo de inversión al que se han destinado los ahorros de largo plazo en México, como los de los fondos de pensiones, cuyo objetivo precisamente es conservar y hacer crecer, al paso de los años, el poder de compra del dinero.

Sobre las UDI´s o referidas a ellas, se han emitido diversos instrumentos financieros.[16] Aunque hay otros, los papeles correlacionados a la inflación más representativos del mercado mexicano son tres y son gubernamentales: los Bonos de Desarrollo del Gobierno Federal, Udibonos, los Bonos de Tasa Fija (los "EMES"), y los Pagarés de Indemnización Carretera, PIC's, que emite el Banco Nacional de Obras Públicas, Banobras, un banco de desarrollo.

Estos bonos tienen las siguientes características similares:

■ Su valor nominal es de 100 Unidades de Inversión. Su valor nominal, en dinero corriente, es igual a la multiplicación de 100 por el valor actual de la UDI. Si ésta fuera de 3.65510, el valor nominal sería de $365.51.

■ Los plazos de los Udibonos son de tres, cinco y 10 años. Los plazos de los PIC's son a cinco, 10 y 15 años. Los de las "EMES" son de tres, cinco, siete y 10 años.

■ Confieren una tasa de interés fija, durante toda su vigencia, pagadera cada 182 días (seis meses). Como la tasa de interés se establece sobre el valor nominal denominado en UDI´s, el rendimiento que otorgan es superior al crecimiento del índice inflacionario. Los tenedores siempre obtendrán una ganancia real.

Los tres papeles se negocian tomando en cuenta el valor de la UDI al momento de la compra y al día de la venta. Como hay una tasa de interés que contiene el título y un diferencial entre los valores de la UDI, el rendimiento al invertir en estos papeles proviene de dos fuentes, si es que el papel se adquiere en el mercado primario:

1. De la tasa de interés fija que contenga el título y

2. De la diferencia entre el valor de la UDI al momento de la inversión y el precio de la UDI (el crecimiento de la inflación) al momento de la venta o amortización, según sea el caso.

Cuando el papel se negocia en el mercado secundario, el rendimiento puede provenir de tres fuentes:

1. De la tasa fija que ofrece el emisor.

2. De la sobretasa que se solicite al vendedor, si es que la tasa de mercado es superior al porcentaje del cupón que contiene el título y

3. De la diferencia entre el valor de la UDI al día de la compra y al momento de la venta o vencimiento de los 182 días. En todo caso y como cuando se adquiere el papel en el mercado primario, esta diferencia es la recuperación de la pérdida de valor del dinero invertido por el paso de la inflación.

---

16 En vista de que la inflación, durante el primer lustro del siglo ha sido controlada, se augura que las UDI´s tienen sus días contados. No obstante, es posible que los bonos ligados a la inflación sigan vigentes, a menos que los emisores decidan recomprarlos, para retirarlos anticipadamente del mercado.

Negociación de Udibonos, PIC´s y bonos de tasa fija

La fórmula para calcular el precio y los intereses de los Udibonos, los PIC's y los bonos de tasa fija, así como las variables que vierte una vez que se ha ingresado a una calculadora programable, son:

Fórmula para Udibonos, PIC's y Bonos de Tasa Fija
UDIBONO:IF(S(PT)_OR_S(REAL):RND(SPPV(((REAL÷36000×182 +1)^FP(DV÷182)−1)×100:1)×((USPV((REAL÷360×182):IP(DV÷182)) ×TCPN÷360×182)+(SPPV((REAL÷360×182):IP(DV÷182))×100) +(TCPN÷360×182))−(TCPN÷360×((1−FP(DV÷182))×182)):9)−PT:IF(S(PT UDI):RND(PT×$UDI:9)−PTUDI:IF(S(PINT):PT+RND(((1−FP (DV÷182))×182×TCPN÷360)×IF(FP(DV÷182)=0:0:1):9)−PINT:IF(S(UDI #):IP(VREAL÷RND(PINT×$UDI:9))−UDI#:UDI#×RND(PINT×$UDI: 9)−VREAL))))

Si la fórmula ha sido ingresada con algún error, la máquina despliega la leyenda "ERROR EN FÓRMULA" y habrá que revisarla y corregirla. Cuando se ha ingresado correctamente, despliega las variables cuya clave y significado se listan abajo. En este caso, ya es posible realizar los cálculos.

Variables

CLAVE	SIGNIFICADO
REAL	Tasa real de mercado
DV	Días por vencer
TCPN	Tasa real del cupón
PT	Precio teórico en UDI
$*UDI*	Precio de la UDI
PTUDI	Precio teórico en moneda corriente
PINT	Precio "sucio" en UDI´s
VREAL	Monto disponible e importe real de compra
UDI#	Número de títulos

Observe que la fórmula requiere el valor de la Unidad de Inversión, UDI, para convertir los importes a moneda corriente. El valor de la UDI que hay que ingresar en la calculadora es el que corresponde al momento de la compra. Para obtener la tasa de rendimiento, cuando ya han transcurrido los días que faltaban al vencimiento, en vista de que el precio de la UDI varía a diario, es preciso considerar el nuevo valor de la UDI.

Cálculo de precios cuando la operación coincide con el cambio de cupón

Igual que para el caso de los Bondes y BPA's, el cálculo de los precios de los Udibonos, PIC's y bonos de tasa fija, es relativamente sencillo.

Supongamos que se adquiere un Udibono de 910 días al vencimiento que estipula un cupón de 4%, cuando el mercado se ubica también en 4% y cuando el precio de la Unidad de Inversión es de $3.2060 (UDI ①). Los datos a ingresar a la máquina para calcular las variables de la compra serían los siguientes:

Tasa cupón   = 4%

Tasa real de mercado   = 4%

Días por vencer   = 910

Valor de la UDI al inicio del cupón = $3.2060

Claro que primero hay que escribir el dato y luego pulsar la variable a que pertenece. Para ingresar la tasa del cupón, por ejemplo, hay que elegir el número 4 y luego pulsar *TCPN*. De tal suerte que las variables citadas se ingresarían como sigue:

Dato a ingresar	Variable a pulsar	Significado
4	*TCPN*	Tasa cupón
4	*REAL*	Tasa real de mercado
910	*DV*	Días por vencer
3.2060	*$UDI*	Valor de la UDI al inicio del cupón

El precio, en este caso, será igual a la multiplicación del valor de la UDI por $100 debido a que las dos tasas, la del cupón y la que se consigue en el mercado por el título, son iguales.

Si cambiamos una de las dos tasas, digamos la tasa real de mercado a 4.5% y a eso le agregamos los mismos datos, tenemos que

PT es igual a 98.8180 UDI's

PTUDI es igual a $316.8105 (Este dato también se obtiene "por fuera", si se multiplican los 98.8180 por $3.2060 que es el valor de la UDI)

Supóngase que, después de 182 días el valor de la UDI es $3.2262 (UDI ②) Para obtener los intereses del cupón, en UDI's, basta hacer la siguiente operación:

Precio de UDI al vencimiento (UDI②)

Intereses = *VN* × *TCPN* × Días del cupón ÷ 36 000, es decir,

Intereses = 100 × 4.00 × 182 ÷ 36 000 = 2.0222 UDI's

Como el valor de la UDI habrá aumentado en esos 182 días o seis meses que han transcurrido desde el inicio hasta el vencimiento del cupón, para determinar el importe en moneda corriente (pesos mexicanos) hay que multiplicar esas 2.0222 UDI's por el nuevo valor. Si éste, como apuntamos, fuera de $3.2262 , los intereses en moneda corriente serán igual a $6.5240

Intereses en $ = Intereses en UDI × valor de UDI al vencimiento del cupón

Intereses en $ = 2.0222 × 3.2262

Intereses en $ = 6.5240

Si el título se mantiene hasta el vencimiento, sólo resta obtener la tasa de rendimiento, lo cual resulta muy fácil:

$$TR = \left[(VN + CUPÓN \text{ en UDI} \times \$UDI ① \text{ al vencimiento}) \div (PT \times \$UDI ②) - 1\right] \times 36\,000 \div DV)$$

Al sustituir se tiene que

$$TR = \left[(100 + 2.0222 \times 3.2262) \div (100 \times 3.2060) - 1\right] \times (36\,000 \div 182)$$

$$TR = 5.2714\%$$

Este porcentaje es la ganancia o tasa de rendimiento que recibe el comprador del título por haberlo conservado durante 182 días, desde el inicio del periodo de vigencia del cupón.

Cálculo de precios cuando la operación no coincide con el cambio de cupón

Cuando la fecha de compra de UDIBONOS, PIC's o Bonos de Tasa Fija no coincide con las fechas de cambio de cupón, que es lo habitual, los cálculos difieren un tanto de los que se han ilustrado. La variable que hace que los cálculos difieran es (debe ser obvio) la de los días que faltan para el vencimiento del cupón. En estos casos, los días al vencimiento serán irregulares, es decir, serán diferentes a 1 092, 360, 182 y otros múltiplos del periodo de seis meses (182 días) que corresponde a la vigencia del cupón.

Supóngase que contamos con el siguiente planteamiento:

Un intermediario le asigna a un cliente que demanda invertir $1 000 000 a 79 días, un Bono a Tasa Fija denominado en UDI's que estipula un cupón de 3.95%. La tasa de mercado del día de la compra se ubica en 4.15% y el valor de la UDI en $3.1878 (UDI ①) Las variables a dar de alta son:

4.15   Tasa real de compra

3.95   Tasa real del cupón

79   Días al vencimiento

3.1878   Valor de la UDI al día de la compra

Cuando se han ingresado esas cuatro variables ya es posible solicitar incógnitas:

PT Precio "limpio" en UDI's   = 99.9517

PT UDI Precio "limpio" en moneda corriente = $318.6259

PINT Precio "sucio" en UDI's   = $101.0818

Hagamos una pausa sin borrar los datos de la calculadora para establecer varios fundamentos:

- El precio "limpio" en UDI's es el que no contiene los intereses devengados.
- El precio "limpio" en moneda corriente es el resultado de la multiplicación del precio "limpio" en UDI's por el valor de la UDI al inicio (UDI ①), que es justo lo que ha hecho la máquina: multiplicar el precio "limpio", 99.9517 por el valor de la UDI al día de la compra, $3.1879. Por eso el resultado es igual a $318.6259.
- El precio "sucio" en UDI's es el que contiene los intereses devengados por los 103 días transcurridos entre el día del inicio del cupón y el día de la operación para el cliente (182 menos 79).

Aunque falta obtener varios datos, con esos que ya tienen, para no borrar el contenido que está en la calculadora, ya es posible calcular otras variables.

Cálculo de número de títulos, valor real y valor nominal en UDI's

En vista de que el cliente dispone de $1 000 000, se necesita obtener el número de títulos y el importe real invertido. Para ello, sin borrar los datos obtenidos, ingrésese el importe en la variable *VREAL*, es decir:

1 000 000 = *VREAL*

Como ya la máquina contiene el monto disponible y el precio "sucio" en UDI's, así como el valor de la UDI al día de la compra, es posible que nos arroje el número de títulos adquiridos. Basta entonces con pulsar UDI#, de modo que, luego de hacerlo, se tendrá:

UDI# = 3 103

O sea que, dado el importe disponible de $1 000 000 y el precio limpio de $318.6259, más los intereses devengados, ha sido posible adquirir para el cliente 3 103 títulos.

Finalmente, para saber el valor real invertido, basta pulsar la tecla *VREAL* del menú para tener $999 875.34.

VREAL = $999 875.34

Hasta aquí termina la función de la calculadora HP. No obstante, por el afán de obtener el número de títulos y el importe real invertido de manera automática, se han dejado algunos datos en el camino.

El precio sucio en pesos corrientes que considera la máquina para obtener el número de títulos es de $322.2286 ¿cómo sabemos que es ése? Lo sabemos porque ya tenemos el precio "sucio" en UDI's, 101.0818, que multiplicamos por el valor de la UDI, $3.1878

Precio "sucio" en moneda corriente = $PINT \times \$UDI$

Precio "sucio"   = 101.0818 × 3.1878

Precio "sucio"   = $322.2286

El número de títulos que la máquina nos vierte también puede obtenerse por fuera si dividimos el monto disponible entre el precio sucio en moneda corriente:

Número de títulos = Monto disponible ÷ precio "sucio" en pesos

Número de títulos = $1 000 000 ÷ 322.2286

Número de títulos = 3 103

El monto real invertido surge entonces de la multiplicación del número de títulos por el precio "sucio" en pesos corrientes:

Valor real = 3 103 × 322.2286

Valor real = $999 875.34

Como se han adquirido 3 103 títulos, su valor nominal en Unidades de Inversión será igual a 310 300 UDI's.

Valor nominal = número de títulos × 100 UDI's

= 3 103 × 100

= 310 300 Unidades de Inversión

Intereses al momento de la compra y al término del cupón

Los intereses devengados que hay que entregarle al vendedor del papel, que la máquina consideró para sumarlos al precio sucio en UDI's, *PINT*, se obtienen mediante la siguiente operación

$$\text{Intereses en UDI's} = (VN \times TCPN \times \text{días transcurridos}) \div 36\ 000$$

$$= (100 \times 3.95 \times 103) \div 36\ 000$$

$$= 1.1301 \text{ UDI's}$$

Con lo cual se advierte que los intereses en pesos corrientes será igual a lo siguiente:

$$\text{Intereses en moneda corriente} = \text{Intereses en UDI's} \times \$UDI \text{ (UDI ①)}$$

$$= 1.1301 \times \$3.1878$$

$$= \$3.6027$$

Esta cantidad también puede obtenerse fácilmente de la diferencia entre el precio limpio y el precio sucio, en moneda corriente: $322.2286 - 318.6259 = \$3.6027$

Los $3.6027 son los intereses que el comprador le paga al vendedor por cada uno de los 3 103 títulos. De modo que los intereses totales de la operación serían de $11 179.17.

$$\text{Intereses totales} = \text{número de títulos} \times \text{intereses en pesos}$$

$$\text{Intereses totales} = 3\ 103 \times \$3.6027 = \$11\ 179.17$$

Al término del cupón, cuando hayan transcurrido los 79 días que faltan, el emisor entregará los intereses de todo el periodo. Para obtenerlos hay que realizar este cálculo:

$$\text{Cupón en UDI's} = (VN \times TCPN \times 182) \div 36\ 000$$

$$= (100 \times 3.95 \times 182) \div 36\ 000$$

$$= 1.9969 \text{ UDI's}$$

La cantidad en UDI's anterior se debe multiplicar por el valor de las UDI's al vencimiento del cupón, que se supone es de $3.2262 (UDI ②)

$$\text{Cupón en moneda corriente} = \text{cupón en UDI's} \times \$UDI \text{ al vencimiento}$$

$$\text{Cupón en moneda corriente} = 1.9969 \times \$3.2262$$

$$= \$6.4425 \text{ por título}$$

Los intereses totales, en moneda corriente, al término del cupón, serían de $19 991.21

$$\text{Cupón total} = \text{UDI\#} \times \text{cupón en pesos}$$

$$\text{Cupón total} = 3\ 103 \times \$6.4425$$

$$\text{Cupón total} = \$19\ 991.21$$

Tasa de rendimiento de la inversión

Al vencimiento del cupón, el inversionista debe calcular la tasa de rendimiento que obtuvo. Para ello tiene que considerar lo que recibe al fin del plazo y lo que pagó al vendedor por los 103 días transcurridos y por cada uno de los valores. De modo que

$$TR = \left[(VN + \$CPN \div PINT) - 1 \right] \times (36\ 000 \div DV)$$

Donde:

VN = Valor nominal al vencimiento, en moneda corriente ($100 \times \$3.2262$

   $= \$322.62$)

$\$CPN$ = cupón en moneda corriente

Esta primera parte de la fórmula la podemos expresar también de modo más condensado:

$VN + CUPÓN$ en $UDI \times \$UDI$ ② al vencimiento $\div PINT \times \$UDI$ ①

Al sustituir se tiene que

$$TR = \left[(100 + 1.9969) \times 3.2262 \div (101.0818 \times 3.1878) \right] - 1 \times \left[36\,000 \div 79 \right]$$
$$= 9.6645\%$$

Éste es el porcentaje que obtuvo el inversionista por invertir en títulos a tasa real durante 103 días.

4.8 Cálculo de instrumentos que cotizan en moneda extranjera

Los inversionistas más extravagantes son los que, para protegerse de las alzas del tipo o tasa de cambio, suelen invertir en papeles de deuda denominados en dólares, libras o euros. Este tipo de inversión es desde luego más remunerativo que la operación rústica y contraproducente que consiste en comprar directamente las divisas en una ventanilla cambiaria porque, aparte de la protección contra la devaluación, genera rendimientos mediante una tasa de interés competitiva en términos internacionales.

Estos inversionistas deben transferir su dinero a plazas como Nueva York, Londres o Frankfurt, en cuyos mercados pueden adquirir títulos de deuda de los gobiernos o empresas locales o los denominados "soberanos", que son los papeles colocados por los gobiernos de países en desarrollo.

Los bonos más demandados por esta clase de público son los "soberanos", porque ofrecen tasas de interés más altas que las emisiones regulares de los gobiernos de los países maduros. Los soberanos, aunque contienen mayor riesgo, son al fin y al cabo respaldados por la situación económica del país emisor y por todo lo que hay en ellos y, en el peor de los casos, cuando el país emisor sufre problemas de flujos, son objeto de renegociación bajo condiciones de nuevos premios y plazos que resultan acordes a las realidades de los mercados.

Muchos países de Latinoamérica han emitido bonos "soberanos". Lideran, desde luego, México, Brasil y Argentina. A ellos hay que añadir las emisiones de bonos similares que realizan con relativa frecuencia las empresas más importantes de la región como Teléfonos de México, Aracruz, Telebrás, Yacimientos Petrolíferos Fiscales, Grupo Taca, Petróleos Mexicanos y otras. Estos bonos privados, aunque atractivos, contienen un riesgo todavía más alto porque dependen de más factores que los soberanos: de la salud financiera de las empresas que los emiten, del entorno del país, de las condiciones económicas de una región o de los países fuertes, etcétera.

El mercado global de deuda

El público más agudo y más documentado, pues, suele llevar su dinero a los mercados más grandes para adquirir bonos internacionales. Lo más natural es que los inversionistas compren la divisa extranjera, abran una cuenta en alguna de aquellas plazas y coloquen ahí sus recursos para liquidar la inversión. Esa forma es buena pero hay otra mejor.

La otra forma posible que tienen los inversionistas de obtener los mismos beneficios de protección cambiaria y rendimientos competitivos consiste en negociar los bonos internacionales desde su país, en su moneda local, sin tener que comprar la divisa (y sin el perjuicio que eso entraña debido al diferencial entre el precio de compra y el de venta que estipulan las instituciones financieras) y sin encarecer el costo de la operación con comisiones internacionales y otros cargos por la transferencia. Eso es factible siempre y cuando esté habilitado un mecanismo que permita negociar en el mercado nacional los títulos que han sido colocados en el exterior. La BMV cuenta para ello con la sección denominada "Mercado Global", que a su vez se divide en dos partes o subsecciones: la de acciones de empresas extranjeras y la de bonos de entidades mexicanas que han sido colocados en mercados foráneos.

Los bonos del gobierno mexicano que han sido colocados en mercados del exterior se conocen con el nombre formal del país, en inglés: *United Mexican States, UMS's*. Por eso, cuando alguien quiere negociar estos bonos dice o pide "quiero comprar UMS's".

United Mexican State, UMS's

Mecánica para negociar en el mercado global

Los papeles que se negocian en el mercado global pertenecen a alguna de las categorías de títulos que se han expuesto y expondrán en este mismo capítulo 4. O sea que pueden ser títulos tipo Eurobono, bono simple de tasa fija y amortización única al vencimiento, bono de tasa variable y de diversas amortizaciones, bono convertible en otra clase de bonos, etc. Como sea, estos bonos que se negocian a través del mercado global, no se negocian en la moneda en que están denominados; deben negociarse en moneda nacional, tomando como referencia los tipos o tasas de cambio oficiales del día de la compra y del día de la venta o del vencimiento del cupón. Al negociarse en moneda nacional, le evitan al público la pérdida que sufriría por la compra de la divisa a un precio más caro que el denominado tipo de cambio *spot* así como el riesgo que implica el movimiento físico de la moneda extranjera. Para no dejar lugar a dudas, véase el siguiente ejemplo básico:

Si el valor nominal de un bono fuera de 1 000 dólares y la tasa de cambio de $11.50 por dólar, el importe a invertir por cada título sería de $11 500. Al paso del tiempo, al vencimiento, si el tipo de cambio fuera de $11.5530 por cada dólar, el inversionista recibiría $11 553 por cada título más los intereses correspondientes.

Nótese, en ese ejemplo básico, la importancia del tipo de cambio como generador de beneficios adicionales o, si se quiere ver de ese modo, como protector contra las alzas del dólar.

Todos los bonos internacionales contienen particularidades que es importante destacar:

■ Son de mediano y largo plazo. Algunos se extienden inclusive hasta el año 2029.

■ Su valor nominal es de 100 o de 1 000 dólares.

■ Los títulos con cupones estipulan plazos de 91 o 182 días de vigencia, generalmente.

■ Su tasa de interés es más alta que la de los bonos de los gobiernos de países desarrollados como Estados Unidos, Reino Unido o Alemania.

■ Su calificación es generalmente más baja que la de un bono similar que haya emitido la entidad en el mercado nacional debido a que las alzas del tipo de cambio incrementan tanto el monto de la deuda como de los intereses. El aumento del monto de la deuda como de los intereses aumenta también la posibilidad de que el emisor no pague.

■ Aún los bonos que emiten los gobiernos, los conocidos como bonos "soberanos", son objeto de calificación, a diferencia de los bonos que los mismos gobiernos emiten y colocan en sus mercados domésticos. Es decir, los papeles como los Bonos de Desarrollo, Bondes, que emite el gobierno mexicano, por ejemplo, no se califican porque se colocan en el territorio mexicano, pero un bono emitido por ese mismo gobierno y denominado en dólares o euros, colocado en Europa, sí es objeto de calificación.

■ El rendimiento para el público se genera por dos vías: por el alza del tipo de cambio y por la tasa de interés periódica que ofrece el emisor y que puede ser fija (el mismo porcentaje hasta la fecha de vencimiento) o variable (ajustable al corte de cada cupón según el estado que guarden las variables de la economía del país y las de la economía internacional).

■ Se trata de inversiones de riesgo. La posibilidad de perder se produce por una triple vía: por la baja del precio de la moneda extranjera; por el alza de las tasas de interés; y por la posibilidad de que el emisor incumpla el pago de los intereses o del principal.

Para negociar UMS's y otros títulos de deuda denominados en moneda extranjera, igual que para negociar los denominados en Unidades de Inversión, UDI's, se requiere el dato de otro elemento, al inicio y al término. Este dato, como apuntábamos, es el del precio de la divisa extranjera que, casi siempre, será el elemento más importante de la negociación, el que hará que el inversionista gane mucho, poco o que incluso pierda.

A diferencia de las negociaciones anteriores, contempladas en los temas 4.6 y 4.8, para los cálculos de las operaciones con títulos en moneda extranjera no se requiere una fórmula especial. Bastará con aplicar las fórmulas sencillas que ya son conocidas, en las que será determinante el número de días al vencimiento, según se trate del número total de días que contempla el cupón, cuando se realizan negociaciones al corte del cupón; o de un determinado número de días, menor al número de días del cupón completo, cuando se trata de negociaciones intercupón.

Negociación de papeles al corte del cupón

Supongamos que la señora García dispone de $2 000 000 y desea comprar bonos denominados en dólares. Hágase de cuenta que su intermediario le informa que es posible adquirir en el mercado primario bonos soberanos con valor nominal de 1 000 dólares que pagan un cupón trimestral del 8.15%. Si la señora García compra el día en que el dólar se negocia a $11.5040 ①, ¿cuál sería el resultado de la operación? veamos el ejercicio paso a paso.

Obtención del precio de compra al inicio del cupón

En vista de que no ha transcurrido un solo día del cupón, no habrá intereses devengados que pagarle al vendedor del bono. Por eso el precio "limpio", es decir, el precio sin intereses corridos, será igual al precio de compra del bono. Este precio será igual al valor nominal multiplicado por el precio del dólar, es decir:

Precio "limpio" $= VN \times$ precio del dólar ①

Precio "limpio" $= 1\ 000 \times 11.5040$

$= \$11\ 504.00$

Obtención del número de títulos, del valor real y del sobrante

El número de títulos que la señora García puede obtener será igual a la cantidad que resulte de dividir el importe disponible, los $2\ 000\ 000, entre el precio "limpio", a saber:

Número de títulos $=$ Importe $\div$ precio "limpio"

$= 2\ 000\ 000 \div 11\ 504$

$= 173.85$ » 173 títulos

La cantidad se ha "cerrado" en 173 porque no es posible adquirir fracciones de títulos.

De modo que, si la señora García adquiere 173 títulos, el importe real invertido será igual a $1\ 990\ 192.00, que resultan luego de la siguiente operación:

Importe Real $=$ Precio "limpio" $\times$ número de títulos

$= 11\ 504 \times 173$

$= \$1\ 990\ 192.00$

Luego de lo cual, el sobrante, la cantidad que quedará como efectivo en la cuenta de la señora García será de $9 808.00. Queda disponible esta cantidad porque, como se aprecia, no es suficiente para adquirir un título que cuesta $11 504.00. Esta cantidad resulta de restar al monto disponible, el monto real invertido:

Sobrante $=$ Monto disponible $-$ importe real

$= 2\ 000\ 000 - 1\ 990\ 192$

$= \$9\ 808.00$

Importe al final del cupón

Si la señora García permaneciese con sus títulos al vencimiento del cupón, recibiría, como rendimiento vía intereses, el 8.15% aplicado sobre los 91 días y sobre el valor nominal de 1 000 dólares, que le serían liquidados al nuevo tipo de cambio vigente. La ganancia de la señora García por concepto de intereses sería de poco más de 20.60 dólares.

Cupón $= VN \times$ tasa de interés $(DV \div 36\ 000)$

$= 1\ 000 \times 8.15\ (91 \div 36\ 000)$

$= 20.6013$ dólares

Los intereses de 20.60 dólares habría que convertirlos a moneda nacional, al tipo de cambio vigente el día del vencimiento del cupón. Si suponemos que el tipo de cambio vigente al término del cupón es de $11.5228 ② por cada dólar, se tendría un cupón de $237.39

$$\text{Cupón en moneda nacional} = \text{Cupón en dólares} \times \text{tipo de cambio } ②$$
$$= 20.6013 \times 11.5228$$
$$= \$237.39$$

Tasa de rendimiento anual

Ya que la señora García habría recibido un rendimiento vía tasa de interés que habría sido afectado por la variación del precio del dólar, su rendimiento sería diferente a la tasa del cupón. Para saber con exactitud su tasa de rendimiento generada por las dos fuentes, la tasa cupón y la variación del dólar, hay que aplicar la fórmula ya conocida que se ha utilizado en temas anteriores.

$$\text{Tasa de rendimiento} = \big[(VN + \$CPN \times \text{tipo de cambio final } ②) \div (VN \times \text{tipo de cambio al inicio } ①) - 1\big] \times (36\,000 \div DV)$$

$$\text{Tasa de rendimiento} = \big[(1\,000 + 20.6013 \times 11.5228) \div (1\,000 \times 11.5040) - 1\big] \times (36\,000 \div 91)$$

$$\text{Tasa de rendimiento} = 8.8097\%$$

Obsérvese que la tasa de rendimiento habría sido ligeramente mayor a la tasa del cupón. La ganancia adicional se derivaría del deslizamiento del dólar de \$11.5040 al momento de la compra, a \$11.5228 al día del término del cupón.

Si se vuelve a la máxima: en la primera parte de la fórmula, para obtener la tasa de rendimiento *[VN + \$CPN × tipo de cambio final ÷ VN × tipo de cambio al inicio]*, hay que anotar, como dividendo, lo que se recibe, por eso en este caso se anota el valor nominal más el importe del cupón completo y se multiplica por el tipo de cambio del final; como divisor hay que anotar lo que se paga, por eso es que se anota el valor nominal multiplicado por el tipo de cambio al inicio, o sea, el precio limpio de entrada.

Negociación de títulos intercupón

Las negociaciones de bonos denominados en moneda extranjera cuando ya han transcurrido varios días del periodo de vigencia del cupón son similares, aunque más sencillos, a las de los otros títulos de deuda que se han detallado, los Bondes y los Udibonos.

Sígase con el caso de la compra de la señora García y hágase ahora de cuenta de que pone a la venta sus 173 bonos 14 días después, cuando al cupón le restan, evidentemente, 77 días de vigencia y cuando el tipo de cambio se ha movido a \$11.5785.

Cálculo de intereses devengados y del precio "sucio"

La negociación implica el pago a la señora García (el vendedor) de los intereses corridos o devengados por los 14 días que tuvo el papel. Por eso, el precio de venta va a ser el precio "sucio", que será igual al precio "limpio" más los intereses sobre 14 días (*DT*). Los intereses devengados que le corresponden a la señora García son casi de \$3.17 dólares:

$$\text{Intereses devengados} = VN \times \text{tasa de interés } (DT \div 36\,000)$$
$$= 1\,000 \times 8.15 \, (14 \div 36\,000)$$
$$= 3.1694 \text{ dólares}$$

Al multiplicar por el tipo de cambio de $11.5785, los intereses devengados resultan ser de $36.6974.

$$\text{Intereses en moneda nacional} = \text{Intereses en dólares} \times \text{tipo de cambio}$$
$$= 3.1694 \times 11.5785$$
$$= \$36.6974$$

Por lo tanto, el precio "sucio" por cada bono va a ser de 1 003.1694 dólares, que equivalen a $11 615.20 en moneda nacional:

$$\text{Precio sucio} = VN + \text{intereses corridos} \times \text{tipo de cambio}$$
$$= 1\,000 + 3.1694 \times 11.5785$$
$$= \$11\,615.1968$$

De modo que la señora García recibiría por sus 173 bonos, un monto total de $2 009 429.05:

$$\text{Monto de la venta} = \text{Número de títulos} \times \text{precio "sucio"}$$
$$= 173 \times 11\,615.1968$$
$$= \$2\,009\,429.05$$

Este importe que recibiría la señora García sería el monto real invertido del nuevo comprador quien, por su parte, ya sea que venda sus bonos en el mercado secundario o que se quede con ellos hasta el término del periodo de 77 días que restan, recibirá el importe de la fracción del cupón correspondiente, parcial, si vende el bono antes del término, o el cupón completo si lo conserva hasta el corte, con lo que recuperaría lo que pagó de intereses devengados y con lo cual tendría además los intereses que corresponden a los días que él mantenga los bonos.

Supóngase que el comprador, el ingeniero Gómez, decide mantener sus títulos al término de la vigencia del cupón, cuando el tipo de cambio se ha movido de nueva cuenta pero esta vez a la baja, a $11.4477. Lo que procede hacer es determinar el importe del cupón completo en dólares:

$$\text{Cupón} = VN \times \text{tasa de interés} (DV/36\,000)$$
$$= 1\,000 \times 8.15 (91/36\,000)$$
$$= 20.6013 \text{ dólares}$$

Este dato ya había sido obtenido, en dólares y en moneda nacional. Cambiará, lógicamente, el monto en moneda nacional, porque hemos supuesto otro tipo de cambio al término del periodo, de $11.4477; con ese nuevo supuesto se advierte que se tendría un cupón de $235.8375:

$$\text{Cupón en moneda nacional} = \text{Cupón en dólares} \times \text{tipo de cambio}$$
$$= 20.6013 \times 11.4477$$
$$= \$235.8375$$

Tasa de rendimiento anual

Si el ingeniero Gómez posee el papel al término del cupón, cuando el precio del dólar ha sido inferior al del día de su compra, su rendimiento sería también diferente al 8.15% anual que pagó el emisor. Hay que aplicar de nuevo la fórmula ya conocida. Los días al vencimiento, DV, en este caso van a ser los 77 días que restan al cupón.

Tasa de rendimiento $= \big[(VN + \$CPN \times$ tipo de cambio final$) \div (VN \times$ tipo de cambio al inicio$) -1\big] \times (36\,000 \div DV)$

Tasa de rendimiento $= \big[(1\,000 + 20.6013 \times 11.4477) \div (1\,000 \times 11.5785) -1\big] \times \big[36\,000 \div 77\big]$

Tasa de rendimiento $= 4.2413\%$

En la primera parte de la fórmula para obtener la tasa de rendimiento ($VN + \$CPN \times$ *tipo de cambio final*) $\div$ ($VN \times$ *tipo de cambio al inicio*) hay que anotar, como dividendo, lo que se recibe, por eso en este caso se anota el valor nominal más el importe del cupón completo y se multiplica por el tipo de cambio del final; como divisor hay que anotar lo que se paga, por eso es que se anota el valor nominal multiplicado por el tipo de cambio al día de la compra, o sea, el precio "sucio" cuando han transcurrido 14 días. Véase pues que en este caso la tasa de rendimiento resultó menor que la tasa del cupón. La disminución del rendimiento para el ingeniero Gómez se produce por la baja del dólar de 11.5785 al momento de su compra a $11.4477 al día del término del cupón.

4.9 Compra y venta de papeles privados

Cuando los cimientos económicos —que son los que moldean la naturaleza del mercado— no son muy sólidos, las negociaciones a descuento con títulos de corto plazo del gobierno son las principales operaciones del mercado de deuda. Por el contrario, en tanto mejores sean las bases económicas, más preferencia y volumen tendrán las operaciones con títulos de deuda de empresas de mediano y largo plazos. La negociación de este tipo de papeles tiene como trasfondo la transferencia de recursos hacia el sector productivo. Por eso es necesario expresar que en Latinoamérica se presentó una fuerte contracción de los volúmenes operados de este tipo de títulos durante varios años, prácticamente desde 1995 —debido a la crisis en México— hasta 2002, cuando se sufrió la crisis en Argentina. Luego de eso, las emisiones de papel privado se activaron y prendieron, de nuevo, el desarrollo y el crecimiento de los países de la región.

Los papeles privados, tan necesarios, se negocian diferente a los gubernamentales y tienen otros afluentes de riesgo.

Atractivos y vulnerabilidad

Los bonos, las notas, los certificados, las obligaciones y el resto de los papeles privados de mediano o largo plazos se negocian con una tasa premio que se aplica sobre su valor nominal. Como en los papeles gubernamentales, la tasa se ofrece mediante un cupón. De acuerdo con sus características y según las circunstancias económicas, estos papeles pueden contener dos o cuatro cupones por cada año de vida. Igual que en el caso de los Bondes y BPA's, la tasa de cada cupón puede ser la misma durante toda la vida de la emisión, si se trata de bonos colocados a tasa fija, o puede cambiar al cabo del periodo de vigencia de cada cupón, cuando se trata de bonos definidos como de tasa variable.

El público busca bonos privados con cupones por el beneficio de una tasa alta, aunque sacrifica su liquidez en alguna medida. Las tasas más altas y los plazos más largos son las características que hacen que estos papeles sean más atractivos que los papeles de corto plazo; pero estas características, a las que se le debe sumar su menor liquidez, los hacen más vulnerables a los movimientos de las tasas del mercado.

Por esta razón, el público que invierte en papeles de mediano y largo plazos debe tener más cuidado que el que invierte en títulos a descuento de corto plazo. Un alza de tasas puede perjudicarlo más, aunque una baja podría darle mayores beneficios.

Sea de cualquier modo, no deben dejarse de lado los conceptos y las fórmulas del valor del dinero en el tiempo ni los de la tasa equivalente.

El precio, base de la operatividad de los bonos privados

La mecánica operativa de la mayoría de los títulos privados de mediano y largo plazos se basa en el precio. La operación de estos valores es similar, en ese sentido, a la forma en que operan las acciones;[17] es decir, la variable que se negocia en la bolsa es el precio. Los precios, como en el caso de las acciones, se mueven según la oferta y la demanda. Para tener ganancias, el público busca comprar a un precio bajo y vender a uno más alto.

En el caso de los títulos gubernamentales, en México se negocian sobre la base de la tasa, por lo que, aunque al fin y al cabo llegaremos a la determinación del precio, es la tasa la que importa. Importan, como ya vimos, dos tipos de tasas, la de mercado y la del cupón. En el caso de los bonos y notas privados, la tasa de mercado se omite, en apariencia, y en su lugar se negocia el precio definitivo. El precio, que en el caso de los gubernamentales es la incógnita, es un dato que se sabe en el caso de los privados. Y como para determinar el precio se requiere la tasa de mercado, como ya el precio se sabe, la tasa de mercado ya no es un dato dado.

La oferta, la demanda y el precio de cotización dependen de los tres componentes de los bonos: valor nominal, tasa de interés y plazo. Las notas, certificados, obligaciones y demás títulos de mediano y largo plazos tienen las características genéricas siguientes:

- Cada bono o papel puede tener un *valor nominal* o *facial* diferente. Casi todos se estipulan en una escala donde la unidad (la cantidad de 1) es la base general. El valor nominal suele ser de $10.00, $100.00 o $1 000.00.

- El valor nominal es la base para negociar el precio de los papeles.

- La tasa de interés de los bonos se determina en función de la tasa líder. A cada cupón se asigna una tasa que se integra por dos elementos: la tasa líder y el nivel de riesgo del bono. El mayor nivel de riesgo lo tienen los bonos cuyos cupones poseen mayor vigencia y los bonos emitidos por empresas privadas.

- Cada emisor define el número de cupones de cada título. En los mercados desarrollados es usual que cada emisión contenga dos cupones por año. A esa modalidad se le denomina *semianual*. En los mercados emergentes, sobre todo en aquellos en que las condiciones económicas son volátiles, la costumbre es que los títulos contengan cuatro cupones, para que el pago y el cambio de tasa sea cada 90 días. Al momento de realizar la colocación de los bonos, el emisor expresa en el aviso de oferta pública la tasa del primer cupón. El representan-

Cupón
semianual

---

17 Los bonos se negocian en la BMV en la sección que corresponde al mercado de capitales. El precio, que en las otras operaciones resultaba luego de alimentar a la fórmula respectiva los datos de las tasas de interés, es en este caso un dato dado, el que se registra como postura. Es que en la BMV se listan los pagarés de mediano plazo, los bonos y las obligaciones privados en el mercado de capitales, en vez de listarlos en el mercado de deuda, como corresponde.

te común[18] de los tenedores de los bonos difunde las tasas de los cupones posteriores mediante un aviso que publica en algún diario de circulación nacional.

Los poseedores de los bonos con cupones conservan los bonos más tiempo, por lo general, a diferencia de los títulos a descuento, que cambian de mano con suma frecuencia. Las razones para conservarlos más tiempo son, entre otras:

- Ofrecen tasas más altas que las tasas de los títulos de corto plazo.
- Las altas tasas motivan a los tenedores a quedarse con los papeles por periodos largos.
- Los principales compradores de bonos son los fondos de inversión con objetivos de altas tasas y enfoque de mediano o largo plazos que no renuevan rápidamente sus carteras.
- En la mayor parte de los mercados, las autoridades no permiten que se realicen operaciones de reporto con esta clase de valores.

Comisiones

La negociación de bonos privados en la BMV implica el pago de comisiones. Las comisiones que se aplican son similares a las que se aplican a la compraventa de acciones o CPO's y del modo en que se vio en el capítulo 3. El público debe considerar, pues, que su rendimiento estará afectado y disminuido por ese concepto.

Operaciones con títulos que se negocian a precio

Las operaciones con bonos se pueden presentar de dos formas: cuando las compras y las ventas coinciden con el inicio y la terminación de la vigencia del cupón y cuando no coinciden.

Para uno y otro caso, las variables que se utilizan para el cálculo de los rendimientos de los bonos que se operan a precio son:

VN = Valor nominal del bono

Pc = Precio de compra del bono

Pv = Precio de venta del bono

I = Intereses

$\%CPN$ = Tasa anual de interés del cupón (tasa neta promedio para el periodo de vigencia del cupón).

DV = Días de plazo (vigencia) del cupón

TR = Tasa de rendimiento anual

Para los cálculos de esta parte no será necesaria la calculadora financiera HP. Será suficiente una máquina convencional, ya que no se requiere ingresar fórmulas especiales.

---

18 El representante común, por lo general el mismo intermediario que realiza la oferta pública de los valores, sirve de "enlace" entre la entidad emisora y los inversionistas que poseen los valores, a quienes representa. El representante recibe y difunde las tasas de los distintos cupones de los bonos y demás noticias y resoluciones respecto a la emisión y realiza los trámites que les permitan a los inversionistas recuperar su dinero, entre otras funciones.

Cálculo de rendimientos cuando se posee el bono durante la vigencia del cupón

En la dinámica del mercado, el público que desea negociar bonos privados de mediano y largo plazos acostumbra entrar y salir (comprar y vender) en las fechas en que cambian los cupones. El mercado permite que se realicen negociaciones en cualquier día, aun cuando no coincida con la fecha de inicio o de terminación de la vigencia del cupón.

Por ejemplo, digamos que un cliente adquirió 10 000 obligaciones cuyo valor nominal es de $100.00, a un precio de $103.20, el día de inicio del cupón que contenía una tasa de 10.50% y que lo vendió a un precio de $104.00, 90 días después, el último día de vigencia del cupón. En las pizarras de la bolsa se despliega el precio de cotización (las posturas de compra y venta) que ya considera las tasas aludidas, la del cupón y la de mercado, por lo que, cuando se efectúa la negociación, ya no hay que calcular el precio, como sí se calcula en la negociación de Bondes y BPA's.

Los datos básicos de la operación anterior son:

VN = $100.00

Pc = $103.20

Pv = $104.00

CPN = 10.50%

DV = 90 días

Títulos = 10 000

El cliente tuvo que pagar $1 032 000.00 (10 000.00 × 103.20), más las comisiones que le haya cobrado su intermediario. El importe de la venta es $1 040 000.00 (10 000.00 × 104.00), menos comisiones que le aplique su intermediario. El cliente, además de este último importe, recibe el pago del cupón correspondiente.

Debido a que el cliente va a recibir un pago de intereses, los $8 000.00 que representan la diferencia de los dos importes (1 040 000 − 1 032 000) no constituye la ganancia total. Para obtenerla es preciso considerar ambas cuestiones, la diferencia de precios y el cupón; para ello se necesitan algunos cálculos adicionales.[19]

Con base en los datos dados, se calculan los intereses pagados al día en que se efectúa la venta utilizando la siguiente fórmula:

$$CUPÓN = VN\left(\frac{\% \, CPN \times DV}{36\,000}\right)$$

Al sustituir se tiene:

$$CUPÓN = 100\left(\frac{10.50 \times 90}{36\,000}\right)$$

$$CUPÓN = \$2.6250$$

---

19 Como las operaciones del cliente están sujetas al cobro de comisiones por la compra y la venta, es común que estos ejemplos se ilustren considerando el importe de tales comisiones como parte del precio. Sin embargo, como las comisiones son distintas en cada plaza y en algunos casos están gravadas con algún impuesto y en otros no, los ejemplos que se presentan no incluyen ese concepto. Si quisiera considerar las comisiones de compra y venta, sólo hay que sumar (al precio de compra) o restar (al precio de venta) la comisión e impuesto que carga el intermediario para obtener el precio total de compra y el precio neto de venta, respectivamente. Con los precios resultantes se hacen las mismas operaciones que se ilustran en el resto del ejemplo.

Esta cantidad, $2.6250, es la ganancia que se produce en la enajenación de cada uno de los bonos. La ganancia total por los 10 000 bonos fue de $26 250.00 (10 000 × 2.6250).

Ya que se sabe la ganancia por cada bono, se debe utilizar para buscar la tasa de rendimiento que se ha logrado por los 90 días. La tasa que produce la operación se obtiene con la fórmula siguiente:

$$TR = \left(\frac{Pv + CUPÓN}{Pc} \right) - 1 \times (36\,000 \div DV)$$

Al sustituir se tiene:

$$TR = \left(\frac{104 + 2.6250}{103.20} \right) - 1 \times (36\,000 \div 90)$$

$$TR = 13.27$$

El cálculo vierte como resultado una tasa de 13.27%. Es el rendimiento porcentual anual que ha producido la inversión de $103.20 en los 90 días en que se mantuvo la inversión en los 10 000 bonos.

Se puede comprobar que el porcentaje de 13.27% es correcto si a los $8 000.00, que es el beneficio por la compraventa a precios distintos, se le suman los $26 250.00 (los intereses totales por los 10 000 títulos) y el resultado se divide entre el importe de la inversión inicial y al resultado se le agrega la última parte de la fórmula de arriba:

$$8\,000 + 26\,250 \times \left(\frac{36\,000 \div 90}{1\,032\,000} \right)$$

El resultado será el mismo: 13.2751%

Cálculo de rendimientos cuando las fechas de compraventa y las del cupón son distintas

Las fechas de compra y venta no tienen que coincidir con los días de inicio y término de los cupones.

En estos casos, el procedimiento para calcular los rendimientos sufre algunas variaciones respecto del ejemplo anterior, como se verá.

Ejemplo: digamos que un bono con valor nominal de $100.00 ofrece un cupón trimestral con vigencia del 2 de enero al 31 de marzo y una tasa anual de 7%. Un cliente compra 10 000 títulos a un precio de $102.00 la unidad el 9 de febrero y los vende el 23 de marzo del mismo año a un precio de $102.50.

Los datos básicos de la operación son:

VN   = $100.00

Pc   = $102.00

Pv   = $102.50

%CPN   = 7% anual correspondiente al trimestre enero-marzo.

I Devengados = Intereses corridos por un número determinado de días

T^1 = 39 días (días transcurridos del cupón el día de la compra)

T^2 = 81 días (periodo total del cupón desde su inicio hasta el día de la venta del cliente)

T^3 = 42 días (periodo en que el cliente posee los valores)

El primer dato que hay que obtener son los intereses devengados por los 39 días transcurridos desde el inicio del cupón (2 de enero) hasta el día en que el cliente adquiere los bonos (9 de febrero). Para esto se utiliza la siguiente fórmula:

$$\text{I Devengados} = \frac{VN \times \%CUPÓN \times T^1}{36\ 000}$$

Al sustituir, se tiene:

$$\text{I Devengados} = \frac{100 \times 7 \times 39}{36\ 000}$$

$$\text{I Devengados} = \$0.7583$$

Al realizar los cálculos se sabe que los intereses devengados, por cada bono, fueron de $0.7583. El inversionista tuvo que pagar esos intereses devengados a la persona que le vendió los bonos. De ese modo, esta persona pudo llevarse el beneficio proporcional del cupón. El inversionista que adquiere los bonos los paga porque el día de la venta recibirá esos intereses del emisor —si conserva los bonos durante toda la vigencia del cupón— o del nuevo comprador —si opta por venderlos antes de la terminación del cupón.

La cantidad que el cliente pagó el 9 de febrero fue $1 020 000.00 (10 000.00 × 102.00), más las comisiones que le haya cobrado su intermediario, más los intereses devengados de $7 583.33 (10 000 × $0.7583) por los 39 días transcurridos del cupón.

El desembolso total fue de $1 027 583.33.00 (1 020 000, más 7 583.33).

El segundo dato que hay que obtener son los intereses que el inversionista recibe al momento de vender, 81 días después del inicio de la vigencia del cupón. Para obtenerlo, se aplica la fórmula que se usó para calcular el importe de los intereses devengados por los 39 días iniciales, sólo que ahora el cálculo debe considerar 81 días (T^2).

$$\text{I Devengados} = \frac{VN \times \%CPN \times T^2}{36\ 000}$$

Al sustituir, se tiene que:

$$\text{I Devengados} = \frac{100 \times 7 \times 81}{36\ 000}$$

La cantidad que resulta, $1.575, es el importe que el cliente recibe por la parte proporcional del cupón de 7%, por cada uno de los bonos. Esta cantidad debe agregarse al importe de la venta que fue de $1 025 000.00 (10 000 × 102.50). De este importe de la venta se deduce el importe de las comisiones que aplique el intermediario.

La cantidad que recibiría el cliente sería la suma de $1 025 000.00 más $15 750.00 o lo que es lo mismo (10 000 × 1.575): 1 040 750.

Con el dato de los intereses que percibe el cliente por la venta del bono, se calcula la tasa de rendimiento que obtuvo en los 42 días (T^3) que conservó los bonos poder. Para esto se utiliza la fórmula:

$$TR = \left[\frac{(Pv + ID)}{Pc + I} - 1 \right] \times (36\ 000 \div T^3)$$

Al sustituir, se tiene:

$$TR = \left[\frac{102.5 + 1.575}{102.00 + 0.7583} - 1 \right] \times (36\ 000 \div 42)$$

El resultado, 10.9830%, indica que el inversionista obtuvo 10.9827% de rendimiento efectivo o directo durante esos 42 días.

Otro modo de llegar a ese último porcentaje consiste en realizar los cálculos tomando como base los importes totales:

Monto de la venta	$1 040 750
menos	
Monto de la compra	$1 027 583.33
Ganancia	**$13 166.67**

$$[13\ 166.67 \div 27\ 583.33] \times (36\ 000 \div 42) = 10.9827\%$$

Internet bursátil

En la siguiente dirección se encuentra una calculadora que puede ser útil para obtener precios y flujos con bonos: **http://www.datachimp.com/calculator/**
En **http://bonds.yahoo.com/** también se halla una calculadora.

4.10 Valores gubernamentales: la prioridad de ordenar la casa

Después de realizar las operaciones preponderantes, podemos repasar los tipos de papeles, títulos o instrumentos que conforman el mercado de dinero. En este tema vamos a referirnos a los papeles que hacen la abundancia, los que mueven al mercado: los valores gubernamentales. En los temas 4.11 y 4.12, abundaremos sobre los bancarios y privados.

Mantener el orden y buscar el desarrollo

Los emisores más importantes del mercado de dinero, en todo el mundo, son los gobiernos. Ya se comentó que un gobierno necesita recursos recurrentes para financiar su déficit público temporal, cumplir sus actividades de inversión, obras y servicios públicos y para ejercer la política monetaria y crediticia. Al acudir a financiarse al mercado de dinero, un gobierno persigue dos objetivos cruciales: mantener el orden de la economía y propiciar la expansión de las actividades. Para tal efecto, se vale del banco central, que es la entidad que funge como agente colocador de los títulos.

Los financiamientos obtenidos a través del mercado de dinero forman parte de lo que se concibe como deuda interna del país; es decir, lo que los gobiernos deben a los acreedores domésticos.

Los valores gubernamentales son importantes, además, porque con ellos o de ellos se define la tasa de interés más relevante del mercado y la economía, según lo que se detalló en el apartado relativo a la tasa líder.

La inversión de deuda más segura

Para el público, la inversión en títulos gubernamentales es la opción más segura. ¿Por qué? Porque son los instrumentos que, sin ofrecer garantías específicas, tienen el respaldo de todos los bienes de la nación, que es lo que hace que el riesgo sea prácticamente nulo.[20] Los rendimientos que ofrecen los valores gubernamentales son, por ese hecho de la seguridad, los más modestos del mercado. De sus niveles parten y suben los rendimientos del resto de los títulos de deuda.

Bonos, billetes, certificados y notas

La transformación del mercado de valores en México comenzó con la aparición del instrumento que más recursos acapara veinte años después: el Certificado de la Tesorería de la Federación, el *Cete*. Este título, como los certificados que se utilizan en la mayor parte de los países emergentes, no se concibió en México, sino que es la adaptación del Billete del Tesoro (*T–Bill*) de Estados Unidos.[21] No hay que sorprenderse: es común que en todo el mundo los gobiernos utilicen casi la misma clase de valores para moderar sus variables y financiarse. En la mayoría de los casos lo que cambia es el nombre y los plazos.

Billete del Tesoro, *T-Bill*

Nota del Tesoro, *T-Note*

Bono del Tesoro, *T-Bonds*

Valores Dorados, *UK Gilts*

En Estados Unidos, el gobierno ejerce la política monetaria a través de los Billetes del Tesoro, los *T-Bills*, y se financia por medio de las Notas y los Bonos del Tesoro: las *T-Notes* y los *T-Bonds*. En el Reino Unido, los bonos gubernamentales reciben esos mismos nombres —billetes, notas y bonos— y se encuadran en una denominación especial: "Valores Dorados", *UK Gilts*.

Los valores que utiliza el gobierno mexicano son, además de los Cetes que sirven para financiar al gobierno para sus necesidades apremiantes y para moderar el circulante, los Bonos de Regulación Monetaria, *Brems*, un instrumento nuevo con el que se pretende desfasar el ciclo del circulante y el control monetario; los Bondes (en sus tres modalidades, los tradicionales de 28 días, los de pago de cupón trimestral y los de cupón semestral —Bonde182—), los Udibonos y los títulos de tasa fija de mediano y largo plazos a tres, cinco, siete y 20 años, los "EMES".[22]

En México, los plazos de emisión fluctúan entre los 28 días (Cetes) y los cinco años (Udibonos) o incluso hasta los 10 años (en otros valores), mientras que en Estados Unidos y otros países desarrollados los plazos van desde las 13 semanas (*T-Bills*) hasta los 30 años (*T-Bonds*).

Mientras que los certificados, letras, billetes son para financiar las necesidades inmediatas y controlar el circulante, los Bonos de Desarrollo se emiten básicamente para obtener financiamiento de mediano plazo. Los Bonos de Desarrollo mexicanos (Bondes, Udibonos y Emes,) están diseñados a partir de la estructura de las Notas (*Treasury Notes*) y los Bonos del Tesoro (*Treasury Bonds*) de Estados Unidos.

---

20 Por eso, ya lo veremos, los títulos gubernamentales no son sujetos de calificación.

21 En todos los países, los bancos centrales utilizan el mismo tipo de instrumento para controlar el circulante y las variables: Argentina, por ejemplo, usa las Letras del Tesoro (Lete) y El Salvador se vale de los Certificados de Estabilización Monetaria (CEM).

22 Otros países denominan simplemente "bonos" a los títulos que utilizan para financiar las obras públicas.

También se consideran como gubernamentales los papeles que emiten entidades que forman parte de la administración federal, que comprende empresas, instituciones u organismos públicos, como los bancos de desarrollo o el Instituto de Protección al Ahorro Bancario. Al hurgar entre esas instancias, uno se halla con valores muy negociados, como los siguientes:

- Bonos de Protección al Ahorro Bancario, BPA's, que son emitidos por el Instituto de Protección al Ahorro Bancario, IPAB.

- Pagarés de Indemnización Carreteros, PIC's (Se emitieron hasta 2003. Hay títulos vigentes hasta 2020), emitidos por Banco Nacional de Obras y Servicios Públicos, BANOBRAS, Fiduciario del Fideicomiso de Apoyo al Rescate de Autopistas Concesionadas, FARAC.

- Certificados Bursátiles de Indemnización Carreteros Segregables, CEBICS, también emitidos por BANOBRAS.

Sobre la regulación del circulante y los títulos de corto plazo

Los bancos centrales utilizan los certificados o las letras del Tesoro para equilibrar el circulante de la economía. El nombre puede ser distinto en los distintos países: Billetes, Certificados, Letras o Bonos de regulación, estabilización o control monetario. El caso es que mediante su compra y venta, las instituciones centrales ejecutan la política monetaria, retirando e inyectando liquidez según el estado general de las variables macro.

Por lo general, las emisiones de estos certificados o letras son a cuatro plazos cortos: 28, 91, 180 y 364 días. En forma esporádica se realizan emisiones a otros plazos.

El banco central emite ya nuevos títulos de regulación del circulante, a los que ha denominado Bonos de Regulación Monetaria, *BREMS*, a plazos de uno y tres años, con los que pretende cambiar la estructura de plazos a los que está concentrado el dinero. Y es que el flujo del dinero en México se concentra, debido a la incertidumbre y al riesgo, en títulos de menos de un mes de vida. Lo novedoso es que su tasa de interés se revisa a diario, con lo que se recoge la volatilidad jornada a jornada, para evitar que el alza de las tasas mengüe o se "coma" parte del valor del dinero.

Eso de que la liquidez se mantenga en títulos de plazos mayores de un mes es difícil tarea, si consideramos que el dinero llega o se va según la volatilidad y ésta prolifera o se produce súbitamente, en el corto plazo y daña, sustancialmente, a los valores de mediano y largo plazo. El éxito de los Brems, por eso, depende de los logros en materia macroeconómica.

Tipos, claves y series

A todos los títulos de deuda se les asigna también una clave de pizarra. En México a esa clave se le denomina *tipo de valor* y es un identificador de una o dos letras, de algún número y de letras y números combinados. A los papeles de deuda también se les adiciona una serie. La serie va relacionada en casi todos los casos con la fecha de vencimiento o amortización. Esto es:

Tipo de valor

- El Certificado de la Tesorería, el Cete, se codifica como tipo de valor "B", dentro de la clasificación general de los instrumentos del mercado de valores mexicano. La clave de cotización se forma con la letra "B", la palabra Cete y su fecha de vencimiento. Por ejemplo, si en el estado de cuenta aparece toda esta codificación, BCETE 061026, significa que se trata de un Cete que vence el 26 de octubre de 2006.

- Los Bonos de Desarrollo con revisión de tasa trimestral, los Bondes91, se codifican como tipo de valor "LP". De modo que la clave de pizarra de un Bonde que vence el 22 de febrero del 2007, sería LBONDE 070222.

■ La clave de pizarra de los Bonos del IPAB es "IP" o "IT", según sean bonos con cupón cada 28 días o de cada 91. Un ejemplo de uno de estos bonos que vence el 30 de octubre de 2008 es BPAT 081030.

■ El tipo de valor de los Udibonos es "S". Cuando se trata de Udibonos a tres años se adiciona a esa clave el número "3": "S3". Si son Udibonos a cinco años, se añade un "5": "S5". Un Udibono que vence el 01 de noviembre de 2009 es UDIBONO 091101.

■ El tipo de valor de los Bonos de Tasa fija, los "Emes", es M3, M5, M7, M10; el número depende de su plazo en años. Un Bono a Tasa Fija con plazo de 10 años, un M0, con vencimiento 20 de diciembre de 2012, es el BONO 121220.

■ El tipo de valor de los PIC's es "PI". Un PIC con vencimiento en enero de 2009 es PI 991U.

Véase el cuadro 4.3 que contiene las principales características de los valores gubernamentales en México.

	VALOR	TIPO VALOR	EJEMPLO DE CLAVE Y SERIE (AÑO, MES, DÍA)	VALOR NOM	DESCRIPCIÓN Y CARACTERÍSTICAS
Cuadro 4.3 Valores gubernamentales en México	CETES	B	CETE 061026	$10	Certificado de la Tesorería de corto plazo: 28, 91, 180, 360 días. Se negocia a descuento
	BONDE 28			$100	Bonos de Desarrollo con cupón cada 28 días. Se emiten a plazos máximos de dos años
	BONDE	LT	BONDE LT 050127	$100	Bonos de Desarrollo con pago de tasa a 91 días. Se emiten a plazos de tres años
	BONDE TRIMESTRAL	LS	BONDE LS 060427	$100	Bonos de Desarrollo con pago de tasa cada 182 días y protección contra inflación. Se emiten a plazos de cinco años
	BONOS 3	M3			Bonos de Tasa Fija a tres años. Contempla protección contra la inflación.
	BONOS 5	M5	M5 070308	$100	Bonos de Tasa Fija a cinco años. Contempla protección contra la inflación.
	BONOS 10	M0	M10 121220	$100	Bonos de Tasa Fija a 10 años. Contempla protección contra la inflación.
	BONOS 20	M	M20		
	PIC's	PI	PI991U	100 UDI's	Bonos para financiar rescate carretero emitidos a plazos de 20 y 30 años. Pago de cupón semestral. Protección contra inflación
	UDIBONO 5	S05	UDIBONO 050210	100 UDI's	Bonos de Desarrollo en UDI a cinco años. Pagan tasa cada 182 días. Contempla protección contra la inflación
	UDIBONO	S0	UDIBONO 091001	100 UDI's	Bonos de Desarrollo en UDI a 10 años. Pagan tasa cada 182 días. Contempla protección contra la inflación
	BREM	XA	BREM 070816	$100	Bonos de regulación monetaria con cupón "segregable". La tasa de interés se revisa a diario y se paga cada 28 días. Se emiten a plazos de uno y tres años
	BPA	IP	BPAS 070913	$100	Bono para financiar rescate bancario. Pago de cupón cada 28 días. Se emiten a plazos de tres años. Contempla protección contra la inflación
	BPA 91 DÍAS	IT	BPAT 081030	$100	Bono para financiar rescate bancario. Pago de cupón cada 91 días. Se emiten a plazos de cinco años. Contempla protección contra la inflación
	CEBICS	2U	CBIC009 331124	100 UDI's	Certificado Bursátil de Indemnización Carretero
	UMS	D1	UMS 10F[23]	1 000 USD	Bono emitido en USD por el gobierno federal con vencimiento el 01 de febrero de 2010, a tasa fija de 9.875% con pago semestral el 01 de febrero y el 01 de agosto

23 Hay varios bonos de esta clase y cada uno implica características y tipo de valor diferentes. El que se ilustra es sólo un ejemplo.

Los Cetes, Bondes y Udibonos fueron la base del mercado mexicano de deuda en el segundo lustro de la década de los noventa y en los primeros del nuevo siglo. Así que, aunque con el tiempo surgirán otros y algunos de los que se operan desaparecerán, estos tres tipos de valores gubernamentales continuarán siendo los de mayor importancia. Los dos primeros seguro seguirán con sus características casi intactas. El tercero, que surgió en virtud de las altas tasas de inflación, depende de ésta para que se siga emitiendo. Aún si dejara de emitirse, las emisiones ya realizadas estarán vigentes por lo menos hasta 2015.

Bonos van y bonos vienen...

Las características y tipos de los bonos, en cualquier país, obedecen a las condiciones macroeconómicas. En países con condiciones cambiantes o volátiles, pocos papeles son permanentes o trascienden más allá de 10 años.

En un país como México, de escenarios vulnerables y susceptibles a los reacomodos, es normal que con el paso del tiempo y el cambio de las circunstancias económicas, desaparezca un título, surja otro, se alarguen o se reduzcan los plazos a los que se emiten, etc. De modo que han habido Cetes a siete días o a tres años; han existido y desaparecido Pagafes, Tesobonos, Ajustabonos, Bonos de Indemnización Bancaria, Bonos de Renovación Bancaria, Petrobonos y otros tantos.

En mercados como el mexicano no hay bonos para siempre, como en Estados Unidos o el Reino Unido, donde los *T-Bills*, los *T-Notes* y los *T-Bonds* o como los *Gilts*, respectivamente, son clásicos de esas economías sólidas.

 Internet bursátil

Para saber sobre regulación monetaria, títulos gubernamentales y tasas líderes, consulte:
www.banxico.org.mx
Para más información sobre valores gubernamentales estadounidenses, consulte las siguientes direcciones:
http://www.publicdebt.treas.gov/bpd/bpdhome.htm
http://www.publicdebt.treas.gov/sec/sec.htm

4.11 Papel bancario y financiero: hacer que el dinero circule

Los bancos comerciales tienen alternativas diversas para captar recursos del público. Aparte de la captación clásica de ventanilla con títulos como el Pagaré con Rendimiento Liquidable al Vencimiento (PRLV), Certificados de Depósito (Cedes) y otros más, realizan emisiones masivas de papeles en el mercado de deuda con las cuales consiguen dinero para compensar sus requerimientos de liquidez y financiar al sector productivo. Gracias al mercado, los bancos provocan que el dinero circule y expanda la actividad económica.

La banca, gran emisor de valores

La banca es uno de los grandes sectores que apuntalan al mercado de dinero. Después del gobierno, es el participante más dinámico del mercado y, al igual que éste, sus funciones cubren dos facetas cruciales: la de captación como emisor y la de negociador en el mercado secundario aunque, a diferencia del gobierno, puede hacer esta última por cuenta propia o por cuenta de terceros.

Los valores bancarios gozan de una gran preferencia y contienen casi un alto grado de seguridad de cumplimiento de pago, apenas abajo de la preferencia y confianza que distingue a los valores gubernamentales.

Cabe anotar que los bancos participan en el mercado de valores casi con las mismas atribuciones que los intermediarios bursátiles. Entre las funciones que no pueden desarrollar están: fungir como intermediarios colocadores y tener representación en los pisos de remates o acceso directo a los sistemas de negociación electrónica. Por lo demás, la banca está enlazada con el resto de los participantes en casi todos los mecanismos de emisión y negociación de instrumentos.

Los títulos bancarios que se colocan en el mercado de valores ofrecen al inversionista tres ventajas irrenunciables:

- Altísimo grado de seguridad en el cumplimiento de pago.
- Tasas de interés más elevadas que las que ofrecen los valores gubernamentales.
- Liquidez absoluta en el mercado secundario.

Los valores bancarios, en contraste, tienen una relativa desventaja: sus rendimientos están gravados con el ISR. El público tiene que consultar las disposiciones en vigor para conocer el régimen fiscal aplicable y calcular sus beneficios netos.

Con valores de la banca, el público puede realizar las operaciones tradicionales del mercado: compraventa en directo y reportos.

El financiamiento que consiguen los bancos en el mercado gira en torno de tres papeles, básicamente: el pagaré, la aceptación y el bono bancario.

Pagaré, promesa de pago

¿Cuántas veces se ha oído de las alternativas de captación de la banca? En los últimos años se ha desatado una lucha intensa entre las instituciones de crédito por atraer clientela mediante un instrumento que luce atractivo: *el pagaré*. Es un título que, por su sencillez, ha logrado colocarse en forma privada, desde las sucursales, y es uno de los que más procura emitir la banca en el mercado de valores.

Los bancos aprovechan los pagarés para compensar sus flujos de corto plazo.Colocar pagarés es relativamente fácil para los bancos. Pueden emitirlos el mismo día en que se decida hacerlo. Las instituciones realizan cualquier número de emisiones durante un solo día. Basta enviar la información y el título correspondiente (el pagaré) a la institución depositaria o a la bolsa. El pagaré debe contener la leyenda jurídica de rigor, el valor nominal, la tasa de descuento y el plazo respectivo. La institución depositaria, al recibir la solicitud, autoriza la emisión, le asigna la clave de pizarra, lo da de alta en el sistema y, listo, el título comienza a ser negociado.

Las demás características del pagaré que vale la pena listar, son:

- Los plazos de las emisiones de pagarés son abiertos: desde un día hasta un año o más.
- Su valor nominal más empleado es el de $10.00.
- Los pagarés no especifican tasa de interés alguna; se colocan a descuento.

- El rendimiento que se obtiene se deriva de que la venta se realiza bajo la par; es decir, debajo de su valor nominal. El rendimiento, luego entonces, se genera por el diferencial entre el precio de compra (siempre bajo par) y su valor al vencimiento, cuando el inversionista recibe íntegro el importe del valor nominal.

- El tipo de valor de los pagarés mexicanos es "I". Su clave de pizarra se forma con esa letra, en mayúscula, la clave del banco emisor y la fecha de vencimiento, dada por el año, la semana y el día en que tiene lugar. Por ejemplo, la clave de pizarra de una emisión de pagarés de Banamex cuya fecha de vencimiento sea el 12 de octubre de 2007 es IBANAMEX 07415, de la que:

  07 corresponde al año, es decir, 2007

  41 corresponde a la semana del año (la semana número 41 va del 7 al 13 de octubre)

  5 corresponde al día viernes de la semana 41 (los días se numeran del 1 al 5, de lunes a viernes).

Esta forma de codificar la serie de los pagarés es aplicada al resto de los papeles emitidos por instituciones financieras.

Aceptaciones, el aval bancario

Cuando una empresa requiere recursos para financiar su capital de trabajo, tiene ante sí la posibilidad de acudir a algún banco a buscar su aval para colocar papel en el mercado. Avalar títulos de crédito significa otorgar la garantía de que la deuda que se documenta en esos títulos se va a pagar íntegra y puntualmente. El emisor es la empresa, aunque, por su respaldo o garantía, a estos papeles se les ubica en el renglón de los bancarios (por supuesto, los bancos emiten directamente cierto tipo de aceptaciones para sus necesidades).

El banco acepta ser aval por las relaciones de negocios que mantiene con la empresa. Ésta, a su vez, consigue un financiamiento menos oneroso y más recurrente mediante las aceptaciones.

Al invertir en estos títulos, el público entiende que conserva las tres ventajas que se señalaban al principio de este apartado: liquidez, rendimientos competitivos y seguridad.

Los participantes del mercado identifican las Aceptaciones bancarias con un sobrenombre contagioso: *Ab* (que en el medio se pronuncia como "abés"). Las Ab tienen características muy parecidas a las de los pagarés:

Aceptaciones bancarias, Ab's

- Los plazos de las emisiones son abiertos: desde siete hasta 182 días.

- Su valor nominal generalmente es de $1.00, $10.00 o $100.00.

- Las "Abés" no especifican tasa de interés alguna; se colocan a descuento.

- El rendimiento se genera por el diferencial entre el precio de compra (bajo par) y el valor al vencimiento, cuando el tenedor recibe íntegro el importe del valor nominal.

- El tipo de valor de las aceptaciones bancarias mexicanas es "G". Su clave de pizarra se forma con esa letra, en mayúscula, la clave del banco emisor y la fecha de vencimiento. Por ejemplo, la clave de pizarra de una emisión de pagarés de Banco SHBC (Hong Kong Shangai Bank) cuya fecha de vencimiento sea el jueves 11 de octubre de 2007 será GHSBC 07414.

Para efectos prácticos, hay que recordar que tanto el pagaré como la aceptación operan igual que el Certificado del Tesoro o el resto de los papeles a descuento, según las fórmulas y las modalidades que ya se expusieron.

Financiamiento de proyectos: el círculo se expande

Como gran canalizador de recursos que es, la banca emite también títulos de mediano o largo plazos. Con ellos financia proyectos de mayor envergadura que desarrollan empresas privadas o los gobiernos estatales o el federal: autopistas, aeropuertos, viviendas, etc. Esos proyectos, sobra decirlo, tienden a hacer crecer los negocios y a expandir, por lo mismo, el círculo económico. Para lograrlo, la banca echa mano de otros mecanismos e instrumentos que de cuando en cuando varían o se sustituyen para ajustarse a las necesidades y circunstancias de la economía.[24] De la lista de valores bancarios de mediano o largo plazos vamos a tomar uno que sobrevive y ha servido de base al resto: los BBD´s.

Bonos Bancarios de Desarrollo, BBD's

Bonos bancarios de desarrollo, BBD's

Los Bonos Bancarios de Desarrollo, "BBD´s", subsisten porque se les ha extraído el nombre, la estructura o las características que después se acoplan a algún otro título que puede conservar ese nombre o adjudicarse otro. El caso es que la banca de desarrollo (Nafin, Banobras, Bancomext, en el caso de México; bancos multisectoriales, en otros países) o algunas otras instituciones financieras de fomento emiten, aceptan o garantizan los BBD´s para captar recursos e inyectarlos a un sector productivo determinado.[25]

De un BBD a otro, puede haber un rasgo distintivo más o uno menos.

Los rasgos de un BBD arquetípico podrían ser:

- Plazo mínimo de tres años.
- Un valor nominal de $100.00.
- La tasa de rendimiento está referida a alguna de las tasas líderes del mercado (Cetes de 28 días, TIIE; *discount rate*, LIBOR, etc.) con algunos puntos adicionales (TIIE más tres puntos, por ejemplo).
- Confieren pagos periódicos de intereses, usualmente cada tres meses.
- Los inversionistas pueden tener rendimientos adicionales por los diferenciales entre el precio de adquisición y el de venta, ya que el precio del bono puede alterarse según la oferta y la demanda.
- El tipo de valor de los BBD´s mexicanos es "J". Su clave de pizarra se integra con esa letra, en mayúscula, la clave del banco emisor y la fecha de vencimiento. Por ejemplo, una emisión

---

24 Durante los 90, la banca mexicana en conjunto (banca comercial y de desarrollo) sacó al mercado una notable variedad de instrumentos. Algunos todavía siguen por ahí, haciendo contraste con los nuevos instrumentos de uno que otro portafolio y otros, la mayoría, han cumplido ya su ciclo: Bonos Bancarios de Desarrollo Industrial (Bondi´s), Bonos Bancarios para la Vivienda (Bovi´s), Bonos Bancarios de Infraestructura (BBI´s), Bonos Bancarios de Desarrollo (BBD´s)... y podríamos seguir.

25 En Estados Unidos hay dos entidades gubernamentales que se pueden considerar dentro del sector de instituciones de desarrollo: General National Mortgage Association, GNMA, y Federal National Mortgage Association, FNMA. Las dos emiten bonos en el mercado de deuda de Estados Unidos para financiar la construcción de viviendas medias.

de pagarés de Nacional Financiera, cuya fecha de vencimiento sea el viernes 09 de febrero de 2007, tendría la clave de pizarra JNAFIN 07065.

Los BBD´s, tanto en el proceso de su emisión como en su forma operativa, tienen mucho de los valores privados de mediano y largo plazos que se describen en el tema 4.10.

La indispensable actividad de financiarse en la bolsa

La fuente de captación más relevante de la banca es el mercado de valores. La banca, sobre la que recae el mayor peso de la responsabilidad de mover el circulante y hacer crecer la economía, acude a la bolsa a diario, al menos para tomar prestado el dinero que le sirve para equilibrar sus flujos, y acude también para invertir para sí y ganar tasas altas, el dinero que toma del público a costos bajísimos. Pero la banca también debe tomar préstamos de largo plazo en la bolsa de valores.

La banca en Latinoamérica no se financió en la bolsa desde finales de los 90 y al menos durante los primeros cinco años del siglo para captar dinero y destinarlo a proyectos de crecimiento de las empresas. No se financió porque pudo tener ingresos y ganancias fabulosas al mover el dinero que toma en ventanilla (en sucursales) a tasas de risa y al beneficiarse de programas de rescate oficiales.

Si la banca retomara su función vital, la de tomar dinero vía bonos y prestarlo para el desarrollo, las economías de la región se activarían y tenderían al desarrollo. Como no lo hicieron, las bolsas de la región no pudieron cumplir, por su parte, su función de hacer crecer la economía.

Por eso es siempre necesario inducir a la banca a financiarse en el mercado. Los beneficios de hacerlo impactan en todos: en las empresas, en la bolsa, en el público y, claro, en la sociedad, en la economía.

Financiamiento de otros organismos financieros

Hay otras entidades financieras que acuden al mercado a financiarse para contar con recursos que les permitan cerrar la pinza de sus actividades: las arrendadoras financieras y las empresas de factoraje. Estas instituciones, téngase presente, se encargan de financiar a las empresas.

Las arrendadoras (empresas de *leasing*) aportan maquinaria a los negocios en el modo de renta con opción a compra (en lenguaje diario, rentan equipo que las empresas usuarias pueden adquirir en definitiva más tarde).

Las entidades de factoraje (*factoring*) proveen de liquidez tomando a su favor las cuentas por cobrar de la empresa financiada.

Es de entenderse que para cumplir con sus funciones, las arrendadoras y las empresas de factoraje necesitan disponer de recursos: unas, para comprar la maquinaria o el equipo que facilitan a las empresas; otras, para adquirir las cuentas por cobrar. Por eso acuden al mercado, para financiar esas actividades.

En México, a los nombres de los papeles que emiten estos dos grupos de organismos se les ha agregado el término "financiero" sólo para codificarlos en la extensa gama de títulos de la bolsa.

Pagaré financiero

El instrumento que con mayor regularidad emiten las arrendadoras y las empresas de factoraje es el pagaré, que contiene características idénticas al que emite la banca (de hecho, es el mismo título) y que, en este caso se denomina pagaré *financiero*:

Pagaré
"financiero"

- Los plazos de los pagarés oscilan entre un año, como mínimo, y tres años, como máximo.

- Su valor nominal es de $100.00 o sus múltiplos.

- Su rendimiento es superior al de los títulos bancarios sobre la base de una de las tasas de referencia, revisable y pagadera periódicamente.

- En México, el tipo de valor de los pagarés financieros es "75". Por ejemplo, para una emisión de pagarés financieros de Factor OBSA con fecha de vencimiento el 31 de enero de 2007, una clave de pizarra sería 75FACOBSA 07053.

Los pagarés financieros son más atractivos que los títulos bancarios, ya que su tasa de rendimiento siempre es más elevada; pero son también más difíciles de conseguir porque es sabido que quien los adquiere ya no se desprende de ellos, a menos que suban las tasas.

4.12 Emisiones privadas: activar el desarrollo

Los papeles de deuda que colocan las empresas adquieren otras tesituras. Financiar al sector privado supone la movilización del flujo económico porque se inyectan recursos directamente al aparato productivo. Esa movilización genera empleos y servicios, poder de compra y consumo. A la larga, la inyección de dinero a las empresas se traduce en bienestar colectivo y en una expansión del Producto Interno Bruto, PIB.

El mercado de deuda es una fuente de financiamiento que las empresas deben valorar por sus ventajas inigualables:

- Resulta más barato que los créditos bancarios tradicionales.

- El tiempo que transcurre desde el día de la presentación de la solicitud y los requisitos, hasta el día de la obtención del dinero, es relativamente breve. No es un proceso tan dilatado como la tramitación de un crédito bancario.

- La mayor parte de los instrumentos o mecanismos de captación se emite sin garantías específicas.

- Los costos son acumulables y deducibles.

- Permiten diversificar sus pasivos entre cientos o miles de inversionistas en vez de contraer la deuda con una institución.

- El mercado tiene un gran potencial de colocación entre todo tipo de inversionistas. Es más factible abastecerse de una gran cantidad de recursos en el mercado que de un solo organismo.

- Si la empresa cumple con el pago oportuno del principal y los intereses, el mercado se convierte en una fuente recurrente y periódica de fondos.

- Al emitir títulos de deuda, las empresas no diluyen su capital ni los votos corporativos. En cambio, la pulverización del capital social mediante la emisión de acciones significa ceder una parte de la propiedad de las empresas, además de compartir las utilidades y decisiones.

Para el público, la inversión en títulos privados entraña incentivos superiores. Casi todos los portafolios contienen una buena dosis de valores de deuda de empresas privadas porque confieren, entre otros, los siguientes beneficios predominantes:

- Los títulos privados ofrecen mayores rendimientos que los valores gubernamentales y bancarios.

- El público puede elegir qué entidades financiar entre muchas empresas y sectores.

- La gama de posibilidades incluye papeles de corto, mediano y largo plazos, indexados a la inflación, supeditados a una tasa líder o con alguna otra cualidad que los ajuste a los requerimientos de los tiempos económicos.

- Con todo y que los intereses de los títulos privados de deuda están gravados y sujetos a la retención del ISR, el rendimiento neto que se obtiene es más alto que cualquier otra alternativa.

Riesgo: dimensión desconocida

En el deporte llanero, cuando un equipo no se presenta a jugar se dice que los que sí se presentan ganan por "*default*". Entendemos, en esos casos, que el triunfo se debió al incumplimiento de la otra parte. Pues bien, ese mismo término se usa en los mercados para dar a entender que un emisor no ha cumplido con el pago de la deuda lo cual, por supuesto, no va a significar un triunfo para los acreedores sino lo contrario, problemas.

Desde la óptica de que la inversión para ganar rendimientos vía tasa de interés consiste en dar dinero prestado, financiar una empresa significa para el público convivir con la presencia de un conocido incómodo: el riesgo; o sea que las decisiones de compra y venta de títulos de deuda privados se determinan sobre otros fundamentos que pueden llegar más allá del aliciente de las tasas. El riesgo es aquí la principal vertiente. El riesgo en el mercado de dinero es algo así como la dimensión desconocida. ¿A qué clase de riesgo nos referimos? Al de incumplimiento de pago por parte del emisor, *default*, en inglés. De nada sirve al público una tasa de interés elevada, si con el tiempo el emisor se declara incapaz de cubrir su adeudo. Cuando un emisor incumple, la inversión se valúa a $0.00. Así es: en el estado de cuenta aparece que el cliente posee un número determinado de títulos con valor unitario de cero. Si se multiplican los títulos por cero, se obtiene un valor total de $0.00. ¿Y qué hay que hacer? Esperar, no más. Esperar a que la autoridad desahogue los procedimientos de cobro. ¿Existe la certeza de recuperar el dinero? Depende de la naturaleza de la emisión, del estado de la empresa y de otras varias circunstancias importantes.

El riesgo de incumplimiento es algo que también preocupa a la empresa emisora. Sin una buena calificación crediticia que la respalde, las empresas privadas no podrían conseguir el financiamiento a través del mercado.

Los valores gubernamentales y bancarios carecen de ese riesgo o, por lo menos, se entiende que de todos los emisores del mercado, el gobierno es quien, en última instancia, representa el más alto grado de confianza de pago. Los papeles bancarios se consideran seguros porque la banca, a diferencia de los demás sectores privados, goza de mecanismos de control y protección gubernamental. Por eso las emisiones domésticas del gobierno y la banca no están sujetas a calificación.

Riesgo de
incumplimiento,
Default

Incumplimiento, cuestión latente

Que un emisor deje de pagar no es remoto. Más bien, es una posibilidad siempre latente. En México se tuvieron experiencias vastas a raíz de la crisis de 1995. En 1999 dos emisores considerados fuertes incumplieron. En 2000 y en 2002 tres grandes grupos industriales incurrieron en suspensión de pagos. En la esfera internacional, en 1997 y 1998 se supieron de casos innumerables en Corea del Sur, Rusia, Indonesia, Tailandia... Vamos, en casi todos los países emergentes del sur de Asia. Por ahí se vertió la preocupación de que los gobiernos de Indonesia o

Rusia difirieran los pagos programados de sus deudas. Cuando se habla del incumplimiento por parte de los gobiernos, la preocupación es tremenda porque eso provoca el "no pago" en cascada de las corporaciones privadas.

Diferir, posponer o renegociar, son cuestiones que rayan en el incumplimiento.

Más allá de esas condiciones extremas en las épocas de crisis, la posibilidad del no pago es un aspecto que se evalúa todo el tiempo en las emisiones del sector privado. Los papeles se califican mediante procedimientos estrictos y el resultado se difunde a las autoridades y al público. ¿Quién examina las bondades y los riesgos de los títulos de deuda? El pensamiento del lector es correcto: las calificadoras.

En el capítulo 2 "Mercado de valores" se adelantaron dos o tres precisiones sobre la calificación y las calificadoras. Atiéndanse ahora los pormenores.

¿Por qué no se califican los gubernamentales?

Se ha dejado este tema de la calificación para esta parte de los valores privados por un motivo poderoso: los gubernamentales no se califican, ni los bancarios de corto plazo.[26] En efecto, los títulos que emite el gobierno no se califican porque no tienen riesgo de cumplimiento. No tienen ese riesgo porque su pago está garantizado con los bienes y recursos del país.

Calificación de valores

Los títulos bancarios de corto plazo tampoco se califican. No se califican porque los bancos mueven el dinero de acuerdo a disposiciones de las autoridades, porque su existencia como tales, como bancos, se debe a que han recibido una concesión del gobierno para operar y el gobierno, a través de las autoridades, los vigila, los regula, los audita, les exige reportes diarios. Las emisiones bancarias, entonces, se realizan porque están tipificadas por las regulaciones y normas. Los recursos que captan mediante la colocación de títulos de corto plazo, además, se destinan a equilibrar flujos diarios, es decir, los bancos emiten pagarés cuando les falta dinero e invierten cuando tienen excedentes. Es su modo natural de operar.

Los títulos bancarios que sí se califican son los de mediano y largo plazos porque los bancos los usan para captar recursos que destinan a otras empresas. Son las empresas, entonces, las que generan el riesgo de incumplimiento: si no le paga al banco emisor, el banco no podrá restituir el dinero al público inversionista.

En resumen, los títulos sujetos a calificación son:

- Papeles de entidades federativas y municipios.
- Títulos Bancarios de mediano y largo plazos.
- Todos los papeles privados.

¿Cómo se adjudica una calificación?

Calificar un papel es un proceso delicado y una responsabilidad enorme. Una calificadora de valores expresa sólo su opinión acerca de la capacidad de pago de una entidad. Esa opinión no es,

---

26 No se califican los gubernamentales y los bancarios de corto de plazo siempre que sean colocados en el mercado nacional; pero un bono gubernamental o bancario, de cualquier índole, clase o plazo, sí será sujeto de calificación cuando se pretenda colocar en los mercados internacionales.

en ningún sentido, garantía o seguridad de cumplimiento. Aunque la calificadora asigne la mejor calificación, al cabo del tiempo el emisor puede declararse en suspensión de pagos.

Una calificadora puede expresar su opinión sólo si cuenta con toda la información indispensable sobre el emisor: estados financieros, aspectos cualitativos, documentación legal, etcétera.

Ya que dispone de todo el legajo de datos, el proceso que deriva en la asignación de la calificación sigue un conjunto de pasos cuidadosos que podemos distribuir en dos etapas:

1. Con los funcionarios de la empresa:

   ■ Se revisa la información.

   ■ Los directivos deben exponer los proyectos, las políticas y una visión integral de las actividades de la entidad.

   ■ Se comentan los aspectos sobresalientes o las cuestiones que no se reflejen en los estados financieros.

   ■ Se exponen los factores internos y externos que pueden alterar los planes y la evolución de la entidad durante la vigencia de la emisión.

2. Sin la influencia de los directivos:

   ■ La calificadora elabora un resumen de la información.

   ■ El resumen se presenta al comité calificador para su estudio.

   ■ El comité calificador asigna el grado de calificación.

   ■ Se envía la calificación al emisor con las explicaciones pertinentes.

Para revelar una calificación, las calificadoras utilizan una escala de claves. Éstas se identifican con letras y números y están designadas sobre la base de tres criterios esenciales:

■ La probabilidad de incumplimiento en el mercado nacional.

■ La naturaleza propia de la emisión.

■ La protección al público acreedor en caso de quiebra, fusión o venta del emisor, etcétera.

¿Se califica a la empresa o al papel?

En las aulas, entre el público inversionista y en la sociedad en general, se manifiesta regularmente la creencia de que se califica a la empresa y, evidentemente, no es así. Lo que se califica es el bono, el papel, la emisión o la deuda y, más específicamente, la posibilidad de pago oportuno de una deuda. Una empresa que pretenda emitir títulos a corto plazo para financiar su capital de trabajo y simultáneamente bonos de largo plazo para financiar su expansión, recibirá dos calificaciones: una para la deuda de corto plazo y otra para los bonos de largo plazo.

La asignación de la calificación depende del tipo y las características del papel. No se evalúa igual un papel a corto que uno a mediano o largo plazos porque las circunstancias de la economía y de la empresa tienden a variar con el paso del tiempo. Tampoco se considera igual un bono referido o ligado al tipo de cambio que uno denominado en pesos, ni uno que vaya a emitir una empresa del sector de la construcción a uno que emita una entidad del sector comercial, aunque los flujos de una u otra luzcan igual de bien, ya que el dinamismo de los sectores tiende a evolucionar o proyectarse de manera diferente.

El público inversionista debe ponderar todos esos aspectos en su cuadro de decisiones, mientras que las empresas que buscan recursos han de presentar la calificación obtenida ante las autoridades y el mercado y considerarla como factor determinante del costo del financiamiento.

Dado que el tiempo es la vertiente que genera incertidumbre sobre las condiciones de la economía y de las empresas, hay dos escalas o grupos de categorías de calificación: las correspondientes a *papeles de corto plazo* y a *papeles de largo plazo*.

Categorías de calificación de papeles de corto plazo

La escala de calificación parte de criterios globales. Las bases y claves que se adjudican, así como sus significados, se aplican en casi todos los mercados del mundo con cambios, ajustes o variantes mínimos.

En los cuadros 4.4 y 4.5 se muestran las codificaciones que utilizan y asignan a los papeles de corto plazo las dos principales calificadoras en México, *Standard and Poor's CaVal* y *Fitch Ibca Duff and Phelps.*

Cuadro 4.4	Clave	Significado
Categorías de calificación de emisiones de corto plazo en México de *Fitch Ibca Duff and Phelps*	F1 (mex)	Alta calidad crediticia. La más sólida capacidad de pago oportuno. La asigna a los compromisos financieros emitidos o garantizados por el gobierno federal. Cuando las características de la emisión o emisor son particularmente sólidas, se agrega un signo "+" a la categoría.
	F2 (mex)	Buena calidad crediticia. Satisfactoria capacidad de pago oportuno de los compromisos financieros. El margen de seguridad no es tan elevado como en la categoría superior.
	F3 (mex)	Adecuada calidad crediticia. Es más susceptible en el corto plazo a cambios adversos que los compromisos financieros calificados con categorías superiores.
	B (mex)	Especulativa. Representa una capacidad incierta de pago oportuno. Es altamente susceptible a cambios adversos en el corto plazo por condiciones económicas y financieras.
	C (mex)	Alto riesgo de incumplimiento. Alta incertidumbre de pago oportuno. La capacidad para cumplir con los compromisos financieros depende principalmente de condiciones económicas favorables y estables.
	D (mex)	Incumplimiento. El incumplimiento es inminente o ya ha ocurrido.
	E (mex)	Calificación suspendida. Obligaciones de pago para las que no se dispone de información adecuada.

* *Fuente:* página de Internet de la calificadora *www.fitchmexico.com/*

Fitch completa sus criterios con observaciones que indican que la calificación del papel puede variar. Cuando una calificación está en observación, notifica al público tanto que hay probabilidad de cambiar la calificación como el motivo del cambio:

➡ **C.O.** Calificación en Observación: un evento en desarrollo pudiera afectar la calificación actual.

➡ **O.P.** Calificación en Observación Positiva: posible mejora en la calificación.

➡ **O.N.** Calificación en Observación Negativa: posible baja en la calificación.

➡ **C.I.T.** Calificación con Incumplimiento Técnico: emisiones de las que el emisor está cumpliendo oportunamente con el pago de intereses y capital, sin embargo, no ha cumplido con algunas restricciones de hacer y no hacer estipuladas por *Fitch* México, u otras obligaciones contratadas.

Clave	Significado
mxA-1	Es la más alta categoría de la escala CaVal S&P. Fuerte grado de seguridad de pago oportuno de intereses y principal. Si una deuda emitida llega a determinar extraordinarias características sobre de seguridad de pago oportuno dentro de esta categoría, se indicará agregando un signo de más (+).
mxA-2	Capacidad satisfactoria de pago oportuno de intereses y principal. El grado de seguridad no es tan elevado como el de las emisiones comprendidas en la categoría 'mxA-1'.
mxA-3	Adecuada capacidad de pago oportuno tanto de intereses y principal. Son más vulnerables a los efectos adversos de cambios circunstanciales que las emisiones calificadas en las categorías superiores.
mxB	Contemplan mayor incertidumbre o exposición de riesgo a circunstancias adversas financieras, del negocio o de la economía que pudieran provocar una inadecuada capacidad de pago oportuno de intereses y principal.
mxC	Dudosa capacidad oportuna de pago de intereses y principal.
mxD	La emisión de deuda de corto plazo ha incurrido en un incumplimiento de pago.

Cuadro 4.5
Categorías de calificación de emisiones de corto plazo en México de Standard and Poor's CaVal*

* Fuente: página de Internet de la calificadora *http://www2.standardandpoors.com/NASApp/cs/ContentServer?*

Standard and Poor's puede agregarle un signo de más ("+") a la primera categoría (mxA − 1) en caso que advierta características extraordinariamente buenas de pago oportuno y plantea, además, una "revisión especial" para señalar que determinado hecho o tendencia de corto plazo es merecedor de un seguimiento especial porque puede modificar la calificación del papel. Esa revisión especial se indica con alguno de los tres términos:

Positiva, cuando se espera que la calificación puede subir.

Negativa, cuando la calificación asignada puede bajar.

En desarrollo (risk watch), cuando es factible que ocurra cualquiera de las dos circunstancias anteriores.

Categorías de calificación de papeles de mediano y largo plazo

La calificación de los papeles domésticos de mediano y largo plazo se somete a otros criterios y se refleja con codificaciones también distintas. En los cuadros 4.6 y 4.7 se observan los criterios y las claves de las dos principales calificadoras de México, *Standard and Poor's y Fitch Ibca Duff and Phelps.*

Ibca

Clave	Significado
AAA (mex)	La más alta calidad crediticia. Normalmente corresponde a las obligaciones financieras emitidas o garantizadas por el gobierno federal.
AA (mex)	Muy alta calidad crediticia. El riesgo crediticio inherente difiere levemente de los emisores o emisiones domésticas mejor calificadas.
A (mex)	Alta calidad crediticia. Cambios en las circunstancias o condiciones económicas pudieran afectar la capacidad de pago oportuno en un grado mayor que para aquellas obligaciones financieras calificadas con categorías superiores.
BBB (mex)	Adecuada calidad crediticia. Cambios en las circunstancias o condiciones económicas pueden afectar más probablemente la capacidad de pago oportuno que para obligaciones financieras calificadas con categorías superiores.
BB (mex)	Especulativa. Calidad crediticia relativamente vulnerable respecto a otros emisores o emisiones del país. Implica cierto grado de incertidumbre y la capacidad de pago oportuno es más vulnerable a cambios económicos adversos.

Cuadro 4.6
Categorías de calificación de Fitch para emisiones de mediano y largo plazos en México*

Continúa

Continuación

Cuadro 4.6	Clave	Significado
Continuación	B (mex)	Altamente especulativa. Implica una calidad crediticia significativamente más vulnerable respecto de otros emisores del país. Los compromisos financieros actualmente se están cumpliendo, pero existe un margen limitado de seguridad y la capacidad de continuar con el pago oportuno depende del desarrollo favorable y sostenido del entorno económico y de negocios.
	CCC (mex) CC (mex) C (mex)	Alto riesgo de incumplimiento. Estas categorías agrupan riesgos crediticios muy vulnerables respecto de otros emisores o emisiones dentro del país. Su capacidad de cumplir con las obligaciones financieras depende exclusivamente del desarrollo favorable y sostenible en el entorno económico y de negocios.
	D (mex)	Incumplimiento. Se asigna a emisores o emisiones que actualmente hayan incurrido en incumplimiento.
	E (mex)	Calificación suspendida. Obligaciones que, ante reiterados pedidos de la calificadora, no presenten información adecuada.

Fuente: página de Internet de la calificadora *www.fitchmexico.com/*

Cuadro 4.7	Clave	Significado
Categorías de calificación de Standard and Poor's CaVal para emisiones de mediano y largo plazos en México*	mxAAA	Es el grado más alto e indica que la capacidad de pago, tanto de intereses como del principal, es sustancialmente fuerte.
	mxAA	Muy fuerte capacidad de pago tanto de intereses como del principal y difiere tan sólo en pequeño grado de las calificadas con la máxima categoría.
	mxA	Tiene fuerte capacidad de pago tanto de intereses como principal, aún cuando es más susceptible a cambios circunstanciales o de las condiciones de la economía que la deuda calificada en las categorías superiores.
	mxBBB	Tiene adecuada capacidad de pago tanto de intereses como del principal. Normalmente contempla parámetros de protección adecuados pero condiciones económicas adversas o cambios circunstanciales podrían debilitar la capacidad de pago.
	'mxBB', 'mxB', 'mxCCC' y 'mxCC'	Cuenta con características de mayor incertidumbre o riesgo respecto de la capacidad de pago tanto de intereses como del principal. La 'mxBB' contempla el menor grado de riesgo; la 'mxCC' implica el mayor grado de riesgo. Aun cuando la deuda pudiera tener algunas características de protección y aspectos de calidad, éstas son superadas por la incertidumbre o la mayor exposición de riesgo a condiciones cambiantes.
	mxBB	Menor vulnerabilidad de incurrir en incumplimiento de pagos en el corto plazo que cualquiera de las demás categorías consideradas como de alto riesgo o grado de no inversión. Sin embargo, enfrenta mayor incertidumbre o exposición de riesgo a circunstancias adversas, del negocio o de la economía, que pudieran provocar inadecuada capacidad de pago oportuno tanto de intereses como del principal.
	mxB	Mayor vulnerabilidad de incurrir en incumplimiento de pagos aun cuando ahora tenga la suficiente capacidad para hacer frente a sus compromisos de pagos de interés y principal. Condiciones adversas del negocio, financieras o en la economía, podrían deteriorar su capacidad o voluntad de pago.
	MxCCC	Contempla identificada posibilidad de incumplimiento de pago y depende de condiciones favorables tanto del negocio, como financieras o de la economía para poder cumplir oportunamente con sus compromisos de pagos de intereses y principal. En el caso de que se presentara alguna de esas condiciones adversas, lo más factible sería que no contara con la capacidad de hacer frente a sus obligaciones.
	mxCC	Indica una alta susceptibilidad de no ser pagada.
	mxD	Emisiones que han incurrido en incumplimiento de pagos de intereses o principal o que el emisor se haya declarado en quiebra. También se aplica cuando los pagos no se hayan efectuado oportunamente, aun cuando existiera algún periodo de gracia que no se haya cumplido, a no ser que S & P tenga la certeza de que se puedan cubrir antes de que finalice el periodo de gracia. S & P utiliza la denominación 'mxSD' para indicar cuando algún emisor ha incumplido selectivamente en una emisión o clase de emisiones de deuda, pero continúa al corriente en el pago del resto de sus deudas.

Fuente: página de Internet de la calificadora *http://www2.standardandpoors.com* y elija *Criteria and Definitions*

Standard and Poor's señala que se puede agregar el signo positivo ("+") a las categorías comprendidas entre "mxAA" y "mxB" para destacar la fortaleza del grado de cumplimiento. Por su parte, *Fitch Ibca Duff and Phelps* puede abrir cada categoría entre "mAA" y "mBB" en tres subgrados, agregando un signo positivo ("+") cuando aprecie características de fortaleza, y un signo negativo ("−") cuando detecte cierta debilidad dentro de la misma categoría, de tal manera que una codificación "mA", por ejemplo, se abre para quedar en "mA+", "mA" y "mA−".

Standard and Poor's define una perspectiva o refinamiento de la calificación de largo plazo. Evalúa la tendencia que pudiera llegar a tener una calificación dentro de un periodo de uno a tres años, tomando en cuenta los cambios en el entorno del emisor y en las condiciones económicas generales. La perspectiva de la calificación se consigna mediante los términos positiva, negativa, estable y en desarrollo para indicar que la calificación puede subir, bajar, carece de signos de posibles cambios o puede subir o bajar, respectivamente.

Una vez que se sabe el riesgo y sus formas de evaluarlo y presentarlo por las calificadoras, se pueden presentar los papeles que están sujetos a calificación.

El grado de inversión y los bonos "chatarra"

Los grados que se encuentran en la zona sombreada, que baja desde "mxBB" hasta "mxCC" en el caso de *Standard and Poor's*, y de "BB mex" hasta "D mex" en el caso de *Fitch Ibca Duff and Phelps*, se consideran que contienen características de mayor incertidumbre o riesgo en la capacidad de pago del capital y los intereses. La incertidumbre y la gran exposición al riesgo superan las expectativas de calidad que pudieran tener las emisiones calificadas con estos grados. Las emisiones o papeles a los que se asigne alguna de estas calificaciones no contará con "grado de inversión", *investment grade*, en inglés. Como no se les considera con grado de inversión se les denomina "bonos chatarra", *junk bonds*, en inglés.

Bonos chatarra, *junk bonds*

El grado de inversión, que se asigna en cambio a los papeles que se califican con grado AAA y hasta el BBB, en el caso de cualquier calificadora, significa, en lo general, que una emisión es razonablemente confiable y que, por eso, podrá ser listada en la bolsa. Las autoridades de todos los mercados del mundo evitarán que una emisión que no tenga grado de inversión sea listada, para proteger al público inversionista.

Grado de inversión, *investment grade*

La calificación, el premio y las variaciones de la calificación

La calificación es un factor importante para estipular la tasa de interés del título. Un bono calificado como "AAA" contendrá una tasa de interés más baja que uno calificado como "BBB". El premio que recibe el inversionista o acreedor, entonces, va en proporción al riesgo: un premio o tasa más alta significa que el riesgo de incumplimiento es mayor; un premio moderado significa un riesgo de incumplimiento bajo.

El emisor fija la tasa del cupón para un periodo trimestral o semianual atendiendo el grado que le otorgue a la deuda la empresa calificadora. Como las calificaciones no son definitivas sino que están sujetas a revisiones y cambios a lo largo de la vigencia de la deuda y los cambios pueden ser para mejorar o degradar, el emisor sabe que a la par del cambio en la calificación debe variar la tasa de interés de los nuevos cupones. En esos casos, cuando cambia el grado de riesgo de incumplimiento, cambia la calificación y cambia el premio.

Internet bursátil

Puede ver los criterios de calificación en: **www.fitchmexico.com/**

Para obtener información de la calificadora Standard and Poor's debe registrarse, el URL es:

http://www2.standardandpoors.com/NASApp/cs/ContentServer?

Papel privado

Los papeles privados se pueden dividir según el tiempo de vigencia o plazo. Éste, a su vez, influye en el destino o clase del financiamiento.

Se mencionó que las empresas acuden al mercado por alguno de los siguientes tres propósitos básicos:

- Adquirir insumos de capital de trabajo como materias primas, entregar anticipos a proveedores, sufragar gastos y sueldos y activar, con todo eso, su producción.
- Emprender proyectos de mediano y largo alcance como la renovación de tecnología, ampliar el negocio, incursionar en otros mercados o segmentos, etcétera.
- Modificar la estructura financiera de la empresa mediante el equilibrio del peso de los pasivos, reajustando el capital, liquidando socios, etcétera.

Las tres figuras medulares con que el mercado de dinero financia las entidades privadas son muy renombradas: *papel comercial, pagaré de mediano plazo y obligaciones.*[27] De ellas se desprenden variantes e innovaciones que se lanzan a la bolsa de tiempo en tiempo según los ciclos económicos y la situación particular de cada empresa, y que contribuyen a enriquecer el propio mercado.

Papel comercial: echar a andar la producción

El flujo circular de la economía tiene su punto de arranque en la producción de mercancías. Para producir, las empresas necesitan adquirir materia prima, materiales, aditamentos, sufragar gastos y servicios, pagar sueldos y salarios, dar anticipos a los proveedores, etc. En términos financieros, todo eso se conoce como *capital de trabajo.*

Al inicio de una cadena productiva las empresas presentan un denominador común: carecen de recursos suficientes. Van a tener dinero tan pronto como realicen ventas y cobren los importes respectivos. ¿Qué hacen, entretanto, para liquidar los implementos productivos? Hacen lo que cualquiera que no tiene y necesita: piden prestado.

El financiamiento al capital de trabajo puede lograrse en el mercado de valores con un título sencillo: el *papel comercial.*

Respecto de los valores privados, el papel comercial es lo mismo que el Certificado de la Tesorería es en relación con los valores gubernamentales y lo que el pagaré con los títulos bancarios: el documento más emitido del sector y el más negociado por el público.

27 Antes, se clasificaban los instrumentos del mercado mexicano en función del plazo. Decían: corto plazo, mercado de dinero; largo plazo, mercado de capitales. Debido a ese tratamiento empírico y fuera de lugar, según se comenta a detalle en la sección 4.2, los papeles de deuda de mediano y largo plazos, bancarios, gubernamentales o empresariales, se registraban en la BMV como parte de los títulos del mercado de capitales. Aunque parezca insólito, todavía hay quien lo entiende de ese modo.

En términos jurídicos, el papel comercial es un pagaré mediante el cual los emisores se comprometen a devolver el importe al tenedor en la fecha estipulada.

Sus características, que no difieren mucho de las del pagaré bancario, son:

- Los plazos de emisión pueden ser desde siete días hasta un año.
- El valor nominal más empleado es de $100.00.
- Los montos de emisión mínimos son de 1 000 000 de pesos.
- Su garantía puede ser quirografaria, avalada o fiduciaria.
- Se colocan a descuento.
- El rendimiento que se obtiene se deriva de que la compra se realiza bajo la par; es decir, debajo de su valor nominal. Como en los Certificados de la Tesorería o en los pagarés bancarios, el rendimiento se genera por el diferencial entre el precio de compra (siempre bajo par) y su valor al vencimiento, cuando el tenedor recibe íntegro el importe del valor nominal.
- En México, el tipo de valor de los pagarés es "76". Con ella y como ya se expuso en las características de otros títulos, se puede crear o reconocer su clave de pizarra.

Como figura de captación, el papel comercial representa muchísimas ventajas para las empresas:

- Flexibilidad de plazos.
- Las autorizaciones que otorgan las autoridades comprenden todo un año, de modo que las empresas pueden programar sus requerimientos de fondos por todo ese lapso y realizar varias colocaciones periódicas, conforme vayan necesitando los recursos.
- Constituyen una forma de financiamiento revolvente.
- El monto de emisión depende de la capacidad de generación de efectivo del emisor, del destino de los fondos y de las garantías.
- El costo financiero, sumado ya al resto de los costos y gastos de emisión (inscripción, cuotas, mantenimiento), es más bajo que el de otras alternativas o fuentes.
- Se elimina la reciprocidad que se debe tener cuando se trata de financiamientos bancarios.
- El tiempo del trámite, desde la solicitud hasta la obtención del dinero, es breve. El trámite mismo de colocación es ágil.

¿Qué se necesita para emitir papel comercial? Los principales requisitos se listan en los tres siguientes bloques:

1. Documentación legal y organizacional

   Requisitos para emitir papel comercial

   - Acta constitutiva.
   - Proyecto de asamblea o del acuerdo general del consejo mediante el cual se determine la emisión y colocación de los títulos.
   - Estructura de la organización.
   - Mercado de la empresa.
   - Actividad y producción.
   - Referencias comerciales y bancarias.
   - Documentación legal.
   - Visita ocular.

2. Documentación financiera

■ Estados financieros dictaminados.

■ Estados financieros proyectados.

3. Documentación relativa a la emisión

■ Proyecto de prospecto de colocación.

■ Proyecto de aviso de oferta pública.

■ Dictamen de la Calificación otorgada por una calificadora.

Pagaré de mediano plazo y Certificado Bursátil: la expansión va

Observe un detalle: el financiamiento vía deuda en el mercado de valores se consigna con todo tipo de pagarés. Es más, los créditos bancarios o de cualquier otra índole también se estipulan y se formalizan mediante ese documento. ¿A qué se debe? El pagaré contiene los elementos básicos de protección para los acreedores. Por eso y por sus variantes, es el título bajo el que tiene cobijo la mayoría de los préstamos masivos.

Pagaré de mediano plazo, PMP

El Pagaré de Mediano Plazo (el PMP, en concreto), se utiliza para proporcionar recursos que apuntalan a las empresas.[28] Para el mismo propósito se utiliza, desde el año 2000, cuando fue lanzado al mercado, el Certificado Bursátil Corporativo de mediano plazo. Desde su lanzamiento, este papel se convirtió en el título corporativo más emitido.

Certificado Bursátil

Después de que han echado a andar su producción, las empresas se preocupan por reforzar sus procesos, mecanismos o plantas productivas. Se enfocan en una segunda etapa a renovar sus equipos y maquinaria, a reformar sus instalaciones, a abrir otros canales de venta, a aumentar su capacidad para incursionar en otras regiones o, por qué no, recomponer o reestructurar su rubro de pasivos. Cualquiera de las acciones anteriores se traduce en un impulso al círculo económico, en la inducción de la expansión.

Para activar esos planes, las empresas acuden al mercado a solicitar montos más o menos cuantiosos de recursos que pretenden devolver al cabo de plazos medios, dos o tres años, en tanto maduran y se materializan los beneficios de los cambios, de los nuevos equipos, de la tecnología nueva o de la producción reformada.

Tanto por la naturaleza de los proyectos como por el monto y el tiempo de maduración, el papel comercial no alcanzaría a satisfacer la necesidad de este tipo de financiamientos. Otro papel con características ligadas al largo plazo estaría sobrado. El vacío se cubre cabalmente con el PMP y el Certificado Bursátil que llevan, en su nombre, la orientación del dinero a captar.

Como pagaré, al fin y al cabo, el PMP contiene datos y características muy similares al papel comercial, con atributos propios, según se lista:

■ Los plazos óptimos del papel fluctúan entre uno y tres años.

■ Su valor nominal es de $100.00.

■ El monto de emisión mínimo es de 10 000 000 de pesos.

■ Su garantía puede ser quirografaria, avalada o fiduciaria.

---

28 En los mercados desarrollados, el nombre que se adjudica a este papel es el de "Nota" (*note*, en inglés).

■ El costo financiero es variable. La tasa de interés, referida a una tasa líder más varios puntos porcentuales, puede tener diversas modalidades: *a)* tasa nominal fija vigente durante la vida de la emisión; *b)* tasa nominal variable ajustable periódicamente, y *c)* tasa de interés variable, "indizada" a la inflación.

■ El pago de los intereses se realiza en forma periódica, cada 28 o 91 días, según las circunstancias económicas o según acuerden el emisor y el intermediario colocador.

■ Durante la vida de la emisión, el emisor sólo realiza pagos de los intereses. La amortización o devolución del capital ocurre una sola vez, al vencimiento.

■ La garantía de la deuda puede ser quirografaria, fiduciaria o mediante aval bancario.

■ En México, el tipo de valor de los pagarés depende básicamente de su garantía: Es "71" para los quirografarios, "72" para los que cuentan con aval bancario, "73" para los que cuentan con garantía fiduciaria y "74" para los indizados a la inflación.

El tipo de valor de los Certificados Bursátiles de Mediano Plazo corporativos es 91.

Como cada instrumento de financiamiento, el PMP tiene ventajas y una que otra desventaja que, vista con detenimiento y comparada contra las ventajas, queda casi opaca.

Ventajas

■ Se ajusta plenamente a las necesidades de recursos de magnitud media a grande e incluso podría utilizarse para financiar cierto tipo de capital de trabajo.

■ Su condición de amortización del capital hasta el vencimiento permite a la empresa concentrarse en la planeación más precisa de sus flujos de efectivo.

■ El costo financiero es mucho más bajo que el de los créditos bancarios.

■ Se elimina la reciprocidad y las solicitudes de revolvencia que se deben tener en el financiamiento bancario.

■ Permite la obtención del dinero de manera ágil y en condiciones versátiles.

■ Las características del papel pueden adaptarse a las circunstancias económicas prevalecientes. En condiciones estables, se puede estipular una tasa nominal; en épocas de incertidumbre, cabe establecer una tasa indizada al tipo de cambio o una tasa real relacionada a la inflación. Los periodos de pago de intereses también pueden ajustarse según los tiempos.

■ La duración del trámite, desde la solicitud hasta la obtención del dinero, es menos dilatada que la de los créditos bancarios. Con la asesoría de un intermediario hábil, el tiempo total sería de unos 36 días.

Desventajas

■ No permite la posibilidad de amortizaciones anticipadas. El emisor tiene que esperar la fecha de vencimiento.

■ El emisor asume la obligación de reportar a la bolsa información financiera trimestral.

¿Y el público? Es uno de los beneficiarios de las emisiones de PMP por varias razones.

■ Adquiere valores de empresas grandes y reconocidas que ofrecen rendimientos mucho más altos que los gubernamentales y los bancarios. Los altos rendimientos dificultan en ocasiones la obtención de PMP; pero por lo mismo resulta fácil negociarlos en el mercado secundario en caso de que el inversionista decida cambiar de instrumento o necesite su dinero.

- Puede elegir entre una gran variedad de emisores y características de PMP.

- Asume riesgos calculados guiándose por la calificación del documento.

Obligaciones: es tiempo de crecer

Las tres fases del proceso económico de las empresas —producir, mejorar y crecer— se cumplen en forma oportuna con los tipos de financiamiento que el mercado destina a cada caso. Los recursos conseguidos mediante las emisiones del papel comercial activan la producción, los que se obtienen con el PMP sirven para mejorar la estructura corporativa y los fondos a los que se accede por medio de papeles como las obligaciones, cristalizan los proyectos tendentes al desarrollo.

Un proyecto de crecimiento puede consistir en la creación de infraestructura para aumentar la producción, la apertura de nuevos locales, sucursales o puntos de venta, la inversión en tecnología de punta o maquinaria especializada, etcétera.

Esos proyectos se distinguen por dos cosas: una, porque requieren montos de dinero mucho más grandes y, dos, porque toman varios años en madurar, ser redituables y proporcionar beneficios. El tiempo que se precisa para recuperar la inversión es muy largo, proporcional al monto y al tamaño del proyecto.

Uno de los desahogos que las corporaciones han tenido con más frecuencia desde hace muchas décadas a fin de hacerse de recursos para estos propósitos, es la emisión de obligaciones. Estos títulos han prevalecido con el paso de los años porque se han adaptado a casi todo tipo de circunstancias y a las necesidades de las dos partes involucradas, los emisores y el público. Las obligaciones han sido útiles, razonablemente, en tiempos de inflación y en épocas de bonanza.

La flexibilidad de las obligaciones se comprende por sus características que son, en esencia, las siguientes:

- Los plazos, aunque varían según el ciclo económico, van desde cinco hasta 10 años.

- Su valor nominal es de $100.00.

- Los montos de emisión mínimos son de 100 000 000 de pesos.

- Su garantía puede ser quirografaria, avalada o fiduciaria.

- El costo financiero se acomoda a las circunstancias. La tasa de interés, referida a una tasa líder más varios puntos porcentuales, puede tener diversas modalidades según las condiciones económicas: a) tasa nominal fija vigente durante la vida de la emisión; b) tasa nominal variable ajustable periódicamente, por lo general, cada tres meses, y c) tasa de interés variable o una tasa de interés fija, indizada a la inflación.

- El pago de los intereses se realiza de manera periódica, cada 91 días, según el estado de la economía.

- Las obligaciones pueden tener dos variantes: a) convertibles, en cuyo caso el tenedor puede elegir entre canjear su inversión en un título de deuda por acciones que representan el capital social o, b) capitalizables, que en vez de retribuir el total de los intereses periódicos, el emisor establece que todos o parte de esos intereses se acumulan al valor nominal y que serán devueltos como parte de éste al vencimiento.

- En México, el tipo de valor de las obligaciones es el "2", cuando se trata de títulos que emiten empresas industriales, comerciales o de servicios. Cuando se trata de obligaciones subordinadas (que dependen de otra clase de deuda o situación de la entidad emisora), el tipo de valor que se usa es el "Q".

Sobre las obligaciones, es necesario precisar algunos puntos:

■ Los títulos quirografarios no están soportados por alguna garantía específica, sino que están supeditados a la buena reputación del emisor. Eso no significa que en caso de incumplimiento la autoridad o los tenedores no puedan ejercer acción de cobro contra la empresa. Claro que pueden y, en tal caso, el emisor debe responder con lo que tenga. Al decir "quirografario" se debe entender que la empresa no entrega una garantía específica y que, de caer en incumplimiento, debe responder con cualquier activo. La empresa, en esos casos, debe negociar con las autoridades y presentar una propuesta de pago o entregar uno o varios bienes para su enajenación.

■ Los títulos hipotecarios están respaldados por un bien inmueble (como un edificio, un terreno).

■ Los títulos *capitalizables* son aquellos en que el tenedor no recibe en efectivo el importe (total o parcial) de los intereses periódicos, porque se suman al valor nominal —es decir, se capitalizan—, de modo que un valor nominal inicial de $100.00 será mucho más grande al vencimiento.

■ Los títulos convertibles, que ofrecen al tenedor la opción de canjear la deuda por una porción del capital de la empresa pueden, a su vez, contemplar variantes en la proporción en que se pueden convertir en acciones, en las fechas en que se puede realizar y en el sentido forzoso o voluntario[29] de la convertibilidad.

Los títulos convertibles son una de las modalidades que más se utilizan en los mercados, sobre todo en épocas de bonanza económica, cuando el público se anima a comprar acciones. En el tema de "Emisiones internacionales" de este capítulo, se explicará a detalle la mecánica de este tipo de papeles.

Ventajas y desventajas de las obligaciones

Como el resto de los papeles de financiamiento e inversión de deuda, las obligaciones, sin importar el mercado o país, tienen ventajas para los emisores y el público:

Ventajas para los emisores

■ Se ajustan plenamente a las necesidades de recursos de gran magnitud y a las condiciones de la empresa y la economía.

■ Como se trata de obligaciones capitalizables, la incorporación de intereses al valor nominal reduce los flujos periódicos de salida de efectivo.

■ Se pueden hacer amortizaciones periódicas.

■ En el caso de obligaciones convertibles, si se ejerce la opción de conversión la empresa no tiene necesidad de devolver el dinero.

■ El costo financiero resulta más bajo que el de los créditos bancarios. Al tratarse de obligaciones convertibles, el costo puede ser todavía menor, por el atractivo que se otorga al público

---

29   Cuando la conversión depende de la voluntad o conveniencia del inversionista, la obligación o bono suele denominarse "bono opción". Una opción es un mecanismo que otorga a su tenedor el derecho de hacer o no hacer algo (comprar o no comprar las acciones objeto de la conversión, en el caso de los bonos). Dependiendo de las especificaciones que establezca el emisor para su conversión, puede tratarse de un **bono warrant**. Un *Warrant* es una opción con características especiales.

de convertir en acciones sus títulos de deuda a un precio que puede ser más bajo que el precio al que cotice la acción al momento de la conversión.

■ Se elimina la reciprocidad y las solicitudes de revolvencia que se debe tener en el financiamiento bancario.

■ Permite la obtención ágil del dinero.

■ La duración del trámite, desde la solicitud hasta la obtención del dinero, es menos dilatada que cuando se trata de créditos bancarios. Con la asesoría de un intermediario competente, el tiempo total sería de unas seis quincenas, unos 70 días, menos de dos meses y medio, aproximadamente.

Desventajas

■ Cuando se trata de obligaciones convertibles donde la convertibilidad en acciones no sea forzosa, el emisor no puede calcular cuántos tenedores ejercerán la opción de conversión y cuál será el flujo de salida al vencimiento.

■ El emisor asume la obligación de reportar información financiera cada trimestre al mercado.

El público asume beneficios inigualables:

■ Tiene acceso a títulos de empresas colosales y reconocidas, con los que puede percibir los mejores rendimientos del mercado. Al igual que los PMP, los altos rendimientos provocan que las obligaciones sean difíciles de conseguir a veces, pero por lo mismo resulta fácil negociarlas en el mercado secundario en caso de que el tenedor quiera cambiar de instrumento o cuando necesite el dinero.

■ Puede elegir entre una amplia gama de emisores y una buena variedad de obligaciones. En todo caso, el inversionista debe pulsar la economía para decidirse por uno u otro emisor y por uno u otro tipo de obligación.

■ Corre riesgos calculados al guiarse por la calificación del documento.

Requisitos de emisión de PMP, Certificados Bursátiles Corporativos y Obligaciones

Por su naturaleza y los plazos a que están emitidos, el PMP y la obligación están sometidos a un proceso de colocación más riguroso y estricto que los papeles privados de corto plazo. El intermediario que funge como colocador lleva la batuta de la inscripción de los títulos y es el responsable conjunto de cubrir cada uno de los puntos ante las autoridades y la bolsa.

Los requisitos que deben cumplir las empresas para emitir PMP u obligaciones en la Bolsa Mexicana de Valores son muy parecidos. De hecho, son casi los mismos y se dividen en tres grupos: legales, financieros y relativos a la emisión. Los principales rubros de cada grupo son:

1. **Documentación legal**

   ■ Copias de actas de asambleas, de estatutos vigentes y de los poderes de las personas autorizadas para suscribir títulos de crédito.

   ■ Contrato con la institución depositaria y copia del poder que se otorga a ese instituto.

   ■ Contrato de colocación con el intermediario.

   ■ Compulsa notarizada de los estatutos sociales vigentes.

   ■ Opinión legal expresada por un licenciado en derecho independiente.

2. **Documentación de carácter financiero**

- Estados financieros dictaminados de los últimos tres ejercicios y estados financieros internos de los últimos tres meses.

- Proyecciones financieras por el plazo de la emisión, donde se refleje el efecto del financiamiento solicitado.

- Bases utilizadas para la elaboración del presupuesto.

- Estudio técnico.

- Resumen de avalúos practicados por un perito de la CNBV.

- Destino de los recursos objeto de la emisión.

- Informe al grado de adhesión al Código de Mejores Prácticas Corporativas.

3. **Documentación relativa a la emisión**

- Solicitud de la emisora a la CNBV y solicitud a la BMV.

- Catálogo de firmas suscrito por el secretario del Consejo de Administración de la emisora, dirigido a la institución depositaria.

- Proyecto del contrato de colocación a suscribir con el intermediario colocador.

- Dictamen de una calificadora de valores.

- Proyecto del prospecto de colocación.

- Proyecto del aviso de oferta pública.

Internet bursátil

Véanse los requisitos para listar títulos de deuda en:
http://www.bmv.com.mx/BMV/HTML/sec4_deuda.html

Plan de colocación: asegurar el éxito del programa

Colocar títulos de mediano plazo en el mercado de valores requiere que el grupo de personas integrado por los funcionarios del intermediario y los que la emisora haya designado para el proyecto de financiamiento formulen un plan de acción. El éxito del programa depende de ese plan.

Para un PMP o para los Certificados Bursátiles Corporativos de mediano plazo podría señalarse un plan de cuatro etapas, según se muestra en el cuadro 4.8.

Etapas	Días	
1. Desde la solicitud hasta la entrega de puntos pendientes.	3	Cuadro 4.8
2. Desde la preparación hasta la culminación del estudio técnico.	18	Plan de actividades
3. Desde la solicitud al consejo de la bolsa hasta la recepción del oficio de aprobación por parte de la Comisión o Superintendencia.	10	para la colocación
4. Desde que la Comisión recibe información definitiva, pasando, por la publicación del aviso de oferta y la inscripción en la bolsa.	5	de PMP y
Días totales promedio de obtención de recursos	36	Certificados Bursátiles

El plan de actividades para la colocación de obligaciones se plantearía como lo que contiene el cuadro 4.9

Cuadro 4.9	Actividades principales por quincena	1	2	3	4	5	6
Plan de actividades para la colocación de obligaciones	Entrega de información a calificadora e intermediario	XX					
	Obtención de la información requerida por autoridades	XX	XX				
	Dictamen de calificadora		XX				
	Solicitud de inscripción en el RNVI		XX	XX	XX	XX	
	Autorizaciones de la Bolsa y la Comisión de Valores					XX	
	Entrega de información a institución depositaria						XX
	Celebración de contrato de colocación						XX
	Colocación en la bolsa y flujo de efectivo						XX

Con la confección de los planes de colocación se exponen las características de los títulos más representativos del mercado de deuda privado, con sus ventajas y desventajas para los emisores y los inversionistas. Corresponde a cada uno hacer evaluaciones y comparaciones con otras fuentes de financiamiento e instrumentos de inversión, según su postura, para tomar las decisiones finales.

Oferta pública y colocación

Para que una empresa o banco coloque títulos de deuda en la bolsa de valores es necesario que lleve a cabo todo el proceso que se describió en el tema 3.2 "Incripción y colocación de acciones: dónde y cómo" del capítulo 3. Sí, eso significa que se debe elegir a uno o varios intermediarios que se encarguen de la configuración del título, del trámite de registro ante la bolsa, de la venta al público y que se elabore el prospecto de colocación, que se publique el aviso de oferta pública y que se difundan los agradecimientos. El aviso de oferta pública se elabora también como el ejemplar que está insertado en el subtema "oferta pública" de ese mismo tema 3.2.

El mercado primario de notas, bonos y otros títulos bancarios y privados de mediano y largo plazos, como todo lo que implica, es pues idéntico al de acciones.

4.13 Emisiones internacionales: el mundo usa el mismo dinero

La caída del bloque político socialista y la reforma a las economías de los países emergentes ha propiciado una nueva visión de los negocios y recursos. Puede decirse que en el mundo se practica un solo sistema: el libre mercado, con sus diferentes maneras de ser reconocido (economía de mercado, apertura, capitalismo, etc.) y se puede inferir también que ese sistema integra a todas las naciones en un mercado global donde se congrega un solo tipo de dinero. Ese dinero es el mismo que utilizan todos. Es el que entregan los inversionistas de los países desarrollados para aplicarlo en alternativas localizadas en cualquier rincón del planeta, es el mismo que hace que despeguen los países en desarrollo y es el mismo que provoca, lamentablemente, de cuando en cuando, el caos generalizado.

Desde el inicio de la última década del siglo pasado, las empresas y los gobiernos de los países emergentes han acudido, como nunca, a los diferentes mercados del exterior a captar recursos para expandirse. Con el libre mercado, el dinero se ha convertido en una mercancía universal, virtual, de fácil multiplicación y dispersión.

En el mundo, en los mercados maduros y en modalidades varias, está disponible el dinero del que se abastecen las naciones que cifran su futuro en la apertura y la globalización.

Las empresas y los gobiernos de los países en desarrollo acuden a los mercados financieros internacionales porque en ellos se congrega una extensa gama de posibilidades de financiamiento y porque ahí consiguen, al mismo tiempo, mayores montos, esquemas más amplios, plazos más largos y costos más bajos; pero asumen riesgos más fuertes debido a la fragilidad de sus estructuras económicas, esas estructuras por las cuales se les ha asignado el calificativo de "países emergentes".

¿Y dónde está el dinero?

La idea de la globalización dispone que pronto el globo terráqueo va a consistir en una economía única (global, decimos, debido a los dos afluentes del término: el globo y la unión general de las naciones). Una manifestación temprana de esa intención es que ya hay, en realidad, un solo mercado financiero, con varios puntos o ventanas abiertas. A ellas llega y por ellas se distribuye el dinero que se utiliza en todas partes.

Son bien conocidas las tres plazas que concentran la mayor cantidad de dinero: Nueva York, que es a la vez el centro financiero más líquido para la negociación de bonos; Londres, que goza del reconocimiento de ser la capital mundial de los créditos, y Tokio, el abastecedor más importante de Asia.

Las modalidades de financiamiento internacional de deuda parten de cuatro flancos correlacionados:

- Banca comercial internacional, (cuyos créditos tienen la misma base que los préstamos bancarios tradicionales).
- Gobiernos del exterior.
- Organismos multilaterales.
- Mercados voluntarios internacionales.

De estos cuatro flancos, a continuación se explican los dos últimos, los organismos multilaterales (por su tremenda importancia e influencia en el mundo económico actual) y los mercados voluntarios.

Organismos multilaterales: el FMI y el BM

Los organismos multilaterales (multilateral significa que es concertado, operado o convenido por varias partes), el Fondo Monetario Internacional, FMI, el Banco Mundial, BM, el Banco Interamericano de Desarrollo, BID, el Banco de Pagos Internacionales, BIS, por sus siglas en inglés (*Bank for International Settlements*) y algunos otros, destinan los recursos que aportan sus países miembros directamente a los gobiernos y a los bancos, entidades de desarrollo o ambos. En el mismo sentido actúan los gobiernos de las naciones ricas cuando acuden a ellos los gobiernos de los países emergentes que necesitan dinero.

Los más importantes organismos multilaterales son el FMI, que es, en los hechos, el vigía financiero y económico del mundo, y el Banco Mundial. Vale la pena hacer anotaciones al respecto.

Fondo Monetario Internacional, FMI

Banco Mundial, BM

El FMI y el BM se crearon en la reunión convocada por el Reino Unido y Estados Unidos en 1944 en las postrimerías de la Segunda Guerra Mundial, en la célebre conferencia a la que se le asignó el nombre del lugar en donde se hizo: *Bretton Woods*, un poblado del estado de New Hampshire, Estados Unidos.

El FMI, IMF, por las siglas en inglés de *International Monetary Fund*, es una institución especializada de la Organización de las Naciones Unidas que desempeña tres funciones:

- Establece las normas del sistema monetario internacional.
- Presta asistencia financiera a los países miembros.
- Actúa como órgano consultivo de los gobiernos.

Los países miembros aportan cuotas o suscripciones según la magnitud de sus economías. Esas cuotas forman los recursos del Fondo. De ser necesario, el FMI solicita préstamos. Para hacer constar cada aportación, facilita un activo denominado Derecho Especial de Giro, DEG.

El Fondo concede asistencia a los países miembros sólo cuando éstos tienen problemas de balanza de pagos. Un problema de balanza de pagos se manifiesta en todos los componentes de la economía del país: inflación, tipo de cambio, tasas de interés, etc. Según la naturaleza de los problemas, el FMI puede otorgar diferentes tipos de facilidades y estipular diversas condiciones de pago. La entrega de recursos está supeditada a tres elementos insalvables:

- La *condicionalidad*, que significa que el Fondo presta dinero siempre con reglas muy estrictas.
- Los *criterios de ejecución*, que tienen que ver con las medidas de control económico que dicta a los países deudores.
- El *escalonamiento*, que significa que la entrega de recursos es gradual y paulatina.

El otro puntal financiero, el Banco Mundial, se creó fundamentalmente para financiar la reconstrucción de Europa y prestar dinero a países en desarrollo. Hoy en día, el BM (*World Bank*, en inglés) es un puente entre los mercados internacionales y los países en desarrollo.

El capital del banco se integra con las aportaciones y suscripciones de los países miembros. Si hace falta, completa sus recursos con la emisión de bonos de largo plazo en los mercados voluntarios.

 Internet bursátil

Se puede conocer todo lo referente al Fondo Monetario Internacional si se navega en las páginas de la siguiente dirección: **http://www.imf.org/**

La página del Banco Mundial permite consultar en diversos idiomas todo lo referente a ese organismo multilateral: **http://www.worldbank.org/**

El cambio necesario del FMI

El mundo demanda replantear al FMI. Éste organismo ha sido declarado culpable de las crisis que han padecido varios países emergentes: México, Argentina, Brasil... es que la institución multilateral no sólo presta, presta para incidir en el futuro económico del país, presta e impone condiciones restrictivas y objetivos macroeconómicos que deben cumplir los gobiernos a costa de sacrificar el bienestar.

Por eso el FMI ha sido duramente cuestionado en todos los foros y por eso sus órganos y funcionarios han ido poco a poco recibiendo muestras de repudio en todas partes.

El organismo ha aceptado su parte de culpa pero todavía no se decide a cambiar. El cambio, no obstante, es irreversible. Si no cambia, se replantea o se refunda, será dentro de poco sólo un espejismo y será condenado, por la historia, como lo han sido muchas otras instancias a lo largo de los tiempos.

Los mercados son "voluntarios"

Los gobiernos suelen acudir al FMI cuando atraviesan etapas críticas. El FMI presta dinero a costos muy elevados y condiciones asfixiantes. Lo recomendable, para los gobiernos, es que acudan a financiarse a los grandes mercados.

El otro gran afluente de recursos, el más natural, son las bolsas de valores, lo que en la terminología internacional se ha dado en llamar *mercados voluntarios* debido a que el público inversionista destina su dinero, conscientemente, a través de ellos, a las alternativas que elige. Por medio de la bolsa de Frankfurt, un inversionista de Alemania puede decidir prestar dinero, bajo su propio riesgo y a la caza de un rendimiento más alto que el que puede lograr en su mercado local, al gobierno de México. Al inversionista le basta girar instrucciones a su intermediario para comprar los bonos *Globales Aztecas* que México pretenda colocar en Alemania para financiarse. También es posible que un fondo de inversión internacional con sede en Hong Kong decida prestar dinero a Yacimientos Petrolíferos Fiscales, YPF, el gigante argentino, por ejemplo, cuando éste anuncie la colocación de *Eurobonos* en Londres.

Los grandes inversionistas saben que los bonos que emiten las empresas y los gobiernos de los países en desarrollo tienen el brillo de las tasas altas, pero también saben que incurren en un riesgo mucho más elevado.

Mercados
voluntarios

Riesgo internacional: la dimensión desconocida es gigantesca

Si el riesgo es la dimensión desconocida en el financiamiento vía deuda, esa dimensión es gigantesca en el plano internacional. ¿Cómo se mide o se sabe el riesgo de financiar empresas o gobiernos allende las fronteras?

Los criterios de evaluación del riesgo de incumplimiento de pago de emisiones internacionales contemplan aspectos adicionales a los que se describieron para el caso de las emisiones domésticas. Esos aspectos son, principalmente, los siguientes:

- *El riesgo país.* Las calificadoras consideran la situación económica y política del país de donde es originario el gobierno o la empresa que necesita el dinero. Se revisan aspectos de políticas económica, monetaria y fiscal, balanza de pagos, variables macroeconómicas, etc. En los mercados internacionales, los papeles de deuda gubernamental siempre se califican mejor que los papeles de deuda de empresas privadas, debido a que un gobierno es siempre más fuerte que una organización privada.

- *La importancia relativa.* La importancia que tiene la empresa emisora, si fuera el caso, en comparación con la que tienen otras empresas para la economía del país, en términos de ventas, utilidades, relaciones con el gobierno, tamaño del sector, etcétera.

- *El riesgo de la industria.* La fortaleza de la industria a que pertenece la empresa que solicita el financiamiento, dentro del país, medida por el impacto de las fuerzas y circunstancias económicas, los ciclos de la industria, las restricciones o posibilidades legales, etcétera.

■ *El posicionamiento.* La importancia del emisor comparado con sus competidores, en términos de eficiencia operativa.

■ *La evaluación financiera.* Todos los aspectos inherentes a la situación financiera de la empresa de que se trate. Se revisan y analizan los estados financieros, los criterios contables, los rubros principales, las razones financieras básicas, etcétera.

Calificación internacional

Eso de calificar bonos encierra una paradoja porque podemos decir que es una actividad que comenzó hace años y a la vez que es relativamente nueva: si bien la calificación de papeles de deuda comenzó en los hechos en 1919 en Estados Unidos, cuando John Moody (el fundador de *Moody's*) ideó un método de evaluación de la bondad de pago de los bonos que colocaban empresas ferrocarrileras, la era de la calificación formal que conocemos surgió hasta 1970, cuando la *Penn Central Transportation Company* se fue a la quiebra y no pudo pagar con oportunidad la emisión de 80 000 000 de dólares en papel comercial que había colocado en Nueva York y que la agencia *The National Credit Office* había calificado con grado de excelencia (*Prime*).

Desde entonces, uno de los requisitos para emitir papel en Estados Unidos consiste en presentar la calificación asignada por dos calificadoras. Se dan excepciones cuando se trata de emisores de los denominados *blue chips*, a los que no se pide calificación alguna para colocar papel comercial.[30] En los grandes mercados, cerca de 40% de los programas de Europapel comercial está sujeto a calificación; pero en el caso de los papeles de mediano y largo plazos todos se califican, sin excepción.

Se han expuesto los criterios de calificación de las dos agencias calificadoras más grandes de México, *Standard and Poor's* y *Fitch Ibca Duff and Phelps*, ambas originarias de Estados Unidos. La primera es una multinacional subsidiaria de la editorial *McGraw Hill*, la segunda es una agencia independiente. Estas empresas fueron creadas en 1941 y 1932, respectivamente. También destacan, en el vecino país, *Moody's Investors Service* y *Fitch Inverstors Service*,[31] las dos constituidas en 1913.

Estas cuatro no son, por supuesto, las únicas calificadoras. En los mercados internacionales se sabe de la actuación de otras instituciones importantes.

En Japón operan *The Japan Bond Research Institute* que, para no variar, pertenece al diario financiero *Nihon Keizai Shimbun*, constituida en 1979; la *Japan Credit Rating Agency*, erigida en 1985, y la *Nippon Investors Service*, cuyo origen también data del mismo año.

En Francia, en 1986 se creó la *Agence D'Evaluation Financiere*.

En Canadá son bien conocidas la *Canadian Bond Rating Service*, fundada en 1972, y *Dominion Bond Rating Service*, creada en 1976.

---

30 Empresas como Coca Cola, IBM, General Motors y otros gigantes. A ese tipo de empresas no se les requiere la calificación porque su capacidad de pago está fuera de duda.

31 En agosto de 2000, siguiendo las tendencias globales de fusiones y asociaciones entre gigantes, *Duff and Phelps* y *Fitch* anunciaron su fusión. A partir de entonces su denominación es *Fitch Ibca Duff and Phelps Inc.*

¿Se califican también los títulos soberanos?

Si el gobierno argentino, por ejemplo, coloca bonos en su propio país, no requiere que se califiquen, pero si pretende denominarlos en dólares para colocarlos en Estados Unidos, sí requiere que se califiquen. Los valores de los gobiernos de los países, cuando se colocan en el extranjero y se denominan en una moneda que no es la suya, no se denominan *gubernamentales*, se denominan *soberanos* y requieren calificarse.

No, no hay excepciones, si un título de deuda (sólo los de deuda) emitido por el gobierno, por un banco o por una empresa privada, se coloca en un mercado que no es el país del emisor, se debe calificar. O sea que se califican todos los papeles de todos los plazos y características:

- Gubernamentales.
- Bancarios.
- Privados.

Los criterios y las categorías de calificación internacionales que se describen en las dos figuras que siguen son los que utilizan las dos calificadoras más grandes, los que llevan la batuta de la calificación y ejercen las influencias más determinantes en Estados Unidos y el mundo: *Moody's* y *Standard and Poor's*. Las dos operan en todos los mercados y países.

Para papeles de corto plazo (en particular papel comercial internacional), se emplean los criterios descritos en el cuadro 4.10 (véase que son casi las mismas que las calificadoras usan en el plano doméstico):

Moody's	S&Poor's	Significado
P-1	A-1	Fuerte capacidad de pago oportuno.
P-2	A-2	Capacidad de pago ligeramente menos fuerte.
P-3	A-3	Grado satisfactorio de seguridad de cumplimiento, pero el margen de seguridad no es tan grande.
Not Prime	B	Para S & P significa que la capacidad de pago es vulnerable a circunstancias cambiantes. Para Moody's, que no cae en las categorías de calidad.

Cuadro 4.10 Categorías de calificaciones de papel comercial en los mercados internacionales

La calificación de papeles de largo plazo merece un trato aparte y más detallado. *Standard and Poor's* y *Moody's* emplean las codificaciones que se vierten en el cuadro 4.11

Moody's	S & Poor's	Significado
Aaa	AAA	La más alta calidad. Fuerte capacidad de pago del capital e intereses.
Aa	AA	Calidad alta. Fuerte capacidad de pago. Difiere apenas de las emisiones de grado AAA en menor calidad a largo plazo.
A	AA	Calidad media alta. Gran capacidad de pago. Con fuertes atributos pero susceptible a cambios circunstanciales y condiciones económicas adversas.
Baa	BBB	Calidad media. Capacidad adecuada de pago que puede debilitarse por condiciones económicas adversas.
Ba	BB	Calidad especulativa. Emisiones sujetas a incertidumbre o condiciones adversas. Grado especulativo.
B	B	Capacidad de pago actual que probablemente se verá perjudicada.
Caa	CCC	Baja calidad. Implica incapacidad de pago. Depende de mejoría económica para cumplir.

Cuadro 4.11 Categorías de calificación de papeles de largo plazo en los mercados internacionales

Continúa

Cuadro 4.11	Moody's	S & Poor's	Significado
Continuación	Ca	CC	Calidad fuertemente especulativa. Se adjudica a la deuda subordinada que ha sido calificada como CCC.
	■	D	Se adjudica a las emisiones de empresas en proceso de quiebra que siguen cumpliendo con sus pagos. Emisiones que han caído en incumplimiento.

La zona sombreada media de ese cuadro a partir de la categoría Ba en *Moody's* o BB en *Standard and Poor's*, no alcanza grado de inversión; se consideran emisiones especulativas y su compra está restringida para cierto tipo de clientes, según las disposiciones de cada país. Las dos últimas filas, "Ca" y "CC", así como "■" y "D", se consideran como "bonos chatarra". Evidentemente, las categorías de arriba, las comprendidas entre "Aaa", "AAA" y entre "Baa" y "BBB", se catalogan como "grado de inversión".

Standard and Poor's suele añadir a las categorías comprendidas entre AA y CCC un signo positivo ("+") y uno negativo ("−"), de modo que cada categoría se abre en tres, por ejemplo, AA+, AA y AA−. *Moddy's*, por su parte, abre en tres las categorías comprendidas entre Aa y B, mediante los números 1, 2 o 3, por ejemplo, Baa1, Baa2 y Baa3.

Standard and Poor's evalúa la dirección que pueden tomar las calificaciones asignadas en el mediano plazo y la consigna como positiva, cuando la calificación puede subir; negativa, cuando pudiera bajar, y estable, cuando no se vislumbran cambios.

Internet bursátil

Se puede conocer más acerca de la calificación y las calificadoras en las siguientes páginas: Standard and Poor's: **http://www.standardpoors.com/** Duff and Phelps: **http://www.fitchibca.com/** Moody's: **http://www.moodys.com**

El mundo del *fixed income*

Renta Fija, *Fixed income*

A diferencia de los instrumentos de deuda que se negocian en México y el resto de Latinoamérica, que por sus características y subibajas económicas no pueden encajar en el concepto de "renta fija", en los mercados maduros ese concepto todavía es plenamente válido. Entre las opciones de financiamiento e inversión son muy cotidianas las emisiones que cargan una tasa fija durante la vigencia del crédito. Eso es posible por la estabilidad económica de los países donde se coloca el papel, cuya fortaleza evita que se alteren abruptamente las tasas, el tipo de cambio y el resto de las variables, como ocurre a menudo en nuestro medio. Hablamos de que en esas naciones la inflación promedio raya en 2% anual, las tasas pasivas (las que se pagan al inversionista) sobrepasan apenas 4 o 5% anual. En ese entorno, es comprensible que se coloquen papeles, por ejemplo, con una tasa del 7% anual fijo durante 10 años. Es el mundo de la renta fija, del *fixed income*.

Esas condiciones se advierten en la magnitud de los plazos que se usan en el mercado:

■ El corto plazo, *short term*, abarca desde siete días hasta un año.

■ El mediano plazo, *intermediate term*, comprende de los dos a 10 años.

■ El largo plazo, *long term*, de 10 a 30 años.

Notas y bonos

En los mercados internacionales, los títulos de deuda tienen un par de identificadores fáciles: notas y bonos, según el plazo al que se coloquen. Si se trata de títulos de corto plazo, se usa el papel comercial, *commercial paper*; si se emiten papeles de mediano plazo, se denominan notas, *notes*; si son de largo plazo, bonos, *bonds*.

A partir de las notas y los bonos, se abre un abanico interminable de sobrenombres y apellidos. Es posible clasificarlos en tres categorías: según el tipo de respaldo o garantía con que se coloquen, según sus características operativas y según sus condicionantes.

Notas y bonos según su garantía o respaldo

- *Debentures*. Se trata de los bonos que en castellano se denominan quirografarios porque no están respaldados por un bien específico. Se colocan sin problema gracias a la buena reputación de la empresa emisora.

  Debentures

- *Mortgages*. El término se traduce como hipotecarios. Son los bonos que emiten, principalmente, las dos grandes dependencias gubernamentales hipotecarias en Estados Unidos que se encargan de financiar la construcción de viviendas: *General National Mortgage Association*, GNMA, y *Federal National Mortgage Association*, FNMA. Las casas habitación hacen las veces de garantía de pago de estos bonos.

Títulos según la forma de colocación y pago del premio

Los valores se venden al público en dos formas: *a descuento* y *a la par*. Del hecho de que sean a la par se desprenden otras figuras y modos operativos.

- A descuento, *Zero-coupon bond*. Se explicó al inicio del capítulo que la tasa de interés es uno de los tres elementos de un bono. La tasa de un papel se denomina tasa cupón, aunque si el título se emite a descuento, en realidad no contiene cupones. Se estila que los títulos a descuento sean los de corto plazo. En los mercados internacionales y por la permanente estabilidad ya comentada, es posible emitir títulos a descuento, de largo plazo, sin que contengan cupones para el pago periódico de intereses. En estricta teoría, son bonos de renta fija. A esos bonos se les atribuye el nombre de "bonos cero-cupones", *zero coupon bond*, "*zeros*", aunque la costumbre financiera de nuestra región los llama *bonos cupón cero*.

  Zero-coupon bond

- A la par o con cupones, *coupon bonds*. Son los papeles de mediano y largo plazos que estipulan tasa de interés sobre el valor nominal y cupones periódicos para que el emisor realice pagos periodos de interés.

- Bonos de Tasa Fija, *fixed income bonds*. Son aquellos en los que el emisor no varía la tasa de interés a lo largo de su vigencia. El premio de cada uno de los cupones es el mismo porcentaje. Son característicos de las economías maduras o de los países donde las variables evolucionan con baja volatilidad en el mediano y largo plazos. A estos bonos también se les conoce como bonos "vainilla", *vanilla bonds*, o *straight*, en virtud de que son los de mecánica más sencilla.

  Fixed Income bonds

  Vanilla bonds
  Straight bonds

Floating Rate bonds, FRB's

■ Bonos de tasa flotante, *Floating rate notes/bonds*, FRN'S. Los bonos o notas de *tasa flotante* son los que estipulan que la tasa de interés que pagan no es fija sino que se va a ajustar o determinar en forma periódica, según las condiciones generales del mercado, durante la vigencia del papel. En los mercados emergentes, la descripción del término no es ninguna novedad, en virtud de que, por la evolución errática e impredecible de las variables, casi todos los bonos tienen esa cualidad: variar la tasa cada cierto periodo.

Hemos hablado de que hay bonos con cupones. Si un bono estipula un programa de varios cupones, concluimos que hay un cupón por un periodo específico ¿cuál es el periodo de cada cupón? Depende. Depende del estado de la economía donde se coloquen y de la situación financiera o económica del emisor. En la economía mexicana del segundo lustro de los 90 o en la Argentina de los primeros años del siglo era descabellado estipular periodos de cupón de seis meses o un año; en la economía japonesa de los 90 y del primer lustro del siglo era impensable estipular cupones de menos de seis meses. Si en una economía privan la volatilidad, las tasas altas, lo adecuado es que los periodos de los cupones sean de 28 o 91 días; el público no estará dispuesto a recibir dinero una vez por año porque el valor real de ese dinero será menor que si lo recibe cada mes o cada tres meses. Por otro lado, si en un país se mantiene la estabilidad o incluso si se vive estancamiento, lo prudente es estipular periodos de pago de seis meses o un año.

Los periodos de los cupones suelen ser entonces de acuerdo por los periodos de tiempo siguientes:

➡ 28 días.

➡ 91 días (trimestralmente, *quarterly*).

➡ Seis meses o 182 días (forma semestral o semianual).

➡ Una vez por año.

Bonos sujetos a condicionantes de amortización

Bonos convertibles, *Convertible bonds*

■ Convertibles, *convertible bonds*. Los bonos *convertibles* presentan al tenedor la opción de convertir el importe del valor del bono en un número determinado de acciones del capital del emisor. La alternativa de convertir se estipula desde la emisión del documento y contempla la fecha de emisión y la proporción de acciones que pueden adquirirse atendiendo al valor de cada bono. Este tipo de bonos (como se describió en el tema 4.9) por la posibilidad de convertibilidad, ofrecen tasas menores (por lo general una tasa anual fija) a las que pagan otras emisiones de deuda en el mercado.

Bonos rescatables, *callables bonds*

■ Rescatables, *callables bonds*. Las notas o bonos *rescatables* son los que el emisor puede amortizar con anticipación. Un emisor los recompra antes de su vencimiento por alguno de tres motivos principales: porque las condiciones económicas cambiaron, porque cuenta con liquidez suficiente o porque desea renegociar su deuda.

Bonos con Cláusula de Acción Colectiva, CAC

■ Bonos con Cláusula de Acción Colectiva, CAC. Cuando un emisor no puede cumplir con el pago oportuno de intereses o monto principal, suele renegociar con los tenedores o acreedores las condiciones de los bonos en circulación. Antes, un emisor requería que todos los tenedores estuvieran de acuerdo en los términos de renegociación (nuevos plazos, nuevos rangos de tasas, etc.) para que se produjera el cambio o sustitución de los bonos viejos por títulos nuevos. El gobierno mexicano ideó entonces la *Cláusula de Acción Colectiva, CAC,* para estipular, desde el momento mismo de la emisión de los títulos, que en caso de requerirse, procedería a reestructurar la deuda objeto de los bonos si un porcentaje específico de tenedores manifestaba su aceptación (80% de los tenedores, por ejemplo). A raíz de la primera emisión, casi todos los bonos de gobiernos de países emergentes incluyeron la cláusula.

■ Bono con opción de compra, *call option bond*. El emisor puede recomprar el bono antes de su vencimiento, a un precio que ha especificado desde el momento de la emisión. El bono opción puede ser de dos formas, según el momento en que se pueda efectuar la recompra:

Bono con opción de compra, *call option bond*

➡ Americano continuo, que significa que la recompra puede ser en cualquier momento, aun cuando hayan transcurrido varios días del corte de un cupón. En esos casos, el emisor deberá pagar los intereses que correspondan a los días devengados.

➡ Europeo discreto, que es aquel que sólo puede recomprarse en una fecha de corte o terminación de cupón.

■ Bono con opción de venta, *put option bond*. El emisor estipula que el tenedor (el público inversionista) puede venderle su bono a un precio definido de antemano, en una fecha determinada.

Bono con opción de venta, *put option bond*

■ Bono de una sola amortización. Es el más común de los bonos. Si además se trata de un bono de tasa fija, se dice que es un título tipo *bullet*.

Bullet bond

■ Bono con amortizaciones múltiples. Aquel que estipula varios pagos a cuenta del monto principal.

Bonos indizados, *yankees*, globales, eurobonos y otras excentricidades

Usted ya lo sabe: hay bonos que están denominados en Unidades de Inversión, UDI's. O sea, hay bonos indizados a la inflación. Así como esos, los emisores pueden denominar o basar su bono en otras referencias o divisas, según la situación económica o el mercado al que destine los papeles. Si el bono se coloca en Estados Unidos, podrá denominarse en dólares o inclusive en libras británicas; si el emisor desea dar protección contra la inflación al público inversionista, entonces lo denominará en Unidades de Inversión; si desea que el público japonés obtenga un premio más alto que la tasa de referencia nipona, entonces podrá denominar el bono colocado en Tokio en yenes con tasa base en dólares. En ese caso se tratará de un bono de divisa doble: una divisa para la denominación y otra para el pago de la tasa.

Bono Yankee
Samurai

Bono Global

Eurobono

Los bonos suelen tener un nombre según la plaza donde se coloquen o de acuerdo a las características del país del emisor. Un bono colocado simultáneamente en varios mercados, más allá de que contenga alguna o varias de las características citadas, suele denominarse *Global*; un bono denominado en dólares y colocado en Estados Unidos, se identifica como bono *Yankee*; un bono denominado en yenes y emitido en Japón se conoce como *Samurai*; un bono colocado en el Reino Unido, denominado en la moneda de otros páis, digamos en dólares de Estados Unidos y emitido por un tercer país, digamos México, se denomina *Eurobono*. Los bonos emitidos por gobiernos de países, ya lo citamos, se les identifica como *soberanos*.

Los financiamientos en el exterior pueden conseguirse combinando dos o más tipos de bonos. Una emisión cualquiera puede ser un bono quirografario, a tasa flotante, convertible en acciones; también puede haber notas cero cupones, rescatables, a tasa fija, respaldadas con algún activo.

Los instrumentos privados más socorridos en los grandes mercados por emisores e inversionistas, son el papel comercial, los Eurobonos y, a pesar de que ya no se colocan, los bonos Brady, que tendrán hasta que desaparezcan, por allá de 2019,[32] un gran poder de negociación. Esos tres, con sus variaciones y derivaciones, son los papeles típicos que han servido para el financiamiento privado y gubernamental de muchas empresas y países en desarrollo. Por eso, vamos a revisarlos a detalle.

Internet bursátil

Esta página ilustra todo lo concerniente a las emisiones internacionales:
http://pages.stern.nyu.edu/~igiddy/gfmup5.htm
La página siguiente contiene descripciones de los tipos de bonos internacionales más importantes:
http://www.finpipe.com/typbond.htm

Papel comercial

Papel comercial, *Commercial paper*

El papel comercial (*Commercial paper*) es un pagaré de corto plazo que pueden emitir empresas, bancos o los gobiernos de los países. Se usa para financiar capital de trabajo o compensar flujos.

El papel comercial de los países emergentes es una calca del papel internacional, aunque éste, como se emite en todas las grandes plazas, tiene atributos únicos.

El papel comercial se coloca directamente del emisor al público inversionista y también es posible venderlo a través de un intermediario, por lo general un banco, sobre todo si es la primera vez.

Cuando el papel comercial se coloca en Estados Unidos a través de un intermediario, el emisor tiene que cubrir una comisión. Tanto el Europapel comercial como el papel que se emite en el Reino Unido no generan comisiones por colocación. Los intermediarios ganan mediante la venta al público a tasas menores.

En el párrafo anterior se citan los tres tipos de papel comercial. Para que no queden dudas vamos a enumerarlos:

1. El papel comercial de Estados Unidos, USCP, que se coloca desde principios del siglo XIX.
2. El Europapel comercial, ECP, que data desde los primeros años de los 70.
3. El papel comercial denominado en libras británicas, SCP, que apareció en 1986, a raíz del "big bang" y es, a la fecha, el segundo tipo de papel más emitido, después del USCP.

Cada clase de papel está sujeto a requisitos diferentes y a sus importes mínimos. El cuadro 4.12 resume las características y exigencias de cada una de esas tres clases.

Cuadro 4.12 Características del papel comercial internacional	USCP	ECP	SCP
	Mínimo: 100 millones de dólares	Mínimo: 100 millones de libras británicas	Mínimo: 100 000 000 de dólares
	Se emite a descuento	Se emite a descuento o con tasa sobre su valor nominal	Se emite a descuento o con una tasa sobre su valor nominal
	Se vende directo al público. Implica la entrega física del papel	Se vende directo al público. El título se deposita ante un custodio	Se coloca como nota global
	Los plazos van desde siete hasta 270 días	Los plazos van desde siete hasta 360 días. El plazo promedio oscila entre tres a seis meses	Los plazos pueden ser desde siete días hasta cinco años. La mayoría es a tres meses
	Requiere calificación	Se califica	Sujeto a calificación

[32] Los Braidies mexicanos fueron amortizados anticipadamente, en 2003, por el gobierno mexicano. Al recomprarlos, se acabó una de las páginas lodosas de la economía y la política azteca.

¿Qué requisitos hay para colocar papel comercial? Depende del tipo de papel. El USCP que pueden colocar los emisores foráneos se considera papel según la sección 3(A) (2), cuyos requisitos más importantes son:

- Carta–notificación.
- No se registra ante la SEC.
- Contrato de colocación.
- Programa de pagos.
- Línea de crédito de respaldo o garantía (carta de crédito).
- Información financiera.
- Calificación. Si alguna calificadora clasificara un papel debajo de las categorías de calidad, el emisor puede respaldarlo con una carta de crédito, con lo cual se considera y se emite como si fuera papel bancario. Algunos programas de papel comercial se pueden colocar si se garantizan con aval bancario o algún activo específico.

Como todos los papeles, el Papel Comercial presenta ventajas para el emisor y el público:

VENTAJAS PARA EL EMISOR	VENTAJAS PARA EL PÚBLICO
El ECP y SCP se colocan rápido.	Liquidez. Si se coloca con intermediarios, se asegura un amplísimo mercado secundario.
Flexibilidad, bajo costo y facilidad de revolvencia.	Pagan rendimientos más altos que los certificados de depósito y las aceptaciones.
Pocas restricciones sobre el uso de los fondos.	Posibilidad de arbitraje[33] de tasas.
Diversificación de las fuentes de recursos.	

Y, claro, también desventajas para ambos:

DESVENTAJAS PARA EL EMISOR	DESVENTAJAS PARA EL PÚBLICO
Necesitan emitir grandes volúmenes para pequeños inversionistas.	Las emisiones grandes no están disponibles
Los costos de calificación suelen ser más elevados.	Si las tasas suben o se baja la calificación, es difícil deshacerse del papel.
A excepción del SCP, con el Papel. Comercial sólo es factible captar recursos de corto plazo.	

33 En el capítulo 6, "Modalidades especiales: ganar en cualquier circunstancia", se explica en qué consiste el arbitraje.

¿En qué se convierten los convertibles?

Los *convertibles* no son títulos mágicos. Los nombraron así porque otorgan al inversionista el beneficio de dejar de ser acreedor y convertirse en accionista. Si el público entrega los bonos y recibe las acciones, decimos que el título que era un bono se convierte en una acción o en un título de capital (CPO's o recibos de depósito).

Bonos convetibles

Los bonos convertibles son muy utilizados en épocas de bonanza, cuando hay expectativas de crecimiento. En esos casos, cuando la empresa y la economía se expanden, al público le resultara tentador entregar sus bonos y recibir acciones porque lo que gane vía dividendos y por la plusvalía de los títulos en el mercado puede ser mucho mayor que el premio vía tasa de interés.

Los convertibles tienen características especiales que requieren comentarse:

Precio de compra o conversión

- *Precio de conversión.* Como se trata de bonos que se pueden convertir en acciones, el emisor establece el precio al que han de convertirse; es decir, el precio al que venderá las acciones al tenedor de las obligaciones, en caso de que éste opte por comprarlas. No se trata, de ningún modo, que el tenedor del papel pague alguna cantidad adicional, no. Ya entregó el dinero al emisor. Se fija un precio para que sea la base de la conversión. El precio es el parámetro que el tenedor compara con el precio de mercado de la acción a fin de establecer si le conviene convertir sus bonos en acciones. Por ejemplo, una empresa emite obligaciones con un valor nominal de $1 000.00, con un cupón de 12% y fija un precio de conversión de $20.00. El día de la emisión las acciones de la empresa tienen un precio de mercado de $17.00.

Proporsión de conversión

- *Proporción de conversión* (*conversion ratio*). Es la cantidad de acciones que recibe el tenedor por cada bono, según el precio de conversión y el valor nominal del bono. La proporción surge de dividir el valor nominal entre el precio de conversión:

Valor nominal del bono ÷ Precio de conversión = Proporción de conversión

Si se sustituyen los datos dados en el punto anterior, se tiene que el número de acciones que se pueden adquirir por cada bono es 50. Es decir:

$$1\ 000 \div 20 = 50$$

La proporción es sujeta de ajuste en caso que la empresa decida realizar algún *split* o pague dividendos en acciones.

Valor intrínseco de conversión

- *Valor intrínseco de conversión.* Es el valor de mercado de la obligación. En otras palabras, es el valor que tiene el bono si se considera sólo la parte del valor nominal que se puede convertir en acciones. Este valor se obtiene al multiplicar la proporción de conversión por el precio de mercado actual de la acción.

Proporción de conversión × precio actual de la acción = valor intrínseco de conversión

Es decir: $50 \times 17 = 850$

La cifra anterior indica que del valor nominal total del título, $1 000.00, el tenedor que lo hubiera comprado desde el día de la emisión tendría sólo $850.00 si la conversión fuera ahora. En ese caso, el tenedor preferiría conservar la obligación para ganar la tasa de interés. Si el precio de mercado sube a $23.00, el valor intrínseco de conversión se va a $1 150.00. En este caso, el tenedor podría optar por convertir su bono en acciones ya que le resultaría conveniente. Un precio de mercado menor desestimularía la conversión, según se explica adelante.

Con el paso del tiempo, cuando el precio de la acción se ha modificado y el bono convertible ha devengado cierta cantidad de intereses, el inversionista que lo posee o planee adquirir tiene que considerar el premio o descuento del bono para determinar si es mejor conservarlo como
título de deuda o convertirlo en acciones. Para ello, primero debe calcular los intereses devengados conforme a una fórmula conocida:

Tasa cupón × número de días transcurridos del cupón ÷ 360

Suponga que 170 días después del último pago el bono que paga intereses semianuales de
12% cotiza a $1 025.00, y que el precio de mercado de la acción es de $22.00. Los intereses devengados en esos 170 días serían de $5.67.

$$12 \times 170 \div 360 = 5.67$$

Esta cantidad, sumada al precio de cotización de la obligación, se utiliza para calcular el premio o el descuento que sirve para determinar qué tipo de decisión puede tomar el inversionista.

[(Precio del bono + interés devengado × precio de conversión) ÷ (precio de mercado de acción × 100) − 1]

$$[(1\ 025 + 5.67 \times 20) \div (22 \times 100) - 1] = 8.37\%$$

El porcentaje resultante sugiere que la obligación cotiza en el mercado con un premio de
8.37%. Esto indica que si se adquiere el papel, al inversionista le convendría más conservarlo como tal, como bono, que convertirlo en acciones. Si lo que desea es la conversión, sería más conveniente que comprara las acciones en el mercado.

Cuando el resultado es negativo, el inversionista tendría una perspectiva contraria: le convendría comprar la obligación para convertirla en acciones.

Internet bursátil

La siguiente página (una división de la correduría Morgan Stanley), se especializa en bonos convertibles:
http://www.convertbond.com

Eurobonos: financiamiento sin límites

Puede parecer extravagante. Suele parecer confuso o difícil de entender, pero no. Los Europape-
les (Eurobonos o Euronotas que para el caso son lo mismo), no son tan complejos como lo que
el lector quizá imagina.

¿Qué es un Eurobono? Es un título de deuda denominado en una moneda distinta a la moneda del país donde se emite. Un bono emitido en Londres por una empresa mexicana, denominado en dólares de Estados Unidos, es un Eurobono. Un bono colocado en Luxemburgo por
el gobierno de Argentina, denominado en yenes japoneses, es un Eurobono. Un bono emitido
por una empresa brasileña en Tokio, denominado en libras británicas, es un Eurobono.[34]

Se trata de una clase de bonos similar a los que se han descrito antes: quirografarios, de tasa flotante o fija, convertibles o subordinados, etc. Un Eurobono común puede estar denominado en dólares de Estados Unidos, ser colocado en Londres, a 12 años, a tasa flotante (que lo
haría ser un FRN) y emitirse sin garantía específica. Otro Eurobono podría ser denominado en

---

[34] El surgimiento del Euro, la moneda que entró en vigor en 1999 en la Unión Europea, va a ir modificando poco a poco algunos conceptos y términos. El nombre de "Eurobono", como otros tantos que ya se manejaban, riñe con el vocabulario que se deriva del Euro.

libras británicas, colocado en Luxemburgo, a tasa fija, con opción de conversión en acciones, a 10 años.

Aunque cada programa de Eurobonos suele tener sus codificaciones, es posible señalar un conjunto de características homogéneas que contienen:

■ Los emisores son empresas, bancos o gobiernos.

■ Su denominación puede ser en dólares de Estados Unidos, en libras británicas, en euros y en yenes japoneses, básicamente.

■ Su plazo es desde cinco hasta 15 años.

■ Se pueden emitir a tasa fija o variable, con *warrants* u opciones[35] de compra de acciones (convertibles), etcétera.

¿Cuáles son los requisitos para emitir Eurobonos? La Bolsa de Londres, la plaza más prolífica para su emisión, estipula a los emisores cuatro condicionantes principales para listar:

■ Tres años de historial de negocios.

■ Presentar el "Documento de listado" cuyo contenido se detalla en la lista de puntos que sigue al próximo párrafo.

■ Si se trata de títulos convertibles en acciones, es preciso que tales acciones coticen en un mercado reconocido.

La segunda condicionante, el documento de listado, *listing document*, se prepara según las directrices definidas por la Unión Europea y debe contener, entre otros, y para el caso de un emisor que tenga otra clase de bonos o acciones listados en alguno de los grandes mercados internacionales, lo siguiente:

■ Términos y condiciones.

■ Descripción general del grupo al que pertenece el emisor.

■ Información de cualquier asunto legal pendiente o en proceso.

■ Nombres y funciones de los directivos.

■ Tabla de capitalización.

■ Descripción de actividades.

■ Si se trata de bonos convertibles: estados financieros dictaminados por los últimos tres años, información relativa a las acciones respecto de las cuales los bonos son convertibles, y otros.

■ Si se trata de emisores que no tienen bonos o acciones en alguna otra plaza internacional, además deben entregar: descripción de actividades, estados financieros por los últimos tres ejercicios de acuerdo con los principios de contabilidad de Estados Unidos (USGAAP) o del Reino Unido (UKGAAP).

■ Cuando se trata de bonos avalados o respaldados por los gobiernos, no se requiere información financiera.

■ Información financiera: dictamen de los estados financieros por los últimos tres años. Información relativa a cambios en la posición operativa y financiera del emisor desde el último ejercicio completo hasta la fecha de presentación de la solicitud de emisión.

---

35 Un warrant o una opción, en un bono, es un derecho que se confiere al tenedor de comprar cierta cantidad de bienes o activos del mismo emisor a un precio de referencia.

Los Eurobonos ofrecen ventajas similares a las que ya se han citado. Para el emisor signifi-can liquidez, flexibilidad, diversificación de las fuentes de financiamiento, tasas competitivas y, si son convertibles, tasas bajas; si se convierten, no hay necesidad de devolver el importe obte-nido. Para los inversionistas, posibilidad de elegir entre multitud de emisores y denominaciones, el rendimiento puede incrementarse si se trata de bonos convertibles si el precio de la acción a la que se tiene el derecho de convertir sube.

Eurobonos

Internet bursátil

El mercado más grande y efectivo para colocar bonos es Londres. Se puede descargar la guía de listado de bonos desde este URL:

http://www.londonstockexchange.com/NR/rdonlyres/E768368E-6923-4502-8935-6341155F814D/0/2296.pdf

Emisiones emergentes: del sueño petrolero a la renegociación infinita

El auge (*boom*) petrolero que se vivía aun a finales de los 70, activó el otorgamiento de créditos internacionales por dos razones poderosas: primera, se multiplicaron los depósitos de los pro-ductores en los grandes bancos del exterior y, segunda, la mayor parte de los productores, que en su mayoría eran países en desarrollo, apostó su riqueza a una mayor plataforma productora de crudo y solicitó financiamientos para explorar y explotar más yacimientos y ampliar sus es-tructuras de extracción y procesamiento. Los precios del crudo subían sin control. En México se hablaba de lo que a fin de cuentas fue una utopía: administrar la abundancia.

La caída de los precios internacionales del petróleo de principios de los 80 produjo conse-cuencias terribles para los productores que, a fin de compensar su recorte de ingresos, recurrie-ron a la banca, a los gobiernos de los países fuertes y a los organismos multilaterales a solicitar nuevos créditos.

Como los precios ya no regresaron a sus niveles previos, los productores no tuvieron dinero para pagar, sus pasivos se acumularon con intereses cada vez más elevados y los bancos inter-nacionales se quedaron sin liquidez y se expusieron a la quiebra. El *boom* se convirtió en una crisis (un *crack*) de proporciones extraordinarias. México se declaró insolvente e incurrió en mo-ratoria más o menos en agosto de 1982 y fue secundado por un buen número de naciones que también habían cifrado sus esperanzas en el alza de los precios del llamado "oro negro".

Swaps

Para paliar los efectos, se crearon mecanismos de rescate como el intercambio de deuda y flujos de efectivo que pactaron bancos europeos con bancos de Estados Unidos, (lo que ahora se conoce como *swaps*). Otros bancos optaron por vender con descuento su cartera de deuda en los grandes mercados de dinero, aprovechando la coyuntura del *big bang* en el Reino Unido y el incipiente planteamiento de la apertura financiera.

Esos fueron los primeros pasos para lo que vendría después. A través del mercado se implan-taron fórmulas e instrumentos que permitieron aligerar el insostenible peso de los pasivos:

- Recompra de las deudas.
- Intercambio (otra forma de *swaps*) de créditos comerciales por bonos en los mercados de deuda.

- Conversión de los créditos denominados en dólares, a participaciones en el capital de empresas públicas que se privatizaron para tal efecto y que cabe también dentro de la categoría del *swap*.

- Canje de los créditos comerciales por deuda de mercado documentada con bonos *Brady*.

El mercado de dinero internacional fue el punto de enlace y redimensionamiento de las deudas vencidas. El mercado, hay que decirlo, se enriqueció con nuevas modalidades y se reconvirtió, intempestivamente, para ser en adelante una alternativa tal vez más robusta que la banca, en la captación y dispersión del dinero mundial. De hecho, a mediados de los 80, los mercados de dinero del planeta (incluso los de Latinoamérica) tuvieron su segundo nacimiento.

Bonos *Brady*: el plan de Mister Nicholas

Nicholas Brady era secretario del Tesoro de Estados Unidos cuando, después de muchos meses de arduas negociaciones y esquemas fallidos con los bancos comerciales, los organismos multilaterales y el Club de París (la instancia internacional de renegociación de deudas), propuso en 1989 su plan para reestructurar la deuda externa de México.

El plan consistía, a grandes rasgos, en prolongar los plazos de amortización para que México no tuviera que hacer los desembolsos que le urgían sus bancos acreedores, en referir la deuda a intereses de mercado y en encauzar, al quedar el país liberado de la premura de los desembolsos, nuevos créditos para rescatar su economía. El objetivo íntegro era que la reducción y reestructuración de la deuda comprometía a México a reformar sus políticas económicas no sólo para sanearse, sino para adecuarse a la era que ya marcaba el pulso de todas las economías del planeta: la apertura.

La deuda mexicana con los bancos comerciales adquirió una nueva conformación que mantendrá hasta la segunda década del siglo XXI.

El plan se aplicó a otros países en desarrollo (Argentina, Brasil, Ecuador) que también sufrían los estragos de su elevada deuda externa.

Bonos *Brady*

Bueno, después de todas estas explicaciones, ¿qué son los bonos *Brady*? Son valores que se originan del intercambio de pasivos (muchos eran créditos vencidos) de países en desarrollo con los bancos comerciales, por bonos nuevos que se colocaron en los mercados voluntarios con esquemas diversos. Con los bonos *Brady* se sustituyó una gran cantidad de deudas de muchos países.

A pesar de que los bonos *Brady* mexicanos ya fueron recomprados y cancelados, es conveniente no olvidarlos ni dejar de lado sus características, para tomar conciencia de la dimensión del problema que les dio origen y de las condiciones con que se configuraron.

En los mercados del exterior el público tenía la posibilidad de hallar *Bradies* de características múltiples:

- *Colaterales*. Estos bonos *Brady* producían pagos cuatrimestrales o semestrales del principal e intereses y su pago está garantizado por bonos cero cupones a 30 años y a la vez por ciertos activos de elevada calidad.

- *Warrants*. Algunos *Bradies* contenían *warrants* cuyo valor o precio de referencia estaba frecuentemente ligado al precio internacional de la materia prima principal que produce el país deudor (el petróleo, en el caso de México) y que permitían al tenedor ganancias adicionales si el precio de esa materia prima rebasa el precio de referencia.

■ Los *Bradies* a descuento, de conversión de deuda y de tasa flotante; se colocaron debido a situaciones extremas, por lo que contemplan sobretasas que a menudo sobrepasaban los réditos promedio del mercado que pagaría el gobierno deudor por nuevas emisiones.

Las características anteriores se mezclaron en siete alternativas con las cuales los bancos pudieron convertir los pasivos de los gobiernos en bonos *Brady*: de esas siete, abundan cuatro principales:

1. *Bonos par.* La deuda bancaria se intercambió al 100% de su valor con tasas bajas y fijas de interés (los bonos par de México se emitieron con un cupón de 6.25% anual). Las emisiones se realizaron a 30 años. Los bancos con bonos del tesoro de Estados Unidos garantizaron el pago del capital a 30 años.

2. *Bonos a descuento.* La deuda bancaria se intercambió con un descuento sobre su valor nominal, (los bonos a descuento de México se colocaron con 35% de descuento), de modo que se colocaron en el mercado a 30 años sobre la base de una tasa flotante elevada (tasa LIBOR más 13/16; es decir, 0.8125%, que se revisa cada seis meses). El pago del capital también está garantizado por los bancos acreedores con bonos del Tesoro de Estados Unidos a 30 años.

3. *Bonos de dinero nuevo* (*New-Money*). Algunos convenios de renegociación incluyeron nuevos préstamos a los deudores. En algún tiempo, a mediados de los 80, a esos recursos se les denominó dinero fresco. Los bonos de dinero nuevo se emitieron a 15 años con amortizaciones periódicas que tienden a reducir el plazo hasta a 10 años. Estipulan una tasa de interés un tanto más elevada, libor más 7/8: 0.8750%. No están respaldados.

4. *Bonos de conversión de deuda.* Por cada dólar invertido en los bonos de dinero nuevo, los bancos acreedores estuvieron en condiciones de intercambiar los créditos por bonos de conversión de deuda, a una proporción predeterminada, del mismo modo que funcionan los bonos convertibles. Se emitieron a plazos de 15 y 20 años. Los bonos de conversión y los de dinero nuevo suelen tener los mismos términos. Tampoco están respaldados.

Los otros tres tipos de *Bradies*, los *Front Loaded Interest Reduction, Past Due Interest* y *Capitalization Bonds*, se armaron para algún país en lo particular.

La mayoría de los *Bradies* estaba denominados en dólares de Estados Unidos. También hubo emisiones denominadas en marcos alemanes, dólares canadienses, florines neerlandeses, francos franceses, libras británicas y francos suizos.

Ventajas para el público

Los *Bradies* iban a estar vigentes y hubieran podido negociarse en el mercado secundario por lo menos durante los primeros veinte años del siglo XXI. El público se animaba a adquirirlos dadas sus ventajas singulares:

■ Elevado grado de liquidez. Se negociaban con facilidad en el mercado secundario.

■ Tasas competitivas y superiores a la LIBOR.

■ Seguridad de cumplimiento de pago, tanto de los intereses como del capital.

■ Según el tipo de *Brady*, el público solía tener ventajas adicionales, como las que confieren los *Bradies warrants*.

Creación de títulos de deuda

Los instrumentos del mercado de deuda no son siempre los mismos ni sirven para toda clase de necesidades. Un gobierno o una empresa que requiere recursos debe considerar sus objetivos, destino del dinero, condiciones macroeconómicas, las expectativas, el momento del mercado, entre otros factores, para definir las características del bono que le va a servir para captar. Una empresa debe configurar el bono que le va a servir para financiarse. ¿Qué hacer para configurar o crear un bono a la medida?

El mercado, la bolsa, es un espléndido escenario para crear o inventar títulos. Los *Bradies* se crearon para solventar una necesidad especial de un gobierno. Como muchos gobiernos tenían problemas estructurales similares, adoptaron y usaron el mismo tipo de bono para renegociar sus deudas y hacerse de nuevos recursos. Lo mismo ha pasado con los novedosos bonos con Cláusulas de Acción Colectiva que, pensados para tiempos de circulante escaso y economías estancadas, han sido también los favoritos de los emisores a partir de 2004.

Las bases para crear o armar un bono a la medida no son difíciles de comprender:

- Situación financiera, técnica y productiva del emisor.
- Condiciones económicas del país del emisor.
- Destino que se le dará al dinero.
- Situación de los mercados de deuda del mundo y especialmente de la plaza donde se efectuará la colocación.
- Perspectivas del emisor, luego de la colocación, de la economía y de los mercados.
- Gustos, preferencias y necesidades de público.

4.14 ¿Quiere dormir tranquilo? Invierta en títulos de deuda

El objetivo de quienes prestan dinero es ganar intereses. Para quienes pueden hacerlo, prestar es una actividad riesgosa. Nadie garantiza que el deudor pagará a tiempo ni en los términos convenidos. A ese riesgo latente se debe agregar una interrogante vital: ¿qué tasa de interés cobrar por el dinero que se presta? La tasa de interés que se cobra al deudor debe representar el premio por el uso del dinero en el tiempo y también debe incluir el riesgo de incumplimiento.

El mercado de deuda es el medio de prestar dinero en que mejor se combinan y resuelven las dos preocupaciones elementales del inversionista: las tasas de interés y la seguridad de cumplimiento.

Puntos de cuidado al invertir en títulos de deuda

Invertir en el mercado de deuda no es garantía plena de ganancias verdaderas ni de recuperación del importe prestado. Por eso, los expertos sugieren algunos lineamientos de primer orden que el público bien puede entender y seguir:

- Olvidarse para siempre de las cuentas de ahorro (ya no digamos de guardar el dinero debajo del colchón o atrás de los santos, la virgen, el retrato familiar...), a menos, claro, que se prefiera perder con los raquíticos rendimientos que ofrecen los productos de las sucursales bancarias como los pagarés o los depósitos a plazo fijo.

- Fijar un objetivo: superar el porcentaje de inflación, el avance del tipo de cambio, la tasa líder, etcétera.

- Valorar las alternativas disponibles en el mercado. No se deben comprar los instrumentos que no se conocen, que parezcan complejos o que no se entiendan.

- Algunos intermediarios solicitan montos muy grandes para participar directamente en Certificados del Tesoro o en títulos de empresas; hay que indagar las facilidades y posibilidades que ofrece cada intermediario. Si esas facilidades no encajan con los objetivos o las posibilidades personales, no hay que apurarse, hay que orientarse a las sociedades de inversión (véase el capítulo 6).

- Las sucursales bancarias denominan a la inversión en deuda gubernamental "operaciones de mesa de dinero". Nadie debe confundirse. Esas operaciones significan lo mismo que destinar el dinero a Certificados o Bonos gubernamentales.

- Si se puede, es prudente diversificar. Sobre todo si se adquieren títulos corporativos. Según los objetivos, el monto de dinero disponible y las circunstancias económicas, es adecuado combinar los títulos que ofrecen altas tasas con los que contienen una alta posibilidad de devolver el dinero, los que permiten hacer disposiciones inmediatas del dinero, con los que inhiben la liquidez a cambio de altas tasas, etcétera... Si no es posible o la cantidad de dinero no alcanza para diversificar, el consejo más sabio es el mismo del cuarto punto: voltear a los fondos de inversión.

- La calificación del papel es muy importante. Nadie debe dejarse deslumbrar por tasas elevadas si el riesgo de cumplimiento de pago es alto.

- Al invertir en títulos de deuda se tienen que considerar siempre dos niveles mínimos: el índice inflacionario y la tasa líder. Si la tasa de interés que se percibe como rendimiento es menor a la inflación, el inversionista debe saber que está perdiendo, porque la cantidad que reciba al vencimiento, aun con los intereses acumulados, tendrá un poder de compra menor a la cantidad que haya invertido. La tasa líder es, por su parte, el parámetro del cual parten todos los rendimientos del mercado de dinero.

- Es preciso no tomar en cuenta (si no es que olvidar) el concepto de *renta fija*. Si las tasas suben, hay que desprenderse del papel adquirido y comprar otro papel a una tasa más elevada.

- Se deben sopesar los diferentes papeles y los plazos distintos. Retome el concepto de la tasa equivalente para hacer comparaciones.

- La información es vital. Siempre debe consultarse. Para saber en qué nivel se ubica la inflación, la tasa líder, los títulos disponibles, es necesario hojear de vez en cuando los diarios, algunas revistas especializadas y escuchar ciertos noticieros. Atienda la opinión de los expertos.

- Si ya se dominan los instrumentos fáciles, el inversionista puede inmiscuirse en los complejos. Al hacerlo, su horizonte de posibilidades se enriquece.

Duerma tranquilo, compre bonos

La otra máxima del mercado de valores —la frase que supone que para que se atine a lo seguro el inversionista se debe dirigir al mercado de dinero—, la que señala que para no sufrir los trastornos ocasionados por las alzas y las bajas de los precios ni tener que pasar las noches en vela por la preocupación de que los precios de las acciones van a caer y a provocar pérdidas, también es universal y al igual que la que se utiliza para el mercado accionario, resulta relativa y aplicable según las necesidades de cada quien y las circunstancias. Sí, porque la *renta fija* es un concepto que funciona bien en las economías desarrolladas o estables, donde se puede planear a mediano y largo plazos con la seguridad de que las variables se pueden mantener dentro de un nivel indefinidamente. Pero no funciona en los países que, como los de Latinoamérica, tienen economías con frecuentes cambios. La frase tiene todavía menor validez porque se sabe que se puede perder en títulos de deuda cuando las tasas suben.

El mercado de dinero, eso sí, proporciona al público un panorama mucho más desahogado que el que genera la inversión en acciones. Los riesgos de uno y otro no son comparables.

Para un ahorrador conservador, el mercado de títulos de deuda cumple inmejorablemente las expectativas si se logran identificar los instrumentos que igualen, por lo menos, el ritmo inflacionario; y esto no es tan complicado.

Como quiera que sea, el ahorro en los instrumentos del mercado de dinero no será causa de pesadillas.

Resumen

El mercado de deuda (mercado de dinero, en algunos mercados, *money market*) es el mecanismo donde se concentran los recursos que representan el ahorro interno de una economía. A ese mercado acuden quienes tienen excedentes temporales de liquidez para prestarlos, a cambio de ganar una tasa de interés y asumir riesgos moderados, a las entidades (empresas, bancos, gobiernos) que carecen de dinero y que lo requieren para un sin fin de objetivos.

Resulta común (y peligroso) que en diversos países se hable del mercado de dinero como el mercado de *renta fija*. El público advierte, en ese concepto, algunas características de los títulos de deuda que no son las que deben difundirse: corto plazo, rendimiento seguro y nulo riesgo. Las experiencias del último lustro de los 90 han sido lamentables y se resumen en una conclusión contundente: se puede perder con títulos de *renta fija*.

Los componentes vitales de los títulos de deuda son el valor nominal, el plazo y la tasa de interés.

En el mercado, como en la economía, la tasa líder es el tipo de interés más importante. La tasa líder es la base sobre la que se establecen el resto de las tasas del mercado.

Las negociaciones *en directo* y *en reporto* con títulos que cotizan a descuento (títulos sin cupones *zeros*) son las más voluminosas del mercado. Las operaciones con bonos que cotizan y se negocian a precio son de mayor aceptación en las economías estables.

Para las entidades que lo requieren, el financiamiento vía deuda en los mercados voluntarios es una vía más barata, más rápida, más amplia y más recurrente que el financiamiento bancario.

Para el público, la inversión en títulos de deuda le brinda la posibilidad de obtener tasas más altas, mayor flexibilidad de entradas y salidas, mayores alternativas para diversas necesidades y algunos otros beneficios que no podría hallar en las diversas formas tradicionales de ahorro.

La inversión en el mercado de deuda contiene riesgo. Los inversionistas pueden perder por dos motivos: el incumplimiento de pago del emisor y las variaciones de las tasas. Las empresas calificadoras evalúan el grado de incumplimiento potencial y dan su opinión sobre la capacidad de pago de los emisores. Las variaciones de las tasas se producen como consecuencia de los cambios en las circunstancias económicas. Quienes invierten en títulos de deuda pueden perder cuando las tasas suben.

El mercado de deuda está compuesto por una multitud de instrumentos de corto, mediano y largo plazo cuyas características, nombres y emisores son casi los mismos en todos los países: certificados, pagarés, notas y bonos. En todos los mercados hay títulos gubernamentales, bancarios y privados. Todos esos instrumentos se han podido adaptar a cada país, emisor y circunstancia. Por eso hay modalidades clásicas como los certificados, notas y bonos del tesoro; los pagarés bancarios; las notas y los bonos corporativos, así como mecanismos innovadores como los *bonos cero cupones*, las *notas de tasa flotante*, los *Eurobonos*, los *convertibles* o los *bonos Brady*. El tiempo y las circunstancias hacen que desaparezcan algunos y surjan otros.

Por su liquidez, versatilidad y magnitud, el mercado de deuda es, como el accionario (o quizá más), un mercado global con muchos afluentes y muchísimas desembocaduras. Es el que mejor refleja lo que los otros sectores de la bolsas serán en el futuro.

Práctica

1. Busque las tasas líderes en Argentina y Brasil y exponga:

   a. Cómo se obtienen.

   b. Para qué se usan.

2. Investigue y exponga la estructura de la subasta de valores gubernamentales en Estados Unidos, según lo siguiente:

   a. Tipos de valores negociados mediante subasta.

   b. Frecuencia de la subasta por cada valor.

   c. Forma de presentar las posturas.

   d. Mecánica de la subasta.

3. El incumplimiento de pago no es una posibilidad fortuita o remota. Es algo que puede pasar y que ocasionalmente ocurre. Investigue las tres últimas suspensiones de pago en que hayan incurrido empresas listadas en la bolsa local. En cada caso indique lo siguiente:

   a. Nombre de la empresa y fecha de incumplimiento.

   b. Características de la deuda objeto de incumplimiento (instrumento, monto total, plazo, fecha de vencimiento, calificación asignada, etcétera).

   c. Soluciones planteadas para la recuperación del dinero de los inversionistas.

4. Los bonos que las entidades nacionales (empresas, bancos, el gobierno federal) colocan en mercados internacionales se puedan negociar en el mercado local en diversas formas, secciones o procedimientos especiales. Sobre ello investigue y cite:

   a. ¿Es posible negociar en la bolsa local los bonos internacionales (Eurobonos, Euronotas, FRN´s, bonos globales, etc.) emitidos por instituciones nacionales?

   b. ¿Cuál es la forma o mecánica para negociarlos?

5. Investigue y cite:

   a. ¿Con qué clase de instrumentos se pueden hacer operaciones de reporto en el mercado local?

   b. Cuáles son las restricciones?

6. Investigue y exponga:

   a. Requisitos actualizados que deben cumplir las empresas privadas para emitir papel comercial en el mercado local.

   b. Compare los requisitos, facilidades, limitantes, ventajas, desventajas que hay entre la emisión de papeles de largo plazo en el mercado local y la emisión en los mercados internacionales y exprese dónde es más conveniente obtener el financiamiento. Cite razones y subraye puntos vitales.

7. El señor Smith acude a su intermediario en busca de la mejor vía de inversión. El intermediario le ofrece elegir entre las siguientes posibilidades, todas con valor nominal de $10.00:

   a. Pagarés a 30 días a una tasa de 11%.

   b. Certificados gubernamentales a 28 días con tasa de 12%.

   c. Aceptaciones bancarias a 15 días con tasa de 9%.

   d. Certificados gubernamentales a 60 días con tasa de 13.50%.

   ¿Cuál debe elegir el señor Smith y por qué?

8. Un intermediario dispone de $8 000 000.00 para comprar "en directo" pagarés bancarios a 91 días, con valor nominal de $10.00 que se ofrecen a una tasa de descuento de 8.50%. Obtenga:

   a. Precio de cada pagaré.

   b. Tasa de rendimiento.

c. Número de títulos adquiridos por el intermediario.

d. Importe o valor real.

e. Importe que el intermediario tendrá al vencimiento.

9. Retome el caso de la pregunta anterior. Suponga que ocho días después de la compra "en directo", el intermediario vende "en reporto" 255 525 títulos a una tasa de 8%, a un plazo de 11 días. Obtenga:

a. Premio.

b. Tasa premio.

c. Tasa de salida.

d. Valor real de los títulos negociados en reporto.

5 Modalidades especiales: ganar en cualquier circunstancia

En las etapas en que los precios bajan, que son cíclicas y a veces dolorosas, los inversionistas sufren, los intermediarios se preocupan y el volumen de operaciones en la bolsa, en general, es magro. Eso es malo para todos. Para el público, porque la baja significa pérdidas; para los intermediarios y demás participantes porque, como nadie desea comprar, las operaciones disminuyen y por la disminución bajan también sus ingresos. Los que compran acciones es natural que temen la caída de los precios. Pero hay otros, más avezados, para los que las bajas, de los precios significan sendas oportunidades de ganancias.

En muchos mercados las bajas de los precios son aprovechadas para ganar. Sí, es verdad. Hay alternativas que permiten vender cuando uno cree que los precios están altos y comprar cuando han bajado. De ese modo en las bolsas se modera la caída de los precios, se reactivan las operaciones y, claro, todos ganan.

Si eso es interesante y atractivo, aún hay más: no es forzoso que el público tenga dinero para pagar los valores que quiere comprar ni que posea acciones para realizar una venta. Un inversionista puede, por ejemplo, comprar títulos y quedar a deber parte del importe de la compra o pedir un préstamo de acciones para hacer una venta; también puede comprar acciones de una empresa mexicana en la Bolsa de Nueva York para venderlas en la Bolsa Mexicana de Valores sin tener que estar allá ni regresar después a México a negociarlas.

Todo eso es posible gracias al desarrollo de nuevas alternativas y a la globalización de los mercados. En la actualidad los inversionistas pueden realizar varias modalidades operativas que se salen de los lineamientos convencionales, para tratar de ganar ante cualquier circunstancia del mercado, incluyendo las épocas difíciles.

Estas modalidades —que complementan las figuras operativas del mercado de capitales, combinan y requieren herramientas del mercado de dinero e incluso del mercado cambiario— son las ventas en corto, el préstamo de valores, las operaciones de margen y el arbitraje internacional.

5.1 Vender en corto: apostar a que el precio baja

Las operaciones en el mercado de capitales tienen una secuencia lógica: un cliente compra acciones a $10.00, espera un tiempo para que suban de precio, digamos a $15.00, y vende. El cliente gana $5.00 por acción; esto es, el 50%. Primero compra y después vende. Nada fuera de lo normal.

En la mayoría de los mercados accionarios es posible invertir ese orden lógico; es decir, un cliente puede vender acciones que todavía no tiene y comprarlas después para cerrar el círculo necesario, con el mismo objetivo de obtener una utilidad en la enajenación. La venta se ejecuta en algún momento en que el cliente considera que los precios están altos y decide comprar una vez que los precios hayan retrocedido. El efecto final debe ser el mismo que cuando las operaciones se realizan según el orden lógico: tener una utilidad comprando barato y vendiendo caro.

Ventas en corto, shorts sales

La secuencia inversa (vender primero, comprar después) se aplica siguiendo ciertas reglas y requisitos, al amparo de las disposiciones de cada mercado, mediante una figura denominada *ventas en corto, shorts sales*.

Ganar cuando los precios caen

Vender en corto, selling short

En los mercados internacionales, si un cliente decide vender en corto (*shorting the stock, selling short*), solicita un préstamo de valores, generalmente a su intermediario. Los intermediarios son los prestamistas más activos. Suponga que el cliente solicita 1 000 títulos de GT, Goodyear Tire, a su casa de bolsa y efectúa la venta a $10.00, en una cuenta denominada *de margen (margin account)* que el intermediario le abre especialmente para operar y administrar la venta en corto y el préstamo. Por ese hecho, el cliente queda con una posición conocida como "corta", que deberá cubrir mediante la compra posterior de los valores. El producto de la venta, los $10 000.00, se le acreditan a la cuenta de margen. Mientras dure la vigencia del préstamo, el cliente debe pagar al prestamista una tasa de interés de mercado sobre los $10 000.00.

Cuenta de margen, margin account

Fecha de liquidación, settlement date

Digamos ahora que la acción de GT, Goodyear Tire, vendida en "corto" baja a $7.50 al cabo de un mes. ¿Qué hará el inversionista? Comprar, claro. El día de la liquidación (*T+*, *settlement date*) de la compra, el intermediario cancela el préstamo, elimina el corto de la cuenta del cliente y deja de aplicarle intereses sobre el importe de la venta.

En este ejemplo, el cliente obtiene un beneficio de $2 500.00 de los que se tienen que restar las comisiones de compraventa y los intereses del préstamo.

Para que sea más esquemático, el ejemplo se puede plantear así:

Datos:

Títulos	1 000.00
Precio de venta en corto	$ 10.00
Importe de la venta	$ 10 000.00

Supuesto 1:

El precio baja a	$ 7.50
Importe de la compra	$ 7 500.00
Ganancia	$ 2 500.00

Podría pensarse que las ganancias son fáciles y cuantiosas si no fuera por los riesgos que la operación conlleva. Ahora hagamos de cuenta que el precio de las acciones sigue su curso ascendente y al cabo de varios meses llega a niveles de $12.50. El cliente tiene que comprar, forzosamente, y debe hacer un desembolso de $12 500.00. Su pérdida de $2 500.00 se vería incrementada con el importe de los intereses que se le hubieran cargado durante el plazo transcurrido desde el día de la venta en corto hasta la fecha de la compra.

Supuesto 2:

El precio sube a	$ 12.50
Importe de la compra	$ 12 500.00
Pérdida	$ 2 500.00

Internet bursátil

Si lo que desea es saber definiciones, por qué y cómo de las ventas en corto, abra y véase:
http://www.trade10.com/short_selling.htm
Para ejemplos sencillos y descripciones asimilables, véase:
http://www.fool.com/FoolFAQ/FoolFAQ0033.htmhttp://invest-faq.com/vse/trade-short.html

Posición "corta" y préstamo de valores

Conviene recordar algo que ya se había anotado: en el medio se dice que un cliente mantiene una *posición larga* cuando posee en su cuenta cierta cantidad de valores. En estos casos, como la posición es positiva, la palabra "larga" no se incluye, de tal modo que la gente se concreta a decir, por ejemplo, que "la cuenta 2222-2 tiene posición de 10 000 títulos". ¿Qué pasa cuando el cliente refleja en su saldo de valores una posición negativa de títulos? En estos casos se dice que tiene una *posición corta* (*short position*).

> Posición corta,
> *short position*

En estricto sentido, vender en corto significa vender sin tener valores para cubrir la venta. Obvio, por motivos de control, una venta sin posición no se permite en casos normales. El cliente o intermediario que vende debe liquidar su operación; es decir, para recibir el efectivo debe entregar los valores.[1] Las disposiciones prevén la realización de ventas sin posición mediante un requisito que puede parecer novedoso: la venta en corto se permite si la posición se cubre con valores tomados en préstamo. Así, el día de la liquidación el cliente podrá entregar los valores que hubiera vendido. Y... ¿de dónde obtiene los valores prestados?

Bien. Así como hay clientes o intermediarios que desean aprovechar un alza en el mercado para vender pero no tienen posición para hacerlo, así también existen clientes o intermediarios que, teniendo posición, no desean deshacerse de ella porque su objetivo es mantener su inversión por plazos largos. Estos clientes deben estar conscientes de que pueden ganar una cantidad de dinero si prestan temporalmente sus valores a los clientes que desean vender y que no tienen valores con qué hacerlo.

Sea que un cliente le manifieste su intención de prestar o que sea el propio intermediario el interesado en prestar sus títulos, el intermediario debe registrar su intención de ceder valores en préstamo ¿Dónde o cómo? Los préstamos se cotizan u ofrecen entre las diferentes casas de bolsa

> Valores
> prestables

---

1 A ese efecto se le conoce como entrega contra pago, *delivery versus payment.*

a través de sus sistemas de interconexión. En algunos mercados, como el mexicano, también el custodio (Indeval) ofrece valores en préstamo.

En los sistemas se registra, a la manera de un corro especial[2] del sistema de remate, qué clase de valores se ofrecen en préstamo, la cantidad y el costo o premio por el préstamo.

En la mayoría de los mercados se estipula que las casas de bolsa autorizadas para que, con su intermediación, la clientela pueda realizar ventas en corto, deben identificar los títulos prestables que sean propiedad de personas físicas (naturales) y que sean propiedad de personas morales (jurídicas). La separación se debe a que, en los mercados donde se estipula, las personas físicas sólo pueden celebrar préstamos de valores con contrapartes que sean también personas físicas y a que las personas morales pueden pactar préstamos con personas morales o con personas físicas con actividades empresariales. Si actúa como prestamista, cualquiera de ellas puede realizar operaciones de préstamo con personas físicas. Tal separación o identificación tiene sentido porque los efectos fiscales para uno y otro tipo de persona son distintos.

Cuando una casa de bolsa, actuando por cuenta propia o por cuenta de un cliente, desea vender en corto, verifica si en el sistema o *seudo-corro* de valores prestables se ofrecen aquellos que corresponden a lo que se desea vender. Si hay coincidencia en ambas posturas y se aceptan las condiciones, se puede celebrar el préstamo.

Una vez celebrado el préstamo, el cliente puede vender las acciones en el entendido de que, al cabo de un tiempo determinado, tiene la obligación de realizar la compra de acciones del mismo emisor e igual serie y devolverlas al prestamista.

Préstamo de valores *(margen)*

Contrato de préstamo y su formalidad

Para vender en corto, es preciso que un cliente obtenga valores prestados. Ahora bien, el préstamo es, jurídicamente hablando, una operación independiente a la venta en corto que se perfecciona por medio de un contrato tipificado por las autoridades. Como figura catalogada, el préstamo de valores sirve para cubrir algunas necesidades más, no sólo para efectuar ventas en corto.

¿Qué clase de valores puede ser materia de préstamo? En los mercados se puede prestar prácticamente la variedad completa de títulos que cotizan en la bolsa:

➡ Valores gubernamentales.

➡ Títulos bancarios.

➡ Acciones y CPO´s de alta bursatilidad.[3]

De las disposiciones y elementos que debe contener el contrato de préstamo se rescatan varios puntos trascendentales:

Prestamista, *lender* *(margen)*

■ *Prestamista (lender)*. Es la persona que se obliga a transferir la propiedad temporal de los valores objeto de préstamo a su contraparte, el prestatario. Dicho en otras palabras, es el dueño de los valores que se van a prestar.

---

2 Consúltese el tema 3.5 "Ejecución en el piso de remates..." del capítulo 3.

3 La bursatilidad es la facilidad de negociación que tiene una acción en el mercado. A mayor volumen diario de acciones negociadas, mayor bursatilidad.

El prestamista adquiere dos derechos:

1. Recibir dentro de un plazo determinado, los mismos valores, con los derechos patrimoniales que, en su caso, se hubieran decretado sobre ellos durante la vigencia del préstamo.[4]

2. Cobrar el premio o la remuneración pactada por otorgar la propiedad temporal de los valores.

   ■ *Prestatario* (*short seller*). Es quien recibe en propiedad los títulos objeto del préstamo para su venta en corto a través de la bolsa o para cubrir otro género de posiciones cortas.

   Prestatario, *short seller*

El prestatario asume tres obligaciones hacia el prestamista:

1. Devolverle los mismos valores.

2. Entregarle los derechos patrimoniales generados durante la vigencia del préstamo.

3. Pagarle el premio que se haya pactado por la operación de préstamo.

   ■ *Plazo.* La vigencia del préstamo, en México, puede ser indefinida, si se trata de acciones y otros títulos de capital como CPO's. En el caso de préstamos de instrumentos de deuda, el plazo debe ser por un periodo igual o menor al vencimiento de los valores de que se trate. Es lógico: no puede pactarse un préstamo a 35 días de Certificados gubernamentales que tienen una vigencia de 28 días.

   Plazo

   ■ *El premio.* Es una cantidad de dinero que el prestatario tiene que pagar al prestamista por el uso de sus valores. El premio es el precio al que cotiza el préstamo. Si un intermediario toma por cuenta propia o por cuenta de sus clientes cierta cantidad de títulos en préstamo, al término del plazo debe restituir los valores más ese costo o premio. El premio generalmente se estipula como un porcentaje sobre el valor de mercado de los títulos.

   Premio

   ■ *Garantía.* Para que se perfeccione el préstamo, la operación debe estar garantizada por el prestatario, salvo que éste sea una institución de crédito. ¿Cómo debe ser esa garantía? Puede constituirse con efectivo o en valores similares a los títulos objeto de venta en corto. El importe de la garantía varía según la naturaleza de los títulos con los cuales se constituya. En cualquier caso, se determina por los modelos de Valor en Riesgo, (*Value at Risk*), aplicados por todos los intermediarios. Ese modelo despliega, para este caso, el importe que se debe dejar como garantía según el riesgo implícito del valor prestado, de tal suerte que el monto de la garantía, según el modelo, para préstamos de títulos como Teléfonos de México, el más importante del mercado mexicano, y constituida con valores similares, será menor que el monto de garantía para préstamos de acciones de Constructora ARA, por ejemplo.

   Garantía

Prestar valores para pasar la noche

Los intermediarios que operan en los mercados internacionales y a la vez en el doméstico incurren a veces en posiciones cortas por una noche. Los cortos se producen cuando no cuentan con valores suficientes para liquidar las ventas que hacen en el mercado local porque los títulos con que pensaban hacer la liquidación no llegan a tiempo del exterior. La falta de valores en la fecha de liquidación local los obliga a pedir un préstamo de títulos, para no incurrir en cortos ni en las sanciones consabidas. Los préstamos para subsanar esta clase de posiciones cortas son los más frecuentes operaciones de préstamo de valores en casi todas las bolsas del mundo.

---

4   Dividendos en efectivo o en acciones, mayor o menor cantidad de acciones, acciones de otra serie, etc., si durante el plazo del préstamo la empresa emisora realizó algún canje o *split*, etcétera.

Internet bursátil

Para saber las reglas, restricciones y posibilidades de vender en corto en Estados Unidos, abra:
http://www.sec.gov/answers/shortrestrict.htm

Vencimiento natural y anticipado

El cliente que ha vendido en corto no necesita esperar el fin del plazo para volver a comprar los valores que tiene que devolver al prestamista. Si las circunstancias del mercado le son favorables (si el precio de sus acciones cae lo suficiente como para realizar una ganancia) puede adquirir de nuevo los valores en el momento que desee.

En cualquier caso, ya sea al fin del plazo o antes, basta una llamada al intermediario para que éste efectúe la compra y traspase los valores a la cuenta del prestamista, le pague el premio tomando los recursos de la cuenta del prestatario y le restituya a éste los valores pignorados.

Ahora bien, ¿qué pasa si, ya que ha terminado el plazo máximo, el precio de las acciones no llega a caer como se esperaba? Pues mala suerte. El vendedor en corto debe comprar al precio que sea porque tiene que devolver los valores y no le queda otra más que sufrir una pérdida.

Ventajas de vender en corto

Las ventas en corto son una de las modalidades favoritas de los inversionistas en los mercados internacionales. Es una de las preferidas de los especuladores. Las ventas en corto en las bolsas de Londres y Nueva York son abundantes.

¿Por qué tanto interés y, desde luego, tantos requisitos para vender en corto? La operación es riesgosa, delicada, pero tiene sus ventajas para el público y el mercado en general:

- *Se puede ganar cuando los precios bajan.* Se sabe que el mercado accionario presenta etapas de alzas y de bajas. Ocurre muchas veces que los precios han subido y el inversionista se pregunta ¿por qué no compré? Ahora bien, todos saben que por mucho que se hayan elevado, los precios tendrán una etapa de descenso. Visto desde esa óptica, resulta comprensible que haya inversionistas dispuestos a arriesgarse vendiendo en corto en los días en que los precios están altos y esperar a que ocurra un ajuste de precios para comprar barato. Con las ventas en corto, se puede ganar también cuando bajan los precios.

- *Se incrementa el volumen operativo y se puede detener la caída de los precios.* Cuando los precios van hacia abajo, el público en general se muestra preocupado y apático. El mercado presenta bajos volúmenes operativos que alargan la recuperación de los precios. Es ahí donde actúan quienes vendieron en corto. Como aprovechan las bajas para salir a comprar una vez que los precios han descendido a los niveles convenientes para ellos, el mercado se ve revitalizado, se le inyecta liquidez y se propicia una recuperación más rápida. El beneficio, en estos casos, no es sólo para los que ganan por comprar barato, sino para todo el mercado.

> **Vender en corto o atentar contra las torres gemelas**
>
> Luego del colapso de las torres gemelas del Centro Mundial de Comercio, WTC, en septiembre de 2001, se abrieron, como es natural, varias líneas de investigaciones. Una de ellas apuntaba, figúrese, a los que vendieron en corto antes de la fecha fatal. ¿Por qué? Porque el hecho de que vendieran justo antes de la tragedia y luego de ésta compraran para concretar ganancias fabulosas, fue tomado como sospecha. ¿Sabían acaso los que vendieron que habría un atentado que sembraría el terror y desplomaría los precios? ¿Habría alguna conexión entre esos inversionistas y los suicidas que perpetraron los hechos? Quién sabe. Los casos no se habían cerrado tres años después. Nunca nadie imaginó, eso es claro, que vender en corto sería tan inoportuno, tan comprometedor.

Riesgos inevitables

Participar en el mercado accionario entraña un riesgo. El riesgo se interpreta como una condición normal y está sujeto a una gran variedad de factores. Cuando se compra una acción, se presume que los precios van a subir tarde o temprano. La tendencia lógica de los precios es que tiendan al alza en el mediano y largo plazos. Vender en corto entraña un peligro mucho mayor: se atenta contra esa lógica del mercado. Esa afrenta significa asumir dos riesgos de mucho filo:

- *El plazo puede cumplirse sin que el precio caiga.* ¿Qué debe hacer el cliente? Comprar de todos modos y tomar su pérdida, no hay de otra. Su pérdida, en tal caso, no va a ser únicamente el diferencial entre los precios de venta y compra, se incrementa por el importe del premio y por las comisiones. En el mejor de los casos, puede darse que el precio caiga, aunque no al nivel deseado, y que la ganancia resulte insuficiente para sufragar los costos.
- *Los títulos dados en garantía permanecen "congelados".* Si por esperar a que caigan los precios de los títulos que se han vendido en corto se dejó de hacer algo con los títulos dados en garantía, que pudieron subir de precio, se sufre por un doble problema. Claro que esto puede atenuarse: el cliente puede solicitar una sustitución de garantías; es decir, si observa que los precios de las acciones con que ha constituido la garantía están al alza, puede venderlas para tomar utilidades y constituir su garantía con el efectivo.

Reglamentación, escollo insuperable

Las ventas en corto (*selling short*), como figura operativa, nacieron en los mercados internacionales. Alrededor del mundo funcionan con los mismos elementos con que se implantaron para hacerlas funcionar en México; empero, en el mercado mexicano surgieron con una regulación más restrictiva. En la mayoría de las plazas donde es posible vender en corto se aplicaban mucho menos requisitos que en la BMV. Esa mayor flexibilidad tenía que ver con la madurez de los actores del mercado, del público y de los intermediarios, en primera instancia.

Lamentablemente, desde que fueron incorporadas a la BMV no había sido posible que cobraran la importancia que tienen en otras plazas ni que se palparan, por ello mismo, sus beneficios en forma plena. Fue necesario replantear sus requisitos y las disposiciones que las delimitaban,[5] ya que tales reglas parecían más candados y obstáculos insuperables que lineamientos, para conducirlas por el camino adecuado.

Internet bursátil

http://www.investorguide.com/ desglosa todo el espectro de las bolsas. Vaya a la sección "university" y descubra todo lo que desea saber. Lo referente a ventas en corto está en la sección Stocks.

---

5 Véase el mismo capítulo y tema en la edición anterior.

5.2 Comprar con margen: apalancar la compra

El préstamo de valores consiste en tomar acciones prestadas para venderlas. Las compras con margen son similares: se pide prestado dinero para comprar acciones.

Comprar con margen, *buying on margin*

Comprar con margen (*buying on margin*) significa que un inversionista puede comprar acciones financiando parte del importe de la compra con un crédito que le otorga su intermediario.

Las compras con margen son operaciones apalancadas: los inversionistas efectúan operaciones por una cuantía mayor al importe de lo que invierten. El apalancamiento les permite aspirar a utilidades mayores.

Cuenta de margen

Addendum al contrato de intermediación

¿Qué se necesita para iniciar una compra con margen? El cliente interesado debe suscribir un *adendum*[6] al contrato original que mantiene con su intermediario y éste, al autorizarle la operación, le abre una cuenta especial denominada *cuenta de margen*.

Suponga que las acciones de GT, Goodyear Tire cotizan a un precio de $10.00 y que el cliente posee $50 000.00. En circunstancias normales, y sin considerar comisiones e impuestos, el cliente sólo podría comprar 5 000 acciones. ¿Qué tal si considera que vale la pena arriesgar más y que sería bueno comprar 10 000 títulos? Para eso necesitaría $50 000.00 adicionales a fin de cubrir los $100 000.00 de la operación. ¿Quién se los puede facilitar? Gracias a las operaciones de margen, su intermediario le puede conceder un préstamo hasta por 50% del importe de la compra.

Para comprar las acciones con una operación de margen, lo primero que debe hacer el cliente es depositar el "margen requerido" en efectivo o en valores de deuda gubernamentales en su cuenta. El depósito de margen requerido (el importe de la compra que el inversionista cubre con su dinero) es obligatorio y funciona como una especie de garantía de cumplimiento. En los mercados maduros, el requerimiento mínimo es 50% del valor de mercado de la operación; es decir, para el ejemplo citado de la compra de las acciones de GT, el inversionista tendría que depositar $50 000.00.

Ya que ha efectuado el depósito de margen, el cliente solicita formalmente a su intermediario el préstamo para la compra y, dependiendo de las disposiciones y límites sobre la materia, el intermediario podría prestarle hasta 50% del importe de la compra (los $50 000.00 adicionales que se requieren para efectos del ejemplo). El préstamo, desde luego, está sujeto a la aplicación de una tasa de interés, similar a las tasas generales del mercado.

Si se autoriza el préstamo, el intermediario abona al cliente el dinero en su cuenta de margen y, a partir de la fecha del abono, le comienza a cargar los intereses que correspondan.

El escenario operativo se plantea de manera sencilla:

Cotizaciones

Precio	$ 10.00
Cantidad de valores	10 000.00

---

6 En los contratos de intermediación, un adendum es una serie de cláusulas especiales sobre un producto o mecanismo en particular que se agregan a los términos básicos del contrato y por lo general se expresan por separado.

Importe de la compra	$ 100 000.00
Inversión del cliente	$ 50 000.00
Préstamo del intermediario	50 000.00
Tasa de interés del préstamo	25% anual
Porcentaje de margen	50% anual

Las ganancias se disparan al doble

Vamos a suponer que 30 días después, el precio de las acciones de GT, Goodyear Tire sube hasta $15.00; o sea, 50%. ¿Qué hace el cliente? Aprovecha el alza y vende las acciones, por las que recibe $150 000.00. Si vende, de esos $150 000.00 tiene que entregar al intermediario $51 041.67: $50 000.00 del préstamo más $1 041.67 de los intereses correspondientes. Al cliente le quedan $98 958.33.

A simple vista y con el importe de la compra como base, el cliente recibe un beneficio de 50% respecto al monto de la operación de compra; pero si se comparan los $98 958.33 con la cantidad que invirtió, los $50 000.00, su utilidad resulta de $48 958.33, 97.92%, casi lo doble del alza del precio de la acción.

En efecto: si el inversionista hubiera liquidado los $100 000.00 de la operación de compra con sus recursos, habría obtenido con la venta una utilidad de 50%, prácticamente la mitad de lo que logra por comprar con margen.

Supuesto 1: el precio sube 30 días después de la compra

Nuevo precio	$ 15.00
Incremento del precio	50%
El cliente vende y recibe en su cuenta de margen	$ 150 000.00
Menos: devolución del préstamo	$ 50 000.00
Intereses	$ 1 041.67
Remanente neto del cliente	$ 98 958.33
Menos: inversión del cliente	$ 50 000.00
Ganancia neta	$ 48 958.33
Porcentaje de ganancia según su inversión:	**97.92%**

En estos casos se dice que el cliente se "apalancó" y, por eso, cuando el precio sube, su ganancia resulta ser del doble del incremento del precio. Ésta es justamente la característica primordial de este tipo de operaciones: el apalancamiento, que hace que la utilidad se dispare. Muy atractivo ¿verdad? Pero, ¿qué pasa o qué efectos produce el apalancamiento cuando los precios bajan?

Pérdidas, el lado difícil

Así como uno se percata de que los beneficios de comprar con margen pueden ser fabulosos, del mismo modo se debe estar consciente de que las pérdidas pueden ser elevadísimas: si al cabo de 30 días la acción baja a $7.00, 30%, y el cliente percibe que no hay indicios de recuperación de los precios y decide vender para tomar su pérdida y tratar de recuperarse con otros instrumentos, al hacerlo recibe los $70 000.00 correspondientes, de los que tiene que tomar $50 000.00 para devolver el préstamo al intermediario más los intereses.

Supuesto 2: **el precio cae 30 días después de la compra**

Nuevo precio	$ 7.00
Baja del precio	30%
El cliente vende y recibe en su cuenta de margen	$ 70 000.00
Menos: devolución del préstamo	$ 50 000.00
Intereses	$ 1 041.67
Remanente neto del cliente	$ 18 958.33
Menos: inversión del cliente	$ 50 000.00
Pérdida neta	($ 31 041.67)
Porcentaje de pérdida según su inversión:	**62.08%**

¿Cuánto le queda al cliente? Sólo $18 958.33. ¿De cuánto fue su pérdida? De $31 041.67, 62.08% de su inversión. Debe quedar claro que la acción ha bajado 30% mientras que el cliente ha perdido más de lo doble de esa baja, con lo cual se cumple también, pero en sentido inverso, el efecto multiplicador del apalancamiento. Pero eso no es todo.

Llamadas de margen

Llamadas de margen, *margin calls*

En los casos en que el precio del título baje más de 25%, el intermediario hace una *llamada de margen* (*margin call*). Esto significa que, en el ejemplo, como la acción ha caído a $7.00, el valor de mercado de la posición del cliente es de $70 000.00, menos de 75% del valor inicial al momento de la compra. El cliente tiene que responder al llamado de margen (*meet the call*) y depositar $5 000.00, como mínimo, para que su cuenta de margen se mantenga actualizada y pueda soportar el impacto de la pérdida.

¿Qué pasa si el cliente no responde a su llamada de margen? El intermediario está facultado para vender los títulos y, sustraer, del importe de la venta, sus $50 000.00 más los intereses.

 Internet bursátil

Este URL, **http://www.cbpa.ewu.edu/~deagle/F434/MARGINS/** tiene un contenido espléndido, de fácil navegación, que describe e ilustra las ventas en corto, las operaciones de margen y muchas modalidades bursátiles más.

Trascendencia de las compras con margen

Las operaciones con margen pueden parecer novedosas o extrañas. La razón es que aunque se utilizan casi en todos los mercados del planeta, es raro que se empleen en algún mercado de Latinoamérica. En México tuvieron su ciclo de auge a finales de los 80, hasta que, a raíz del *crack* de 1987, fueron prohibidas por las autoridades en vista de su elevado riesgo. Seguramente se volverán a activar en alguno de estos años, dado que son muy atractivas y generan grandes volúmenes en el mercado secundario.

El uso de las compras con margen en Estados Unidos es muy común, tanto, que el banco central raciona o expande el financiamiento que otorgan los intermediarios al público. Dicha institución determina si se aumenta o disminuye el porcentaje máximo de la compra que se puede financiar (al ajustar el margen usa uno de los instrumentos con los que ejerce la política monetaria) para controlar la multiplicación del dinero.

Internet bursátil

http://www.ameritrade.com/educationv2/ameritrade_framed.html tiene contenido amplio y certero sobre operaciones con margen y ventas en corto. Los vínculos están en la columna izquierda *introduction to margin accounts* y *selling short*.

5.3 Arbitraje internacional: el mundo tiene un mercado único

El lector seguro conoce uno o dos de los significados del término arbitraje. Uno se asocia al deporte y por eso debemos entenderlo que se deriva del otro, del que lo describe como la mediación de un juez. Al que nos interesa lo describe el diccionario añadiendo la abreviatura *Com.*, con lo que asigna el enfoque con que aquí lo veremos: el comercio o, para ser más directos, la bolsa: "Operación de cambio de operaciones mercantiles en la que se busca la ganancia aprovechando la diferencia de precios entre unas plazas y otras". Es clara, como el agua, la definición.

El arbitraje internacional se concibe como uno de los grandes mecanismos que enlazan a las bolsas más desarrolladas del mundo. Por sus características, el arbitraje accionario se sirve de modalidades alternas de apoyo y de control que, también por ser novedosas, enriquecen aún más el amplio panorama de los mercados.

¿Qué es el arbitraje?

El *arbitraje* debe entenderse como la compraventa del mismo valor, divisa o mercancía de modo simultáneo en dos mercados diferentes, con el objeto de aprovechar los diferenciales de precio que se presentan en las cotizaciones de ese valor en los dos mercados. Lógicamente, la operación de compra se realiza en el mercado donde el precio es más bajo, y la venta, donde el mismo valor se cotice a un precio más alto. Esto significa que se puede comprar cierta cantidad de acciones de Telmex "L", el gigante mexicano, por ejemplo, en la BMV y, el mismo día se pueden vender los ADR´s respectivos en la NYSE. Esta operación presupondría una utilidad al comprar barato en México y vender más caro en Estados Unidos.

¿Qué bienes o valores pueden ser objeto de arbitraje? Cualquiera, siempre que se pueda negociar en dos o más plazas, mercados o bolsas a la vez, de tal suerte que es posible hoy en día, por la revolución y los adelantos tecnológicos de los mercados, que haya arbitraje de divisas, acciones o de cualquier otro activo financiero.

¿Quiénes pueden realizar las operaciones de arbitraje? Los inversionistas de cualquier tipo aunque, por su complejidad y por la variedad de elementos y figuras adicionales que se requieren, el arbitraje es factible apenas para los grandes intermediarios que actúan por cuenta propia: las casas de bolsa, los bancos y las casas de cambio.

Arbitraje

Arbitraje accionario: función de los ADR´s

Para llevar a cabo el arbitraje con acciones, se requiere que el mismo valor cotice en dos bolsas. Ya se citaba el caso de la BMV y la NYSE. Si se puede hacer arbitraje con valores de empresas de países emergentes, es gracias a que éstas han efectuado colocaciones de acciones en sus bolsas locales y de ADR´s en los mercados desarrollados.[7]

En el plano mundial es posible realizar el arbitraje accionario con un sinfín de acciones que cotizan, por ejemplo, en la NYSE y la LSE (las acciones de GE, GT o Coca Cola, por citar algunas); en Latinoamérica, con acciones de empresas brasileñas como Telebras que se negocian en la Bolsa de São Paulo y en la Bolsa de Nueva York, vía ADR´s, o chilenas como Endesa, que está listada en la Bolsa de Santiago y también en la NYSE. El arbitraje accionario podría hacerse incluso con acciones de las empresas estadounidenses o europeas que cotizan en NYSE, AMEX, NASDAQ, LSE o EUREX y simultáneamente en el Mercado Global de la Bolsa Mexicana de Valores. En fin...

Vender aquí, comprar allá o lo contrario...

¿En qué momento se realiza el arbitraje accionario? En el instante en que los precios presentan diferenciales, lo que ocurre casi siempre en dos momentos, a la apertura o al cierre de los mercados o cada que se mueve la variable clave: el tipo de cambio.

Se va a ilustrar un caso con acciones de Telmex serie "L" que cotizan en la BMV. La emisora mexicana más importante listó sus ADR´s nivel 3 en la NYSE. Cada ADR ampara 20 acciones de la serie "L", por lo que el precio de cotización en Nueva York es un precio global, en dólares, que equivale a la suma de esas 20 acciones.

Digamos que al abrir la NYSE el ADR de Telmex cotiza a 45 dólares, mientras que la acción de Telmex serie "L" abre la sesión en la BMV a 26.35. Considere que el tipo de cambio peso/dólar se ubica en 11.80. Si se dividen los 45 dólares entre las 20 acciones se obtiene un precio unitario de 2.25 dólares que, multiplicados por el tipo de cambio, se tendrá que los títulos se están negociando en Wall Street al equivalente de 26.55 pesos, con un diferencial de 0.20 centavos respecto de su cotización en México. Esta diferencia es el sustento del arbitraje.

¿Qué va a hacer el intermediario dadas esas cotizaciones? Va a vender una buena cantidad de ADR´s en Wall Street y va a comprar la cantidad equivalente de acciones al mismo tiempo en México. ¿Cuántas? Las que esté en capacidad de negociar. Digamos que puede vender un millón de acciones serie "L", o sea, 50 mil ADR´s. El diferencial de 0.20 centavos, multiplicado por el millón de acciones, arrojaría ganancias de 200 000 pesos al intermediario, menos las comisiones por creación o cancelación de los ADR´s y algunos otros gastos. Toda esta historia, presentada en números, se resume del modo siguiente:

Cotizaciones

Telmex "L" en BMV	$ 26.35
ADR en NYSE	45.00 USD
Acciones por ADR	20
Tipo de cambio	$ 11.80 por dólar

---

7 Las colocaciones se han efectuado en Londres, en la LSE, y en Nueva York. En la ciudad de los rascacielos las colocaciones de ADR´s comprenden todas las bolsas posibles: NYSE, AMEX, NASDAQ y OTC.

La conversión del precio de los ADR: 45 ÷ 20 = 2.25 USD × 11.80 = $26.55 por acción.

Operación de arbitraje por realizar:

Títulos por negociar		1 000 000.00
Venta en NYSE a	$ 26.55	26 550 000.00
Compra en BMV a	$ 26.35	$ 26 350 000.00
Ganancia en M.N.	0.20 ¢	$ 200 000.00
0.20 × 1 000 000 de títulos que se van a negociar		$ 200 000.00

Ahora bien, ¿qué operaciones debe ejecutar el intermediario para formalizar el arbitraje? Dado por entendido que cuenta con la infraestructura indispensable para monitorear en línea precios, posturas, volúmenes y tipos de cambio, basta que su operador internacional tome tres auriculares para estar en contacto con los operadores de los pisos de remates (o sistemas automatizados de negociación) de ambas bolsas y con su operador de cambios y les gire tres instrucciones simultáneas: una de compra al operador en México por 1 000 000 de acciones de Telmex "L", otra a su corredor en Estados Unidos para solicitar la venta de 50 000 ADR´s en la NYSE y una más a su casa de cambio para pactar la venta de los 2 250 000 dólares que recibirá por la venta de los ADR´s y que le servirán para liquidar su compra en México; es decir:

Compra en México	1 000 000 acciones de Telmex "L"
Venta en Estados Unidos	50 000 ADR´s
Venta de divisas *Spot*	2 250 000 dólares

¿Qué ocurre en las fechas de la liquidación (T+)? Se tienen que hacer los traspasos de títulos y las transferencias de efectivo. Ambas cuestiones arrojan problemas consecuentes.

Internet bursátil

¿Quiere otros ejemplos de arbitraje? Abra **http://www.financial-spread-betting.com/arbitrage-spread-trader.html**

Creación y cancelación de los ADR´s

Por lo que toca a los títulos, el intermediario debe solicitar a la institución depositaria (Indeval, en México) que retire de la circulación el millón de acciones que ha adquirido, porque servirán de base para crear los ADR´s en Nueva York y que instruya a un banco depositario[8] en Manhattan que realice justamente eso, la creación de los ADR´s y los entregue al corredor extranjero para que éste, a su vez, pueda efectuar la liquidación que corresponde a la venta.

Los 50 000 ADR´s se tienen que "crear" porque se trata de recibos que no estaban en circulación en Nueva York y, por lo mismo, se tienen que activar para que se pueda liquidar la venta que se ha efectuado en la NYSE. Estos ADR´s se van a depositar en la cuenta del cliente que los haya comprado. Pero esa creación de recibos debe quedar correspondida con la inhabilitación paralela del millón de acciones serie "L" en México ya que, si no se hiciera así, el número total de títulos en circulación de la emisora subiría artificialmente.

---

[8] Un banco depositario se encarga de crear o cancelar los ADR´s a petición de algún intermediario. Puede ser cualquier banco comercial autorizado para tal efecto.

El flujo de operaciones tanto de compraventa como de creación de los ADR´s y la inhabilitación de acciones se ilustra mejor con la siguiente figura:

Figura 5.1
Compra en México / Venta en Nueva York

¿Qué habría pasado si las operaciones hubiesen tenido una secuencia inversa; esto es, compra en Nueva York y venta en México? Ello sería resultado de que el precio de los títulos sería menor en Wall Street y mayor en la bolsa local. El flujo de liquidación de los títulos se plantearía de acuerdo con el diagrama de la figura 5.2:

Figura 5.2
Compra en Nueva York / Venta en México

Este flujo da a entender que, a la fecha de liquidación, el corredor extranjero que ha actuado por cuenta del intermediario mexicano entrega los ADR´s que adquirió en la NYSE al banco depositario y le solicita su cancelación, ya que esos títulos se van a activar en México para que el intermediario mexicano pueda liquidar su venta. El banco depositario, al cancelar los ADR´s, avisa al custodio mexicano que puede liberar las acciones porque de lo contrario se reduciría artificialmente el número de títulos en circulación del emisor. Estas acciones activadas van a depositarse en la cuenta del cliente que las haya adquirido en México.

Banco depositario de ADR's

Problemas de liquidación

Las cosas no son tan sencillas en el arbitraje. ¿Se tienen presentes los días que transcurren entre la fecha de operación y la fecha de liquidación? En la Bolsa Mexicana de Valores la liquidación se efectúa a los dos días hábiles posteriores a la fecha de operación (T + 2) y en Estados Unidos es a los tres días hábiles (T + 3), o sea que hay un desfase de un día hábil entre la liquidación en un mercado y otro. Este desfase altera el esquema del arbitraje accionario internacional y nos lleva al recurso de utilizar figuras complementarias para cumplir con la entrega del efectivo o bien con la de los valores en la fecha requerida.

Digamos que el arbitraje comprende la compra de los ADR´s en Nueva York y la venta de acciones en México un día lunes. La entrega ineludible de los valores a la institución depositaria debe hacerse el miércoles, si tomamos en cuenta que todos los días de esa semana son días hábiles. ¿De dónde se obtienen los valores suficientes para liquidar? De la compra de los ADR´s que se ha efectuado en Nueva York, por supuesto, aunque el banco depositario puede cancelar tales recibos en Wall Street y, por consiguiente, liberar en México tres días después, hasta el día jueves. Vaya problema. ¿Qué queda por hacer? Lo conducente es celebrar un contrato de préstamo de valores en apego a las disposiciones que ya se comentaron en la primera parte de este capítulo; es decir, para cumplir la liquidación en México se pueden entregar valores tomados en préstamo por un día. El jueves, cuando se reciba el aviso de liberación, el intermediario podrá devolver los títulos a su prestamista. Evidentemente, se tienen que constituir las garantías necesarias y se debe pactar un premio.

¿Y qué hay cuando la operación de arbitraje accionario comprende la compra en México y la venta en Nueva York? En tal caso, la compra tiene que pagarse en México el día miércoles, mientras que los recursos provenientes de la venta en Estados Unidos van a estar disponibles hasta el día jueves. En teoría, el pago de la compra debe hacerse con los recursos provenientes de la venta. Como eso en la práctica no puede ser por el desfase de las fechas de liquidación, el intermediario cae en la urgencia de obtener prestado el efectivo necesario con alguna institución de crédito, por un día, a menos que las operaciones se efectúen un miércoles y que por ello la liquidación en México tenga lugar el viernes mientras que en Estados Unidos ocurra hasta el siguiente lunes. En este caso, el préstamo de recursos tiene que ser por tres días (sábado, domingo y lunes), ya que, tratándose de créditos en efectivo, los días naturales inhábiles sí se toman en cuenta.

Tipo de cambio, la variable clave

En párrafos anteriores se ha hecho referencia al tipo de cambio como una variable inherente a las operaciones de arbitraje accionario. Como variable, el tipo de cambio resulta tanto o más importante que los precios de cotización de las acciones o los ADR´s. En efecto, antes de realizar una operación de arbitraje se deben considerar las tres cotizaciones en cuestión:

➡ La de las acciones en el mercado local.

➡ La de los ADR´s en Nueva York.

➡ La del dólar.

En el ejemplo se suponía que las tres cotizaciones se encontraban así:

Telmex "L" en BMV	$ 26.35
ADR´s en NYSE	45.00 USD
Tipo de cambio	$ 11.80 por dólar

¿Qué ocurre si en el transcurso de la jornada los precios de los títulos no varían y el único que se mueve es el precio del dólar? Vamos a decir que la paridad regresa a $11.70 por dólar. El nuevo precio en moneda nacional equivalente al de los ADR´s en Nueva York se convertiría en $26.3250, con lo cual:

ADR: $45 \div 20 = 2.25$ dls. $\times$ 11.70 = $26.3250 por acción.

Este nuevo precio arrojaría un margen demasiado pequeño para producir ganancias y éstas serían apenas de $25 000.00. ¿Bueno o malo? Depende de la cuantía de los gastos. Tenga presente que el intermediario debe cubrir comisiones a su corredor extranjero y a su banco depositario, además de un premio por el préstamo de valores o un porcentaje de intereses por el crédito que le otorgue su banco.

Ahora, ¿qué ocurre si el tipo de cambio se eleva, digamos a $11.90? El margen de ganancia aumenta, ya que el nuevo precio en moneda nacional de los ADR´s sería de 26.7750, porque

ADR: $45 \div 20 = 2.25$ dls. $\times 11.90 = \$26.7750$ por acción.

La ganancia se amplía a 0.4250 centavos por título.

En la práctica, los precios de los valores tienden a ser equivalentes durante toda la jornada. Si tienden a ser diferentes por las variaciones del tipo de cambio, una sola operación de arbitraje puede corregirlos. Después de esa operación, los precios se ajustan al nuevo tipo de cambio; en otras palabras, la oportunidad del arbitraje es para el primero que se percate o que pueda conseguir un tipo de cambio más holgado.

Internet bursátil

Si desea teorías sobre modelos de valuación de precios para arbitraje, descargue esta presentación: **http://www.nuim.ie/academic/economics/mroche/fn306_3.ppt**, vale la pena verla.

¿Cómo conseguir lo mejor de una operación de arbitraje?

Si después de leer todo lo que se ha descrito, usted piensa que realizar una operación de arbitraje es engorroso y complicado, su pensamiento concuerda con la realidad. Además, el arbitraje es una operación sumamente riesgosa: ¿qué pasa si ya que se realizó una operación, la de compra, no se puede efectuar la de venta? O, ¿qué ocurre si alguna de las operaciones no se puede pactar al precio deseado?[9] Se puede perder mucho dinero. Incluso así, el arbitraje accionario en México, como en todas partes del mundo, es una fórmula operativa muy socorrida. Para lograr el resultado óptimo, la persona encargada de desarrollarla, el operador internacional, procura encuadrar diversos esquemas fundamentales:

■ *Fijación de niveles por anticipado.* El operador de arbitraje puede programar sus escenarios mentalmente. El conocimiento que debe tener del mercado y la posibilidad de observar el desarrollo del remate desde sus monitores le otorga la facilidad de entender qué niveles de precios son los adecuados para realizar el arbitraje. Puede suponer que cuando los títulos alcancen determinados precios, en su bolsa local y en el mercado foráneo, el arbitraje va a ser factible. El operador, pues, no puede esperar a que evolucionen los precios y el tipo de cambio para hacer cálculos y obtener resultados. Si así lo hiciera, con todos los movimientos constantes que tienen las cotizaciones, en lo que realiza cálculos y busca préstamos, ya otros habrán aprovechado las cotizaciones y se habrán eliminado las posibilidades de arbitraje.

■ *Mantener valores prestables y línea de fondeo disponible.* El operador no sabe a ciencia cierta en qué mercado va a comprar y en cuál va a vender. Esto depende de la evolución de los

---

9 En los ejemplos se ha supuesto que se realizan las dos operaciones, una en Nueva York y otra en México. En la práctica las operaciones dependen de la oferta y la demanda y del lugar que cada "orden" tenga en el flujo del sistema de recepción y asignación del intermediario. Cuando se envía una orden, se debe saber que tal vez se ejecute y tal vez no.

precios. Invariablemente, debe procurar que en su casa de bolsa se mantengan los valores prestables suficientes para cubrir los valores correspondientes, si es que hay un desfase de fechas de liquidación. De igual modo, su casa de bolsa debe mantener abierta una línea de crédito para cubrir las compras en el mercado donde la liquidación sea más prematura. No resultaría conveniente que después de efectuar las operaciones, el operador sufriera para conseguir valores u obtener un crédito. Las disposiciones en la materia en algunos mercados, así como lo obligan a realizar las dos operaciones en los dos mercados el mismo día, le impiden el arbitraje si no cuenta con una línea de crédito y con la suficiente cantidad de valores en posición o prestables.

- *Considerar comisiones.* El escenario adecuado es aquel en que el operador anticipa las comisiones por creación y cancelación de los ADR´s y los gastos por el préstamo de valores o el financiamiento. Los bancos depositarios en el extranjero cobran comisiones por ambas funciones, por crear y cancelar ADR´s. Cada banco establece sus tarifas y criterios de cobro. Eso sí, las comisiones y el premio están sujetos a negociación y se logran disminuir en función de un criterio básico: el volumen de operaciones.

Las operaciones de arbitraje, en el transcursos habitual de las jornadas, son pocas y fugaces. Se presentan con mayor frecuencia cuando hay un desfase de horarios en la apertura o cierre de los dos mercados en donde se actúa[10] o cuando alguno de ellos está cerrado por ser día inhábil y el otro opera normalmente.[11]

Cuando se presenta una oportunidad, se aprovecha por un intermediario. Ya que se efectúa la operación de arbitraje el precio del bien se ajusta en alguno de los dos mercados para quedar en equilibrio hasta que se mueva alguna de las variables y se produzca una nueva oportunidad.

Internet bursátil

Descargue una joya: **http://www.boguslavsky.net/fin/mr-3.pdf** es un archivo sobre valuación para arbitraje, breve y sustancioso, fundamentalmente práctico, le será de utilidad. Consérvelo.

Resumen

Por su enorme potencial de ganancias, las modalidades especiales del mercado, las ventas en corto, las compras con margen y el arbitraje internacional son las operaciones favoritas de los especuladores, los grandes clientes institucionales y, desde luego, de los intermediarios. El elevadísimo grado de riesgo que contienen, que para unos es motivo de rechazo, es otro de los alicientes que motivan a esos tipos de clientes a practicarlas.

En efecto: la complejidad de estas operaciones especiales, lo intrincado de las disposiciones que las regulan y el riesgo implícito, hacen que la clientela común no se les acerque demasiado.

En los países emergentes, apenas una de estas operaciones (el arbitraje practicado por los intermediarios) despunta por sus grandes volúmenes, en tanto que las otras, por diversos factores (el riesgo, el desconocimiento, la abrumadora regulación) están a la espera de ser resucitadas o implantadas para que se conviertan, como en las plazas desarrolladas, en uno de los motores principales del mercado.

---

10 Consúltese el desfase de horarios en el cuadro 3.9 del capítulo 3, donde se ilustran los horarios de trabajo de las distintas bolsas del mundo.

11 El tercer jueves de noviembre, por ejemplo, la NYSE cierra sus puertas por el festejo del día de acción de gracias (*thanksgiving day*). La BMV y el resto de las bolsas del planeta operan ese día.

Práctica

1. Las ventas en corto son una modalidad que, con variantes, diferentes regulaciones y adaptaciones, se practica en las bolsas desarrolladas y subsiste en muchos mercados emergentes.

   a. Describa a grandes rasgos el esquema regulatorio de las ventas en corto en la bolsa local.

   b. Indague y describa, a grandes rasgos, el esquema regulatorio de las ventas en corto en Estados Unidos.

2. Investigue con los intermediarios y los organismos regulatorios si es posible efectuar operaciones con margen en el mercado doméstico.

   a. Si es posible ¿los volúmenes de operaciones de margen son cuantiosos? ¿A qué se debe?

   b. Si no es posible, ¿a qué se debe que no lo sea?

3. Suponga que los ADR´s de Televisa (TV) cotizan en la bolsa de Nueva York a $54.9375 dólares y que sus CPO´s cotizan a $31.50 en la bolsa local. Cada ADR ampara 20 CPO´s. El tipo de cambio es de $11.50 por dólar. La liquidación en Nueva York es T+3 y la liquidación en la bolsa local es T+2. Se tiene a disposición un préstamo de 850 000 CPO´s con un premio de 0.25% directo sobre el importe de la venta y con una línea de crédito hasta por $23 000 000.00 a una tasa de 20% anual para utilizarse en caso de no contar con valores o recursos en T+2, respectivamente, para liquidar en la bolsa local. Suponga, además, que el banco depositario cobra 0.35% por la creación o cancelación de los ADR´s.

   a. ¿Cuál operación realizaría en Nueva York y cuál en la bolsa local para aprovechar el diferencial de precios?

   b. ¿Cuál es el importe de la operación en cada uno de los mercados, en moneda local?

   c. ¿Cuál es la utilidad de la operación?

   d. ¿Qué operación complementaria debe utilizar, un préstamo de valores o un préstamo de recursos, para liquidar la operación en la bolsa local?

   e. ¿Cuál es el costo del préstamo de valores o de recursos, según sea el caso?

   f. ¿Cuál es el importe, en moneda local, de la comisión al banco depositario?

   g. ¿Cuál es el beneficio neto de la operación, una vez descontados los costos?

6 Sociedades de inversión: la forma más "inteligente" de invertir

Primer dilema: en México y Latinoamérica, el objetivo de casi todos los inversionistas es vago y mal definido: tener altos rendimientos. Para conseguirlo, destinan su dinero a alternativas igual de imprecisas que el objetivo. Para protegerse en épocas de volatilidad, por ejemplo, recurren a métodos arcaicos: compran dólares o monedas de oro, se llevan su dinero del país, lo mantienen en efectivo... Lo que a los inversionistas les cuesta trabajo definir son siempre las cuestiones más importantes: estipular un objetivo y adaptarlo a las circunstancias y realidades macro que son siempre diferentes. Por eso, el buen inversionista debe aplicar su dinero en los instrumentos con los que va a conseguir su objetivo y cambiarlos o venderlos para comprar otros, transitoriamente, cuando las condiciones cambien, para que la estrategia alterna lo pueda hacer alcanzar su objetivo o que, al menos, lo ponga a salvo de las inclemencias. En nuestra región eso no sabe hacerse; los que tienen dinero no lo saben invertir adecuadamente.

Segundo dilema: el público inversionista que quiere tener rendimientos altos, similares al menos a la tasa líder, necesita una fuerte suma de dinero para armar y diversificar una cartera en títulos del mercado de capitales o para formar y administrar una de títulos de deuda, eso sin contar con que los intermediarios requieren montos mínimos muy altos de apertura de cuenta que no están al alcance del grueso de los ahorradores. Además, el público debe tener los conocimientos necesarios que le permitan tomar las decisiones acertadas en el momento preciso; tiene que saber analizar la información y sopesar los elementos que afectan su entorno.

Invertir en el mercado de valores, aparentemente, es una cuestión que requiere mucho dinero, tiempo, cultura técnica, sensibilidad y criterio. ¿Qué pasa entonces? ¿Qué pueden hacer los inversionistas que no saben invertir para definir sus objetivos o protegerse de las adversidades? ¿Acaso las alternativas o instrumentos más negociados están bloqueados para los que no cuentan con un gran capital? ¿Qué puede hacer el pequeño o mediano ahorrador para participar a plenitud en el mercado? ¿Cómo se puede beneficiar el público de los mejores instrumentos? La respuesta es una sola y sencilla: el producto que hace posible lo anterior y más, está al alcance, es fácil de operar y prácticamente no cuesta.

¿Demasiado bueno para ser verdad?

Si se dijera que hay un mecanismo para ayudar al público a definir sus objetivos o prioridades, un instrumento para el que los intermediarios no exigen una gran suma para entrar a cualquiera de los dos grandes mercados —el accionario y el de dinero— y con el que se puede lograr una diversificación incluso mayor que la que conforman los grandes inversionistas, un mecanismo con el que el público puede salir y entrar en cualquier momento, sin restricciones, sin cumplir los parámetros ni complicarse con los derechos corporativos ni con los cálculos de su interés real o sus cupones, un mecanismo o vía con que se puede aprender el funcionamiento de la bolsa y que al mismo tiempo es benévolo y noble, porque disminuye los riesgos naturales del mercado accionario y expande los beneficios potenciales de los títulos de deuda... Si se dijera que ese mecanismo se encuentra disponible en el mercado de valores y que está esperando ser descubierto, ¿se estaría diciendo una broma? En absoluto. Ese mecanismo existe. Es real y se conoce, simplemente, como *fondos*.

Colocar el dinero en un *fondo* es una de las estrategias más grandes, importantes y redituables que se puedan ejecutar. Los fondos representan, a decir de los expertos, la forma más "inteligente" de invertir.

6.1 Cuestiones de fondo

Las "vaquitas" y los fondos

Para entender cómo funcionan los fondos de inversión hay que pensar en la compra conjunta que hacen varios para jugar a la Lotería. Cuando muchos juntan su dinero para comprar entre todos una o varias series de billetes se dice que hacen una "vaquita" ¿quién no conoce cómo se hacen? La gente las hace porque con el dinero de varios es posible obtener más beneficios que con el dinero de uno solo. Una "vaquita" es una cooperación de muchos para comprar entre todos algo que cuesta caro o lo que uno solo no podría adquirir.

Hablando de inversiones, hay una modalidad que consiste en lo mismo pero a gran escala, es decir, hay empresas que juntan el dinero de muchos, cientos o miles de inversionistas, para comprar por cuenta de todos ellos los instrumentos que un solo ahorrador no podría si lo intentara por su cuenta.

Esas empresas se denominan operadoras de fondos y, como tal, se dedican a recibir e invertir el dinero de inversionistas pequeños y medianos en alternativas de diversa clase. Para hacerlo, para invertir, las operadoras crean fondos de inversión, que no son más que carteras o portafolios de instrumentos. Cada cartera se crea para lograr un objetivo específico. Hay carteras para ganar más que la tasa líder y mantener el dinero disponible a diario, hay otras que son para ganar más que la tasa de los Cetes si se está dispuesto a dejar el dinero inactivo por semanas o meses; hay fondos especialmente diseñados para brindar protección contra el alza del dólar y sí, claro, también hay fondos de inversión para invertir en acciones.

Para participar en una "vaquita" no es necesario aportar mucho dinero. Al contrario, la "vaquita" se hace porque cada uno de los integrantes aporta una cantidad pequeña. De igual modo, para participar en fondos no hay que tener cantidades fabulosas. Se puede acceder a ellos con montos bajos. Inclusive, se requiere menos que lo que piden las sucursales de los bancos. Hay operadoras que aceptan el equivalente a 1 000 dólares (en moneda nacional, claro), si se deja el dinero en un fondo cuyo objetivo sea mantener a diario disponible el dinero a cambio de generar tasas de rendimiento similares a la de los Cetes, cuyo rendimiento, por cierto, cambia también a diario y siempre se ubica uno o más puntos porcentuales arriba de la inflación esperada. O sea que, al invertir en fondos no es necesario olvidarse del dinero uno o dos meses, como piden los bancos, para aspirar a lograr una tasa ridícula.

Es que los bancos pagan tasas de risa que siempre resultan menores, por mucho, a la inflación. El que hace inversiones en sucursales bancarias pierde porque, si se invierte a una tasa menor que la inflación el dinero tiene al cabo de los meses menor poder adquisitivo. De modo que, aun con los intereses, ese ahorrador bancario sufre una pérdida del poder de compra de su dinero.

Los fondos de inversión son una espléndida alternativa porque producen grandes beneficios a los que invierten poco dinero, porque están manejados por verdaderos expertos y porque uno puede ir viendo, a diario, los frutos de su inversión.

¿Qué es un fondo? ¿Cómo funciona?

Imaginemos que Juan López, sus amigos y familiares juntan sus recursos, se los entregan a un administrador profesional especializado en inversiones y que con esos recursos el profesional adquiere un conjunto de acciones, bonos y otros títulos cuyos dueños serían Juan y su grupo de socios a quienes el profesional tendría que rendir cuentas. Cada uno de los participantes sería dueño de una parte del total de títulos e instrumentos comprados, de modo proporcional, según lo que cada cual haya aportado. Lógico: tanto Juan López como sus socios podrían aumentar su inversión en cualquier momento. Los beneficios que se obtuvieran con los recursos aportados se repartirían en forma proporcional entre todos, en función del tamaño de la inversión individual. El administrador profesional cobra por prestar servicios a Juan y sus socios. Lo que ese grupo habría creado sería, ni más ni menos, un fondo de inversión.

El ejemplo sirve para ilustrar la figura de mayor captación de recursos en los mercados de valores mundiales: las sociedades o fondos de inversión (*Mutual Funds*)[1]. En efecto: el público se beneficia con la actividad de los intermediarios que ejecutan la labor profesional de administrar recursos mediante una figura singular: los fondos.

Un *fondo mutuo* es un conjunto de acciones y/o títulos de deuda, que son propiedad de un sinnúmero de inversionistas y que son administrados por una entidad de inversión profesional. ¿Quiénes son esos profesionales? Si alguien piensa que son los bancos o las casas de bolsa, no está del todo equivocado, aunque hay que ser más precisos. El administrador de fondos es una empresa independiente a cualquier otra, que puede ser filial o subsidiaria de un banco o de un

Sociedades o
fondos de
inversión,
Mutual Funds

Fondo mutuo

---

1   La traducción literal al español de *mutual funds* es fondos mutualistas. Expresado de esa forma, en el puro nombre se revela el carácter conjunto o multipersonal de la inversión. La simplificación que se les ha otorgado en español, al nombrarlos "fondos o sociedades de inversión", hace que pierdan un tanto el significado de que se trata de propiedades mutuas o compartidas.

grupo financiero. En Latinoamérica y especialmente en México, los grandes operadores de fondos nacieron al amparo o con participación accionaria de los principales bancos. Esto les ha permitido alcanzar el liderazgo en monto de activos administrados. En otras partes del mundo, en particular en Estados Unidos, algunos operadores independientes como *Fidelity Investments o Prudential Securities,* son tan grandes como los bancos comerciales.

Operador de fondos

Operadoras de fondos, *fund managers*

Las empresas que crean, promueven y administran los fondos o sociedades de inversión se denominan operadoras de fondos, *fund managers*. Una sociedad operadora de fondos de inversión[2] tiene como objeto dos funciones principales:

1. La creación y administración de los fondos.
2. La distribución y compra de las acciones de sus fondos.

El operador diseña el fondo. Un operador, por lo general, diseña cuatro o cinco fondos para cubrir las necesidades más evidentes del público: un fondo de deuda de liquidez, un fondo de deuda de cobertura, un fondo de deuda de largo plazo y un fondo accionario. A ese grupo de fondos se le conoce con un nombre muy social: familia de fondos. Cada operador crea su "familia" y la pone a disposición de los inversionistas.

El operador se va a encargar de todos las actividades administrativas y operativas para que los fondos funcionen. Entre otras, se pueden citar las siguientes:

1. Celebrar el contrato de intermediación con el público inversionista.
2. Abrir cuentas de inversión.
3. Estipular los montos mínimos para que el público abra una cuenta.
4. Mantener a disposición del público los prospectos de inversión (documentos que describen cómo es cada fondo) de cada uno de los fondos que integren.
5. Recibir y ejecutar las órdenes de compra y venta de las acciones de los fondos que el público instruya.
6. Efectuar el análisis de los factores que influyen en el comportamiento del precio de los valores para tomar decisiones respecto de las carteras de los fondos.
7. Diseñar estrategias de inversión y administración de riesgos para cada uno de los fondos de su familia.
8. Recibir depósitos y efectuar retiros de dinero en las cuentas de los clientes.
9. Negociar y administrar (guarda y ejercicio de derechos) los valores que forman los portafolios de los distintos fondos.
10. Valuar los valores que integran la cartera de cada uno de sus fondos.
11. Publicar periódicamente las carteras de cada uno de los fondos de su "familia".
12. Entregar en forma periódica la información obligatoria a las autoridades.

---

2 Una sociedad operadora de fondos de inversión, *Fund Manager*, en inglés, es para los fondos típicos lo que una Afore (Administradora de Fondos para el Retiro) para los fondos de pensiones en México o una AFJP (Administradora de Fondos de Jubilaciones y Pensiones) en otros países de Latinoamérica. Aquélla administra y opera fondos de carácter general y éstas crean y operan Siefores (Sociedades de Inversión Especializada en Fondos para el Retiro) o FJP (Fondos de Jubilaciones y Pensiones), respectivamente.

13. Contratar los servicios de proveedores de precios e información, de intermediación en las bolsas de valores, de calificadoras, valuadoras y demás entidades cuya actividad sea relevante, necesaria u obligatoria para su funcionamiento.

14. Enviar al público estados de cuenta y darle información periódica sobre la evolución de sus inversiones y la marcha de cada uno de los fondos que administre.

En pocas palabras, el público, cuando se decide a participar en fondos, debe acudir a un operador. Esta institución le muestra su familia de fondos, los objetivos de cada uno, sus ventajas y riesgos, le entrega el prospecto de inversión, le abre su cuenta, recibe su dinero y, listo: el público ya está en el mercado.

¿Cómo ganan los operadores de fondos de inversión? Como los administradores profesionales que son, ganan por tres grandes conceptos:

1. Por las cuotas de administración que cobran de cada uno de los fondos que administran.

2. Por los diferenciales[3] de tasas de interés de los papeles que compran para cada fondo.

3. Por las comisiones que cobran al público que participa en fondos de inversión accionarios.

¿Qué hay dentro de un operador?

Un operador de fondos es un intermediario. Aunque forme parte de un grupo financiero o esté ligado a un banco, debe operar de forma independiente, con una estructura y filosofía propias, al amparo de las regulaciones y bajo vigilancia de las autoridades. Como intermediario, dispone de áreas, metodologías y clase de personal que le designan las disposiciones:

- Promoción con personal certificado por la comisión de valores para atender al público.

- Mesa de operaciones o *trading*.

- Control de operaciones o *backoffice*.

- Contralor normativo.

- Sistema de asignación de órdenes.

- Procesos de recepción y aplicación de efectivo.

Los operadores (u operadoras) de fondos son intermediarios pero no son corredores (*brokers*). Eso quiere decir que no compran o venden acciones o bonos para el público. Para negociar los valores que integran las carteras de sus fondos deben, a su vez, contratar los servicios de una casa de bolsa. Una casa de bolsa, recordemos, es el único intermediario autorizado para operar valores en la bolsa. No hay que perderlo de vista: los operadores de fondos sólo administran carteras o portafolios que integran con dinero de otros.

 Internet bursátil

Los operadores de fondos describen qué son y qué hacen en sus sitios de Internet. Visite algunos como:
http://www.actinver.com.mx
http://www.prudentialapolo.com.mx
http://www.principalgenera.com.mx

---

3 Es el mismo esquema con que ganan los intermediarios que venden papeles de deuda al público: consiguen títulos a una tasa, digamos 10.00% anual, y los venden a una tasa menor, digamos 9.50 por ciento.

Distribuidores de fondos

Es ya una realidad: el producto, los fondos, se han vuelto populares. Poco a poco fueron ganando terreno frente a las alternativas típicas de ventanilla bancaria. La razón es simple: son productos "generosos". A eso se debe que año tras año se constituyan más operadores y que se haya establecido una nueva figura, un nuevo intermediario para canalizar el producto de los operadores al público: el *distribuidor de fondos*.

Distribuidor de fondos

Un distribuidor clásico es prácticamente un promotor de fondos, constituido como empresa. Es, digamos, el vendedor institucional que presta sus servicios a diversas operadoras, aquellas con las que tenga contrato de distribución. Debe quedar claro: un operador de fondos puede colocar sus fondos a través de sus propios promotores certificados o a través de un distribuidor que es también un promotor autorizado por la comisión de valores y que, a su vez, cuenta con su estructura de promotores certificados.

Las actividades de un distribuidor son básicamente dos y de ellas se derivan otras complementarias:

1. Promover los fondos de inversión de varias operadoras.

2. Recibir fondos del público para liquidar las compras y entregar dinero producto de las ventas.

Un distribuidor independiente no crea fondos ni administra carteras. Promueve los fondos con un valor agregado: el público puede, en una sola cuenta, participar en fondos de diversos operadores. Habitualmente, para participar en una familia de fondos, el cliente abre su cuenta con un operador y sólo puede participar en los fondos de ese operador. Si un cliente tiene su cuenta y un fondo de liquidez con un operador "A" y quiere tomar un fondo de mediano plazo de otro operador "P", no puede tomarlo, a menos que abra también una cuenta con el operador "V". Pero si el cliente abre una cuenta de inversión ante un distribuidor, podrá participar en fondos de los diferentes operadores. No en todos los que eventualmente desearía, claro, sino sólo en las familias de los operadores con los que el distribuidor tenga contrato de distribución.

El flujo operativo no es por eso más complicado:

- El cliente abre su cuenta ante un distribuidor.

- El distribuidor le ofrece las familias de fondos de los operadores con los que tenga convenio.

- El distribuidor pone a disposición del cliente los prospectos de información de las familias de fondos de los operadores.

- El cliente elige un fondo de un operador "A", otro de un operador "P" y un tercer fondo de un operador "V".

- El distribuidor transfiere dinero al distribuidor por el total de las compras.

- El distribuidor recibe el dinero por las compras y lo transfiere a cada uno de los operadores.

- El cliente recibe un estado de cuenta donde se asientan todos los fondos en que haya participado.

- Si el cliente decidiera vender todos sus fondos, el operador girará las instrucciones a cada uno de los operadores para que éstos le entreguen el dinero y el distribuidor a su vez lo deposite en la cuenta de cheques del cliente.

Los distribuidores se encargan de todo lo demás: de asesorar, de brindar información sobre los fondos y las condiciones del mercado, sobre rendimientos, etc. Si el distribuidor hace todo eso y no crea ni administra las carteras ¿cómo o qué gana? Fácil: gana comisiones, como un promotor, por los montos que lleve a los operadores.

Como colofón diremos que un distribuidor es una empresa independiente a los operadores pero que hay algunos operadores (*fund managers*), generalmente los pequeños, que también son distribuidores de fondos de otras operadoras. Entre operadoras, distribuidores y promotores se cierra la pinza de los intermediarios de fondos.

Internet bursátil

Para saber cómo funciona un distribuidor, véase la página de uno de ellos: **http://www.masfondos.com/index.html**

Estructura financiera de un fondo

Nótese que dijimos *fondos* y usamos, indistintamente, su otro nombre, el de *sociedades de inversión*. Es que un fondo es justamente una sociedad, una empresa formal. Pero es una empresa silenciosa, sólo en el papel. Un fondo no tiene empleados, instalaciones, equipos ni otros recursos con que cuentan las empresas. Como no tiene nada de eso todo lo pone la operadora. La operadora, por hacer todo el trabajo de captar clientes, crear los fondos, promoverlos, administrar la cartera, recibir y entregar dinero, le cobra comisiones a los fondos. Un fondo es, en ese sentido, creación y cliente del operador.

Cada sociedad o fondo es una entidad jurídica independiente al operador que la constituye. Cada fondo tiene un nombre y un patrimonio propio. El patrimonio se integra con los recursos que el público destina al fondo y se divide en acciones. El público que participa en un fondo se convierte en su accionista. La participación de los inversionistas (los socios o dueños del fondo) se representa por medio de las acciones que el fondo emite. ¿Un fondo emite acciones? Así es: el administrador u operador decide el concepto del fondo, su objetivo, sus políticas de inversión y realiza todas las gestiones propias de la inscripción en el mercado. El operador invita al público a participar, siguiendo los medios y formas propias de una colocación de títulos.

En otras palabras, un fondo, como cualquier empresa, presenta una estructura financiera formada por activos, pasivos y capital:

1. **Activos.** Son principalmente los instrumentos de inversión que adquiere con su capital y son los generadores de sus resultados.

2. **Pasivos.** Se trata de los créditos o préstamos que adquiere para satisfacer necesidades de liquidez y que obtiene para realizar las operaciones que legalmente tiene la facultad de llevar a cabo. También incluyen el Impuesto sobre la Renta (ISR) pendiente de enterar o pagar.

3. **Capital.** Se trata de las aportaciones del público. El administrador u operador aplica el capital en activos con los que se pretende conseguir el objetivo del fondo. El rubro del capital también incluye los resultados (las utilidades o las pérdidas) que ha logrado el fondo, tanto los acumulados de años anteriores como los del ejercicio actual. En los fondos mexicanos, el capital se divide en dos series: la serie "A", que puede ser suscrita sólo por el operador, y la serie "B", que es la que suscribe o adquiere el público inversionista.

En el cuadro 6.1 se ilustra un balance o estado de posición financiera hipotético de "Libro1", un fondo ficticio, a una fecha específica[4].

Libro1, S.A. de C.V., sociedad de inversión en instrumentos de deuda especializada en instrumentos gubernamentales y bancarios para personas físicas.*

Estado de posición financiera al 31 de marzo de 20__

Activo	
Disponibilidades	
Bancos	$ 5 000
Total de disponibilidades	5 000
Instrumentos financieros	
Títulos para negociar	1 500 000 000
Total de instrumentos financieros	1 500 000 000
Otros activos	
Gastos anticipados	4 000
Total de otros activos	4 000
Total del activo	**1 500 009 000**
Pasivo	
Otras cuentas por pagar	
ISR por pagar	150 000
Total de otras cuentas por pagar	150 000
Total de pasivo	**150 000**
Activos netos (Activo–pasivo)	**1 499 859 000**
Capital contable	
Capital contribuido	
Capital social	400 000 000
Prima en venta de acciones	700 000 000
Total de capital contribuido	1 100 000 000
Capital ganado	
Resultado acumulado	308 920 000
Resultado del ejercicio	90 939 000
Total de capital ganado	399 859 000
Total de capital contable	**1 499 859 000**

* Note cómo en el nombre del fondo se estipula el tipo y el objetivo que persigue. Los tipos y objetivos de los fondos se tratan en el tema 6.3

Activos del fondo: portafolio estructurado

El renglón de los instrumentos financieros de un fondo es la cartera con que el operador o administrador pretende alcanzar el objetivo de inversión. De hecho, cuando en el mercado se

4 Los operadores de fondos tienen la obligación de enviar a la bolsa y a las autoridades y publicar los estados financieros de cada uno de los fondos que integran su familia cada trimestre, al cierre de los meses de marzo, junio, septiembre y diciembre de cada año.

menciona *activos*, casi siempre se piensa en los títulos (acciones, bonos o ambos) que hacen el quehacer principal del fondo.

En el cuadro 6.2 se ilustra una cartera hipotética del fondo de inversión "Libro1", a una fecha específica.

Libro1, S.A. de C.V., sociedad de inversión en instrumentos de deuda especializada en instrumentos gubernamentales y bancarios para personas físicas.

Cartera de inversión al 31 de marzo de 20__
(cifras en miles)

Tipo de valor[5]	Emisora	Serie	Importe a	%	mercado
	GUBERNAMENTALES				
L	Bonos de desarrollo	061123	45 318		3.02
L	Bonos de desarrollo	061221	279 841	18.66	
L	Bonos de desarrollo	060926	137 952	9.20	
L	Bonos de desarrollo	061019	215 434	14.36	
			678 545	45.24	
	BANCARIOS				
I	SANTANDER	M9141	353 988	23.60	
I	BBVA	M8012	121 201	8.08	
I	SCOTIA	1p-97	35 526	2.37	
G	Nafin	M9144	310 740	20.71	
			821 455	54.76	
Total			1 500 000	100.00	

Cuadro 6.2
Libro 1,
Cartera de
inversión

Participación en el capital de un fondo

El valor de las acciones que representan el patrimonio del fondo se obtiene mediante una fórmula muy simple: al importe de los activos se le deduce el valor de los pasivos y el resultado (el capital contable total) se divide entre el número de acciones:

$$\frac{\text{Activos} - \text{pasivos}}{\text{Número de acciones}} = \text{valor de las acciones del fondo}$$

Si se supone que el fondo cuenta con 138 116 194 acciones en circulación, entonces:

$$\frac{1\ 500\ 009\ 000 - 150\ 000}{138\ 116\ 194} = 10.8594$$

Si una persona quisiera invertir $150 000 en el fondo "Libro1", podría comprar 13 812 acciones a un precio de 10.8594. Su inversión total sería de $149 990.0328 y tendría un remanente de

---

5   Véase la tabla de tipos de valor y series en el capítulo 4, "Mercado de dinero sentar las bases del desarrollo".

$9.9672 que, evidentemente, no alcanza para comprar otra acción. El importe de la inversión se determina del siguiente modo:

150 000/10.8594 = 13 812.178

Al multiplicar el entero por el precio, arroja el monto de la compra:

13 812 × $10.8594 = $149 990.0328

¿Acciones en un fondo?

Un inversionista dijo "pero yo no quiero acciones; yo quiero certificados y pagarés". Hay que precisar: los fondos son la alternativa que está resultando la preferida de los inversionistas que cuentan con sumas medianas o pequeñas y que generalmente no quieren riesgos. Como no desean perder, prefieren alternativas de deuda que ofrecen tasas de interés. El hecho de que los clientes compren acciones para participar en fondos no debe confundirnos. Las acciones que los inversionistas compran no son las de las empresas que requieren financiamiento. No, las acciones que compran no son esas. Las que compran son las acciones que representan los activos del fondo y esos activos son los certificados, bonos, pagarés y demás. Como los operadores de fondos no les pueden hacer constar su participación mutua con un poco de esos bonos, certificados y demás títulos, les entrega acciones del mismo fondo. Cada acción, entonces, que representa a los activos y el capital del fondo, representa (o contiene) la cantidad proporcional de títulos que integran la cartera del propio fondo.

Rendimientos: variaciones del precio de las acciones del fondo

Una vez que los administradores del fondo han aplicado los recursos a la adquisición de los valores respectivos (bonos, acciones, etc.), el patrimonio del fondo puede incrementarse o disminuirse por varias razones:

- Por la plusvalía o minusvalía de cada uno de los valores que componen la cartera. Todos los días se mueven los precios de los activos del fondo en el mercado debido a las alzas o bajas de los precios de las acciones de empresas o por las alzas o bajas de las tasas de interés de los títulos de deuda que el fondo mantiene en cartera. Estos movimientos generan utilidades o pérdidas, según sea el tipo de activo.[6]

- Por las contribuciones o retiros subsecuentes que el público efectúa. Cuando el público realiza una nueva aportación, incrementa el capital del fondo. Cuando ejecuta una venta, hace que el capital disminuya.

- Por los dividendos en efectivo, en especie y demás derechos patrimoniales que el fondo percibe de las empresas emisoras, en el caso de fondos de acciones.

El público puede calcular su rendimiento restando al precio de venta o al último precio conocido de las acciones del fondo el precio de adquisición. Vamos a suponer que, al paso del tiempo, el precio de las acciones del fondo "Libro1" sube a $11.7251. El cliente que invirtió $149 990.0328 en la compra de 13 812 acciones, tiene ahora $161 947.08 (13 812 × 11.7251).

---

6 Sean títulos de deuda o acciones, el precio es el factor clave para determinar la plusvalía o minusvalía (las ganancias o pérdidas). No hay que olvidar que los títulos de deuda, aunque se operen con base en una tasa de interés, se valúan según su precio.

El inversionista obtiene una ganancia de $11 957.0484, que resulta de la diferencia entre 161 947.0812 y 149 990.0328. La ganancia representa 7.97% de rendimiento, que se obtiene dividiendo los 11 957.0484 entre 149 990.0328; es decir:

$$\frac{161\ 947.0812 - 149\ 990.0328}{149\ 990.0328} = 0.0797 \times 100 = 7.97\%$$

O bien por la comparación de precios:

$$(11.7251/10.8594) - 1 = 0.0797 \times 100 = 7.97\%$$

Prospecto de información

Los inversionistas deben conocer todo lo que atañe y regula al fondo: las características, políticas de inversión, disposiciones legales, participación en el capital, riesgos y demás términos importantes que regulan su inversión y la actuación del fondo. Esos elementos se concentran en un documento vital denominado: *Prospecto de información (fund prospectus).*

El operador debe elaborar un prospecto de información por cada fondo que administra. El prospecto es un documento donde se detallan las características, la clasificación del capital, la forma en que se puede ser accionista del fondo, las políticas de inversión y de diversificación de los activos o recursos del fondo y la descripción de los riesgos en que incurre el público en cada fondo en particular.

El prospecto contiene, entre otros, los siguientes puntos:

1. Características, objetivo, funciones y organización del operador.

2. Objetivo y horizonte de inversión, estrategia y política de selección y compra de valores.

3. Política de diversificación y operación del fondo.

4. Medios de difusión en que se dará a conocer al público cualquier información sobre el fondo, incluyendo el precio diario de las acciones y la integración de su cartera.

5. Las fechas en que el operador debe enviar estados de cuenta y hacer las publicaciones de los estados financieros de los fondos.

El operador está obligado a entregar a sus clientes el prospecto de información, a fin de que cuenten con los datos necesarios antes de decidirse a comprar un fondo y a mantenerlo permanentemente a disposición de los inversionistas.

> **Prospecto de información,** *fund prospectus*

Internet bursátil

Abra este URL **http://biz.yahoo.com/funds/** En la parte media de la pantalla, a la derecha, está el vínculo *prospectus finder*, que se sugiere abrir para descargar tantos prospectos de información como desee, de fondos de Estados Unidos.

Si desea descargar algunos prospectos de información de fondos mexicanos, vaya directo a este vínculo: **http://www.prudentialapolo.com.mx/productos.jsp**

6.2 Misión y beneficios de un fondo

El dinero del público nunca se invierte al azar con tal de diversificar y generar beneficios. ¿Cómo aplica el operador los recursos de un fondo? Los administradores del fondo actúan en los diferentes mercados, enfocándose y eligiendo los instrumentos adecuados según el perfil del fondo y las ventajas o características de los instrumentos. La inversión de los activos de un fondo tiene un sentido claro.

Un fondo se constituye con un objetivo específico. Los fondos más numerosos son los que corresponden a los siguientes objetivos:

➥ Otorgar liquidez inmediata.

➥ Recibir tasas superiores al nivel de la tasa líder en el mediano plazo.

➥ Obtener los rendimientos más altos del mercado de deuda.

➥ Recibir tasas altas sin riesgo de incumplimiento de pago.

➥ Cubrir al inversionista contra las devaluaciones de una moneda.

➥ Ganar rendimientos mayores a la inflación en el largo plazo.

➥ Emular a un índice de precios de acciones.

La variedad es tan amplia que hasta hay fondos constituidos para administrar recursos para el retiro de los trabajadores,[7] fondos mediante los cuales se puede comprar un índice accionario,[8] fondos para participar en instrumentos de un país determinado (los fondos "país") o, ¿por qué no? fondos para integrar un portafolio con valores emitidos en diversas partes del mundo.

La misión de los fondos, alrededor del mundo, cambia según la preferencia de los inversionistas, las condiciones de cada mercado o de la visión del intermediario u operador. Así que pueden encontrarse, en algún país emergente, por ejemplo, fondos de rendimientos competitivos, fondos de crecimiento, fondos agresivos de deuda, etc. En México, los objetivos de los fondos se habían diseñado en función del tipo de cliente, de modo que la clasificación partía de las necesidades más elementales que los operadores estimaban que tenían las personas físicas, las personas morales y los clientes institucionales. El enfoque ha cambiado. El mercado de fondos mexicano ha experimentado un giro trascendente y se ha acoplado a las características internacionales. Ahora, lo que da origen al fondo es el objetivo, la misión.

Los grandes beneficios de los pequeños ahorros

Un fondo es, en términos simples, un portafolio de inversión. Una gran cartera de valores. Los administradores u operadores del fondo lo diversifican al adquirir una amplia variedad de instrumentos que corresponden o se ajustan a la misión u objetivo del fondo. La cartera de un fondo de liquidez inmediata, por ejemplo, se integra con valores de corto plazo: certificados gubernamentales de corto plazo (o T-Bills, si se trata de un fondo de Estados Unidos), papel comercial, pagarés, etcétera.

El público puede definir su objetivo de inversión y crear su cartera. Pero para eso necesita muchos elementos que a menudo no es fácil completar: fuertes sumas de dinero, tiempo, conocimiento del mercado, capacidad de análisis, entre otros.

---

7 Las Siefores, en México; las AFJP, en Sudamérica.

8 Hay que creerlo: uno puede "comprar" el índice MERVAL de la Bolsa de Buenos Aires o el *Standard and Poor's*, por ejemplo, si ese es su gusto o necesidad.

Con los recursos de muchísimos ahorradores, el administrador u operador del fondo genera un mayor poder de compra que el que pudiera tener un inversionista por su cuenta. Un operador conjuga, mezcla y varía en un fondo los instrumentos que adquiere y, por lo mismo, suele obtener mejores rendimientos que los que podría obtener un inversionista si adquiriera un solo valor o un pequeño grupo de instrumentos. Los administradores del fondo renuevan los valores según las tendencias de la economía y los mercados a fin de conservar la fortaleza de la cartera y aprovechar las oportunidades que se presentan.

En concreto, por participar en un fondo, el público recibe y percibe varias ventajas inmediatas:

- *Acceso a los mercados e instrumentos con pocos recursos.* El público, para formar una cartera propia, tiene que disponer de mucho dinero. La mayor parte del público no podría, por su propia cuenta, participar en el mercado de valores. Gracias a los fondos, los medianos y pequeños inversionistas pueden participar en grandes portafolios y ser dueños parciales de los valores que adquiera el fondo (certificados gubernamentales, bonos, acciones, etcétera).

- *Diversificación automática.* La diversificación es el principio básico de la inversión o el ahorro. Se diversifica (se invierte en diversos valores) tanto para moderar el riesgo como para obtener mejores rendimientos. Con una mezcla adecuada de valores el público puede conseguir sus objetivos con más facilidad.

- *Bajas comisiones.* Si el público invierte por su cuenta, el intermediario le aplica comisiones por las operaciones de compra y venta. Asimismo, mientras más bajos sean sus recursos, mayores serán los porcentajes de comisiones y gastos. Al invertir en fondos, el público paga comisiones muy bajas y en ocasiones no incurre en comisión alguna, según el tipo de fondo.

- *Liquidez.* Todos los fondos tienen una amplia liquidez. El público puede convertir con facilidad las acciones de un fondo en efectivo.[9]

- *Reinversión automática de dividendos, intereses y ganancias de capital.* El público no tiene que afanarse en realizar cálculos de tasas, premios, dividendos y demás ganancias o derechos. Todo lo hace el operador y lo suma directamente a los activos del fondo.

Los operadores de fondos logran lo que el público no podría en forma individual.

Al poner su dinero en manos de un administrador profesional, los inversionistas reciben, además, un grupo de beneficios que no podrían tener por su cuenta:

- *Especialización del personal.* Las operaciones de los fondos quedan a cargo de personal especializado, preparado y actualizado en todos y cada uno de los productos y alternativas del mercado de valores, a diferencia del asesor tradicional que no tiene una especialización definida y que es quien atiende al cliente y sugiere opciones y momentos de entrada y salida.

- *Equipos de información y análisis.* Los operadores de los fondos cuentan con equipos de análisis económico, técnico y financiero que vierten información, evalúan los precios, las tendencias, los ciclos y los periodos de fortaleza, desarrollan estrategias, proyectan escenarios y definen los puntos y niveles idóneos de compra y los momentos óptimos de venta.

Los administradores de las carteras utilizan esa información para actuar, reforzar la estructura de los portafolios con nuevos papeles y deshacerse de los títulos riesgosos o improductivos. De este modo, las carteras de los fondos se combinan, modifican o renuevan según las perspectivas, para aprovechar las circunstancias o para no exponerse a ellas. ¿El ahorrador podría hacer todo esto por su cuenta? Aun con la ayuda de su asesor sería muy difícil y le resultaría muy oneroso.

---

9 La liquidez depende del tipo de fondo: si se trata de uno que busca altos rendimientos, la posibilidad de venta de las acciones del fondo será una o dos veces al mes. Si es un fondo accionario, la disposición del dinero es a la fecha de liquidación del mercado accionario (T+).

- *Sumarse a las tendencias generales.* Los fondos permiten al inversionista beneficiarse de las tendencias de los mercados. Con el transcurso del tiempo, la mayoría de los clientes se adhieren a una tendencia (etapas de fortaleza o debilidad) cuando ya está definida y muchas veces se deciden erróneamente cuando la tendencia comienza a mostrar signos de debilidad. En casos más dramáticos, el cliente actúa en la dirección opuesta a la que debiera: cuando debe comprar, vende; cuando debe mantener una posición, la cambia... Los fondos, como clientes institucionales, son los que llevan la delantera, los que marcan las tendencias, los que, por sus volúmenes de compra o de venta, definen el comportamiento de los precios y, desde luego, son los que mejor aprovechan los ciclos.

- *Administración de riesgos.* El cliente prototipo asume riesgos que sólo puede amortiguar con la diversificación. Los operadores de fondos administran el riesgo con métodos más completos y recursos tecnológicos de punta. Los operadores cuentan con programas de administración de riesgos con los que logran juntar por lo menos cuatro componentes adicionales:

  1. Valuación adecuada de los títulos que conforman la cartera utilizando herramientas estadísticas en combinación con el aprovechamiento de las circunstancias del mercado.

  2. Simulación de escenarios (¿qué le pasaría al fondo si las tasas y los precios suben o bajan a tal nivel o precio?) para anticipar y prever posibles pérdidas y cómo podrían evitarse.

  3. Optimización y equilibrio de la cartera mediante los límites de monto asignado a cada valor, a cada tipo de mecanismo y el uso de técnicas de inmunización (hacer que el riesgo no se materialice).

  4. Evaluación del comportamiento histórico del fondo determinando la magnitud de los riesgos que se han asumido para generar el comportamiento observado durante algún periodo.

6.3 La gran diversidad de fondos

Árbol familiar

Resulta común que el público plantee varias preguntas básicas antes de decidir invertir en un fondo:

¿Cómo elegir un fondo? ¿Qué intermediario u operador es el bueno? ¿Cuál es el mejor fondo? Las respuestas a estas y otras preguntas tienen que ser minuciosas.

Cada operador crea su *familia de fondos.* ¿Qué es una *familia?* Es un grupo de fondos que comprende por lo menos uno de cada categoría. En los mercados internacionales, los operadores de fondos más reconocidos administran *familias* inmensas: uno de los operadores más grandes de fondos en Estados Unidos y el mundo maneja una *familia* de más de 400 fondos. Su familia está distribuida en cuatro grandes ramas (cuadro 6.3).

Cuadro 6.3 Distribución de una *familia* de fondos en Estados Unidos	Fondos de mercado de dinero	Fondos de notas y bonos
	■ Liquidez o *T-bills* de 13 semanas	■ Deuda corporativa de mediano y lago plazo
	■ De papel comercial y deuda corporativa de corto plazo	■ Notas y Bonos del Tesoro
	■ Municipales (*muni's*)	■ Fondos de agencias federales
	■ Municipales y estatales	

Continúa

Fondos de acciones	Fondos internacionales	Cuadro 6.3 *Continuación*
■ De empresas en crecimiento ■ Sectoriales ■ De pequeñas y medianas empresas ■ Indizados (indexados) ■ Agresivos	■ País ■ Regionales ■ De índices internacionales ■ Globales	

Como se puede apreciar, cada rama sostiene varias ramas más, entre las cuales tienen cabida los diferentes fondos. En otras palabras, la clientela no necesita ir de un operador a otro en busca del fondo que se acople a sus necesidades particulares. No. Todo está en el árbol familiar.

En el plano mundial y especialmente en Latinoamérica, los administradores u operadores crean *familias de fondos* de tres categorías principales:

Familias de fondos

■ Los fondos de instrumentos de deuda, *money market funds; bond funds.*

■ Los fondos comunes o del mercado accionario, *stock funds.*

■ Los fondos especiales.

Las categorías se identifican fácilmente porque la base para definirlas son los dos mercados principales: el de deuda y el accionario. Hay tres categorías porque la tercera surge de la combinación de instrumentos de los dos mercados.

Con base en estos tres segmentos, los operadores estructuran sus familias en función de objetivos generales, a partir de los cuales se desprenden otras subestructuras y clases de acuerdo con diversos objetivos específicos (en el cuadro 6.4 se presenta una familia de fondos en México).

De las tres categorías básicas surge una ramificación impresionante que da como resultado una gran diversidad de fondos de inversión. Cada operador o administrador puede crear tantos y tan variados fondos como considere: de deuda para personas físicas, de deuda para personas morales, comunes indexados, comunes de empresas medianas, etc. Cada operador, en pocas palabras, crea su familia de fondos según su capacidad, clientela o las posibilidades de su mercado.

El público puede participar en tantos fondos como prefiera y cambiarse de fondo cuantas veces lo considere. Todo está en sus necesidades y en sus gustos: si su deseo es correr riesgos, ahí están los fondos accionarios; si lo que quiere es conservar su dinero líquido, hay que pensar en un fondo de deuda de corto plazo del mercado de dinero; si lo que quiere es alto rendimiento vía tasas de interés, están los fondos agresivos de deuda...

Fondos de instrumentos de deuda	Fondos de cobertura	Fondos de acciones	Cuadro 6.4 Distribución de una familia de fondos en México
■ Liquidez o disposición diaria ■ Especializado gubernamental ■ Especializado gubernamental y bancario ■ Especializado bancario ■ Mediano plazo ■ Agresivos	■ Liquidez o chequera en dólares ■ Títulos de deuda denominados en moneda extranjera	■ Indizados (indexados) ■ De pequeñas y medianas empresas ■ Agresivos (*hedge funds*)	

Internet bursátil

¿Quiere ver el tamaño y la organización de la familia de fondos de *Fidelity*, el operador de fondos más grande de Estados Unidos? Vaya directo a este vínculo **http://biz.yahoo.com/p/fam/fidelity_group.html**

Si lo que desea es consultar las familias de todos los operadores de fondos de Estados Unidos, abra: **http://biz.yahoo.com/p/fam/a-b.html** se sorprenderá de la magnitud de las familias.

Si lo prefiere, visite las familias de algunos operadores más. No dejará de sorprenderse:

http://www.morningstar.com/

http://www.merrilllynch.com/mutual_funds.htm

Conocer la familia es básico antes de aceptarla

Cuando un intermediario ofrece una amplia familia de fondos, el público, por ese solo hecho, ya está beneficiado, puesto que le será más fácil transferir sus recursos de un tipo de fondo a otro y salirse y entrar sin problemas.

Hay que ver cómo es la familia. El hecho de que un operador ofrezca mucho, no significa que sea el mejor ni que todos los integrantes de su "familia" sean buenos. Como pasa en las familias de verdad, un operador puede tener un tipo de fondo muy bueno y otro, de la misma u otra clase, regular o malo. Para elegir, hay que atender los rendimientos logrados en un periodo prudente (un año, seis meses, según el tipo de fondo) y compararlos contra los que obtienen los fondos de la misma clase que administren otros operadores. Además, se tienen que considerar la experiencia, los servicios adicionales, la atención, los costos...

Abiertos y cerrados, ¿qué ofrecen respectivamente?

Los fondos —sean de deuda, accionarios o combinados— se dividen en dos grandes grupos, si nos atenemos a los modos de participación del público en ellos: *abiertos* y *cerrados*.

> **Fondos abiertos, Open-end funds**

- *Fondos abiertos* (*Open-end funds*, en la terminología internacional). Están disponibles para todo tipo de clientes, sin restricciones. Los administradores del fondo pueden aceptar tantos recursos del público como éste desee canalizar. El capital del fondo puede incrementarse o disminuir según las aportaciones o los retiros ocasionales de los inversionistas.

> **Fondos cerrados, Closed-end funds**

- *Fondos cerrados* (*Closed-end funds*). Se constituyen con objetivos muy especiales, para cierto tipo de clientes y sólo captan recursos una o dos veces por año o en periodos definidos, sólo permiten salirse en fechas predeterminadas o establecen algún otro tipo de restricciones de entrada o salida a los inversionistas.

Pensemos en un fondo de ahorro de los que se crean en las empresas. Para empezar, un fondo de esta clase sólo acepta aportaciones de los trabajadores de la empresa; es decir, está *cerrado* para el público en general. Por si fuera poco, la administración de la empresa puede establecer que los retiros sean, digamos, en diciembre de cada año.

Así como los fondos de ahorro, hay otros fondos cerrados: los fondos de jubilaciones, de pensiones, etc. Los intermediarios operadores también ofrecen fondos cerrados al público, cada uno con sus características limitativas particulares.[10]

---

10 Las Siefores o los FJP son fondos que pertenecen a las dos clasificaciones: son abiertos porque, a pesar de que sólo aceptan aportaciones de trabajadores afiliados, pueden captar recursos voluntarios de personas que perciben ingresos bajo otro régimen que no sea el de empleados o incluso de desempleados. En cambio, son cerrados en el sentido de que las aportaciones no se pueden retirar en el momento en que el trabajador lo desea.

Seguridad, liquidez y rendimientos: fondos de deuda

Estos fondos conforman sus carteras con títulos cuyo rendimiento se determina por una tasa de interés. Estos valores o títulos respaldan deudas a cargo de las diversas instituciones que acuden al mercado de valores a financiarse: el gobierno federal, las instituciones bancarias y las empresas públicas o privadas.

El objetivo general de los fondos de deuda es formar un portafolio con instrumentos de bajo riesgo, con los que se puedan lograr rendimientos similares o superiores a las tasas que prevalecen en la economía: la tasa líder, la tasa de crecimiento de la inflación, la tasa de interés de los instrumentos de largo plazo, etcétera.

Un fondo de deuda puede tener, a la vez, los beneficios de una cuenta de cheques, de una cuenta de ahorro o de una inversión en instrumentos de rendimientos competitivos o, bien, puede haber varios fondos de deuda con los que se ofrezca cada una de esas características por separado.

El gran abanico de fondos de deuda que se abre responde a objetivos particulares que brotan del objetivo general (ganar intereses altos con bajo riesgo). En los mercados hay fondos de deuda que cubren una gran gama de necesidades: fondos de máxima liquidez, de deuda gubernamental, de deuda privada, de largo plazo, etcétera.

Fondos de deuda de liquidez

Si los ahorradores necesitan que todo o parte de su dinero esté disponible todos los días, si desean tener las ventajas de una chequera y quieren además ganar intereses, necesitan un fondo de los que más proliferan en el mercado: *un fondo de deuda de liquidez.*

Un fondo de máxima liquidez (*Money market fund:* fondos de mercado de dinero) puede ofrecer disponibilidad inmediata gracias a que sus recursos se aplican en instrumentos gubernamentales y bancarios de corto plazo y en reportos y, además, un rendimiento competitivo, similar, casi idéntico, al porcentaje de la tasa líder.

Cuando un banco ofrece una cuenta "maestra" o integral que conjuga inversiones con chequera (real o electrónica), tarjeta de débito, tarjeta de crédito y otros menesteres, los recursos de la chequera se destinan a un fondo de liquidez que asegura que cuando el titular expide un cheque, se vende parte de su participación en el fondo y, viceversa, cuando efectúa un depósito, se compra una participación en el mismo fondo.

Esta clase de fondos también es muy socorrida en ciclos de inestabilidad en los mercados, cuando las tasas varían en forma abrupta de un día para otro. En esas etapas, como no se sabe la duración de la tempestad, es preferible mantenerse a la vanguardia, invertir por un día,[11] hasta que el ciclo de volatilidad termine.

Los fondos de liquidez son socorridos también a menudo para depositar de manera transitoria los recursos que provienen de la venta de una acción o de otro valor, ya que se trata de recursos que se dejan allí hasta que el cliente decida que es momento de adquirir con ese dinero un nuevo instrumento.

Fondos de deuda de liquidez

---

11 Para no perder con el alza abrupta de las tasas, cuyos efectos se mostraron en el capítulo 4.

Fondos de deuda especializados (gubernamental; gubernamental y bancario)

Los fondos especializados se concentran en una clase de papeles. Lo que se quiere conseguir con ellos son los beneficios que contiene la naturaleza de los papeles.

Un *fondo de deuda especializado gubernamental* integra su cartera con valores del gobierno (Certificados, Bonos de desarrollo, Bonos de Tasa Real —*T-Bills, T-Notes y T-Bonds*, en el caso de Estados Unidos—). El fondo logra liquidez y, sobre todo, una mezcla interesante de plazos, diferentes niveles de tasas y, lo más interesante, obtiene el menor riesgo de incumplimiento de pago porque el gobierno federal es el emisor que confiere la mayor seguridad de pago.

Un *fondo de deuda especializado gubernamental y bancario* adquiere tanto valores gubernamentales como bancarios (pagarés, aceptaciones y bonos) con el objeto de formar una estructura de plazos, mejor mezcla de tasas, alto grado de liquidez con los dos grados de seguridad de cumplimiento de pago más elevados, el gubernamental y el bancario, en ese orden.

Estas dos clases de fondos se consideran también de liquidez o del mercado de dinero. El público los prefiere por el equilibro que consiguen: liquidez, rendimientos competitivos y bajo riesgo.

Fondos de deuda especializados gubernamental y bancario

Fondos de deuda de mediano plazo

Los fondos de deuda de mediano o largo plazo están diseñados para el que quiere aprovechar las altas tasas que se ofrecen en instrumentos en que se tiene que dejar inactivo el dinero un buen tiempo. El que participa en estos fondos sacrifica la liquidez pero obtiene tasas más elevadas. Los administradores consiguen mejores rendimientos invirtiendo los recursos en títulos gubernamentales de mediano o largo plazo (bonos de desarrollo o bonos de tasa real —*T-Notes y T-Bonds* en Estados Unidos—, obligaciones, bonos corporativos, etcétera).

La premisa más importante de un fondo de deuda de mediano plazo es dejar madurar la inversión. Los beneficios de los papeles de mediano plazo y altas tasas se perciben, obviamente, al cabo de varios meses.

Quienes participen en un fondo de deuda de mediano plazo deben estar alertas, porque los instrumentos más vulnerables ante el cambio de las tasas son los de mediano o largo plazos y, por eso, esta clase de fondos, así como entrega réditos más altos, también puede ocasionar pérdidas.

El valor de los bonos que posee el fondo varía con la misma frecuencia con que varíen las tasas del mercado. Cuando las tasas suben de manera intempestiva, el valor de los bonos de mediano o largo plazo disminuye, lo que menoscaba el patrimonio del fondo. Por el contrario, cuando las tasas de interés bajan fuertemente, sube el valor de los bonos del fondo, con la consiguiente plusvalía para el patrimonio del fondo.

Fondos de deuda agresivos

Estos fondos se ofrecen a quienes están dispuestos a financiar empresas privadas a cambio de tasas de interés altas. Se denominan agresivos porque su prioridad son los altos rendimientos y la palabra proyecta una connotación riesgosa. Ciertamente, estos fondos corren riesgos mayores:

el de incumplimiento de pago de las empresas emisoras —que es mucho mayor al de los papeles gubernamentales o bancarios— y el de mercado, porque el mediano y largo los hace más vulnerables a los cambios de las tasas.[12] Los que administran estos fondos, claro, tratan de capitalizar la volatilidad: si las tasas bajan, venden; si las tasas suben, compran; si la volatilidad aumenta, venden los títulos de mediano y largo plazos y adquieren los de corto plazo; si las tasas bajan, "alargan" el plazo promedio de sus carteras. Al intentar capitalizar esas variaciones se exponen a perder.

Los administradores de esta clase de fondos rotan las carteras; es decir, compran y venden valores para procurar tener los papeles de las tasas más altas.

> Fondos de deuda agresivos

Fondos de jubilaciones y pensiones o fondos para el retiro

Los fondos de jubilaciones y pensiones (FJP), que en México se denominan sociedades de inversión especializados en fondos para el retiro (Siefores), tienen un objetivo crucial: hacer que las aportaciones de los trabajadores afiliados crezcan por arriba de la inflación. Las aportaciones de los trabajadores son los recursos de los que van a echar mano para vivir cuando se jubilen y, por eso, el sistema para el retiro debe hacerlos crecer en términos reales, a lo largo de los años.

> Fondos de jubilaciones y pensiones, FPJ

Los fondos para el retiro tienen un perfil único en el medio: de todos los fondos, son los que aspiran a lograr sus objetivos en los plazos más largos. Ningún otro tipo de fondos tiene una perspectiva de tiempo tan grande. Sus objetivos son de larguísimo plazo, ya que los trabajadores se van a retirar dentro de muchos años y va a ser hasta entonces cuando puedan disponer de sus ahorros.

> Sociedades de inversión especializados en fondos para el retiro, SIEFORES

Los altos rendimientos que logran los fondos de pensiones deben ser los más altos del mercado de deuda por varias razones, entre las que destacan las siguientes:

- Orientan sus recursos a instrumentos de largo plazo, que son las que ofrecen mayores tasas de interés.[13]

- Los instrumentos de altas tasas de interés no permiten disponer del dinero en el corto plazo; por eso, los fondos de pensiones no dispensan liquidez.

- Los recursos pueden destinarse sin problema a esas alternativas porque los trabajadores no tienen necesidad de disponer de su dinero ahora sino cuando se retiren, y eso será dentro de muchos años. La mayor parte del dinero está invertida en instrumentos gubernamentales que fueron moldeados casi exclusivamente para ellos (como el Bonde 91, en México, que paga intereses cada 91 días y permite elegir la tasa que haya resultado más alta entre las de otros dos títulos del gobierno, los certificados y letras de la tesorería y los bonos de desarrollo de tasa real —denominados en UDI's).

En materia de rendimientos y logros, la visión de los trabajadores debe apuntar a escenarios de larguísimo plazo para hacer evaluaciones y comparaciones objetivas. La evaluación basada en periodos prolongados obedece al sentido del sistema y a la naturaleza de los instrumentos que por consecuencia forman los portafolios: el largo plazo. Como los trabajadores no se van a retirar en un año o dos sino en 10, 20 o 30, los logros de corto plazo en cuestión de rendimientos son irrelevantes.

---

12   Como se explicó en el capítulo 4.

13   Se habla de los fondos de pensiones que sólo pueden invertir en instrumentos de deuda. En países desarrollados, así como en Chile, es posible que haya fondos para el retiro que pueden aplicar los recursos de los trabajadores en acciones.

Fondos de cobertura

Hay momentos o periodos en que conviene replegarse, es decir, darle prioridad a la protección del dinero y renunciar a la posibilidad de ganar. La pregunta que por añadidura todos debían hacerse ¿cómo me protejo del alza del dólar? contemplaría respuestas de varios entresijos. La respuesta adecuada, no obstante, apunta a un solo sentido: los *fondos de cobertura*.

Estos fondos están disponibles para el público que antepone la protección cambiaria a los rendimientos o a la liquidez. La protección se adquiere con valores denominados en moneda extranjera o al mantener, de manera directa, inversiones o efectivo en dólares.

Los inversionistas que se cubren de la devaluación están conscientes de que más que ganar o tener rendimientos, prefieren no perder. De cualquier manera, deben ser conscientes, también, de que su dinero, si bien queda protegido contra el incremento del precio de una moneda extranjera, no queda del todo exento de perder valor frente a su propia moneda; es decir, las tasas de interés que perciben a través de un fondo o en cualquier instrumento de cobertura suelen ser muy bajas y no son suficientes para alcanzar a la inflación, por lo que el dinero pierde valor en términos reales.

Hay algunos fondos de cobertura, todavía los menos, cuyo efectivo se destina a bonos denominados en moneda extranjera (UMS del mercado global mexicano, por ejemplo). Este tipo de fondos, aparte de la cobertura cambiaria, genera para sus participantes un rendimiento alto en dólares. Los montos que los operadores solicitan para invertir en ellos son considerablemente más altos que los que estipulan para los fondos de cobertura básicos y la disponibilidad, la liquidez que genera el fondo, es dilatada; se puede disponer del dinero al cabo de uno o dos meses.

Invertir en un fondo de cobertura es una cuestión pasajera

La inversión en un tipo de fondo no debe ser permanente. La elección de un fondo de cobertura, por ejemplo, debe ser transitoria, temporal, para que luego de la tempestad, si es que se produce, el inversionista transfiera su dinero a un fondo diseñado para ganar.

En El Conde de Montecristo, el fiscal Villefort le sugiere a su futuro suegro, el marqués de Saint-Merant que, ante la inminente vuelta de Napoleón al trono de Francia, convierta en oro todo lo que tiene en billetes emitidos por el Estado. Hacerlo de ese modo, sugería Villefort, le evitaría perder su fortuna.

Relatos como ése, que datan de hace siglos y que no fueron por cierto escritos por especialistas en finanzas, revelan que el **objetivo** de inversión debe ser suspendido, abruptamente, en épocas de gran volatilidad o incertidumbre.

Antes, comprar oro (en forma de joyas o en condición de monedas como Centenarios), o dólares en forma de billetes eran, entre otros, los estilos de cobertura más adecuados. Hoy en día, la inversión precautoria puede y debe hacerse mediante fórmulas menos rústicas. Dependiendo del grado de incertidumbre, lo apropiado es dejar el dinero líquido, en un fondo de muy corto plazo, cuando la volatilidad proviene de las variaciones de las tasas y, cuando gira en torno del tipo de cambio, lo prudente es refugiarse en mecanismos que conserven el valor del dinero, en fondos de cobertura, si se cuenta con pocos recursos, o en fondos de bonos emitidos en el exterior, si se cuenta con fuertes sumas y se conocen bien las alternativas y sus implicaciones.

¿Cuándo retomar el objetivo?

Como la cobertura no es en sí una inversión redituable sino una opción para conservar el valor del dinero, el público debe retomar su objetivo y otros mecanismos de inversión al cabo de un periodo, cuando la volatilidad extrema o la incertidumbre haya desaparecido. El marqués de Saint-Merant reconvirtió su oro en billetes luego de que Napoleón fracasó en Waterloo y ya que regresó al trono el rey Luis XVIII. Hoy en día, determinar el momento en que uno debe volver a su objetivo no es un dilema sencillo. Es algo que, sin embargo, tiene que resolver el público juntando escenarios internacionales, números de las finanzas públicas, cifras de la balanza de pagos, implicaciones de deslices gubernamentales, expectativas de los expertos, etc. Con todo eso, tendrá que determinar el tiempo en que debe mantenerse protegido y el momento en que debe retomar su objetivo. Inclusive, éste, el objetivo, es algo que debiera ajustar, cambiar o replantar luego de las nuevas realidades.

Otros fondos de deuda

En el mundo hay divisiones llamativas de los fondos de deuda: fondos de deuda libres de impuestos, que conjugan papeles cuyo rendimiento no está gravado o sujeto a retenciones del impuesto sobre la renta (sus activos se aplican en valores municipales y gubernamentales); fondos de deuda soberana de países emergentes; fondos de bonos corporativos de riesgo, que son los títulos de deuda de mediana o baja calificación que ofrecen, por eso mismo, altas tasas de interés pero que contienen, desde luego, alto riesgo de incumplimiento de pago...

La tremenda variedad de fondos de deuda satisface las necesidades de una clientela plural y exigente.

¿Cómo elegir adecuadamente un fondo de deuda?

Los expertos dicen que el público debe compaginar sus objetivos con el perfil del fondo. Además, los inversionistas deben tomar en cuenta los títulos, la fecha de vencimiento y la fortaleza de los emisores y el riesgo.

El cuadro 6.5 puede ser una guía útil para identificar el tipo de fondo de deuda que se ajuste a las necesidades específicas del público. Cabe señalar que en casi todas estas clases hay fondos disponibles para personas físicas y morales. La columna "Horizonte óptimo..." se refiere al periodo que hay que dejar pasar para evaluar la gestión del fondo y comparar sus rendimientos contra el parámetro que ahí mismo se señala.

Tipo de fondo	Valores en que el fondo invierte la mayor parte de sus recursos	Objetivos, beneficios y limitantes	Horizonte óptimo y parámetro de comparación
Fondos de liquidez	Valores gubernamentales, bancarios y corporativos de corto plazo y reportos.	Liquidez inmediata. Transferencias a cuentas de cheques y conexiones con otros productos y servicios del intermediario operador. Refugio contra la inestabilidad. Rendimientos moderados.	28 días o el periodo del instrumento de liquidez más negociado en el mercado. Comparar contra tasa líder.
Fondos especializados en deuda gubernamental	Valores gubernamentales.	Alta liquidez. Nulo riesgo de incumplimiento de pago. Rendimientos competitivos. Disponibilidad semanal o quincenal.	Corto plazo: mes y medio o dos meses. Comparar contra tasa de mediano plazo, 60 o 91 días.

Cuadro 6.5
Fondos de deuda en México y en el mundo

Continúa

Cuadro 6.5 Continuación	Tipo de fondo	Valores en que el fondo invierte la mayor parte de sus recursos	Objetivos, beneficios y limitantes	Horizonte óptimo y parámetro de comparación
	Fondos especializados en deuda gubernamental y bancaria	Valores gubernamentales y bancarios.	Liquidez, mezcla de tasas y muy bajo riesgo de incumplimiento de pago. Se requieren montos de inversión más elevados. Disponibilidad quincenal.	Corto plazo, mes y medio o dos meses. Comparar contra tasa de mediano plazo, 60 o 91 días.
	Fondos de mediano plazo	Valores del gobierno, bancarios y de empresas de mediano y largo plazo.	Rendimientos altos superiores al promedio. Bajo nivel de liquidez (mensual, bimestral o incluso trimestral). Rendimientos fluctuantes. Plusvalías y minusvalías frecuentes ante los cambios repentinos de las tasas. Riesgo de incumplimiento de pago de emisiones del sector privado. Mayores montos de inversión mínima.	Mediano plazo (de tres meses a tres años, dependiendo de las condiciones de la economía). Comparar contra tasa de títulos a un año.
	Fondos agresivos	Valores de empresas privadas. Rotación de la cartera.	Cartera con los instrumentos de las tasas más altas del mercado. Bajo nivel de liquidez. Riesgo de pérdida por el alza de tasas y de incumplimiento de pago de los emisores.	Un año. Comparar contra tasa de papeles a un año.
	Fondos para el retiro (de jubilaciones y pensiones)	Valores del gobierno (en su mayoría), bancarios y de empresas, básicamente de mediano y largo plazo; menor proporción de corto plazo y reportos. Instrumentos de cobertura contra tipo de cambio e inflación.	Rendimientos altos superiores a la inflación. Nulo nivel de liquidez (hasta que el trabajador se jubile). Rendimiento fluctuante. Plusvalías y minusvalías frecuentes ante los cambios repentinos de las tasas. Riesgo de incumplimiento de pago en la parte de los activos que sean emisiones del sector privado. Se permite hacer aportaciones voluntarias.	Mínimo de 10 años. Comparar contra inflaciones periódicas anuales.
	Fondos de cobertura	Efectivo en moneda extranjera. Instrumentos de cobertura cambiaria. Instrumentos denominados o referidos a una moneda extranjera.	Protección contra la devaluación. Liquidez diaria. Bajo rendimiento. Por lo general, los rendimientos no igualan la inflación.	Un año. Comparar contra porcentaje de alza de moneda extranjera y tasa de billetes del tesoro de EU.
	Fondos libres de impuestos	Valores gubernamentales o municipales o emitidos por dependencias del gobierno.	Rendimiento libre de retención o pago del Impuesto sobre la Renta. Liquidez.	Tres meses. Comparar contra tasas brutas del mismo periodo.
	Fondos de deuda soberana	Valores emitidos por los gobiernos de los países emergentes (Globales, Eurobonos, etcétera).	Rendimiento mayor a los de los bonos de los gobiernos de países desarrollados. Cobertura contra la devaluación. Riesgo de suspensión de pagos. Liquidez mensual.	Un año. Comparar contra tasas de bonos del tesoro.

Un operador de fondos mexicano ofrecía el siguiente panorama para sus fondos de deuda. Observe en el cuadro 6.6 cómo es que el rendimiento variaba según el plazo al que estaba destinado el dinero y cómo a medida que se estipulaba un monto mínimo mayor, la tasa conseguida era también mayor.

Clase del fondo	Rendimiento en los últimos 12 meses	Disponibilidad	Monto mínimo Requerido (Mx[14])
Liquidez diaria	2.91%	Diaria	$ 20 000
Mediano plazo	3.77%	Quincenal	20 000
Largo plazo	5.40%	Trimestral	20 000
Mediano plazo	6.37%	Mensual	1 000 000

Cuadro 6.6
Características y criterios de fondos de deuda de un operador mexicano

El riesgo de hacer crecer los recursos: los fondos accionarios

En Latinoamérica se llaman fondos comunes, en el mundo, fondos accionarios, en México, fondos de Renta Variable. Llámense como se llamen, están diseñados para perseguir elevados rendimientos mediante la compra de acciones de empresas. Huelga decir que quien participa en ellos asume un riesgo tremendo: el valor del patrimonio del fondo depende de los precios de las acciones que posea. ¿Quién o qué garantiza que los precios de las acciones tenderán al alza? Nadie ni nada. Todo depende de las circunstancias, de los factores económicos, etc. ¿Por qué decidirse a tomar esta clase de riesgo? Por el potencial de ganancia que se tiene con las acciones. El crecimiento del patrimonio del fondo puede ser sustancialmente mayor en menos tiempo con un fondo accionario que con uno de deuda. De hecho, la misión general de los fondos comunes es el alto rendimiento.

Se sabe que los precios de todas las acciones no crecen igual. Algunos crecen más que otros, algunas acciones tienen mayor potencial que otras. Por eso, en Latinoamérica, Estados Unidos y el mundo, también hay clasificaciones de fondos accionarios: desde los fondos que buscan combinar las mejores acciones del mercado, los que se enfocan en un sector particular de la economía (como el sector servicios o el tecnológico), hasta los fondos que se perfilan a obtener el mismo resultado que las variaciones de un índice accionario. Entre un tipo y otro hay diferentes grados de rendimientos potenciales y diferentes niveles de riesgo.

Fondos comunes, accionarios o de Renta Variable

Fondos comunes de un sector, de empresas en crecimiento, de empresas AAA o *Blue Chips*

Cuando alguien desea volverse socio de una empresa a través del mercado de valores, tiene ante sí una disyuntiva inicial: ¿Qué empresa elegir? ¿Cuál es la mejor? Sin importar que haya alguna o algunas que pueden seleccionarse y que el inversionista puede conservar por mucho tiempo con excelentes resultados, los cánones indican que es mejor participar en un conjunto de empresas. Los operadores de fondos han hecho ya trabajos de adelanto. Han tipificado varias clases de fondos: los sectoriales, que se enfocan a conformar su cartera con acciones de un

Fondos sectoriales

---

14 "Mx" es el código o clave de identificación del peso mexicano como divisa.

sector económico único: el sector de tecnología, el de servicios, el de telecomunicaciones o cualquier otro; han armado fondos de empresas en crecimiento que se orientan a la adquisición de acciones de empresas medianas con gran empuje que, por sus perspectivas de expansión y utilidades, son las que pueden presentar incrementos más sustanciosos en sus precios, aunque también son las que contienen mayor riesgo; los fondos de acciones de empresas de gran capitalización, que en México, por lo menos, se denominan "AAA" y en otras plazas *Blue Chips* o *large cap* y que, a diferencia de las empresas de crecimiento, no suelen otorgar ganancias fabulosas; pero por lo general mantienen un buen rendimiento promedio anual y contienen menores riesgos implícitos.

Fondos agresivos

Si el mercado accionario es fundamentalmente de riesgo, los fondos agresivos ofrecen esa alternativa: un riesgo un tanto mayor pero también un potencial más alto de utilidades.

En el mercado de capitales el riesgo no es necesariamente homogéneo. Incluso ahí es posible segregar niveles e identificar varios segmentos de riesgo. Se considera, por ejemplo, que las empresas grandes suponen un riesgo menor que el que pueden significar las empresas medianas y pequeñas, o que en un ciclo de bonanza las empresas constructoras generan más utilidades (y como consecuencia son más rentables) que las empresas de otro sector. El operador de un fondo agresivo busca tener en su portafolio las acciones de las empresas que brinden mejores expectativas y luzcan más adecuadas desde el punto de vista técnico; es decir, que sus precios en el mercado se antojen atractivos.

El operador renueva en forma constante los valores de su fondo agresivo para tomar las utilidades que haya conseguido y para comprar otras acciones a precios tentativamente baratos o que ofrezcan buenas oportunidades de alza. Un portafolio agresivo no observa límites porcentuales por acción, sector o empresa.

¿Es posible comprar acciones de 35 empresas con 100 pesos?

Por supuesto, siempre que uno invierta en un índice accionario. En nuestro tiempo se puede comprar el Índice de Precios y Cotizaciones de la Bolsa Mexicana de Valores (como si el índice fuera una acción) con la gran ventaja de invertir apenas $100.00 o, ¿por qué no?, adquirir las 500 acciones del índice *Standard and Poor's* con una inversión mínima de 1 000 dólares. ¿Suena increíble? No lo es tanto. Hay un mecanismo que consiste en eso, en adquirir las acciones que integran un índice accionario: los fondos indexados o indizados, *index funds*.

Un *fondo indexado* integra su portafolio con las mismas acciones que conforman un índice accionario. Ya que todo mundo está pendiente del comportamiento general del mercado accionario, ¿qué mejor que el índice como parámetro de referencia para equilibrar las inversiones?

Un índice, se ha comentado, refleja el comportamiento promedio de cierto número de acciones selectas; por lo tanto, mide el mercado en su conjunto a partir de los precios de las acciones más importantes. Como las acciones de un índice son seleccionadas por una empresa reconocida (Dow Jones and Co., Financial Times, *Standard and Poor's*, entre otras) o directamente por una bolsa, entendemos que esas acciones son las mejores o más convenientes de todo el mercado. Esas acciones, como reflejan lo que pasa en el mercado en conjunto, como integran un termómetro, se constituyen como un portafolio óptimo que debe considerar el público.

El objetivo de un fondo relacionado o apegado a un índice de precios es que el precio de las acciones del fondo tenga el mismo comportamiento del índice en cuestión. El público que invierte en un fondo indexado puede saber, con el simple dato del cierre del mercado, cómo se comporta su fondo porque éste es una réplica o espejo del índice.

Una de las grandes ventajas de este tipo de fondos es que, con muy poco dinero, el público puede poseer todas las acciones que conforman ese índice. Si el público quisiera formar por su cuenta un portafolio con esas acciones, tendría que desembolsar una cantidad impresionantemente grande. Otra ventaja es que participa en un portafolio donde están las mejores empresas del mercado (según la filosofía de integración de índice: si el público compra un fondo indizado al FTSE100, está comprando las cien mejores acciones de la bolsa de Londres).

Arme su cartera tipo Dow Jones y apueste al rumbo de la economía americana

El índice más importante es el Dow Jones de 30 acciones porque concentra a las empresas más grandes de Estados Unidos y del mundo. Son las empresas que determinan el rumbo económico, las que con cualquier decisión, evento o condición provocan que se expanda, se reduzca, se inmovilice o se mueva la economía en su conjunto. Por esa razón están incluidas en el Dow Jones Industrial y, por eso, este índice, con sus movimientos, derivados de los cambios en los precios de las 30 acciones, refleja o anticipa lo que será la economía de Estados Unidos. Las economías y bolsas del mundo, por su parte, resienten, para bien o para mal, los cambios y la evolución del Dow Jones. El índice, de ese modo, es utilizado como un "termómetro" que mide el nivel de las expectativas que el público tiene sobre la economía global.

El público puede invertir en un índice si arma un portafolio con todas las acciones que lo conforman. Pero esa labor, elaborar una cartera indizada, sería casi imposible para una persona física, a menos que se dedicara de tiempo completo a la especulación en el mercado y tuviera dinero suficiente. La configuración de una cartera indizada es una de las especialidades de los operadores de fondos. Los operadores pueden reunir el dinero de muchos para invertirlo en todas las acciones de un índice. El objetivo de un fondo indizado es emular, es decir, ser un espejo del comportamiento del índice. El atractivo para el público es generar como rendimiento casi el mismo porcentaje que haya subido el índice a lo largo de un periodo que, generalmente, como objetivo, debiera ser un año. Los riesgos son claros: si el índice baja, el inversionista pierde; sólo si sube gana. Las ventajas de invertir en un índice como el Dow Jones son valiosas, aunque esas ventajas no significan rendimientos: el público puede participar, con poco dinero, en un portafolio integrado con las treinta empresas más importantes de Estados Unidos; los inversionistas pueden seguir fácilmente el comportamiento de su inversión al monitorear el índice en los diarios o noticieros; es posible saber sus ganancias o pérdidas diarias con sólo ver el porcentaje de variación del índice; el dinero, de alguna manera, está también indexado al dólar, ya que las cotizaciones en pesos (moneda nacional) de las acciones del Dow en México son equivalentes a los precios en dólares que tengan en Estados Unidos.

El problema (uno de tantos) para los que invierten en fondos, es que el comportamiento de un índice no es lineal, es decir, su precio no va siempre en una sola dirección sino que se mueve en "zig zags", como la montaña rusa. Eso significa que en el transcurso de un año, habrá periodos en que el índice llegará a caer debajo de su nivel de cierre de año y ocasionará pérdidas a los que habían supeditado su rendimiento a su evolución. En los momentos en que el índice cae son muchos los que sufren la desesperación de vender y realizar su pérdida. La mayoría se deja llevar y pierde. El que invierta en un índice como el Dow debe aprender a soportar caídas y pérdidas y a estar preparado para dejar su dinero largamente inactivo: antes del colapso de las torres del WTC, a inicios de septiembre de 2001, el DJI se movía alrededor de los 11 000 puntos; tres años después, no era posible que superara, de una buena vez, las 10 000 unidades. O sea que en tres años había perdido mil puntos, más lo que las tasas de interés generaron. La frase aquella de que la inversión en el mercado accionario es de largo plazo, tiene sus bemoles. En los mercados nada es seguro.

Fondos de pequeñas y medianas empresas (PyMes)

Se sabe que las empresas medianas tienen mayor potencial de crecimiento y generación de utilidades que las empresas grandes. Para aprovechar este potencial, los operadores de fondos estructuran portafolios con acciones de este tipo de empresas y los ofrecen así, como fondos comunes de empresas medianas y pequeñas. Las empresas pequeñas y medianas son las que en otros mercados se conocen como *small capitalization* (*cap*) o de pequeña capitalización.

Fondos de PyMes, small capitalization

El riesgo de los que destinan su dinero a estos fondos radica en que las empresas en crecimiento implican un riesgo sustancialmente mayor al que tienen las empresas grandes.

Balanceados: equilibrar el riesgo y el potencial

Fondos balanceados

Los *fondos balanceados* tienen como objetivo lograr un equilibrio entre el riesgo y el rendimiento. Éste se obtiene al diversificar clases y tamaños de empresas de los distintos sectores de negocios, al combinar diferentes potenciales de generación de utilidades, diversos grados de crecimiento y al pulverizar, por eso mismo, el riesgo.

Los fondos balanceados adquieren acciones de empresas grandes, de corporativos líderes, de empresas medianas con potencial de desarrollo, industriales, comerciales, de servicios, financieras, etc. Estos fondos mantienen también un buen porcentaje de sus carteras en títulos de deuda, con los cuales dosifica todavía más su riesgo.

¿Riesgos y fuertes ganancias? Los *hedge funds*

Hedge funds

En los países desarrollados el público temerario y ávido de ganancias gusta colocar su dinero en los fondos que actúan prácticamente sin límite operativo; bajo reglas estrictas, desde luego, pero sin restricciones respecto a los valores, plazos, emisores y demás criterios de selección. Estos fondos super agresivos se conocen como *hedge funds*. Las posibilidades operativas incluyen la compra venta de bonos de alto riesgo y tasa elevada, de compras con margen (préstamo de dinero para comprar acciones), ventas en corto (y préstamo de valores) así como técnicas complejas de contratos de Opciones.[15] Estos fondos, similares a los agresivos en cuanto a que los operadores tratan de capitalizar pronto y bien la volatilidad del mercado, son diferentes a éstos en que tienen un marco operativo amplísimo. Es difícil, por eso, hallar fondos de esta clase en Latinoamérica.

Globalización: una buena razón para la existencia de los fondos

La globalización económica y de los mercados permite al público inversionista beneficiarse de la bonanza de empresas de otras latitudes. Se habrá inferido también que hay épocas en que es más rentable o menos riesgoso invertir en el mercado japonés y que hay otras que es mejor hacerlo en Latinoamérica, por citar un par de ejemplos. Un inversionista puede distribuir sus recursos por todo el mundo o en algún mercado en particular eligiendo, simplemente, un fondo que aplique sus recursos en títulos emitidos por entidades extranjeras.

---

15 Las opciones otorgan el derecho de comprar, si se trata de contratos de compra, o de vender, si se trata de contratos de venta, cierta cantidad de bienes, acciones, índices o referencias, a un precio específico, dentro de un periodo dado. La clave consiste en aprovechar la diferencia entre ese precio específico y el precio corriente de mercado.

Los fondos que invierten sus recursos en mercados del exterior han cobrado una enorme popularidad en la última década en los países desarrollados. ¿Las razones? Aparte de ofrecer las ventajas de la diversificación, administración profesional de los recursos y facilidades para entrar y salir, los fondos internacionales permiten al público participar en la apertura de los mercados y entrar en plazas o países a donde, para llegar por su cuenta, tendrían que salvar una buena cantidad de limitantes y contar con sumas extraordinarias de dinero. Ya se sabe que gran parte de la inversión extranjera que llega a los países emergentes proviene de los fondos internacionales.

Hay cuatro categorías que subyacen tras los fondos en el mundo: *globales, internacionales, regionales* y los *fondos país*.

- Los globales o mundiales, *global funds*, incluyen en sus carteras valores domésticos del país donde se constituyen, así como títulos emitidos por empresas de diversas partes del planeta. El administrador del fondo se mueve en los distintos mercados eligiendo los valores en los países que espera que ofrezcan las mejores perspectivas y rendimientos. Ello significa que no hay líneas definidas de actuación para determinar los porcentajes de los activos de los fondos que se deban destinar a tal o cuál región, país o empresa aunque, en Estados Unidos, por ejemplo, por prudencia, los fondos globales manejan entre 65 y 75% de sus recursos en valores estadounidenses. Ese porcentaje se eleva en forma considerable en ciclos de crisis como los de 1998 y se reduce en tiempos de bonanza general.

  Fondos globales, *global funds*

- Los internacionales, *overseas funds*, sólo mezclan valores foráneos. Estos fondos asumen un riesgo mucho más elevado aunque persiguen rendimientos altos. Compensan o equilibran su riesgo adquiriendo valores de entidades de países emergentes y de naciones desarrolladas.

  Fondos internacionales, *overseas funds*

- Los regionales, *regional funds*, concentran sus esfuerzos y recursos en una zona geográfica especial, como Latinoamérica, Europa o el sur de Asia, ya que a veces el desarrollo llega por igual a una región específica y no tanto o tan particularmente a un país.

  Fondos regionales, *regional funds*

- Los fondos país, *country funds*, son, tal vez, los más conocidos. Su objetivo es concentrarse en títulos de un país determinado. Los fondos país han influido en la apertura paulatina de algunos mercados (como el mexicano) y han repercutido en la creación de nuevas figuras y mecanismos (como los CPO´s).

  Fondos país, *country funds*

Igual que los fondos tradicionales, los mundiales pueden tener múltiples enfoques y acepciones. En los grandes centros financieros, la clientela puede hallar clasificaciones más amplias de ellos: fondos de países emergentes (*emerging market funds*), fondos de diversificación amplia (*broadly diversified funds*), fondos extranjeros (*overseas funds*), etcétera.

El cuadro 6.7 muestra los principales fondos accionarios disponibles en México y el mundo. Igual que para el caso de los de deuda, la última columna contiene el horizonte al que se debe dejar "madurar" la inversión así como el parámetro contra el que hay que comparar su rendimiento.

Tipo de fondos	Valores en que el fondo invierte la mayor parte de sus recursos	Objetivos, beneficios y limitantes	Horizonte óptimo y parámetro de comparación
Fondos indexados o indizados	Las mismas acciones que componen un índice (el IPC, el S&P 500, DJI-30, el FT-SE100, etc.) en su justa proporción: un fondo indizado al IPC se compone de 35 acciones cuyas proporciones en el fondo son las mismas que en el índice.	Seguimiento y reflejo o réplica de un índice accionario. Diversificación adecuada conforme a un índice de precios. Riesgo alto.	Un año. Comparar contra porcentaje de variación de índice de precios.

Cuadro 6.7 Fondos comunes en México y en el mundo

Continúa

Cuadro 6.7 *Continuación*	Tipo de fondos	Valores en que el fondo invierte la mayor parte de sus recursos	Objetivos, beneficios y limitantes	Horizonte óptimo y parámetro de comparación
	Fondos sectoriales	Acciones de empresas de un sector económico (industrial, comercial, tecnológico, etcétera).	Enfoque en un sector específico con potencial. Aprovechamiento de los ciclos económicos. Bajo grado de diversificación. Volatilidad alta. Riesgo elevado.	Un año. Comparar contra índices sectoriales.
	Fondos de empresas medianas	Acciones de empresas medianas con potencial de crecimiento que no están catalogadas como empresas de alta capitalización.	Rendimientos elevados mayores al promedio. Riesgo muy alto.	Dos o tres años. Comparar contra índice de precios.
	Fondos de empresas "AAA" o *Blue Chips*	Acciones de las empresas más importantes o de mayor capitalización del mercado.	Rendimiento moderado y consistente. Equilibrio. Riesgo moderado.	Dos o tres años. Comparar contra porcentaje acumulado de DJI.
	Fondos agresivos	Acciones con potencial de crecimiento, sin tener un límite específico por cada valor. Un pequeño porcentaje de los recursos se aplica a títulos de deuda.	Alto potencial de rendimiento con alto grado de riesgo. Diversificación.	Un año. Comparar contra índice de precios.
	Hedge funds	Acciones de toda clase. Compras con margen. Ventas en corto. Arbitraje. Opciones.	Altísimo potencial de rendimiento y riesgo muy elevado.	Un año. Comparar contra porcentaje de variación de índice.
	Fondos internacionales	Acciones de empresas de una región, país o de todo el mundo.	Rendimientos elevados. Diversificación internacional. Aprovechamiento de las bonanzas generales o regionales. Riesgo muy elevado.	Dos años en adelante. Comparar contra evolución de varios índices internacionales.

Diferencias de fondo

Una clase de fondo es diferente de otra. Por eso, un fondo de deuda de liquidez, por ejemplo, no debe compararse (en ningún sentido) con un fondo de deuda agresivo. El público, no obstante, en su afanosa búsqueda de la mejor vía, cae en el error de hacer comparaciones ociosas: coloca en la misma tabla de rendimientos todos los fondos de deuda y se guía por los rendimientos históricos para señalar o identificar el fondo al que destinará su dinero.

Un fondo de liquidez está creado para eso, para mantener el dinero del público a disposición, no para generar rendimientos elevados. Un fondo de deuda agresivo está confeccionado para lograr altos rendimientos, no para otorgar liquidez. Un fondo de deuda de títulos gubernamentales está orientado a otorgar réditos competitivos con bajo nivel de riesgo. Un fondo de deuda de títulos privados busca tasas más altas y corre una dosis de riesgo mayor.

Un fondo de liquidez está conectado (aunque no siempre) con otros mecanismos del intermediario operador (cuentas de cheques). El operador de fondos solicita montos de inversión menores en esta clase de fondos que los que pide para invertir en cualquier otra clase de fondos.

Por esto, para comparaciones sensatas, el público debe comparar los rendimientos de los fondos de la misma naturaleza: los rendimientos de un fondo de deuda de liquidez con otros fondos de liquidez; los rendimientos de un fondo de cobertura, con otros fondos de cobertura, etcétera.

Los inversionistas deben tener clara la principal virtud de un fondo: en un fondo de liquidez cuenta más la rapidez con que se obtenga el dinero que el rendimiento que se consiga. Un retraso que signifique no tener el dinero cuando se desea, puede ser tan dañino que haga que el rendimiento que se consiga no signifique nada. En un fondo de cobertura, importa más la protección que tenga el dinero frente a una devaluación que una buena dosis de liquidez. Desde esta óptica, no importa que el dinero no se pueda utilizar pronto, sino que conserve su valor frente a otra moneda.

Aquel operador de fondos mexicano mostraba este panorama para sus fondos de acciones. Observe en el cuadro 6.8 cómo el rendimiento variaba según el tipo de acciones o movimiento de la cartera.

Clase del fondo	Rendimiento de los últimos 12 meses	Disponibilidad	Monto mínimo Requerido (Mx)
De crecimiento	10.66%	48 horas	$ 20 000
Agresivo	53.82%	48 horas	20 000
Indizado	48.00%	48 horas	20 000

Cuadro 6.8
Características y criterios de fondos de acciones de un operador mexicano

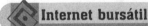

Internet bursátil

Este vínculo de **www.invertia.com.mx** contiene perfiles, carteras y rendimientos:
http://www.invertia.com.mx/mercados/sociedades/

¿Cuánto cuesta invertir en fondos?

La sencillez, la facilidad operativa, los bajos montos de inversión y los rendimientos que se logran con ellos, son los principales atractivos de los fondos. Sin embargo, como cualquier otra inversión, también generan costos. ¿Cuáles son y cómo se determinan?

El costo de invertir en fondos se determina por la suma de dos conceptos principales: la administración de activos y las comisiones. El primero se aplica a todo tipo de fondos y el segundo sólo a los fondos comunes.

■ *Administración de activos*. Un operador de fondos es un administrador de dinero. El negocio del operador consiste en cobrar por prestar ese servicio.

Administración de activos

Los operadores de fondos cobran una comisión anual a los fondos por el manejo de los activos. La comisión se cobra sobre el valor de mercado de los instrumentos que forman la cartera de cada uno de los fondos que administran. Por ejemplo, si la cartera del fondo "X" tiene al fin de mes $1 000 000.00 invertido en diferentes instrumentos y la comisión anual, aplicada cada mes, es de 5% anual, el operador o administrador le cobrará la cantidad de $50 000.00, al año; esto es, $4 167.00 mensuales.

Esos cargos los hacen los operadores a sus fondos. Como los dueños del dinero de los fondos son los inversionistas, son ellos quienes a fin de cuentas pagan ese costo.

Aunque el operador los aplica, los inversionistas no ven esos cargos en sus estados de cuenta. El operador los resta de los rendimientos, de modo que el rendimiento que recibe el público ya está disminuido por los costos de administración de activos.

Comisiones por compra o venta

■ *Comisiones por compraventa.* El público tiene que pagar comisiones cuando invierte en fondos comunes. Éstas se pagan igual que las comisiones por compra o venta de acciones del mercado de capitales. Se paga comisión en fondos comunes por la naturaleza del mercado accionario, que provoca que los operadores de fondos paguen, por su parte, comisiones a las casas de bolsa por la compra y la venta de las acciones que integran el fondo común.

Si un cliente invierte $85 315.00 en un fondo común y el operador le aplica 1% de comisión, el cliente debe pagar $853.15 de comisiones y $127.97 de IVA. El pago total del cliente será la suma de los tres conceptos: $86 296.12.

Por lo general, los operadores de fondos aplican comisiones sólo en las compras. En la mayor parte de los casos el público no paga comisiones por operaciones de venta.

Diferenciales de tasas o spreads

■ *Diferenciales de tasas y otros conceptos.* La compra y venta de fondos de deuda es libre de comisiones. En estos casos, los operadores ganan por diferenciales de tasas (*spreads*); es decir, compran Certificados del Tesoro, por ejemplo, a una tasa de 7% y los venden al fondo en un 6.75%. El cuarto de punto porcentual de diferencia que se aplica sobre el importe es su ganancia en este ejemplo.

En los fondos de deuda, la parte de la tasa de interés que gana el operador ya se restó del rendimiento que recibe el público.

Hay algunos operadores (los más grandes) que además de los conceptos anteriores cobran una cuota por manejo de cuenta, una cuota anual o hacen cargos cuando el cliente maneja una cantidad menor al monto mínimo requerido. En todo caso, es prudente preguntar al operador cuáles son los conceptos por los que cobra.

Internet bursátil

Este URL de la página de un operador de fondos mexicano le permitirá ver prospectos de información, esquemas de comisiones y comparativos de rendimientos entre distintos fondos.
http://www.prudentialapolo.com.mx/productos.jsp

¿Cuál es el mejor fondo?

La gente plantea con mucha frecuencia a los expertos una pregunta de la que espera la clave para actuar en el mercado: ¿cuál es el mejor fondo de inversión? El público espera obtener una respuesta directa, el nombre del fondo "X" o "Z". ¿Se le puede dar?

El público dispone de un abanico de cientos de fondos (miles, en algunos mercados) y, por eso, quiere saber cuál es el mejor. No hay, sin embargo, uno que sea el mejor para todos. El público ahorrador debe saber que el mejor fondo es el que resuelve sus necesidades particulares y, para saber cuál es, debe tener bien identificadas esas necesidades.

La gente cree que el mejor es el que produce mayor rendimiento y, para reconocerlo, se guía por los rendimientos históricos. Los rendimientos son uno de los puntos vitales que hay que considerar, pero no es el único. Además, no es posible comparar directamente los rendimientos de todos los tipos de fondos, ni pensar que si cierto año un fondo estuvo en los 10 primeros va a lograr lo mismo el año siguiente. Hablando de necesidades, cada persona debe establecer qué requiere: liquidez, cobertura, altos rendimientos, seguridad (se recomienda consultar el capítulo 10, luego retome esta parte).

Cada fondo se arma, por lo general, para un solo propósito. Un solo fondo no puede brindar al mismo tiempo altos rendimientos ni puede otorgar un buen grado de liquidez, cobertura y rendimientos por encima de la inflación. De modo que una persona que busca liquidez, puede decidirse por un fondo con base en aspectos que resultan igual de importantes que el rendimiento: facilidad de entrada y salida, conexión de su fondo con su cuenta de cheques, cargos por pagos automáticos de servicios, etc. Para quien busca altos rendimientos, los aspectos anteriores no significan nada. En este caso, el mejor fondo es el que haya otorgado el más alto rendimiento en un periodo, siempre que ese lapso coincida con el horizonte de tiempo que haya definido: un año, dos años... El rendimiento de este fondo no podría compararse con el de un fondo que haya obtenido mayor rentabilidad en un periodo distinto (un mes, dos meses, un semestre...).

El inversionista tiene que entender que el periodo de maduración (el lapso que hay que esperar los altos rendimientos) de un fondo agresivo es diferente al plazo de maduración de un fondo de liquidez o un fondo indexado. Ayudado por su asesor, cada quien debe establecer el periodo en que espera esa alta rentabilidad. Si se ha definido que un año es el plazo adecuado, tiene que esperarse un año para hacer evaluaciones y comparaciones. No podría comparar el rendimiento de su fondo, a los seis meses, con otro tipo de fondo, ni lamentarse porque al primer mes su fondo fue superado por muchos otros. Un alto rendimiento en un periodo menor que el lapso objetivo no es garantía de un buen rendimiento en un plazo mayor. Cada periodo es distinto y cada uno supone circunstancias diferentes. La insistencia del público por buscar el mejor fondo con base en rendimientos que no se pueden comparar, se debe a que los operadores (y los promotores que pretenden captar clientela) se aferran a mostrar sus sociedades de inversión como las mejores, mezclando para ello tipos de fondos distintos y revolviendo los periodos comparativos a su conveniencia.

Cada persona debe descubrir "su" mejor fondo. Lo que los expertos le pueden decir es la serie de factores que debe considerar: objetivo de inversión, facilidad de entrada y salida, conexión con otros servicios bancarios y financieros, integración de la cartera, calificación de riesgo y rendimientos históricos. Buscar el mejor, genéricamente, sin consideraciones, es un ejercicio inútil.

 Internet bursátil

¿Desea comparar rendimientos de fondos? Este URL de un operador mexicano le ayudará:
http://www.actinver.com.mx/Fondos/Comparar.asp (Úse los buscadores de la zona de la izquierda).
El diario *El economista* **www.eleconomista.com.mx** publica cada mes un espléndido suplemento especializado en fondos. Para verlo, necesita registrarse y luego hacer clic en el vínculo "Publicaciones Especializadas". Le resultará valioso.

6.4 Calificación: otro parámetro de los fondos

Aparte de las características, objetivos y ventajas, hay un factor adicional que se utiliza para aumentar la confianza en los fondos de inversión: *la calificación*.

¿La calificación? Sí, como la que se hace con los bonos del mercado de dinero. De hecho, la clase de fondos que se evalúa es la de los fondos de deuda, que son los que constituyen sus portafolios con valores de deuda.

Calidad de los activos, signo vital del fondo

Hay algunos parámetros y criterios similares entre la calificación de bonos y la de los fondos de instrumentos de deuda. En el mercado de deuda las calificadoras opinan sobre la posibilidad de incumplimiento de pago de una emisión; en el caso de los fondos de títulos de deuda, se expresan sobre dos aspectos fundamentales:

1. El riesgo crediticio, que se deriva de la calidad de los activos y la administración del fondo.
2. El riesgo de mercado, que proviene de la variación de las tasas en el mercado secundario de dinero.

El primer aspecto consiste en evaluar la posibilidad de cumplimiento de pago de las emisiones de deuda que componen el fondo. Es la misma evaluación tradicional sobre los emisores, con todos los elementos de peso: las características de la emisión, los flujos del emisor, el mercado, etc., nada más que en el caso de los fondos la evaluación es sobre todo un portafolio donde se concentran papeles de distintas características, de varios emisores, de diversas denominaciones... ese aspecto también comprende la gestión del operador de fondos, su capacidad para diversificar los instrumentos, en clase y plazo, de acuerdo al tipo de fondo, así como las fuerzas y debilidades de su administración y capacidad operativa.

El segundo criterio, el riesgo de mercado, consiste en la opinión sobre la incidencia del comportamiento de los mercados (las variaciones de las tasas, las oscilaciones del tipo de cambio, las restricciones o inyecciones de liquidez, etc.) sobre los activos del fondo.

Categorías de calificación

Las calificadoras, al evaluar un fondo, vierten su opinión mediante claves o códigos similares a las que se emplean para asignar la calificación a los títulos de deuda.

Si bien cada calificadora utiliza una escala de atributos y una codificación propias (como se estila en el caso de los bonos), en México se ha definido una escala homogénea a la que deben sujetarse las calificadoras para evaluar las sociedades de inversión en instrumentos de deuda.

En el cuadro 6.9 se aprecia la escala homogénea de calificación de fondos de deuda en México. Véase que la escala de factores que atañen al primer aspecto comprende seis grados y la que se refieren al riesgo de mercado comprende siete.

A un fondo entonces se le asignará una calificación que incluya un código del primer criterio y, separado por una diagonal (/), un número del segundo. Por ejemplo, si un fondo se califica como AAA/4, significa que la calidad de activos del fondo es sobresaliente y que su exposición a riesgos de mercado es moderada. La calificación mediante la escala homogénea implica que el operador de fondos debe completarse con la inicial de la empresa calificadora. Si al fondo lo calificó *Standard and Poor's*, al código se agrega "S&P" (AAA/4 S&P) y, si lo calificó *Fitch*, se le agrega "F" (AAA/4 F).

La calificación permite al público conocer el grado de riesgo de mercado que corre al participar en cada fondo. ¿Dónde ver o cómo saber la calificación de un fondo? Los operadores tienen la obligación de difundir la calificación asignada a cada uno de sus fondos. Ellos publican la calificación junto con las carteras, al menos una vez al mes, en los diarios especializados y las mantienen disponibles al público en sus oficinas.

Calidad	Código	Categoría	Significado
Sobresaliente	AAA	1	Extremadamente Baja
Alto	AA	2	Baja
Muy bueno	A	3	Baja o Moderada
Aceptada	BBB	4	Moderada
Baja	BB	5	Moderada a Alta
Mínimo	B	6	Alta
		7	Muy alta

Riesgo de crédito: Nivel de seguridad del fondo que se deriva de la evaluación de factores que se refieren a la calidad y diversificación de los activos del portafolio, a las fuerzas y debilidades de la administración y a la capacidad operativa

Riesgo de mercado: Categorías de exposición a pérdidas por variaciones de las tasas

Cuadro 6.9
Categorías de calificación de la calidad de los activos y la administración de los fondos de deuda

Los operadores pueden divulgar la codificación particular otorgada por una calificadora pero, en todo caso, tienen que dar a conocer la clave de la calificación homogénea que haya sido asignada así como la empresa calificadora que ha calificado sus fondos.

¿Los fondos son una forma de inversión segura?

La gente que piensa invertir en fondos parte de una preocupación básica: ¿está seguro mi dinero? Esa inquietud tiene que ver con el temor de perder su patrimonio, como han visto que ocurrió con quienes confiaron en otro tipo de productos.

El público espera que los expertos le brinden respuestas sencillas y concretas. La gente espera oír que sí, que se trata de un producto seguro pero la respuesta no puede darse de modo tan literal.

El nivel de seguridad (y el riesgo) que corre el público al invertir en fondos depende de dos grupos de elementos. Uno tiene que ver con el tipo de instituciones a la que pertenecen las empresas que administran los fondos y el otro, con los riesgos del producto.

Los operadores de fondos son instituciones creadas para manejar fondos de inversión. Están supervisadas, vigiladas y reguladas por la Comisión, Departamento o Superintendencia de Valores. Este organismo emite las disposiciones a partir de las cuales los operadores pueden diseñar cada uno de los fondos y las políticas de compraventa de los instrumentos con que van a integrar sus carteras. Eso nos hace suponer que el dinero estará manejado transparentemente y de manera confiable, de acuerdo a las disposiciones, y que el intermediario operador y su personal actuarán de buena fe. Pero, como todos, los bancos, las casas de bolsa, las cajas de ahorro y demás instituciones autorizadas para recibir depósitos, están expuestos a malos manejos, fraudes o actuación dolosa.

Lo que nadie puede controlar, aunque todo se maneje según las disposiciones, es el riesgo de mercado. Si las tasas suben o la bolsa baja, el participante de un fondo va a perder. Eso es inevitable. Ese riesgo, el de mercado, no lo puede erradicar nadie. Por eso las autoridades obligan a las calificadoras a decirle al público el grado de riesgo que asume al participar en uno u otro fondo, por eso cada fondo de deuda tiene que ser evaluado por una empresa calificadora autorizada.

Transparencia, principal activo de los fondos

Esta serie de elementos hace que los fondos sean un producto de inversión transparente, a diferencia de otros, que por no contar con reglas suficientes ni con instituciones de vigilancia han sido motivo de fraudes y malos manejos.

La transparencia con que se manejan los recursos de los fondos hace que el público pueda conocer el perfil de cada fondo, su cartera, los precios diarios de los instrumentos que las integran, sus estados financieros, los nombres de los responsables del fondo, etcétera.

Sin embargo, los fondos son productos de inversión de riesgo. El público puede perder al invertir en ellos por dos clases de factores:

1. La posibilidad de que el emisor (bancos, empresas o gobierno) de los instrumentos de deuda que forman las carteras de los fondos no pague el pasivo que está representado por esos instrumentos. Las empresas calificadoras se encargan de evaluar la capacidad de pago que tienen esas empresas y de difundir el grado de riesgo que adopta el fondo por tener esos instrumentos.

2. Las variaciones de las tasas de interés y los precios de los títulos o valores. Los fondos de títulos de deuda tienen el riesgo de que suban las tasas de interés. Cuando las tasas suben, se producen pérdidas en el valor del patrimonio del fondo porque disminuyen los precios de los activos. Por su parte, los fondos comunes tienen el riesgo de que los precios de las acciones bajen. Como estos precios varían a diario, los fondos comunes pueden perder mucho en poco tiempo.

El público debe estar consciente del nivel de riesgo que asume al participar en un fondo. No puede decirse que los fondos sean productos cien por ciento seguros, pues por su naturaleza no están exentos del riesgo. Pero puede afirmarse que al contar con una regulación amplia y estar en constante vigilancia por las autoridades, su manejo es transparente. Esto, como quiera que sea, es un activo muy valioso para los ahorradores.

6.5 La forma más "inteligente" de invertir

Hacia finales de siglo, la industria de los fondos en Estados Unidos se ufanaba de las siguientes cifras:

- Los activos globales de los fondos eran de unos cuatro billones de dólares (trillones, en la nomenclatura estadounidense).

- En conjunto, los operadores ofrecían más de 6 000 fondos.

- Se manejaban recursos de casi 40 000 000 de inversionistas.

Las sociedades de inversión en Estados Unidos son tan variadas que se encuentran incluso en las alternativas para cubrir la educación de los hijos que todavía están pequeños o aun en la ilusión de comprar una casa.

En Estados Unidos, el público ha sabido explotar la nobleza de los fondos. La explotación al máximo por casi todos los estratos sociales se explica por medio de un grupo de razones que deben cultivarse en los países emergentes, donde el producto no ha podido traspasar su etapa primaria:

- Divulgación de la cultura financiera y bursátil.

- Eficiencia del sistema de pensiones.

- Independencia de los operadores.

- Desarrollo de la industria (regulación, figuras complementarias, flexibilidad operativa, autorregulación, etcétera).

El elemento clave del éxito de los fondos es su destinatario: el público. Por eso, los esfuerzos de las instituciones de la industria se orientan a detectar inversionistas potenciales, a inculcar la cultura y filosofía del mercado y a difundir sus beneficios.

Los inversionistas, sobre todo los que comienzan a inmiscuirse en el producto, tienen que considerar un conjunto de premisas o consideraciones para actuar con firmeza, conscientes de lo que pueden lograr y de los riesgos del producto.

Consideraciones para elegir un fondo

No, no se trata de una receta infalible. Sólo son conclusiones generales, consideraciones con las que el inversionista podría enriquecer su criterio antes de elegir un fondo.

Tampoco se trata de querer hallar todas las cualidades en un solo fondo o un operador. Incluso el fondo que parezca el más benévolo puede tener ciertas desventajas. Es natural, por ejemplo, que los fondos accionarios apliquen comisiones directas en tanto que los fondos de deuda, aparentemente gratuitos, también contemplan ciertos gastos o descuentos. No debe tomarse un solo criterio para decidirse. En su caso, el inversionista puede inclinarse por el fondo que cumpla la mayoría de los puntos.

- Se debe determinar el objetivo particular. Cada quien ha de definir qué desea sobre todas las cosas: liquidez, altos rendimientos, bajo riesgo, cobertura cambiaria, etcétera.

- Hay que reconocer la variedad que hay en el mercado para cada tipo de fondo. No debe elegirse el primero que se encuentre.

- Se tienen que analizar con detenimiento los costos y comisiones que cobra el operador. La diferencia estriba muchas veces en las comisiones y cargos. Como los rendimientos son a menudo muy parejos, la verdadera diferencia está en las comisiones. Al reducirse la brecha entre inflación y tasas de interés, el diferencial o *spread* con el que se quedan los operadores al negociar los títulos es muy pequeño, por lo que pretenden compensar sus bajas ganancias con cargos por retiros, por saldos mínimos, por depósitos, etcétera. La batalla entre los operadores, antes, era sólo por el lado de los rendimientos; ahora es también por la aplicación de comisiones.

- El inversionista tiene que analizar los instrumentos que conforman la cartera del fondo para ver si son compatibles con la misión del mismo.

- El público debe buscar respuesta a cuestiones concretas: ¿Es un fondo abierto o cerrado? ¿Qué facilidades de salida y entrada otorga? ¿Es fácil o complicado girar instrucciones? ¿Qué servicios adicionales proporciona el operador del fondo? El servicio es tan importante como el rendimiento. Un buen servicio debiera incluir capacidad de los promotores, agilidad de las operaciones, facilidades de traspaso entre cuentas, y otros aspectos. Un mal servicio representa más dinero perdido que el rendimiento obtenido. Las vueltas innecesarias, las llamadas infructuosas o una operación mal realizada cuestan más que el rendimiento que el operador puede ofrecer.

- Se tienen que buscar o pedir referencias del operador del fondo y del promotor que ofrece el producto.

- Hay que asegurarse de que el fondo elegido sea parte de una familia de fondos.

- El público tiene que atender el rendimiento histórico del fondo. Los rendimientos del pasado no son garantía de rendimientos futuros. Aunque el fondo haya generado un rendimiento elevado, tendrían que combinarse las mismas circunstancias del pasado (los mismos niveles de tasas, la misma volatilidad, la misma inflación, el mismo tipo de cambio, etc.) para que volviera a generar el mismo porcentaje de rendimiento en un periodo próximo idéntico. El cliente debe saber que el rendimiento esperado dependerá del tipo de fondo en que aplique su dinero (de liquidez diaria, de mediano plazo, agresivo, etc.) y del comportamiento que tengan las tasas y demás variables durante el periodo que piense mantener su inversión.

- El inversionista no debe perder de vista el tamaño del fondo.

- Se tiene que revisar cada cierto tiempo el comportamiento del fondo en relación con otros fondos del mismo tipo de otros operadores. Hay que comparar el rendimiento de un fondo de liquidez contra otros fondos de liquidez; un fondo de mediano plazo contra otros fondos de mediano plazo.

- Aun si se tuviera un único propósito, se puede participar en dos o tres fondos que persigan el mismo objetivo.

- Si se tienen diferentes propósitos, es factible participar en dos o tres fondos de distinto objetivo aplicando el dinero en proporciones diversas, según las prioridades o preferencias.

- Hay que consultar la calificación del fondo de deuda y dar seguimiento a sus cambios.

Adiós a las cuentas de ahorros

Además de que puede participar con pocos recursos en los productos reservados para los grandes inversionistas, diversificar sus riesgos, contar con el apoyo de los que seleccionan los valores e instrumentos con profesionalismo, con personal contratado para administrar los recursos del fondo, de diversificar... ¿qué más puede pedir el público?

Por todas las ventajas y beneficios consignados, los fondos constituyen una de las formas más adecuadas de manejar los recursos en el mercado de valores. Frente a ellos, las cuentas de ahorros que ofrecen rendimientos exiguos parecen bromas de mal gusto.

Resumen

Los fondos de inversión son uno de los productos que más han impulsado el desarrollo y el crecimiento de los grandes mercados en el mundo. Gracias a los beneficios que conceden a los inversionistas medios y pequeños, concentran sumas muy elevadas que, de acuerdo con un objetivo concreto, se aplican en los distintos instrumentos del mercado.

Cada fondo es creado y administrado por un operador de fondos. Éste se encarga de diseñar el perfil del fondo, de recabar los recursos del público, de adquirir los valores para formar la cartera, de analizar la economía y los mercados para mover esos valores según las circunstancias y el objetivo del fondo, de administrar el riesgo y de atender las solicitudes, órdenes e inquietudes del público, entre otras cuestiones.

Un operador de fondos crea un "familia" de fondos. Las *familias de fondos* están integradas por varios fondos de distinto enfoque, dado que cada uno se construye con un objetivo específico. Los objetivos se delinean dentro de los dos sectores de la bolsa: el mercado de dinero y el mercado de capitales.

Los fondos creados para conseguir objetivos en el mercado de dinero suelen ser de máxima liquidez, especializados en valores de algún emisor en particular, agresivos, de cobertura, de pensiones, etc. Los fondos constituidos para lograr objetivos en el mercado de capitales son, por lo general, indexados (indizados), agresivos, de empresas grandes, de empresas medianas y pequeñas, balanceados, etcétera.

Como todos los productos de inversión, los fondos son un mecanismo de riesgo. En los fondos de deuda el riesgo se manifiesta por la posibilidad de incumplimiento de pago de los emisores de los bonos y por la variación de las tasas de interés. En los fondos comunes estriba en las bajas de los precios de las acciones que integran las carteras.

Los expertos parecen estar de acuerdo: los fondos son el producto de inversión más generoso. Gracias a esto, han alcanzado una enorme popularidad en los países desarrollados. En Latinoamérica, no se han podido explotar en forma cabal. La poca penetración del producto es, paradójicamente, el principal activo del producto. La gran aceptación de los sistemas de pensiones en la región hace pensar que los fondos, si se sabe inculcar en la gente, pueden convertirse en el producto de inversión de mayor explosión en la primera década del siglo.

Práctica

1. Los fondos indexados o indizados, cuyas carteras son un espejo o réplica de un índice de precios, son uno de los tipos de fondos más populares de los mercados.

   a. Busque y presente la cartera de un fondo indexado a uno de los índices de precios de la bolsa local, proporcione el nombre y la clave del fondo (*ticker*), el nombre del operador (*manager*), el valor de cada activo, su participación porcentual en el valor total de la cartera, el valor total de los recursos y la fecha de la cartera.

   b. Paralelamente, presente la composición del índice de precios al cual está referido el fondo.

2. La "distribución" de los fondos —es decir, la venta al público— puede realizarse de diversas formas. Investigue y describa cómo se efectúa en el mercado local. Considere para ello la participación que tienen los siguientes actores en los procesos:

   a. Operador (*manager*)

   b. Bancos

   c. Distribuidor de fondos

   d. Otros agentes

3. Para que la industria de los fondos pueda crecer en los países emergentes, las autoridades y los intermediarios deben hacer cambios de base, adecuaciones, propiciar el surgimiento de nuevas figuras, adecuar la regulación, etcétera.

   a. ¿Qué cambios se han efectuado en la industria local en el último año? Coméntelos.

   b. ¿Qué nuevas figuras han surgido? En su caso, ¿qué actividades realizan?

4. Los fondos de pensiones son los fondos de inversión que buscan hacer crecer el dinero con que se van a jubilar los trabajadores.

   a. ¿Cuántos tipos de fondos de pensiones se pueden crear en el mercado local?

   b. ¿Cuál es el régimen de inversión de cada uno de esos tipos de fondos?

   c. Los tipos de fondos de pensiones que se pueden instrumentar en la actualidad, ¿cumplen las expectativas de los trabajadores? Explique su respuesta.

5. El público puede elegir un fondo según una serie de objetivos tradicionales: de deuda de liquidez, de deuda agresivos, comunes indexados, etc. Busque cinco nombres (*tickers*) de fondos y de cinco operadores que correspondan a cinco objetivos de inversión diferentes.

3 parte

Análisis y pronósticos
de los mercados

Introducción

Si alguien pudiera saber o adivinar los acontecimientos del futuro sería un hombre rico. Después del dinero, la información es el producto más valioso del mercado. Es el elemento vital que sirve para tomar las decisiones.

¿Quién puede predecir con certeza qué pasará con el dólar, las tasas o los precios de las acciones? ¿Quién o quiénes saben lo que va a ocurrir y cuándo en los escenarios políticos y económicos del país? Nadie puede asegurar nada... a menos que tuviera una bola de cristal infalible. ¿Conoce un adivino? Pregúntele por la tendencia del mercado.

El comportamiento de los precios y los indicadores, como casi todo en la vida, es impredecible. Nadie sabe, a ciencia cierta, cómo se van a mover en el tiempo. Lo que sí se puede hacer es pronosticar los hechos u opinar sobre el comportamiento esperado de los mercados valiéndose de técnicas especiales, del dominio del entorno económico y de los negocios o, por qué no, echando mano de herramientas y modelos tan vetustos como la percepción o *feeling*, esa especie de sensibilidad que se adquiere nada más al estar dentro del aro de la bolsa y que madura y se perfecciona con los años. Las variaciones de los precios se pueden aprovechar para ganar; pero también pueden ocasionar pérdidas irreparables.

El análisis del mercado permite reconocer el estado actual y la tendencia de las variables macro, de los indicadores estratégicos y de los precios de las acciones, identificar las circunstancias que pudieran hacerlos crecer, dilatarse en ese estado o bajar.

Al analizar el mercado desde sus tres flancos —económico, fundamental y técnico—, se pueden detectar las oportunidades para ganar y se puede evadir o administrar el inevitable conocido incómodo: *el riesgo*.

7 Análisis económico: la economía de todos los días

Los que acumularon dinero en Argentina, hasta diciembre de 2001, lo perdieron todo debido a que por la crisis el gobierno convirtió a pesos los depósitos en dólares, los congeló y mucho tiempo después los devolvió a un tipo de cambio que ya no era de uno a uno.

Debido a crisis recurrentes o a nulo crecimiento, varias empresas mexicanas, entre los últimos años de los 90 y los primeros del nuevo siglo, no pudieron cumplir con sus obligaciones de pago y muchos inversionistas que les habían prestado o financiado vía capital y a través el mercado, perdieron rápidamente sus ahorros.

En situaciones normales, el público ahorrador pierde si sube el dólar, las tasas, o caen los precios de las acciones. Una empresa que desea emitir bonos o acciones seguramente tendrá problemas para colocarlos o de plano no lo logrará si se avizoran riesgos de estancamiento económico, de menor crecimiento o disminución del Producto Interno Bruto, de descomposiciones en la balanza de pagos o de una inflación alta.

¿Se pueden evitar esos riesgos, tanto los extremos como los cotidianos?

Todos los actores de la economía y los mercados deben estar al tanto de los acontecimientos. Para no perder, es más, para invertir adecuadamente y conseguir sus propósitos, los inversionistas deben comprender cómo les afectarán los movimientos de las variables. Para saber si es prudente pedir recursos y echar a andar planes de desarrollo, las empresas deben pronosticar el impacto del estado futuro de la economía.

Quienes comprenden los orígenes y los movimientos de las variables están mejor preparados para afrontar las posibles consecuencias.

Antes, pulsar la economía era relativamente sencillo. Bastaba con que las amas de casa o el jefe de la familia platicaran acerca de los precios de los productos en el mercado o sobre la situación general de algún sector de empresas para que cualquiera se percatara y formara una idea de lo que ocurría.

Comprender hoy los sucesos económicos es mucho más complicado. A la mayoría de la gente le cuesta trabajo armar y combinar los fundamentos que integran y afectan la economía y que influyen en su vida diaria. En la actualidad uno se entera por los medios de comunicación que subió el dólar, que el índice inflacionario fue el más alto de los últimos cinco años o que las tasas de interés superaron la barrera de los 10 o los 15 puntos y que por esos u otros fenómenos cuesta más la colegiatura de los hijos. Por los mismos medios nos enteramos que el sector industrial despidió 10% del personal o que se manifiesta una restricción de liquidez que inhibe los préstamos a las empresas. Hoy, cuando se sabe que los altos (o bajos) precios del petróleo (por ejemplo) desequilibran el proceso económico, o que la enfermedad del presidente de un país lejano provoca alzas en la inflación, resulta muy difícil saber por qué ocurren y cómo afectan los diversos hechos.

La complejidad de la economía ha aumentado con el nuevo capitalismo, la globalización y el libre mercado. Ahora son más los elementos que le dan forma. ¿Qué tiene que ver una devaluación en Rusia con la carencia de liquidez en el mercado nacional? ¿Por qué la salida de capitales de México genera efectos nocivos en Brasil? Las preguntas son sencillas, no así las respuestas. Para contestarlas se requiere ver más allá de una repercusión o suceso aislado. Para comprender el entorno económico que nos rodea, para saber cómo nos beneficia o perjudica un hecho aparentemente remoto, para poder afrontarlo, es preciso desmenuzar la economía, analizar cada uno de sus componentes, verterlos, juntarlos con los hechos externos, mezclar todo para sacar conclusiones.

Repercusiones de los factores económicos en las decisiones de financiamiento e inversión

El sube y baja de los precios de las acciones, de las tasas de interés y del dólar, como consecuencia de los movimientos y alteraciones de la economía diaria, incide en las decisiones de financiamiento de las empresas, en el ánimo de los inversionistas y en cuestiones de cualquier índole económica.

Según las condiciones de la economía, una persona se decide, por ejemplo, por comprar un auto en efectivo o a crédito y, si es a crédito, por tomar una tasa variable o una tasa fija, referir el monto del préstamo en moneda corriente o en Unidades de Inversión (UDI´s).

También, conforme a estas condiciones, las empresas determinan si contratan créditos, si toman financiamiento a mediano o largo plazo, si amplían su capital para expandirse, si optan por captar recursos en el extranjero o si prefieren, según la estructura y el futuro económico, postergar sus planes.

Los inversionistas, al sopesar el estado de las variables, tienen que definir si invierten en instrumentos de riesgo, buscando una rentabilidad alta, si optan por moderar su riesgo y canalizan parte de su dinero a títulos de deuda, si actúan de manera conservadora o si deciden manejar alternativas precautorias o de cobertura.

Los niveles de las tasas de interés, del tipo de cambio, de los precios de las acciones y del resto de las variables macroeconómicas dependen, al igual que la carestía de la vida, de dos condiciones primarias:

➥ del estado que guarde la economía dentro de un periodo y

➥ de las expectativas que se tracen sobre su desarrollo.

El proceso económico actual, de libre mercado, global, está sujeto a un sinfín de condicionantes internas y externas. Analizar sus componentes y pronosticar su evolución resulta crucial para cualquier propósito o para la planeación de cualquier aspecto que tenga que ver con el dinero.

Para comprender el estado de la economía y ponderar sus efectos sobre las oportunidades de financiamiento e inversión, así como los riesgos latentes, se deben considerar y revisar su estructura, sus variables, los hechos internacionales, la plataforma política y toda aquella circunstancia o suceso que la movilice, afecte o pueda incidir en ella. En suma, se debe hacer un análisis económico. De todo esto trata este capítulo.

7.1 Proceso económico y PIB: estabilidad y desequilibrios

Las tres cuestiones básicas de la economía

El entorno económico se forma por las entidades que producen bienes y servicios para satisfacer las necesidades de los grupos sociales. Las entidades productivas utilizan insumos, capital y mano de obra y generan satisfactores a partir de tres cuestiones primordiales: *qué producir, cómo producir* y *para quién producir.*

■ *Qué producir.* Las empresas producen porque detectan que la sociedad tiene necesidades concretas que se deben satisfacer. La sociedad, pues, demanda bienes y servicios.

■ *Cómo producir.* Los métodos de producción evolucionan con el tiempo, los avances tecnológicos y la experiencia. Están determinados por los competidores, por el deseo de incurrir en costos menores y por el afán de ganar más.

■ *Para quién producir.* Las empresas producen para los que demandan bienes y servicios y, al hacerlo, crean la oferta. La confrontación de oferta y demanda determina los precios de los bienes, incluyendo el de los factores productivos. Al pagar por los bienes que recibe, la sociedad retribuye a los que le satisfacen sus necesidades. Las empresas buscan generar riqueza mediante esa retribución monetaria que le hace la sociedad.

Producto Interno Bruto (PIB): la economía como un todo

La economía es como una gran ánfora que contiene muchas partes de distinto tamaño. Todas las ramas y sectores forman lo que se conoce como *estructura económica.* Si se suma el valor de cada uno de los bienes y servicios producidos en un sector, se obtiene el importe de cada rama o actividad económica y, si luego se suman todos los importes de cada sector al final de un periodo, se tendrá el valor de la economía nacional. Ese importe representa el Producto Interno Bruto, el PIB (*Gross Domestic Product*).

> Producto Interno Bruto, PIB, *Gross Domestic Product*

El PIB es la suma del valor de todos los bienes y servicios que se producen en un país durante un periodo específico. Es la medida que indica la magnitud que tiene una economía.

Cuando se dice "economía de un país", se debe entender, para efectos prácticos, que se habla de la sumatoria del valor de la producción, del PIB. Cuando se lee o se escucha "el PIB", se debe entender que se habla de la economía en su conjunto.

El producto interno bruto es la integración de todas las actividades económicas que se realizan en un país: la agricultura, la industria, el comercio, los servicios, etc. Es la concentración, en un cuadro, de los componentes de la economía. Es la economía vista como un todo, cuantificada en términos monetarios.

En el cuadro 7.1 se muestra la integración del PIB de México al 30 de junio de 2003 y 2004.

Cuadro 7.1
Producto Interno Bruto de México al 30 de junio 2003 y 2004

ACTIVIDAD ECONÓMICA	PRIMER SEMESTRE		VARIACIÓN
	2003	2004	%
SECTOR AGROPECUARIO, SILVÍCOLA Y PESCA	89 236.00	93 825.20	5.14
SECTOR INDUSTRIAL	408 392.40	423 905.00	3.80
MINERÍA	20 326.60	20 804.80	2.35
INDUSTRIA MANUFACTURERA	301 584.60	313 704.80	4.02
ALIMENTOS, BEBIDA Y TABACO	80 435.50	82 049.80	2.01
TEXTITLES, PRENDAS DE VESTIR Y CUERO	20 418.20	20 886.10	2.29
MADERA Y SUS PRODUCTOS	7 144.80	7 156.10	0.16
PAPEL, IMPRENTA Y EDITORIALES	13 944.00	14 094.50	1.08
QUÍMICOS, DERIVADOS DE PETRÓLEO, PLÁSTICOS	44 909.20	46 503.80	3.55
MINERALES NO METÁLICOS	21 445.80	22 310.50	4.03
INDUSTRIAS METÁLICAS BÁSICAS	14 981.10	15 905.30	6.17
METÁLICOS, MAQUINARIA Y EQUIPO	90 162.50	95 103.00	5.48
OTRAS INDUSTRIAS MANUFACTURERAS	8 143.40	9 695.60	19.06
CONSTRUCCIÓN	60 946.70	63 644.90	4.43
ELECTRICIDAD, GAS Y AGUA	25 534.50	25 750.40	0.85
SERVICIOS	1 069 928.50	1 113 873.50	4.11
COMERCIO, RESTAURANTES Y HOTELES	322 490.40	335 234.10	3.95
COMUNICACIONES	180 470.70	195 274.80	8.20
SERVICIOS FINANCIEROS	259 721.50	272 602.60	4.96
SERVICIOS COMUNALES	307 245.80	310 762.00	1.14
SERVICIOS BANCARIOS	−50 587.30	−54 833.40	8.39
VALOR AGREGADO A BÁSICOS	1 516 969.70	1 576 770.30	3.94
IMPUESTOS A PRODUCTOS	132 974.00	138 216.00	3.94
PIB	1 649 943.70	1 714 986.30	3.94
TOTAL	6 596 762.30	6 858 226.00	3.96

Fuente: Banco de México: *http://www.banxico.org.mx/eInfoFinanciera/FSinfoFinanciera.html* Estos datos también están disponibles en la página del Instituto Nacional de Estadística, Geografía e Informática del gobierno federal mexicano, INEGI, *www.INEGI.gob.mx*, cifras en millones de pesos.

Así pues, se puede decir, por ejemplo, que el PIB de México al primer semestre de 2004 fue de 6 billones 858 mil 226 millones de pesos, aproximadamente 596 mil 367 millones de dólares. Esta cantidad indicaba la suma de todos los bienes y servicios producidos y proporcionados por las entidades económicas en el territorio nacional del 1 de enero al 30 de junio de 2004.

Variaciones del PIB: aumentos o disminuciones de la actividad económica

La magnitud de la economía, medida a través del PIB, cambia constantemente. En algunos periodos se expande y en otros se reduce. Los analistas y funcionarios del gobierno divulgan las variaciones, expresadas como porcentajes con respecto a un mismo periodo del año anterior (un trimestre, un semestre, un año) y tales variaciones sirven para deducir y tomar decisiones: si el gobierno revela que la cifra del PIB creció en un año un 3.9%, significa que la economía mexicana, que tenía un valor de 6 billones 596 mil 762 millones en junio de 2003, aumentó 261 millones 463 mil en un año.

Cuando la economía crece, con las moderaciones y los controles convenientes, el aumento es positivo para el país porque significa que se han elaborado más bienes y servicios y que, para hacerlos, las empresas aumentaron su capacidad, contrataron más personal, hubo menos desempleo, fue mayor el consumo, más grandes las utilidades de las empresas y mayor el interés de los inversionistas por comprar acciones en la bolsa. El crecimiento del PIB beneficia a todos los agentes de la economía. Las reducciones del tamaño de la economía, en cambio, se consideran perjudiciales en la mayoría de los casos, ya que las empresas, en esos casos, disminuyen su producción, despiden personal y eso, a su vez, ocasiona que se reduzca el consumo, se retiren inversiones, etcétera.

Las variaciones del PIB no son idénticas para cada sector, rama o actividad. Cada uno evoluciona diferente y sufre un impacto distinto. Unas ramas crecen más que otras en tanto que algunas diminuyen. Véase la última columna del cuadro 7.1 que expresa justamente las variaciones porcentuales de cada rama o sector productivo. Nótese que, aunque el crecimiento promedio de los bienes producidos fue de 3.9%, hubo algunas que crecieron mucho más, como el sector de otras actividades de manufactura, o el de servicios bancarios y que, por el contrario, algunas apenas sumaron más producción arriba del cero, como el sector de la madera y el de electricidad, gas y agua. El movimiento económico general, el 3.9% en el caso del periodo que se señala, sea ascendente o descendente, comprende todas las ramas.

Efectos de variaciones del PIB

Cada inicio de año, el gobierno y los analistas difunden su proyección de variación del PIB. Cada año se organizan seminarios o conferencias donde se estudian las proyecciones anunciadas y sus posibles repercusiones en los sectores y variables. Conforme transcurren los meses se expone la evolución trimestral global y el modo en que evolucionan los diversos componentes.

Las variaciones del PIB inciden en las decisiones que toman el gobierno, los empresarios, el público, los inversionistas y demás actores de la economía. Cada quien utiliza las cifras proyectadas u observadas a fin de establecer sus objetivos y líneas de acción: el gobierno, para ajustar sus medidas económicas que tiendan a mejorar las condiciones; los empresarios, para forjar proyectos de expansión o repliegue de sus actividades; los inversionistas, para decidir sus objetivos y seleccionar instrumentos.[1]

---

1 El dato también les debe importar a los actores más vulnerables de la economía: los trabajadores y las amas de casa. A ellos les interesa para tomar providencias sobre su futuro y para planear el consumo familiar.

Las variaciones impactan el desempeño de las variables macro: la inflación, el tipo de cambio, las tasas de interés, etc.,[2] y generan influencias en los mercados: la baja de tasas de interés haría suponer un crecimiento, la bonanza esperada de las empresas provocaría la compra de acciones en la bolsa, la adquisición de acciones impulsaría los precios y el índice. Si se augurara una disminución del PIB por el alza de las tasas, con la consecuente reducción de las ventas y utilidades de las empresas, el público buscaría deshacerse de sus inversiones accionarias para refugiarse en títulos de deuda.

El PIB *per cápita* o la economía que no alcanza

Hay un dato que es a menudo desdeñado en los informes económicos y dejado de lado en los discursos alegres, el del Producto Interno Bruto *per cápita* o por persona. El dato es fácil de obtener. Hay que dividir el importe total del PIB (de preferencia en dólares, para poder hacer comparaciones), entre el número de habitantes del país.

No se trata sólo de obtener el dato sino de sopesarlo: en México, aunque los números revelan que el PIB crece, en realidad no cambia porque la población crece en porcentajes más altos. Si la población crece, deben producirse cada vez más bienes y servicios para satisfacer sus necesidades de consumo. Si el número de habitantes crece más que el crecimiento del monto de los bienes, no hay modo de que todos los habitantes dispongan de satisfactores y eso provoca que se tengan que comprar en otros países. Pero si se tienen que conseguir fuera los bienes que se requieren dentro, se genera un desfase porque parte de la población no tiene con qué pagar lo que requiere. Si el PIB crece menos que la población, cada año habrá más personas desocupadas, sin ingresos y sin satisfactores y eso los obligará a emigrar, a buscar en otros países lo que debieran tener en el suyo.

El dato se torna más alarmante si hacemos comparaciones. Según cifras del FMI, a fines de 2003, considerando que la población era de 104 millones de personas, aproximadamente, la *producción per cápita* de México era de 9 000 dólares, en tanto que la de Estados Unidos era de 37 800 dólares y la de Canadá de 29 800 dólares. Vamos, hasta países aparentemente más perjudicados tenían un PIB *per cápita* superior: Uruguay, de 12 800 dólares; Chile, 11 200 dólares y Argentina, 9 900 dólares.

No basta, pues, que crezca el PIB. Debe crecer en términos reales, más que la inflación y más que el porcentaje de crecimiento de la población.

Esas cifras no revelan tampoco otra realidad aberrante: en Estados Unidos, Canadá o en cualquier otro país desarrollado, el PIB se genera por casi toda la población en tanto que en países como México se produce por un tercio del total. Por eso, como muchos no contribuyen a la generación del PIB, porque no cuentan con empleos, no reciben nada a cambio ni tienen modo de lograr su sustento. Esa población, casi el 40% del total, es la que se ubica debajo de la denominada línea de pobreza extrema, los que subsisten (es un decir) con menos de un dólar al día.

¿De qué depende que el PIB varíe? De muchos elementos que se crean, confluyen y se entremezclan en el flujo circular de la economía.

La economía se mueve en ciclos a lo largo del tiempo. Cada ciclo está integrado por fuerzas de distinto calibre y repercute de modo diverso.

---

2   En 1995, la economía mexicana tuvo un retroceso violento. El PIB cayó más de 7%. La disminución general, rápida y sustanciosa, fue el reflejo de la caída de rubros que formaban la estructura económica. Hubo actividades que se redujeron apenas 2%, otras 10% y algunas cayeron hasta 15%. En esa ocasión, el impacto de la reducción económica en las variables fue brutal: se perdió más de un millón de empleos, la inflación se disparó a casi 55%, se inhibieron los préstamos, la producción, las inversiones; se fugaron los capitales, la bolsa se desmoronó, las tasas subieron al 100 por ciento...

Flujo circular y ciclos económicos

Las tres cuestiones básicas de la economía (qué producir, cómo y para quién) forman un flujo circular: las empresas adquieren materias primas, recursos y fuerza de trabajo. Al vender sus mercancías, reciben dinero con que pagan por todo ello. Los proveedores, acreedores y trabajadores, al recibir la compensación por los productos y servicios que le entregan, demandan a su vez otro tipo de bienes a otros proveedores y trabajadores que, por su parte, hacen lo mismo. Ese flujo se extiende hasta llegar a los productores de artículos primarios,[3] los que extraen directamente de la naturaleza los bienes que transforman o negocian, con lo que se cierra el primer círculo y comienza otro.

El flujo de la gran cadena debe estar en movimiento continuo, nunca debe detenerse.

Un entorno económico ideal sería el que mantuviera un crecimiento constante de la producción de satisfactores, que no hubiera desempleo (lo que se conoce como pleno empleo y que no significa, necesariamente, que todo mundo esté trabajando), que asegurara un abastecimiento de dinero barato y que propiciara que los precios subieran con moderación. Eso sería lo ideal. La vida económica es muy diferente.

Cualquier elemento que entorpezca o dificulte la obtención de alguno de los factores productivos puede alterar el proceso económico, mismo que puede robustecerse por influencias positivas.

La economía tiene etapas de estancamiento, retroceso y ciclos de bonanza. En los ciclos de auge todo marcha sobre ruedas, los negocios prosperan, las empresas se expanden y reportan utilidades, se realizan nuevas inversiones, se generan más empleos. Son los tiempos de crecimiento generalizado, cuando el ahorro interno y la inversión se fortalecen y las entidades financieras (la banca, la bolsa y los demás organismos) tienen capacidad de otorgar financiamientos a las empresas. En estos ciclos benévolos, los mercados financieros reflejan el dinamismo económico: la bolsa tiende a subir, las tasas de interés se mantienen en niveles moderados, la inflación se contiene y el tipo de cambio permanece estable. Es la época adecuada para que las empresas salgan a los mercados a buscar recursos y para que el público arme carteras agresivas. Un ciclo como ese vivieron Estados Unidos y México durante los gobiernos de Bill Clinton y Ernesto Zedillo, respectivamente, entre 1996 y 2000. En esos años se llegó a decir que los mercados, alentados por las buenas cifras económicas, vivían una exhuberancia irracional, desbordada.

Ocurre lo contrario en las etapas recesivas, en las que el ahorro interno se reduce: los recursos salen del país ante el aumento del riesgo, lo que provoca una baja permanente del mercado accionario, tasas de interés elevadas, deslizamiento adverso del tipo de cambio e impulsos a la inflación. Con todo esto, el traslado de recursos hacia las empresas se detiene o disminuye, con lo que bajan la producción, las ventas y las utilidades, se incrementa el desempleo, se producen cierres o quiebras y, en casos menos drásticos, por lo menos se suspenden o postergan los planes de desarrollo. Es la época en que el dinero no fluye adecuadamente hacia las empresas y el público inversionista debe armar carteras precautorias, enfocadas a no perder. Un ciclo como ése se llegó a vivir, también en México y Estados Unidos, en los gobiernos de George Bush y Vicente Fox, respectivamente, entre 2000 y 2003. Los mercados, ante la falta de perspectivas halagüeñas y la terrible falta de liquidez que inhibía el crecimiento, se estancaron y produjeron pérdidas continuas.

---

3   La economía se divide en actividades primarias, secundarias y terciarias. Las primarias explotan los recursos naturales, las secundarias transforman esos productos y las terciarias comercializan los bienes y ofrecen los servicios.

También hay épocas en que la economía se mueve sin tendencias espectaculares hacia abajo o hacia arriba. Son los ciclos de estabilidad o calma.

Ninguna época es permanente ni beneficia o perjudica a todos por igual. En un ciclo virtuoso puede haber sectores productivos apagados o en retroceso; asimismo, en una etapa de estancamiento generalizado es probable que hayan sectores boyantes. Por otro lado, y sin importar el ciclo que se viva, en cada sector hay empresas sólidas, en expansión, y otras que se encuentren ancladas o en franca decadencia. El mérito del inversionista radica en identificarlas.

Un país tiene fortalezas y debilidades, sectores preponderantes,[4] rubros vitales en marcado retroceso, ciclos de vitalidad y etapas de flaqueza.[5]

Los cambios en la estructura económica alteran el PIB. Tales modificaciones marcan el inicio o la terminación de un ciclo. ¿Cómo saber si el ciclo actual es positivo o negativo? ¿De qué manera se puede determinar si el ciclo comienza, termina o se está firmemente dentro de él? Mediante el conocimiento del estado de las variables macro. Estos cambios afectan la Balanza de Pagos y se reflejan en las alteraciones de dichas variables.

7.2 Balanza de pagos

Las actividades económicas están orientadas a satisfacer las necesidades sociales del entorno nacional, aunque trascienden al plano internacional. Las relaciones comerciales del país con el exterior se plasman en un estado financiero que revela la situación, fortaleza o fragilidad de la economía nacional: la *Balanza de pagos*.

De manera llana se puede decir que la Balanza de pagos, *Balance of Payments*, es el documento donde se detallan los rubros por los que entra y sale el dinero del país durante un periodo dado.

Como su nombre lo sugiere, la "balanza" (al igual que el balance general de una empresa) exhibe que el importe de las entradas de dinero es igual al importe de las salidas. Este equilibrio no quiere decir que las cosas estén bien o mal, sino que todo lo que ingresa está compensado con lo que sale; es decir, las entradas (ventas, préstamos, transferencias) de dinero del exterior sirven para liquidar lo que sale (compras, pago de préstamos, transferencias).

¿Cuáles son los conceptos por los que entra y sale dinero? Tres grandes rubros integran la Balanza de pagos y dentro de cada cual se desglosan las partidas específicas: la cuenta corriente, la cuenta de capital y las cuentas donde se da cabida a conceptos complementarios.

Cuenta corriente: fortaleza o debilidad de la estructura

Por mucho, la cuenta corriente (*Current Account*) es el renglón de la Balanza de pagos que más atención recibe porque es ahí, más que en cualquier otro, donde se manifiesta la efectividad o la inoperancia de la estructura económica. Es el renglón más importante porque ahí se desglosan las partidas que tienen que ver con la esencia de las relaciones económicas: *el comercio.*

---

4   Identifique en la tabla el sector servicios.
5   Véase las cifras del ya citado sector o rama de la madera.

En el cuadro 7.2 se muestra la composición de la Cuenta Corriente de México al 30 de junio de 2000.

CUENTA CORRIENTE	−1 775 165.90	−498 469.90	−2 273 635.80
Ingresos	51 495 905.50	56 437 0 77.40	107 932 982.90
Exportación de mercancías	43 294 512.00	47 576 785.00	90 871 297.00
Petroleras	5 096 223.00	5 720 115.00	10 816 338.00
No petroleras	38 198 289.00	41 856 670.00	80 054 959.00
Agropecuarias	1 689 596.00	1 453 787.00	3 143 383.00
Extractivas	17 6 385.00	251 299.00	427 684.00
Manufacturas	36 332 308.00	40 151 584.00	76 483 892.00
Servicios no factoriales	3 711 313.50	3 294 392.90	7 005 706.40
Transportes diversos	306 249.80	306 983.70	613 233.50
Turistas	2 322 445.00	2 048 529.00	4 370 974.00
Excursionistas	615 289.00	572 412.00	1 187 701.00
Fronterizos	488 002.00	470 032.00	958 034.00
De crucero	127 287.00	102 380.00	229 667.00
Otros servicios	467 329.70	366 468.30	833 798.00
Servicios factoriales	995 149.00	932 450.00	1 927 599.00
Intereses	612 900.00	563 700.00	1 176 600.00
Otros	382 249.00	368 750.00	750 999.00
Transferencias	3 494 931.00	4 633 449.50	8 128 380.50
Remesas familiares	3 372 101.80	4 506 008.80	7 878 110.60
Otras	122 829.20	127 440.70	250 269.90
Egresos	53 271 071.40	56 935 547.30	110 206 618.70
Importación de mercancías	43 717 608.00	48 508 019.00	92 225 627.00
Bienes de consumo	5 200 688.00	5 948 151.00	11 148 839.00
Bienes intermedios	33 590 048.00	37 162 693.00	70 752 741.00
Bienes de capital	4 926 872.00	5 397 175.00	10 324 047.00
Servicios no factoriales	4 202 350.50	4 638 631.60	8 840 982.10
Fletes y seguros	1 148 309.00	1 279 235.00	2 427 544.00
Transportes diversos	468 303.20	563 545.10	1 031 848.30
Turistas	674 877.00	827 294.00	1 502 171.00
Excursionistas	889 709.00	860 052.00	1 749 761.00
Otros servicios	1 021 152.30	1 108 505.40	2 129 657.70
Servicios factoriales	5 351 052.90	3 770 337.00	9 121 389.90
Utilidades remitidas	247 428.70	378 345.90	625 774.60

Figura 7.2
Cuenta corriente de México al 30 de junio de 2004, cifras en miles de dólares

Continúa

Figura 7.2 *Continuación*			
Utilidades reinvertidas	1 534 176.30	541 408.10	2 075 584.40
Intereses	3 283 048.00	2 523 783.00	5 806 831.00
Sector público	2 076 848.00	1 287 183.00	3 364 031.00
Sector privado	1 206 200.00	1 236 600.00	2 442 800.00
Comisiones	236 400.00	101 800.00	338 200.00
Otros servicios	50 000.00	225 000.00	275 000.00
Transferencias	**60**	**18 559.70**	**18 619.70**

Fuente: Banco de México: *http://www.banxico.org.mx/eInfoFinanciera/FSinfoFinanciera.html*

Balanza Comercial, *Trade Balance*

Aunque en el cuadro pareciera no estar, se puede apreciar uno de los rubros más delicados, la Balanza Comercial (*Trade Balance*), que es la diferencia entre la exportación y la importación de mercancías. Al importe de la exportación (venta) $90 871.29 millones de dólares, se resta el monto de la importación (compra) $92 225.63 y el resultado es un déficit comercial de $1 354.34 millones de dólares.

Del mismo modo se puede calcular el balance de cada uno de los otros conceptos de la cuenta corriente. La confrontación de todos nos conduce a la comparación de los ingresos ($107 932 982.90 millones de dólares) con los egresos ($110 206 618.70 millones). El resultado semestral se encuentra en la convergencia de la primera fila y la cuarta columna del cuadro: −$2 273 635.80 millones de dólares.

Esta cantidad representa un déficit. Quiere decir que las compras y pagos al exterior fueron superiores a las ventas o entradas y significa que el país necesita recurrir a fuentes adicionales o distintas a las que son propias del comercio para cumplir con el pago de lo que no alcanza a cubrir con sus ventas. ¿A qué fuentes recurre para obtener el dinero que le falta para liquidar sus operaciones comerciales? A las fuentes que se concentran en la parte de la balanza de pagos que se denomina cuenta de capital.

Cuenta de capital

Cuenta de capital, *Capital Account*

Los recursos que entran y salen del país por conceptos diferentes a las actividades comerciales y que se derivan de préstamos (con la banca o los mercados voluntarios), que provienen de inversiones directas (en empresas) o de cartera (en el mercado de dinero o el mercado de capitales), se ilustran en la *cuenta de capital* (*Capital Account*).

La cuenta de capital tiene dos divisiones: los pasivos y los activos. La parte de los pasivos lista las partidas que dan origen a las entradas de dinero del exterior. Las entradas, como se ve en el cuadro 7.3, pueden ser por dos vías, los préstamos y la inversión. La parte de los activos lista las partidas que originan las salidas de dinero del país. Éstas pueden deberse a varios motivos, a pago de deudas, depósitos de mexicanos en instituciones del exterior o inversión.

En el cuadro siguiente se muestra la composición de la cuenta de capital de México al 30 de junio de 2003 y 2004.

Concepto	Ene – Jun	
	2003	2004
Cuenta de capital	**9 864**	**4 904**
Pasivos	**5 966**	**6 177**
Endeudamiento	−1 044	−3 639
Banca de desarrollo	−1 375	−1 408
Banca comercial	−941	−246
Banco de México	0	0
Sector público no bancario	−118	−892
Sector privado no bancario	−2 047	−2 860
Pidiregas	3 437	1 767
Inversión extranjera total	7 010	9 816
Directa	6 622	10 292
De cartera	388	−476
Mercado accionario	−37	−2 652
Mercado de dinero	425	2 175
Activos	**3 897**	**−1 272**

Cuadro 7.3 Cuenta de capital de México al 30 de junio de 2003 y 2004, cifras en miles de dólares

Fuente: Banco de México: *http://www.banxico.org.mx/eInfoFinanciera/FSinfoFinanciera.html*

Observe que la cuenta de capital arroja un superávit semestral de $4 904 millones de dólares. Esta cifra, obtenida básicamente mediante inversión extranjera directa (en este caso particular), se utiliza para liquidar las compras que las entidades mexicanas hicieron al exterior; por tanto y en este caso, el excedente de la cuenta de capital sirve para financiar el déficit de la cuenta corriente. Si no hubieran entrado al país estos recursos, no hubiera habido modo de contar con dinero para liquidar las compras hechas al exterior.

Otros conceptos de la balanza de pagos

Los rubros que complementan dicha balanza son básicamente de ajuste. Llama la atención el renglón de Errores y omisiones, que se obtiene casi por la diferencia que hay entre los demás conceptos. Surge así porque siempre hay algún flujo de entrada y salida de recursos cuyo origen no se puede precisar.

En el cuadro 7.4 se muestra la composición de los otros rubros que integran la balanza de pagos de México al 30 de junio de 2003 y 2004.

Concepto	Ene – Jun	
	2003	2004
Errores y omisiones	−900	−934
Variación de la reserva internacional	5 413	1 693
Ajustes por valoración	−1	4

Cuadro 7.4 Rubros complementarios de la balanza de pagos de México al 30 de junio de 2004, cifras en miles de dólares

Fuente: Banco de México: *http://www.banxico.org.mx/eInfoFinanciera/FSinfoFinanciera.html*

Hagamos unos cálculos: el saldo de la cuenta de capital, $4 904 millones de dólares significa que ha entrado dinero al país vía inversión extranjera, disminuido, claro, por los pagos de diferentes deudas a cargo tanto del gobierno como de empresas y personas. Si tomamos ese saldo favorable, para restarle los montos de los rubros complementarios, llegaremos al saldo que equilibra el déficit en la Cuenta Corriente. Es decir, $4 904 menos $2 631 ($934 de errores y omisiones, más $1 693 de variación de la reserva, más $4 de ajustes), es igual a $2 273, que es el saldo o superávit redondeado que compensa el déficit de la Cuenta Corriente.

Efectos de la composición de la balanza de pagos

Aunque esto es relativo, puede establecerse en términos generales que si un país posee un superávit comercial, tiene buena estructura económica.

Las economías dependientes, como las de los países emergentes, suelen presentar déficit en su cuenta corriente. Sus importaciones suelen rebasar a las exportaciones. Es evidente que el predominio de las compras y pagos por servicios al exterior significa salidas de divisas mucho mayores a las entradas. Para solventar tales salidas, las entidades internas (sobre todo el gobierno) deben buscar que ingresen al país los recursos suficientes por otros conceptos.[6] Esos otros conceptos, concentrados en la cuenta de capital, son los préstamos de corto o largo plazo o las inversiones fijas o temporales que los países de este tipo tratan de obtener para compensar sus déficits comerciales. En la cuenta de capital se registran también las salidas por pagos parciales o totales de las deudas contraídas (o de sus intereses) y las salidas o "fugas" de dinero por motivos especulativos o de rentabilidad.

¿Cómo interpretar las cifras de la balanza de pagos? Si se divulgara, por ejemplo, que el déficit en la cuenta corriente es el más grande que el del último año, quizá no cueste trabajo deducir que algo (o mucho) de la estructura económica está funcionando mal. El mal funcionamiento económico provoca que las entidades nacionales prefieran comprar en el exterior, que los exportadores no puedan vender lo suficiente o, simplemente, que la moneda nacional esté sobrevalorada y que por esto resulte más barato comprar o financiarse en el exterior.

Para compensar el déficit, el gobierno tendría qué contraer enormes montos de deuda externa para solventar la demanda de divisas que se produce debido a las grandes importaciones y tener con qué liquidar a las entidades del exterior. Y esa deuda, que puede ser cara y estar condicionada al cumplimiento de objetivos, puede atentar contra los objetivos de mediano o largo plazos (estabilidad del tipo de cambio, inflación moderada, etcétera).

El déficit de la cuenta corriente indica que se no se produce en el país todo lo que se requiere consumir, por una parte, y por la otra que los agentes prefieren comprar en el exterior. La preferencia por comprar en el exterior tiene otras facetas peligrosas. Esto indicaría que la planta productiva nacional se ha reducido o se está reduciendo. El consumo en el exterior puede ser un síntoma de ventas internas bajas. Si las empresas nacionales venden menos, la producción y el empleo nacional también pueden reducirse. Por otra parte, la demanda de divisas para liquidar las compras foráneas genera presiones al tipo de cambio que —si no se altera o desliza a tiempo para reflejar en su precio o paridad la demanda de divisas— puede acrecentar el problema y desembocar en otros; es decir, ocasionar todavía mayor consumo en el exterior y que a fin de cuentas

---

6 Esto es contrario a lo que ocurre en las economías maduras, que exportan mucho y trasladan sus excedentes a las economías emergentes para tratar de lograr rendimientos elevados.

tenga que devaluarse la moneda de un golpe y provocar alzas en tasas, disminución del crédito, menor producción, menos empleo y estancamiento o contracción económica.[7]

Cuando la cuenta corriente está en déficit constante, con el curso de los trimestres o a lo largo de los años se convierte en una bomba de tiempo. En esas condiciones, el futuro de la economía puede estar prendida de alfileres: basta que se detenga el flujo de la inversión, los préstamos al país o que salga súbitamente dinero para que se produzca el caos.

Observe otra conclusión: el país no produce todo lo que requiere, por eso debe comprar al exterior. Eso nos lleva a dos conclusiones adicionales: 1) no todos los mexicanos producen; hay mexicanos, personas o empresas, que sólo consumen. Eso es grave y revela que hay muchos que no tienen empleo ni ingresos. 2) El dinero que usan esos mexicanos, empresas o personas, para pagar lo que compran a otros países, también viene de afuera: se lo envían los trabajadores inmigrantes (indocumentados, fundamentalmente) y las empresas extranjeras que son propietarias de filiales o sucursales en México. Sin dinero de inmigrantes o sin los envíos de las empresas extranjeras, el país se colapsaría.

El fiel de la balanza (de pagos)

Véase el renglón de las Transferencias y particularmente el de Remesas familiares, en la denominada Cuenta Corriente. A la mitad del año 2004, México había recibido más de 8 000 millones de dólares de connacionales que viven fuera, principalmente en Estados Unidos. Una cifra impresionante de la que hoy en día ya no es posible prescindir. El mismo cuadro se aprecia en las balanzas de pagos de los países Centroamericanos, del Caribe y algunos de Sudamérica (El Salvador, Guatemala, República Dominicana, son ejemplos de naciones cuya subsistencia está supeditada a las remesas, más que a cualquier tipo de negocio).

Es bueno que los inmigrantes envíen ese dinero. Es bueno pero es triste. Los inmigrantes tienen que afrontar el riesgo de muerte en la frontera, las vejaciones en su destino, el desdén de sus gobernantes, la pérdida de sus derechos elementales, humanos y civiles (como el del sufragio), con tal de sacar adelante a sus familias, a ellos mismos y, sobre todo, las finanzas del país. Ni por eso, ni porque su dinero amortigua el déficit en Cuenta Corriente, sus gobiernos los defienden.

¿A quiénes beneficia que los inmigrantes se vayan? A todos, claro. A los gobiernos de sus países, porque por eso disminuye la población, se ve mayor el PIB *per cápita*, se amortigua el déficit en Cuenta Corriente y se pueden mantener estables las demás variables (el tipo de cambio, las tasas de interés, la inflación); a toda la población interna, porque si se amortigua el déficit y se mantienen estables las variables, mantienen sus empleos, pueden recibir créditos y pagar menos por sus préstamos...; a las empresas que los contratan allá donde van porque les pagan menos que lo que le pagarían a trabajadores de su propio país; a los accionistas de aquellas empresas porque, al ahorrar en salarios y prestaciones, sus utilidades son mayores. A pesar de que lo que hacen beneficia a todos, nadie aboga por los inmigrantes. Literalmente, se les deja morir solos.

Seguir el comportamiento de la Balanza de Pagos es vital por varios motivos: a) esclarecer el dinamismo económico, el entorno de las empresas, la realidad productiva del país; b) sopesar el éxito que pueden tener los proyectos de inversión (fija o de cartera); c) tantear el momento idóneo para realizarlas, y d) detectar el momento o circunstancia de escape.

Las cifras de la Balanza de Pagos alteran o delinean el desempeño de las variables macro que, al fin y al cabo, son las que todos los agentes económicos toman en cuenta más directamente porque son las que miden la salud económica.

---

7 Esta situación ya se ha producido en muchos países emergentes.

Internet bursátil

Esta página le proveerá de datos, cifras de PIB, Balanza de Pagos y análisis de la economía de Estados Unidos
http://www.bea.doc.gov/

7.3 Variables macro: medición de la salud económica

La salud de una persona se valora al revisar sus signos vitales. Lo primero que revisa el médico son los signos vitales (los "síntomas básicos") de su paciente. Al percibir una presión muy alta o demasiado baja, reconoce que la persona padece algún mal que necesita corregirse para que la presión vuelva a los niveles adecuados. Si el ritmo cardiaco es muy acelerado, el corazón no bombea la sangre con suficiencia o si las arterias están obstruidas, la persona necesita cuidados médicos.

Si el director, presidente o gobernador del banco central detecta que la presión de la economía es muy alta o si sabe que la inflación es de 10%, por ejemplo, entiende que hay algún tipo de descomposición o fenómeno que es necesario corregir. Para remediarlo, la economía, como el cuerpo humano, necesita recetas y cuidados.

En una revisión general, la salud de la economía se conoce al analizar sus variables vitales: las tasas de interés, la inflación, el tipo de cambio y el desempleo.

Tasas de interés: el valor del dinero

En el modelo capitalista todo —o casi todo— es mercancía y tiene un precio. En este sistema económico, el dinero, aparte de servir como medida de intercambio y tener otro género de atributos y cualidades, también es una mercancía.

Tasa o tipo
de interés,
interest rate

Si el dinero es mercancía ¿cuál es su precio? El dinero es la mercancía o materia prima que requieren los que carecen de liquidez para sus propósitos y es el producto que ofrecen quienes lo tienen en exceso temporal o permanente. El precio que pagan por el dinero los que lo necesitan es la tasa o tipo de interés, *interest rate*. Para los que lo tienen en exceso, la tasa es el premio que reciben por desprenderse de él por cierto tiempo. El dinero, por lo tanto, tiene un precio que, como el resto de las mercancías, está sujeto a las fuerzas que generan los que lo tienen y a la demanda que provocan los que no lo poseen.

La tasa de interés difícilmente se mantiene estática. Casi siempre fluctúa. El precio que tiene el dinero, por lo tanto, varía según las circunstancias.

¿Va a pagar con tarjeta de crédito?

Una figura cotidiana puede ayudar a entender lo anterior: la tarjeta de crédito. La tarjeta representa una línea de crédito al consumo que un banco emisor extiende a favor del titular de la tarjeta. Este préstamo, como todos los demás, tiene un precio.[8] El usuario paga un precio porque dispone del dinero de otros. Cuando firma un pagaré en el establecimiento, aunque coloquialmente diga "pago con tarjeta", en realidad no hay pago de por medio; esto es, la persona no paga, queda a deber y es el banco el que paga al negocio. Lo correcto sería decir, entonces, "Voy a quedar a deber". Mediante la tarjeta, el banco presta dinero a la persona para que compre; ésta debe devolvérselo más un premio o precio, de acuerdo con la fecha de devolución. El premio o precio se establece a través de la variable en turno: la tasa de interés.

---

8   Por cierto, quien tiene una tarjeta de crédito, la usa con regularidad y abona cada mes el importe mínimo que el banco emisor estipula, está pagando un precio muy alto por el dinero. Quien tiene esa costumbre nunca termina de pagar lo que debe.

Influencia de los pilares económicos

Los elementos que determinan el costo del dinero se agrupan en dos categorías, según su naturaleza: factores estructurales y factores coyunturales. ¿Cuáles son unos y otros?

La composición o estructura es la que sostiene y define, a mediano y largo plazos, el rumbo económico. Los *factores estructurales* son como los cimientos de una casa o edificio: si son sólidos y firmes, la construcción está a salvo de las calamidades; si la estructura es frágil, las paredes se pueden caer ante cualquier vendaval o temblor mediano. Igual pasa con la economía: si la estructura es sólida, los pilares económicos aguantan embestidas y tempestades; si son débiles, está expuesta a desmoronarse ante cualquier incidente.

Los factores estructurales brotan del modelo que da forma y dirección a la economía del país:

- La *política monetaria*, que se define cada año o durante un periodo de gobierno, contribuye al logro de los objetivos de crecimiento anual a través del establecimiento de las bases y criterios para alcanzarlos.

- La *política fiscal* que, orientada a cumplir los objetivos de crecimiento, delinea todo lo concerniente a los impuestos y al gasto público.

La aplicación de éstos se verá reflejada en:

- Los *flujos externos* que contribuyan al crecimiento de los países menos desarrollados en la economía global.

- La *balanza de pagos*, que refleja el estado que guarda el país en sus relaciones de negocio con el exterior.

- El *comportamiento de la inflación*, ya que la inflación es otro de los indicadores del estado de salud de la economía.

- El *nivel del tipo de cambio* que, como signo vital de la economía, refleja la fortaleza económica y luego induce a una recomposición de la estructura.

En conclusión, cuando la estructura económica es sólida, el dinero tiende a ser suficiente, está disponible en los mercados y el precio que los agentes económicos pagan por su uso es accesible; cuando la estructura es frágil, el precio tiende a ser caro debido a que el dinero es escaso.

Cuando la estructura es óptima, las tasas bajan y su baja se aprovecha para que las entidades que lo necesitan se abastezcan de dinero, vía préstamos, para que produzcan, hagan mejoras o se expandan. La movilización del dinero hace posible la activación del flujo económico, la creación de empleos, las ventas, la apertura de nuevos negocios, etc., cuestiones que se reflejan en la evolución favorable del índice de precios de la bolsa y del tipo de cambio, entre otros. En contraste, si la estructura es frágil, el dinero no fluye como debiera o en la medida de lo necesario y se detienen los proyectos, disminuye la producción, el empleo y se presiona la inflación; asimismo, el tipo de cambio y el índice de la bolsa, entre otros indicadores, presentan un comportamiento errático.

Influencia de los factores temporales

Los *factores de coyuntura* se presentan de modo intempestivo, circunstancial o esporádico; a veces son fugaces, en ocasiones un tanto duraderos; pero siempre desequilibran, en mayor o menor medida, la oferta monetaria (la cantidad de dinero que circula en la economía). Estos factores son:[9]

- Los periodos de pago de impuestos.

- Los cierres o cortes mensuales de liquidez de los bancos comerciales.

- Las fechas típicas de restricción o expansión del circulante (los fines de año, las vacaciones, las quincenas, las salidas de recursos repentinas del país, etcétera).

- Las salidas o fugas de recursos del país.

- Los sucesos o descomposiciones internacionales.

Esos hechos alteran la cantidad de dinero disponible para prestar. Cuando la expanden, la sobreoferta propicia una baja de los réditos; cuando la comprimen, ocasionan un alza en las tasas.

Los dos filos de las tasas de interés

Las tasas influyen en la producción y el crecimiento. ¿Cómo afecta el nivel de las tasas de interés al círculo económico? Si el precio es elevado (lo que reflejaría una disminución de la liquidez) el sistema financiero reduce la oferta de créditos y las empresas nada más solicitan recursos para capital de trabajo y dejan de lado los otros dos sentidos del financiamiento: las mejoras y la expansión. Cuando las tasas son bajas (el dinero abunda), el sistema financiero incrementa los préstamos y las empresas se alientan a tomar financiamiento para los tres tipos de propósitos, la producción, las mejoras y la expansión.

Cuando las tasas son altas, los inversionistas y el resto de los oferentes de dinero se sienten animados a prestar por el incentivo del mayor rendimiento; pero en estas condiciones se orientan a instrumentos de mucha seguridad, como los gubernamentales. Si las tasas bajan, los ahorradores se lanzan a la búsqueda de alternativas más redituables, como los papeles privados de largo plazo, porque estarían dispuestos a financiar la expansión de las empresas; también preferirían, en ese contexto de bajas tasas, las acciones, los CPO's u otros títulos de riesgo.

Las autoridades procuran que prevalezca el justo medio: un nivel de tasas lo bastante alto para motivar el ahorro interno y lo adecuadamente bajo para propiciar la generación de préstamos y financiamiento al aparato productivo.

La tasa de interés es un elemento de múltiples filos. Según lo que se expresó párrafos antes, con ella se puede controlar, expandir o reducir la economía:

En un entorno sano, cuando las tasas son bajas, la expansión del crédito robustece la capacidad productiva de las empresas, se motiva el empleo, se activa el desarrollo, se fomenta la creación de nuevos negocios. Pero la agilidad del flujo económico y del empleo aumentan la demanda de créditos personales y de bienes de consumo. Si dicho aumento es rápido, produce efectos inflacionarios. Por esto, tanto la dispersión del dinero como el crecimiento general deben conducirse con aumentos graduales y cíclicos de las tasas de interés que cierren, en forma temporal u ocasional,

---

9 A fines de 1997 el dinero se fue de los países emergentes debido al nerviosismo que provocó la crisis en el lejano Oriente. De un día para otro, el dinero se fue y los países emergentes no tuvieron más remedio que subir muchísimo sus tasas de interés para motivar a los inversionistas internacionales a que regresaran sus capitales. Esta motivación resultó onerosa: los altísimos premios a los ahorradores volvieron muy caro el dinero e inhibieron, casi por completo, el crédito. La inhibición de préstamos atentó contra la producción, el empleo, las ventas y las utilidades. Todo esto movió otros indicadores, como los índices accionarios, que cayeron en la región más de 30% en promedio y el tipo de cambio, que en el mejor de los casos subió más de 25 %. Algunos países, como Brasil, tuvieron que abandonar su modelo de paridad fija.

las llaves del dinero y moderen la velocidad de la expansión del flujo circular para evitar que la inflación supere los niveles controlables y surjan otros males recurrentes. Un aumento de las tasas en circunstancias de crecimiento vertiginoso, puede disminuir la velocidad del crédito, la reproducción del dinero, detener el consumo, reducir el empleo y esfumar las amenazas inflacionarias.[10]

Cuando se carece de la liquidez interna suficiente para mover las ruedas del proceso económico, las autoridades monetarias suelen subir las tasas. Las tasas altas, característica de los países en desarrollo, constituyen señales de atracción de capitales foráneos que, una vez que llegan al sector financiero, provocan que las autoridades induzcan bajas en las tasas para dar el siguiente paso: motivar a las empresas a tomar préstamos y recomponer el flujo económico.[11]

En escenarios turbulentos, que han sido la constante en los países latinoamericanos desde principios de los 80, una manifestación de las crisis son las alzas continuas de las tasas, por varias razones. Una política de réditos altos pretende atraer capitales para equilibrar la Balanza de Pagos, evitar que se fuguen capitales, otorgar rendimientos arriba de los altos índices inflacionarios, compensar el deslizamiento de la moneda local, etc. Una de las manifestaciones de que las distintas tormentas económicas comienzan a amainar en estos países es el fenómeno contrario, la reducción paulatina de las tasas.

En otras palabras, en tiempos de bonanza, cuando la economía presenta signos de querer desbocarse, un movimiento hacia arriba y temporal de las tasas puede evitar los trastornos. En tiempos de recesión, de alta inflación o incluso en las épocas de incertidumbre, un movimiento hacia abajo de las tasas puede ser el principio de la recomposición del rumbo.

"Si suben las tasas, la bolsa baja; si bajan las tasas, la bolsa sube..."

En los mercados maduros, suele decirse que cuando las tasas suben, el mercado accionario baja. Esto se debe a que los inversionistas prefieren refugiarse en títulos de deuda, ya que es posible obtener altos premios con poco riesgo. Cuando las tasas bajan, se produce lo contrario, el mercado accionario sube porque la clientela busca un retorno más alto aunque corra mayores riesgos.

La explicación completa es que el público sabe que cuando las tasas suben, el mercado de capitales se va a comprimir porque las empresas sufrirán para conseguir dinero y, si acaso, lo conseguirán más caro, lo que atentará contra sus resultados. Las tasas altas, según se dijo, detienen el crecimiento. Las empresas inscritas en la bolsa participan y reciben influjos de ese proceso económico que, debido al alza de las tasas, evolucionará más lento y postergará los beneficios a las empresas y sus socios. En cambio, cuando el costo del dinero baja, el público sabe que el dinero va a fluir hacia las entidades productivas y que las empresas podrán tener mejores resultados. Por eso prefieren acciones cuando el precio del dinero baja.

Esta teoría no se cumple siempre, y menos en los mercados poco desarrollados. Se tienen infinidad de ejemplos y experiencias, por lo general extraídos de los tiempos de turbulencia (días de crisis o etapas difíciles), donde se ha visto que las tasas suben y sube el mercado accionario

---

10 Esa era la esencia de la política monetaria de Estados Unidos en 1999 y 2000, cuando la Fed aumentaba las tasas de interés para aplacar el "sobrecalentamiento" de la economía y moderar la velocidad del crecimiento.

11 Esa fue, a grandes rasgos, la razón de que en México se tuvieran altas tasas en 1999 y 2000, cuando la economía crecía y aun durante el periodo 2000-2004, cuando había parálisis. La atracción y retención de capitales, aún a alto costo, se privilegiaba sobre la producción, la expansión y el crecimiento. Se pensaba que con el tiempo los capitales retenidos aumentarían el circulante, propiciarían que las tasas bajaran y, finalmente, harían crecer la economía.

o donde las tasas caen y caen también los precios de las acciones. Todo depende de las circunstancias y el momento de los mercados.

Durante los primeros años del siglo, por ejemplo, en virtud de la recesión, el banco central de Estados Unidos, el FED, bajó las tasas de interés a su rango más pequeño en 50 años. La baja tenía un enfoque vital: hacer que la economía, que se había estancado, se moviera, que el bajo costo del dinero motivara los préstamos, que con ellos se re-activaran la producción, el empleo, los planes de crecimiento. En ese entorno, sin embargo, las bajas adicionales de las tasas no eran señales positivas porque indicaban que el estancamiento era grave y, por esa razón, las bajas de las tasas ocasionaban caídas de los precios de las acciones y de los índices de las bolsas. Un alza de tasas, en esa época, hubiera sido la señal de la recuperación y hubiera provocado, obviamente, el alza de los precios de las acciones y de los índices como el Dow Jones o el *Standard and Poor's*.

Cuando las tasas de interés suben, en teoría pueden llegar al infinito. Hacia abajo tienen siempre un par de líneas o límites que no pueden rebasar. ¿Hasta dónde pueden caer las tasas? Los pisos de los réditos se definen por otras dos variables que son sumamente familiares: *inflación y tipo de cambio*.

Inflación: el monstruo que nunca duerme

El aumento sostenido de los precios es un fenómeno nocivo. La inflación es algo tan cotidiano para algunos que ya no los espanta, pero sí los preocupa. Por eso las autoridades se afanan en combatirla. En México, Brasil, Ecuador, por citar algunos países donde se han padecido tasas de inflación muy elevadas en los últimos años, todos están conscientes de los daños que ocasiona, pero ¿quién comprende cabalmente lo que la inflación significa? La terrible familiaridad con que se le trata es un síntoma de que no se entienden bien sus implicaciones.

Inflación

Quizá porque la gente de esos y otros países se acostumbró a vivir muchos años con carestía no se ha detenido a reflexionar el mal ni se ha preocupado más que de subsistir ante su incómoda presencia.

Para entender el mal, hay que saber cuáles son sus raíces.

Se sabe que la *inflación* es una de las variables de mayor peso en la economía. En términos generales, es muy dañina si supera el dígito, y benévola, quién lo diría, si es mínima.

¿Qué es, en términos simples, la *inflación*? Es el aumento generalizado y sostenido de los precios de los bienes y servicios producidos en un país.

Índice de Precios al Consumidor, Consumer Price Index

La inflación se refleja en un índice que se calcula en forma similar al índice accionario.[12] Al igual que en el mercado de capitales, la inflación puede presentarse en varios indicadores: el índice de inflación al consumidor, el índice al productor, de ciertas materias primas, etc. El de uso más amplio es el Índice de Precios al Consumidor (*Consumer Price Index*) porque es el que repercute en todos los actores de la economía. El índice inflacionario es una cifra numérica que partió de la base de 100, cuando se instauró, y que ha crecido a medida que han aumentado los precios. Los porcentajes que se divulgan quincenal, mensual o anualmente, son las variaciones que ha tenido esa cifra del periodo anterior al actual.

---

12   Véase capítulo. 3 "Mercado de capitales: la importancia de poseer una empresa".

El índice de la inflación en México[13] valía, el 30 de septiembre de 2004, 110.602. Para el 31 de octubre del mismo año, su valor era de 111.368 A fin de calcular la inflación de octubre, basta realizar la siguiente operación:

Inflación de octubre = 111.368/110.602 − 1 × 100 = 0.6925%

El índice de precios al consumidor mide el crecimiento promedio que tienen, de un periodo a otro, los precios de un conjunto de bienes que se consideran como los más representativos de la economía. En la mayoría de los casos, este conjunto de bienes se conoce como "canasta básica" de bienes. La inflación se mide con la variación que sufre alrededor de un millar de productos. Como sucede también con los índices de la bolsa, cada tipo de producto tiene un peso distinto en el índice inflacionario. Las autoridades observan y siguen el comportamiento de casi 100 000 precios al menos en 40 ciudades.

Internet bursátil

¿Quiere saber el valor del índice de la inflación en México? En la página de Banxico, abra:
http://www.banxico.org.mx/sie/cuadros/CP154.asp

La estructura del índice inflacionario

Las amas de casa, los trabajadores, los empresarios, en fin, todos, se quejan y se preguntan frecuentemente acerca de cómo es posible que el índice de inflación sea tan bajo cuando ellos se percatan y sufren aumentos de precios mucho más altos. Eso tiene una explicación, más allá de que algunas cifras o datos estén suavizados.

Así como sabemos que un índice accionario se integra por un número específico de acciones, que son las más representativas, y que por lo mismo las variaciones de los precios de la mayor parte de las acciones del mercado no influyen en la evolución del indicador, asimismo, la mayor parte de los precios de los productos o servicios de una economía no se toman en cuenta para determinar el índice con el que se mide la inflación. ¿Cuáles son los criterios para incluir un bien o servicio en vez de otro para la determinación del Índice Nacional de Precios al Consumidor, INPC?

Índice Nacional de Precios al Consumidor, INPC

La dependencia del gobierno que tiene la encomienda de calcular las variaciones de los precios, incluye en la base de cálculo los bienes que considera más representativos de la economía. Según datos de la Comisión Económica para América Latina y el Caribe, CEPAL (un brazo de la ONU), recogidos por el Banco de México, en Estados Unidos los bienes más representativos se toman a partir de las encuestas del gasto de los consumidores y derivado de éstas, de las encuestas, se sabe que los estadounidenses gastan mucho en viviendas, más del 28% de su gasto total; en transporte poco más del 17% y en alimentación poco más de un 12%. En México, por su parte, los habitantes destinan a la vivienda el 28% de su gasto, a sus alimentos más del 23% y al transporte más del 13%. De ello se infiere que esos son los productos a los que más peso se les asigna para determinar el porcentaje en que varían los precios del país. En México,

---

13 Con motivo de la crisis económica de diciembre de 1994, el gobierno mexicano decidió replantear el cálculo de la inflación. Para suavizar el incremento de precios, que en promedio alcanzó el 100%, desplazó la fecha y la base de cálculo. De modo que el índice de precios al consumidor comenzó a obtenerse a partir de la base 100, el 31 de diciembre de 1994.

el banco central considera que la variación del INPC está dado por los componentes totales que se presentan en el siguiente cuadro:

Cuadro 7.5	Concepto	Ponderación INPC
Clases de productos y ponderaciones de contribución al INPC	Alimentos, bebida y tabaco	22.74
	Ropa, calzado y accesorios	5.59
	Vivienda	26.41
	Muebles, aparatos y accesorios	4.86
	Salud y cuidado personal	8.58
	Transporte	13.41
	Educación y esparcimiento	11.54
	Otros servicios	6.87
	Total de ponderaciones	100.00

Fuente: *www.banxico.org.mx*

El porcentaje de la inflación, entonces, es prácticamente el porcentaje promedio en que varían los precios de los artículos referidos a esos rubros; si se trata de alimentos, todos los comestibles: frutas, verduras, carne, huevo, leche, maíz... si se trata de vivienda, los precios de las rentas, del teléfono, de la electricidad; y si se trata del transporte, de los autobuses, taxis, taxis colectivos, gasolina, peaje, neumáticos y otros.

Pero la inflación, ese monstruo inevitable, no es igual en todas las ciudades ni para todas las personas ni mucho menos para todos los productos. Hay poblaciones en donde el kilo de pescado, por ejemplo, cuesta más que en otras, y hay ciudades donde el kilo de tomates es más caro que en otras; asimismo, hay personas que gastan menos en vivienda y más en transporte en tanto que hay otras que gastan más en alimentación y menos en transporte y hay productos que en diciembre suben más que en verano o servicios que bajan de precio en tanto que otros suben.

 Internet bursátil

Este vínculo de la página de Banxico le abrirá un archivo con las ponderaciones base de los componentes del INPC: **http://www.banxico.org.mx/eInfoFinanciera/Infecon/cuadros/nacional.xls**

¿De qué se origina la inflación?

La inflación se produce por dos tipos de factores: *estructurales* y *monetarios*.

Los *factores estructurales* se deben a la naturaleza propia de la economía —como se vio en el caso de las tasas de interés— y a los factores relacionados con el modelo económico que sigue el gobierno; es decir:

- *Globalización*. El libre mercado supone un intercambio incontrolable de dinero entre las naciones. Esta filosofía propicia que los países menos desarrollados dependan del capital extranjero. Los recursos foráneos, al llegar o salir, alteran el monto del circulante y provocan que se modifique la cantidad de dinero disponible para prestar. Debido a estos movimientos, se afectan las variables macroeconómicas. Si el dinero falta o sale, aumentan las tasas, se devalúa la moneda, se presiona la economía. Las tasas altas, la devaluación de la moneda e incluso la llegada de recursos (cuando no se manejan con cautela) pueden causar el aumento de los precios. Con la apertura, los países emergentes están expuestos a importar problemas estructurales de otras regiones o plazas.

- *Monopolios.* En países de la región, monopolios como el del combustible, la energía o la telefonía, pueden ser generadores potenciales de inflación. ¿Qué pasa cuando sube la gasolina en México? La catástrofe: se incrementa el resto de los precios. El índice de la inflación se mueve con rapidez. Lo mismo pasa cuando suben los precios del teléfono, del gas o de la luz. Esto ocurre porque son bienes inelásticos, o sea que su consumo no disminuye aunque sube su precio y, por eso, cuando aumentan, ocasionan alzas de los precios de los demás bienes.[14]

- *Factores extraordinarios.* Son los que alteran o cimbran la estructura económica; por ejemplo, guerras, desastres naturales, tragedias financieras internacionales, etcétera.

Los factores puramente monetarios provienen del uso del dinero en circulación. La cantidad de dinero en una economía puede agrandarse y generar inflación por varios motivos:

- *Exceso de gasto público.* Cuando el gobierno gasta más del dinero que percibe mediante los impuestos e incluso por medio del financiamiento a través de los mercados, se ve tentado a recurrir a un mecanismo tan viejo como peligroso: el incremento del dinero en circulación (la expansión de la oferta monetaria).[15] El nuevo dinero (monedas y billetes, aumento de líneas de crédito a los bancos comerciales, etc.) que sale a la circulación en las entidades económicas, desajusta el equilibrio entre la cantidad de bienes y la cantidad de dinero, incrementa la oferta monetaria, la demanda de bienes de consumo y, como la cantidad de productos que se ofrecen no corresponde con la cantidad de dinero que hay para comprarlos, se provoca un aumento de precios para forzar un nuevo equilibrio. Con el ajuste de precios, la cantidad de dinero vuelve a ser equivalente a la cantidad de bienes.

- *Relajamiento de la política monetaria.* Si las tasas bajan más de lo conveniente o el gobierno relaja las disposiciones para ampliar el crédito que los bancos comerciales conceden a las empresas y a las personas, se crea una multiplicación de los agregados monetarios (las famosas "emes": M2, M3...) que ensanchan la liquidez y el poder de compra. Los precios tienden al alza.

- *Crecimiento del circulante por entrada de recursos del exterior.* El circulante doméstico también puede crecer por la entrada de flujos externos. Si los bancos comerciales y el banco central no esterilizan el dinero que llega,[16] según los requerimientos de la economía, el sistema financiero se puede convertir en otra materia de reproducción de dinero nocivo.

Internet bursátil

He aquí una calculadora para obtener el porcentaje de inflación. Abra:
http://www.banxico.org.mx/cgi_inveco/ctasascrebd.exe?idioma=esp&SP1=SP1 o bien:
http://www.banxico.org.mx/eInfoFinanciera/FSinfoFinanciera.html y haga clic en el ícono de calculadora en la columna denominada "ligas"

---

14 Está probado que nadie hace menos llamadas cuando aumentan las tarifas telefónicas ni que nadie usa menos su automóvil cuando suben el precio de la gasolina, aunque el aumento sea, como en muchas ocasiones en México, del 50% de un solo golpe.

15 El aumento de la cantidad de dinero en circulación ya no se hace imprimiendo más billetes o acuñando más monedas. Las nuevas formas del dinero permiten que las variaciones de la cantidad de circulante sean ahora más rápidas, grandes y de efectos palpables en menos tiempo.

16 "Esterilizar" el dinero significa dejarlo inactivo, propiciar que su llegada no afecte el desempeño de las variables. Los bancos centrales lo hacen con el dinero que llega del exterior de maneras diversas: aumentos en los requerimientos de liquidez de los bancos comerciales, ventas por montos mayores de valores gubernamentales, etcétera.

La inflación subyacente

Las dependencias que se encargan de calcular la inflación segregan los bienes y servicios cuyos precios dependen de factores estructurales o económicos, de aquellos cuyos precios dependen de factores temporales o coyunturales.

Ya vimos que hay productos que suben de precio en tanto que otros bajan, que unos suben mucho en tanto que otros apenas suben; que unos bajan mucho mientras que otros no varían. Cada producto, pues, tiene sus propias variaciones. Esos productos, bienes o servicios, se agrupan según su naturaleza, de tal suerte que tenemos varias inflaciones dentro del mismo índice de precios al consumidor: la inflación de los servicios, la inflación de las mercancías, la inflación de los alimentos... Luego, más importante, la inflación de cada clase de productos se agrupa según la fuente generadora de las variaciones: *inflación estructural* o *subyacente* e *inflación no subyacente*.

Hay precios que varían por factores súbitos, como las inundaciones, que arrasan con animales y cosechas y hacen que escaseen y suban sus precios, o las enfermedades, como la locura de las vacas, que cuando se dio tiró los precios de la carne en Estados Unidos pero los duplicó en México. Factores como esos provocan alzas o bajas (según el sentido del evento inesperado) de los precios que por supuesto se resienten en los bolsillos pero que se derivan de factores no previsibles ni controlables ni de la política gubernamental. Debido a eso, esas variaciones se segregan y contabilizan por separado, en el rubro de la inflación no subyacente. La subyacente, por definición, es la inflación que descuenta los bienes de precios volátiles o que cambian por factores fugaces o coyunturales. Es la inflación, en suma, generada o producida por factores relativos al proceso meramente económico.

Sí, la inflación es necesaria

Durante los años 80 toda Latinoamérica sufrió del mismo mal, de inflación desbordada. En el sur, en Argentina, Brasil o Bolivia, los precios variaban a una velocidad asombrosa. Un cliente que se sentaba en la mesa de un restaurante debía ordenar todo de una buena vez porque media hora más tarde los precios del menú habrían sido ajustados. Había hiperinflación y eso convertía en polvo al dinero y la economía de esos países.

En Japón, durante buena parte de los años 90, los precios bajaban consistentemente. Los consumidores no compraban porque entendían que al mes siguiente podrían comprar el mismo bien a un precio más bajo, pero al mes siguiente el razonamiento era el mismo y entonces nadie compraba y eso ocasionaba más bajas de los precios. Había deflación y eso evitaba que se moviera el dinero y hacía que se redujera poco a poco el tamaño de la economía.

Si los precios bajan, las empresas venden menos porque disminuye el consumo; si disminuye el consumo, bajan la producción, las ventas, las utilidades... La baja de los precios induce la recesión. Si los precios bajan lo adecuado sería bajar los salarios y las prestaciones. Si los precios bajan y la economía se reduce mientras que la población crece, hay una descomposición económica. En Japón, en las épocas de deflación, las tasas eran ridículas, apenas de 0.10% al año. Nadie prestaría su dinero a cambio de ese premio. Si nadie presta su dinero los mercados se estancan, el dinero se inmoviliza y no fluye a las empresas. Es más, en una economía deflacionaria se llegaría a lo absurdo de que el ahorrador le pague intereses al que pide prestado. Sin alicientes para el ahorro, para los préstamos, para la producción, la economía no tiene sentido. Se desmorona. Justo por eso el índice Nikkei, que a finales de 1994 arañaba los 21 000 puntos, retrocedió con los años hasta 7 500 puntos. En 2004 apenas se ubicaba alrededor de las 11 000 unidades.

> Los precios deben subir para que suban los salarios, las ventas, la producción, para que haya premios a los ahorradores y éstos canalicen su dinero al círculo económico. Una inflación sana rondaría el 1.5 o el 2% al año. Un nivel más alto perjudicaría a la economía y un nivel del 100 o del 1 000%, como lo tuvieron aquellos países en la década de los ochenta, resulta devastador.
>
> Debe haber inflación, controlada y moderada, para se mueva el gran círculo del dinero. El monstruo, como sea, siempre amenaza.

Efectos de la inflación en las decisiones financieras

La inflación puede motivar o desmotivar al inversionista, sea empresario o ahorrador.

Si la inflación es pequeña,[17] las utilidades pueden ser potencialmente altas porque la inflación mínima propicia mayor utilidad real y, como consecuencia, mayor flujo sobre la producción, el empleo, la expansión y la multiplicación de las actividades económicas.

Una inflación alta, en contraposición, aparte de que disminuye las ganancias reales, atenta contra los objetivos macro: al disminuir el rendimiento real, se reduce la dispersión del dinero hacia las entidades, empresas o gobiernos que lo necesitan para producir, crecer o moderar las variables. La reducción de los flujos impulsa hacia arriba las tasas de interés, las tasas altas disparan los costos de las empresas, los altos costos hacen que suban los precios de los bienes y servicios que, por su parte, otorgan impulsos adicionales a la inflación. Estos impulsos sobrecargan los efectos nocivos en un franco círculo vicioso.

La inflación marca uno de los pisos de las tasas de interés y es uno de los parámetros que se deben vencer en la inversión financiera; de hecho, es la marca obligada que hay que vencer. Para que el público mantenga el poder adquisitivo de su dinero, debe lograr rendimientos que por lo menos igualen el ritmo de la inflación. Para que el poder adquisitivo de su dinero aumente, debe buscar rendimientos reales, tasas de interés que superen al porcentaje de variación del índice inflacionario. Las tasas de interés suben o bajan según el ritmo inflacionario. Como la inflación de los países emergentes es más alta que la de los países desarrollados, las tasas de interés en los primeros son más altas. Eso marca un atractivo para los inversionistas internacionales y un punto de cuidado para los nacionales.

Para el empresario, mientras más alta sea la inflación, más se le dificulta la realización de proyectos; en tanto más baja sea, más motiva a la realización de los planes. Los niveles de la inflación definen las dimensiones de los plazos y los modos de conseguir el dinero. Las altas inflaciones y tasas de interés son motivo de esquemas de financiamiento mediante bonos exóticos o configurados multifacéticamente y fundamentalmente de corto y mediano plazos, como se detalló en el capítulo 4. Las tasas bajas de inflación e interés, por su parte, son motivo de esquemas de financiamiento más planos o sencillos y de más largo plazo.

Para tomar decisiones, todo tipo de inversionistas considera la variable que marca el otro piso de las tasas de interés: el *tipo de cambio*.

---

17 Debe notarse que se expone "si la inflación es pequeña...", con lo que se da a entender que es positivo para la economía que haya inflación. Si no la hubiera o fuera negativa, las tasas de interés serían tan bajas que harían que el dinero saliera, de modo que las empresas no podrían contar con capital para producir, aumentar los precios ni los sueldos. Es bueno que haya inflación. Sin que sea receta para todos los males, los expertos señalan que lo adecuado es que se ubique en 2 o 3% anual, más o menos.

Tipo de cambio: la paridad dispar

A todo mundo le aflige la posibilidad de una depreciación de la moneda local. En los países en desarrollo la gente vive con el temor permanente de una devaluación. Muy seguido, sobre todo en ciertas épocas (transición política, presiones internacionales), en oficinas, hogares y aulas se habla de las fluctuaciones del tipo de cambio.

¿Qué preocupa a la gente? La pérdida súbita de buena parte del poder de compra de su dinero.

A pesar de que se trata de un asunto cotidiano, si se plantearan algunas preguntas sencillas como: ¿qué es el tipo de cambio? ¿A qué se deben sus variaciones? ¿Cuántos tipos de cambio se conocen? Si se plantearan ésas o algunas otras, la mayor parte de la gente que se preocupa tendría problemas para responderlas.

Tipo o tasa de cambio, paridad

El *tipo o tasa de cambio*, la "paridad", es el precio que tiene una moneda en términos de otra; por ejemplo, en noviembre de 2004 el dólar de Estados Unidos tenía un precio de 11.3880 pesos mexicanos. Ésta era la cantidad o la proporción a la que se cambiaba un dólar. A la misma fecha, la paridad en Argentina era de 2.96 pesos por dólar.[18] En Brasil cada dólar valía 2.8210 reales. En Estados Unidos, un peso mexicano valía la cantidad de 0.087812 dólares, en tanto que un peso argentino representaba 0.3378 dólares y un real brasileño costaba 0.3545 dólares.

¿Por qué una moneda extranjera vale más o menos? En una economía abierta, el precio de una divisa se estipula del mismo modo que el precio de cualquier otro tipo de bien o servicio: según la oferta y la demanda.

La historia económica reciente de Latinoamérica ha permitido conocer diferentes formas de definir el precio del dólar de Estados Unidos, la divisa a la que se sujetan nuestras relaciones comerciales con el exterior. De todas esas formas, sobresalen dos: el *tipo de cambio libre* y el *fijo*.

Tipo de cambio libre

- El *tipo de cambio libre* permite que las fuerzas económicas determinen el precio de la divisa.

Tipo de cambio fijo

- Las autoridades monetarias establecen el *tipo de cambio fijo*. Un tipo de cambio fijo se impone a raíz de problemas económicos estructurales, como las crisis que sufrieron México, Argentina o Brasil desde mediados de los 80 o como medida de control para asegurar la estabilidad y evitar distorsiones a los modelos implantados, como ocurrió en México durante los tres primeros años de los 90, en Brasil hasta 1999 o en Argentina durante los gobiernos de Carlos Menem y Fernando de la Rúa.

La experiencia ha mostrado también variantes o combinaciones de los dos tipos básicos. Por ejemplo, en México se ha aplicado alguna vez un tipo de cambio "flexible", no libre, un tipo de cambio "libre controlado", una filosofía de "flotación dirigida" o "deslizamiento programado", según los requerimientos de las circunstancias, los objetivos o medidas de política económica que forje el gobierno o utilice como prevención o antídoto de las dificultades.[19]

¿Es bueno el tipo de cambio fijo?

Los gobernantes de muchos países suelen pasar por alto las lecciones de la historia. La política de tipo de cambio fijo, aplicada por decreto, sostenida en una economía dependiente del exterior, con déficits comerciales y de cuenta corriente, equivale a contruir un edificio sobre una liga.

---

18 Argentina volvió a aplicar en 2002 el régimen de tipo de cambio libre luego de 10 años del tipo de cambio fijo de un peso por dólar.
19 Sólo los dirigentes de los países en desarrollo podrían concebir tantos nombres y modelos de tipos de cambio.

> Las consecuencias de que el tipo de cambio sea fijo por tiempo indefinido, son inevitablemente bárbaras: todo el deslizamiento que debió tener el precio del dólar en Argentina, durante 10 años, se le acumuló de golpe en diciembre de 2001. Eso significó el desmoronamiento de la economía gaucha, sustentada en esa liga endeble. Lo mismo había pasado, en mayores proporciones, en México, en 1994, y en Brasil, en 1999.
>
> La política de tipo de cambio fijo debe ser temporal. Mantenerla a mediano o largo plazo ocasiona que la liga se tense y que tarde o temprano se reviente para que caigan las estructuras que se habían montado en ella.

Todos los países maduros y la mayoría de los que aspiran al desarrollo emplean un tipo de cambio denominado "libre", como lo marca la esencia del capitalismo y su tesis fundamental, el libre mercado. Según este modelo, el nivel del tipo de cambio depende de las causas que generan la oferta y la demanda de divisas.

Las *fuentes generadoras de la oferta* son exportaciones, inversión extranjera —directa y de cartera—, turismo y el financiamiento privado y gubernamental.

Del otro lado de la moneda, las *causas que impulsan la demanda de divisas* son importaciones, pago de capital e intereses de los financiamientos, turismo y presiones especulativas cíclicas.

El nivel del tipo de cambio libre se forja día con día por el empuje de esas dos fuerzas que nacen y se forman, principalmente, por el estado de cinco componentes relevantes:

- El *déficit público* que, mientras más se ensancha, más induce al gobierno a la contratación de deuda, con lo que se evita la emisión de dinero pero se presiona la paridad porque el dinero prestado se ocupa para liquidar el gasto corriente gubernamental, en vez de orientarlo al aparato productivo. Cuando el déficit disminuye, las presiones se relajan y el tipo de cambio puede bajar.

- Las *tasas de interés* y el *grado de liquidez interna*. Conforme se expande la oferta monetaria, se mueven las tasas de interés. El alza de las tasas domésticas puede motivar la entrada de recursos externos por dos cauces: uno, porque los inversionistas internacionales acuden al país para beneficiarse de los réditos más altos; dos, porque las entidades locales prefieren financiarse con los costos menores del exterior. La baja de las tasas supone los efectos opuestos.

- La *balanza comercial*. Las importaciones causan la salida de divisas, en tanto que las exportaciones son fuente de captación. Si en un periodo las importaciones resultan más grandes que las exportaciones, se sufren presiones cambiarias porque tal vez no se cuenta con las divisas suficientes para pagar las compras foráneas. Si las exportaciones resultan mayores, la acumulación de divisas produce menor presión en el tipo de cambio. El déficit en la balanza comercial puede ser malo por naturaleza, ya que cuando en un periodo se compra más de lo que se vende al exterior, se sufre un desequilibrio que se tiene que corregir en alguno de los otros rubros de la balanza de pagos. Ahora bien, los desequilibrios —en uno u otro sentido— no tienen que ser dañinos. Depende del manejo que las autoridades hagan de las otras cuentas de la balanza de pagos.

- La *cuenta corriente*. Es uno de los focos constantes de alarma. La cuenta corriente de la balanza de pagos incluye los efectos de la balanza comercial más otros rubros, como el flujo de entrada y salida por inversión de cartera, turismo, etc. Como ya se explicó, sobra decir que mientras mayor sea el déficit, mayores son las presiones cambiarias y viceversa. Por la composición económica, la cuenta corriente es deficitaria en todos los países que aspiran al desarrollo. Dichos países pueden corregir la descompensación por dos vías peligrosas: una, la contratación de deuda externa, dos, por la atracción de capitales especulativos o permanentes.

- El *precio del petróleo*. Hay economías como la mexicana o la venezolana que dependen en buena medida de los ingresos por la venta de crudo. Para esas economías, el precio internacional del barril de petróleo es una variable que altera toda suerte de variables domésticas y afecta al resto de la estructura económica conforme evoluciona. Si el precio del petróleo sube, la paridad (y la economía) se relaja y, si baja, se presiona.

Tipos de cambio: en la variedad está el uso

Se sabe que hay dos referencias diarias del precio del dólar de Estados Unidos: el tipo de cambio de compra y el de venta. El de compra es el precio al que las instituciones adquieren la divisa de parte del público y el de venta es el precio al que esas instituciones lo ofrecen. La paridad que se difunde o que sirve de parámetro es el tipo de cambio de venta. Las instituciones ganan por los diferenciales entre los precios de compra y los de venta. Los diferenciales o brechas son mayores mientras más presiones o incertidumbre económicas haya y viceversa.

En el concepto de tipo de cambio libre, caben varias clases de cotizaciones (varias clases de tipos de cambio):

Tipo de cambio *spot* o interbancario

- *Tipo de cambio Spot*. Se obtiene en las operaciones al mayoreo. "Mayoreo" significa un monto mínimo. El mínimo en México es de 100 000 dólares. También se llama "interbancario" porque la mayor parte de las negociaciones se celebran entre las mesas de cambios de las instituciones bancarias. En el lenguaje cambiario se dice a secas "dólar *Spot*". Es la referencia cambiaria más importante. Se entiende que es *Spot* porque implica que se negocia bajo la modalidad de entrega contra pago: se entrega una divisa y se recibe la otra.

Las operaciones *Spot* o interbancarias se realizan igual que las del mercado accionario: tienen una fecha de operación y una de liquidación. En la mayor parte de las operaciones cambiarias esta última es a las 48 horas hábiles posteriores a la fecha de operación. También es posible realizar operaciones *Spot* 24 horas o incluso el mismo día, si se hacen de acuerdo con las disposiciones o los rigores del mercado.

Tipo de cambio de ventanilla o menudeo

- El *tipo de cambio de ventanilla*. Es la paridad que ofrecen las ventanillas de las casas de cambio o los bancos al público en operaciones al menudeo. Se deriva de las cotizaciones al mayoreo y la brecha entre la compra y la venta es más grande que en las negociaciones interbancarias.

Tipo de cambio "fix"

- El *"fix" del banco central*. Es el nivel que determina el banco central en México para que las empresas valúen sus posiciones cambiarias cada día. Se describe como el tipo de cambio oficial para solventar obligaciones. Difiere muy poco de las cotizaciones *Spot*; de hecho, su nivel surge de éstas.

Tipo de cambio a futuro

- *Tipo de cambio a futuro*. Es la cotización de la moneda extranjera en el mercado de futuros. La cotización es diferente de la del mercado cambiario porque está dada a una fecha posterior (el futuro) e incluye componentes de riesgo: las tasas de interés de los dos países en cuestión y las expectativas de ambas economías. El tipo de cambio a futuro implica pactar el precio de una divisa mediante una compraventa que tendrá efectos en el futuro, en la fecha de liquidación pactada, es decir, la entrega y el pago tendrán lugar en el futuro.

¿Subió mucho el dólar? Olvídese de comprarlo

Siempre hay épocas en que el dólar sube. El público, nervioso por naturaleza, se deja llevar y compra divisas a la desesperada. La compra de dólares, que muchos suponen como inversión, no es tal cosa. Si acaso es protección contra la pérdida del valor del dinero y aun así implica varias aristas, varios puntos que juegan en contra:

1. El público puede adquirir divisas al tipo de cambio de ventanilla, que es el más caro y el que mayor diferencial tiene. La compra es a un precio caro y la venta tendrá que hacerse a un tipo de cambio más barato. Así negocian los bancos y las casas de cambio: compran barato y venden caro. Al adquirir dólares o divisas, la gente asume un riesgo irremediable. Por ejemplo, si se tienen las cotizaciones de compra a $11.20 y de venta a $11.50, el público puede comprar a $11.50 cada dólar. De entrada, sufre un menoscabo de 0.30 centavos. Mientras más suba el dólar, ese diferencial se hará más grande. El dólar tendría que subir bastante para que el público pudiera recobrar lo que perdió de entrada y habría de subir mucho más para que palpe el beneficio de su estrategia.

2. Los dólares quedarán inactivos; es decir, se tienen que guardar bajo el colchón o la gaveta, con los riesgos respectivos. Además, esos billetes no generarán ni un centavo de intereses.

3. Es riesgoso comprar dólares y salir del banco o la casa de cambio con el fajo de billetes en la bolsa. Es riesgoso también guardarlos en casa.

4. El alza del dólar o, dicho de otra forma, las devaluaciones de la moneda local, son sorpresivas. El público suele comprar cuando ya se dio la devaluación. En todo caso, tendría que comprar cuando los dólares están baratos. Incluso así, nadie se salva de la pérdida por el diferencial entre el precio de compra y el de venta.

¿Qué se debe hacer en estos casos? Pensar en los fondos de inversión. Ahí, a la espera de ser descubiertos, están los fondos de cobertura (revise el capítulo seis).

El tipo de cambio es quizá el indicador más importante de las economías de los países de Latinoamérica. Es un termómetro efectivo —tal vez más que los índices accionarios— que refleja bien el estado que guarda la economía. Si el tipo de cambio está presionado, es porque la economía tiene fracturas o puntos débiles. Si se vive en medio de rumores de devaluación, es porque se detectan señales de fragilidad,[20] porque la sociedad percibe que la economía pasa por un ciclo nocivo. Un tipo de cambio a la baja es consecuencia de la bonanza económica, del flujo abundante de recursos del exterior, del alza en los mercados internacionales del precio de las materias que el país produce, de la canalización de financiamiento a las empresas, etcétera.

El nivel actual del tipo de cambio y las expectativas sobre su comportamiento, derivadas de la estructura económica y del estado del resto de las variables, son cruciales para pulsar el estado de la economía, la situación de las empresas, la rentabilidad de las inversiones, los riesgos y las oportunidades.

Desempleo: ¿qué tiene que ver la baja de la bolsa con el despido de trabajadores?

El índice de desempleo da cuenta del porcentaje de la población económicamente activa (PEA) que está desocupada. La PEA es la cantidad de personas que están en edad de trabajar.

---

20 Como se vivió en Rusia en 1998, en Brasil, a principios de 1999 o en Argentina, a fines de 2001. En los tres casos las señales fueron inequívocas: en Rusia, el rublo se devaluó y deshizo lo poco que quedaba de la economía. En Brasil y en Argentina, los gobiernos no pudieron más que ceder ante la presión de la realidad y ajustaron el precio del dólar después de varios años de control artificial. En uno y otro país, el gobierno no pudo más que reconocer, después de varios meses, que lo que el público advertía sobre el tipo de cambio era verdad: la economía estaba deshecha.

Los países del Grupo de los Siete (G-7),[21] los más desarrollados, pueden tener una tasa de desempleo menor a 5% y todavía así sufren. Calculan el índice sobre la base de las personas que no tienen un empleo o labor formal. En Latinoamérica, las cifras del desempleo son alarmantes: En Argentina, en 2000, el fantasma del desempleo rondaba en 25% de la PEA; En Brasil, más de 15%; en México, entretanto, arañaba apenas 5%.[22]

El desempleo abierto preocupa a todos porque si aumenta, quiere decir que las empresas realizan recortes porque han reducido sus ventas y tienen que bajar la producción. Mientras más grande sea el número de desempleados menor es la demanda de bienes y servicios. La menor demanda en cadena provoca recortes a las ventas de otras empresas o sectores que también se ven forzados a reducir su producción y a liquidar más trabajadores.

El desempleo comprime el círculo económico y, cuando se mantiene alto, propicia la aparición en cadena de malestares sociales: economía informal, inseguridad, violencia...

Si los empresarios reciben datos de desempleo creciente y constante, tienen que ser cautelosos. Los datos inducen a reducir la demanda de capital de trabajo y les hace pensar en dejar sus planes de mejora o expansión para mejores ocasiones. El inversionista financiero también tiene que ser cauto. Debe examinar y tal vez cambiar la perspectiva de su portafolio de instrumentos; debe vender los de mayor riesgo y ver las alternativas de mayor seguridad. Ambos pensarán lo contrario cuando los datos de desempleo se comporten a la inversa.

Tasa de desempleo, *Unemployment rate*

La economía no es una ciencia exacta. Por eso, los criterios no se aplican igual ni a rajatabla en todos los casos. La baja del índice de desempleo, que para unos es deseable, para otros, en determinadas circunstancias, es preocupante: en Estados Unidos, el dato de 3.9% en la tasa de desempleo (*Unemployment rate*) a septiembre de 2000, que resultó más baja que el consenso de los analistas, quienes esperaban 4.1%, tiró el Dow Jones, presionó las tasas al alza y enfrió los ánimos. En esa ocasión, la economía norteamericana crecía y crecía y se palpaba el riesgo de un "sobrecalentamiento", un crecimiento sin control. El menor desempleo estadounidense se daba lugar en aquella época a un mayor dinamismo del consumo, al crecimiento del dinero, la multiplicación del crédito que, si se descuidaba, podía ser inflacionario. La inflación asustaba a todos. Por eso los mercados reaccionaron esa vez con nerviosismo. Esto da la pauta para entender que el pleno empleo (esto es, que todas las personas en edad de trabajar están laborando) puede ser nocivo.

Al dar la vuelta a las páginas del gran libro de la historia económica, vemos que tres años después, nada más tres años después, se vivía en Estados Unidos la otra cara de la moneda: el estancamiento económico se reflejaba en mayor desempleo y por eso, el dato de menos personas desempleadas impulsaba de vez en vez el Dow Jones, entre 2003 y 2004. Menos personas desempleadas significaban en esa otra realidad mayores volúmenes de producción, mayor consumo, más ventas y utilidades y, claro, más compras de acciones de empresas.

---

21 Estados Unidos, Japón, Alemania, Reino Unido, Canadá, Francia e Italia.

22 La cifra del desempleo en México ha sido siempre engañosa. Se obtiene sobre la base de las personas que no reciben tipo alguno de remuneración o ingreso. Eso quiere decir que si en una familia el hijo en edad de trabajar que no consigue empleo se dedica a limpiar parabrisas y cristales aprovechando la luz roja de los semáforos, está empleado; si el ama de casa, para que no se sientan los efectos del desempleo, hace pastelillos y los vende a los vecinos, está empleada; es decir, todos están empleados, hasta el tragafuego de las esquinas. En síntesis, en México no hay que preocuparse ni ser tan críticos: con un poco de ganas todo mundo puede tener empleo. El desempleo, visto así, es una sospecha infundada, un mito casi "genial".

Internet bursátil

Siga los acontecimientos y tenga a la mano los reportes económicos de los países de Latinoamérica. Abra Datos, cifras y análisis económico de México y Sudamérica en: **http://www.latin-focus.com/**

El Banco Mundial, World Bank, y el Centro de Estudios Monetarios para América Latina (CEMLA) analizan la situación económica de la región. Banco Mundial: **http://www.worldbank.org/** siga el vínculo "Countries & Regions" y luego "Latin America and Caribean". CEMLA: **http://www.cemla.org/**

7.4 Política monetaria y política fiscal

La economía moderna ha puesto en manos del gobierno dos mecanismos poderosos que influyen como pocos en el comportamiento del PIB y en el destino económico: la política monetaria y la política fiscal. Su aplicación puede mover la economía hacia cualquiera de los dos sentidos, crecimiento o retroceso, arrastrando o cargando a su paso con todos los beneficios o costos sociales, políticos y económicos que ello representa.

Política monetaria: el uso del dinero

Siempre que se han explicado las actividades del banco central, se ha comentado que ese órgano actúa en el mercado de valores para ejercer desde ahí algunos instrumentos de la política monetaria. La aplicación de tales instrumentos se refleja en la economía en diferentes facetas.

Con el ejercicio de la política monetaria, el banco central modera la cantidad de dinero que hay en la economía. Esa actividad es muy poderosa por sí sola. Con el manejo de la cantidad de dinero, el banco central puede disparar una economía o hundirla.[23] A través de esta institución, el gobierno busca que en la economía persista el nivel óptimo del circulante, de acuerdo con sus objetivos y las necesidades o características de la economía.

El banco central se vale de tres instrumentos principales para ejercer la política monetaria: los requerimientos de liquidez que impone a los bancos comerciales, las variaciones esporádicas que hace a las tasas de interés y las operaciones de mercado abierto que realiza en la bolsa.

Requerimientos de liquidez: restringir o dispersar el dinero

Los requerimientos de liquidez impuestos a los bancos, la cantidad de dinero que los bancos comerciales deben mantener sin poder prestar o usar (lo que en los libros se denomina "reservas obligatorias" o "encaje legal") se aplica en cada caso siguiendo modalidades distintas: un porcentaje directo sobre los depósitos, una cantidad o coeficiente que resulta de calcular ciertas partidas diarias, semanales o mensuales, etcétera.

Requerimientos de liquidez o "encaje legal"

Los requerimientos de liquidez son importantes porque inciden directamente en el desarrollo, según el sentido en que el banco central los determine. Si los requerimientos son moderados y permiten a los bancos maniobrar y prestar con holgura, se puede estimular la economía

---

23 En el primer capítulo se explicó y comentó ese poder que tiene el banco central y se decía, para acentuarlo, que el gobernador, presidente o director de esa institución tiene la gran responsabilidad de ser el hombre más poderoso del país.

ya que, con dinero disponible, los bancos incrementan los créditos a empresas y particulares. La proliferación del crédito produce una multiplicación de la oferta monetaria (el dinero), que agranda la economía: las empresas producen y crecen, se generan más empleos, se incrementa el consumo. Todo esto produce un aumento de la producción nacional, del PIB.

Por el contrario, si los requerimientos de liquidez son restrictivos —es decir, si tienden a reducir la capacidad de maniobra crediticia de los bancos—, se produce un estancamiento o una disminución económica: se reduce la oferta monetaria, aumentan las tasas de interés, las empresas producen menos, se contrae el empleo...[24] La cantidad de dinero que prevalece en la economía se modera atendiendo los objetivos generales de política económica que cada año o cada ciclo son diferentes: combate a la inflación, aumento de la producción, control del tipo de cambio, generación de empleos, etcétera.

Controlar las tasas de interés

Otro de los instrumentos de la política monetaria es el privilegio que tiene el banco central de controlar la evolución de las tasas de interés. No olvide que las subastas de valores gubernamentales arrojan la tasa líder. Esa tasa es reflejo de la política monetaria.

Cuando el banco central mueve las tasas primarias de los valores gubernamentales, desencadena un movimiento en todos los tipos de réditos de la economía. Si suben las tasas, se encarece el dinero, su encarecimiento desmotiva a las empresas a pedir prestado, disminuye el crédito, se elevan los costos de producción, se posponen o suspenden los planes de expansión, se provoca el desempleo, etc.[25] Si bajan las tasas, se esperaría un fenómeno inverso.

Claro que con tasas elevadas se fomenta el ahorro interno que, casi siempre, es lo que se busca atraer o elevar en los países de la región. El ahorro interno es uno de los elementos con que inicia el ciclo económico.[26] Latinoamérica, como todas las áreas emergentes, depende de la llegada de recursos foráneos, por eso, cuando se advierte la salida de capitales, los bancos centrales de la región aumentan las tasas buscando retenerlos.

Las alzas y las bajas cotidianas de los réditos responden a la fragilidad evidente de una estructura económica.

En México y otros países, las tasas líderes, activas y pasivas, se determinan por medio de subastas. En Estados Unidos, las tasas pasivas, la de los *T-Bills* y *T-Notes*, que marcan el pulso del mercado a corto y largo plazo, respectivamente, también brotan del proceso semanal de subasta en tanto que la tasa líder activa, la tasa de los fondos federales, *fed funds rate*, se determina por consenso entre los miembros de la junta de la Reserva Federal, *Federal Reserve System*. La tasa de fondos federales se mueve en función de lo que los miembros de la junta aprecian del comportamiento económico. Si detectan presiones inflacionarias, suben la tasa; si perciben síntomas de pasmo económico, bajan la tasa. En ciclos de estabilidad o crecimiento moderado y sano, la FED mantiene las tasas en un punto "neutral", en un nivel en que consideran que la tasa no impulsará ni desactivará el desarrollo.

---

24 La política monetaria del Banco de México, entre 1998 y 2005, consistió en dejar la economía "corta", con menos dinero del que necesitaba. La contracción de la economía, por medio de la reducción del circulante, buscaba un objetivo que el gobierno no pudo alcanzar en muchos años: bajar la inflación a un dígito.

25 Eso era lo que pretendía y conseguía la FED, el banco central de Estados Unidos, durante 1999 y 2000 con su política de alza de tasas. El FED no lo hacía por causar desbarajustes, sino por "enfriar" el acelerado crecimiento que, como todo lo que se da en exceso, era perjudicial.

26 Recuerde que los tres factores productivos básicos son la tierra (los recursos), el trabajo (el empleo de la fuerza laboral) y el capital (el dinero que se necesita para producir).

Operaciones de mercado abierto

El otro gran instrumento de la política monetaria es el que permite al banco central salir a lidiar en la arena de la bolsa: las operaciones de mercado abierto. Estas operaciones consisten en la compra y venta de valores gubernamentales en el mercado con el mismo fin que tienen los otros dos instrumentos descritos: inyectar o retirar dinero de la circulación.

Si el banco central considera que el monto de dinero de la economía es excesivo, puede vender títulos gubernamentales en el mercado de deuda. Cuando el banco central vende, recibe dinero de los intermediarios que estén dispuestos a comprar y, para que lo estén, la institución debe ofrecer tasas atractivas.

Si las pretensiones del banco central son inyectar recursos a la economía para aumentar la oferta monetaria, tiene que comprar valores. Cuando lo hace, entrega dinero y recibe títulos. Con mayor cantidad de dinero en la economía, las tasas bajan y los bancos pueden conceder más créditos; con más dinero disponible, las empresas se mueven e impulsan el crecimiento.

Las operaciones de mercado abierto son una herramienta de dos puntas: inciden en el control del circulante (son un complemento del primer instrumento de la política monetaria) y se utilizan para atajar los efectos de las tasas de interés. El banco central afila alguna de esas dos puntas según sus prioridades, las circunstancias y sus objetivos de mediano plazo.

La encomienda de llevar a cabo las operaciones de mercado abierto recae (en la mayoría de los casos) en un comité cuyo nombre revela la importancia de este tercer instrumento: Comité de Operaciones de Mercado Abierto o Comité de Mercado de Valores.[27]

Restricción, laxitud o expansión

El sentido de la política monetaria del banco central define su sobrenombre: hay políticas monetarias restrictivas, laxas y expansivas.

- Las *restrictivas* tienden a reducir la cantidad de dinero, a mantener altas las tasas y a disminuir el crecimiento.

- Las *expansivas* ofrecen lo opuesto: aumentar el monto de liquidez, bajar las tasas y contribuir al desarrollo.

- Las *laxas* son el punto intermedio, lo ajustable o flexible.

En todo caso, la política monetaria no se aplica por sí sola; forma parte de un plan de gobierno, de un conjunto de objetivos de mediano y largo plazos que hay que conocer y entender: si hay amenazas de inflación, los bancos centrales pueden retirar dinero de manera directa o indirecta, subiendo las tasas; si no hay crecimiento pueden aumentar con prudencia la cantidad de dinero disponible con una baja de las tasas. Estas instituciones tratan de hacer blanco en el punto idóneo: una adecuada cantidad de dinero que propicie el desarrollo sin que sea inflacionaria, una tasa de interés lo bastante alta para atraer capitales y tan baja que fomente los préstamos y la inversión productiva, un aumento en la cantidad de dinero acorde al crecimiento del PIB, una baja de las tasas según el descenso de la inflación, una tasa real lo suficientemente alta para motivar el ahorro interno...

Política restrictiva

Política expansiva

Política laxa

27 En Estados Unidos, el nombre del comité de la Fed inicia precisamente con la primera palabra del nombre del banco central: Federal Open Market Committe.

No cuesta saber el sentido de la política monetaria del banco central. Es algo que se observa a diario. Los noticieros lo difunden y se plasma con mejor énfasis en los diarios y revistas de negocios.

Sobra decir qué debe hacer cada quien, el empresario, el público ahorrador, los especuladores, según la dirección a que apunte la política monetaria...

Política fiscal: mover la economía desde los impuestos

La política fiscal es la relativa, entre otras cosas, a las contribuciones. Las contribuciones son los impuestos, los derechos y otros rubros que la sociedad paga al Estado. Las contribuciones más importantes, las que más inquietan, son los impuestos.

Los impuestos principales son el Impuesto sobre la Renta, ISR, y el Impuesto al Valor Agregado, IVA. En algunos países, como en México, la esfera fiscal abarca impuestos que gravan la producción y los servicios (el Impuesto Especial sobre Producción y Servicios, IEPS), la compra y la tenencia de automóviles (el Impuesto sobre la Adquisición de Automóviles Nuevos, ISAN y la tenencia vehicular), incluso hasta la propiedad de ciertos bienes (Impuesto al Activo, IMPAC).

¿Cómo se puede mover la economía desde la política fiscal? Una política fiscal justa, equitativa y razonable puede ser el combustible impulsor del desarrollo económico. Sí, porque en lugar de destinar recursos en gran proporción al "fisco", mediante cualquiera de tantos impuestos, fórmulas cargadas y tasas elevadas, las empresas pueden aplicarlos en la producción, la expansión, la capacitación, etc. Si así se hiciera, las empresas estarían motivadas a promover más negocios. Ello incidiría en el crecimiento del PIB, con toda la secuela de beneficios que ya se han expresado.

Por el contrario, la aplicación de una política fiscal abrumadora, asfixiante, puede llevar al desgaste empresarial y a la falta de crecimiento. Los cambios bruscos en la metodología fiscal y cuadros impositivos (típicos en los países de la región) impiden la planeación mesurada y no permiten hacer vaticinios serios. En esos casos, la única seguridad que tienen los empresarios e inversionistas es la incertidumbre. Una de las peticiones eternas de la comunidad empresarial, al menos en México, es la creación de un marco fiscal legible, permanente, integral, menos asfixiante.

El público inversionista, además de sentirse motivado o desmotivado a invertir en tal o cual acción o instrumento, según el rigor o la benevolencia de la política fiscal y las incidencias que crea que eso vaya a tener sobre el PIB, tiene que estar atento a los cambios que se realicen en su marco fiscal particular; es decir, tiene que revisar cuánto o qué tasa o tipo de impuesto va a tener que pagar, según la clase de contribuyente que sea, por las ganancias o intereses que perciba en la enajenación o tenencia de sus valores.

Hay sendos ejemplos prácticos de cómo se puede mover la economía (y los mercados financieros) mediante la política fiscal. Uno de ellos ocurrió en 2002, cuando el presidente Bush decretó exenciones fiscales a las empresas que en vez de pagar dividendos reinvirtieran sus utilidades. Las exenciones, hasta por 64 000 millones de dólares anuales, durante 10 años, un total de 640 000 millones, fue la mecha que detonaría, algunos meses después, la ansiada recuperación luego de tres años de inmovilidad.

La confianza de los consumidores

¿Qué diría usted si se le peguntara cómo está o cómo vive la situación económica actual? Nadie mejor que los propios habitantes, los que sufren o se alegran por los acontecimientos, para calibrar cómo será la economía. En casi todos los países se hace una encuesta entre muchos hogares para pulsar lo que la gente espera del rumbo económico. En México, el Banco de México, el banco central, y el Instituto Nacional de Geografía, Estadística e Informática, INEGI, realizan conjuntamente una encuesta nacional, denominada Encuesta Nacional sobre la Confianza del Consumidor, ENCO, durante los primeros 20 días de cada mes, en 2 336 viviendas urbanas, para preguntarle a la población mayor de 18 años sobre la situación económica actual y sobre las expectativas.

El índice de confianza del consumidor resulta de promediar cinco índices parciales; dos de ellos son relativos a la situación económica actual y esperada del hogar del entrevistado, otros dos se enfocan a la situación económica actual y esperada del país y el quinto índice refleja qué tan propicio consideran los consumidores el momento actual para la compra de bienes de consumo duradero.

Los cinco índices se derivan de cinco preguntas fundamentales, a saber:

1. Comparada con la situación económica que los miembros de este hogar tenían hace 12 meses, ¿cómo cree que es su situación en este momento?

2. ¿Cómo considera usted, que será la situación económica de los miembros de este hogar dentro de 12 meses, respecto a la actual?

3. ¿Cómo considera usted la situación económica del país hoy en día comparada con la de hace 12 meses?

4. ¿Cómo considera usted, que será la condición económica del país dentro de 12 meses respecto de la actual situación?

5. Comparando la situación económica actual con la de hace un año ¿cómo considera en el momento actual las posibilidades de que usted o alguno de los integrantes de este hogar realice compras tales como muebles, televisor, lavadora, otros aparatos electrodomésticos, etcétera?

El Índice de Confianza del Consumidor, ICC, *consumer confidence*, comenzó a tabularse en México en enero de 2003, sobre la base de cien puntos. Luego de casi dos años de altibajos, a finales de 2004 valía 95.4 puntos. El ICC es una de las medidas que se deben considerar para saber qué se espera de la economía en el futuro inmediato.

> Índice de Confianza del Consumidor, ICC, *consumer confidence*

 Internet bursátil

Para ver y saber más del Índice de Confianza del Consumidor busque en **www.inegi.gob.mx** o vaya directo a este URL **http://www.inegi.gob.mx/est/contenidos/espanol/metodologias/encuestas /hogares/metodenco. pdf? c=5328**

Los indicadores principales y el *Beige Book*

En Estados Unidos, el público y los mercados se guían por los denominados indicadores principales, *leading indicators*. Difundidos por la Junta de conferencia, *Conference Board*. Se trata de diez referencias que revelan las condiciones o realidades de los negocios. Los 10 indicadores líderes son los siguientes:

> Indicadores principales, *leading indicators*

1. Las horas semanales de manufactura

2. La demanda inicial semanal de reclamos de seguros de desempleo

3. Las nuevas órdenes de manufactura

4. Índice de comportamiento de las ventas

5. Bienes y materiales de consumo

6. Comportamiento de las ventas

7. Índices accionarios

8. Oferta de dinero

9. El diferencial de tasas entre la de fondos federales y la de los bonos del tesoro a 10 años

10. Índice de las expectativas de los consumidores

Por otra parte, las sucursales del banco central de Estados Unidos, *Federal Reserve System*, aportan a la oficina principal datos sobre las condiciones económicas en cada uno de los respectivos distritos. Las condiciones que cada sucursal envía son producto de entrevistas a economistas, expertos de los mercados, académicos y directores de empresas. La FED consolida la información y la presenta, ocho veces por año, en un reporte global denominado: Libro Beige, *Beige Book*.

Libro Beige,
Beige Book

El reporte incluye impresiones sobre las condiciones relativas a gasto y turismo, construcción y bienes raíces, gasto de alquiler, manufacturas, banca y sistema financiero, precios y empleo y agricultura y recursos naturales.

El Índice de Confianza del Consumidor, los indicadores principales y el Libro Beige, resumen las condiciones económicas tratadas a lo largo de este capítulo. Son importantes porque se trata de indicadores o reportes generadores desde la realidad de los actores de la economía, los consumidores, los empresarios, los participantes de los mercados. No deje de prestarles la atención debida.

Internet bursátil

Observe el comportamiento de los indicadores principales a través de este URL:
http://www.globalindicators.org/Us/LatestReleases/index.cfm
Puede ver los reportes completos, *Beige Book*, por cada año, abra: **http://www.federalreserve.gov/FOMC/BeigeBook**
Conference Board es una organización que se dedica a analizar las cifras y consecuencias de las economías. Es importante visitarla. Para conseguir datos y cifras del Reino Unido, Alemania, Japón y Corea, visite:
http://www.conference-board.org/economics/

7.5 Repercusiones externas: el dilema de la globalización

Ningún país es autosuficiente, económicamente hablando. Todos son interdependientes. Todos participan, cada cual en su medida, en el intercambio económico global. Este intercambio se ha multiplicado con el nuevo capitalismo que priva en el planeta y que coloca a todas las naciones, empresas, entidades y personas en un contexto que parece aterrador: la *globalización*.

Neoliberalismo, libre mercado y globalización

El capitalismo clásico centra su tesis en el poder del dinero. El capitalismo contemporáneo refuerza la importancia del dinero y le adjudica nuevas virtudes.

El capitalismo actual es el resultado de las ideas neoliberales. Los liberales antiguos provocaron un cambio rotundo en todos los frentes de la vida social: acabaron en su tiempo con los regímenes totalitarios, debilitaron la monarquía, crearon revoluciones, fragmentaron reinos y dominios, desprendieron a la Iglesia de sus órganos de poder histórico (del Estado, de las instituciones y formalidades civiles como el nacimiento y la muerte, de la economía, entre otros muchos).

Los nuevos liberales (neoliberales, en la terminología global de hoy) volvieron a provocar un planteamiento de raíz: propusieron al mercado como el ente fundamental, crearon el dinero virtual, convirtieron al sistema financiero en la principal institución del mercado, desprendieron al Estado de sus funciones económicas históricas, privatizaron empresas, dejaron que el mercado se regulara por sí mismo, convirtieron al gobierno en un mero vigilante de la economía, propiciaron el libre mercado, pugnaron por el agrupamiento económico regional, propusieron la democracia como bastión esencial del desarrollo y la igualdad de las oportunidades, apostaron por la globalización...

> **Neoliberalismo**

¿Qué es la globalización? Se trata de una figura que considera que todos los países del globo terráqueo forman un mercado único, que todos participan en el mismo flujo económico. La globalización retoma la tesis de la competitividad (de la que se habló en el primer capítulo del libro): cada nación, para participar con éxito en ese mercado gigantesco, debe orientarse a aportar calidad en cada uno de los bienes y servicios con los que participe.

> **Globalización**

Globalización, figura de muchos siglos

La globalización sorprendió a muchos y a otros todavía les causa confusiones. Ni el capitalismo, el liberalismo ni la globalización son nuevos. Adam Smith planteó ideas en su tiempo (finales del siglo XVIII y principios del XIX) y propuso acciones relativas al capitalismo que retomaron los nuevos liberales en la penúltima década del siglo XX.

Antes del encuentro formal de los dos mundos en 1492, todos los países conocidos participaban en los negocios. Europa compraba o explotaba lo que Asia y África elaboraban o tenían. Las naves iban y venían repletas de toda clase de mercancías. La aventura de Cristóbal Colón, económica, al fin y al cabo, hizo posible que las rutas del comercio abrazaran la verdadera faz del planeta y le dieran forma auténtica a la globalización. Luego de confirmar que la Tierra es redonda, como un globo, se pudo decir que en el nuevo intercambio comercial —en que participaban todos y por cuya hegemonía se peleaban los poderosos— tuvo una doble interpretación: fue global porque estaban todos, los del viejo continente y los recién encontrados y sojuzgados, y fue global porque en el globo había un mercado único.

Fundación de la nueva figura: La inflexión de Latinoamérica

Los nuevos liberales comenzaron a imponer su hegemonía a principios de los 80, en la primera fase del gobierno de la mujer más influyente del siglo XX: Margaret Tatcher, la primera ministra del Reino Unido. Las ideas liberales se consolidaron con la aceptación estadounidense de la figura, durante la presidencia del actor Ronald Reagan. La señora Tatcher impuso la revolución tecnológica y legal de los mercados financieros (el *big bang*). Bajo su gobierno se creó la LIFFE (*London International Financial Futures and Options Exchange*), que revolucionó la pretensión de las bolsas de valores, integró los 18 mercados bursátiles del reino y elevó las dimensiones y los alcances de la Unión Europea. En su tiempo la secundaron Helmut Khöl, en Alemania; Felipe González, en España, y François Mitterrand, en Francia. Juntos promovieron el Tratado de Mastrich en 1992, del que brotaron los lineamientos para la implantación de la moneda única que hoy rige en la Unión Europea, el Euro. John Major, el sucesor de la señora Tatcher, culminó la labor y Tony Blair, el primer ministro a partir de 1997, la redondeó al dar autonomía a *The Bank of England*, el banco central. Ronald Reagan, desde Estados Unidos, modificó el papel de los organismos multilaterales, el FMI y el BM, encauzó la redefinición del banco central, rescató a los países en vías de desarrollo de la debacle, entre otras acciones y propuestas. Su sucesor, George Bush, encaminó la idea de un tratado trilateral con México y Canadá (el TLC o NAFTA, por sus siglas en inglés) y Bill Clinton, más tarde, sugirió la creación de nuevos bloques en toda América.

Tratado
de Libre
Comercio,
TLC, NAFTA

El capitalismo, con la globalización como bandera, tuvo su despegue definitivo con dos hechos culminantes: la caída del Muro de Berlín, en 1989, y la desaparición de la URSS, el sostén del bloque comunista, en 1991. Casi todos los países del viejo bloque, al redefinirse, optaron por la economía de mercado.[28] El libre comercio, por esos sucesos, pudo remontar el vuelo sin mayores obstáculos.

Se escribió "casi todos" porque hubo países, como Corea del Norte, China o Cuba que se declararon fuera (y evidentemente no aplicaron las reformas necesarias) y ahí se mantienen, aisladas, menos China, que pese a seguir con su régimen histórico, logró adoptar dos sistemas, pudo participar del fluido global y alcanzó a concretar un acuerdo comercial (quién lo dijera) con Estados Unidos. China, como ningún otro, juega un papel híbrido reconocido por todos: participa en la apertura económica pero sigue cerrado, políticamente, hacia sí misma.

Capitalismo y comunismo, juntos y también revueltos

Lo impensable se ha materializado. El capitalismo y el comunismo en un mismo país. El capitalismo "cerrado" o el comunismo "abierto".

China tiene, desde julio de 1997, dos sistemas. El capitalista puro, que sostiene en Hong Kong, el territorio devuelto por el Reino Unido después de 150 años de arrendamiento, y el comunismo abierto, con el que ha logrado colarse en el intercambio comercial global y con el que aspira a ser la mayor potencia económica del siglo XXI. Hong Kong es todavía el enclave más fiel del capitalismo y China era hasta hace pocos años la muestra más fehaciente del comunismo.

En todos los países hay productos chinos. Empresas y empresarios chinos van arribando, poco a poco, a otras regiones, a otros mercados. La bolsa de Shangai será dentro de pocos lustros el cuarto corazón financiero del mundo. El yuan (0.12 dólares a fines de 2004) será una divisa fuerte. El índice *Shangai Composite* será el nuevo termómetro de Asia.

Latinoamérica (particularmente México) es un caso *sui generis*. Los países de la región eligieron el nuevo modelo como punta de lanza, pero conservan en la práctica los fundamentos de las antiguas economías mixtas y duras: cerrazón política, totalitarismo, Estado empresario, control discrecional de los medios, feudalismo agrícola, concesiones y autorizaciones privilegiadas,

---

28 Lo primero que hicieron Boris Yelstin en Rusia, Vaclav Havel en la República Checa o Lech Valesa en Polonia, fue crear un sistema financiero. Lo hicieron porque no contaban con bancos ni con bolsas. En sus países no había sistema financiero porque el dinero era irrelevante en las economías comunistas. Sin embargo, la economía de mercado se sustenta en el dinero, como factor de intercambio y mercancía. Por eso, como adoptaron el sistema de mercado, tuvieron que crear rápidamente un sistema financiero que permitiera captar, mover y multiplicar el dinero.

privatizaciones oscuras, banco central dependiente del Ejecutivo, aislamiento de comunidades indígenas, etc. Por eso se explican sus crisis recurrentes y su dependencia extrema de los capitales extranjeros y por eso, desde luego, el nuevo capitalismo significa para ellos más posibilidades de perder que beneficios generales.

Repercusiones de la economía global

La globalización contemporánea tiene sus premisas claras: hay un mercado único en el mundo, las empresas son multinacionales, los oferentes y demandantes de dinero provienen de cualquier parte y congregan sus recursos en alguno de los varios corazones financieros que tiene ese gran mercado (Nueva York, Londres, Tokio, Frankfurt, Hong Kong).

Como hay un solo mercado, la formación de precios de los productos proviene de la demanda y de la oferta global. Las grandes instituciones financieras que se abastecen del bombeo que producen esos cinco corazones, básicamente, dispersan por el mundo el dinero que usan los agentes económicos (gobiernos, entidades, empresas).

Entonces, como hay una sola economía, el bienestar de un agente es el bienestar de muchos y el perjuicio de uno es el perjuicio de muchos, sin importar dónde se ubiquen o si se conocen.

Veámoslo con una analogía sencilla: si en una familia de cuatro personas (papá, mamá, dos hijos) de pronto hay un ingreso mayor conjunto porque al padre le aumentan el sueldo, la familia puede estar mejor. Pero si al padre lo despiden o alguno de los hijos despilfarra lo que a la familia le cuesta conseguir, ésta tendrá que hacer esfuerzos para sobrevivir.

Así funciona la economía. En ella hay muchísimas familias o miembros; en una economía global, como la que predomina en nuestra época, hay millones de familias (países, empresas, familias verdaderas) interconectadas y dependientes. Lo que haga una afecta a las demás.

En la economía global, el dinero de los inversionistas se destina a los que lo necesitan. Suponga que buena parte del dinero depositado en Londres o Nueva York se le facilitó a Rusia. Este país, al recibirlo, lo mueve. Suponga también que con ese dinero hace pagos a Estados Unidos, depósitos en Alemania y efectúa compras a Japón, Corea del Sur, Brasil y otros. El movimiento que hace Rusia del dinero que recibe genera negocios en el ámbito mundial. En Londres y en Nueva York saben o esperan que Rusia devuelva lo que se le otorgó prestado. ¿Qué pasa si Rusia hace mal las cosas e incurre en una crisis? Cuando un miembro del mercado se declara o se percibe al borde de la debacle, la comunidad internacional se espanta porque eso afecta la gran cadena del dinero mundial: Alemania le puede retener los depósitos que le envió, Japón, Corea del Sur y Brasil van a tener que disminuir su producción (sus trabajadores, ventas y PIB) porque van a tener un cliente menos, además de que tendrán problemas para cobrar lo que Rusia les debe y deberán disminuir su demanda de materias primas a otros países que les abastecían. Los demás países que hacían negocios con Rusia dejan de hacerlos. Si Estados Unidos le vendía granos, deja de venderle. Pero con esto la Unión Americana genera menos divisas y, para no desequilibrarse, deja de comprar a otros. Entre esos otros a los que Estados Unidos, Japón y Corea del Sur dejan de comprar, están los países de Latinoamérica, que ya no van a tener parte del dinero con que pensaban contar y que se verán forzados a recurrir a otras fuentes para completar sus flujos requeridos. Pero esas fuentes, debido al problema de Rusia, van a estar cerradas.

Al no poder cobrar lo que Rusia les debe, las instituciones financieras tienen problemas para entregar lo que recibieron como depósitos de los grandes ahorradores del orbe, a la vez que reciben más solicitudes de préstamos de los países que redujeron sus ventas o cobros por el problema ruso. El sistema financiero mundial, lejos de conceder nuevos préstamos, restringe la oferta de recursos o de plano cierra las válvulas del dinero a todos hasta que no se normalice la situación. En estas condiciones ¿qué pueden hacer los países que necesitan liquidez y dependen de la oferta de dinero mundial? Padecer, sufrir, no más, porque se trata de países que necesitan un flujo constante para producir, mejorar y pagar lo que deben; pero como no hay dinero, no tienen forma de controlar sus variables macro, de aminorar sus déficits, de corregir sus cuentas corrientes, de conservar la magnitud de su PIB, etc. ¿Qué les queda, entonces? Llevar a la práctica una serie de recetas medio amargas: subir las tasas de interés, devaluar o ambas cosas, para atraer a los inversionistas que se arriesguen a invertir en esas condiciones o evitar que los que ya están se vayan atemorizados por la probabilidad de un contagio. Pero las devaluaciones o las alzas de las tasas provocan otra serie de perjuicios, como ya se expuso. Todo por un problema en un país remoto como Rusia.

Con el supuesto anterior se ilustra cómo brotan y se magnifican los colapsos mundiales que siempre reciben un nombre por demás gracioso:[29] "efecto tequila", "efecto vodka", "efecto dragón" (cada nombre se asigna en alusión a un signo o elemento distintivo del país que origina el problema).

Tan lejos de Dios y tan cerca de Estados Unidos

La célebre frase pronunciada con puntería por Porfirio Díaz "pobre México, tan lejos de Dios y tan cerca de Estados Unidos",[30] sigue teniendo una validez alucinante y no sólo para los mexicanos. Para bien o para mal, la economía de toda América Latina depende, en primera instancia y más allá de tendencias globalizadoras o afanes de integración, del vecino del norte.

El mayor intercambio comercial de la región se celebra con Estados Unidos, que es nuestro principal comprador y primer proveedor. La mayor parte de los flujos de inversión extranjera directa y de cartera que reciben los países del área, proviene de esa fuente.

A eso se debe la otra frase, la que afirma que "cuando la economía de Estados Unidos se enferma de gripe, la de México padece pulmonía". Para bien o para mal, así es: si sube la inflación allá y para moderarla y corregir los males, el FED decide aumentar las tasas de interés, la economía regional se transforma y sufre malestares variados. Un problema de este tipo produce sufrimientos internos intensos:

- *Traslado de la inflación*. Las empresas estadounidenses, que son proveedoras de entidades latinoamericanas, incrementan los precios de venta de las materias primas para no reducir sus márgenes de utilidad cuando suben sus costos de producción (por el aumento de la inflación) y financieros (por el aumento de las tasas); así pues, como nuestras compras en la Unión Americana representan un gran porcentaje de la balanza comercial, "importamos" una inflación que resulta mayor internamente que la que ellos podrían llegar a tener.

- *Disminución de las exportaciones nacionales*. Los productores de Estados Unidos reducen sus compras de materias primas a las empresas de la región. Esta disminución de exportaciones ocasiona compensaciones difíciles: se incrementan los precios internos para contrarrestar la

---

29 Gracioso porque la filosofía popular lo toma a modo de broma. En medio de la vorágine de la crisis de octubre 1997, algún alumno quiso explicar la razón de la catástrofe y sólo atinó a decir, después de confundirse, que "el dragón bailó samba".

30 Porfirio Díaz fue presidente de México de 1876 a 1880 y de 1884 a 1911. Bajo su mandato el país se ordenó, creció, se abrió al comercio mundial y se creó la bolsa de valores.

baja de ventas al exterior y se despiden trabajadores. La primera medida impulsa la inflación doméstica y la segunda el desempleo que, como se dijo, reduce el consumo y perturba el fluido del círculo económico.

■ *El gobierno local devalúa la moneda.* Para que los productos nacionales no pierdan competitividad por precio y se mantenga el nivel de compras de los demandantes de Estados Unidos, se tiene que devaluar la moneda. Esta devaluación trae costos y perjuicios inherentes.

■ *El banco central local eleva las tasas.* Los bancos centrales de la región tienen que elevar las tasas de interés para que los inversionistas extranjeros no se escapen asustados por las consecuencias de las medidas anteriores. El alza de las tasas locales, más la devaluación de la moneda, aparte de que se reflejan en la descomposición macro que se ha ilustrado a lo largo de este capítulo, contribuye a aumentar el riesgo del país. Éste, dado los costos adicionales y la reducción de su capacidad productiva, se vuelve foco de atención ante la comunidad internacional y pone en alerta a los organismos multilaterales y a todo tipo de acreedores.

La lista de consecuencias fatales podría aumentarse. ¿Cómo son las reacciones de los mercados financieros en estos casos?

IPC, MERVAL, BOVESPA, espejos del Dow Jones

La dependencia económica ha quedado comprobada en los mercados de valores de los países de la región. Todo mundo sabe que los indicadores bursátiles de Latinoamérica siguen los pasos del Dow Jones. La formación gráfica de los índices de Estados Unidos, en el mediano y largo plazos, son muy parecidas a las formaciones del IPC, del MERVAL, del BOVESPA, y de los demás índices regionales.

Aparte de las ligas económicas, nuestros mercados contienen elementos que hacen que los inversionistas de Estados Unidos dominen las bolsas del centro y del sur:

■ Las empresas más grandes de la región (Telmex, Cemex, Telebras, Aracruz, Endesa, YPF...) están listadas en alguno de los tres mercados de Estados Unidos (NYSE, AMEX, NASDAQ) e incluso algunas participan en el mercado OTC. Los inversionistas que negocian los títulos de esas empresas determinan el rumbo de los precios de sus acciones en sus bolsas de origen. Las bolsas de México, Argentina, Brasil, etc., se mueven conforme las condiciones que imponen desde Nueva York los clientes extranjeros.

■ Aparte de negociar los ADR´s en Nueva York, los inversionistas institucionales (casas de bolsa y fondos extranjeros) compran y venden en las bolsas locales acciones de libre suscripción de muchas más empresas todos los días.

■ La clientela internacional define la trayectoria de las bolsas de los países emergentes según las expectativas de las empresas de los países maduros. Cuando empresas como General Motors se aprecian con grandes perspectivas, las motivaciones por comprar incluyen a los ADR´s y acciones de libre suscripción de nuestras empresas, pero cuando aquellos augurios son austeros, lo primero que los clientes tratan de vender son los valores más frágiles.

■ La actividad de la mayoría de los corredores locales se resume en realizar operaciones de arbitraje entre el mercado doméstico y alguna de las bolsas de Nueva York.

■ Las grandes empresas de la región acostumbran dar a conocer sus reportes trimestrales y presentar sus grandes planes en Nueva York ante la prensa y los inversionistas internacionales.

Una manera de notar la dependencia es observar cómo en los días feriados en Estados Unidos, cuando las bolsas de Nueva York cierran, las bolsas de Latinoamérica tienen bajísimos volúmenes de operación. En estas ocasiones, los corredores domésticos casi ni se inmutan y las variaciones de los precios e indicadores locales son simbólicas. Se puede decir que esos días son de asueto también para nuestros mercados.

7.6 Peso de la política y otros factores

La política y los políticos son fundamentales en la evolución económica, ya que son los que delinean el rumbo. Si priva en el mundo un nuevo capitalismo, es por las ideas y plataformas de los políticos. Si un país padece inflación o si se estira el circulante, se debe a los lineamientos políticos de los gobernantes. Si aumenta el porcentaje de un impuesto o se tiene mayor desempleo, es porque algo o mucho hacen o dejan de hacer los políticos de los que depende el timón económico.

Enfoque neoliberal, tesis económica de los políticos

Los líderes políticos modificaron las bases económicas del mundo a principios de los 80. La adopción de esa cultura y la apertura progresiva de nuestros países ha sido la tesis con que han gobernado nuestros políticos en los últimos 10 años.

¿Qué tiene que ver la política con los mercados? La política da forma a la economía. El rumbo económico depende en esencia de las acciones de gobierno. La opinión del público no decide que una economía sea cerrada —como la de Corea del Norte—, o que haya una benevolencia ilimitada al capital foráneo —como en México—, eso se decide por los criterios y creencias de los dirigentes. La adopción del modelo capitalista en un país y la implantación de mecanismos necesarios (sistema financiero, mercados, dinero, etc.) se deben a la convicción o al perfil político de los gobernantes.

Por eso, es común que en tiempos electorales aflore la incertidumbre bursátil. En esas épocas, los inversionistas se muestran cautelosos, previsores o indecisos porque saben que el cambio de gobierno trae consigo modificaciones inevitables que inciden en el curso de las variables, las cuales ajustan el aterrizaje de la política monetaria, cambian el alcance de la política fiscal y finalmente influyen en el PIB y dejan sus secuelas en el empleo, el nivel de vida y la marcha de las empresas.

Cuando el líder del Partido Laborista del Reino Unido, Tony Blair, ganó las elecciones y asumió la primera magistratura en 1997, los gobernantes del resto de los países del Grupo de los 7 (G-7), afligidos porque el enfoque de economía de mercado que rige pudiera desaparecer o cambiar, convocaron a una reunión urgente de sus miembros para demandar a Blair una definición sobre sus ideas económicas y ventilar la continuidad o desmoronamiento de la globalización.[31] Blair confirmó la continuidad. El mundo y los mercados respiraron tranquilos.

Preocupaciones parecidas se gestan, a otra escala, cuando un país renueva el poder legislativo, cuando sustituye al ministro de finanzas o economía, cuando se enferma o muere un líder o tiene lugar un levantamiento armado. Los empresarios, los inversionistas, los analistas, saben

---

31 La posición de Blair era vital porque fue el primer gobernante socialista del Reino Unido (el país que propició la globalización en que vivimos) después del largo periodo de 18 años de gobierno del partido Conservador. Un viraje económico de Londres hubiese sido fatal.

que por esos cambios o movimientos puede haber giros o vuelcos económicos, salidas de recursos, desequilibrios en la liquidez, desajustes en las variables y expectativas frustrantes que tiren a los índices accionarios o provoquen aumentos en el tipo de cambio y las tasas de interés.

Los hechos sociales transforman a un país y alteran los indicadores. Una revuelta social, como la que tuvo lugar en Indonesia en los primeros meses de 1998,[32] o en Argentina en 2002, por ejemplo, puede trastocar los altos círculos del poder y modificar la estrategia del gobierno. En la ocasión, en Indonesia, presionado por las multitudes relegadas del desarrollo, el presidente Suharto tuvo que renunciar; con él se desplomaron las ideologías del mercado y los indicadores bursátiles. Con Habibi, el nuevo presidente, la economía se modificó de raíz. Al hacerlo, se enderezó el rumbo poco a poco y los indicadores (tasas, tipo de cambio, índices, precios de las acciones) retomaron su buen destino. Algo similar y tal vez más agónico, sucedió en Argentina, donde la multitud, a fuerza de cacerolazos, produjo movilizaciones impresionantes, arremetió contra los bancos, contra los gobernantes y logró que varios presidentes y ministros renunciaran, que otros funcionarios fueran juzgados y que los ahorros se devolvieran, poco a poco, a sus dueños. Las repercusiones fueron tan devastadoras que el FMI llegó a reconocer sus culpas en el origen y el manejo de la crisis.[33]

El capitalismo con la "tercera vía"

Al despuntar el siglo la preocupación se centra en los nuevos gobiernos de izquierda que poco a poco han ido recobrando posiciones en toda Europa. Esos gobiernos pudieron concretarse gracias a la promesa de hacer llegar a los electores, sobre a todo a los de nivel medio y bajo, que son la mayoría, algo más que los raquíticos beneficios que les ha dado el nuevo capitalismo. Es verdad: mientras que a las empresas las ha colocado en una posición de riqueza impensable y a los gobiernos les ha permitido moderar las variables macro y sortear las tempestades, el enfoque no ha transferido gran cosa a la sociedad. Ésta, al ver que los gobiernos que implantaron el nuevo capitalismo no vertían beneficios sociales, optó por cambiar. Es que en Europa sí se procura materializar las promesas a los electores.

La denominada "tercera vía", la izquierda moderada, culta y con enfoque social, la corriente que nació a raíz de la "revolución de terciopelo" en la República Checa,[34] parece que dominará Europa el primer lustro del siglo.[35] Para entonces, tal vez la Unión Europea tendrá el dominio comercial del planeta y habrá propuesto o dirigido la conversión del FMI, del Banco Mundial, del abasto y uso del dinero y seguramente de los mercados financieros. El capitalismo, como tesis política, tal vez tenga un nuevo sentido. Ello se reflejaría en el dinero y los mercados.

La tercera vía

---

32 La situación fue insostenible. Todo el día, todos los días, desde la crisis de octubre de 1997, salían a las calles multitudes encolerizadas de estudiantes, obreros, amas de casa, exigiendo, buscando modificar los criterios de la política económica. El pueblo quemó tiendas, asaltó negocios, arrasó cosechas y, sobre todo, desbancó un régimen que había durado 30 años en el poder.

33 El gobierno congeló los ahorros. Luego de las presiones, implantó el "corralito", la idea de que el público pudiera disponer una pequeña parte y eso a cuenta gotas, de su dinero. El presidente Kirschner declaró, luego de asumir, que los pagos a los acreedores, especialmente al FMI, iban a esperar porque, dijo, primero era el pueblo. Senda lección de sensatez que debería ser adoptada por muchos otros gobernantes, especialmente por los mexicanos.

34 En la vieja Europa del Este, la transición del comunismo al capitalismo no estuvo impregnada de sangre. El cambio radical de sistema político-económico fue pacífico y, por eso, se llamó así, "revolución de terciopelo". Buena parte del logro sereno se le debe a Vaclav Havel, el intelectual que dirigió el cambio en Praga, la capital de la República Checa.

35 La "tercera vía", la idea de hacer que la economía tuviera un rostro humano se ha ido diluyendo, al menos en Latinoamérica, donde algunos candidatos a la presidencia e incluso uno que otro presidente han usado la expresión, sin saber lo que significa y sin más afán que el decir algo novedoso o que parece atractivo. Lástima porque se trata de una teoría rica, posible y benéfica para todos que, tal vez por eso, se deje a propósito en el olvido.

Hay otro grupo de factores que influyen, de vez en vez, en el ánimo de los inversionistas y en el comportamiento de los mercados. Son muy comentados los contagios psicológicos, los ciclos esporádicos de nerviosismo o entusiasmo. Entre ellos (y siempre relacionados con el comportamiento económico) hay uno muy peculiar: los *cracks* de octubre.

¿Por qué los mercados se caen en octubre?

Si hay un mes que ponga nerviosos a los inversionistas es octubre. Desde siempre y en particular desde 1929, el décimo mes del año es el más temido porque es cuando ocurren las caídas más dramáticas de las bolsas (los *cracks*) ¿A qué se debe?

El *crack* de 1929 fue el reflejo de la situación económica que se vivía en el mundo desde la primera Guerra Mundial. La caída de la Bolsa de Nueva York no fue más que el aviso de que la recesión iba a llegar a Estados Unidos y que se prolongaría por muchos años más, como ocurrió. El mundo (y la bolsa) pudieron recuperarse hasta después de la segunda Guerra.

Aunque había signos de debilidad, la catástrofe bursátil de octubre de 1987 se produjo por motivos de menor trasfondo económico y más por cuestiones psicológicas y de entusiasmo desmedido: cientos, miles de inversionistas súbitos habían entrado al mercado sin conocer su naturaleza, sin saber sus riesgos ni entender su filosofía. Esa vez, como consecuencia de las pérdidas hubo asesinatos, suicidios y encarcelamientos.

En octubre de 1997, el más reciente gran *crack* o *crash* se debió a la fragilidad económica de los países del sur de Asia y Latinoamérica.

¿Por qué en octubre? Han coincidido varios factores: primero, el ejercicio fiscal de algunos de los principales países desarrollados abarca del primero de noviembre al 31 de octubre, a diferencia del ejercicio fiscal de México y otros países, que coincide con el año calendario. Por lo tanto, los inversionistas usan este mes para cerrar, cuadrar o ajustar sus posiciones.

En 1987, los inversionistas aprovecharon el cierre fiscal para salirse y tomar sus utilidades. El resto de la gente, que no sabía del cierre ni entendía el funcionamiento del mercado, se espantó con la primera oleada de ventas de los conocedores y se volcó a vender. El impacto psicológico fue tremendo. Todo mundo quiso vender y eso provocó la debacle.

Algunos males económicos, como los que dieron motivo a la crisis de 1997, se evidenciaron desde junio o julio; pero detonaron en octubre por el cierre de las posiciones fiscales. Es decir, los males de Tailandia, Indonesia, Brasil, Corea del Sur y Japón ya estaban latentes y era cuestión que se dieran los motivos para manifestarse. Los inversionistas, que sabían que las economías andaban mal y no estaban dispuestos a quedarse y sufrir las consecuencias, se salieron en octubre, el mes en que tienen que efectuar su cierre fiscal. Si tuvieran que hacerlo en agosto, por ejemplo, el *crack* se habría dado ese mes.

En octubre de 2000, sin que hubiera un verdadero *crack*, además del cierre fiscal coincidieron otros elementos que tiraron bruscamente los índices, como la guerra en el Medio Oriente, que impactó los precios del petróleo. Los altos precios de los insumos, en tiempos de cierre fiscal, hacen mella en las empresas que prefieren retirar cuanto antes sus excedentes de los mercados. A esas circunstancias se sumaron las decisiones de los grandes fondos de inversión y los inversionistas conocedores que se salen en esos días sólo por un lapso, para volver más tarde, después de octubre, para comprar en el nuevo ejercicio fiscal, a precios atractivos.

El público en general, que no entiende por qué se salen muchos, cae en la desesperación, se suma a las posturas vendedoras y, arrinconado por el nerviosismo y la desconfianza que le causa el mes, sólo piensa en vender para recuperar "de lo perdido lo que aparezca".

En todos los casos, la historia ha demostrado que meses después del octubre dramático vienen épocas de fuertes alzas.

 Internet bursátil

En la dirección del BIS, *Bank for International Settlements*, Banco de Pagos Internacionales, se puede ver la lista de la mayor parte de los bancos centrales en el mundo. En la página de cada banco se pueden hallar cifras, datos y balances económicos del país correspondiente.
http://www.bis.org/cbanks.htm

7.7 La economía de cada día y las decisiones de inversión

La evolución económica brinda señales valiosas que deben atender los inversionistas, cualquiera que sea su perfil. Además de las que ya se describieron en cada uno de los apartados de este capítulo, al inversionista le vendría bien tomar en cuenta las siguientes:

- El público debe procurar estar al tanto del estado de los indicadores. Como hábito, debe tomar nota de las cifras periódicas de la inflación, de las reservas internacionales, de la balanza comercial, de la cuenta corriente, del resultado semanal de la subasta de títulos gubernamentales, de las variaciones del índice de la bolsa, etcétera.

- La gente debe aprender a comparar las variaciones de una semana o de un mes a otro.

- Debe procurar entender las explicaciones que dan los expertos. Los diarios y revistas financieros pueden ser de gran ayuda.

- Nadie debe confiar en los expertos espontáneos. No falta en una familia, en una reunión o círculo de compañeros de trabajo, quien quiera asumir el papel de un conocedor. Es muy probable que no sea más que un charlatán.

- Nadie debe dejarse llevar por rumores de sobremesa. En ciertas épocas son frecuentes los comentarios a la ligera sobre una devaluación u otros males crónicos. Antes de hacer caso y comprar dólares (que de por sí es una reacción inconveniente), hay que estudiar las cifras, comparar los datos, revisar los diarios y las columnas o notas de los expertos.

- Generalmente, las devaluaciones son sorpresivas. Si la decisión de alguien fuera adquirir dólares, tiene que considerar los diversos puntos que juegan en su contra. Lo idóneo es actuar antes de que se produzca el alza del dólar o cubrirse mediante fondos de inversión, no mediante la compra de dólares.

- No hay que "casarse" con plazos fijos y papeles sin liquidez. Olvídelos, haga a un lado las alternativas de deuda rígidas. Lo mejor es invertir en un papel fácilmente negociable, con tasa de mercado.

- De acuerdo con la que dicta la experiencia, en tiempos de incertidumbre lo más conveniente es invertir día a día.

- En tiempos de estabilidad hay que buscar los plazos más largos, siempre y cuando se asegure una tasa elevada.

- Es bueno tomar siempre como referencia la tasa líder y la inflación esperada.

- Hay que tener presente que la inflación erosiona; por lo tanto, evite las cuentas tradicionales de ahorro. Es casi como tener el dinero en casa, perdiendo valor.

- ¿Alguien quiere evaluar la economía con rapidez y certeza? Que revise o siga cuatro indicadores básicos: el tipo de cambio, el índice accionario, las tasas de interés y la inflación reportada.

- El índice accionario es uno de los termómetros más reveladores de las expectativas económicas y del ánimo del público. Según el nivel del índice y sus formaciones a lo largo de los meses, el público puede formarse una impresión de la economía, las variables y el mercado.

- ¿La gente no tiene tiempo de hojear los diarios y enterarse del precio del dólar, del nivel de las tasas o del cierre de la bolsa y tomar decisiones? Deje eso a los que saben. Hay qué buscar una sociedad de inversión. Vuelva al capítulo 6.

Resumen

La economía está compuesta por elementos complementarios que están sujetos a variaciones temporales, cíclicas o intempestivas.

Todos los actores económicos deben vigilar el comportamiento de esos componentes y pronosticar su evolución, a fin de planear sus actividades y tomar decisiones.

La estructura económica se analiza a partir de su sumatoria más importante: el Producto Interno Bruto, PIB. La expansión o la reducción de la actividad económica se contabiliza periódicamente, a partir de cada uno de los sectores de la economía (industria, comercio y servicios) y se difunde al público para su análisis. Las empresas, los analistas y el público inversionista valoran las cifras de la actividad económica para hacer sus estimaciones y determinar el alcance y los logros que pueden tener sus proyectos, ventas, inversiones...

La actividad económica, que desemboca en el Producto Interno Bruto, se forma con el ensamblaje del flujo de muchos componentes y el impacto de diversas variables.

Entre los factores y rubros más importantes que influyen en la actividad económica de un país se encuentran la política monetaria y la política fiscal. Entre las variables que mayor influencia tienen en la formación del círculo económico se encuentran la balanza de pagos, la inflación, el tipo de cambio, las tasas de interés y el desempleo. Estos elementos son los signos vitales de la economía; es decir, las variables por las cuales se conoce su estado, condiciones, fortaleza y tendencia.

Un país que participa en el concierto económico global, recibe influencias externas que modifican el curso y el ritmo de la economía. Estas influencias son, a veces, la sustancia fundamental que delinea a los componentes y variables principales.

La bolsa es la receptora de las fuerzas que imperan en la economía. Los indicadores del mercado de valores (los índices de precios, la tasa líder) reflejan la situación actual de la economía y, sobre todo, las expectativas.

Con los indicadores de los mercados de valores, en especial los índices accionarios, se anticipa lo que se cree que será la economía en el futuro.

A cada participante (empresa, inversionistas, analistas) le corresponde evaluar el comportamiento de los indicadores y pronosticar el rumbo económico para tomar decisiones: si las tasas bajan y su baja es firme, por ejemplo, podría ser una buena señal para las empresas que planean realizar proyectos de mejoras o expansión y un signo que motive a los inversionistas a comprar acciones; por el contrario, si las tasas subieran en forma sostenida, sería un indicativo de que las empresas van a padecer falta de liquidez o la disminución de su producción, por lo cual podrían dejar de realizar proyectos; la disminución de la producción, su impacto en las ventas y las utilidades, así como la falta de proyectos, desmotivarían al público a comprar acciones y lo orientarían a vender. La oferta de acciones en la bolsa induce a la caída de los precios y los indicadores.

Todos tienen que estar informados sobre el estado de la economía, el desempeño de las variables, las cifras económicas de Estados Unidos, los sucesos internacionales. La información, como herramientas valiosa, es el activo más importante con que cuentan los inversionistas, los empresarios y los analistas para actuar en el mercado.

Práctica

Análisis económico para seleccionar instrumentos de inversión

Las preguntas de éste y los subsecuentes capítulos tienen un enfoque más ambicioso: están preparadas para seleccionar instrumentos de inversión.

Con objeto de elegir los valores o instrumentos que pueden incluirse en una cartera, lo primero que debe considerarse es el estado que guarda y se espera que tenga la economía.

El primer estudio, (otros dos se verán en los siguientes capítulos), comprende una revisión de las principales variables macroeconómicas y el pronóstico de los especialistas para cada una de ellas durante el periodo en que el inversionista piensa mantener sus inversiones.

El análisis de la economía debe hacerse con la misma visión que al comenzar un negocio propio, sea como único dueño o como socio. Para hacerlo con posibilidades de éxito, inversionistas y empresarios tienen que establecer el momento económico propicio, identificar las variables que podrían beneficiar o perjudicar su negocio y en qué tipo de negocio invertir.

El objeto de este trabajo es sopesar el estado de la economía. No olvide que la situación general del mercado de valores (índice de precios, precios de acciones, tasas, dólar, oferta y demanda de valores, etc.) depende de la situación actual y de las expectativas; es decir, de lo que sucede y se espera que suceda en el corto, mediano y largo plazos con las empresas cuyos valores están inscritos en el mercado. A su vez, las perspectivas de las empresas se cifran en dos grandes vertientes: *a*) las condiciones económicas que se espera que prevalezcan en un periodo dado y que por principio de cuentas orientarían el rumbo general de las entidades económicas, y *b*) las condiciones internas de cada empresa, considerando las circunstancias que rodeen a cada sector o grupo de negocios. La marcha de las empresas siempre va ligada al comportamiento económico, por lo que los diferentes ciclos (expansión, restricción, inflación, etc.) afectan o inciden directamente en las ventas y los resultados.

La solución de esta práctica consta de dos partes:

■ Estudio sobre el estado de la economía.

■ Aspectos vitales que se deben plantear.

I. Estudio sobre el estado de la economía

1. El tamaño de la economía cambia constantemente, nunca es igual. Los medios divulgan las cifras del PIB al fin de un periodo concreto: un trimestre, un semestre, un año. Esas cifras sirven para deducir conclusiones y tomar decisiones. Busque y exprese lo siguiente:

   a. Las cifras más recientes del Producto Interno Bruto. Mencione el periodo al que corresponden. ¿Cuál es el cambio porcentual respecto del periodo anterior?

   b. ¿Cuál es el pronóstico de la variación del Producto Interno Bruto para el próximo periodo?

   c. ¿Qué implicaciones considera que tendría esa variación sobre la producción, el empleo y las utilidades?

2. Para algunos países, la cuenta corriente es el renglón más importante (o por lo menos el de mayor cuidado) de la Balanza de Pagos.

   a. ¿Cuál es la cifra de la cuenta corriente más reciente y a qué periodo corresponde?

   b. ¿Cómo impacta esa cifra en las perspectivas económicas?

3. Las cifras de la balanza comercial se difunden mensualmente. Busque las cifras más recientes, cite el mes al que corresponden y las reacciones (alzas, bajas, nerviosismo, entusiasmo, etc.) que se observaron en los mercados (tasas de interés, Índice de Precios de la bolsa y tipo de cambio).

II. Aspectos vitales que se deben plantear

Análisis del estado de la economía nacional

Describa a grandes rasgos y con fundamento el estado general de la economía. Exprese si se vive un periodo de bonanza, de crisis, de crecimiento o de estancamiento; si hay factores que hagan prever un giro, un ajuste, un cambio; así como los aspectos que a su juicio representen las fortalezas más evidentes de la economía y aquellos que causen o signifiquen riesgos latentes. Su visión debe abarcar también los aspectos políticos, sociales, internacionales o cualesquiera otros elementos que pudieran tener un peso fundamental en el rumbo económico del país.

Proyección de variables

Estudie las variables macroeconómicas más importantes, su comportamiento actual y la proyección que los especialistas y analistas económicos han externado para el mediano plazo. Las variables en que tiene que trabajar son: PIB, política monetaria, tasas de interés, tipo de cambio, balanza de pagos, reservas internacionales, política fiscal, tipo de cambio y algún otro que pudiera incidir notablemente en la evolución macroeconómica.

Conclusiones

En una cuartilla externe su opinión acerca de la evolución futura de la economía, en el corto y mediano plazos, su visión como inversionista, sus preferencias en tal o cual giro de negocio y, dado lo anterior, cuál sería, a su juicio, la combinación idónea de su portafolios. Establezca nada más qué porcentaje destinaría a las acciones y qué tanto a los instrumentos de deuda, en función del riesgo generado por la situación económica.

8 Análisis fundamental: desmenuzar la empresa

Casi al instante en que dos grandes empresas, Sears Roebuck y K-Mart Stores, anunciaron que se fusionaban, los precios de sus acciones en la NYSE se dispararon hasta en un 20%. El anuncio impactó en el mismo Índice Dow Jones Industrial, así como en el resto de las bolsas e indicadores de Estados Unidos y también sobre las bolsas e índices de Europa y América ¿Todos los anuncios de esta clase impactan igual?

Semanas más tarde, una nota fechada en Sao Paulo, Brasil, estipulaba que "las acciones de Embratel, controlada por Telefónos de México, se desplomaron más de 12% en BOVES-PA y Wall Street, luego de que la empresa anunció que emitirá 704 millones de dólares en nuevos títulos, para fortalecer su posición financiera, pagar deudas y financiar adquisiciones que había realizado Telmex..."

¿A qué se debe que los mercados reaccionen ante el aviso de decisiones corporativas? El público inversionista negocia acciones por la expectativa de que la empresa emisora genere utilidades y ésta, la obtención de utilidades, depende de su estructura financiera, de cómo desarrolle sus actividades, de sus estrategias, sus planes y un sin fin de cuestiones que se reflejan en sus estados financieros. Que una empresa se fusione con otra puede ser positivo, si la fusión implica, fundamentalmente, que la posición financiera resultará fortalecida, que tendrá mayores y mejores canales de distribución y venta, que se incrementarán sus flujos, su posición frente a los proveedores, etc. Por eso en tales casos el público se vuelca a la bolsa a comprar acciones de la empresa que evidentemente estará mejor y generará mayores utilidades. Pero si la operación corporativa significa la absorción de pérdidas o deudas, o endeudarse para pagar la compra a los antiguos dueños, en perjuicio de la posición financiera, los inversionistas reaccionarán como lo hicieron en el caso de Embratel.

Sea un caso como el primero u otro como el segundo, sea que se trate de tomar la decisión de comprar, retener o vender las acciones de una empresa que no hace ningún anuncio espectacular, los inversionistas deben poner sus lupas sobre la información financiera, sobre el balance, el estado de resultados, las oportunidades y sobre los riesgos que pudieran presentarse, principalmente y desmenuzar y relacionar sus partidas para saber si la empresa goza de cabal salud y si producirá, a partir de sus fortalezas, las utilidades que todos esperan.

Al interpretar los elementos económicos dados en el capítulo anterior, se obtiene una visión amplia de las repercusiones generales, buenas o malas, que se ciernen sobre las empresas y el mercado. Esas afectaciones pueden ser mayores o menores en ciertos sectores o empresas. Los ciclos, como se dijo, no impactan a todos por igual.

Para saber cómo influyen los hechos económicos en la vida de las empresas, esclarecer cómo está alguna —cuáles son sus números, hacia dónde va— y elegir una o varias para convertirse en socio o desprenderse de sus acciones si es que ya se habían adquirido, se tienen que analizar todos los factores que conforman la estructura de las entidades: el giro, el tamaño, su posicionamiento, sus números y resultados, su manejo directivo, etcétera.

En el medio bursátil, para calibrar las oportunidades y los riesgos que ofrecen los sectores económicos y las empresas en particular, se echa mano de las herramientas financieras tradicionales, se recurre al análisis de factores cualitativos y a la evaluación administrativa de las entidades. Todos esos elementos, aspectos y herramientas, conjuntados en un solo grupo, se conocen en el medio con un nombre singular: *análisis fundamental*.

8.1 Enfoque fundamental: usos y utilidad

El *análisis fundamental* sugiere el estudio de las finanzas y de la administración de la empresa, dentro del gran contexto económico. En el desarrollo del capítulo 2, se comentó que quien invierte en acciones adquiere la calidad de socio. Un socio es uno de los dueños de la entidad que asume y comparte los derechos corporativos y patrimoniales.

El estudio de la situación y el pronóstico de la economía (objeto del capítulo anterior) ofrece la posibilidad de comprender el entorno en que se desenvuelven las empresas y los inversionistas, así como las posibilidades de éxito de ambos. Las condiciones económicas repercuten en las empresas y en las inversiones, pero no en todas por igual. A unas empresas las beneficia, a otras las perjudica; a unas acciones las afecta más, a otras menos. Eso depende de muchos elementos combinados: el giro o sector de la empresa, su tamaño, posición en el mercado, el manejo directivo, etcétera.

El análisis fundamental se centra en el estudio de los sectores y de las finanzas y administración de las empresas. Desmenuza a las empresas para un propósito elemental: tomar decisiones de compra, abstención de compra, venta o retención de acciones.

Quien invierte en acciones como especulador o inversionista de mediano o largo plazo, busca ganar por dos conductos: por el incremento del precio en el mercado secundario y por los dividendos que la empresa le pague. En todo caso, el incremento del precio depende de los resultados que la empresa vaya generando y de la posibilidad de que se obtengan los dividendos. Por eso, la visión del inversionista debe enfocarse en los resultados esperados. Las ganancias del público dependen de la marcha de la empresa: si el precio de la acción evoluciona de manera positiva, se presume que es porque la empresa tiene proyecciones y planes orientados a alcanzar utilidades superiores a las del periodo previo o porque reporta resultados satisfactorios en el ejercicio actual.

Así es: los movimientos diarios que se registran en el precio de la acción en el mercado corresponden, en muy buena medida, a esos horizontes que se vislumbran para la empresa: si marcha con incertidumbre, planes dudosos, un panorama difícil, problemas de solvencia, ventas decrecientes, problemas de producción o es arrasada por la fuerza de un ciclo económico destructivo, los precios de sus títulos se caen en la bolsa o por lo menos se estancan. Todo depende de cuán graves se consideren esos problemas.

El público debe tener siempre presente que comprar una acción en el mercado equivale a abrir un negocio o participar como socio importante y que, como consecuencia, si el negocio prospera, es posible que el público (los socios) recupere su inversión y obtenga utilidades; pero si el negocio se empantana o se hunde, va a sufrir un menoscabo en su patrimonio.

Conocer los números de la empresa, sus planes y expectativas es vital para los socios. Con este fin se tiene que desmenuzar la empresa. Comprar y vender en el mercado es algo que se determina, en sumo grado, gracias al análisis fundamental.

Números y factores

El análisis fundamental se centra en dos tipos de información: la numérica o cuantitativa, que se entrega y se conoce por los estados financieros, y la cualitativa o estratégica, que revela directamente la dirección general: planes, proyectos, cambios directivos, incursión en otros mercados o productos, etcétera.

La información financiera se plasma en los reportes de rigor: el balance general, el estado de resultados, el estado de cambios en la posición monetaria y el estado de variaciones del capital social.

En esos documentos se muestra todo lo que la empresa ha hecho y le ha ocurrido en términos monetarios al cabo de un periodo.

La información cualitativa acompaña a la financiera como explicación y pronóstico. La información relevante y la divulgación de los planes, reajustes o cambios, contrastada con los datos numéricos, permite entrever cómo estará la empresa en fecha próxima.

El público no necesita desmenuzar e interpretar los datos. Los medios y los intermediarios se encargan de esa labor así como de explicarle y hasta de sugerirle qué sería conveniente.

En busca de la mejor empresa

Quien se interese en ser accionista de una empresa, seguramente querrá serlo de una empresa líder, de un consorcio grande, de una empresa que goce de reconocido prestigio, que tenga gran capacidad de crecimiento y que tradicionalmente proporcione ganancias... En resumen, le agradaría ser socio de la mejor empresa. ¿Es mucho pedir? En absoluto. Esto es posible si se elige entre las organizaciones que cotizan en la bolsa.

Identificar la mejor empresa no es sencillo ni seguro. Encontrar la alternativa más recomendable requiere tiempo, dedicación, información, consultas y asesoría.

368 8.1 Enfoque fundamental: usos y utilidad

Las casas de bolsa cuentan con departamentos especializados de análisis financiero de las emisoras de la bolsa y hacen llegar sus estudios a los departamentos de promoción, con los que el cliente tiene contacto. Los asesores financieros pueden y deben informarle qué empresa consideran que es la más sólida, la de mejores resultados, la de planes de expansión más interesantes, la de expectativas favorables, etcétera.

Otra fuente confiable de información para escudriñar el interior de las empresas, consiste en hurgar en las planas de los diarios y revistas especializados.

Las empresas inscritas en la bolsa tienen la obligación de presentar información financiera trimestral y en general están obligadas a notificar cuando algún suceso, movimiento estratégico o circunstancia cambie o impacte su perspectiva (los hechos relevantes). La bolsa difunde la información a los medios, los intermediarios, y en general a cualquier institución interesada. Cada medio la explota y la difunde, a su vez, al público.

¿Cómo hay que seleccionar una empresa?

La elección de una o varias empresas de un sector está supeditada a que estén listadas en la bolsa.[1]

Si se pretendiera analizar una por una las empresas cuyas acciones pueden adquirirse en el mercado o pedir recomendaciones de cada una, el público nunca terminaría. Por lo tanto, lo idóneo es preseleccionar un grupo con base en ciertos criterios primarios: el dinamismo del sector, al que pertenece, el momento económico, el grado de liquidez de la acción, etc. Uno podría estar tentado a decidirse por una acción, por ejemplo, en función del tamaño de la empresa: mientras más grande sea, presumiblemente mayor capital y cantidad de acciones están disponibles en el mercado, lo que por su parte indicaría que la empresa ha destinado mayor cantidad de recursos para su expansión y crecimiento. Además, una gran cantidad de acciones en circulación en la bolsa indica un elevado nivel de operatividad que, aunado a la perspectiva de buenos resultados en el mediano plazo que se infiere por la inversión en activos productivos, hacen que las acciones de la empresa sean fuertemente demandadas. Una vez que se ha hecho esta preselección, se puede analizar toda la información disponible.

La información financiera, clave para la toma de decisiones

El segundo paso para la selección apropiada de acciones consiste en analizar los números de las empresas más importantes del sector. Aunque el sector sea o se vea boyante, no todas las empresas tienen el mismo atractivo. Algunas saben aprovechar mejor la bonanza, de modo que mientras para algunas el esplendor significa mayores ventas, utilidades y crecimiento, para otras tal vez represente apenas la ocasión para recuperar parte de lo perdido o para recomponerse.

Para ello, el inversionista tiene que concentrarse en los estados financieros (balance y estado de resultados, principalmente), a fin de extraer de ahí las cifras y los datos, los múltiplos y las razones financieras que determinan el valor contable de las acciones de las empresas para compararlos después con su precio de mercado.

---

1 Algunos sectores como el de telecomunicaciones o el de las empresas controladoras son de los que más empresas aglomeran en los mercados.

**Los criterios homogéneos y la posibilidad de comparar una aerolínea como
TACA con otra como AIR FRANCE**

Las bolsas y las autoridades establecen criterios de presentación de la información financiera que deben cumplir las empresas emisoras. Por ese hecho, el público puede interpretar la información numérica de una empresa y compararla con la de las demás, de manera objetiva.

Incluso las reglas de presentación de la información contable se basan en criterios homogéneos internacionales, gracias a los cuales prevalece la igualdad de los nombres de las cuentas del balance y del estado de resultados, en los métodos de cálculo de indicadores vitales, en los criterios de valuación de ciertas partidas, en las reglas de capitalización, depreciación, amortización, etc., de modo que los analistas fundamentales de todos los mercados del mundo extraen y emplean conceptos como utilidad por acción, *Splits* o la relación precio/utilidad de la información de las empresas, por citar sólo algunos ejemplos.

Gracias a esos criterios homogéneos, el público mexicano puede comprender los números de una empresa argentina o los inversionistas de Europa pueden analizar los estados financieros de una empresa de Estados Unidos. De hecho, uno de los factores que posibilita que las empresas de un país se listen en bolsas extranjeras es ése, la homogeneidad de la información.[2]

¿Dónde está disponible la información?

El público en general puede consultar toda la información que las empresas envían a la bolsa, así como los comentarios y opiniones sobre la economía y los sectores en los medios electrónicos como *Reuters* o *Bloomberg*. Los diarios especializados despliegan y comentan también los estados financieros y demás datos cualitativos de las empresas. Estos diarios suelen hacer comentarios relativos de manera permanente. Algunos les otorgan una página especial en que agregan los comentarios y sugerencias de los analistas de las casas de bolsa. La mayoría de estos diarios desglosa todos los días los indicadores y otros datos financieros de las empresas listadas. La propia bolsa mantiene la información a disposición del público.

Internet bursátil

En la siguiente dirección se encuentra disponible la información financiera de las empresas de los principales mercados latinoamericanos y de Estados Unidos. El usuario tiene que seleccionar el país y luego hacer clic en el nombre de la empresa que desea:

http://snapshot.economatica.com/scripts/ecowebs.dll

Esta otra dirección ofrece análisis fundamental, hechos relevantes, noticias y demás datos sobre las empresas listadas en las principales bolsas del mundo, incluyendo las de Latinoamérica: **http://finance.yahoo.com/** Para exhibir la información, el usuario debe dar el nombre o la clave de la emisora en el espacio donde se solicita. Al dar la clave de Microsoft, MSFT, o bien al escribir el URL **http://finance.yahoo.com/q/is?s=MSFT** se desplegarán los estados financieros corrientes de la empresa emisora.

8.2 Análisis de sectores

Igual que la economía, la bonanza de las empresas suele ser cíclica: en los 80 la minería era un sector de negocios con rentabilidad espléndida. Las empresas mexicanas de esa industria[3] (Peñoles, San Luis, Minera México, Frisco, etc.), punteaban en las tablas de precios e indicadores del mercado.[4] Empero, en los inicios del nuevo siglo apenas si figuran en las páginas de las cotizaciones diarias de la bolsa de valores.

En los 90 el dominio pasó a las empresas tecnológicas. Lidereadas por Microsoft, el gigante del software, crecieron como nunca empresas cuyos negocios han penetrado en todo el mundo: Acer, Dell, Compaq... Los precios de las acciones de las empresas tecnológicas llegaron a niveles insospechados. Fue el decenio de los fabricantes de computadoras personales. A inicios del siglo XXI, ésas y muchas otras empresas similares detuvieron su crecimiento, empezaron a reducirse y dejaron su sitio preponderante a otra clase de negocios.

¿Qué pasa? ¿Por qué todos los sectores tienen épocas de esplendor y etapas de deterioro? Para responder estas cuestiones es preciso tener presente el cambio cíclico de la economía e ir a la raíz, a la división sectorial de los negocios, como el de la construcción.

La clave y el mérito de los inversionistas consiste en comprar acciones de empresas del sector que contenga mejores expectativas. A fines de los 80 hubiera sido una buena estrategia vender las acciones de empresas mineras y comprar acciones de las empresas tecnológicas que apenas comenzaban a nombrarse. Al cabo de los años, la rentabilidad hubiese sido asombrosa.

¿En qué sector o rama invertir?

La economía puede estudiarse a partir de los sectores que la integran. Para seleccionar una empresa, el inversionista potencial puede guiarse por la importancia relativa de un sector.

Un sector o rama económica se distingue de otros por su contribución comparativa al Producto Interno Bruto. Al revisar las actividades que conforman el PIB, periodo tras periodo, se aprecia[5] que todas son desiguales: unas aportan más que otras, unas son más importantes (en términos de producción, de empleos) que otras, unas atraviesan mejor momento que otras, etcétera.

¿Qué elementos se deben considerar para seleccionar un sector en vez de otros? Es cuestión de ver cómo han evolucionado las diversas ramas a lo largo del tiempo y cómo se han comportado según las influencias económicas.

Si se toma como referencia el principio del siglo, se observa que en México se tenían al menos cuatro sectores destacados y prometedores, más allá de sus tamaños: el siderúrgico, el de la construcción, el de las telecomunicaciones y el de servicios. ¿Cómo se concluye que ésas eran las ramas más fuertes? Al analizar varios fundamentos sectoriales: sus ventas, la evolución del precio de las acciones de las empresas en el mercado, las expectativas y otras razones (oportu-

---

3   La historia de México, desde la Conquista, va de la mano de la explotación de las minas. El país es uno de los dos más grandes productores de plata del mundo. Su subsuelo es todavía muy rico en metales y minerales diversos.

4   Como se expuso en el capítulo 2, la bolsa en México surgió al amparo de la industria minera. Las primeras acciones negociadas, tanto en los tiempos del remate callejero como en la era del mercado formal, fueron las de empresas mineras.

5   Véase la tabla de la conformación del PIB en el capítulo anterior.

nidades y riesgos) que más adelante se señalan a detalle. Para analizar con acierto, todos esos fundamentos se comparan con los de otros sectores.[6]

Un sector se elige por su fortaleza predominante. El de la construcción, por ejemplo, que es muy revelador y valioso por su importancia hegemónica en la economía de los países emergentes, enfrenta, como todos, circunstancias temporales de restricción y vive frecuentes etapas de dinamismo. No es lo mismo elegirlo como objetivo de inversión (las acciones de alguna de las empresas que lo conforman, por supuesto) en etapas de crisis regional absoluta como la del periodo 1995-1997, que en la etapa de auge particular que tuvo en los años 1998-2000 o en los años de "boom" que experimentó durante los cinco años posteriores.

Para saber cómo es o será un periodo para un sector se deben analizar tres factores:

1. Estado general del sector

2. Oportunidades

3. Riesgos

Al analizar esos tres factores en función de los cuatro sectores (siderúrgico, construcción, telecomunicaciones y servicios), los analistas estaban de acuerdo en que el más prometedor de esa época de auge era el de la construcción. Por su dinamismo, este sector suele dividirse en cuatro subsectores, de entre los cuales el público podría elegir alguno:

1. Construcción general

2. Producción de cemento

3. Materiales para construcción

4. Construcción de vivienda

De los cuatro, los expertos coincidían en resaltar dos subsectores como los más prósperos: materiales para construcción y construcción de viviendas.

Las decisiones de inversión no pretenden, forzosamente, eliminar un subsector y quedarse u optar por el otro. Un inversionista avezado, con recursos suficientes, podría optar por incluir ambos en su cartera y los combinaría con acciones de empresas de otros sectores para diversificar. Este criterio, el de la diversificación, es uno de los que los expertos califican como esenciales.[7]

Para decidirse por uno o por los dos subsectores, así como para considerar empresas de algún otro sector, el público puede guiarse por los tres primeros factores listados, principalmente.

¿Cómo se pueden explotar esos factores? En los textos que siguen, se presentan las características del sector de la construcción de vivienda en México en el periodo 2004-2006, mismas que servirán como guía ejemplificada. Esta guía puede aplicarse para analizar otros sectores y compararlos, a fin de saber cuál es el más ventajoso.

---

6   En muchos mercados la información financiera y las cotizaciones de las empresas de la bolsa se presentan, en los diarios especializados, distribuidas por sector.

7   La mayoría de las teorías de formación de portafolios, empero, dictan que una óptima diversificación se hace con acciones de empresas cuyo comportamiento tenga poca correlación. En este sentido y en términos generales, las empresas de los diferentes subsectores de la construcción están correlacionadas: los precios de sus acciones se comportan más o menos igual. Si los precios de una empresa del ramo de construcción de vivienda suben, los de una empresa del ramo cementero también. Las teorías de formación de portafolios son un buen motivo para otro tipo de texto sobre el mercado de valores.

Factores de identificación de riesgo y rentabilidad de sectores

1. Estado general del sector

Se deben identificar las condiciones generales que han privado, permanecen y dirigen el comportamiento de un sector.

■ El de la construcción de vivienda era uno de los más dinámicos de la economía mexicana y el que ha llevado la pauta del desarrollo en las últimas décadas (desde los 60).

■ El potencial de crecimiento, dado el tremendo déficit de vivienda en el país, en los albores del siglo XXI, la colocaba como una de las ramas de mayores expectativas.

Las pocas empresas que se habían listado en la bolsa, vía financiamiento de capital, habían sido constructoras de viviendas. Eso revelaba el auge de la construcción, durante los primeros años del siglo.

Los apoyos gubernamentales, dados los rezagos, tanto de la esfera federal como de los gobiernos estatales, habían detonado la proliferación de obras y la construcción de viviendas.

La estabilidad de las variables y el crecimiento de nuevas entidades y formas de financiamiento hipotecario, había inducido la baja de las tasas de interés de los créditos a la vivienda y abierto esquemas novedosos para todos los estratos.

Se preveía que el sector de la construcción tendría, por varios años, tasas de crecimiento superiores a la del Producto Interno Bruto, PIB.

2. Oportunidades

Se deben valorar las oportunidades que presenta el sector.

■ A finales de siglo, la demanda de vivienda era sorprendente: había una insuficiencia de casi siete millones. Ese déficit hacía que se pronosticasen cuantiosas ventas potenciales de las empresas constructoras y de las proveedoras de materias primas. Las oportunidades estaban sostenidas por las siguientes señales positivas:

➥ Apoyo gubernamental mediante programas de interés social, vía el Instituto Nacional de Vivienda para los Trabajadores, INFONAVIT.

➥ La conversión del Fondo Nacional de Apoyo a la Vivienda, FOVI, en Sociedad Hipotecaria Federal, un banco de desarrollo dirigido a ese mismo rubro, al de la vivienda.

➥ Crecimiento sostenido de la población.

➥ Aumento en el número de matrimonios.

➥ Consolidación del sector; es decir, las constructoras de viviendas que habían resistido la crisis de los años previos, tenían un panorama fecundo.

■ Las empresas del sector de la construcción, en general, vivían una reactivación sin precedente en los últimos 10 años con motivo del auge de la obras públicas (vialidades, carreteras, edificios, aeropuertos, puertos, puentes, obras públicas del sector energético, remozamiento de calles, avenidas, etc.), del dinamismo de la Sociedades Financieras de Objeto Limitado, SOFOLES, que desplazaron a los bancos en el otorgamiento de créditos hipotecarios.

■ Creación de programas experimentales de micro-crédito, apuntalados por cementeras, dependencias federales y SOFOLES, que combinaban ciclos de ahorro colectivo, asesoría técnica básica y crédito en especie, para aumentar la calidad de los materiales y reducir el tiempo y costo promedio de construcción de casas habitación.

■ El número de créditos asignados aumentaba año tras año.

3. Riesgos

Se deben advertir los riesgos que entraña el sector.

■ El entorno económico, enrarecido por la incertidumbre política, siempre amenazado por la inflación, el estancamiento de los sueldos y la falta de créditos, principalmente bancarios, y fundamentalmente a los estratos de bajos sueldos o de ingresos informales, constituían los obstáculos más grandes del mercado.

■ Los precios eran fijados unilateralmente por los constructores, sin atender las posibilidades del mercado.

■ A los esquemas de precios, se agregaban las condiciones crediticias que, derivadas de la carencia de liquidez del sistema financiero, encarecía los préstamos y, por lo tanto, el precio definitivo de las viviendas.

■ Insuficiencia de créditos hipotecarios aún considerando el dinamismo de las SOFOLES.

■ Mercado supeditado a las perspectivas de la fuerza laboral.

■ Cambios inesperados en las políticas de financiamiento, tanto de parte de los organismos hipotecarios oficiales como de los bancos comerciales.

■ Aumentos de precios de terrenos que, en las condiciones económicas de ese entonces, no era posible transferir a los precios de venta de las viviendas.

■ Retrasos en la cobranza de la cartera de cuentas de los acreedores hipotecarios (las dependencias oficiales, los bancos y la SOFOLES)

■ Por el mismo dinamismo del sector y el freno económico, las dependencias oficiales revelaban una sobreoferta de 50 000 viviendas, propiciada por los pequeños desarrolladores

Después de seleccionar los que se consideren los sectores o subsectores de mayores expectativas para el periodo durante el cual se decida hacer una inversión (si se planea un horizonte de inversión de un año, se deberán analizar las expectativas del sector para ese periodo), se analiza la información de las empresas que los conforman. Con base en ese análisis se procura elegir las mejores.

8.3 Analizar la empresa. Valuación de acciones

¿Por cuál empresa del sector optar?

El sector de la construcción de vivienda en la bolsa mexicana tenía inscritas en 2005 cinco empresas: Consorcio ARA, Corporación GEO, URBI Desarrollos urbanos, desarrolladora HOMEX y SARE HOLDING.

No obstante lo bondadoso que lucía el sector, los analistas se inclinaban por Corporación GEO, Consorcio ARA y URBI Desarrollos, dadas las condiciones poco favorables de las otras dos. ¿Por qué era esto? Por la misma clase de aspectos que sirvieron para elegir al sector: las oportunidades y los riesgos.

En el cuadro 8.1 se describen las características comparativas más evidentes de Consorcio ARA, Grupo GEO y URBI Desarrollos.

Oportunidades

Se deben identificar las ventajas o fortalezas absolutas que tienen las empresas del sector. En la tabla que sigue se describen las características más relevantes de las tres constructoras, al filo del tercer trimestre de 2004.

Cuadro 8.1	ARA	GEO	URBI
Fortalezas de ARA, GEO y URBI	■ En los albores del siglo XXI era la segunda constructora de vivienda más grande del país. ■ Se esperaba que su utilidad de operación creciera a un ritmo de 15% anual. ■ Contaba con reservas nacionales por más de 17.8 millones de metros cuadrados que equivalían a más de siete años de operación o 105 163 unidades (casas). Esas reservas, aunadas a su estructura financiera sana, le daban una ventaja competitiva impresionante. ■ Había suscrito acuerdos con el gobierno del estado de Quintana Roo (donde se ubica Cancún) para construir 1 300 viviendas y convenios con Banamex y Bancomer, los dos bancos más grandes de México, para otorgar créditos hipotecarios de bajo costo. ■ A decir de los analistas, era más intensivo en el uso del cemento que sus competidores. ■ La empresa contaba con flexibilidad para hacer frente a un fuerte deterioro en las condiciones económicas y políticas del país. Sus competidores estaban más expuestos y eran más vulnerables. ■ El precio de sus acciones en la bolsa había crecido casi 20% durante el año de 2004. Si bien era un crecimiento alto, resultaba menor al del IPC y mucho menor que el de las acciones de las otras dos emisoras en cuestión. Algunos analistas creían que la acción estaba subvaluada.	■ Era el desarrollador de vivienda más diversificado geográficamente en México. Cubría más del 76% de la población del país. ■ Durante los últimos 10 años había logrado un crecimiento compuesto anual del 15.3 y 21.5% medido en dólares, en ventas y en EBTIDA, respectivamente. ■ GEO poseía cerca de 240 000 unidades de reserva de tierra equivalentes a 5.8 años de ventas y producción. ■ Se había asociado con Prudential Real Estate Investors para comprar terrenos para desarrollos de vivienda en México. Ese Joint Venture aceleraría la generación de Flujo Libre de Efectivo, la reducción de deuda neta, el mejor manejo de su capital de trabajo y el crecimiento sostenido. ■ La empresa había generado en el periodo reciente 10 millones de dólares de Flujo Libre de Efectivo, al tiempo que duplicó la inversión en terrenos y redujo su deuda total en un 10 por ciento. ■ Sus acciones habían subido casi un 85% durante 2004, muchísimo más que sus competidores. Ese porcentaje suponía un ajuste por toma de utilidades.	■ Era la constructora más grande del país y la de mayor dinamismo en ventas. ■ Su reserva o banco de tierra era aproximadamente de cerca de 240 000 unidades, equivalentes a 5.8 años de ventas y a tres años de producción en ciudades medias y hasta siete años en zonas metropolitanas. ■ A raíz de su oferta pública (IPO) cambió radicalmente su mezcla de ventas, su pasivo y su Costo Integral de Financiamiento. ■ Los analistas estimaban que sus ventas crecerían más que el crecimiento promedio de la industria. ■ Sus ventas habían crecido el último año más que las de las otras dos, mucho más del doble que el crecimiento que tuvieron las de ARA y más que las de GEO. ■ Sus acciones, listadas apenas ese mismo año en la bolsa, habían subido en seis meses de cotización cerca de 45%. Era un porcentaje adecuado, según la visión de varios analistas. ■ Sus acciones tenían menor bursatilidad (eran menos negociadas) que las de ARA y GEO.

¿Y los riesgos?

Todos los analistas estaban de acuerdo en que los riesgos de cada una de las empresas se derivaban de los riesgos generales del sector, apuntados dos páginas atrás. Cada una de las tres empresas tenía, claro está, una que otra debilidad o una que otra desventaja respecto de la posición o estructura financiera de sus competidores.

Valuación de empresas: números e indicadores

La valuación de las empresas es una actividad muy minuciosa. Consiste en obtener ciertos indicadores financieros a partir de la información numérica de la empresa.

El análisis fundamental (y los criterios de decisión) no sería tal si no incluyera, como aspecto central, la revisión de los datos financieros de la empresa y ciertos indicadores o múltiplos. Suponga que se tienen los siguientes rubros del balance y del estado de resultados así como otros datos comparativos de CONSORCIO ARA, Casas GEO y URBI DESARROLLOS, al cierre del tercer trimestre de 2004(cuadros 8.2, 8.3 y 8.4).[8] Es preciso decir que algunos números no corresponden, necesariamente, a la realidad y los criterios o puntos de vista que se expresan no deben aplicarse a todos los casos o empresas por igual.

 Internet bursátil

Toda la información que se muestra está disponible en las páginas electrónicas de las tres empresas:
http:/www.casasgeo.com
http://www.urbi.com
http:/www.consorcioara.com.mx

CONSORCIO ARA, CASAS GEO y URBI DESARROLLOS
(Cifras en millones de dólares)

Partida	ARA			GEO			URBI		
	3er. T. 03	3er. T. 04	Var. %	3er. T. 03	3er. T. 04	Var. %	3er. T. 03	3er. T. 04	Var. %
Activo	608.70	690.80	13.49	630.20	800.80	27.10	636.70	833.50	31.10
Activo circulante	561.90	638.10	13.56	518.60	679.90	31.10	607.80	801.10	31.80
Efectivo, Inversiones Temporales	103.90	99.70	−4.04	56.20	112.50	100.10	36.40	87.70	140.80
Clientes y D × C	98.40	109.00	10.77	252.60	271.00	7.30	140.20	202.00	44.10
Inventarios	349.40	417.20	19.40	181.90	276.30	51.90	400.00	474.30	18.60
Pasivo	207.40	234.20	12.92	354.40	479.30	35.20	416.20	396.60	−4.70
Deuda corto plazo	65.80	72.10	9.57	192.90	326.50	69.20	165.60	147.40	−11.01
Deuda largo plazo	4.70	7.60	61.70	97.50	72.50	−25.60	121.10	91.30	−24.60
Moneda Extranjera	0.00	0.90		2.90	2.00	−31.30	13.40	12.40	−7.70
Deuda neta	−97.30	−90.30	−7.19	138.60	129.80	−6.40	128.70	40.40	−68.60
Capital contable	399.80	454.80	13.76	273.50	321.40	17.50	219.50	436.90	99.00
Interés minoritario	1.50	1.70	13.33	2.30	0.10	−96.90	0.00	0.00	0.00

Cuadro 8.2
Balances comparativos al 30 de septiembre de 2004

8   Todos los cuadros y grupos de cifras las elaboró el autor, con datos de la Bolsa Mexicana de Valores, los sitios de Internet de las empresas en cuestión y de diarios como *El Financiero*.

CONSORCIO ARA, CASAS GEO y URBI DESARROLLOS
(Cifras en millones de dólares)

Rubro	ARA			GEO			URBI		
	3er. T 03	3er. T 04	Var. %	3er. T 03	3er. T 04	Var. %	3er. T 03	3er. T 04	Var. %
Ventas netas	107.70	119.60	11.05	152.10	178.90	17.62	127.50	148.20	16.24
Costo de ventas	76.60	84.70	10.57	111.40	130.80	17.41	86.10	98.50	14.40
Utilidad bruta	31.10	34.90	12.22	40.70	48.10	18.18	41.40	49.60	19.81
Gastos de operación	8.20	9.20	12.20	15.30	17.70	15.69	11.90	12.00	0.84
Utilidad de operación	22.90	25.70	12.23	25.50	30.40	19.22	29.50	37.60	27.46
EBITDA (UAIID)	24.30	27.20	11.93	28.10	33.50	19.22	30.30	38.40	26.73
CIF	0.50	1.30	160.00	4.50	3.80	−15.56	5.60	1.70	−69.64
Utilidades después de CIF	22.40	24.40	8.93	21.00	26.60	26.67	23.90	35.80	49.79
Otras Operaciones financieras	−0.50	0.60	−220.00	1.60	1.30	−18.75	−0.30	−0.30	0.00
Utilidad antes de Impuestos	22.90	23.80	3.93	19.50	25.40	30.26	24.20	36.20	49.59
Impuestos y PTU	8.80	8.00	−9.09	7.20	8.90	23.61	8.80	12.90	46.59
Subsidiarias no consolidadas	0.00	−0.30	0.00	0.40	0.40	0.00	0.00	0.00	0.00
Participación minoritaria	0.10	0.10	0.00	0.20	0.00	−100.00	0.00	0.00	0.00
Utilidad neta	14.00	15.50	10.71	12.40	17.00	37.10	15.30	23.30	52.29

Cuadro 8.3 Estados de resultados comparativos al 30 de septiembre de 2004

Los estados de resultados del cuadro 8.3 corresponden sólo a lo obtenido por las empresas en el tercer trimestre. Para una evaluación más adecuada, hay que ver, desmenuzar y entrelazar las partidas de los últimos 12 meses. Ese es el motivo por el que se inserta en seguida el cuadro que contiene los estados de resultados por los más recientes cuatro trimestres.

CONSORCIO ARA, CASAS GEO y URBI DESARROLLOS
(Cifras en millones de dólares)

Rubro	ARA			GEO			URBI		
	Jun-03	Jun-04	Var. %	Jun-03	Jun-04	Var. %	Jun-03	Jun-04	Var. %
Ventas netas	440.5	473.7	7.54	564.10	641.30	13.69	442.80	531.10	19.94
Costo de ventas	313.8	336.3	7.17	413.10	469.00	13.53	300.80	356.80	18.62
Utilidad bruta	126.8	137.5	8.44	150.90	172.30	14.18	142.00	174.30	22.75
Gastos de operación	33.9	36.8	8.55	59.20	64.80	9.46	45.80	55.10	20.31
Utilidad de operación	92.9	100.6	8.29	91.80	107.50	17.10	96.20	119.20	23.91
EBITDA (UAIID)	98.4	106.5	8.23	102.00	121.30	18.92	99.40	122.60	23.34
CIF	1.9	2.8	47.37	22.80	17.30	−24.12	16.30	11.30	−30.67
Utilidad después de CIF	90.9	97.8	7.59	68.90	90.20	30.91	79.90	108.00	35.17
Otras operaciones financieras	−4.3	−4.4	2.33	4.00	3.80	−5.00	−0.40	−0.10	−75.00
Utilidad antes de impuestos	95.3	102.2	7.24	64.90	86.40	33.13	80.30	108.00	34.50

Cuadro 8.4 Estados de resultados comparativo acumulado de 12 meses del 30 de septiembre de 2003 al 30 de septiembre de 2004

Continúa

Rubro	ARA			GEO			URBI		
	Jun-03	Jun-04	Var. %	Jun-03	Jun-04	Var. %	Jun-03	Jun-04	Var. %
Impuestos y PTU	30.6	32.3	5.56	25.30	29.10	15.02	26.30	37.70	43.35
Subsidiarias no consolidadas	−0.3	−0.5	66.67	3.00	1.80	−40.00	0.00	0.00	0.00
Participación minoritaria	0.3	0.3	0.00	3.20	0.80	−75.00	0.00	0.00	0.00
Utilidad neta	64.1	69.1	7.80	39.40	58.30	47.97	54.00	70.30	30.19

Cuadro 8.4 *Continuación*

De esos estados financieros se extraen datos y cifras específicas, aisladas, mezcladas o comparadas. Las cifras comparativas más relevantes, conocidas como razones financieras, de las tres compañías, se muestran en seguida, en los cuadros 8.5 y 8.6

CONSORCIO ARA, CASAS GEO y URBI DESARROLLOS

	ARA		GEO		URBI	
	3er. T 03	4to. T 04	3er. T 03	4to. T 04	3er. T 03	4to .T 04
Utilidad neta/Capital contable	16.50	16.20	14.80	18.50	26.60	23.20
Margen de EBITDA	22.60	22.40	18.50	18.10	23.80	23.60
Margen de operación	21.30	21.00	16.80	16.50	23.10	23.00
Margen neto	13.00	12.70	8.10	9.00	12.00	13.40
Efectivo/Activo Total	17.10	13.20	8.90	15.70	5.70	16.10
EBITDA/ Intereses netos	75.11	37.60	9.01	7.00	5.75	8.94
Activo circulante/ Pasivo corto plazo	8.54	8.02	2.69	2.11	3.67	4.86
Deuda neta/Capital contable	−0.24	−0.16	0.50	0.47	0.59	0
Ventas netas/Activo total	0.74	0.72	0.88	0.87	0.8	0.73
Cuentas por cobrar/Ventas	0.26	0.25	0.46	0.43	0.29	0.28
Inventario/Ventas	0.75	0.82	0.30	0.36	0.74	0.83

Cuadro 8.5 Cifras y razones financieras comparativos al 30 de septiembre de 2004

CONSORCIO ARA, CASAS GEO y URBI DESARROLLOS

Criterio	ARA		GEO		URBI	
	PESOS MX	DLLS**	PESOS MX	DLLS**	PESOS MX	DLLS**
Precio	$ 33.05	2.8739	$ 21.00	1.8261	$ 41.48	3.6070
Acciones	328 108 474	328 108 474	521 843 665	521 843 665	299 000 00	299 000 00
Valor de mercado*	10 843.99	942.96	10 958.72	952.93	13 601.51	1 182.74
UPA 12 meses	2.4239	0.2108	1.2856	0.1118	2.7103	0.2357
UPA del trimestre	0.5457	0.0475	0.3755	0.0327	0.8997	0.0782
Valor en Libros	15.075	1.3109	6.621	0.5757	16.67	1.4496
Precio / Valor en Libros		2.0894		2.9649		2.4684
Precio / Utilidad 12 M		13.64		16.34		15.32

Cuadro 8.6 Datos y múltiplos financieros al 30 de septiembre de 2004*

*Millones de pesos o de dólares
**Tipo de cambio de 11.50 por dólar

Párrafos más adelante se describen los nombres de los múltiplos que aquí aparecen sólo como siglas y en el tema 8.4 se explica su significado y uso.

Los datos anteriores son un extracto de la información total. En la práctica, uno se topa con los estados financieros dictaminados íntegros, las notas respectivas, información complementaria acerca de activos y pasivos, detalles del capital social, contable y utilidades. Para nuestros efectos, se ha simplificado la presentación de los datos por razones de espacio (la información completa trimestral de una empresa con proyecciones, planes y expectativas ronda por las 50 o 60 páginas) y para hacer más fluido el análisis.

Rubros y segmentos destacados de la información financiera

Los rubros en que el público debe basarse para determinar la salud y las perspectivas de una empresa (huelga decirlo, porque a veces resultan demasiado obvios), son:

- Ventas
- Utilidades (bruta, operativa, neta)
- EBITDA o UAIIDA (utilidad antes de impuestos, intereses, depreciación y amortización)
- Flujo de efectivo, *cash flow*
- Valor de la empresa, *firm value*
- Valor en libros, *book value*
- Activo circulante
- Pasivo (corto plazo, largo plazo y total)
- Capital (social y contable)

Según el tipo de empresa o sector al que pertenezca, puede haber otro rubro que en su caso resulte igual de trascendental.

Todos estos rubros deben analizarse colocados unos frente a otros, de forma periódica, históricos y proyectados. Ver un concepto aisladamente, como ventas, por ejemplo, que aunque puede reflejar que la empresa tiende a mejorar porque sus volúmenes de ingresos son mayores en 2004 respecto de 2003, no es lo más acertado. El comportamiento de cada rubro debe analizarse en función de otros, porque cada uno es causa o consecuencia de otros. Ventas, el rubro con que comienza el estado de resultados, es la principal vertiente de las utilidades; pero éstas se forman también por la contribución de otros conceptos importantes.

En otras palabras, conviene saber cómo se han comportado las ventas y cómo se espera que lo hagan en los años venideros y a la par es importante saber cómo han crecido o disminuido las utilidades y cómo se espera que evolucionen los costos, la carga financiera, etcétera.[9]

Después de ver los números de las tres entidades, los analistas coincidían en que su situación y perspectivas eran muy buenas. Las ventas, que hasta 2004 dependieron de los programas del Infonavit, a partir de 2004 crecieron con una mezcla más uniforme. Para cualquier empresa, la diversificación de las ventas es una cuestión de primer orden. La composición de las ventas de las tres empresas se presenta en el cuadro 8.7.

---

9 Casi todos estos rubros son viejos conocidos de muchos. Se estudian y utilizan en las materias de administración financiera o en el tema de análisis e interpretación de los estados financieros. En esas materias o temas, se aprende a desarrollar métodos concretos para desmenuzar los estados financieros a fin de detectar los puntos fuertes y las debilidades de una empresa. En esos casos, el enfoque o propósito del estudio es similar a lo que ahora se expone.

Tipo de vivienda	Porcentaje por tipo de vivienda		
	ARA	GEO	URBI
Interés social	80.00%	97.00%	79.00%
Ingreso medio	15.00%	3.00%	11.00%
Medio alto y residencial	5.00%	0.00%	10.00%
Total	100.00%	100.00%	100.00%

Consorcio ARA, GEO, URBI

Cuadro 8.7
Mezcla de ventas al 30 de septiembre de 2004

Los analistas resumían la situación de las tres constructoras, al primer semestre de 2004, como un periodo muy bueno, en el cual la mejor mezcla de ventas había influido para mejorar sus precios y compensar sus mayores costos de operación. Veamos al detalle, como si mirásemos a través de una lupa, qué más hay en las entrañas financieras de las tres emisoras.

Información debajo de la lupa

Más allá de los dos conceptos clásicos, ventas y utilidad, al observar los indicadores brota una primera pregunta: ¿qué indica el hecho de que una empresa tenga más activos circulantes que pasivos de corto plazo?

La razón financiera de liquidez, que se obtiene de dividir el importe de los activos circulantes entre el importe de los pasivos de corto plazo, indica la capacidad inmediata de la empresa para enfrentar sus compromisos de corto plazo.

En el cuadro 8.5 se estipula que el Consorcio ARA tiene una razón de liquidez de 8.54 y 8.02 para septiembre de 2003 y septiembre de 2004, respectivamente. Esto significa que sus activos circulantes eran 8.54 y 8.02 veces más grandes que sus pasivos de corto plazo; es decir, el consorcio no tendría problemas para solventar sus obligaciones inmediatas, si fuera requerida a cumplir de inmediato. Tanto GEO como URBI, por su parte, presentaban un buen grado de liquidez aunque lejos, muy lejos del nivel de ARA. GEO reflejaba una liquidez de 2.69 y 2.11 veces para 2003 y 2004, respectivamente, mientras que URBI, 3.67 y 4.86 veces.

Ahora bien, observe en el cuadro 8.3 cómo las ventas de ARA, en el tercer trimestre, crecieron moderadamente, lo mismo que la utilidad bruta y que las utilidades netas crecieron casi al mismo nivel.[10] Aprecie cómo el crecimiento de esos mismos rubros, en los casos de GEO y URBI, son definitivamente mejores: las ventas de GEO crecieron 17.62%, su utilidad bruta más de un 18%, un poco menos que su EBITDA, en tanto que su utilidad neta fue mayor en un 37.10%. ¿Qué comentario merece y qué preocupación surge al advertir esa evolución comparativa?

El comentario se amplía y adquiere un cariz decisivo si uno observa a la par la evolución de esas partidas en el caso de URBI. Nótese que si bien las ventas crecieron un 16.24%, el crecimiento de las otras dos partidas fue exponencial: 20% la utilidad bruta, más de 27% la EBITDA y más de 52% la utilidad neta.

Si enfocamos la lupa a las cifras acumuladas (cuadro 8.4), veremos que las variaciones porcentuales son similares, casi son las mismas: los cuatro rubros citados, ventas, utilidad bruta,

---

10   Es ahí donde toma relevancia la advertencia de que los rubros están conectados y por eso deben analizarse relacionando la evolución de uno con el comportamiento del otro.

380

8.3 Analizar la empresa. Valuación de acciones

EBITDA y utilidad neta, crecieron al mismo ritmo, en el caso de ARA, un 8% con decimales más o decimales menos. En el caso de GEO los resultados fueron afectados de modo distinto; las ventas subieron más de 13%, similar al aumento de la utilidad bruta, mientras que la EBITDA, la partida crucial, aumentó casi 19% y la utilidad neta fue mayor en un 50%. Debajo de la lupa, los números de URBI son todavía más llamativos. El crecimiento de 20% en las ventas influyó también de modo exponencial en los otros tres rubros: la utilidad bruta y la EBITDA avanzaron un 23% y la utilidad neta hasta un 30 por ciento.

Uno puede suponer que con motivo del incremento en las ventas, las utilidades netas de la empresa tendrían un aumento en proporciones similares y más si, como vemos, ha crecido igual la utilidad operativa. Uno podría suponerlo, pero la verdad es que eso depende del comportamiento de otras partidas que no tienen que ver con la generación operativa de la empresa y que a veces son más influyentes: carga financiera, depreciación, impuestos...

El incremento en las ventas de la empresa URBI se ve rebasado con creces por el incremento en la utilidad neta (*net income*) porque la empresa ha ganado también por otros rubros (véase la drástica disminución del Costo Integral de Financiamiento, CIF) relativos al manejo de los pasivos o de los activos financieros.

Hablando de pasivos, si se compara la magnitud de los pasivos de las tres empresas, se observa (cuadro 8.2) que los de GEO (327 millones de dólares) y URBI (147 millones) son considerablemente mayores a los de ARA (72 millones) y que por eso la liquidez de ARA es abundante, tanto, que sus activos circulantes, los de fácil realización, superan, como apuntábamos, por más de ocho veces a sus pasivos exigibles en lo inmediato. Incluso, los pasivos de largo plazo de ARA, si bien aumentaron más de 60%, la verdad es que su aumento porcentual se ve opacado por la magnitud del monto, que luego del aumento no llegó a los ocho millones de dólares, contra los 73 millones de GEO y los 91 millones de URBI. Observe incluso el renglón de deuda neta de ARA y aprecie que hay una cifra negativa, lo que significa que los bienes realizables que poseía eran superiores a sus deudas.

La percepción de los analistas era positiva, en los tres casos, porque el origen de las utilidades estaba sustentado por la operación principal de las empresas: la construcción y venta de viviendas. Hay empresas que en ocasiones generan sus resultados no tanto por su operación principal sino por factores distintos como el manejo del efectivo. Sin que eso sea malo, si ocurriera siempre sería preocupante porque las empresas hacen inversiones, echan mano de recursos para cumplir su cometido (construir y vender casas, en este caso) y, si ese cometido no se cumple o se desvía, la esencia de la empresa no tendría sentido.

Luego de comentar la situación y la evolución de los rubros principales, surgen algunos nombres y conceptos tal vez extraños que vale la pena retomar y explicar: los múltiplos.

Por su importancia, es un tema que debe tratarse en una sección independiente.

EBITDA y flujo de efectivo, las sustancias del negocio

Lo primero que se afanan en revelar los directivos de la empresa y el blanco predilecto de los analistas, es el margen operativo, la utilidad que consigue la empresa exclusivamente por realizar el negocio para el que ha sido creada. Esa partida, que se extrae del estado de resultados, se denomina Utilidad Antes de Impuestos, Intereses (gastos financieros), Depreciación y Amortización, UAIIDA. La fórmula para obtenerla es tal cual como lo indica su nombre, es decir, a la utilidad neta se le restan o se le suman, según la naturaleza de las cifras, los impuestos, los intereses o gastos financieros, la depreciación y la amortización del periodo. Según la naturaleza porque, por ejemplo, los intereses pueden ser a favor, ganados por mover el dinero, o en contra, derivados de créditos o préstamos. UAIIDA es el rubro al que casi todos se refieren por su denominación en inglés: *Earnings Before Interest, Tax, Depreciation and Amortization*, EBITDA. La fórmula, al guiarnos por su nombre, quedaría entonces del siguiente modo:

EBITDA = utilidad neta + intereses (gastos financieros) + depreciación − amortización

La EBITDA es la utilidad digamos verdadera, la que no está inflada por los intereses que produce el manejo o la inversión del dinero o por otros conceptos virtuales.

La EBITDA, dicen los académicos, debe ser más grande que los flujos de efectivo estimados que añaden depreciación a la utilidad neta, de modo que la valuación pueda justificar un mayor valor de la acción.

Para explicarlo mejor, podemos decir que una empresa como GEO puede generar ganancias por retener e invertir los anticipos que le dan sus clientes o los financiamientos que consigue de los bancos en tanto difiere el pago a sus proveedores o acreedores. Sus utilidades, en ese caso supuesto, provendrían más de la habilidad del director financiero, de las condiciones del mercado de dinero, de la volatilidad de las tasas, entre otros factores que no tienen que ver con las ventas o el giro del negocio. Es riesgosa y menos sólida una empresa que fundamenta sus ganancias en factores de esa clase porque entonces la esencia del negocio deja de ser la producción y las ventas para serlo una cuestión meramente financiera y una empresa como la del ejemplo se constituye, invierte en activos y personal, crea una infraestructura, pues, para producir y vender y no sólo para mover con habilidad el flujo de efectivo. Si una empresa usa su infraestructura sólo para ganar intereses, no tiene mayor atractivo como negocio productivo. Por eso los analistas evalúan el desempeño de las empresas a partir de su giro, separando o descontando las partidas financieras y virtuales que ensanchan la utilidad. La evaluación, lógicamente, es permanente, trimestre a trimestre, comparativamente, contra lo alcanzado el periodo anterior y contra lo que van logrando los competidores.

La UAIID o EBITDA de los últimos 12 meses, de las tres empresas en revisión, al 30 de septiembre de 2004, era la siguiente:

EMPRESA	Oct 02 a Sep 03	Oct 03 a Sep 04	CAMBIO %
ARA	98.4	106.5	8.30
GEO	102.0	121.3	19.00
URBI	99.4	122.6	23.40

Cuadro 8.8 EBITDA de ARA, GEO y URBI. Cifras en millones de dólares

Nótese que la EBITDA de ARA era mayor que la utilidad neta acumulada de los últimos 12 meses (64.1 millones y 69.1 millones de dólares, respectivamente) y que incluso aumentó más, en términos porcentuales, un 8.3%, mientras que la utilidad neta creció 7.8%. En el caso de GEO la EBITDA era también mayor que la utilidad neta (39.4 y 58.3 millones de dólares, respectivamente) aunque su aumento fue menor, en términos porcentuales, ya que la utilidad creció un 48%. Las cifras de URBI son similares. Su EBITDA es casi lo doble de su utilidad neta (54 y 70.3 millones) aunque el aumento de ésta es sustancialmente mayor: un 30.1% por un 23.40 por ciento.

Aunque uno podría pensar que es normal que EBITDA sea superior a la utilidad neta la verdad es que no siempre es así. Es más, abundan las empresas cuyos números presentan una relación inversa. Como en los casos de estas constructoras sí lo era, se deduce que eran empresas que a la fecha de los reportes sí estaban generando utilidades por explotar el negocio para el que fueron concebidas.

El otro gran referente es el flujo de efectivo, que también parte de la utilidad neta. A esta partida se le suma la depreciación, el resultado por posición monetaria y las fluctuaciones cambiarias, es decir, las partidas meramente virtuales, que no requirieron salidas reales de efectivo.

Flujo de efectivo FE *Cash Flow*

El flujo de efectivo, FE (*Cash Flow*, en inglés), se usa para determinar el valor técnico real de la empresa y para saber cuánto está generando de efectivo. Se puede entender como la utilidad neta libre de partidas virtuales, que son aquellas que no implican uso o manejo de dinero en efectivo. Los académicos, en Estados Unidos, conocen este indicador como Flujo de Efectivo de Operaciones, *cash flow from operations*. Como fórmula se obtiene del siguiente modo:

Flujo de efectivo = Utilidad Neta Mayoritaria + Depreciación + Ganancia (o menos Pérdida) por Posición Monetaria + Pérdida (o menos Ganancia) Cambiaria.

El cuadro 8.9 muestra el flujo de efectivo generado por ARA, GEO y URBI por los dos más recientes periodos de 12 meses.

Cuadro 8.9
Flujo de efectivo de ARA, GEO y URBI. Cifras en millones de dólares

EMPRESA	Oct 02 a Sep 03	Oct 03 a Sep 04	CAMBIO %
ARA	70.70	76.60	8.30
GEO	53.7	73.4	36.80
URBI	55.1	68.5	24.40

Véase y compárese el monto de flujo de efectivo contra el importe de la utilidad neta de los últimos 12 meses y contra el EBITDA. Aprecie los montos de una y otras. Saque conclusiones.

Tanto la generación de la empresa, vista a través de EBITDA, como el flujo de efectivo, suelen visualizarse como múltiplos, es decir, como proporción según el número de acciones que conforman el capital social. De eso, de los múltiplos, trata el siguiente tema.

EBITDA ¿sólo la capacidad para pagar deudas?

Diversos académicos cuestionan el uso de EBITDA como la medida o parámetro clave. Hickman, Hunter y Byrd (véase referencia bibliográfica) se ponen del lado de los que opinan que EBITDA puede ser una medida apropiada para acreedores potenciales, debido a que mide la eficiencia de la empresa como generadora de flujos, pero no para inversionistas o compradores de acciones, ya que lo que a éstos le interesa es el flujo final, luego de que la empresa pagó intereses e impuestos.

Haim Levy, de la Universidad Hebrea de Jerusalén, la expuso someramente en su libro *Principles of Corporate Finance*, también de esta casa editorial, como proporción de cobertura de intereses. El extenso volumen de casi 900 páginas no hace mayor alusión a EBITDA más que en un pequeño párrafo y considerándola no tanto valiosa por sí misma, sino útil para obtener otro múltiplo.

Otros autores, como Bodie y Merton (Merton obtuvo el Nobel de Economía en 1997), en su libro *Finance*, no se pronuncia al respecto pero su propuesta lo deja muy claro: prefiere otras medidas como *Return On Equity*, ROE, o *Economic Value Added*, EVA.

A pesar de eso, en la práctica los analistas fundamentales la siguen aplicando como la medida vital. Y es que no hay otra, todavía, que refleje mejor la eficiencia de la gestión operativa de una empresa.

¿Cuánto vale la empresa?

Valor de la Empresa, VE, *Firm Value*

El valor de la empresa, VE (*Firm Value*, FV, por sus siglas en inglés), es el precio de mercado que los inversionistas determinan a diario, vía el precio de cotización. Se obtiene de modo fácil, por la multiplicación del precio de mercado de cierre, a una fecha dada, por el número total de acciones en circulación. El VE aparece como dato que se muestra en el cuadro 8.6. Si se considera que el precio de cada una de las acciones era de 2.8739, 1.8261 y 3.6070 dólares, respectivamente, el VE, en dólares, para cada una de las empresas era, ARA 943 millones; GEO, 953 millones y URBI, 1 183 millones.

Se trata de una cifra volátil que, por producirse por el precio diario, puede variar considerablemente de una jornada a otra, de un mes a otro y por factores tan diversos como la situación económica, las expectativas de la empresa y del sector, las condiciones de los mercados, la situación internacional, el ánimo de los inversionistas, etc. Como sea, resulta un valor útil cuando se hacen mediciones a mediano y largo plazos y cuando al precio se le descuenta el peso de los factores circunstanciales. El VE es una cifra muy útil cuando se toma como el precio tentativo al que pudiera venderse la empresa, si ese fuera el caso...

A modo de resumen comparativo, en el cuadro 8.10 se presentan elementos fundamentales, extraídos como conclusión de la estructura y datos financieros de las tres empresas.

Criterio	ARA	GEO	URBI
Pasivos	Su deuda neta era negativa, lo que significaba que su capital contable era lo doble de sus pasivos.	Era la más endeudada del sector. Sus pasivos casi duplicaban a los de ARA. Su deuda total era mayor que su capital contable (véase el dato en el cuadro 8.4) De las tres, era la empresa con más alto Costo Integral de Financiamiento (CIF).	Aunque su deuda había disminuido considerablemente, gracias a la oferta pública de acciones (IPO), su alto endeudamiento limitaba su generación de flujo de efectivo.
Capital y utilidades	Era la empresa más grande del sector. No obstante, su generación de EBITDA y utilidades era menor que la de URBI y menor, proporcionalmente, a la de GEO.	De las tres empresas, era la más pequeña y, por eso, era más notoria su capacidad de generación de EBITDA y utilidad neta.	La oferta de acciones había aumentado su capital casi a la magnitud del de ARA. Con el mismo capital había logrado una EBITDA y una utilidad neta más grande que los conseguidos por aquélla.
Ventas	Sus ingresos habían crecido pero eran menores que las de las otras dos empresas. Su crecimiento también había sido, en términos porcentuales, menor que el de las otras.	Mantenía la mejor relación de ventas sobre activos y por supuesto sobre capital.	Sus ventas crecieron más que las de las otras dos, mucho más del doble que el crecimiento que tuvieron las de ARA y más que las de GEO.
Liquidez en el mercado	Su capacidad de negociación en la bolsa era muy alta. Su bursatilidad, por eso, era considerada ALTA.	Su capacidad de negociación en la bolsa era muy alta. Su bursatilidad, por eso, era considerada ALTA.	Se negociaban pocas acciones en la bolsa. Su bursatilidad, por eso, era considerada BAJA.

Cuadro 8.10 Aspectos fundamentales comparativos de ARA, GEO y URBI al tercer trimestre de 2004

8.4 Múltiplos: entrar en razones

Los múltiplos (*earnings ratios*) son razones financieras.[11] Se trata de indicadores que se extraen de los estados financieros, que surgen de la comparación de partidas específicas y que reflejan la situación de los signos vitales de las empresas.

Múltiplos, *earnings ratios*

11 Son razones financieras porque se obtienen siguiendo los mismos principios y métodos que las razones financieras clásicas (razón de liquidez, razón de rentabilidad, etc.) Los múltiplos, aparte de que sirven (al igual que las razones financieras tradicionales) como parámetros para conocer la situación de la empresa, se utilizan para tomar decisiones de compra, venta, retención o abstención; por lo tanto, están dirigidos al inversionista.

Los múltiplos sirven al público para saber si, desde el punto de vista de la situación financiera de la empresa, las acciones que posee o pretende comprar están caras o baratas, y consecuentemente los aprovecha para tomar decisiones: si según los múltiplos las acciones están baratas, las compra; si ya las posee, se preocupa; si están caras, las vende o evita comprarlas.

En el mercado de valores, en todo el mundo, se reconocen seis múltiplos valiosos que ya forman parte de la información analizada de las tres constructoras de viviendas y que es ocasión de definir:

- Utilidad por acción, UPA (*Earnigns Per Share, EPS*)
- Precio/Utilidad, P/U (*Price-Earnings, PE*)
- Flujo de efectivo por acción, FEPA (*Cash Flow Per Share*)
- Utilidad antes de impuestos, intereses, depreciación y amortización, UAIIDA (*Earnings Before Interest Tax, Depreciation and Amortization, EBITDA*) por acción
- Valor de la empresa/UAIIDA (*Firm value/EBITDA*)
- Precio/Valor en libros, PR/VL (*Price-Book Value*)

Utilidad por acción, blanco predilecto del inversionista

Utilidad por acción, UPA, *Earnings Per Share*

La utilidad por acción (UPA) refleja la parte proporcional de las utilidades netas que la empresa ha logrado en los últimos 12 meses y que le corresponden al tenedor de cada acción.[12] La UPA es, en términos prácticos, el blanco preferido de los inversionistas. Es comprensible que así sea, ya que representa lo que recupera o gana en cada periodo por su inversión realizada.

La UPA es el cociente de la división del importe de las utilidades netas entre las acciones en circulación). Para determinar la UPA del trimestre de GEO, por ejemplo, dato que aparece en el cuadro 8.6, se divide la utilidad del trimestre, 17 millones de dólares (cuadro 8.3), entre el número de acciones en circulación, 521.8 millones. El resultado, 0.032580 dólares, es la porción de las utilidades que le corresponde a cada socio por cada una de las acciones que posea.

UPA del trimestre = utilidad neta ÷ acciones en circulación

= 17.0/521.8 = 0.032580

Para obtener la UPA correspondiente a los 12 meses anteriores se divide la utilidad acumulada en ese periodo, 58.3 millones de dólares (cuadro 8.4), entre el mismo número de acciones en circulación:

UPA 12 meses = 58.3 Mdd ÷ 521.8 millones de acciones = 0.111729 dólares

Esta cifra significa que cada accionista estaría obteniendo de utilidad, si el consejo de la empresa decidiera decretar dividendos y repartir los 58.3 millones, $0.1117289 por cada una de las acciones que posea. ¿Eso es poco o mucho? Depende. Por sí sola, la cifra de la UPA no permite saberlo.

---

12 Muchos analistas incluyen también en sus evaluaciones la Utilidad Operativa por Acción, para cuya obtención se considera la Utilidad de Operación en vez de la Utilidad Neta.

Con base en esa misma mecánica se puede obtener la UPA de ARA y URBI, las otras dos empresas en cuestión. Las UPA's comparativas de las tres constructoras, por los últimos 12 meses, son las siguientes:

ARA	0.210773
GEO	0.111729
URBI	0.235678

Precio/utilidad, recuperación de la inversión

Esta relación indica el número de veces que es mayor el precio de la acción en comparación con la utilidad por acción (UPA) de los últimos 12 meses. Si el precio del Consorcio GEO es 21.00 pesos mexicanos o 1.8261 dólares, a la fecha del informe y la UPA, según este último es de 0.111729 dólares, la relación precio utilidad, por los últimos 12 meses, en dólares, es 16.34; esto es

$$P/U = 1.8261 \div 0.1117289 =$$

$$P/U = 16.34$$

El dato anterior significa que el precio de mercado de la acción es más de 16 veces mayor que las utilidades generadas, es decir, el número de veces que un accionista paga la utilidad de los últimos doce meses.

¿El dato obtenido es bueno o es malo? A simple vista, el indicador es sólo una cifra aislada, pero no. Por el dato obtenido se confirma el temor de que la recuperación de la inversión, en este caso, es lenta. El que invierte o compra la acción al precio actual de $1.8261 tendría que esperar más de 16 periodos similares para recuperar vía dividendos la inversión realizada. Tal interpretación podría dar lugar a pensar que la compra no es conveniente. Visto de otro modo, podríamos deducir que la emisora es muy actractiva y que por eso el precio ha subido tanto, al grado de que el múltiplo P/U hace pensar que ya es caro.

Para sacar conclusiones definitivas, el público deber buscar las P/U del resto de las empresas del sector y saber si el precio de 1.8261 dólares que tienen en la bolsa las acciones de GEO es alto o bajo. En el periodo sujeto al análisis, las relaciones P/U de las otras dos empresas, ARA y URBI, eran más altas que la de GEO: 13.64 y 15.3278, respectivamente. Al saber que las relaciones P/U de sus competidores son menos competitivas, se confirmaba que las acciones GEO eran atractivas, al menos igual de atractivas que ARA y mucho más que las de URBI. El público sabía, además, que la empresa iba a seguir generando utilidades y que por eso el precio en el mercado secundario seguiría subiendo, lo que confirmaba que la acción era atractiva.

Flujo de efectivo por acción (FEPA), importancia de la generación de dinero

Éste múltiplo sirve para determinar un valor más real de la empresa, ya que refleja la cantidad de efectivo que genera la entidad. ¿Qué es el flujo de efectivo? Es la utilidad neta libre de rubros virtuales.

Como se sabe, la utilidad que se exhibe en el estado de resultados es una cantidad a la que se han descontado además de las partidas monetarias las no monetarias; es decir, las que no representan desembolso de dinero en efectivo pero que también impactan los resultados de la empresa, como la depreciación (la recuperación de la inversión en activos fijos).

La FEPA muestra con mayor exactitud que la UPA la generación de utilidades, porque indica la parte proporcional (por acción) del flujo de efectivo que obtiene la organización.

La FEPA es la sumatoria de la utilidad neta más las partidas que no suponen salidas de efectivo y que fueron restadas en la contabilidad tradicional (depreciación, pérdida cambiaria y pérdida monetaria).[13] El resultado de esa suma se divide entre las acciones en circulación:

FEPA = Flujo de efectivo ÷ Cantidad de acciones

Ya teníamos el dato del flujo de efectivo, *Cash flow*, correspondiente a los últimos 12 meses, de cada una de las tres empresas. Basta nada más dividirlo entre el número de acciones. Al sustituir las variables, la FEPA de GEO es de 0.140666.

FEPA = 73.4 mdd ÷ 521.8 millones de acciones = 0.140666

Advierta que entre este dato de la FEPA (0.140666) y el de la UPA (0.111729) hay una diferencia muy pequeña: 0.028937. Esta diferencia corresponde a la depreciación, a las pérdidas o ganancias financieras y a las fluctuaciones cambiarias por cada una de las acciones en circulación.

La FEPA en dólares de cada una de las tres empresas, comparativamente, es

ARA	0.233465
GEO	0.140666
URBI	0.229096

Utilidad antes de impuestos, intereses, depreciación y amortización, por acción (UAIIDAPA), EBITDA

UAIIDA o EBITDA por acción

Este indicador muestra la utilidad de los últimos 12 meses que genera la empresa exclusivamente por las actividades relacionadas con el negocio, por cada acción. La cifra importante, desde luego, es la UAIIDA total, de la que ya dimos cuenta páginas anteriores.

Véase la utilidad de operación total de GEO por los dos ejercicios, 2003 y 2004 (91.80 y 107.50 millones de dólares, respectivamente) y advierta que la EBITDA total (102 y 121.30 millones) es casi similar pero mucho mayor que la utilidad neta de los mismos ejercicios (39.40 y 58.30 millones).

La UAIIDA resultante de GEO, por cada año, quiere decir que la empresa es buena generadora de utilidades operativas. Como ya se comentó, la utilidad neta disminuye por factores que no tienen que ver con la actividad principal de la empresa.

Al observar la cifra que arroja este indicador se puede concluir que si en las etapas de recomposición de la economía y de poca eficiencia del sistema financiero mexicano (de ahí la alta carga financiera), la empresa reportaba utilidades netas óptimas (la carga financiera, los impuestos y la depreciación eran, juntos, más de 60% de la UAIIDA en promedio, por el ejercicio de 2003 y casi 52% por el de 2004), en circunstancias más estables o en un mejor ciclo económico las utilidades netas serían todavía mayores. Esta conclusión reforzaría la visión de los analistas de que la compra (o retención, si ya se había adquirido la acción) era lo más recomendable.

---

13   Estas cifras no aparecen en las tablas de datos. Se trata de cifras adicionales que es importante obtener.

La UAIIDA por acción (UAIIDAPA) o EBITDA *per share*, es la división de la EBITDA entre el número de acciones. La EBITDA de las tres empresas, en dólares, por el periodo de 12 meses, sería la presentada en el siguiente cuadro:

	12 meses a Sep de	
	2003	2004
ARA	0.299909	0.324596
GEO	0.195477	0.232465
URBI	0.332441	0.410033

Valor de la empresa/EBITDAPA y precio/EBITDAPA, la generación del negocio

Los datos de la UAIIDA o EBITDA, y la UAIIDAPA, EBITDA por acción, sirven para efectuar otras dos comparaciones importantes.

El valor de la empresa, consignado en el cuadro 8.6, se divide entre la EBITDA para saber cuántas veces (o la proporción de cada unidad invertida) pagan los accionistas por las utilidades que la empresa genera por su operación principal. En esos casos, cuando se trata de empresas que están generando utilidades y que presentan perspectivas de crecimiento, el VE tenderá a ser superior al valor contable y, por el contrario, puede ser que sea menor al valor contable si los inversionistas detectan o piensan que la empresa no produce o producirá resultados positivos.

En el cuadro 8.12 se exhibe el Valor de la Empresa, la EBITDA y el múltiplo VE/EBITDA por los 12 meses que terminaron en septiembre de 2004.

EMPRESA	VE*	EBITDA* 12 meses a Sep 04	MÚLTIPLO VE/EBITDA
ARA	942.96	106.5	8.8541
GEO	952.93	121.3	7.8556
URBI	1 182.74	122.6	9.6471
* Millones de dólares.			

Los datos obtenidos significan que los accionistas que poseen o compran acciones del grupo GEO pagan o están dispuestos a pagar 7.8556 veces las utilidades que la empresa genera por su operación propia. Este dato es inferior al múltiplo P/U que fue de 16.34 veces. Se compara con este otro indicador porque los dos son de la misma naturaleza y reflejan más o menos lo mismo. Mientras que la P/U surge de la comparación directa del precio con las utilidades netas por acción, este otro múltiplo proviene de la misma relación pero en términos absolutos; es decir, en vez del precio de la acción, se considera el valor de la empresa y en lugar de la utilidad neta se toma la EBITDA total.

Este múltiplo, que se obtiene de la comparación de partidas del balance, puede obtenerse a partir de datos unitarios por acción. Basta dividir el precio de la acción, 1.8261, en el caso de GEO, entre la EBITDA por acción, $0.232465, para obtener un dato casi idéntico, 7.8554:

P/EBITDA $= 1.8261/0.232465 = 7.8554$

El cuadro siguiente, exhibe el múltiplo de cada una de las tres empresas.

PRECIO	EBITDA	P/EBITDA
$ 2.8739	$ 0.324596	8.8538
$ 1.8261	0.232465	7.8554
$ 3.9557	0.410033	9.6473

Esta relación indica también que la recuperación de la inversión, vía las utilidades que la empresa logra con su operación principal, es más rápida que la que muestra la relación P/U. Esto se debe a que la utilidad neta es menor a la EBITDA.

Precio/valor en libros, la trascendencia de la contabilidad futura

Se trata de comparar el precio de mercado con el valor contable de la acción. El precio de mercado es la cotización de la acción en la bolsa. El valor contable se obtiene dividiendo el capital contable entre la cantidad de acciones:

Valor contable en dólares de GEO = 321.40 MDD/522 millones de acciones = 0.6159 dólares

A la fecha del análisis, el precio de mercado era (tenga en cuenta que el precio cambia a diario) $1.8261. Al dividir 1.8261 entre 0.6159, se obtiene 2.9649:

P/VL = 1.8261/0.6159 = 2.9649

El múltiplo P/VL del grupo GEO se encuentra en la sexta tabla de datos.

¿Qué significa esta cantidad? Como el múltiplo P/U, la relación P/VL no es una cifra monetaria. Imaginemos que si en el mercado de valores el público tiene que pagar $1.8261 para adquirir una acción que contablemente vale $0.6159, el público inversionista desembolsa más de dos veces casi tres veces más que el valor en libros de la acción.

El cociente de la razón P/VL indica eso: la proporción (o número de veces) del valor contable que se paga por una acción en la bolsa; o sea que por cada acción de Grupo GEO, el público tenía que pagar 2.9649 veces su valor contable. El precio de mercado de $1.8261 según los analistas, iba todavía a ser mayor. Estimaban que en unas cuantas semanas sería tres veces mayor que el valor contable. Las preguntas obligadas que tendría que hacerse el inversionista al momento de decidir son casi obvias: ¿Es bueno o es malo ese dato de 2.9649? ¿Por qué? ¿Qué conviene hacer? Son tres buenas preguntas cuyas respuestas no pueden ser tan directas o simples. Antes que nada, véanse los múltiplos precio-valor en libros de las otras dos empresas, ARA y URBI a la par del de GEO.

Precio / Valor en libros	ARA	GEO	URBI
	2.0894	2.9649	2.4684

El público busca pagar en el mercado el menor precio posible o por lo menos el más barato. Hay que tener cuidado: lo caro o barato es relativo. Nadie puede asegurar que una acción que cotiza a $50.00 es más cara que otra que se negocia a $20.00. Eso también depende. Para poder decirlo (y eso todavía a medias), hay que considerar el importe de su capital, su número de acciones, sus ventas, sus proyecciones, etc. Si se dice que el precio de Grupo GEO cotiza arriba de los 2.00 dólares, sin hacer comparaciones de valuación, no podemos establecer que se trate de un precio alto o bajo. Si además se dice que su valor en libros es de 0.6159 podría pensarse que el precio en el mercado es caro. Pero si le agregamos que la empresa tiene planes ambiciosos, presenta (como ya se expuso) oportunidades inusitadas de crecimiento y proyecciones de mayores ventas y utilidades, en el mercado ese precio incluso puede quedarse corto.

En otras palabras, el público estaría pagando por las acciones de Grupo GEO un valor que la empresa no tiene aún pero que se espera tendrá con el tiempo. El público compra expectativas, para decirlo con el lenguaje del mercado.[14]

En los mercados maduros, la relación precio-valor en libros promedio es de 5 a 1, es decir, se paga hasta cinco veces en las bolsas el valor contable de la acción. Considere además que el precio que tenga la acción en el mercado es porque en los mercados de valores los precios son un anticipo de lo que se cree que vendrá.

El sobreprecio de las acciones del Grupo GEO corresponde, en buena parte, a los números actuales de la empresa, pero también (y quizá más) a los que se espera que llegue a tener.

Para completar el comentario y responder a las tres preguntas planteadas, puede decirse que ese precio es razonable, y que quien posea la acción debe conservarla; que quienes no la han comprado podrían adquirirla a un precio justo y que los que piensan venderla, si no les apremia tomar sus utilidades, deberían conservarla un tiempo más.

Visión final y conclusiones de analistas

El público no tiene que hacer todos estos cálculos, comparaciones, desgloses y conjeturas. Todo lo hacen los analistas de los intermediarios. El público, eso es definitivo, debe corroborar los datos y comparar las conjeturas para tomar la decisión que crea más conveniente.

A mediados de 2004, los analistas coincidían en que las tres empresas citadas representaban espléndidas oportunidades de inversión; por eso creían que estas empresas debían incluirse en los portafolios accionarios. Los analistas, nunca está por demás decirlo, expresan escuetamente sus opiniones con tres palabras clave, algunas veces seguidas de adjetivos definitorios: *compra, compra especulativa, compra fuerte; venta, venta moderada; retener.*

Diversos analistas destacados ilustraban, como logros principales, los siguientes aspectos (palabras más, palabras menos) de cada una de las empresas. Al exponer esos logros, se decantaban sus preferencias por una de las tres, especialmente. Luego de leerlas, cite la empresa que cree que preferían.

ARA: Sus rubros de ventas y EBITDA fueron ligeramente mejores a los que varios analistas pronosticaron, aunque varios de ellos dejaron notar su escepticismo debido a que la utilidad neta no fue de la magnitud que esperaban. La acción, que durante varios años fue la preferida del sector, continuaba siendo imprescindible en los portafolios recomendados.

GEO: Los resultados al segundo y tercer trimestres habían sido superiores a las expectativas. GEO mantenía la mejor relación Valor de la Empresa/EBITDA (haga la operación correspondiente para cada una de las empresas). La generación de flujo de efectivo obtenida había estado basada en una agilización de las cuentas por cobrar. Las opiniones generalizadas resaltaban la reducción de su deuda, con su consecuente reducción del Costo Integral de Financiamiento, CIF,

Precio/Valor en Libros P/VL

---

14 Esto no es exclusivo del mercado accionario. De hecho, los que invierten en instrumentos de deuda hacen lo mismo: invierten en expectativas, aunque tales expectativas son un tanto más certeras pero también menos redituables.

impulsada por la agilización de las cuentas por cobrar y establecían que la empresa tenía potencial para incrementar su flujo de efectivo, FE, que en 2003 había sido de 10 millones de dólares, hasta 62 millones.

URBI: Había logrado resultados acordes a las expectativas. En su informe trimestral resaltaba su mejoría en la mezcla de sus ventas. Las orientadas al segmento de vivienda media-alta y residencial se habían incrementado en un 156%. Este tipo de vivienda, lógico, representa mayores ingresos y mayores márgenes de ganancia. URBI había realizado una colocación primaria (IPO) de acciones (véase su Aviso de Oferta Pública en el capítulo 3) para captar recursos que le permitieran reducir sus pasivos y, por añadidura, su CIF. Esas estrategias hicieron posible que su utilidad se incrementara en un 33%. Su posición financiera, en adelante, le permitiría mejorar sus flujos y lograr nuevos objetivos.

¿Y bien? ¿Cuál empresa cree que era la favorita de los analistas? Cabe apuntar que estas conclusiones, vertidas después de desmenuzar los números y datos, se completaban con la descripción de oportunidades y riesgos señalados en el tema 8.2, con los eventos relevantes y las perspectivas macroeconómicas. En efecto, usted ya lo dedujo bien: la favorita en ese entonces, por todo lo que se ha venido desarrollando, era la acción de GEO.

ROE y EVA; métodos de análisis típicos y otras valoraciones

Hay, claro que sí, varias formas de valuar una empresa. Los métodos clásicos de análisis financiero, por ejemplo, comprenden la revisión de los estados financieros bajo diferentes mecánicas: la conversión de los montos del Balance y del Estado de Resultados a porcentajes integrales, la atención primordial a las variaciones o tendencias de cada rubro, año tras año o periodo tras periodo y el método al que todavía le destinan muchas horas en las universidades, el de razones financieras, que consiste en dividir el monto de una partida entre el monto de otra (ventas entre capital, por ejemplo) y que ya no es tan relevante.

Los modelos renovadores consideran otros elementos más interesantes que los rubros típicos. La medida de ROE, por ejemplo, que es muy fácil de obtener (la utilidad neta se divide entre el capital aportado por los accionistas) evalúa la rentabilidad de la inversión, con base en el valor en libros; la medida más valiosa y avanzada es la que se propone mediante la siguiente fórmula:

$$ROE = RSV \times RDA$$

RSV es Rendimiento Sobre Ventas, que se obtiene de dividir EBITDA entre Ventas; RDA es Rendimiento de Activos, es decir, Rendimiento Sobre Activos, *Return On Assets*, conocido como ROA, que surge de esta otra fórmula: (EBITDA ÷ Ventas) × (Ventas ÷ Activos).

La medida de esta clase que sin duda es más llamativa es EVA, *Economic Value Added*, Valor Económico Agregado, que se obtiene de la utilidad neta después de impuestos, menos un cargo por el capital empleado para producir esas utilidades. El cargo por el capital es la tasa de interés mínima que debía compensar a los que invierten en la empresa, tanto vía deuda como vía capital. EVA y ROA son medidas meramente contables, por eso los analistas fundamentales no los usan tanto.

8.5 Derechos patrimoniales

Como se expuso en el capítulo 2, las empresas otorgan a sus socios los derechos que le corresponden en cada ejercicio fiscal. Los socios anhelan que la empresa les distribuya sus beneficios de alguna o varias formas:

■ *Dividendos en efectivo*. Consiste en la distribución de las utilidades entre los socios.

■ *Dividendos en especie*. En vez de repartir las utilidades generadas, la empresa puede reinvertirlas. La reinversión de utilidades se hace con alguno de los propósitos que motivan a las entidades a conseguir financiamiento: producir más, mejorar su estructura o expandirse. Las utilidades generadas, que no se distribuyen en efectivo, incrementan el capital. La empresa tiene entonces que emitir más acciones y entregarlas a los socios. Los accionistas, en vez de recibir dinero en efectivo, reciben más acciones. Ellos pueden venderlas en el mercado secundario o conservarlas, según sus planes particulares.

■ *Derechos de suscripción*. Cuando las empresas necesitan más recursos para expandirse, pueden solicitar a sus socios, antes que a otros, aportaciones adicionales. La ventaja para los accionistas es que si suscriben o compran más acciones, evitan que su participación en el capital se diluya. Incluso los socios pueden incrementar su participación en el capital, de acuerdo con sus posibilidades. En estos casos y según la dimensión del nuevo proyecto, la empresa busca financiamiento en el mercado con nuevos socios. Los que ya son socios tienen la preferencia. Al fin y al cabo un derecho, los accionistas no tienen la obligación de suscribir más acciones, si no lo desean. Su decisión depende del dinero que tengan y de los números y expectativas de la empresa.

Hay ocasiones en que las empresas mezclan los derechos y los presentan al público de un solo golpe. En febrero de 2000, un gran emporio cementero mexicano ofreció un conjunto de derechos que confundió a más de uno: concedió un dividendo en efectivo, un derecho de suscripción combinado con un canje de acciones y un *split* simultáneo. Quienes no quisieran ejercer el derecho de suscripción se embolsarían el efectivo del dividendo y verían reducir su participación en la empresa. A quienes optaban por suscribir y tenían que aportar por ello una cantidad adicional, se les retenía el importe que les correspondería de dividendo y se les tomaba a cuenta de las nuevas acciones que aceptaban comprar. Aparte tenían que entregar más dinero para completar el monto de su compra. El canje, además, resolvía que se iban a retirar todas las acciones en circulación para emitir y entregar una nueva serie accionaria. El *split* iba a reducir a la mitad la cantidad total de acciones que respaldaban el capital. El precio de los títulos, por consiguiente, iba a aumentar al doble.

Los derechos concedidos y los que se espera que se concedan, afectan el precio de las acciones en el mercado secundario.

Fecha "excupón"

Al respecto cabe precisar un concepto cotidiano: la *fecha "excupón"* es la fecha en que termina la vigencia de un nuevo cupón (recuerde que el pago de los dividendos y los demás derechos patrimoniales se hace contra la entrega de un cupón determinado). Supóngase que una empresa avisa que el 19 de marzo dejará de tener vigencia el cupón número uno y el día 20 comenzará la vigencia del número dos. A todas las operaciones que se celebren el 19 de marzo (*trade date*, "T") y se liquiden, según la usanza del mercado, dos o tres días después, les corresponde el cupón uno. A las operaciones que se celebren el 20 de marzo para liquidarse, en el mismo sentido, dos o tres días después, les corresponde el cupón dos. La fecha de operación ("T") del 19 de marzo, en este caso, se denomina fecha *excupón*. La *fecha excupón* es importante porque delimita el pago de los derechos que corresponden al cupón que deja de tener vigencia. Imagínese que la empresa decreta pagar dividendos el ocho de mayo. El público, para poder acceder al derecho, debió adquirir las acciones al menos el 19 de marzo, la fecha *excupón*.

Ajustes técnicos de los precios

Cuando una empresa emisora paga un derecho, la bolsa realiza un ajuste "técnico" del precio. Esto consiste en descontar el importe del derecho del precio de mercado.

Los tres derechos citados (dividendo, capitalización y suscripción) dan pie a ajustes de precios.[15]

- *Ajuste por dividendo.* Supóngase que la emisora decreta un dividendo de $1.50 por acción y que el precio de mercado es de $25.00. El precio ajustado de la acción con el nuevo cupón es de $23.50.

PA = precio de mercado − dividendo

PA = 25 − 1.50 = 23.50

Si un inversionista tenía 2 000 acciones, antes del dividendo contaba con un monto de $50 000.00. Después del dividendo, el importe de su inversión es el mismo sólo que ahora compuesto por dos conceptos:

Acciones	2 000 × 23.50	= 47 000
Dividendo total	2 000 × 1.5	= 3 000
Inversión total	$	= 50 000

- *Ajuste por capitalización.* Supóngase que la emisora decide capitalizar sus utilidades. En vista de ello, va a otorgar a los socios tres nuevas acciones por cada dos anteriores. El precio de mercado es de $30.00. El precio ajustado va a ser de $12.00.

PA = Precio de mercado ÷ (1 + R)

Donde R = razón nuevas acciones/acciones anteriores

PA = 30 ÷ [1+ (3÷2)]

PA = 30 ÷ [1+ (1.5)] = 30 ÷ 2.5 = 12

Si un inversionista tenía 1 000 acciones, el monto de su inversión era de $30 000 (1 000 × 30). Por la capitalización, tendría ahora 2 500 acciones. El cliente ha recibido tres acciones más por cada dos que poseía. Al multiplicar 2 500 por $12.00, el nuevo precio ajustado, se puede ver que el cliente conserva la misma inversión de $30 000.

- *Ajuste por suscripción.* Supóngase que la emisora decreta otorgar el derecho de suscribir 0.30 acciones nuevas por cada una de las anteriores a un precio de $5.00. El precio de mercado de las acciones es de $7.00.

PA = [Precio de mercado + (precio de suscripción × R)] ÷ 1 + R

R = 0.30÷1 = 0.30

PA = 7 + (5 × 0.30) ÷ 1 + 0.30 = 6.5385

Si se supone que un cliente tenía 5 000 acciones, su inversión era de $35 000.00 (5 000 × 7). El cliente tendría derecho a comprar 1 500 acciones más (5 000 × 0.30), por las que tendría que invertir $7 500.00 más (1 500 × 5), ya que la suscripción consiste en adquirir una cantidad adicional de acciones para financiar a la empresa. El cliente tendría ahora una inversión

---

15 Los *splits*, normales o inversos, también motivan el ajuste de los precios, como se vio en el capítulo 3, Mercado de capitales. Esos ajustes son más para otorgar mayor facilidad operativa a la acción que por pago de derechos patrimoniales.

de $42 500.00 (6 500 acciones a un precio de mercado de $6.5385). En este ejemplo, al cliente le conviene invertir los $7 500.00 adicionales y comprar a $5.00, porque después del ajuste el nuevo precio de mercado de $6.5385 va a ser más alto.

En cada caso, el público se beneficia. Cuando se trata de un dividendo, el ajuste a la baja queda rebasado por el alza que tuvo el precio debido a la demanda que generó el anuncio del dividendo y por el pago del dividendo mismo. Si se trata de una capitalización, el nuevo precio significa una mayor facilidad de negociación del título y, además, produce el mismo efecto que causa un dividendo. La suscripción, por su parte, permite al público incrementar su participación en la empresa o impedir que se diluya la que tiene, según sea el caso.

¿Por qué se ajustan los precios?

El precio de la acción se reduce cuando la empresa otorga derechos. ¿A qué se debe? Cada tipo de derecho tiene su explicación:

- *Dividendo en efectivo*: el pago de dividendos elimina o disminuye el rubro de la Utilidad del ejercicio o la de los ejercicios anteriores que forman parte de la cuenta de Capital contable. Por consecuencia, el Capital contable resulta menor debido al pago. Al dividir el nuevo importe del capital contable entre el mismo número de acciones, el valor por acción resultante es más pequeño.

- *Capitalización*: implica eliminar o reducir la cuenta de utilidades para incrementar la de Capital social. Como ese cambio no afecta el importe total de Capital contable, no se modifican el Valor en libros ni el precio de mercado de la acción.

- *Suscripción*: implica aumentar el capital social mediante la emisión de nuevas acciones. La nueva emisión modifica la proporción de capital que representa cada acción. El nuevo precio indica que una "x" cantidad de acciones que antes de la suscripción representaban un determinado porcentaje del capital, después de la nueva emisión representa una menor proporción.

Por otra parte, cuando se anuncia el pago de derechos, el precio sube porque el público desea comprar para recibir el dinero equivalente al derecho. La demanda impulsa el precio. El día del pago del dividendo, el precio baja por dos razones: una, porque la bolsa lo ajusta y, dos, porque el público que ya recibió el efectivo busca deshacerse de la acción y produce oferta.

Nótese también que los derechos de capitalización y suscripción afectan la cantidad de acciones. El público debe estar atento porque el ejercicio de uno de estos derechos le deshará sus "lotes" y le dejará uno que otro "pico" (*odd lot*). Esto no significa que el derecho no deba ejercerse, sino que cuando eso pasa el público tiene que comprar la cantidad de títulos que le hagan falta para completar un "lote" o poner a la venta el "pico".[16]

Internet bursátil

En este URL de **http://finance.yahoo.com** podrá ver el calendario de *splits* de las empresas cotizadas en Estados Unidos **http://finance.yahoo.com/mt?u** Ubique la sección titulada "*Today's Events*"

---

16 Un intermediario acepta órdenes de "picos". En esos casos junta las órdenes de "picos" de varios clientes para completar la cantidad mínima requerida. El intermediario los agrupa en una orden de lote que se coloca a precio de mercado, para que pueda negociarse.

8.6 Información cualitativa: proyectos y expectativas

La información financiera de las empresas es eminentemente cuantitativa. Esta información es útil y valiosísima para todos los interesados: socios, empleados, acreedores, gobierno, etc. A todos les preocupa no sólo la situación actual de las empresas, sino también —y mucho— los planes y las perspectivas.

Los planes, las metas, las oportunidades, los riesgos, son un tipo de datos que no se refleja en los números de los estados financieros y que, no obstante, es la clase de elementos que hace que se produzcan los números y la motivación o desmotivación del público.

La información financiera periódica que las empresas entregan a la bolsa se acompaña de la información cualitativa: sus giros, productos, ámbito de mercado, cómo se encuentra posicionada, cuántas unidades productivas o puntos de venta tiene, cuál es la demanda por sus productos, infraestructura, planes de fusiones, proveedores, etcétera.

El análisis cualitativo (o factorial) de las empresas constructoras que se analizan podría incluir varios de los planteamientos que se compararon en el renglón de oportunidades, del tema 8.3 y algunos más que no es posible apreciar en los estados financieros. Los factores que habría que pedir a detalle y tener muy claros son los relativos a lo siguiente:

- La dimensión de los negocios y actividades de la empresa. Se deben considerar las plazas donde opera, los productos que realiza, los planes para abrir más sucursales o ampliar sus operaciones a otras áreas y a otro producto o estrato de clientela. En el caso de las constructoras de vivienda, el dato de la reserva de territorio es vital, es su principal activo.

- Las empresas suelen ajustar sus actividades según el estado o perspectivas de la economía y del sector. Por eso se debe calibrar el impacto de las variables macro y de la situación económica sobre las operaciones de la empresa y revisar las acciones que ha emprendido para moderar su efecto o explotar mejor las condiciones que se esperan. .

- Medir adecuadamente la participación de la empresa en la producción total del sector y predecir cómo será al cabo de un tiempo, luego de sus planes, en el entorno macro que se espera.

- Indagar las políticas contables, de producción, la diversificación de la clientela, acreedores y proveedores, de uso o aprovechamiento de las materias primas; evaluar la política de ventas, de cobranza, de pagos, de remuneraciones al personal, la relación sindical, los criterios legales, etcétera.

- Revisar que sus planes y metas sean acordes a la realidad que se espera.

- Comparar sus planes, metas y logros con los de sus competidores.

- Visualizar la empresa al cabo de un periodo; preguntarse ¿cómo estará o será dentro de un año, dentro de dos o más años?

En resumen, y como ya se ha visto, podría plantearse que la información cualitativa se puede presentar, para su análisis, en cuatro bloques:

- *Factores externos.* En ellos se incluye el comportamiento de la economía, las condiciones sociales, políticas y el desempeño de la competencia; es decir, el escenario donde se desenvuelve la empresa y cuya situación no depende de ella pero que genera sobre la entidad influencias de primer orden.

■ *Dirección*. Consiste en evaluar la gestión de la administración de la entidad, la revisión de objetivos, planes, políticas y el personal. El relevo directivo, por ejemplo, la muerte del presidente ejecutivo o del director general, la renuncia o el arribo de un estratega visionario, son ejemplos de factores que resultan determinantes en la trayectoria de la empresa.

■ *Producción*. Precisa la evaluación de la maquinaria, equipo o tecnología, la mano de obra, las materias primas, etc. Si la materia prima fuera importada y se diera algún conflicto en el país de origen, se podría establecer que la empresa tendría problemas agudos.

■ *Mercadotecnia*. Se orienta a examinar los principales productos, los segmentos del mercado, las innovaciones, la publicidad de la empresa, etcétera.

Los analistas acostumbran verter sus conclusiones sobre la situación y expectativas de las empresas con opiniones resolutivas: compra, compra de largo plazo, retención, venta, etcétera.

A finales de 2004, las opiniones de los expertos sobre ARA, GEO y URBI eran idénticas: compra y compra de largo plazo.

Hechos relevantes

Además de la obligación de entregar información financiera trimestral, las empresas inscritas en la bolsa deben dar cuenta de los sucesos designados como *relevantes*, cuando los haya. ¿Qué es un hecho relevante? Es un suceso repentino, casual, extraordinario o circunstancial que afecta la marcha de la empresa: la renuncia de un directivo, la decisión de adquirir, vender o liquidar una empresa subsidiaria o una rama específica, etcétera.

Evento
relevante

Aunque a veces parezca un asunto menor, el relevo de un directivo o la salida de un socio puede ser causa de mejoría o decadencia. Asimismo, los convenios o alianzas que la empresa logre hacer o los que se deshagan, son de importancia crucial para su futuro.

Hechos como el que pactó Consorcio ARA en 2004 con el gobierno del Estado (entidad federativa) de Quintana Roo, que consistió en la construcción de 1 300 000 viviendas de interés social,[17] o la asociación que pactó GEO con *Prudential Real State Investors* para la compra de terrenos, influyen notoriamente en las expectativas, primero, y en las ventas y los resultados, después. Al influir sobre las expectativas hacen que se mueva el precio de la acción en el mercado, hacia arriba o hacia abajo, según la percepción de los inversionistas del rumbo que tomará la empresa luego del evento.

Un evento relevante puede torcer la tendencia histórica del precio de una acción. Los acontecimientos que se citaron como entrada de este capítulo dispararon o desplomaron los precios en una sola jornada y cambiaron de tajo las expectativas que habían surgido luego del último reporte trimestral. Ante un evento de tal magnitud, todo el análisis, como el que hemos efectuado para explicarnos qué va a pasar con las acciones de ARA, GEO y URBI, puede que no sirva ya de mucho debido a que una fusión con otra entidad o la compra o venta de una filial puede significar la recomposición de la estructura financiera, del tipo de producto, del giro del negocio, del tamaño de los flujos, del alcance de las ventas, etcétera.

Las empresas suelen dar a conocer a la bolsa la circunstancia o evento relevante mediante fax o aviso electrónico y, si la situación lo amerita, en una reunión (conferencia) con la prensa especializada.

---

17   Se denominan de ese modo las viviendas para los trabajadores de menores recursos. La escala aceptada en México contempla tres tipos de casas-habitación: interés social, vivienda tipo medio y vivienda residencial.

Internet bursátil

En la página principal de la BMV se encuentran hechos relevantes de las emisoras. De esa página el usuario puede irse a la "pestaña" de empresas emisoras para encontrar datos financieros, reportes trimestrales y demás notas: **http://www.bmv.com.mx/BMV/JSP/sec5_infogral.jsp** Al seleccionar una empresa, se desplegará un menú para que seleccione el tipo de información que desea.

Información confidencial

A principios de los 90, un funcionario de un gran grupo mexicano compró muchísimas acciones de la empresa donde laboraba, lo cual es válido desde luego. El problema fue que el directivo compró porque sabía que su grupo estaba por finiquitar un convenio de asociación (*joint venture*) con una empresa de Estados Unidos. Cuando la asociación se hizo del conocimiento del mercado, el precio de las acciones se disparó. El público entendió que el *joint venture* era una oportunidad excelente de penetrar en un mercado amplísimo (el mercado número uno del mundo). Meses después del anuncio se divulgó que el funcionario fue hallado culpable del delito de uso para provecho personal de la información privilegiada y fue puesto a disposición de la autoridad judicial.

Martha Stewart, la dueña de un corporativo dedicado a productos para el hogar, la mujer y las distracciones, fue también condenada a purgar varios años de cárcel, en Estados Unidos, en 2003, por usar para su provecho la información de que su empresa iba a ser declarada en quiebra. Un día antes del anuncio oficial, que ocasionaría la caída drástica del precio, la mujer vendió las acciones de su empresa. Fue condenada porque el hecho relevante, que ella ya conocía, todavía no se divulgaba cuando vendió.

Debe quedar claro que la información confidencial es un hecho relevante que ya conocen los funcionarios de la emisora, del intermediario o algún otro involucrado en las decisiones, que todavía no se hace del conocimiento público. Como todavía no se divulga al mercado, ninguno de los que lo conocen debe usar la información para su provecho.

El poder y la avaricia

En la película Wall Street, conocida en castellano como *El poder y la avaricia*, el personaje al que da vida Michael Douglas, Gordon Gecco (que aunque no se menciona, se supone o intuye que se trata del especulador Iván Boesky, jugador bursátil de la vida real) se filtra en las empresas para tomar decisiones con las que hace que se muevan los precios de las acciones. Cuando se daban a conocer al público y éste reaccionaba, el precio ya se había movido mucho. Gordon hacía de las suyas y se embolsaba jugosas sumas. Al final, cuando fue capturado y procesado, se le sentenció, igual que a su agente, por practicar una actividad que suele castigarse con pena corporal (prisión), sin miramientos, al menos en Estados Unidos: usar información confidencial para beneficiarse de los movimientos de los precios.

La labor de vigilancia de las autoridades financieras comprende la revisión de las inversiones de los funcionarios de las entidades emisoras y de los intermediarios para comprobar que se cumplan las disposiciones relativas al uso de la información confidencial. Por eso, uno de los requisitos que deben cumplir para listar valores es entregar la lista de funcionarios.

Si no hubiera disposiciones y restricciones en este sentido, sería fácil, para quienes pudieran obtenerla, comprar o vender acciones antes de que la empresa entregue sus reportes financieros trimestrales o su información relevante y obtener de ese modo ganancias fabulosas. Las reglas del juego, afortunadamente, son claras y las sanciones, severas.

Internet bursátil

Scotia Bank provee información fundamental a través de su página web. Abra **http://www.scotiabank.com.mx/** y luego ubique el ratón en la pestaña "Información financiera". Entre las opciones verá la de Análisis Bursátil y, dentro de ésta, la pestaña de "Económico y Fundamental". Una vez que seleccione, haga clic en la pestaña "Fundamental"

8.7 Venda al momento de las buenas nuevas

Muchos expertos y teóricos han querido dejar a la posteridad sus conclusiones resumidas acerca de cómo actuar en el mercado. A pesar de que el análisis fundamental es vasto y de que hay que saber interpretar cada minucia, circulan en el mundo frases punzantes como la que sugiere que hay que "vender en mayo e irse" (*sell in may and go away*), haciendo alusión a que a finales del segundo trimestre las emisoras suelen descargar la mayor parte de los derechos patrimoniales, o esta otra que es una de las frases favoritas de los asesores y analistas y que proclama que hay que "vender al momento de las buenas nuevas", *sell on good news*.

Ya sea que siga esas y otras frases, el público no debiera desatender algunas verdades muy útiles:

- El mérito de la inversión consiste en identificar el sector o sectores del entorno económico que ofrecen mejores expectativas.

- La mejor empresa no es siempre la misma. Las expectativas de las empresas dependen del ir y venir de los ciclos.

- Hay que ser pacientes. Las empresas no concretan sus proyectos de la noche a la mañana. Un proyecto, una expectativa, tardan en madurar. Así también los precios de las acciones necesitan tiempo para crecer. El horizonte de inversión en acciones es de largo plazo.

- La situación de la empresa y sus resultados esperados son los mejores motivos para comprar sus acciones.

- El público debe darse su tiempo para analizar los números de las empresas y consultar la opinión de los expertos.

- Los intermediarios publican boletines y realizan estudios exhaustivos de las empresas que vale la pena pedir y estudiar.

- Las opiniones de los expertos y analistas son sólo eso, opiniones.

- No basta atender la opinión de un analista. Es prudente conocer la de varios.

- Desde el punto de vista del análisis fundamental, lo idóneo es comprar las acciones cuando están subvaluadas y venderlas cuando están sobrevaluadas. Este principio no puede aplicarse a la ligera. Una empresa que está mal, con bajas o nulas utilidades y con raquíticas perspectivas y cuyas acciones, por consiguiente, estén baratas o subvaluadas, no es una buena inversión. Al contrario.

- Un múltiplo o razón financiera no es suficiente para valuar una acción. Es necesario ver siempre la información en conjunto y en forma correlacionada.

- La interpretación de cada múltiplo o razón depende del tipo de empresa. No es ortodoxo comparar la P/U de una empresa comercial con la de una empresa constructora.

- Los números de las empresas, como cifras reveladoras, son de suma importancia, al igual que los hechos que les dan origen.

 Resumen

El público que se interesa en ser accionista de una empresa, directamente o a través del mercado de valores, querrá tener participación en una empresa líder, en un gran consorcio, en una empresa que siempre reporte utilidades, que tenga un potencial de crecimiento; en pocas palabras, en la mejor empresa. ¿Es mucho pedir? En lo absoluto. Eso es lo que el público debe procurar.

Identificar una empresa líder, que siempre reporte utilidades, que tenga potencial de crecimiento no es algo sencillo ni seguro. Encontrarla requiere tiempo, dedicación, información y paciencia.

La mejor empresa no es siempre la misma. Hoy podría ser Telmex, el gigante telefónico mexicano, mañana Microsoft, el líder tecnológico de Estados Unidos, o BBVA, el gran consorcio bancario español. Todo depende de lo que haga y planee hacer la entidad y de lo que reflejen la información y los números.

La información siempre está al alcance de todos los actores del mercado. Las empresas inscritas en la bolsa, por ese solo hecho, pasan a ser entidades públicas y asumen la obligación de difundir todo lo que les concierne.

Para evaluar y seleccionar, el público debe considerar el entorno económico, la situación del sector, los números y los aspectos cualitativos. Esos fundamentos se deben ver de manera independiente, primero, y se tienen que mezclar después para establecer conjeturas, hallar explicaciones, evaluar los resultados y pronosticar qué viene.

Debe quedar claro que las estrategias y decisiones de la administración de las empresas, los planes y proyectos, los objetivos, etc., se ven plasmados en los estados financieros y éstos, a su vez, en el interés o apatía del público en el mercado, en la bolsa, donde todo se resume en una cuestión: los precios de las acciones.

 Práctica

Elaboración de un portafolio

El siguiente paso para la selección de acciones es identificar los sectores que se consideran atractivos y las empresas que ofrezcan las mejores perspectivas en esos sectores.

1. Exponga los sectores que considera idóneos para invertir y, de manera explícita, señale:

   a. Situación general de cada sector seleccionado.

   b. Oportunidades que detecta.

   c. Riesgos que advierte.

2. Señale al menos seis empresas que crea que son las mejores, desde el punto de vista fundamental, para invertir en el mercado de valores. Describa los aspectos o argumentos que lo motivan a señalarlas. En específico, exponga:

   a. Influencias de la situación económica (presente y futura) sobre esas empresas.

   b. Aspectos generales de la empresa, oportunidades y riesgos.

   c. Situación financiera.

   d. Valuación.

   e. Elementos adicionales.

   Dicho de otra forma, exponga todos los factores que hagan valer su punto de vista: las perspectivas de las empresas a la fecha del análisis, de los proyectos que tengan, de la evolución de las ventas, de los resultados esperados, de los múltiplos UPA, precio-valor en libros, de los cambios que sufran o se prevean para las empresas en sus cuadros directivos, etcétera.

3. De manera general, plantee la metodología que siguió para elaborar su trabajo, cuáles fueron sus fuentes de información (su materia prima) y el periodo durante el que analiza la información de la economía y las empresas (primero o tercer semestre, etcétera).

9
Análisis técnico: la bolsa en gráficas

Un inversionista pasional dedicaba arduas semanas al análisis fundamental de las empresas y la construcción de gráficas de precios para detectar el momento oportuno de la compra. Cuando los precios caían, decidía vender en cuestión de segundos, frecuentemente por arrebatos o temores de perder y sin hacer análisis alguno. La compra era meditada y la venta era alocada. Como él son muchos, muchísimos inversionistas.

Pocos aplican el dogma irrefutable de que hay que comprar barato y vender caro. Pocos lo aplican porque la mayoría se suma al mercado cuando los precios ya subieron y venden cuando han caído. El asunto, es verdad, pasa por lo emocional: la gente compra hasta que se percata que muchos están comprando (la mayoría no puede estar equivocada, dicen) y vende porque ya muchos vendieron (prefiero vender ahora antes de perder aún más, dicen). La mayoría, entonces, sigue las tendencias que definieron los conocedores pero resulta que éstos actúan a la inversa, es decir, compran cuando nadie o muy pocos compran y venden cuando nadie se anima a hacerlo. Las tendencias que sigue la mayoría, pues, eran las anteriores, no las que deben seguirse al momento.

¿Qué se requiere para ganar en la bolsa? Dos cualidades sencillas: sangre fría y seguir el comportamiento técnico de los precios para anticipar sus movimientos. Al menos la segunda es fácil de adquirir si uno se guía por los cánones. De eso trata esta parte.

El círculo de elementos que se deben analizar para tomar decisiones de inversión en el mercado de valores se cierra con un conjunto de herramientas gráficas que ilustran formaciones históricas y líneas esperadas de comportamiento de los precios; dichas herramientas se conocen con un nombre muy especial: *análisis técnico*.

Este capítulo se centra en la clase de análisis que es, a decir de muchos, el más apasionante de los tres grupos.

Los dos primeros, el económico y el fundamental, aparte de ser más conocidos o estudiados, son de uso más general (de alguna forma tienen mayor aplicación), en tanto que el análisis técnico posee un enfoque casi exclusivo, ya que sólo se utiliza para evaluar y proyectar el comportamiento de los precios de las acciones y del índice accionario.

El *análisis técnico* se basa en los hechos históricos, en lo que ya ocurrió y, a partir de ello, el participante del mercado tiene que dar su pronóstico. El público ha de ser capaz de decir si cree que un precio va a subir, bajar o permanecer en una brecha o intervalo; si el número de títulos que se han negociado justifica el alza o la baja del precio; si la tendencia que se observa es propicia para entrar o habría que esperar ajustes, etcétera.

Este enfoque denominado *técnico* se sustenta en gráficas que exhiben el comportamiento de precios y volúmenes. En una gráfica se puede identificar la tendencia histórica, explicar el comportamiento en el corto plazo, augurar lo que sucederá en las próximas jornadas, etc. Las gráficas presentan formaciones *sui generis*: hombros, cabezas, lateralidades, resistencias, soportes, cimas, etc. La interpretación de esas formaciones es el sentido de este tipo de análisis.

9.1 El futuro se vislumbra en el pasado

Teoría Dow, origen que persiste

Alrededor de 1900, Charles Dow[1] desarrolló una teoría para predecir el desempeño de los precios. Esa teoría, que Dow sustentó en gráficas, analizaba el comportamiento del mercado por sí mismo, más allá de las influencias de los factores externos, económicos, fundamentales, políticos, etc. La teoría, que con el tiempo se consolidó como *teoría Dow*, fue la precursora del análisis técnico.

Teoría Dow

Es impresionante ver cómo la teoría Dow aún se acepta, sin mayores cambios, a más de 100 años de haber sido postulada y muchísimos adelantos tecnológicos después, como el sustento más importante del análisis técnico. Los conceptos (e interpretación) que Dow propuso no han sido modificados o sustituidos. Los principios de tendencias, confirmación, divergencias, volúmenes y soporte y resistencia siguen vigentes en las propuestas de los analistas de hoy.

El uso de patrones gráficos (formaciones o figuras como canales, banderas, hombro-cabeza-hombro, etc.) para predecir el comportamiento de los precios empezó a gozar de popularidad a raíz de la publicación de las ideas de William Peter Hamilton,[2] quien presentó en 1901 una serie de premisas para evaluar las acciones de una empresa acerera. Esos patrones o figuras también siguen aplicándose en la actualidad.

Naturaleza del análisis técnico

Las expectativas del público generan la oferta y la demanda y éstas fijan los precios. Para unos, el precio de mercado es un buen nivel para comprar y, para otros, vender. Si todos los actores del mercado pensaran igual, todos querrían comprar o vender al mismo precio. Como cada

---

1 Se trata, ni más ni menos, de la misma persona que creó el primer índice para pulsar el estado del mercado accionario. La teoría de Dow se expuso para analizar el comportamiento de la medida que él había creado (en asociación con Edward Jones) 16 años antes: el índice industrial "Dow Jones".
2 Hamilton era, para variar, editor de *The Wall Street Journal*, el diario especializado que sacó a la luz Dow Jones and Co.

quien ve el mercado y los precios de diferente manera, es posible que se produzcan las compras y ventas diarias.

¿Quién tiene la razón? ¿Los que compran pensando que el precio va a subir o los que venden pensando que el precio puede bajar?

Los analistas técnicos, valiéndose de las cifras históricas y demás estadísticas del mercado, se aventuran a pronosticar el desempeño inmediato de los precios. No comparten la idea de los que creen que los precios siguen un camino aleatorio[3] o de los que establecen que los mercados son eficientes y que por ello los precios son el reflejo de la información del mercado.[4] Los partidarios del análisis técnico (que son muchos) argumentan que el estudio de los precios y estadísticas puede ser de gran utilidad para anticipar el comportamiento de los precios con un buen grado de certeza.

Las percepciones que se manifiestan a partir de una gráfica técnica a veces chocan con las que presenta el análisis fundamental. Resulta común, incluso, que desde ese punto de vista una acción parezca atractiva y que desde la perspectiva del análisis técnico luzca negativa. Esto no quiere decir que una de las dos conclusiones (o el tipo de análisis) no sirva. Puede ser síntoma de que el público quiso aprovechar las bondades que percibe de los números y proyectos de la emisora y ha llevado el precio muy arriba, y que el alza, desde la óptica de la formación gráfica, presagia ajustes o bajas inevitables.

Para construir escenarios gráficos, los analistas (y más que ellos, las empresas que proveen la información histórica y las gráficas) utilizan programas automatizados. El público sólo tiene que guiarse por las formaciones gráficas para decidir.

Conceptos técnicos

Todos los medios que proporcionan información (tanto en tiempo real como desfasada o al día siguiente) sobre los precios de las acciones utilizan idéntica nomenclatura. Todos, incluyendo los sistemas de información de las bolsas, dan cuenta de los movimientos de los precios mediante un conjunto de términos mundialmente aceptados:

- *Apertura* (*open*): precio al que se celebró la primera negociación de una acción en el día.

- *Máximo* (*high*): precio más alto que alcanzó una acción en una jornada.

- *Mínimo* (*low*): precio más bajo al que se negoció una acción en una jornada.

- *Último hecho o cierre* (*close*): último precio al que se negoció una acción en un día. La diferencia entre el precio de cierre y el de apertura es la variación de la acción en un día. El precio de cierre es el más utilizado por los analistas, el público y los medios de difusión para comparar, construir gráficas, etcétera.

- *Rango del último año* (*max-min last 52 weeks*): Es el precio más bajo y el más alto que ha tenido la acción en los últimos 12 meses.

- *Volumen* (*volume*): cantidad de acciones negociadas en la bolsa durante una jornada.

---

3   Lo aleatorio depende de hechos fortuitos. La teoría de la aleatoriedad es otra tesis que explica el desempeño de los precios en el mercado. Fue sostenida por Bachelier en su tesis de doctorado, también en 1900. Bachelier trataba de probar que los precios de los bonos del gobierno francés seguían un camino aleatorio.

4   La hipótesis de los mercados eficientes de Eugene Fama, replanteada en 1972, propone que los tres tipos de análisis (económico, fundamental y técnico) son irrelevantes porque los precios reflejan toda la información posible.

El análisis técnico ha producido un lenguaje rico y muy propio que rebasa estos seis conceptos. Todos los demás conceptos se describen y explican en el desarrollo de los temas del presente capítulo.

Esquemas gráficos: líneas y barras

Las gráficas son una herramienta de uso extenso. En la economía se usan para mostrar el dinamismo de las ventas, la evolución o la integración de las utilidades, la distribución de la producción, etcétera.

El uso variado de las gráficas se explica por lo sencillo que resulta interpretarlas. Una gráfica es una representación esquemática de la relación que guardan al menos dos clases de datos y está compuesta por dos coordenadas rectilíneas conocidas como "Y" y "X".[5] La coordenada "Y" representa o contiene por lo general el dato del valor y la "X" el concepto o el tiempo.

En el mercado de valores, en el análisis técnico, una coordenada de las gráficas representa el precio o valor y la otra el tiempo. En la bolsa, las gráficas exhiben cómo se ha comportado el precio de una acción o índice en un periodo específico.

El análisis técnico es, en pocas palabras, el estudio de los precios en un lapso determinado.

La figura 9.1 muestra los dos elementos indispensables del análisis técnico: los precios,[6] en la coordenada "Y", y el tiempo, en la coordenada "X".

Figura 9.1
Índice de precios y cotizaciones (IPC) de la BMV durante el trimestre del 18 de septiembre al 17 de diciembre de 2004

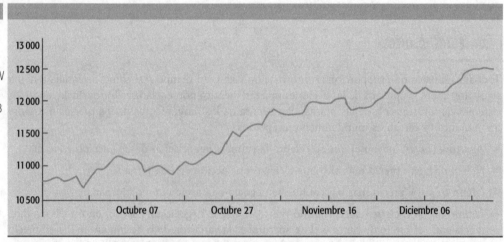

Nota: Esta gráfica, como todas las demás que forman parte de este y otros capítulos, son cortesía de Bloomberg. Las adiciones, líneas y anotaciones sobre ellas corrieron a cargo del autor.

La figura anterior presenta la evolución del Índice de Precios y Cotizaciones (IPC) de la BMV por el breve periodo de tres meses que va del 18 de septiembre al 17 de diciembre de 2004. En la coordenada vertical ("Y"), se representa el valor en puntos del índice, de menor a mayor, de abajo hacia arriba. En la otra ("X"), se plasma el tiempo (los tres meses citados) que corre de izquierda a derecha. Obsérvese cómo el IPC ha oscilado en ese lapso, entre los 10 600 (abajo) y

---

5   En geometría, los nombres formales de las coordenadas son "ordenada" y "abscisa".
6   Los precios que se utilizan son los de cierre.

los 12 500 puntos (arriba). Se trata de una gráfica de línea. Es el tipo de gráfica más común y fácil de leer. La línea es la "raya" continua que muestra la trayectoria que ha tenido el índice.

Al observar la formación de la línea se aprecia que al desplazarse de izquierda a derecha, según el tiempo, sube o baja, incrementando o disminuyendo el valor de la acción o del índice.

En muchas *gráficas de líneas* se estila ubicar el precio de cierre diario con un punto, de modo que cada punto queda unido con el siguiente mediante la línea susodicha. Esta práctica es habitual en gráficas que corresponden a periodos cortos (una semana, un mes), donde los puntos diarios pueden observarse bien, de cerca. En las gráficas de periodos largos, los puntos que señalan los precios de cierre diario son menos relevantes (de tres meses en adelante) porque se pierden en la gran longitud de la línea.

Gráfica de líneas

Varios medios y analistas acostumbran usar gráficas de "barras". En vez de líneas, la trayectoria del precio se muestra con pequeñas barras verticales que, alineadas hacia la derecha, muestran el desempeño del precio.

Véase la figura 9.2 del índice Dow Jones correspondiente al mismo periodo de tres meses, del 18 de septiembre al 17 de diciembre de 2004.

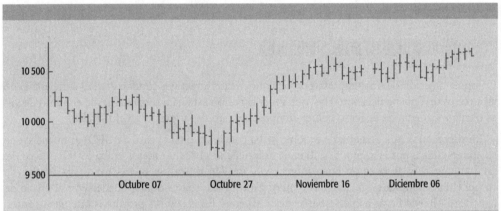

Figura 9.2
Dow Jones septiembre-diciembre 2004

Nótese cómo el Dow ha oscilado en ese lapso entre los 10 750 (arriba) y los 9 600 puntos (abajo). Observe que hay barras más cortas (la del 27 de noviembre, por ejemplo) y otras más largas (la que sube el 27 de octubre y hace que el Dow llegue de nuevo a los 10 000 puntos). La longitud pequeña indica que el precio se movió en un intervalo mínimo ese día; la longitud grande de una barra muestra que el precio se movió bastante (la diferencia entre el precio máximo y el mínimo del día fue mayor) en una jornada.

Gráfica de barras

Las gráficas de barras se utilizan también para mostrar los volúmenes (cantidad de acciones) negociados. Es más, para esos efectos, difícilmente alguien o algún medio utiliza gráficas de líneas. Los volúmenes suelen mostrarse con barras.

Comprar abajo, vender arriba, sentido del juego técnico

El *juego técnico* consiste en hacer algo que parece sencillo: comprar cuando el precio (el valor del IPC, en este caso) está en la parte más baja de la gráfica y vender cuando está en parte más alta. El problema radica en que la gráfica muestra el pasado, no lo que viene y eso, la trayectoria futura, es lo que va producir ganancias o pérdidas. El mérito del inversionista consiste en anticiparse a ese futuro y tomar decisiones ahora.

El análisis de las gráficas ayuda a predecir lo que viene. Si uno se guía por la formación del precio en el tiempo, puede anticiparse a la formación futura. Es como trazar la trayectoria esperada con base en la trayectoria observada y ensamblar ese nuevo trazo al final de la línea o barra para saber cómo se va a comportar el precio. Ese trazo adicional e hipotético señala lo que hay que hacer: si el trazo vierte un alza se debe comprar; si el trazo indica una baja del precio, se debe vender.

9.2 ¿Cuándo comprar? Visión global del mercado

Con los dos primeros grupos de análisis, el económico y el fundamental, se puede detectar el sector y las empresas que presentan las mejores oportunidades de inversión. Si ya se ha decidido comprar una acción determinada, se deriva después un dilema que es, al mismo tiempo, la primer pregunta que debe responderse con el análisis técnico: ¿cuál es el momento oportuno para comprar?

Conjeturas cruzadas, principio básico

Comprar la acción de una empresa porque contiene los atractivos fundamentales suficientes, no siempre es una buena decisión. Hay que ver si la acción está cara o barata desde el punto de vista técnico; es decir, de acuerdo con el comportamiento de su precio en el mercado.

Si suponemos que una empresa (como se ha concluido para el caso de GEO) es buena y que su acción cotiza, por ejemplo, $14.10 en la bolsa cuando hace un mes costaba $9.00, uno se tiene que preguntar ¿hoy es un buen momento y los $14.10 son un buen precio para motivar la compra? La respuesta origina algunas interrogantes más: ¿hasta dónde puede subir el precio de la acción? ¿Puede llegar a caer? ¿Sería mejor esperar? Éstas son las preguntas que debe contestar el análisis técnico.

Para responder, el público tiene que establecer conjeturas cruzadas: puede que una acción luzca atractiva desde el punto de vista fundamental y que, por eso, el grueso de los inversionistas tienda a comprar. La demanda pudo encarecer el precio. Un precio encarecido ya no es tan atractivo, técnicamente, aunque los signos del análisis fundamental lo sigan respaldando.

Claro que puede suceder lo contrario, que el precio, según el análisis gráfico, parezca barato y tentador, pero la acción no está respaldada por fortalezas fundamentales. En un caso o en el otro, el inversionista tiene que sacar sus conclusiones para decidir.

Influencia de la situación del mercado global

El momento y perspectivas de un precio dependen de factores económicos y fundamentales, es cierto, pero también de las influencias técnicas del mercado en conjunto; o sea que un precio puede estar respaldado por indicadores saludables y proyectos venturosos, pero al mismo tiempo puede darse que el mercado accionario viva una etapa de estancamiento, apatía o declive que arrastre a la mayoría de los precios hacia abajo o que los sumerja en una especie de letargo.

Por eso, antes de proceder a la visión de una acción en particular, conviene mirar e identificar el comportamiento del mercado en su conjunto para sacar conclusiones importantes, desde el plano general, y partir después a escudriñar la evolución de un precio específico.

Analizar el mercado en su conjunto es recomendable para saber la situación y el ánimo que prevalecen y para pronosticar el comportamiento esperado.

El mercado, punto de confluencia de empresas, intermediarios, inversionistas individuales, institucionales y especuladores, emana señales e influencias propias, que a veces son distintas de las que surgen o se forman en los elementos de origen (economía, situación financiera, exterior, etcétera).

El mercado puede "jalar" o "arrastrar" una acción a pesar de las cualidades intrínsecas de ésta.

Durante la mayor parte del año del gran *crack*, 1987, por ejemplo, la fuerza del mercado jaló a las acciones y las llevó a un alza impresionante. En esa ocasión, el mercado fue más importante que el estado de la economía o la situación financiera de las empresas. A finales de octubre de ese año se sufrió el efecto contrario: la fuerza del mercado tiró los precios de manera espectacular. Los inversionistas huyeron despavoridos sin detenerse a considerar los hechos económicos o las expectativas de las empresas.

Análisis de la situación del índice de precios

El mercado se analiza y visualiza a través de su medida exclusiva: el índice de precios.

El primer acercamiento consiste en sopesar la situación actual del mercado mediante una gráfica que exhiba la tendencia.

La formación gráfica del Índice de Precios y Cotizaciones de la BMV que se muestra en la figura 9.3 corresponde al periodo de los 12 meses que van de diciembre de 2003 a diciembre de 2004. Las líneas verticales señalan bloques bimestrales.

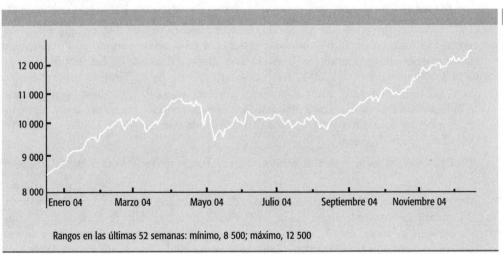

Figura 9.3
IPC diciembre de 2003 a diciembre de 2004

Rangos en las últimas 52 semanas: mínimo, 8 500; máximo, 12 500

Así como se expone, esta gráfica —que al parecer sólo muestra una línea, la de la evolución del índice de precios— contiene muchos elementos adicionales. En primera instancia ¿qué muestra o sugiere la gráfica?

Las formaciones de los precios en el tiempo revelan la trayectoria histórica y permiten entrever la trayectoria que se puede formar en el futuro.

Si se analiza la gráfica completa, se puede decir que el IPC, en un año, ha producido un resultado positivo:

- De diciembre a diciembre, con todos y sus altibajos, había tenido una ganancia de poco más de 4 000 puntos, si se considera que a mediados de diciembre de 2003 partía más o menos de los 8 500 puntos y un año después estaba ligeramente arriba de las 12 500 unidades. Ahora bien, los 4 000 puntos representan un crecimiento fuerte y constante de 47.05% que, para un año y en una economía donde la inflación rondaba el 6% y las tasas de interés promediaban 8% era un rendimiento fabuloso, que era imposible recibir vía alternativas de deuda.

Ahora que, si partimos la gráfica imaginariamente en tres bloques, de diciembre de 2003 a abril de 2004, de mayo a agosto y de septiembre diciembre de 2004, se pueden hallar formaciones y resultados distintos.

Tendencias, trend

- El primero de los bloques indica una clara tendencia (*trend*) alcista que se vio suspendida cuando el IPC intentaba rebasar por primera vez en la historia los 10 000 puntos. En ese bloque alcista, el índice pudo llegar y consolidarse alrededor de esa marca "psicológica", la de los 10 000 puntos. Esas mismas 10 000 unidades se constituyeron a lo largo del año, y de toda la gráfica, como el punto mínimo, el "piso" o "soporte" (véase definiciones más adelante) del periodo. Obsérvese cómo es que, cuando caía, a lo largo de las 52 semanas, el IPC rebotaba al llegar a ese nivel "psicológico".

- El segundo bloque, que corre de abril a julio, muestra en un primer plano una clarísima tendencia de baja (una caída pronunciada) que llevó al principal indicador del mercado a arañar las 9 600 unidades que es, por cierto, el nivel que no había alcanzado desde inicios de año. El IPC cayó abajo de las 10 000 unidades y perdió, desde su punto más alto (tomando como referencia las 10 700 puntos en el clímax de mediados de abril, más de 1 100 puntos, un poco más de 10%). Esa fase errática en que el IPC sólo pudo recuperar parte de lo perdido, fue clave porque se mantuvo sin caer y acumuló fuerzas para prologar después su ciclo de alza.

- El último bloque presenta una formación o tendencia clara de alza. Nótese que el alza comienza casi justo en las 10 000 unidades citadas. Al cabo de ese periodo el IPC establecía nuevas marcas porque nunca había llegado a esas alturas. Nada más en ese periodo el índice subió 2 500 unidades, hasta los 12 500 puntos. El proceso de alza incluso fue más limpio que el que se observa en el primer bloque del año. Sólo en ese lapso acumuló una ganancia de 25% producidas por aquellas 2 500 unidades. Fue un periodo con apenas dos visos de incertidumbre (véase la parte que corresponde a la segunda quincena de octubre) y con una velocidad constante de ascenso.

¿Qué nos vierten estas primeras observaciones? Dos o tres enseñanzas que pueden ser aprovechadas.

Al ver lo que pasó, uno diría que habría sido óptimo comprar la acción (el IPC, en este caso) al comenzar el año desde diciembre de 2003 y venderla a mediados de abril de 2004, comprar de nuevo al inicio del mes de mayo o a finales de agosto y vender otra vez a fines de año o, claro, como alguno pensará, mantener la inversión para 2005. Esto puede decirse fácilmente revisando el pasado, una vez que se conocen los hechos.

En la vida real, cuando se tienen que tomar decisiones pensando en lo que puede pasar, resulta muy difícil comprar en el punto más bajo y vender en el más alto. Por sus temores o entusiasmo, el público no reacciona necesariamente bajo esa lógica; por ejemplo ¿usted se habría animado a comprar en diciembre de 2003, cuando el IPC apenas había regresado al nivel en que se ubicaba en marzo de 2000, más de dos años y medio antes o en mayo de 2004, cuando el IPC cayó luego de tres meses de alza? En estos casos de incertidumbre, pocos, sólo los conocedores, quieren ser los valientes que compren. En mayo de 2004, por ejemplo, muchos temían que el estancamiento se iba a prolongar o que incluso el indicador caería hasta las 9 000 unidades.

En el momento de mayor auge, en abril de 2004, cuando se supone que el público debió vender lo que pudo comprar barato, nadie o muy pocos pensaban hacerlo. Por el contrario, contagiados por el ánimo del exterior, la gente seguía comprando en marzo, en abril y aun a inicios de mayo.

Suponga que ahora es diciembre del 2004, que hoy es la última fecha que señala la gráfica y que el IPC se ubica, como se puede ver al final, ligeramente arriba de los 12 500 puntos (otra barrera psicológica): ¿Qué podría decir que va a pasar? ¿Hacia dónde va el mercado? ¿Hoy es un buen momento para entrar? En la gráfica se advierten elementos y formaciones que ayudan a responder las preguntas anteriores.

Contemplada como es, sencilla y básica, la gráfica revela varias claves y señales. Véase cómo, en ese último año de 2004, el índice partió de menos de 9 000 puntos y tuvo un nivel mínimo de 9 600 puntos (mediados de mayo de 2004) al que llegó después de una caída brusca. El IPC pudo superar ese nivel casi de inmediato para enfilarse, desde allí, en una trayectoria prácticamente plana, de nuevo hasta los 10 000 puntos (mediados de octubre), donde marcó por fin su "soporte" de mediano plazo (la primera barrera o soporte se estableció en el nivel mínimo de mayo). En otras palabras, a partir de los 10 000 puntos ya no pudo seguir bajando y, por el contrario, a partir de ese nivel comenzó un avance (con bajas moderadas y ocasionales) que llegó a durar casi medio año.

Unirse a las tendencias, sentido del análisis

Las gráficas sugieren tres grandes formaciones concretas: alza, baja y lateralidad. En la figura 9.4 del IPC pueden reconocerse, con cierta facilidad, tres periodos.

Las etapas de alza pueden verse entre diciembre de 2003 y abril de 2004, cuando de poco más de 8 500 puntos el IPC se trepó hasta los 10 800 puntos. En este proceso de alza se notan varias interrupciones: a finales de febrero a mediados de marzo y casi desde principios de abril, cuando ya no tuvo fuerza para llegar a las 11 000 unidades y que fue cuando inició una baja drástica de más de 1 000 unidades.

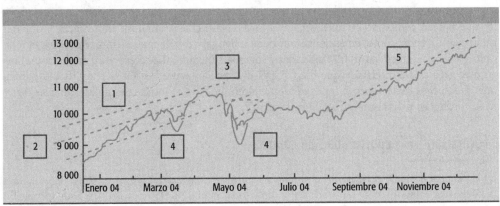

Figura 9.4
IPC noviembre 1999–noviembre 2000 con canales de tendencia y formaciones "V"

Véase ahora las dos líneas paralelas (inciso ☐1) sobrepuestas en el primer bloque de la gráfica: una corre sobre los puntos más altos en ese periodo de tendencia alcista, y otra más abajo, coincidiendo sobre los puntos bajos (de apoyo) del periodo. Eso se interpreta como que el mercado corrió en un "canal" (*channel*) ascendente. En medio de ese canal, se puede trazar una línea que podría denominarse línea de tendencia "intermedia" (inciso ☐2), que sirve para detectar niveles de sobre compra, en una tendencia alcista, o de sobre venta, en una tendencia de baja. Los niveles de sobre compra, en este caso, son el indicio de que el precio ha llegado a niveles demasiado altos y que es probable un ajuste próximo.

Canal,
channel

La otra tendencia alcista se observa en el cuatrimestre que va de mediados de agosto a fines de diciembre. El bloque más "plano" muestra la tendencia o zona lateral en los tres meses que van de mayo a agosto.

Los expertos recomiendan que, una vez que se identifica una tendencia, hay que unirse a ella. ¿Qué significa "unirse" a la tendencia? Si se detecta una tendencia ascendente, los cánones dicen que hay que comprar. Si se advierte que la tendencia es descendente, hay que vender.

Mientras más rápido se avizore la tendencia que va a tener el precio, más redituable va a ser la estrategia.

A menudo, los que marcan la tendencia son los grandes jugadores (los especuladores, clientes institucionales, inversionistas extranjeros), y los que más beneficios se llevan. A los medianos y pequeños clientes no les queda más que sumarse a las tendencias.

Es común entre la clientela mediana y pequeña resistirse a aceptar la tendencia y, cuando finalmente la aceptan, el mercado o el precio comienza a dar la vuelta.

Tomar utilidades, respiro al precio

Las señales, como se comentó, eran de compra a principios de año y cuando el mercado cayó hasta su punto mínimo, en mayo. Hay que fijarse cómo el índice tuvo un gran tropezón inicial en marzo, que lo regresó por abajo de los 10 000 puntos. En ese lapso, como en la caída pronunciada de mayo (sobre todo en ésta), se dibuja una formación denominada "bandera" (inciso ☐3), ya que se asemeja a una bandera ondulada por el viento. La formación de bandera delinea un periodo de "toma de utilidades" (*taking profits*) dentro de una tendencia primaria. ¿Qué significa tomar utilidades? En una trayectoria de alza, los mercados (o los precios de las acciones) sufren caídas ocasionales, por lo general fuertes, que no cambian la tendencia primaria. En la gráfica es notorio el bajón que tuvo el IPC a inicios de marzo y mayo. El mercado, a pesar de esa fuerte baja, retomó su tendencia alcista. Esa baja se interpreta como "toma de utilidades": los que habían comprado en niveles bajos aprovecharon el alza fabulosa para vender y obtener ganancias. Observe cómo, en ese mismo mes de mayo, al cabo de unas cuantas jornadas, el mercado volvió a alcanzar las 10 000 unidades y lograba superarlas, hacia el principio de junio. Luego tuvo otro ajuste moderado que hizo que el IPC oscilara entre los 9 900 y los 10 100 puntos que fueron más tarde superados por el fuerte jalón que llevó al índice a establecer marcas históricas continuas, prácticamente a diario (inciso ☐5).

**Tomar
utilidades,**
taking profits

Formación "V", oportunidad de compra

En la primera parte de la figura 9.4 abundan las formaciones. Los tres lapsos de toma de utilidades (a finales de mayo) están rematados por una formación tipo "V" (inciso ☐4). Esta formación confirma el cambio de tendencia o el retorno, en este caso, a la tendencia principal. Lo que pudo suponerse como un ajuste —tanto la caída de mediados de marzo, como la citada de mayo— fue un respiro temporal. La formación "V" indicaba la oportunidad de compra. En las dos oportunidades, luego de la formación "V", el IPC tuvo recuperaciones vertiginosas.

Formación "V"

Zona lateral, entrada de conocedores

En una evolución de mediano plazo se presentan con frecuencia zonas "laterales" o "neutrales" (*making a line*, si la lateralidad es muy plana o *congestion area*, si muestra ciertos subibajas). Una zona neutral, como la que se observa en el bloque de inicios de noviembre y diciembre de 2004 de la figura 9.5, se denomina así porque se considera una zona donde hay un franco estancamiento.

Zona lateral o neutral, making a line, congestion area

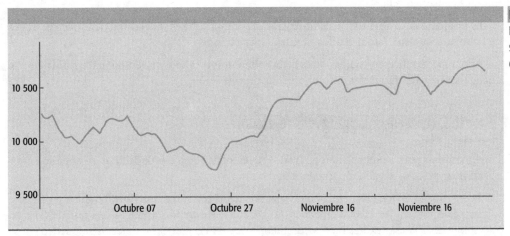

Figura 9.5
Dow Jones septiembre-diciembre 2004

Advierta que en la zona indicada se nota que el Dow Jones se mantuvo casi inmóvil.

La zona lateral tiene varias lecturas: se puede interpretar como la etapa en que todo mundo prefiere esperar algún suceso, para bien o para mal, que defina una nueva tendencia de alza o baja; otra es verla como una fase de "acumulación", ya que es la etapa en que el mercado o un precio obtienen fortaleza para iniciar una posible tendencia alcista. Como quiera que sea, las zonas neutras son interesantes y se pueden aprovechar para entrar, si el público no ha comprado, o para esperar, en caso de tener alguna posición.

Como las zonas laterales son de incertidumbre, la mayoría de la gente desconfía de ellas. La desconfianza hace que muy pocos hagan algo en una etapa así. La incertidumbre propicia que disminuyan los volúmenes operados.

El común denominador de una zona lateral es el escaso volumen. Las pocas negociaciones mueven también muy poco los precios que, por eso, dibujan en las gráficas formaciones muy planas.

Los especuladores y en general los conocedores gustan de entrar en las etapas de lateralidad. Tienen ese gusto porque saben que más allá de esta etapa, si saben esperar, el mercado los premia con cuantiosas recompensas.

Los conocedores, que evidentemente arriesgan más al entrar en estas ocasiones, son pacientes (la paciencia es una de sus virtudes), entienden que el mercado puede detonar ante cualquier noticia, hecho o circunstancia y que, por eso, comprar en el punto neutro es comprar en el mejor precio.

Sin embargo, el grueso de la gente no piensa de ese modo. Los inversionistas —sobre todo los medianos y pequeños— acostumbran aguardar a que se rompa la lateralidad para entrar. Cuando esto ocurre y como consecuencia empieza una tendencia, el precio ya no es el mismo, ha perdido atractivo. Estos inversionistas compran a precios que ya han subido. Prefieren hacerlo así porque temen que si entran en medio de la zona neutra el mercado se mueva hacia abajo (como ocurrió con el Dow Jones a inicios de diciembre, cuando se pensaba que iba salir del estancamiento). Observe que, tanto el DJI, en los primeros días de diciembre, como el IPC, justo al arrancar octubre, dejaron la zona lateral tomando un fuerte impulso al alza.

Este primer acercamiento al análisis técnico permite reconocer la situación del índice de precios para que, a partir de él, se pueda pulsar el mercado y saber si es buen momento para entrar, permanecer o salir.

Es prudente decir que todas las formaciones y explicaciones que se describan para el índice de la bolsa se aplican también a los precios de las acciones.

Ahora se identificarán algunas otras formaciones importantes y se describirá la forma en que pueden usarse para proyectar el rumbo de los precios.

Soportes, resistencias: zigzagueos reveladores

En el punto anterior se mencionaron algunos niveles básicos y a propósito no se abundó en explicaciones; pero ha llegado el momento de hacerlo.

Se dijo que el índice tuvo, en la zona baja, un "piso" cercano a los 10 000 puntos y que conforme se acercaba a las 11 000 unidades, el IPC sufrió un freno rotundo y una resistencia a seguir subiendo. De esas expresiones se desprende que en las gráficas de precios se pueden —y se deben— identificar dos puntos o niveles vitales: el de soporte y el de resistencia.

Si se observa de manera gráfica, el precio de una acción (o el índice del mercado) se mueve en ondulaciones o líneas de *zig zag* en el tiempo y la dirección de esas líneas marca la tendencia esperada. Al serpentear en la gráfica, esas líneas estipulan los niveles de resistencia en la parte alta, y de soporte, en la parte baja.

Soporte: piso del precio

Nivel de soporte, *support level*

El nivel de soporte (*support level*) es el punto de las líneas que indica el nivel mínimo al que en teoría puede caer el precio y a partir del cual rebotaría. Véase la figura 9.6 del periodo anual que va de diciembre de 2003 a diciembre de 2004 del IPC. Advierta que en el primer lapso, entre enero y mayo, el índice tuvo retrocesos que alcanzaron a bajarlo en tres ocasiones, dentro de su proceso de alza; la primera al empezar febrero, hasta los 9 500 y luego, al comenzar marzo, debajo de los 10 000 puntos y finalmente, justo al arranque de mayo, de nuevo hasta las 9 500 unidades. En aquel tiempo, los analistas estimaban que el nivel de soporte (el punto donde había de detener su caída o toma de utilidades para reanudar su tendencia alcista) estaba en los 9 500 puntos. Aprecie y siga la línea número 1, denominada "primer soporte".

Figura 9.6
IPC diciembre
de 2003–
diciembre 2004
con trazo de
niveles de
soporte y
resistencia

Se diría que el mercado respetó o validó en aquellos meses ese soporte. Nótese cómo la primer caída lo acercó a los 9 500 puntos y en el segundo y el tercer "bajón"[7] (identifique dos "cunetas", una a finales de febrero y otra a inicios de marzo) terminó encima de ese nivel. Al respetar su soporte, el IPC tuvo una reacción espléndida que lo hizo subir casi al nivel de 10 200 unidades y observe que es el primer nivel de resistencia de mediano plazo (línea número 2, primera resistencia) que tenía antes de la toma de utilidades del respiro técnico.

A medida que un precio sube y rebasa un nivel de soporte que se determinó cuando el precio era menor, se van estableciendo nuevos soportes. Una vez que el IPC sobrepasó y se consolidó arriba de los 10 000 puntos, los analistas pudieron fijar un nuevo soporte alrededor de las 9 850 unidades (véase la línea 3, denominada "segundo soporte").

Cuando el mercado caía, dentro de la zona lateral, en el periodo comprendido entre junio y agosto, sucedió lo contrario: la baja intermitente del índice obligaba a establecer nuevos soportes que se suponía no iban a ser violados. La violación de un primer soporte que experimenta un precio suele ser decisiva. Al penetrar ese nivel, suele verse una primera reacción al alza, un claro síntoma de respeto al soporte y en consecuencia un rápido regreso; pero si la validación del soporte no resulta duradera, el soporte puede romperse y el precio puede prolongar su caída hasta un nivel insospechado, hasta los nuevos soportes delimitados por los analistas y a despecho de los inversionistas incrédulos.

¿Y más allá del soporte?

En alguna ocasión, como se estipula en la primera edición de *Para entender la bolsa*, el IPC penetró más allá de su primer soporte y se proyectó desde los 7 500 puntos, rompiendo una serie de soportes subsecuentes, en un mes, hasta un punto que parecía muy lejano, las 6 000 unidades. Según los expertos, este nivel constituía un piso que el mercado tendría que respetar y a partir del cual podría iniciar su recuperación. Pero el mercado no está sujeto a voluntades. El IPC penetró veloz ese último soporte y se deslizó sin freno hasta el que era su verdadero piso: las 5 500 unidades. Ese nuevo mínimo fue el soporte que reconocieron los especialistas después de varios meses de vacilación, como válido desde el mes de mayo y hasta prácticamente el cierre del año 2000.

---

7   En el mundo de la bolsa, como en cualquier otra actividad o entorno, se emplean palabras frescas y simples como ésta que, a pesar de estar incluida en el *Diccionario de la Lengua Española*, denota bien la ligereza con que se habla cotidianamente. El diccionario de la RAL, por cierto, en su definición la describe como "descenso brusco en los valores de lo que puede someterse a una escala" y pone, como ejemplo, una frase *ad hoc*: "bajón de la bolsa..."

Véase ahora el periodo correspondiente a los siguientes seis meses, el lapso entre mayo y septiembre. Advierta cómo el indicador, aunque tuvo oscilaciones amplias (se movió entre los 9 500, su soporte, y los 11 000 puntos, su resistencia) se concentró en un intervalo muy estrecho, entre los 9 800 y los 11 100 puntos, con lo que el punto de soporte promedio, estaba en los 9 500 puntos. Percátese como fue que, a medida que el indicador subía y subía, luego de ese lapso lateral, se pudo inferir que el nuevo punto mínimo, el "piso", ya había subido de nivel. Ya no eran los 9 500 puntos sino los 9 850, al que llegó dos o tres veces casi consecutivas y al que ya no volvió jamás al menos hasta el cierre de año. La línea transversal 3, denominada segundo soporte, ayuda a detectar lo anterior. Durante el último trimestre del año, el público pensaba que en caso de caer, el índice no pasaría de las 9 850 unidades y que, de llegar a ese nivel (como ocurrió con el soporte anterior, en mayo), sería una señal muy buena para comprar. Obsérvese que, en el bloque que corrió entre julio y agosto, en cuanto el índice arañaba ligeramente las 9 850 unidades, tenía un rebote casi inmediato. Eso confirmaba la validez del nivel de soporte. Por eso, los analistas y los inversionistas estaban confiados en aquel último tramo del año 2004, porque entendían que el IPC, que ya había trepado más allá de los 11 000 puntos, tenía un suficiente colchón que lo amortiguaba. Con el tiempo, ese soporte dejó de ser el soporte y se hizo necesario definir otro ¿cuál cree que se fijó como tal? En efecto, la línea marcada con el número 4, que cruza el nivel imaginario de los 11 000 puntos, era ya el nuevo soporte.

Resistencia, el techo del precio

El punto o nivel de resistencia (*resistance level*) es el opuesto al punto de soporte, desde un punto de vista gráfico.

La resistencia puede expresarse como el nivel máximo al que se cree que llegará un precio en un periodo dado. En las tendencias alcistas, se considera que el punto de resistencia es el nivel en que se observará una oferta importante, por toma de utilidades, que hará que se detenga el precio y, quizás, ocasione un ajuste.

Si se observa nuevamente la figura 9.6, se puede determinar el nivel de resistencia del indicador entre diciembre de 2003 y abril de 2004 y no debe haber lugar a dudas: se advierte que el nivel de resistencia en ese lapso era en principio, la línea 2, que fue trazada transversalmente, sobre los 10 200 enteros. Se aprecia que entre febrero y marzo, el precio del índice cae rápidamente casi 400 unidades (una vez rozó la marca), y como, al regresar casi a su nivel de soporte, el público aprovechó pronto la caída técnica, lo cual hizo que el índice rebotara con fuerza, transpasara la resistencia y buscara un nuevo objetivo, las 11 000 unidades. Ese nuevo objetivo, que de hecho no se logró por muy poco, fue demasiado para la tendencia, por lo que el mercado regresó hasta su soporte de las 9 650 unidades (véase el mes de mayo). Ahí empezó a acumular fuerza para subir otra vez a los 10 200 puntos, su primera resistencia (véase el mes de junio), donde volvio a debilitarse. Esto último valido la resistencia e impuso la marca que más tarde, en el mediano plazo, sería el nuevo soporte.

Cuando se viola una resistencia, con el paso del tiempo, es natural que lo que era resistencia pase a ser soporte, como ya inferimos. Observe que entre junio y septiembre el IPC dibujó la zona de estancamiento que se distingue en la parte superior por pequeños "picos" o "cimas" y, hacia abajo, por algunas mínimas figuras tipo "V"; los picos y las "V" eran signos de la validación tanto del soporte como la resistencia inicial.

En esa zona, los movimientos técnicos pudieron ser hacia abajo, de modo que el índice pudo haber violado su nivel de soporte de las 9 650 unidades. Si lo hubiera violado, los analistas habrían establecido un nuevo soporte en los 9 000 puntos y, de violar esa marca, tal vez habrían definido otro en los 8 600 puntos, que era el nivel del cual comenzó el año. Lo que violó el mercado fue el nivel de resistencia.

En el último bloque de la figura 9.6 vemos formaciones enriquecedoras. Luego de validar tres veces su segundo nivel de soporte, el que corresponde a la línea 3, el IPC despegó veloz en busca de su inmediato nivel de resistencia, el que desde abril era ya de 11 000 unidades. Véase cómo al alcanzarlo, en los primeros días de octubre, el IPC hace pausas y refleja una figura de pico que señala justamente la validación de la resistencia. Al romperse, se consolidó rápido arriba de las 11 000 unidades, por la presión de los compradores, y se proyectó hacia una nueva resistencia, la de los 12 000 puntos, representada por la línea 5. Por eso, la que fue la segunda resistencia, al pasar los meses, se tornó en noviembre en el tercer soporte (véase la línea 4). La misma línea 5, la última resistencia nos plantea una pregunta a la que podrían sumársele otras ¿eran los 12 000 puntos el nuevo soporte?, ¿respetaría el IPC su resistencia y regresaría por eso a los 12 000 enteros?, ¿entraría el IPC a una nueva fase lateral, de acumulación de fuerzas?, ¿formaría un nuevo soporte debajo de los 12 500 puntos, digamos, alrededor de 11 500?

¿Qué hay que hacer cuando el precio araña los niveles de soporte y resistencia?

Se supone que al acercarse al nivel de soporte, se generará una demanda que hará que el precio repunte porque se ha tornado atractivo. Esa suposición se refuerza si el volumen de acciones negociadas se incrementa a medida que el precio ronda por el punto de soporte. Lo mejor, desde la perspectiva del público, es adquirir los títulos a un precio cercano al nivel de soporte de mediano plazo.

Hay que tener cuidado: si los volúmenes se mantuvieran raquíticos al acercarse el precio al soporte, podría darse una violación (una caída más allá del soporte) y fijarse, como consecuencia, un nuevo soporte a un precio más bajo.

De manera similar, se puede violar el nivel de resistencia a medida que el mercado se mueve. Así como el nivel de soporte es el punto de compra idóneo, el nivel de resistencia debe ser el precio ideal al que hay que vender para retomar posiciones posteriores.

Toro (*Bull*) y oso (*Bear*): animales que definen el mercado

Los momentos del mercado, las tendencias de alza y baja, se ilustran en el mundo con dos imágenes ampliamente conocidas: *bull market y bear market*.[8]

- *Bull market*. La imagen del toro agresivo se emplea para definir el momento o ciclo de una tendencia de alza. El mercado "toro" o "del toro" se interpreta como un mercado robusto y creciente. Dicen los enterados que la adopción del toro como emblema del mercado al alza tiene sentido porque el rumiante, cuando embiste, levanta la cabeza.

Bull market

- *Bear market*. La imagen del oso se usa para dar la sensación de una tendencia a la baja. El mercado "oso" o "del oso" se interpreta como un mercado débil y en declive. La analogía se basa en que el plantígrado es de andar perezoso y duerme mucho tiempo.

Bear market

---

8   Si busca la traducción de "bull" y "bear", va a encontrar con que algunos diccionarios ya describen esas palabras, en la última de sus connotaciones, con un sentido bursátil: mercado alcista o bajista, respectivamente.

Analistas, académicos, asesores y clientes usan las imágenes del toro y el oso para ilustrar mejor el momento que vive el mercado. Muchas corredurías y analistas, en sus reportes y estudios periódicos, utilizan dos términos que se derivan de los anteriores (y que resultan un tanto más sutiles) para definir el momento del mercado: *bullish y bearish*.

En los mercados internacionales (en particular Wall Street) *bullish* es la sensación (*feeling*) de que el mercado va a tomar un rumbo o tendencia alcista; *bearish* denota que el mercado va a iniciar una tendencia de baja.

El toro, el oso y los mercados financieros

Un enorme toro de bronce que se prepara a embestir acapara la atención en Bowling Green, una explanada donde convergen las calles de Broadway y Whitehall, en la parte baja de Manhattan. Ese toro no está fortuitamente. Lo pusieron porque es el símbolo de Wall Street. Turistas van y turistas vienen admirando y posando en la explanada. No obstante, está probado que más de la mitad del gentío que se retrata al lado del toro desconoce su significado.

Las imágenes del toro y del oso forman parte indisoluble del mercado de valores, tanto, que varias corredurías los adoptaron de una u otra forma en su nombre, logotipo o denominaciones de sus secciones de análisis (véase, por ejemplo, el logo de Merrill Linch: *http://www.m/.com/*).

Varios de los artículos que se ofrecen en la tienda de la NYSE tienen grabado el toro y otros el oso, para que el cliente elija. Incluso se venden toros y osos de peluche, corbatas, bolígrafos y carpetas con esas imágenes. A ese grado...

9.3 Carácter del mercado

Cuando ya se ha identificado la tendencia, los cánones dicen que hay que sumarse a ella. Lo que sigue, una vez que se ha tomado una decisión, es cuidar los movimientos para saber hasta dónde puede llegar o puede cambiar esa tendencia.

¿Cómo saber si la tendencia que aparece es firme? El análisis técnico cuenta con herramientas que ayudan a saberlo.

Por un lado están las herramientas que son parte de la herencia viva de la teoría Dow y, por otro, se agrupan elementos complementarios quizás un tanto más elaborados: figuras y patrones gráficos, promedios móviles, teoría de las olas de Elliot, entre otros. Estas herramientas permiten revisar el "carácter" del mercado.

Velocidad, ciclos, volumen, fuerza relativa

La teoría Dow sostiene que la tendencia es real cuando hay elementos técnicos adicionales que la acompañan. ¿Qué elementos sirven para confirmar la veracidad de las tendencias? La teoría Dow comprende el uso de cuatro: velocidad, ciclos, volumen y fuerza relativa. En seguida se describe cada uno.

Velocidad, speed
■ *Velocidad* (*speed*) Es la rapidez con que ocurren los cambios de un precio o del índice. Hay ocasiones en que un precio sube o baja mucho en poco tiempo y hay otras en que lo hace en mucho tiempo. Mientras más rápido suba o baje continuamente, más sencillo resulta corroborar la certeza de la tendencia. En tanto más lenta sea la evolución de los precios, más

difícil es augurar la firmeza o debilidad de la tendencia primaria. En una gráfica, la velocidad en un periodo se advierte por la inclinación de la línea del precio: si es muy inclinada, es alta; si es poco inclinada, es baja.

■ *Ciclos (market cycles)* Para muchos analistas, el comportamiento del mercado (los precios) es recurrente. Las formaciones técnicas así como las tendencias, dicen, se repiten con el tiempo. Algunos expertos osados aseveran que los precios se mueven, técnicamente, en series o sucesiones predecibles (cinco alzas y una baja, por ejemplo) o en forma de oscilaciones marítimas (ondas, olas y mareas). Más adelante se abundará sobre ello.

Ciclos, market cycles

■ *Volumen (volume)* Como ya se expuso, el volumen es la cantidad de acciones negociadas en una jornada. El volumen negociado es vital para esclarecer la realidad de una tendencia (de alza o de baja). Si el volumen es alto, la tendencia es firme; si es bajo, la tendencia es débil.

Volumen, volume

■ *Fuerza relativa (relative strength)* Es el crecimiento de un precio comparado con el crecimiento del índice o el avance de un índice comparado con el de otro indicador más relevante. Vistos en una gráfica, entre la línea del precio de una acción y la del índice hay siempre espacios, amplios o reducidos. Esos espacios constituyen la fuerza relativa.

Fuerza relativa, relative strength

Bursatilidad, factor con preponderancia

El volumen remite por añadidura a otro criterio técnico básico: la bursatilidad. El término *bursátil*, como seguramente se entiende, se usa para referirse a cualquier asunto o materia relacionada con el mercado de valores. A nivel técnico, la palabra adquiere un significado de más realce: la capacidad de negociación que tiene una acción en la bolsa.

Una acción *bursátil* se puede negociar rápido. La *bursatilidad* se traduce como el grado de liquidez de un valor (*liquidity ratio*): si una acción se puede vender rápido, se puede convertir en efectivo con facilidad. Si una acción es poco bursátil, cuesta más trabajo transformarla en efectivo.

Bursatilidad, liquidity ratio

Hay varios grados de bursatilidad:

■ Las acciones con alta bursatilidad son las de mayores volúmenes de negociación diaria.

■ Las de mediana bursatilidad se negocian en forma constante, con volúmenes menores.

■ Las de baja bursatilidad no se negocian a diario o se negocian con muy bajos volúmenes.

■ Las de nula bursatilidad casi nunca se negocian.

Tenga presente que el criterio más importante para incorporar una acción a un índice es la bursatilidad.[9]

Una acción muy bursátil siempre es más atractiva que una que no lo es. Hay acciones que desde el punto de vista fundamental resultan atractivas, mas su escasa bursatilidad haría que fuesen difíciles de adquirir y de vender, por lo que no son recomendables. En otras palabras, la bursatilidad es un buen criterio técnico para identificar las acciones que pueden adquirirse. Es obvio: como inversionista, hay que pensar en invertir en acciones que forman parte de la muestra del índice o que sean muy bursátiles.

9 El IPC de la BMV, el FTSE-100 y muchos otros, están formados por las acciones más bursátiles de sus bolsas.

Confirmación de tendencias, mezcla de elementos

Para confirmar la validez de la tendencia, los analistas observan los cuatro elementos (velocidad, ciclos, volumen y fuerza relativa) de manera integral. Los cuatro caben en una gráfica que, por eso, luce más aglomerada y al parecer más compleja.

Si se veía en la gráfica de 12 meses que el IPC (por ejemplo en la anterior, la 9.6) subía velozmente en la primera fase del año, y que esa rapidez se sustentaba con altos volúmenes negociados[10] y un crecimiento paralelo al del índice Dow Jones,[11] se podía asegurar que el avance del mercado mexicano era firme porque estaba sustentado en hechos reales y no en alegrías o sucesos fugaces.

Para una mejor interpretación del párrafo anterior, se puede y se deben mezclar todos esos ingredientes en una gráfica que quedaría como se ilustra en la figura 9.7.

Figura 9.7
IPC/Dow Jones
junio de 2004–
diciembre
de 2004

En esta gráfica se aprecia el comportamiento de los dos índices, del IPC de la BMV (la línea oscura) y del Dow Jones de Estados Unidos (la línea punteada), durante el periodo de junio de 2003 a diciembre de 2004. La gráfica vierte ciertas similitudes en esa tendencia de mediano plazo. Es notorio que los dos índices siguen una evolución casi paralela o idéntica hasta mediados de septiembre, cuando es evidente su separación o pérdida de correlación. Destaca la separación que tuvieron los índices a partir de octubre, cuando el Dow Jones sufrió una fuerte sacudida mientras que el IPC mantuvo la fuerza de su ascenso. El Dow, que siguió una trayectoria opuesta al IPC, pudo recuperarse hasta noviembre. A partir de ahí se nota cómo los dos vuelven a tener una evolución muy parecida, aunque, claro, ya sobre otras dimensiones. A pesar de que evolucionan sobre otras dimensiones, la gráfica permite ver que los dos índices adquieren trayectorias parecidas con el curso de noviembre y diciembre: observe que se dan las mismas proporciones de alza y de ajuste, las mismas formaciones técnicas, casi el mismo repunte agresivo al final, etcétera.

---

10   El volumen promedio diario de la BMV oscila alrededor de los 100 millones de acciones. El volumen de la NYSE es 10 veces mayor: 1 000 millones de acciones a diario, más o menos.

11   La comparación del índice local con el Dow Jones es la más habitual para saber cómo evoluciona el mercado respecto a la situación mundial.

Se habla de dos medidas o indicadores que se comportan, o se comportaban, por lo general, con el curso de los años, en forma paralela y entre los cuales, en esta gráfica particular, hay una brecha evidente. Esa brecha es la *fuerza relativa* que presentaba el IPC con relación al Dow Jones. Por cierto, tal fuerza no suele ser tanta como lo fue en esa ocasión. Es más, a lo largo de los años se ha evidenciado en la mayor parte de los casos lo contrario: una debilidad relativa, puesto que el Dow se mantiene arriba del IPC en muchos lapsos.

Fuerza
relativa

Los volúmenes de acciones negociados refrendaron en su momento las variaciones más importantes del índice. En los primeros meses del año, cuando el IPC rompía su primer gran récord de alza, los volúmenes totales negociados eran crecientes. En su etapa de clímax, que se extendió hasta mayo, la bolsa tuvo los volúmenes más altos del año. Las formaciones tipo "V" que confirman el cambio de tendencia (el mercado suspendió varias veces su tendencia de baja para regresar a su tendencia de alza) se acompañaron por fuertes volúmenes (las posturas de compra o demanda se multiplicaron para aprovechar el abaratamiento de los precios). Eso fue lo que hizo posible la reacción del índice. Sin un incremento del número de títulos negociados, habrían sido imposibles la reacción que tuvo el mercado a principios de febrero, el *rally* (el alza rápida que formó una pendiente casi vertical) de mediados de mayo y los indicios de recuperación de octubre.

"rally"

Diagnóstico del precio: promedios móviles

Otra herramienta muy útil para diagnosticar la consistencia de los precios es el promedio móvil. Un *promedio móvil* (*moving average*) es, como tal, el promedio que ha tenido el precio en un periodo determinado, 20, 30, 50, 100, 200 días, cuatro, cinco, seis meses u otro que el analista o inversionista considere.

Promedio móvil,
moving average

Supóngase que los precios de una acción o índice al cierre de cada uno de los últimos seis meses son $42.00, $40.00, $45.00, $47.00, $50.00 y $53.00. El promedio móvil de cuatro meses, al cierre del quinto mes, sería igual a $45.50.

($40.00 + $45.00 + $47.00 + 50.00)/4 = 45.50

Al cierre del sexto mes, el promedio móvil de cuatro meses sería igual a $48.75

(45.00 + 47.00 + 50.00 + 53.00)/4 = 48.75

En el encabezado se utilizó la medida en plural, *promedios móviles*, porque los analistas técnicos acostumbran observar promedios móviles de varios periodos en una gráfica.

El lapso más común en los mercados internacionales es el promedio móvil de 200 días. Los precios que se utilizan para el cálculo son los de cierre de cada uno de los 200 días previos.

Un promedio móvil es útil para "descubrir" el cambio de tendencia o identificar la tendencia que va a tomar el precio en un periodo similar al que cubre el promedio móvil. Los analistas técnicos establecen que si el precio traspasa el promedio móvil en la parte superior de la línea gráfica, en una tendencia de baja, se trata de una señal de compra y que, si el precio penetra el promedio móvil en la parte baja, en medio de una tendencia de alza, la penetración es síntoma de un mercado a la baja.

La figura 9.8 dibuja los promedios móviles del IPC en el periodo de 12 meses que va de diciembre de 2003 a diciembre de 2004.

Figura 9.8
IPC/diciembre
2004–diciembre
2004 con
promedios
móviles

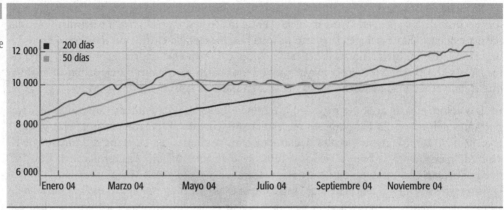

Patrones de cambio de tendencia

Desde el punto de vista técnico, es posible predecir cuándo está cambiando una tendencia o va a agotarse. Los analistas se valen de algunas formaciones o patrones gráficos que los ayudan a entender cuándo un precio va a modificar su rumbo. Entre las formaciones que se consideran más efectivas para intuir el cambio de tendencia están las siguientes:

Doble techo y doble piso, *double top, double floor*

■ *Doble techo y doble piso* (*double top, double floor*) En la figura 9.3 mostrada en páginas anteriores, se vio la formación de doble techo en diversas oportunidades: en febrero y principios de marzo, los dos "picos" fueron la evidencia de la pérdida de fuerza de la tendencia de alza y anticiparon el ajuste que tendría un mes después el IPC. Dos dobles techos también se aprecian entre mayo y junio y, más suavemente, al doblar agosto, cuando propició una caída leve y luego la recuperación que duraba aún hasta fin de año. En todas esas oportunidades el patrón fue el presagio de las cambios en la tendencia o dirección del precio.

La formación de doble piso se dibuja al término de mayo, cuando el indicador había tocado su mínimo de 9 500 puntos. El patrón de doble piso fue la señal con que se terminó la recuperación del mercado. Antes, en marzo, fue el anticipo del fin del primer *rally* y el inicio de la caída que empujó el IPC a su nivel mínimo señalado. En junio, el doble piso fue también el trazo que indujo la lateralidad del indicador.

En ocasiones, cabe señalarlo, la formación se extiende a tres techos o tres pisos o, en el sentido inverso, a un doble fondo como lo mostró el mercado en mayo cuando dos fondos puntiagudos produjeron el síntoma de cambio de tendencia.

Cabeza y hombros, *head and shoulders*

■ *Cabeza y hombros* (*head and shoulders*) Esta formación, quizás una de las más conocidas por propios y extraños, se llama así porque su trazo gráfico semeja a una cabeza con sus hombros a los lados. Véase que la formación con que cierra marzo es exactamente la misma con la que cierra julio y abre agosto. En la primera ocasión, la figura marcó el final del sube y baja sin tendencia. Véase también cómo la formación de agosto, fue el fin de la zona neutra y definió el ascenso vertiginoso que llevó al IPC hasta los 12 500 puntos.

La formación "hombro, cabeza, hombro", que se caracteriza por un bajo volumen operativo justo cuando se conforma el hombro derecho, es un patrón que explica la pérdida de fuerza de los que ejercen el dominio del mercado. Dado que se trata del fin de una tendencia alcista, la formación explica que los vendedores ya no pueden imponer sus altos precios.

Los analistas presumen que mientras más alto sea el movimiento de los precios en el arco que forma la cabeza, más agresivo será el desplome del precio.

- *Formaciones tipo "V" y "A".* Estas formaciones, como se comentó antes, son sencillas y muy reveladoras. Con el pico de las formaciones tipo "V", que marcan el rebote del precio, suele haber un incremento sustancial del volumen operado. Ese aumento del volumen ratifica el fin de una tendencia de baja y el inicio de una de alza. La "V" invertida o "A", ubicada en la parte más alta de una tendencia alcista, señala el final de un mercado alcista y el principio de un mercado bajista que, en todo caso, se comprueba con el volumen negociado.

Formación "V" y "A"

¿Quiere sitios o direcciones para hallar más patrones técnicos?

Es verdad que los sitios de Internet que ofrecen herramientas del análisis técnico, no son sitios gratuitos. Hay varios, los menos, de los que se puede extraer material amplio y rico.

Este URL *http://www.chartpatterns.com/* despliega las formaciones gráficas más usadas por los analistas técnicos. Las descripciones son amplias y certeras. Vale la pena escudriñarlo.

Si lo que desea es análisis técnico en tiempo real, sobre acciones o índices que cotizan en los mercados, entonces abra *http://clearstation.etrade.com/* y haga clic en alguno de los símbolos de la parte media. El contenido lo sorprenderá y le gustará, seguro.

Este sitio, que ya había sido sugerido, provee material técnico gratuito *http://finance.yahoo.com/* una vez que abra, haga clic, por ejemplo, en la gráfica que aparece a la izquierda y verá que se abre en una venta grande, en la que deberá ir al vínculo *"Technical Analysis"* del encabezado *"Charts"*. Si desea ver gráficas de más acciones o indicadores, halle el símbolo de la que quiere en el buscador *"Symbol Lookup"*

De igual modo puede buscar en la página del proveedor de información financiera más grande del mundo, *http://www.reuters.com* Haga clic en *"INVESTING"*, luego, en ese orden en *"Stocks"* y *"Chart"* busque la clave en *"Symbol lookup"* y listo, tendrá la gráfica que desea.

Algo similar de enriquecedor provee *http://www.stockselector.com/* , en el buscador de la derecha, denominado *"Quote"*, seleccione *"Chart"*, escriba la clave de la acción o índice que desea; también puede ahí mismo la clave o ticker en la alternativa *"Ticker lookup"* —cuando la seleccione, tendrá que escribir el nombre de la empresa o índice—, y luego verá que se le despliegan varias alternativas. Cerciórese que en *"Quote"* esté seleccionado *"Chart"* y ya está, la gráfica se le ofrecerá rápido y llena de elementos técnicos.

Olas de Elliot

Muchos analistas sostienen que los precios del mercado obedecen a patrones cíclicos; es decir, que se comportan en series que se repiten con el tiempo.

Las repeticiones a que aluden consisten en ciclos o series de alzas o bajas que se repiten cada año, cada seis meses o, según la creencia de algunos, después de cierto número de jornadas. Uno de esos analistas circunspectos y recalcitrantes, era Ralph Nelson Elliot, un entusiasta de los ciclos y formaciones repetitivas.

Elliot pensaba que los movimientos de la bolsa podían predecirse identificando y observando una serie repetitiva de "olas".[12] Les llamó así, olas (*waves*), porque la secuencia gráfica que se dibuja parece, tal cual, un oleaje.

Olas de Elliot, Elliot Waves

---

12 Elliot pensaba que incluso cualquier actividad humana, no sólo el mercado accionario, estaba sujeta a esta serie de "olas" seriadas que se repiten cada cierto tiempo.

Los preceptos en que se sustenta la teoría de Elliot son cuatro:

1. La acción es precedida por la reacción.

2. Hay cinco olas en la dirección de la tendencia principal seguidas por tres olas correctivas. Esto deja una secuencia de movimientos de "cinco-tres".

3. La secuencia de "cinco-tres" completa un ciclo. Estos movimientos llegan a ser dos subdivisiones de la ola siguiente.

4. El patrón "cinco-tres" permanece constante a lo largo del tiempo.

El esquema de la figura 9.9 muestra la esencia de la teoría de Elliot: las alzas y bajas parecen olas marítimas. Los ocho puntos a donde llega el precio hacen la formación "cinco-tres".

Figura 9.9
Patrón de olas de Elliot

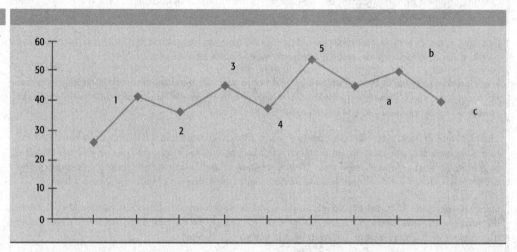

Las olas uno, tres y cinco se denominan olas de impulso; las olas dos y cuatro, olas correctivas. Las olas a, b y c corrigen la tendencia principal que establecen las cinco primeras olas.

La tendencia que se forma por la fuerza de las cinco primeras olas puede ser hacia arriba o hacia abajo. Las olas a, b y c son, en todo caso, opuestas a aquéllas.

Elliot supuso que esta formación se podía repetir a lo largo del tiempo y, gracias a eso, decía que era posible anticipar los movimientos del mercado.

Serie de Fibonacci

Este especialista basó su teoría en la serie sumatoria que Leonardo Fibonacci, un matemático italiano, desarrolló en 1170.[13] La serie de Fibonacci comienza con 1,2,3,5,8,13,21,34,55,89...

En la serie se percibe que cada número es la sumatoria de los dos que lo preceden (tres es igual a uno más dos, 13 es igual a cinco más ocho...).[14] La serie deriva una razón o cociente medio. El cociente medio de cualquier número en la serie respecto de su siguiente nivel más alto es 61.82 (13/21 es igual a 0.6190; 55/89 es igual a 0.6180...) El *ratio* (proporción) se designa muchas veces como la "media de oro".[15]

---

13 Otra prueba más de que los elementos que dan forma a los mercados datan de siglos, nada más ocho, en este caso.

14 Se ha tratado de afirmar que objetos inanimados y seres vivos obedecen a un número de leyes que giran alrededor de las propiedades matemáticas de esta serie. Algunos creen que esta serie permite a los científicos predecir cómo se va a multiplicar la población de los animales, cómo van a crecer las plantas, entre otras cuestiones.

15 La media ha tenido usos significativos en la arquitectura. Muchos de los números de esta serie y la media misma, son producidos por varias combinaciones de medidas aplicadas a la gran pirámide de Keops.

Los analistas técnicos han usado tanto los esfuerzos de Elliot por adaptar a su teoría de olas a los precios como la media de oro, a fin de intentar predecir el rumbo de los precios. Hay quienes se atreven a decir que esta combinación puede ser uno de los más interesantes y seguros métodos técnicos. Muchos otros creen que los fenómenos que exhiben las relaciones numéricas adecuadas son pruebas de que la teoría funciona.

La teoría de Elliot data de 1939. Desde entonces, tanto sus estudiosos como sus críticos, como quiera que sea, no han hecho más que ratificar y ampliar sus conceptos.

Internet bursátil

¿Quiere saber más de Fibonacci y su teoría? Abra y navegue en:
http://www.mcs.surrey.ac.uk/Personal/R.Knott/Fibonacci/fibBio.html

Elección de un título de acuerdo con bases técnicas

En el capítulo anterior se establecieron los fundamentos que hay que considerar para analizar una empresa. Casi todos los aspectos del análisis fundamental se explicaron con los números y los factores cualitativos de Consorcio ARA, Corporación GEO y URBI Desarrollos. Gracias a ese tipo de análisis, los expertos sugerían la compra de las acciones de las tres emisoras.

La decisión de comprar se corrobora (o se desecha, según sea el caso) con el análisis técnico. Con el empalme de los dos métodos, el público podría tomar decisiones más acertadas de compra o venta de acciones.

En seguida se muestra las gráficas de la evolución del precio de la acción de Consorcio ARA, Corporación GEO y URBI Desarrollos; primero en la figura 9.10, por el periodo anual de diciembre de 2003 a diciembre de 2004 y en seguida la figura 9.11, que corresponde a los últimos seis meses del año 2004. Esa gráfica es por seis meses porque las acciones de URBI fueron listadas en la BMV a inicios de mayo, luego entonces no se puede tener más historial de cotización y evolución de sus precios. Las cantidades de la coordenada vertical, de las dos gráficas, son ahora cifras porcentuales. No indican el precio sino el porcentaje de variación de los tres precios desde el mismo punto de partida.

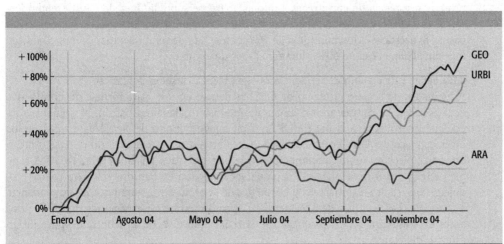

Figura 9.10
ARA*, GEO "B" y URBI *
diciembre 2003-diciembre 2004

Figura 9.11
ARA* "GEO"
y URBI* junio–
diciembre 2004

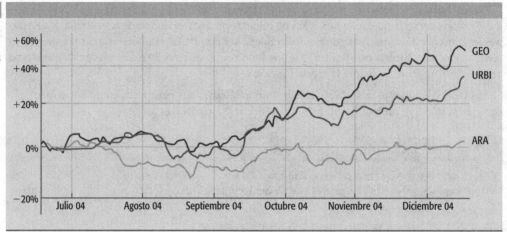

Después de repasar los conceptos técnicos anteriores, se pueden encontrar las respuestas a diferentes preguntas como las siguientes. Las respuestas se indican sobre la gráfica.

a) ¿Cuál fue el nivel de soporte de cada una de las acciones durante esa parte del año?
En esos meses, el comportamiento del mercado en general influía en la cotización de GEO y ARA. Al igual que aquél, ARA y GEO tuvieron un buen arranque de año y un ajuste a mediados de mayo para retomar su nivel a partir de junio. De ese mes en adelanta, ya con la incorporación de URBI, apreciamos que GEO y URBI evolucionan según la dinámica del IPC. De mayo en adelante, es fácil deducir que hubo dos soportes: uno precisamente en mayo (ubíquelo abajo del +20% de rendimiento, en la gráfica anual) y otro en la última semana de octubre. Véase que, aunque el precio de ARA quedó rezagado, dibujó ahí mismo su soporte, que rozó después varias veces. En la gráfica de seis meses, la 9.11, los soportes están delineados en los mismos puntos del tiempo, obvio, aunque en distintos niveles porcentuales.

b) ¿Cuál fue el nivel de resistencia de las acciones durante el segundo trimestre del año?
En concordancia con la tendencia del mercado, la acción de ARA sufrió un desplome a partir de julio del que apenas pudo recuperarse. En ese lapso, en el segundo trimestre, su nivel de resistencia de corto plazo pudo establecerse sobre la línea de CERO rendimiento. GEO y URBI, en cambio, fueron rompiendo sus parámetros de resistencia. Aprecie las pausas al acercarse a los múltiplos de 10 (coordenada de rendimientos) y note cómo fue más difícil superar el de 60%, durante el mes de octubre.

c) ¿Qué señales de cambio de tendencia pueden identificarse en la gráfica?
A mediados de febrero el precio de GEO se detuvo en una clara formación hombro-cabeza-hombro. La misma acción dibuja en mayo otro clarísimo patrón, el de doble fondo, que lo proyecta, a la par de URBI, a un nuevo periodo de alza. Véase también los diversos picos de ARA, en marzo, que precedieron a su primer periodo de baja y luego otros tres picos en junio, que anticiparon la baja que tuvo hasta septiembre. ARA también dibuja dos formaciones "V", una en agosto y otra en octubre, que se advierte produjeron un respiro significativo y propició que la acción intentara retomar su tendencia ascendente. Las acciones de GEO y URBI trazaron también formaciones tipo "V", poco antes de comenzar septiembre. Ésa fue la señal indicativa de su rebote, después de un proceso de letargo.

d) Sólo desde el punto de vista técnico, ¿cuál hubiese sido el mejor momento y precio para comprar?

Sin duda alguna al arranque de año, si se trata de GEO o aun de ARA que, aunque tuvo alguna alza prometedora, el precio osciló en un intervalo estrecho. El otro momento de compra idónea, para cualquiera de las dos, GEO o URBI, hubiera sido al principio del segundo semestre, cuando los precios se ubicaron alrededor del 17% de rendimiento, en la gráfica anual y en el nivel de CERO, en la gráfica semestral.

e) Suponga que estamos en diciembre de 2004 y tome en cuenta los dos tipos de análisis (fundamental y técnico) que se han dado. Tenga presente que desde la óptica del análisis fundamental la recomendación era de compra, para las tres acciones. ¿Se puede dar la misma recomendación tomando en cuenta el análisis técnico?

La acción de ARA tuvo, en agosto, una caída que casi borra las ganancias que llevaba en el año. Al término de 2004 forcejeaba por llegar al mismo nivel que había alcanzado en marzo y abril. Por lo mismo, en vista de la ratificación fundamental, hubiese sido bueno comprar antes del rebote técnico de septiembre. A principios de noviembre, no obstante, lucía de nuevo muy atractiva, el precio rondaba su nivel de soporte de mediano plazo y podría suponerse que comenzaría una nueva tendencia de alza. GEO y URBI, se puede notar, se habían desplazado a rangos de cuidado. La compra perfecta hubiera tenido lugar antes de septiembre, cuando todavía no se conocían sus resultados al tercer trimestre. Todavía en octubre, después del último ajuste, hubiera significado una compra buena. Comprar en diciembre ya no parecía oportuno, podría ser, tomando en cuenta las perspectivas de la economía y de la empresa; la compra, como sea, tenía sus riesgos.

La tendencia de las acciones estaba supeditada a sus fundamentos y al comportamiento del mercado en general. Así que para poder ofrecer un punto de vista objetivo e integral, no debe dejar de verse, al mismo tiempo, el comportamiento del índice del mercado.

Cuando el Fundamental sugiere *compra* y el Técnico *venta*, o lo inverso...

No son pocas las ocasiones en que una empresa, desde el punto de vista fundamental, se revela fuerte, sólida, creciente, pero que, desde la perspectiva del análisis técnico, su acción no luce atractiva. Las perspectivas encontradas no reflejan, en casos como ése, contradicciones rotundas sino complementos: el alto precio al que pudo llegar la acción y que la hace riesgosa y merecedora de venta pudo ser consecuencia de las buenas cuentas de la empresa. El mensaje técnico de "abstenerse" indicaría que la acción ya subió lo que debía subir, dadas sus fortalezas fundamentales.

En el otro sentido, una acción pude lucir subvaluada y por lo mismo tentadora desde el punto de vista técnico pero mal o de malas desde el plano fundamental. Las señales encontradas también serían complementarias: no hay que comprar una acción sólo porque está barata o subvaluada, técnicamente; hay que ver también lo que hay en la empresa.

Las dos posiciones nos enseñan que las decisiones no deben tomarse con base en uno sólo de los criterios o enfoques de análisis. Hay que decidir con base en los dos y, para ser más certeros, con base en los tres, porque el análisis económico no debe dejarse de lado.

La bolsa en una sola acción

El peso de algunas bolsas recae en una acción única. En Brasil, por ejemplo, es significativa la influencia de Telebrás en el índice BOVESPA. En México, es asombroso el influjo que produce sobre el IPC la acción de Telmex, la empresa privada más grande de la economía mexicana.

Para tantear un mercado, a veces basta escudriñar la gráfica de su acción más importante. Esto pasa con Telmex y la BMV. El comportamiento del mercado mexicano ha seguido, por años, la suerte de la telefónica. Aunque una y otra tuvieron durante la mayor parte de 2004 una evolución dispareja, sí se deslizaron igual durante un largo trecho, entre julio y noviembre, como se resalta en esta otra gráfica (figura 9.12), que exhibe la evolución de la acción de Telmex (la línea punteada) con la del mismo IPC (la línea oscura que casi siempre corre un tanto arriba) por el periodo de junio 2004 a diciembre 2004.

Figura 9.12
IPC/Telmex
"L" junio-
diciembre 2004

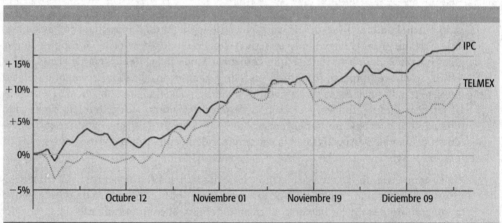

La razón de que las dos líneas muestren las mismas tendencias, formaciones y periodos de alza y baja es que Telmex, aunque ya no concentra la mayor parte de la muestra del índice debido a su importancia como emisora "arrastra" a casi todos los demás precios. Telmex, junto con América Móvil, AMX, es la acción de mayor volumen de negociación y la favorita de los inversionistas.

9.4 Importancia de saber vender

Casi todos los inversionistas se ocupan con vehemencia en la búsqueda de señales de entrada al mercado. Casi todos ocupan la mayor parte del tiempo en examinar factores y metodologías a fin de establecer momentos y zonas para comprar; pero todos (por lo menos la gran masa del público) deciden vender muchas veces en un instante de vacilación o arrebato, sin tomar en cuenta el cúmulo de factores que consideraron para entrar.

¿Qué se debe hacer para saber vender? Saber salirse es tan importante como saber comprar y, sin embargo, los métodos de salida que usa el público son más rudimentarios que las técnicas de entrada: son precipitadas o se demoran más de lo debido en espera de ganancias extras que luego no sólo no se dan sino que se convierten en pérdidas lamentables.

Valor de una buena salida

Por muchas razones, una buena salida es más crítica y difícil de realizar que una buena entrada. Pensémoslo así: uno no está sujeto a los riesgos del mercado mientras espera una buena oportunidad de compra. Si se deja ir esa oportunidad, uno siempre puede esperar que llegue otra. Un buen modelo técnico abastece de datos para aprovechar la siguiente ocasión de entrada.

Cuando se está dentro del mercado, en cambio, uno se encuentra expuesto a la multitud de riesgos inherentes a la inversión en acciones. No acertar a salirse en el momento adecuado puede resultar muy caro: al permanecer en espera de la siguiente oportunidad para deshacer una estrategia que resultó mal, por ejemplo, el inversionista ya está perdiendo.

No saber salir ocasiona dos problemas básicos:

■ Terminar perdiendo (mucho o poco) cuando ya se tenían ganancias. A menudo, entre la clientela pequeña no vender a tiempo da lugar a la acumulación de pérdidas pequeñas pero constantes que, al sumarse, representan porcentajes elevados.

■ Cortar de tajo las estrategias con potencial de grandes beneficios que no se supieron explotar a cabalidad por haberse espantado con las correcciones abruptas del mercado o por haber definido mal el punto de resistencia.

Una buena salida consiste, más que nada, en controlar con rigor las pérdidas posibles sin sacrificar el potencial de ganancias que puede contener una estrategia que todavía no ha madurado. Cuántas veces se ha sabido que la gente vende con rapidez por el temor de caídas, por la incertidumbre pasajera o por rumores sin sustancia, cuando esa gente había pasado mucho tiempo analizando los aspectos fundamentales de la acción y segregando los bloques de las gráficas para hallar sus formaciones, predecir su tendencia y decidir la entrada. Es verdad: es muy común que el público considere muchos elementos y se tome tiempo suficiente para decidir comprar, y luego vende sin pensar, sin analizar y sin tener en cuenta los factores por los que decidió la entrada.

Una buena estrategia de salida

La estrategia de salida debe formularse según lo que cada quien esté logrando y las perspectivas del título:

■ Nadie debe titubear cuando deba salirse tomando pérdidas. La indecisión suele causar pérdidas mayores. Hay momentos en que es mejor resignarse a perder que titubear pensando en que algún día el mercado dará la vuelta.

■ Igual de doloroso puede ser salir prematuramente del mercado. Si una posición accionaria evoluciona según los objetivos, uno debe permitir que madure tanto como sea posible, superando las tentaciones ocasionales de tomar utilidades o las bajas o ajustes que se presentan de cuando en cuando. Si uno permanece en medio de una tendencia sólida y decide quedarse hasta su maduración, los beneficios finales serán mayores a las pérdidas pequeñas en que tal vez se incurra por los ajustes naturales y regresos esporádicos que siempre se dan a mediano y largo plazos.

Cómo formar una buena estrategia de salida

Hay dos tipos de salidas tradicionales, sencillas y efectivas para cada sentido del mercado:

- Si el precio del papel se mueve en sentido inverso al esperado, uno puede establecer y limitar el monto máximo de pérdidas si define de antemano el punto de venta.

- Si el precio evoluciona de manera favorable, se puede definir el punto tentativo de venta y colocar anticipadamente una orden de venta a precio limitado.[16]

Más allá de estas salidas clásicas, hay otras formas aconsejables para salirse, aunque en ocasiones resultan más complicadas:

- *Salida en el umbral crítico.* Consiste en esperar el punto máximo hasta donde se crea que puede llegar el precio para colocar la orden de venta. Claro que es prudente tener los elementos razonables para creer que el precio va a subir hasta determinado nivel y estar dispuesto a aguantar los días de ajuste técnico o las zonas "fangosas". Es necesario, además, que se siga pensando que los objetivos son alcanzables en función de los hechos económicos y los datos fundamentales, y no dejarse impresionar por las alzas prematuras que muchos utilizan como oportunidades para tomar utilidades. Conviene no desesperarse ni dejarse llevar por el ansia de ganar cuanto antes ni mucho menos deslumbrarse con los rallies cíclicos. Este tipo de estrategia de salida comprende un horizonte de largo tiempo y los cánones sugieren que la empleen quienes arman estrategias con base en aspectos fundamentales (proyectos, planes, resultados a futuro, etcétera).

- *Salida basada en el tiempo.* ¿Qué se puede hacer con una acción después de que transcurrió el plazo definido, no se movió como se esperaba y, por el contrario, evolucionó en sentido contrario? El inversionista debe poner los pies en la tierra, reconocer la equivocación, salirse y asumir la pérdida.

- *Salida según la volatilidad observada.* Este tipo de salida depende del reconocimiento de que el nivel de riesgo que se asumió se ha incrementado debido al aumento intempestivo de la volatilidad (del mercado o de la acción) y cuando ésta amenaza con ser duradera. Si se advierte que el riesgo potencial (la probabilidad de perder) se ha expandido, es conveniente vender la posición y limitar la exposición. Si no quiere sufrir por el incremento de la volatilidad, el inversionista puede aprovechar la primera de las alzas repentinas (al fin y al cabo se trata de actuar contra la volatilidad) para salir con algún beneficio o, de plano, anticiparse y salirse antes de que el precio cause una sorpresa desagradable.

Otras formas efectivas (sencillas pero poco utilizadas en la práctica) de salir bien consisten en hacer caso de las señales técnicas del mercado: cuando el precio toca el precio de resistencia que se había marcado, cuando las formaciones indican cambio de tendencia o cuando se manifiestan probabilidades severas de ajuste.

En algunos mercados cabe aplicar un tipo de salida que se puede denominar de "arrastre" (*trailing exit*), porque requiere el empleo de la orden de detener pérdidas (*stop loss order*). Esta clase de salida consiste en colocar una orden de venta de detener pérdidas modificando el precio limitado al que se desea vender, a medida que el precio de mercado de la acción se incrementa: por ejemplo, si el precio de mercado es de $25.00, la orden de venta puede colocarse a

---

16 Para saber lo que significa ésta y otras clases de órdenes que se mencionan en esta parte, vuelva al capítulo 3, donde se describen los tipos de órdenes que se pueden girar en el mercado.

$24.00. La orden, como se sabe, sólo puede ejecutarse si el precio cae a $24.00. Si el precio sube, la venta no se efectúa. Si el precio sube a $29.00, como la venta no se ha efectuado[17] puede colocarse una nueva orden limitada de parar pérdidas a $28.00 y así sucesivamente, mientras el precio siga subiendo. Esta estrategia busca no perder y asegurar las ganancias logradas; se aplica de preferencia en compras especulativas o para la inversión en acciones de las que emanen señales encontradas.

En cualquier caso, lo que más se recomienda para una salida exitosa es el uso simultáneo de varias de estas técnicas, tomando como base alguna de ellas según el tipo de papel y los objetivos de cada inversionista.

Extenso panorama del análisis técnico

Por supuesto, éstas no son todas las formaciones que se conocen ni lo que se ha expresado cubre el análisis técnico. Se han presentado las formaciones gráficas convencionales, las más conocidas y usadas. En el medio se emplean más elementos, gráficas más detalladas, conceptos y formaciones más variados. Se han dado las formaciones principales, las que el lector puede interpretar razonablemente bien y hallar casi siempre en los medios electrónicos, diarios y revistas. El resto merecería un curso aparte, profundo y avanzado.

9.5 "Discierna el caos y puede llegar a ser rico"

El mercado accionario está lleno de profetas. Por todos lados pululan los que se dicen conocedores de las tendencias de los precios y acontecimientos futuros del mercado.

Como el mercado no pertenece a una ciencia exacta ni es controlable por el hombre, muchos quieren y pretenden tener la fórmula mágica, la solución infalible o el método único para conocer su comportamiento próximo. Muchos son charlatanes mercantilistas y otros son observadores serios. Empero, ni unos ni otros han podido probar la eficacia sólida de sus teorías.

En la introducción de esta tercera parte se plantea una incógnita sincera: "¿Alguien conoce un adivino? Pregúntele por la tendencia del mercado". No es broma: hay quienes asocian el desempeño del mercado con los ciclos lunares; muchos otros suponen que las reacciones de la bolsa obedecen a asuntos religiosos; otros más dictan un conjunto de preceptos o mandamientos para actuar con éxito.

Unos y otros, analistas profundos, profetas, supersticiosos, astrólogos, especuladores, se han preocupado por lo que hasta el momento ha sido inalcanzable: predecir con certeza el comportamiento del mercado.

Influencias lunares

Christopher Carolan, profeta que logró estimular, como pocos, la sensibilidad de los inversionistas a fines de los 80, sostiene que el mercado se comporta bajo la influencia de los movimientos lunares.

---

17 La característica de esta orden específica que sólo se debe ejecutar si el precio se regresa, como en este ejemplo, a $24.00.

Carolan pudo comprobar que los *cracks* de 1929 y de 1987 ocurrieron en la misma fecha lunar. Las similitudes que halló, además de las anteriores, lo llevaron a profundizar en la materia y a confiar en que los ciclos lunares determinan los movimientos de la bolsa.

Carolan pregona que existen algunas condiciones que se relacionan con los cambios de estación en el año que son las causantes del pánico y las caídas bursátiles. Explica que los *cracks* ocurren en octubre porque el otoño simboliza el fin de la época de florecimiento y vida que representan la primavera y el verano. Su fundamento es un "Calendario Espiral", creado con ecuaciones matemáticas y la combinación de las fases lunares medidas en unidades de tiempo —esto es, lunas nuevas, días y años—. Con esas bases, Carolan sostiene que las circunstancias que privaron en el pasado no fueron aisladas, sino que tienden a repetirse de manera programada, en alguna otra época del presente o del futuro. Estas circunstancias, dice el profeta, ocasionan una serie de ciclos que, gráficamente, suben formando espirales.

Con su método, Carolan es capaz de aventurarse a predecir el comportamiento de la bolsa dando detalles de fechas y de detectar, con eso, grandes oportunidades de inversión en todo tipo de bienes, no sólo de acciones.

Comprar en Rosh Hashanah y vender en Yom Kippur

Las celebraciones religiosas, dicen los promotores de seguir el mercado según el calendario judío, son señales inequívocas para invertir y tomar utilidades.

Un antiguo refrán que todavía ponen en práctica ciertos amantes de la bolsa dice que hay que comprar en Rosh Hashanah (la celebración del año nuevo judío) y vender en Yom Kippur (la fiesta hebrea de expiación que tiene lugar 10 días después del año nuevo). Para algunos, este refrán es tan válido como la religión misma y ponen la historia como prueba. En varias ocasiones, es cierto (en octubre de 1987, por ejemplo) la cúspide del mercado ha coincidido con el Yom Kippur. ¿Simple coincidencia? Los que confían en esta tesis (y profesan los preceptos de la ley de Moisés, claro) no lo ven así.

"Discierna el caos y puede llegar a ser rico"

Los especuladores inician muchas veces las tendencias. Ellos se atreven a comprar en las zonas laterales, por ejemplo, cuando la mayoría del público espera las señales de entrada. Ellos proporcionan esas señales (el incremento de la demanda y el volumen, los indicios de alza).

Gracias a los especuladores es posible que funcione el mercado secundario. A lo largo del tiempo han habido especuladores admirables. A fines (o principios de siglo, como se le vea) nos ha tocado convivir con dos de los más célebres, George Soros y Warren Buffet. Ellos dos, como muchos otros, gustan dar recetas, dictar mandamientos y sugerir preceptos para jugar con éxito en la bolsa.

Soros plantea, entre muchos otros, dos lineamientos prioritarios:

- *"Discierna el caos y puede llegar a ser rico"*. Todos o casi todos entran en la bolsa para hacerse ricos. Pocos lo logran. Es muy difícil porque el mercado es caótico. El caos (la confusión, el desorden, la maraña de sucesos) del mercado se tiene que discernir (separar un elemento de los otros, señalando las diferencias que hay entre ellos). Desenmarañar algo cuya naturaleza es eso, el desorden continuo, es un quehacer titánico. Requiere sangre fría en un círculo donde la sangre suele hervir con suma facilidad, conocimientos suficientes en un entorno donde todos dicen saber y pocos realmente están conscientes que casi no saben nada y, sobre todo, actuar en el presente pensando en el futuro en un medio donde todos quieren cosechar mucho y rápido. Por eso, discernir el caos se puede plantear con tanta sencillez como la panacea.

■ *"El mercado siempre está equivocado, así que si copia lo que alguien más hace en la bolsa, se está condenando a volverse pobre"*. Las reacciones en el mercado están concatenadas. Los pequeños inversionistas copian el modo de actuar de los medianos y éstos siguen a los grandes inversionistas. Todos esperan que alguien actúe para hacer lo mismo. En una zona neutra, cuando todos están agazapados en espera de que alguien suelte su ánimo, todos salen a tomar posiciones visibles una vez que se esboza la tendencia. Ese modo de proceder, en fila, uno detrás de otro, es la constante del comportamiento de la gran masa. Quien toma sus decisiones atendiendo lo que hacen los demás, dice Soros, está condenado a volverse pobre.

Los grandes especuladores (ángeles admirables, para muchos; demonios despreciables, para otros) han puesto sabor y sustancia a los mercados y han inspirado la actuación de miles de inversionistas.

Warren Buffet, quien convirtió 100 dólares en 14 billones (14 000 millones) después de 30 años es, a juicio de sus admiradores, "lo más próximo a un genio de las inversiones en el mundo moderno". Lo sea o no, sus logros son impresionantes y se han tratado de imitar a lo largo de las últimas décadas.

Dogmas técnicos, proposiciones para discernir parte del caos

El análisis técnico, que apasiona y motiva a los que lo conocen, brinda una enorme ayuda para discernir el caos del mercado, por lo menos una parte importante. El análisis técnico es una herramienta que se construye con datos históricos reales y que proporciona formaciones objetivas que cada cual interpreta y utiliza a su modo, subjetivamente.

Para utilizarlo bien, los expertos insinúan que se tiene que aplicar, al mismo tiempo, una serie de dogmas o axiomas[18] técnicos:

■ La regla principal, la más lógica, dice que hay que comprar barato y vender caro. Lo barato o lo caro, desde el punto de vista técnico, tiene sus vicisitudes. Un precio barato está cerca del punto de soporte y un precio caro ronda el nivel de resistencia. El dogma, pues, indica que hay que comprar en el piso del precio y vender en su techo.

■ Lo ideal sería anticiparse a la tendencia. Los que se unen a tendencias identificadas aspiran a ganar menos y se arriesgan más que los que generan las tendencias. El mérito de los que gustan del análisis técnico es aprovechar los patrones actuales para intuir el futuro y actuar antes que las cosas pasen. Saber lo que pasó y entender las formaciones que tuvo el precio son cuestiones inútiles si no se logra avizorar lo que viene.

■ Es necesario desarrollar sensibilidad (*feeling*). La sensibilidad se obtiene repasando todos los días los sucesos del mercado, sus movimientos, sus reacciones, y tratando poco a poco de predecir su dirección. Con el tiempo, la sensibilidad permite al participante intuir las tendencias, los ajustes y definir puntos adecuados de entrada y salida.

---

18 El término axioma, según se define, significa una proposición tan clara y evidente que no necesita demostración. Por eso Max Günter, en su libro: *Los axiomas de Zürich*, lista y explica muchos principios que —según él— deben seguir los inversionistas. Sus axiomas no se limitan al análisis técnico, comprenden todos los ángulos del mercado.

- El análisis técnico es objetivo y revelador. Empero, el público interpreta subjetivamente las revelaciones y toma decisiones. Por lo mismo, cada actor del mercado interpreta las formaciones técnicas de distinto modo. Las visiones distintas o contrapuestas de cada participante causan las fuerzas que mueven finalmente los precios. Por todo eso, nadie debería fiarse por completo de lo que deduce y hace el resto de los inversionistas. Cada quien debe analizar y anticiparse, en función de su precio de entrada o de su posición personal, a las formaciones que tendrá el mercado.

- Nadie debe tratar de engañarse. Cuando el precio ronda el nivel de resistencia, es momento de vender. Avorazarse y pretender un margen mayor de ganancia suele ser muy peligroso. Lo sensato es tomar las ganancias y salir, en espera de nuevas oportunidades.

- A menudo el público que pudo vender en el techo del precio se desprende del papel en medio de una tendencia de baja, por temor a perder cuando pudo ganar. Cuando no se vendió cuando se debía, debe evitarse cometer un segundo error. Desde el aspecto técnico, los precios repiten las formaciones al cabo de cierto tiempo. En esas circunstancias, lo mejor es esperar a que se agote el ajuste o tendencia bajista y tratar de vender en el nuevo ciclo.

- Otro error frecuente es comprar en medio de la euforia, cuando los precios están altos, y vender en medio del pánico, cuando los precios andan por los suelos. Según las formaciones técnicas y la lógica más elemental, las etapas de euforia marcan los niveles para vender, no para comprar, y los momentos de pánico son óptimos para comprar, no para vender.

- Hay veces en que no hay más que tomar pérdidas. Saberlas tomar también tiene su mérito. Hay que saber detectar cuanto antes que el precio no va a recuperarse o que continuará su destino negativo. En esos casos, aferrarse a una impresión personal o contradecir en vano la evidencia gráfica tiene costos muy elevados. En todo caso, hay que salir a tiempo, para no perder mucho.

- La desesperación es uno de los enemigos más letales del público. Es verdad que no es fácil tomar decisiones frías en medio de la vorágine, pero es algo que tiene que intentarse. El temple es una de las grandes virtudes de los inversionistas.

- Saber vender es tan importante como saber comprar. Si alguien se pasa mucho tiempo para determinar el momento oportuno de compra, sería razonable que no tomara arrebatadamente la decisión de vender. Lo óptimo, en circunstancias normales, es darse su tiempo para planear la salida y explotar la variedad de órdenes de venta a fin de evadir los riesgos de baja.

- Los conocedores aprovechan las zonas laterales para retomar posiciones. Mientras la mayoría prefiere abstenerse, ellos entran a sabiendas de que el mercado espera alguna señal para activarse y, cuando se activa, son los más beneficiados.

- No hay verdades absolutas en el mercado. Lo que para unos es una señal de compra para otros tal vez sea un indicador de espera. Cualquiera puede hablar con soltura del pasado; pero nadie puede presumir de saber con certeza lo que va a ocurrir.

- El que gana por primera vez suele creer que su análisis y decisiones fueron los correctos y acostumbra presumir. El que gana por vez primera le debe más a la suerte que a sus méritos. Sólo cuando se gana de manera consistente, a lo largo del tiempo, se podría ostentar que el análisis y las decisiones son adecuadas. El que lo logra, el que gana de esa forma, rara vez lo pregona.

Resumen

Las gráficas sirven para detectar tendencias, soportes, resistencias y pronosticar la trayectoria de los precios. La evolución de éstos presenta figuras y formaciones muy especiales que contribuyen a diagnosticar los cambios de fuerza de los precios y a entrever los niveles futuros.

En todo tipo de gráficas, el usuario puede ver una amplia clase de formaciones que apoyan la visión o perspectiva del camino esperado de los precios. Esas formaciones se identifican por medio de nombres un tanto curiosos. Para identificar tendencias primarias, por ejemplo, son útiles las formaciones tipo canal, los *rallies* y las líneas. Para advertir etapas de consolidación de tendencias, son valiosas las formaciones tipo triángulos o rectángulos. Para augurar cambios de tendencia, son recomendables las formaciones tipo "hombro, cabeza, hombro", los techos, los soportes, las formaciones tipo "V" y tipo "A". Para captar señales de advertencia, los rompimientos de nivel, las brechas, los regresos...

El análisis técnico es el favorito de muchos. Quienes gustan de estar inmiscuidos a diario en el mercado de capitales usan al máximo los escenarios gráficos. Es el tipo de análisis que prefieren los estudiosos, los que buscan aprovechar las oscilaciones frecuentes. Por lo expuesto, se puede decir que los tres grupos de análisis contribuyen por igual en la toma de decisiones: el análisis económico otorga una visión general, macro, según la cual se puede advertir si las condiciones del país son las adecuadas para impulsar el crecimiento, para activar alguno o varios sectores o empresas y para saber cuáles serían las consecuencias de incursionar en el mercado. El análisis fundamental centra la atención en los sectores —en particular en las empresas— y otorga las herramientas para detectar las que presumiblemente están o estarán mejor en función de los números, los factores cualitativos y los hechos económicos. El análisis técnico sugiere cuándo entrar y salir del mercado. Si ya se determinó que la economía tiene o tendrá un periodo brillante, por ejemplo, y que tal o cuál empresa se desempeña con éxito en ese entorno, no significa que la compra de sus acciones vaya a ser un éxito en cualquier momento. Aunque la economía y la empresa marchen bien, los criterios técnicos pueden reflejar que los precios están altos o que son momentos de salida o de toma de utilidades o que el precio en el mercado ya ha subido demasiado en función de las posibilidades de la empresa. Ahora que puede darse lo inverso: que haya momentos que desde el punto de vista técnico una acción presente una oportunidad impecable, por su cercanía al punto de resistencia, por sus volúmenes, por el rompimiento de una tendencia o por alguna señal relevante, pero que desde el enfoque fundamental tenga razones sobradas para rehuirle.

Lo mejor es combinar los elementos para decidir. La ventaja para el público es que el propio mercado ofrece los tres grupos de análisis; sólo tiene que encuadrarlos, sopesarlos y decidir.

Práctica

1. Tome la gráfica del índice de precios del mercado local correspondiente a los últimos 12 meses.

   a. ¿Cuál es la tendencia en que se encuentra? Explique su respuesta.

   b. ¿Qué clase de señales se advierten con las formaciones complementarias? Señale cuáles son y dónde se hallan.

   c. ¿Qué se sugiere hacer dadas las observaciones técnicas (comprar, vender, retener)? Explique su respuesta.

2. Vierta en una gráfica el índice del mercado local y el Dow Jones, ambos por los últimos 12 meses.

   a. ¿Cómo definiría el comportamiento del índice local respecto a la evolución del Dow Jones?

   b. Indique cómo percibe la fuerza (o debilidad) relativa del índice local respecto al Dow Jones. Explique su respuesta.

   c. Exponga qué tendencia seguirá el índice local según la influencia que advierte del Dow Jones.

3. En la práctica del capítulo pasado propuso algunas empresas con fortalezas fundamentales que, a su juicio, serían una buena oportunidad de inversión. Obtenga la gráfica de cada una correspondiente a los últimos doce meses; luego, señale y explique para cada acción:

   a. El comportamiento del precio en el periodo.

   b. Los puntos de resistencia y soporte en el mediano plazo.

   c. La tendencia posible del precio en el mediano plazo.

   d. Las señales que permiten diagnosticar y confirmar la tendencia observada.

   e. ¿Cuál es el precio óptimo de compra?

Entregue las gráficas que sustentan su análisis. Trace sobre ellas las líneas correspondientes a los soportes, resistencias y demás señales importantes.

Perfiles y objetivos de inversión

Tener dinero es tener problemas porque se debe saber destinar a la alternativa que lo haga rendir o producir beneficios. La mayor parte de los que tienen dinero piensa que lo primero que debe hacer es seleccionar la acción más atractiva, el título de deuda de tasa más alta o el fondo de inversión menos riesgoso y no, no es ese el primer paso. La mayor parte del publico actúa en el mercado sin tener claro si el instrumento que adquiere es compatible con su perfil de inversionista, si el título, fondo o producto se adapta al grado de riesgo que puede y debe tomar, al monto de su inversión, a su horizonte de tiempo o al destino final que va a darle a su dinero.

Lo primero que debe hacer quien desea participar en la bolsa es definir su perfil, es decir, debe tener claro si es un cliente conservador, agresivo, orientado al largo plazo, especulador, u otro. Que su perfil se adapte a un tipo o a otro depende de cuestiones subjetivas, personales, propias de cada quién: sus gustos, necesidades, el monto... y eso sirve para definir, por su parte, la clase y proporciones de títulos con que tiene que armar su cartera.

Este último capítulo encamina al lector a solucionar dos cuestiones fundamentales del mercado. Además de entender los diversos mecanismos de inversión, el funcionamiento de la bolsa y los factores que hacen que se muevan los precios, el público inversionista debe tener claras dos cuestiones cruciales: el perfil que asume y el objetivo que busca.

Aunque parezca que todos los inversionistas buscan lo mismo, la verdad es que cada uno trata de obtener beneficios distintos: el inversionista conservador tiene objetivos diferentes a los de uno que pretende mantener líquido su dinero; el que busca colocar sus recursos en alternativas de largo plazo no tiene el mismo propósito que persigue un especulador.

¿Qué debe considerar el público inversionista para defender su perfil? ¿Qué instrumentos debe adquirir para alcanzar su objetivo? Con la respuesta a estas dos cuestiones se cierra el círculo de lo que se tiene que estudiar para entender la bolsa.

Los demandantes de recursos tienen que atender sus necesidades internas para decidir el momento, el monto y el plazo a que deben estructurar sus esquemas de financiamiento y deben centrarse en las necesidades del público para determinar las características de los instrumentos con que van a documentar su captación.

Los oferentes, los inversionistas, por su parte, tratan de colocar su dinero en las alternativas que consideren más adecuadas en función de sus necesidades y de las posibilidades de ganar más, según las condiciones dadas por la economía y los riesgos que deseen correr.

Los criterios en que se basan las decisiones de inversión son genéricos, aplicables y útiles a toda clase de oferentes. Esos criterios también inciden sobre las posibilidades de financiamiento (siempre más particulares) y se pueden explotar de modo distinto por cada tipo de inversionista.

Para poder explotarlos en forma plena, el público inversionista debe saber qué objetivo concreto persigue, de tal forma que cada hecho, cada dato fundamental o patrón técnico, aunque sea igual para el mercado, puede adquirir distinto significado según los ojos de cada inversionista.

¿Qué tiene que tomar en cuenta cada persona para decidir la compra de un instrumento en vez de otro? ¿Cómo definir un objetivo? ¿Cómo se arma una cartera de inversión? Aunque la posición de más privilegio siempre es la del que tiene el dinero, la verdad es que procurar ganar o por lo menos no perder (cosa que ocurre con mucha frecuencia) significa una labor ardua y sistemática. Se tiene que considerar el entorno económico, los gustos, la aversión o preferencia por el riesgo, las necesidades de liquidez, etc. Cada uno tiene que evaluar el comportamiento periódico (mensual, semestral, anual) de los precios, de las tasas de interés, etc. El inversionista debe incorporar a sus parámetros de decisión todo elemento que considere valioso y que pueda enriquecer su panorama. No debe dejar de revisar el pasado inmediato, proyectar el comportamiento, seleccionar los instrumentos, revisar cómo se comportan con el tiempo... Tal vez parezca mucho o difícil. Quizá. De lo que no cabe duda es que todo eso es imprescindible.

10.1 Premisas esenciales: ahorro, inversión, especulación

Ahorro

Cuando la población piensa en ahorrar, lo primero que se le viene a la mente es llevar el dinero a un banco. ¿A qué se deberá que todo mundo piensa en los bancos?

Ahorro

Las formas de ahorro bancario son variadas y presumiblemente se adaptan a cualquier género de necesidades. Basta con darse una vuelta a alguna sucursal bancaria para percatarse de los instrumentos que ofrecen para depositar su dinero: pagarés, cuentas de ahorro, depósitos a plazo fijo, etc. Los bancos representan la forma de ahorro más común, la más fácil de entender, pero también la más rudimentaria y menos favorable. El dinero está seguro ahí y se ganan algunos intereses que no son, por mucho, los niveles porcentuales que se ofrecen en otras alternativas viables que son igual de seguras.

El ahorro es importante porque impulsa a la economía. Los recursos que las instituciones financieras captan del público se canalizan a las empresas y personas que los demandan para sus distintas actividades; por lo tanto, es la base para generar actividades económicas.

Inversión

En el lenguaje financiero de la actualidad, la palabra ahorro se ha ido sustituyendo en el plano mercadológico por un término más amplio y de mayor impacto: inversión. En la práctica, ahorro e inversión financiera son lo mismo. En términos estrictos, se debería interpretar como *ahorro* todos los recursos que se destinan al sistema financiero, como la compra de certificados o letras de la Tesorería; por su lado, *inversión* se referiría a la canalización de recursos a las actividades productivas que inciden en el flujo económico, como la inversión en una maquinaria o edificio. En la inevitable confusión de términos, podría determinarse que ahorrar es destinar recursos a instrumentos líquidos y de corto o mediano plazos, en tanto que la inversión sería la aplicación de fondos a modalidades de riesgo, con objetivos de largo plazo y con la expectativa de lograr beneficios más grandes.[1]

La mercadotecnia y el capitalismo contemporáneo han logrado el propósito de considerar la inversión como toda actividad financiera tendente a hacer crecer los recursos. En el lenguaje diario se dice "portafolios de inversión" o "inversión en acciones o bonos". Vamos a considerarlo así, para un manejo más cómodo de los conceptos.

Inversión

Especulación

He aquí un término de muchos significados y ambigüedades que produce tentaciones inevitables a hacer juicios erróneos y descalificaciones peligrosas.

En el lenguaje nuestro de todos los días, se adjudica el calificativo de especulador al comerciante que guarda o esconde alguna mercancía cuando sabe o intuye que su precio va a subir en poco tiempo. Cuando los precios suben, vuelve a poner a disposición del público los productos acaparados. Si bien esta acepción de especulación deja entrever una tendencia maliciosa y una práctica perjudicial para la economía, en el mercado de valores y, en concreto, en los mercados de riesgo, la especulación es una práctica común y necesaria.

Especular, en un sentido amplio, es actuar con raciocinio. El diccionario lo deja entrever en sus primeras definiciones, las originales: "mirar con atención una cosa para reconocerla y examinarla"; "meditar, reflexionar con hondura, teorizar..." Eso hacen los especuladores.

Especular

Los especuladores benefician a los mercados por varias razones valiosísimas, como ya se ha apuntado, especialmente en el capítulo 3: asumen los riesgos que la mayoría del público prefiere evadir; generan liquidez, anticipan tendencias, etcétera.

La especulación bursátil es el juego favorito de muchísimas personas. Es un juego de riesgos incalculables, eso sí. Un especulador es alguien de absoluta cultura económica, política y financiera que sabe, domina y prevé los escenarios y reacciones de los mercados. Por lo general, es un profesional de su actividad, es decir, vive de lo que obtiene de su quehacer en las bolsas.

Hay una marcada diferencia entre los que ahorran y los que especulan. Ahorrar o invertir es tratar de hacer productivos los recursos. Especular es tratar de realizar las máximas ganancias posibles en tiempos cortos.

---

1 Por eso en la materia universitaria Administración financiera se evalúan los proyectos de inversión que consisten en eso, en invertir en bienes de capital.

Como dijimos en su momento, los especuladores abastecen a las empresas o entidades que salen a financiarse al mercado primario y hacen posible que exista y se mueva el mercado secundario. Si todos los que compran acciones, por ejemplo, se abstuvieran de venderlas pronto y decidieran conservarlas por mucho tiempo, llevando a la práctica la máxima de que la inversión en acciones es de largo plazo, es decir, si todos decidieran esperar un par de años, por lo menos, no habría mercado secundario. Todos comprarían una sola vez, en el mercado primario, nadie soltaría sus acciones y muchos se quedarían con las ganas de participar; al no haber mercado secundario, no habría bolsas, todas las colocaciones se harían de manera privada, directamente a los interesados. Los especuladores, pues, dan vida, parece mentira, a la estructura organizacional del mercado.

10.2 Perfil del inversionista

Los oferentes de recursos tienen diferentes necesidades y actúan en los mercados guiados por diversos móviles: la seguridad, las preferencias, la aversión o el gusto por el riesgo, el afán de ganar mucho, la liquidez, etcétera.

Los perfiles de inversión se delinean según los objetivos.

Perfil de los novatos: liquidez y seguridad

Inversionista novato o inexperto

Los principiantes o inexpertos, que desean conocer las bondades de la bolsa y que por eso no debieran arriesgar, tienen características fácilmente identificables:

- Cuentan con pocos recursos.[2]
- Conocen muy pocos instrumentos.
- Aunque algunos están dispuestos a arriesgar, no están preparados para perder.
- Es necesario que vayan conociendo el mercado poco a poco.
- Una buena forma de conocer los vericuetos de la bolsa es adquirir instrumentos sencillos y seguros, como los de deuda de corto plazo.
- Conforme aumentan sus recursos y conocimientos, sobre todo su sensibilidad, pueden ir ampliando la gama de instrumentos a que destinen su dinero.

¿Cómo saber si alguien es novato? Fácil, este tipo de clientes es el que hace varias preguntas a bocajarra, sin analizar, como las siguientes:

➡ ¿Cuál es la mejor alternativa?

➡ ¿Qué instrumento paga la tasa más alta?

➡ ¿Cuánto voy a tener al final del plazo?

➡ ¿Mi dinero está seguro?

Los novatos deben tener como objetivo la seguridad, los rendimientos competitivos y la liquidez. Los papeles con que pueden cumplir su objetivo son los certificados del tesoro, los

---

2 Claro que ninguna de estas características es rigurosa. Puede haber novatos con mucho dinero y grandes conocedores con poco dinero. En la práctica, los que se inician suelen tener poco dinero. De cualquier forma, es saludable que los novatos comiencen a tantear el mercado con poco dinero y aumentarlo conforme lo conocen.

pagarés bancarios, el papel comercial y, si sienten que pueden arriesgar algo, pueden destinar parte de su dinero a un fondo común.

Es inadecuado que un novato que no conoce bien el mercado y que lo que piensa invertir sea lo único que tenga, lo arriesgue. Nadie debería jugar con lo que debiera destinar a un proyecto mayor o a su manutención. Eso sí, lo peor que haría sería que ese dinero estuviera inactivo o lo colocara en una alternativa que le pagara menos que la inflación. Tan dañina puede ser la primera cuestión como la segunda.

Con poco dinero es difícil armar un portafolio diversificado. El novato, en esos casos, debe conformarse con dos o tres papeles o tal vez con uno solo. Es más, lo idóneo para ellos sería un fondo de deuda de liquidez o corto plazo, ya que por su limitada cantidad de recursos es difícil que los intermediarios acepten abrir una cuenta para invertir directamente en los papeles que suelen reservar para los grandes jugadores. En cambio, la filosofía de los fondos de inversión está pensada para ellos.

Perfil conservador de largo plazo: los fondos de pensiones

El conservador es adverso al riesgo, por lo que busca que su dinero rinda sin estar sujeto a los sube y bajas de los precios ni a las variaciones del tipo de cambio. Los fondos de inversión, en esa línea, se crean con esa base, la del objetivo concreto de que el dinero crezca, en términos reales, al cabo de mucho tiempo. De acuerdo con su objetivo, se eligen los instrumentos y el modo de inversión.

Un fondo[3] de pensiones, en cambio, cuyos recursos se integran con las aportaciones de los trabajadores para que constituyan un monto suficiente que les permita vivir cuando se retiren, tiene ciertas necesidades que no son las que presenta otro tipo de fondo o inversionista. Las características que identifican a un fondo de pensiones como inversor conservador son, entre otras:

- Los recursos van a servir para vivir en el futuro y, por lo mismo, no pueden destinarse a las alternativas de alto riesgo.

- Los fondos de pensiones cuentan con muchos recursos. Son el tipo de cliente que mayor dinero dispone para invertir.

- Los trabajadores pueden disponer de ese dinero hasta en un futuro muy lejano, por lo que la liquidez, entre tanto, es irrelevante al fondo, dado que no la necesita.

- Al no requerir liquidez, pueden otorgar el uso del dinero por periodos grandes, procurando obtener los rendimientos más altos posibles.

- Como su horizonte de inversión es de muy largo plazo, pueden comprometer sus recursos en instrumentos de deuda de mediano y largo plazos que son las que mayor tasa de rendimiento confieren.

- Sus grandes cantidades de recursos hacen que los fondos de pensiones puedan presionar por tasas más altas, mejores papeles y precios más bajos.

- Sus objetivos de inversión consisten en conservar el poder adquisitivo de sus recursos, tener rendimientos reales altos, superiores a la inflación, y estar cubiertos contra las posibles devaluaciones de la moneda.

---

3 Los fondos de inversión, como se expuso a profundidad en el capítulo 6, están diseñados para buscar un objetivo concreto. Ésa es una prueba de que en el mercado se debe actuar conforme a objetivos y perfiles previamente trazados y de que no se debe invertir sin ton ni son.

Con esas consideraciones, ¿a qué tipo de instrumentos debe canalizarse el dinero de los trabajadores?

Si descartamos el alto riesgo, debemos rechazar los valores que lo contienen ¿Cuáles son? Los del mercado de capitales, las acciones y las sociedades de inversión comunes.[4] Por lo anterior, la inversión de los trabajadores afiliados debe orientarse a títulos de deuda.

Si no hay necesidad de mantener instrumentos líquidos, los títulos de deuda que se elijan deben ser de largo plazo que, por consecuencia, contienen tasas más altas. Por ello las SIEFORE eligen valores gubernamentales de mediano y largo plazos.

Los valores que pueden conferir rendimientos más altos que la inflación son, entre otros, los bonos gubernamentales de mediano y largo plazos (Bonos del Tesoro, Bonos bancarios, Bonos corporativos); algunos de los que otorgan cobertura contra fluctuaciones cambiarias son los valores internacionales que se pueden adquirir en las bolsas locales.

Para lidiar en la adversidad, los administradores de fondos de pensiones son precavidos y adquieren papeles referidos al dólar o que otorgan cobertura cambiaria.

Los fondos de pensiones deben conservar cierto grado de liquidez para sortear eventualidades y, sobre todo, satisfacer los requerimientos de efectivo que realicen los trabajadores que tengan derecho a hacer retiros. Los valores líquidos son los de corto plazo: certificados del Tesoro, pagarés bancarios, papel comercial, etcétera.

¿Cómo se denomina el perfil de los fondos de pensiones? Según sus necesidades y los papeles con que las satisface, se puede decir que el perfil de los trabajadores que aportan recursos para su retiro es el de inversionistas conservadores o moderados.

Perfil de los conocedores: rendimientos altos

Los conocedores o los que presuman serlo, tienen como objetivo obtener rendimientos elevados. Para lograrlo, asumen cierto nivel de riesgo, mucho o poco, según su preferencia o el retorno que deseen.

Las características genéricas[5] que tienen los conocedores son:

- Cuentan con sumas mayores de dinero de la que disponen los novatos.

- Por lo general dominan los instrumentos de deuda y saben a qué atenerse con las acciones.

- Puede haber conocedores con preferencia por el riesgo o con aversión hacia éste.

- Si gustan del riesgo, invierten en acciones o en algunos otros instrumentos todavía más riesgosos.

- Si tienen aversión por el riesgo, invierten en bonos de mediano y largo plazos, bancarios y corporativos.

- El conocedor estipula claramente el rendimiento que pretende y el plazo en que desea lograr su objetivo: seis meses, un año, dos años...

---

4 En algunos países, las leyes permiten a los fondos de jubilaciones y pensiones invertir en acciones. Se les permite porque está probado que la inversión en acciones, a muy largo plazo, es más productiva que la inversión en bonos. En los mercados emergentes, en México, por ejemplo, las autoridades estaban reacias a abrir el régimen de inversión de las SIEFORES para que pudieran comprar títulos de capital. Retirarse bien, como accionistas, es una ventaja que debería aquilatarse y que podría otorgarse a los trabajadores, al menos proporcionalmente, en países como ése.

5 Hay de conocedores a conocedores y de objetivos a objetivos. Lo que se presenta aquí es una lista que incluso podría abrirse más, para formar distintas categorías de conocedores y perfiles.

Según sus preferencias y necesidades, los conocedores pueden ser inversionistas conservadores, de mediano plazo, agresivos o, por qué no, especuladores. Si un conocedor gusta del riesgo y mantiene excedentes que no le son prioritarios para planes serios o cuestiones delicadas, puede invertir en acciones. La cualidad principal de los que invierten en acciones es que saben que pueden perder y se preparan para ello. Cuando un conocedor pierde no hace tragedia. Saber que se puede perder debe estar en el libreto; es parte inmanente del juego. Por eso el conocedor absorbe su pérdida con carácter.[6]

Hay acciones para todos los gustos y objetivos: los conocedores más agresivos optan por las acciones de las empresas medianas, con perspectivas de crecimiento. Los inversionistas más cautos se inclinan por acciones de los grandes emporios, que crecen a ritmos más pausados y que acaso confieren un grado de riesgo menor.

El conocedor que no quiera arriesgar mucho puede comprar bonos corporativos porque son los que pagan tasas más altas, y se puede dar el lujo de elegir, claro, conforme a la calificación, el tipo de papel, la forma de pago de la tasa y las demás cualidades del papel.

El conocedor diversifica, si su monto se lo permite; no destina todo su dinero a un instrumento. Recarga la mayor parte en los títulos con los que piensa que puede lograr su objetivo. Como sea, sabe que su portafolio debe contener, aunque sea en dosis pequeñas, algo de liquidez, y, como consecuencia, algún instrumento de deuda.

Perfil del especulador: ganar mucho y pronto.

Un especulador, que busca ganar mucho y pronto, tiene características temerarias:

- Cuenta con fuertes sumas de dinero.
- Conoce profundamente los mercados.
- Es un profesional del mercado. Su negocio es invertir en la bolsa.
- Es un participante asiduo de la bolsa.
- Gusta de las emociones fuertes.
- Sabe que puede perder mucho.
- Tiene sangre fría.
- No espera las tendencias, las produce.

El especulador, que gusta y asume los riesgos implícitos, que está dispuesto a perder, tiene que desechar los títulos de deuda porque no pueden ayudarle a conseguir sus objetivos, mismos que sí puede lograr con las acciones.

Especuladores

Ahora bien, si de acciones se trata, debe conformar su cartera con las de las empresas de alto potencial de crecimiento o que tengan planes agresivos de expansión. Tiene que armar su portafolio con una perspectiva de mediano plazo y, más que todo, procurar mezclar los valores; es decir, comprar, esperar a que los precios suban y vender con rapidez, volver a comprar otros valores y venderlos una vez que le reporten ganancias.

El especulador adquiere bonos y certificados o pagarés como complemento o transitoriamente, cuando está al acecho de una oportunidad.

---

6 Una forma de reconocer a los inversionistas inexpertos es que cuando pierden mucho, difícilmente vuelven a comprar acciones. La mayor parte de los que perdieron fuertes sumas en el *crack* de 1987 todavía lo platican porque fue la primera y la única vez que perdieron. Por eso se pasan la vida contándolo. Ellos arriesgaron porque eran novatos: no estaban preparados para perder. Los conocedores han perdido varias veces y rara vez lo platican con tanto ahínco.

Definir el perfil, vital para ser inversionista

Se expusieron cuatro perfiles genéricos: el del inversionista que quiere comenzar a serlo; el del tipo de cliente que está dispuesto a esperar media vida para tomar sus ganancias, el que desea ganar mucho y el que pretende rendimientos altos y pronto. Por supuesto que hay muchos perfiles más, entre los que predomina, sin duda, el del que cree saber, que es un inversionista que representa peligro. No hay, eso sí, una lista que los identifique. Nadie debe entrar al mercado sin una intención definida o para ver qué sale.[7] Cada cual debe definirse según la cantidad de dinero de que disponga, sus necesidades y deseos.

Definirse como inversionista, adoptar un perfil, es vital para elegir los instrumentos, estipular los plazos de maduración de la inversión, establecer los rendimientos que tentativamente se esperan conseguir, otorgar al portafolio la dosis suficiente de liquidez, etcétera.

¿Quiere definir su perfil?

Algunos operadores de fondos, como Actinver: *http://www.actinver.com.mx/* proponen un cuestionario al público para definir su perfil de inversión. Puede acceder directo al cuestionario si visita: *http://www.actinver.com.mx/planea.asp?links=planeador.html*

Otros, como Charles Schwab: *http://www.charleschwab.com* le ayudan a definir y conseguir objetivos de inversión específicos partiendo de la misma base.

10.3 Fundamentos que se deben considerar en la elaboración del portafolio

Para actuar en la bolsa hay que tomar en consideración una serie de fundamentos que perfilan los gustos, las preferencias y las necesidades del inversionista hacia las alternativas idóneas. Tales fundamentos son el monto de recursos, el riesgo, el rendimiento, el plazo y la liquidez.

Monto de recursos: dime cuánto tienes y te diré en qué puedes invertir

Sí, aunque parezca cruel: el monto de dinero delinea el objetivo. No se puede forjar un objetivo agresivo con 1 000 dólares, ni se debiera definir un objetivo con preferencia por la liquidez cuando se cuenta con 100 000 dólares.

Los que cuentan con pocos recursos tienden a ser más cautos. No podrían diversificar —ni siquiera elegir dos valores diferentes—; tienen que conformarse con uno solo y básico, de deuda. Sin embargo, pueden participar en portafolios mutuos, ampliamente diversificados. Para eso, deben orientarse a un fondo de inversión.

A la variable monto hay que sumar varios aspectos inherentes: la edad, lo que se quiere hacer luego con ese dinero, las restricciones de los intermediarios, entre otros.

---

7 "A ver qué sale" es una frase muy popular en México. Se usa cuando la gente deja sus propósitos más al azar o a la buena fortuna que a sus esfuerzos.

No hay qué desanimarse: muchos de los que son ahora jugadores de respeto comenzaron con muy pocos dólares.[8]

Riesgo: la sombra incómoda

Riesgo es la posibilidad de sufrir pérdidas. Está latente e incluso presente en todo momento y prácticamente en todos los instrumentos del mercado de valores —desde luego, en unos más que en otros—. El inversionista debe tener definido el grado de riesgo que está dispuesto a asumir, según su objetivo, e identificar los niveles de riesgo que contiene cada uno de los valores.

Riesgo

Todos los valores contienen riesgo, incluso los de deuda de corto plazo; por lo tanto, con todos se puede perder. En unos, como los certificados gubernamentales, la posibilidad de perder está más acotada, mientras que en las acciones el riesgo es más viable.

El riesgo también depende del plazo: mientras menor es, menor riesgo, a mayor plazo, más riesgo.

Rendimiento: objetivo innegable

Hay una relación estrecha en todos los proyectos y mecanismos de inversión: a mayor riesgo implícito, mayor rendimiento esperado. Si se piensa en títulos de deuda que, como se sabe, contienen un riesgo moderado (riesgo al fin), el rendimiento que se puede lograr es menor. En esos títulos, mientras mayor sea la posibilidad de incumplimiento de pago del emisor, más alta es la tasa de interés. En el mercado accionario, los riesgos son altísimos y, por eso, cabe la posibilidad de obtener rendimientos elevados. Si un cliente compra una acción de Teléfonos de México, Telebrás, o Yacimientos Petrolíferos Fiscales, sabe que puede lograr, si las cosas van bien, 40% de rendimiento o más, en un año. Pero el conocedor está consciente de que podría tener, sin que fuera sorpresa, 40% o más de pérdida.

Rendimiento

El público debe estipular sus objetivos de rendimientos sin que se trate de pretensiones inalcanzables: un novato conservador, con poco dinero, no puede aspirar a ganar 50% en un año. Los manejadores de fondos de pensiones saben que tienen que hacer crecer el dinero de los trabajadores más que la inflación. Si ésta aumenta 10% al año, deben lograr 12 o 13%, aproximadamente.

Plazo: el horizonte de la inversión

Como cualquier otro proyecto, la inversión bursátil requiere tiempo de maduración. Se entiende que un proyecto "madura" cuando comienza a reportar beneficios. Los títulos de deuda maduran al vencimiento, cuando se recibe el dinero que se prestó, junto con los intereses respectivos. Ésta es la razón de que la fecha de vencimiento se denomine en inglés *maturity date*. La inversión en acciones madura según los proyectos y resultados de la empresa emisora. A veces toma un año, a veces dos o más.

En cualquier caso, el inversionista debe establecer el lapso en que piensa que podrá palpar los beneficios sobre lo que ha invertido y considerar, por supuesto, que en ese lapso se pueden

---

8 Warren Buffet, uno de los grandes especuladores del siglo, comenzó su carrera a mediados de los años 60 con 100 dólares.

materializar los riesgos inherentes. Un objetivo debe comprender un lapso determinado: los administradores de fondos de pensiones saben que sus logros mensuales no significan gran cosa, que lo importante es lo que consigan al cabo de muchos años; un inversionista de mediano plazo estipula un año o dos para conseguir su objetivo.

Plazo

El *plazo* es vital porque a veces el inversionista se siente tentado a salirse sin haber conseguido sus metas porque en el mercado reina la incertidumbre, el nerviosismo o el pánico. Ante todo, debe tener en mente su horizonte de inversión propuesto, el tiempo que había marcado para que su inversión madurase. Salirse antes de tiempo, sin haber conseguido su propósito, es común entre los inexpertos que, huelga decirlo, muchas veces entran al mercado sin saber cuánto tiempo necesita su inversión para madurar.

Liquidez: la dosis de efectivo necesaria

Siempre es importante mantener un margen adecuado de instrumentos líquidos (de deuda de corto plazo) para imprevistos o para tomar oportunidades esporádicas. Cada cual elige la dosis de liquidez que debe guardar su portafolio: un novato debiera mantener la mayor parte de su inversión en instrumentos líquidos; un cliente conservador quizá decida mantener 30% de su cartera en títulos líquidos; un inversionista agresivo, tal vez 20% o menos.

Detengámonos un momento. Estamos hablando de un término de varios usos, la liquidez. Ésta puede tener varios significados: se considera, antes que nada, como el disponible en efectivo o en valores de fácil conversión en efectivo, como los títulos gubernamentales o bancarios de corto plazo o en reporto; en una segunda instancia, puede decirse que dentro del mercado accionario también hay valores líquidos y poco líquidos: mientras más fácil sea negociar una acción en la bolsa, más liquidez tiene y viceversa. Preferir las acciones líquidas sobre las de menor liquidez agranda los beneficios y disminuye los riesgos. Si alguien adquiere una acción poco líquida y después de un tiempo su precio tiende a desplomarse, va a ser muy difícil o imposible salirse pronto del mercado.

10.4 Portafolio idóneo

La cartera (o portafolio) de inversión idónea se conforma con los títulos idóneos. ¿Cuáles son éstos? Los que reúnen una serie de atributos que sólo son compatibles con cada persona:

- El mejor instrumento es aquel que se acopla al objetivo del inversionista. El título que para uno es el adecuado para otro tal vez pase desapercibido. Para el que quiere liquidez, el mejor instrumento es aquel que le permite tener su dinero pronto, sin mayores contratiempos, en su bolsillo. Para un conocedor agresivo, el mejor instrumento es aquel que le genera el mayor potencial de rendimientos en un tiempo dado, aunque contenga una gran dosis de riesgo.
- El tipo de instrumento que se acopla al objetivo está entre los que el inversionista conoce. Por eso, no se debe elegir un instrumento desconocido.
- Para saber si un instrumento es idóneo se debe dejar madurar la inversión. Nadie puede saberlo antes.
- Hay que distinguir entre todos los instrumentos, los que son para ganar y los que son para no perder. Si el objetivo es no perder o cubrirse, nadie debe lamentarse por no ganar.

- No hay un instrumento que contenga todo.

No hay carteras infalibles. Aun cuando se haya hecho lo posible por volver compatible cada instrumento con el objetivo básico del inversionista, algo puede fallar. No hay carteras idóneas, en el sentido riguroso del término.

Resumen

Para tomar decisiones de inversión, es preciso dominar el cuadro general de instrumentos del mercado y definir una serie de elementos que delinean el perfil de cada inversionista y lo orientan a elegir los valores que se ajustan a su perfil y necesidades.

Los fundamentos que se expresaron en este capítulo están profundamente ligados. Si bien se trata de conceptos diferentes, los preceptos descritos no deben verse de manera aislada, porque cada uno representa apenas un fragmento que, al unirse con los otros, forma una plataforma.

Este capítulo, y el libro en general, constituyen un primer paso para la elaboración de un portafolio. Con la interpretación de estos fundamentos generales, el público puede plantarse mejor frente a los instrumentos del mercado y dar cauce a las complicaciones del intrincado mundo de la bolsa.

Práctica

Como resultado de sus investigaciones y análisis y a manera de conclusión general, proponga una cartera con valores de los dos mercados (dinero y capitales). Puede incluir sociedades de inversión, si así lo considera. Elija los valores atendiendo a los criterios contemplados a lo largo del libro y, especialmente, como colofón de los tres anteriores. Considere un monto de inversión acorde al perfil de inversionista que adopte. Si lo estima conveniente, considere comisiones.

1. Se han expuesto los factores que debe tomar en cuenta para adquirir los mejores instrumentos de inversión en el mercado. Usted va a elegir los instrumentos según las circunstancias del mercado y atendiendo a su perfil como inversionista (conservador, agresivo, de largo plazo, de formación de capital, especulador, etc.). Con todo lo que se ha comprendido, ¿qué tipo de perfil adoptaría como inversionista y qué objetivo buscaría, según su perfil e intenciones personales?

2. ¿Qué características y necesidades personales ha tomado en cuenta para definir su perfil y objetivo?

3. Presente un cuadro que ilustre cómo ha estructurado su cartera. Puede presentarlo según los ejemplos de los cuadros 10.1 y 10.2 que siguen. Tenga presente el monto de que dispone para invertir y los principios básicos, plazo, rendimiento, riesgo, diversificación, etc.). Los valores que integran su cartera deben ser congruentes con su perfil de inversionista.

Cuadro 10.1 Cartera de mercado de capitales	Número de títulos*	Acción	Serie	Precio de compra	Fecha de compra	Importe	% Mercado de capitales	% de cartera total
	10 000	Telmex	L	25.00	7/12/ 04	$ 250 000	29.41	18.52
	8 000	Cemex	CPO	36.00	7/12/ 04	288 000	33.88	21.33
	13 000	Televisa	CPO	24.00	7/12/ 04	312 000	36.70	23.11
	TOTAL					$ 850 000	100.00	62.96

*Recuerde aplicar la tabla de LOTES.

Cuadro 10.2 Cartera del mercado de deuda*	Número de títulos	Tipo de de papel	Serie	Fecha de compra	Tasa de Rend.	Plazo	Precio	Importe de inversión	% mdo. deuda	% de de total
	20 272	BCETE	001228	30/12/00	17.50	28 días	$ 9.8657	199 997.47	40.00	14.81
	30 436	INAFIN	001228	30/12/00	18.05	29 días	$ 9.8566	299 995.47	60.00	22.22
	TOTAL							$ 499 992.94	100.00	37.04

* Recuerde aplicar las fórmulas de valor real, valor nominal, tasa de descuento y de rendimiento.

4. Análisis de valores. Describa de manera sucinta los aspectos que lo han motivado a adquirir cada uno de los valores del mercado de capitales, atendiendo los criterios siguientes:

a. Análisis fundamental. Justifique sus compras en función de las perspectivas de las empresas, de los proyectos que tengan, de la evolución de las ventas, de los resultados esperados, de los múltiplos UPA, Precio-Valor en Libros, de los cambios que sufran o se prevean para las empresas en sus cuadros directivos, etcétera.

b. Análisis técnico. No basta que las empresas que haya elegido estén bien financieramente y dentro del contexto económico que usted haya descrito. Como accionista, por aventurarse a participar en el mercado de capitales, tiene que buscar el momento oportuno, el precio óptimo de sus valores, debe procurar seleccionar las acciones que no estén muy caras o que, atendiendo a los aspectos del análisis fundamental, crea que se encuentran baratas en el mercado secundario. Al respecto, debe sustentar su selección argumentando la bursatilidad del título, las tendencias presentes y esperadas de sus precios, los niveles de resistencias y/o los soportes establecidos por los distintos analistas, los volúmenes negociados en las jornadas o semanas previas, etcétera.

5. Tiempo de maduración y rendimiento esperado. Exprese cómo es que los valores y proporciones con los que ha conformado su cartera servirán para conseguir su objetivo y en qué tiempo piensa que lo alcanzará.

Epílogo:
La revolución de los
mercados Finacieros

Al encuentro del porvenir

Dentro del estrecho pasaje que une el salón "Azul" con el salón principal del piso de remates, debajo de un techo cercanísimo a las cabezas, en medio de un tráfago más tranquilo que el de costumbre, es posible advertir las asechanzas del futuro en la bolsa de Nueva York: casi nada del inmenso papelerío de siempre, menos gritos y desenfrenos, cada vez más pantallas y un silencio que antes era imposible y que ahora es cada vez más perceptible.

Los adelantos de la tecnología, que transformaron poco a poco los pisos de remates, los productos, el modo de girar instrucciones, la vigilancia, amenazan con hacer desaparecer *the trading room*, el recinto generacional del intercambio accionario, lo que en Manhattan, como en ninguna otra parte del planeta, congrega reflectores, cámaras, reporteros y curiosos. Porque, es ocioso decirlo, el piso de remates de la NYSE es uno de los objetivos turísticos más obligados y recurrentes.

Wall Street se mueve. Hay movilización de todo lo que conforma a uno de los tres grandes corazones financieros del mundo. Los intermediarios, las bolsas, la clientela y todos los demás actores de los mercados financieros se repliegan en sentido físico y se expanden tecnológicamente por y para los avisos del futuro. La globalización, los mercados electrónicos, la negociación vía Internet, colocan en una tabla endeble la supervivencia física de los mercados, la forma clásica de operar en el piso de remates, la subsistencia de los asesores y todo la formalidad rígida de antaño.

Tecnología: operar desde casa

A mediados de los 80, Londres atrajo una cantidad desmesurada de intermediarios de todo el orbe que, una década y media después, comenzaron a aplicar la reversa.

Hace algún tiempo, al subir por las escaleras de la estación *Bank* del metro a la plazoleta de *The Royal Exchange* o al caminar por *Cannon Bridge*, uno se topaba con un sin fín de agentes y empleados de intermediarios.

El desarrollo del mercado ha incrementado la operatividad pero ha disminuido el personal. Con los nuevos sistemas de negociación, los intermediarios pueden operar desde casa, sin tener representantes en *The City*, el público puede girar instrucciones por Internet o desde sistemas alternos.

La actividad bursátil en Londres, que durante siglos giró alrededor de los hombres del dinero, se concentra ahora en las máquinas. En *The City*, los nostálgicos se quejan de que lo que era una élite de financieros es ahora un círculo de ingenieros en sistemas. Por eso, y por muchas incompatibilidades ideológicas, no prosperó la fusión largamente anunciada entre las bolsas de Frankfurt y de Londres. Después de meses de estudio, concluyeron que lo mejor era seguir separadas. La fusión hubiera marcado el principio del fin de las bolsas locales y el inicio de la era de la globalización plena.[1]

Pero esa fusión que a fin de cuentas se vio frustrada hizo ruido. A la par surgió un proyecto ambicioso que parece ir en serio: la creación del Mercado Accionario Global, *Global Equity Market, GEM*, un proyecto liderado por la Bolsa de Nueva York y que agrupa a los mercados más importantes (se excluyeron las dos bolsas más fuertes de Europa, la de Londres y la de Frankfurt) para procurar una integración mayor, no sólo la interconectividad. La tecnología es otra vez la punta de lanza del futuro.

Internet: mercado sin asesores, desde el campo o la cocina

La ancha red mundial, Internet, está siendo explotada para desarrollar el mercado. En la mayoría de los portales se da cuenta de los indicadores bursátiles y en muchos se ofrecen transacciones en línea. Gracias a la Wide World Web el mercado goza de una difusión que no tuvo nunca.

En algunos países, la red se usa sólo como medio alterno para girar instrucciones de compra y venta, ver las cotizaciones, consultar movimientos, liquidar y recibir estados de cuenta. En la mayoría se explota como medio de información y análisis y para hacer simulaciones de carteras. En otros, su uso es más profundo: la clientela puede hacer llegar órdenes directamente al mercado.

El modo de hacer mercado por Internet ha replanteado la actuación de los intermediarios, del público y ha provocado un replanteamiento de las disposiciones.

Para los intermediarios, la red es el medio idóneo de hacer llegar fácilmente, en tiempo real, el cúmulo de información que antes se tenía que imprimir y enviar y ha reducido de manera considerable los costos de operación. Por ello, para el público operar por la red resulta mucho más económico.

A pesar de sus ventajas evidentes, la Internet ha provocado ciertos dilemas y efectos contraproducentes: como todo lo que el público quiere saber y todos los elementos que necesita considerar para tomar decisiones están en la red, la función de los asesores financieros está siendo desplazada. Los asesores, cuyas funciones se habían reducido a recibir órdenes, tendrán que empezar de nuevo, deberán hallar nuevos modos de generación y supervivencia.

Antes, el público tenía que llamar a su asesor para sensibilizarse de la situación del mercado. El asesor repetía a cada uno de sus clientes su percepción muy personal y muchas veces insuficiente, les transmitía las cotizaciones que veía en sus monitores y les leía parte de los documentos que recibía de sus áreas de análisis. Ahora, el público puede hacer todo eso desde su computadora. Los asesores, quiérase o no, puede que estén en jaque.

---

1   En 2004 Frankfurt lanzó una nueva oferta para adquirir la LSE. El nuevo intento tampoco fue aprobado por la junta de la bolsa británica.

Otro de los dilemas de la Internet es la regulación. La práctica y la realidad avanzaron más rápido que las disposiciones. La maraña legislativa debe conducir a canales y figuras más amplias que hagan posible la autorregulación, la seguridad en las transacciones, la plenitud de las negociaciones en línea, la equidad para todos los participantes y la amplitud del mercado.

La Internet, es irremediable, reducirá los costos de transacción, captará más inversionistas y provocará una mayor contracción de las actividades físicas.

Una nueva oleada de inversionistas se avecina. Esta nueva clientela, muy diferente en todo al público tradicional, puede ser el detonador de la activación y desarrollo de mercados como los de la región, que sufren un pasmo devastador.

Clientes pequeños: nuevo motor de los mercados

Después que el chico que le lustraba los zapatos le comentó sus expectativas, Joe Kennedy se alarmó y decidió vender todo. Su temor tenía fundamentos: cuando los limpiabotas o taxistas hablan de acciones y dan opiniones de compra o venta, la bolsa se ha vuelto tan popular que es prudente cerrar el portafolio. Ésa fue la señal de salida que anticipó el *crack* de 1929.

Antes de aquel octubre, el mercado había crecido como una burbuja. El factor causante fue el mismo que lo impulsaría en el otro gran *boom* del siglo XX, el de 1987: el frenesí que motivó la llegada de inversionistas súbitos, repentinos, incontrolables, que se volcaban atraídos por el ansia de ganancias rápidas y fabulosas; el júbilo que infló los precios sin que nadie reparase en factores realistas y en los riesgos naturales de la inversión accionaria.

Kennedy era la imagen viva de los actores serios que desconfiaban de la enorme popularidad de la bolsa. Cuando notó que el mercado era tema común de cocineros, limpiabotas y hasta de mendigos, llamó a su agente y vendió sus acciones. Su temor se hizo realidad unas semanas más tarde: la bolsa se desmoronó estrepitosamente.

Los más castigados por el *crack* de 1987 fueron los que habían entrado sin conocer el funcionamiento ni la otra cara de la bolsa.

Ese tipo de clientela, al menos en México, podía participar gracias a que las casas de bolsa tuvieron que abrir cuentas con montos mínimos de 500 000 pesos (500 pesos de hoy, menos de dólares). El bajo monto propició que medio mundo quisiera ser accionista sin saber lo que esto significaba.

Después del *crack*, las casas de bolsa pudieron ajustar sus montos de entrada y hacer inaccesible el mercado a quienes no tuvieran una fuerte suma[2] y, con ella, era de suponerse, los conocimientos básicos.

Sin esa clientela la bolsa tuvo beneficios y perjuicios, pudo madurar y desarrollarse; pero también se redujo su magnitud, su capacidad de financiamiento, la operatividad del mercado secundario y, obviamente, las utilidades de los intermediarios.

Los mercados se abren hoy, por fin y en definitiva, a la clientela pequeña. Las instituciones de los países emergentes pretenden que sus bolsas se desarrollen gracias a los clientes que hasta

---

2 Ahuyentar a la gente de la bolsa fue un asunto de toda la vida: Robert Sobel, en su libro *Panic on Wall Street* contaba que el *Journal of Commerce*, en 1857, brindó un consejo religioso: "Apártate de la bolsa y de las preocupaciones mundanas..." Antes, en 1837, a propósito de otro delirio bursátil, un predicador persuadía a las masas de buscar tesoros en el cielo argumentando que eso podía hacerse con poco dinero...

hace poco estaban relegados y cuya participación procuraba evitarse. La apertura no debe ser tan a la ligera como lo fue antes. Los intermediarios deben dar a esa clientela lo que no se preocuparon por darle a lo largo de todo un siglo: educación bursátil. La tarea es titánica, pero factible. Ya hay, aislados, algunos avances: varias universidades contemplan la bolsa en sus estudios; las editoriales ya invierten para difundir la cultura del mercado; los jóvenes se inmiscuyen cada vez más; los operadores de fondos, con base en la educación, penetran poco a poco en ese olvidado y generoso segmento.

Cuando se advierte que el grueso de la gente que teme perder su dinero por una nueva crisis piensa que comprar dólares es el único remedio o el más adecuado para cubrirse (esas ideas rústicas de cobertura las conciben profesionistas, taxistas, académicos y, para variar, boleros), se perciben dos cosas vitales: una, que la educación financiera está en pañales; dos, que el mercado tiene un potencial ilimitado porque puede educar, dar más opciones a esa parte mayoritaria de la población y hacer que el mercado se expanda.

Se debe procurar atraer de nuevo a la clientela que antes nadie quería —esto es definitivo—; pero hay que hacer el esfuerzo de educarla.

Una de las formas de atracción es la Internet. Como con este medio el público tiene la ventaja de abrir su cuenta otra vez con mínimos bajos (3 000 dólares, en promedio) y como las comisiones son menores (se estiman promedios de 0.50% por transacción) que las que se cobran por el método tradicional de envío de órdenes, es muy probable que pronto el mercado refleje una nueva euforia que, en todo caso, se debe procurar que sea diferente.

Los mercados de la región terminaron el siglo con grandes transformaciones y adecuaciones indispensables y con una plataforma para hacerlos compatibles con los grandes mercados internacionales; pero —lamentablemente— carecen del activo principal: el público inversionista y, sin él, está visto que no pueden activarse.

Las instituciones se habían tomado al pie de la letra lo de evitar que participara el tipo de clientes que Joe Kennedy miraba con recelo. Ahora será necesario pedirle que vuelva.

Cambio de bases históricas de propiedad empresarial

Sabemos que en Latinoamérica la propiedad de las empresas es preponderantemente familiar. El núcleo de control, por lo general las cabezas de una familia, se opone a que terceros participen en el capital y en las decisiones, y se resisten, sobre todas las cosas, a hacer pública y transparente su información legal, técnica y financiera. Esa oposición y resistencia impide que las empresas se financien en la bolsa y obtengan recursos para crecer. La concentración de la propiedad empresarial en pocas manos (a veces sólo en dos) es algo que debe dejar de ser.

De que esa forma anquilosada prive en la economía, obvio, no tiene la culpa la bolsa. Eso sí: la bolsa puede y debe trabajar para cambiar esa costumbre latina de propiedad de las empresas. Para ello, no sólo debe configurar nuevas secciones, como el malogrado "Mercado para la Pequeña Empresa", y hacerlas al modo de espejos de secciones como el NASDAQ, o el AIM de Londres. La BMV debe hacer eso y debe acompañarlo de una transfusión de la cultura de propiedad pública (y sus posibilidades de limitación de los derechos corporativos, del capital sin decisión denominado "neutro" y de otras variantes) a los empresarios. Esa tarea tampoco es exclusiva de la bolsa. También debe compartirse y asumirse por las universidades para que los que dejan de ser alumnos se decidan a olvidar aquel lento modelo de propiedad.

La bolsa, claro, tampoco puede funcionar sin la banca. Y la banca, lo sabemos, no recicló vía préstamos el dinero que recibió desde 1995. La banca se lo guardó y lo movió en el mercado secundario. Si los bancos volvieran a dar préstamos, como antes, buscarían financiarse a su vez en el mercado de deuda de mediano y largo plazo para tener más recursos qué prestar e impulsar el desarrollo. Pero los bancos se convirtieron en emisores de corto plazo que captaron dinero nada más para equilibrar sus saldos o financiar necesidades urgentes, suyas o de terceros. Y es que los bancos, también lo sabemos, al menos en México, no tuvieron por varios años la necesidad de prestar para tener utilidades. Subsistieron y ganaron por la especulación, las altas comisiones y los flujos de los pagarés del IPAB, la deuda pública oscura.

El papel de las universidades

En las aulas se han enseñado y planteado mal los temas bursátiles. Los mentores se han dedicado a explicar lo que hay y lo que se hace en vez de plantear a la par que los instrumentos de inversión o financiamiento son renovables, que hay que crear nuevos, que hay que adaptarlos a las necesidades específicas de nuestras empresas y nuestro público.

En los países desarrollados, los impulsores del mercado están en los cubículos de las universidades. Las teorías de valuación, de determinación de precios a futuro o de análisis para tomar decisiones, como el Modelo de Precios de Activos de Capital (CAPM, por sus siglas en inglés) la fórmula *Black and Scholes* o los modelos gráficos, han sido planteados por investigadores y profesores universitarios.

Hace falta, pues, que los académicos nos acerquemos a la bolsa desde otra perspectiva. En Estados Unidos, Canadá o el Reino Unido, hay una alimentación mutua entre los investigadores y los mercados. Unos y otros se nutren recíprocamente.

La forma buena o mala en que se difunde el quehacer bursátil en las aulas se traslada luego a las empresas. Y como en la región lo hemos hecho mal, los empresarios desdeñan o ven con recelo la pulverización de sus capitales. La labor de las universidades es crucial, ya que deben preparar profesionales con una nueva visión de la propiedad corporativa para que ellos, por su parte, la inculquen en las empresas a las que van a prestar sus servicios.

El futuro de los mercados

Al doblar el milenio, las bolsas viven su momento decisivo. No deja de ser pintoresco que todo el milenio anterior hayan dependido de bastiones típicos (los gritos, la aglomeración alrededor de los puestos de negociación, el dinero de papel) y haya sido hasta fines del mismo cuando se produjeron cambios que a veces parecían impuestos a bocajarro, dolorosos pero necesarios.

Está probado que los mercados de valores son una de las claves para la subsistencia y la eficiencia de la economía de mercado. El dinero (la materia fundamental del libre mercado) que las bolsas concentran, crean, multiplican y dispersan requiere de grandes cambios y transformaciones. Así como una de las formas clásicas de dinero que todavía se utiliza (los billetes) fueron creados por las bolsas cuando aún eran mercados callejeros, así ahora es necesario que produzcan hoy y en el futuro nuevos mecanismos de intercambio. La dispersión y moderación del dinero, en tremenda medida, depende de ellas.

Las bolsas deben ser también una forma de revolucionar las bases anacrónicas de las economías. La concentración de la propiedad de la mayoría de las empresas en pocas manos es una constante que debe cambiar. Las bolsas de valores pueden y deben dispersar también la propiedad mayoritaria.

Es inobjetable: las bolsas deben evolucionar para crecer, pero también para procurar el bienestar de lo que es su destino, la sociedad y la economía.

Lecturas recomendadas

Libros

- Achelis, Steven B., *Technical Analysis, from A to Z.* Probus Publishing.
- Aguirre, Octavio, Dr. *El manual de ingeniería financiera.*
- Aguirre, Octavio, Dr. *El manual del financiero.*
- Asociación Mexicana de Casas de Bolsa. *Análisis sobre los centros financieros internacionales.*
- Bodie, Zvi y Merton, Robert C., *Finanzas.* Prentice Hall.
- Bolsa Mexicana de Valores. *Cien años de la bolsa de valores en México.* Bolsa Mexicana de Valores.
- Coopers and Lybrand. *A Guide to Going Public.*
- Díaz Mata, Alfredo. *Invierta en la Bolsa.* Grupo Editorial Iberoamérica.
- Fabozzi, Frank J., Franco Modigliani, y Michael G. Ferri; *Foundations of Financial Markets and Institutions.* Prentice-Hall Inc.
- Galbraith, John Kenneth. *El dinero.* Ediciones Orbis.
- Hickman, Kent A., Hunter, Hugh O. y Byrd, John W., *Foundations of Corporate Finance.* Thomson Learning.
- Heady, Christy. *The complete IDIOT'S Guide to Making Money on Wall Street.* Alpha Books.
- Kolb, Robert W. *Inversiones.* Limusa.
- Lagunilla Inárritu, Alfredo. *La Bolsa en el mercado de valores de México y su ambiente empresarial.* Bolsa de Valores de México, S.A. de C.V.
- Levy, Haim. *Principles of Corporate Finance.* International Thomson Publishing.
- Little, Jeffrey B. *Cómo entender a Wall Street.* McGraw Hill.
- Morris Kenneth M., y Alan M. Siegel, "Guide to understanding money and investing", *The Wall Street Journal.* Lightbulb Press.
- Metz Robert, y George Stasen. *It's a sure thing.* McGraw Hill.
- Price Water House Coopers. *Cómo Cotizar sus Valores en EU.*
- Prieto Sierra, Carlos y Carlos Suárez Obregón. *Introducción a los Negocios, El Entorno de la Empresa.* Banca y Comercio.

➡ Reuters, *Curso sobre Mercados de Renta Fija*. Gestión 2000

➡ Samuelson, Paul A. y Nordhaus, William D., *Economía*. McGraw Hill.

➡ Scott, David L. *Every investor's guide to Wall Street words*. Houghton Mifflin.

➡ Walker, Joseph. *Selling Short*. John Wiley and Sons, Inc.

Leyes y regulaciones

➡ Academia Mexicana de Derecho Financiero, A.C. *Colección de circulares en material de valores*. Editorial Fiscal y Laboral, S.A. de C.V.

➡ *Banca y Finanzas, Legislación Financiera*. Editorial PAC, S.A. de C.V.

➡ Comisión Nacional Bancaria y de Valores. *Ley del Mercado de Valores. Ley de sociedades de Inversión*.

➡ *Compendio bancario y financiero. Leyes financieras*. Editorial Fiscal y Laboral, S.A. de C.V.

➡ National Association of Securities Dealers. *NASD. NASD Manual*. Commerce Clearing House Inc.

➡ New York Stock Exchange. *Constitution and Rules*. Commerce Clearing House Inc.

➡ Securities and Exchange Commision. *The Red Box. Rules and Regulations*.

Diarios

➡ *El Economista*.

➡ *El Financiero*.

➡ *El País*.

➡ *Financial Times*.

➡ *Reforma*.

➡ *The Wall Street Journal*.

Folletos oficiales de la Bolsa Mexicana de Valores

➡ *Alternativas de Inversión*.

➡ *Cotizar en Bolsa*.

➡ *Índices Bursátiles*.

➡ *Manual del mercado de capitales*.

➡ *Manual para la inscripción de valores*.

➡ *Operación del mercado de valores en México (Mercado de Dinero)*.

➡ *Un día en la Bolsa*.

Folletos oficiales de la Bolsa de Londres

➡ *A Glossary of Stock Market Terms*.

➡ *A Guide to the London Stock Exchange*.

➡ *Fact Book 1996*.

➡ *Fact File 1997*.

- *Fact File 1998.*
- *Fact File 1999.*
- *Guide to the International Equity Market.*
- *How to Buy and Sell Shares.*
- *Introduction to the London Stock Exchange.*
- *Listing in London, the first choice.*
- *Order book trading.*
- *The order book.*

Folletos oficiales de la Bolsa de Nueva York

- *A basic guide to the world's advanced market.*
- *Annual Reports.*
- *Facts and Features.*
- *SupertDot, The Electronic Pathway to the Future.*
- *The Specialist.*

Folletos oficiales de otras bolsas

- *Bolsa de Valores.* Mercado de Valores de El Salvador, S.A.
- *Lo más básico sobre la bolsa.* Bolsa de Madrid.

Folletos independientes

- DC Gardner and Co Limited. *Long Term Securities.*
- DC Gardner and Co Limited. *Short-Term Securities.*
- DC Gardner and Co Limited. *The Bond Market Estructure.*
- Standard and Poor's. *Calificaciones y comentarios.*

Revistas

- *América Economía.*
- *Ejecutivos en Finanzas.*
- *Exchange, the Magazine of the London Stock Exchange.*
- *Fortune.*
- *Future, The Hoechst Magazine.*
- *Mundo Ejecutivo.*
- *Smart Money.*
- *Technical Analysis of Stocks and Commodities.*
- *The Economist.*
- *Time.*